JN441259

六百年의 時空

# 韓山李氏 藪內洞 文化遺蹟 保存과
# 韓平君(諱 之菽) 家門의 歷史

李恒求 編著

韓山李氏韓平君(諱 之菽)派宗會

▲ 문정공 목은(휘 색) 선조 영정

▲ 한평군(휘 지숙), 선산김씨 묘소

▲ 아천부원군(휘 증) 부조묘

▲ 수내동 분당중앙공원 전경

▲ 분당중앙공원 돌마각과 호수 전경

▲ 뒷뫼 A지구 묘역

▲ 뒷뫼 B지구 묘역

▲ 뒷뫼 C지구 묘역

▲ 봉화공(휘 장윤), 고령박씨 묘소

▲ 한성군(휘 질), 무송윤씨 묘소

▲ 부호군(휘 정), 장수황씨 묘소

▲ 부호군(휘 정) 후배 창원황씨 묘소

▲ 한평군(휘 지숙), 선산김씨 묘소

▲ 아천군(휘 증), 경주이씨 묘소

▲ 감사공(휘 집), 기계유씨 묘소

▲ 부사직공(휘 지환), 경산김씨 묘소

▲ 생원공(휘 경홍), 순흥안씨 묘소

▲ 현풍공(휘 확) 전주이씨, 동래정씨 묘소

▲ 김제공(휘 정룡), 제주양씨 묘소

▲ 참판공(휘 경함) 배위 전주이씨, 전의이씨 묘소

▲ 남양홍공(휘 수원), 한산이씨 묘소

▲ 전부공(휘 원), 청풍김씨 묘소

▲ 처사공(휘 한) 묘소

▲ 부평공(휘 오), 남양홍씨, 죽산안씨 묘소

▲ 정랑공(휘 병건), 남양홍씨 묘소

▲ 삼품자 묘역(휘 협, 휘 병항, 휘 헌중)

▲ 좌랑공(휘 경류) 배위 횡성조씨 묘소

▲ 좌랑공(휘 경류) 묘소

▲ 참판공(휘 경함) 배위 안동권씨 묘소

▲ 좌랑공(휘 경류)의 충마총

▲ 문청공(휘 병태), 반남박씨, 진주유씨 묘소

▲ 진사공(휘 협), 청주한씨 묘소

▲ 직장공(휘 병항), 남양홍씨 묘소

▲ 참판공(휘 헌중), 안동김씨 묘소

▲ 한산이씨삼세유사비 비각

▲ 삼세유사비, 아천부원군(휘 증) 신도비

▲ 좌랑공(휘 경류) 정려비, 이정룡신도비

▲ 아천부원군(휘 증) 부조묘

▲ 좌랑공(휘 경류) 묘갈

▲ 한산이씨묘산입수비

▲ 한산이씨세장지산비

▲ 분당중앙공원 영장대

▲ 분당중앙공원 돌마각

▲ 수내동 집성촌 자리 보호수 향나무

▲ 수내동 집성촌 자리 보호수 느티나무

▲ 수내동 집성촌 자리 연지

▲ 上 한평군(휘 지숙)묘소.,下 아천군(휘 증) 부조묘

▲ 분당중앙공원 수내동 고옥(한산이씨 고택)

▲ 분당중앙공원 수내정

▲ 분당중앙공원 물레방아

▲ 분당중앙공원 수내동 지석묘군

▲ 분당중앙공원 한산이씨묘역 안내판

▲ 아천부원군(휘 증) 부조묘의 옛 모습

▲ 삼세유사비, 이증 신도비, 이경류 정려비, 이정룡 신도비의 옛 모습

▲ 수내동의 옛 모습

▲ 서천군 한산면 지현리 한산이씨시조묘역 표석

▲ 지현리 고려 호장공 묘소 및 이하 3세 지단

▲ 지현리 고려 호장공 묘표

▲ 서천군 기산면 영모리 찬성사공(휘 자성) 묘소

▲ 지현리 고려 호장공 묘소 복원비

▲ 서천군 마명리 삼한국대부인 홍례이씨 묘소

▲ 서천군 광현리 가정선생 문효공(휘 곡) 묘소

▲ 광현리 가정선생 문효공(휘 곡) 신도비

▲ 여주시 북내면 가정리(稼亭里) 표석

▲ 광현리 가정(휘 곡)선생 배위 요양현군 함창김씨 묘소

▲ 서천군 영모리 목은(휘 색)선생 묘소

▲ 목은선생 배위 정신택주 안동권씨 묘소

▲ 서천군 영모리 양경공(휘 종선) 묘소

▲ 서천군 영모리 목은(휘 색)선생 신도비

▲ 서천군 죽촌리 양경공(휘 종선) 효자리비각

▲ 여주시 점동면 사곡리 문열공(휘 계전) 묘소

▲ 사곡리 문열공(휘 계전) 신도비

▲ 사곡리 수사공(휘 찬) 묘소

▲ 사곡리 수사공(휘 찬) 묘갈

▲ 광주시 장지동 대사성공(휘 우), 이천서씨 묘소

▲ 광주시 장지동 대사성공(휘 우) 후배 안동권씨 묘소

▲ 광주시 상번천리 참판공(휘 경함) 묘소

▲ 광주시 초월읍 학동리 통제사공(휘 경심) 묘소

▲ 광주시 학동리 통제사공(휘 경심) 묘역 전경

▲ 상번천리 참판공(휘 경함) 신도비

▲ 광주시 상번천리 괴산공(휘 경황), 이천서씨 묘소

▲ 광주시 상번천리 휘 병상 지단

▲ 광주시 장지동 휘 업 묘소

▲ 광주시 상번천리 휘 전 묘소

▲ 홍성군 은하면 목현리 삼산공(휘 태중), 배위 안동권씨, 밀양박씨 묘소

▲ 보령시 주교면 고정리 찬성공(휘 치), 광주김씨 묘소

▲ 보령시 주교면 고정리 토정공(휘 지함), 완산이씨 묘소

▲ 괴시리 가정 목은선생 유허비

▲ 경북 영덕군 괴시리 가정 목은 선생 유허비각

▲ 괴시리 목은 선생 생가지 표석

▲ 마계정사

▲ 괴정

▲ 물소와

▲ 해촌헌(해촌 고려)

▲ 만서헌

▲ 침향지

▲ 관어대

▲ 괴시마을 안내판

▲ 목은길(관어대 산책로)

▲ 목은기념관

▲ 입천정

▲ 정선군 정선아리랑 시비

▲ 정선군 도원가곡비

▲ 가평군 금대리 동전공(휘 태영) 묘소

▲ 원주시 간현리 송와공(휘 희) 묘소

▲ 가평군 금대리 동전공(휘 태영) 신도비

▲ 원주시 간현리 송와공(휘 희) 신도비각

▲ 서울 신림동 승지공(휘 지훈), 평택임씨 묘소

▲ 원주시 간현리 의정공(휘 지란), 원주원씨 묘소

▲ 원주시 간현리 의정공(휘 지란) 재실

▲ 파주시 맥금리 학부대신 감암공(휘 용직) 신도비

▲ 파주시 맥금리 학부대신 감암공(휘 용직) 묘소

▲서울 신림동 한성군(휘 질) 배위 연안김씨 묘소

▲ 가평군 금대리 휘 희갑(동전공 자) 묘소

▲ 광주시 장지동 영의정 문간공(휘 경재),
여흥민씨 묘소

▲ 통영시 통제영 세병관(국보 제305호)

▲ 통제영 세병관(국보 제305호) 표지석

▲ 통제영 운주당

▲ 통제영 두룡포기사비각

▲ 통제영 수항루

▲ 통제영 망일루

▲ 서천군 기산면 영모리 문헌서원 전경

▲ 서천군 기산면 영모리 문헌서원 효정사

▲ 괴시리 제1회 목은문화제 모습(2003. 5. 9)

▲ 예산군 봉산면 봉심리 문열공(휘 계전) 부조묘

六百年의 時空

# 韓山李氏 藪內洞 文化遺蹟 保存과
# 韓平君(諱 之蕤) 家門의 歷史

李 恒 求 編著

韓山李氏韓平君(諱 之蕤)派宗會

▮ 序文 ▮

# 선조들의 빛나는 발자취와 음덕을 기리고져

본인의 고향은 경기도 광주군 돌마면 수내리(現 城南市 盆唐區 藪內洞)의 숲안마을(現 盆唐中央公園 一帶)이다.

그러나 평화롭고 아름답던 고향마을은 1989년도 분당신도시 건설로 인해 졸지에 흔적도 없이 사라지고 말았다. 여우가 죽을 때는 고향 쪽으로 머리를 향한다는 수구초심(首丘初心)이라는 말이 있고, 미물인 연어(蓮漁)도 자신이 태어난 고향 하천으로 돌아와서 생을 마감하는데 하물며 인간으로서 어머니 품속 같은 고향 산천이 흔적도 없이 사라질 위기 앞에서 가만히 앉아서 모른 체할 사람이 과연 어디에 있겠는가?

건국 후 최대의 국책사업인 분당신도시 개발계획에 의해 살고 있던 터전이 밀려나는 것은 어쩔 수 없다 치더라도, 수내동 일대에 산재된 수많은 한산이씨 문화유적은 수백 년 동안 선조들의 피와 땀으로 일구어놓은 우리 문중의 귀중한 자산일 뿐만 아니라 국가적으로도 소중한 사적(史蹟)이므로 무슨 일이 있어도 이를 지켜야만 했다.

지난 육백 년 동안 같은 공간을 살다간 선인들과 백세(百世) 이후에도 이곳에서 살아갈 후세(後世)들을 생각하면서 이들이 선인들로부터 이어받은 삶의 뿌리와 정신 그리고 이곳이 혈족(血族)의 자랑스러운 고향임을 영원히 기억하도록 하려면 한산이씨 수내동 문화유적의 원형 보존을 위한 숨 가쁜 노력과 자랑스러운 역사는 반드시 기록으로 남겨놓아야 할 것이다.

본인은 수내동의 문화유적 보존과 괴시리 목은(牧隱) 선조 생가지 복원 활동 등 여러 숭조사업에 직간접적으로 참여하는 과정에서 선조들께서 자신의 생애와 행적을 통해 우리 후손들에게 가문의 영달을 넘어 충효사상을 가르치고 이를 몸소 실천하신 바를 보면서 깊은 감명과 함께 찬탄을 금할 수가 없었다.

이 책을 통하여 이 땅의 유구한 역사 속에서 선조들의 빛나는 발자취와 나라와 민족에 대한 사랑을 반추해 봄으로써 오늘을 살아가는 우리의 마음가짐을 새롭게 가다듬는 계기가 된다면 더 없이 다행한 일일 것이다.

어느 시대를 막론하고 세상만사는 변화무쌍하며, 어지럽지 않은 태평성대(太平聖代)는 극히 드물었다. 이처럼 엄혹(嚴酷)한 시대를 살아오면서도 현철하신 우리의 조상들은 학문 연마(硏磨)를 하루도 게을리 하지 않았으며, 관직(官職)에 나아가서는 충효(忠孝)를 앞세워 가문(家門)의 영광은 물론 국가발전과 민족번영을 도모하는데 선도적 역할을 다하였다. 그러나 오늘날 우리 후손들은 그 은덕을 까맣게 잊고 살아온 것이 사실이다.

따라서 이 책의 대부분은 선조들의 빛나는 발자취와 음덕을 기리고, 근래 한산이씨 수내동 문화유적 보존을 위한 韓平君(諱 之薮) 家門의 눈물겨운 노력과 지금까지 세상에 널리 알려지지 않았거나 또는 음지(陰地)에 가려져있던 우리 가문의 주요 인물과 사적(事績) 등 이전에는 미처 알지 못했던 소중한 유산들을 어둠 속에서 보물을 캐듯이 가려 모아 엮었다.

이 책을 통하여 사람들이 무엇을 느끼고 얼마나 공감할지는 모르지만 행여라도 조상님께 누(累)가 되지 않도록 최선을 다했다고 자부하면서도 자료의 부족으로 인해 여러 가지로 미흡한 부분도 많을 것으로 생각되어 독자 여러분의 많은 조언과 질정(叱正)이 있기를 바랄 뿐이다.

이 책을 발간함에 있어서 자료의 발굴과 수집, 사진촬영, 보필(補筆) 등 사업 전반에 자발적으로 참여해준 발간위원 여러분의 노고에 심심한 감사의 말씀을 드리며, 특히 각별한 관심과 함께 행정적 지원을 아낌없이 제공해준 한평군파종회 종구(宗求) 이사장과 그리고 원고 정리에 수고해준 정윤진 사무원에게 감사의 말씀을 드린다.

아울러 어려운 재정사정에도 불구하고 이 책이 나오기까지 물심양면으로 적극 후원해주신 韓山李氏韓平君(諱 之菽)派宗會를 비롯한 典簿公, 鵝川君, 僉知事公, ,生員公, 參判公, 統制使公, 佐郎公, 槐山公 등 일가 종회(宗會)에 진심으로 감사의 말씀을 전하며, 종회의 무궁한 발전과 종원 여러분 가정이 늘 평안하시기를 기원합니다.

2021년 3월 30일

韓山李氏 韓平君(諱 之菽) 14代孫 梨亭 李 恒 求

## 발간사

# 어려움을 극복한 선대의 지혜를 후손들에게 전함

韓平君(諱 之菽) 家門은 지난 육백 년 간 盆唐 藪內洞 뒷뫼와 숲안 일대에 자리를 잡고 집성촌을 유지해오면서 조상에 대한 극진한 공경과 일가 간의 돈독한 사랑을 실천해왔습니다.

특히 우리 韓山李門의 賢祖이신 稼亭(諱 穀) 文孝公의 가르침인 "我之子孫 百代之親"과 牧隱(諱 穡) 文靖公께서 내려주신 庭訓 "詩禮傳家 忠孝立身"에 담겨진 깊은 뜻을 누구보다도 높이 받들어 나라에 대한 충성과 부모에 대한 효성을 다해왔습니다.

지난 육백 년 간 선조들이 대대로 일구어놓으신 역사적 발자취인 수많은 韓山李氏 藪內洞 文化遺蹟이 정부의 신도시개발 계획에 의해 일거에 사라질 위기를 맞았으나 우리 韓平君 家門이 주축이 되어 정부 각 부처와 각계 전문가들에게 보존의 당위성을 백방으로 호소하고 그 代案을 제시함으로써 모든 文化遺蹟이 原形 保存됨은 물론 地方文化財로 지정되는 쾌거를 이루어냈습니다.

우리 韓平君 家門의 후손들은 분당신도시 개발로부터 한산이씨 수내동 문화유적을 지켜낸 것뿐만 아니라 지난날 失傳된 선조 문화유적의 복원과 나아가서는 선조들의 업적을 顯彰하고 일가간의 敦睦을 위한 수많은 활동을 해왔습니다. 그러나 이러한 값진 노력이 점차 잊혀져가는 안타까운 현실을 고려할 때 우리 종회 차원에서 이를 책자로 기록하여 남김으로써 우리 가문의 崇祖精神과 역사 문화에 대한 자긍심을 후대에 알리는 일을 더 이상 미룰 수가 없게 되었습니다.

따라서 이번에 이 책을 펴내게 된 것은 한 가문의 영광을 자랑하고자 함이 아니라 우리의 선조들이 이룩한 빛나는 업적과 헌신을 오늘날에 되새기고 아울러 혼란했던 과거 역사 속에서 숱한 어려움을 극복한 선대의 지혜를 우리의 후손들에게 전함으로써 국가와 사회를 위하여 오늘을 사는 우리가 나아가야 할 바를 제시하는데 더 큰 의미가 있다고 할 것입니다.

歷史를 잊은 民族에게는 未來가 없다고 하였습니다. 지난날의 역사적 사실들을 반추하여 오늘의 위치를 가늠해보고 미래의 좌표를 설정하는 것은 우리가 해야만 하고 미루어서도 안 되는 숭고한 과업이기도 합니다.

저는 이 책을 통하여 우리 韓平君(諱 之菽) 家門의 일가 여러분들이 문중에 대한 긍지와 함께 우리 후손들이 사회에서 필요로 하는 훌륭한 인재로 커나갈 수 있도록 많은 노력을 기울여주시기를 당부드리고자 합니다.

이 자리를 빌려 책이 나오기까지 여러 가지 미비한 여건 속에서도 오랫동안 보관해온 귀중한 자료를 제공하고 추가적인 자료 발굴과 정리 보완 등 率先하여 온갖 수고를 아끼지 않은 恒求 顧問을 비롯한 발간위원 여러분의 노고에 깊은 감사의 말씀을 전하고자 합니다.

아울러 책 발간을 위해 넉넉하지 않은 재정 사정에도 불구하고 물심양면으로 적극적으로 후원해준 典簿公, 僉知事公, 鵝川君, 生員公, 參判公, 統制使公, 佐郎公, 槐山公 등 여러 일가 종회에 진심으로 감사의 말씀을 드리며, 일가 종회의 무궁한 발전과 종원 여러분 가정에 건강과 행복이 늘 가득하기를 기원합니다.

2021년 3월 30일

韓山李氏 韓平君(諱 之蕟)派宗會 理事長　李 宗 求

▌축간사▐

# 숭조돈목(崇祖敦睦)은 우리 모두의 책무

유난히 길고도 추웠던 겨울이 지나고 새로운 봄기운이 움트고 있습니다. 지난 한 해는 코로나19 바이러스의 대유행으로 우리나라뿐만이 아니라 전 세계가 힘들고 어려운 시간을 보냈습니다. 올 한 해도 어떻게 전개될지 아무도 예측할 수 없겠지만 조상님의 유덕(遺德)으로 모든 일가 분께서 슬기롭게 극복하시길 바랍니다.

우리 한산이씨 일가는 문효공(文孝公) 가정(稼亭) 선조님의 "나의 자손들이여, 백대가 지나도 친하게 지내거라.(我之子孫 百代至親)"는 유훈을 받들어 숭조돈목(崇祖敦睦)의 아름다운 가치를 대를 이어 실천해왔습니다.

이번에 한산이씨 12대손인 韓平君(諱 之菽) 문중에서 분당신도시개발로 인해 한순간에 사라질 위기에 처했던 수내동의 수많은 한산이씨 문화유적을 혼신의 노력으로 지켜낸 일련의 과정을 포함하여, 육백여 년에 걸친 오랜 세월 동안 선조들께서 이루어 놓은 훌륭한 업적과 커다란 발자취를 모두 엮어서 '韓

山李氏 藪內洞 文化遺蹟 保存과 韓平君(諱 之菽) 家門의 歷史'를 펴내게 된 것을 여러 일가분과 함께 축하해 마지않습니다.

한평군은 고려 말의 대정치가이자 석학이며 유종(儒宗)으로 추앙받는 文靖公 牧隱 선조의 6대손으로, 수내동 한산이씨 집성촌의 入鄕祖인 奉化公(諱 長潤)의 손자입니다. 그는 풍족하지 못한 환경 속에서도 연로하신 웃어른들을 지극정성으로 모시고 많은 가족을 부양하면서도 자손들을 국가의 동량(棟梁)으로 훌륭히 키워냈습니다.

이러한 책자 발간은 한평군 가문의 자긍심이기도 하지만, 韓山李門 전체의 숭조정신(崇祖精神)과 국가와 민족에 대한 사랑을 후세에 전함으로써 우리 일가 후손들이 국가와 사회 발전에 앞장서게 되는 좋은 자극제가 될 것으로 믿어 의심치 않습니다.

이를 통하여 한산이씨 여러 지파 일가분들이 다른 지파 문중에 대해서도 많은 관심을 가지고 서로 격려하면서 따듯한 정을 나누는 계기가 된다면 더없이 다행한 일일 것입니다.

조상을 받들고 일가 간에 우애를 다지는 일이 갈수록 어려워지는 현실에서 우리 민족 고유의 전통과 문화를 지키고, 이를 계승 발전시키는 일은 오늘을 사는 우리 모두의 책무이기에 그저 방관만 하고 있을 수는 없으며 누군가는 나서서 이를 실천해야만 합니다.

금번 한평군 문중에서 발간한 책은 어느 한 씨족집단의 이기심을 내세우는 것이 결코 아니며, 한산이문의 정체성을 확인하고 널리 알리는 차원을 넘어 반만년 역사에 빛나는 민족 문화적 차원에서도 각별한 의미가 있는 일이라 하겠습니다.

이러한 작은 노력이 하나씩 쌓여나갈 때 과거와 현재를 성찰해볼 수 있는 좋은 기회를 얻게 되며, 이를 통해 후손에게 미래지향적이고 자랑스러운 민주시민으로 성장할 수 있는 역량을 한껏 발휘할 수 있을 것입니다.

이 책자가 나오기까지 온갖 수고를 아끼지 않으신 한평군파종회 이종구(李宗求) 이사장님을 비롯하여 발간 사업에 참여한 모든 분들에게 격려와 축하의 말씀을 드리고, 아울러 한평군파종회의 무궁한 발전과 일가 여러분 가정에 건강과 행복이 늘 가득하기를 기원합니다.

2021년 3월 30일

韓山李氏大宗會 理事長　李 忠 植

## 축간사

# 뿌리 없는 나무 없듯 조상이 없는 후손 없어

韓山李氏 中始祖인 牧隱 李穡 선생은 지금까지 태산북두(泰山北斗)로 평가받는 유일한 거유(巨儒)인 동시에 위대한 정치가이었으나 여말선초(麗末鮮初)의 정치적 혼란기에 일신의 부귀영화보다는 고귀한 충절을 택함으로써 이루 말할 수 없는 박해와 고통을 겪었습니다.

그럼에도 불구하고 牧隱 선생의 6대손 韓平君(諱 之蔱)의 가문은 선생의 훌륭한 가르침에 부응하여 역사상 수많은 名臣, 碩學, 孝子들을 배출함으로써 국가발전과 백성의 편익 증진을 위해 헌신해왔으며, 韓平君(諱 之蔱) 자신은 평생을 숭조(崇祖)와 일가돈목(一家敦睦)을 위해 바쳤습니다.

금번 『韓山李氏 藪內洞 文化遺蹟 保存과 韓平君(諱 之蔱)家門의 歷史』 발간을 통하여 三韓甲族으로 불리우는 한산이씨 문중의 역사에서 그 한 축을 담당해온 韓平君(諱 之蔱)家門의 후손들이 가문의 영달보다 국가와 사회의 발전과 통합을 위해 노력한 발자취를 더듬어본 것은 매우 시의적절한 일로서 크게 환영하는 바입니다.

이로써 과거 수백 년의 세월 동안 대를 이어서 내려왔음에도 불구하고 시간이 흐를수록 피폐(疲弊)해져 가고 있는 전통과 문화에 대한 깊은 성찰을 요구한다는 측면에서 반갑기 그지없는 일이라고 생각합니다.

특히 분당신도시 개발계획에 의해 일거에 사라질 뻔했던 한산이씨 수내동 문화유적의 원형을 보존함으로써 물질문명을 우선시하는 오늘날에 역사와 전통문화에 대한 중요성을 크게 일깨워준 韓平君(諱 之菽) 후손의 피나는 노력과 희생은 우리 모두가 기억해야 할 것입니다.

오늘날 孔孟의 道를 논하는 것이 시대에 뒤떨어진 낡은 생각이라고 치부하는 사람들도 있지만 우리나라 고유의 훌륭한 가족제도를 포함한 유교적 이념과 질서가 도외시됨으로써 지나친 물욕과 이기심이 만연하여 사회적 갈등과 불만의 수위가 점차로 높아지고 있는 현실에서는 더더욱 그 존재가치가 돋보인다 하겠습니다.

이 세상에 뿌리 없는 나무가 없듯이 조상이 없는 후손이란 있을 수 없으며, 알게 모르게 선조들의 음덕(蔭德)으로 오늘날의 우리가 존재하고 있음을 늘 잊지 말아야 하겠습니다.

물질문명이 발달할수록 정신문화를 고양함으로써 사회적 갈등을 치유해 나가는 일은 더 이상 미룰 수 없는 현안이 되었는바, 이런 의미에서 이 책자를 통한 과거 역사 속에서 그 해답의 단초를 찾을 수 있다면 큰 다행일 것입니다.

이 책자가 韓平君(諱 之菽) 家門의 자랑스러운 과거 역사를 기록하는데 그치지 않고 이를 오늘날에 발전적으로 조명해 봄으로써 보다 나은 내일을 만들어가는 좋은 계기가 될 것으로 믿습니다.

이 책자를 내놓기까지 수고하신 한산이씨 韓平君(諱 之蕤)派宗會의 관련자 여러분에게 심심한 감사의 말씀을 전하며, 종회의 발전과 종원 여러분 가정의 평안을 삼가 기원합니다.

2021년 3월 30일

成均館長 孫 晋 瑀

# 차 례

## 제IV장 韓平君 後孫들의 先祖 文化遺産 保護 및 顯彰

## 제2부. 주요 도서 간행



## 제3부. 기타 문화유적 현창사업



## 제4부. 한평군 방계 선조 문화유산 보호 및 현창 _ 492

# 제 I 장

## 韓山李氏 藪內洞 文化遺蹟 保存

# 제I장

## 韓山李氏 藪內洞 文化遺蹟 保存

## 제1부. 성남시 분당구 수내동의 역사

### 1. 수내동의 자연지리 및 연혁

#### (1) 수내동의 자연지리

오늘날의 수내동을 포함한 분당지역은 신도시개발 이후 인구가 백만 명에 육박하는 거대한 국제적 대도시로 변모되었다. 그러나 지금으로부터 육백 년 전의 수내동은 주변이 높은 산들로 둘러싸여 있어 숲이 우거지고 인적이 드문 산골이었다.

자연경관에서 보듯이 수내동은 마을의 주산인 영장산을 중심으로 남쪽으로는 맹산과 불곡산 그리고 문형산은 동쪽에 솟아있고, 남한산성은 동북쪽에 서쪽과 남쪽에는 청계산과 광교산 등 명산들이 감싸고 있어 그야말로 분지(盆地) 가운데 들어앉은 문자 그대로 우거진 '숲(藪)의 마을'이었다.

맹산과 문형산 등지에서 발원된 분당천(수내천)은 마을의 젖줄로서 숲안마을과 유적지를 180° 감싸 안고 돌아 흘러서 한강(漢江)의 5대 지류(支流)인 탄천

(炭川)으로 합류된 다음 물머리는 다시 잠실 방면으로 북상하면서 끝내 한강(漢江)으로 유입되는 남출북류(南出北流)의 형국(形局)으로 흐른다.

수내동은 분당천이 동(東)에서 서쪽으로 흐르는 사이에 숲안(전통마을)은 영장산(뒷뫼)이 북쪽을 포근하게 감싼 채 남쪽의 역말(돌마역), 넘어마을(넘말)과 함께 3개 마을이 사이좋게 형성된 전통 마을이었다. 영장산은 풍수지리상 혈(穴)에 해당되고 그 주변 땅이 이른바 명당(明堂), 즉 살아있는 사람의 주거지 또는 사자(死者)의 묘지로서 최적지이었다. 원래 "거북의 형상을 한 영험이 길게 뻗친다."하여 영장산이라 칭하게 되었다.

이곳에서는 지난 육백 년 가까이 한산이씨 문중의 세거지로서 면면히 이어져오는 동안 수많은 명신, 학자가 배출되었으며 그에 따른 많은 역사문화 유적이 후손들에 의해 보존되어온 유서 깊은 땅이다.

이곳에는 한산이씨의 묘역, 삼세유사비, 신도비[1], 정려비[2], 불천위 사당, 전통가옥, 묘역 경계비, 노거수목을 비롯하여 토정비결(土亭秘訣)로 유명한 토정(土亭) 이지함(李之菡) 선생의 말씀에 따라 이 산의 형상인 거북이 물을 가까이할 수 있도록 인공적으로 조성한 연지(蓮池) 등이 있다.

이처럼 서측 국사봉에서 동측 불곡산으로 이어지는 산세의 중앙에 위치한 영장산은 자연 소나무가 많이 우거진 솔밭으로 입지 상 분당신도시의 중앙에 위치한다.

---

1) 신도비(神道碑) : 왕이나 고관의 무덤 앞 또는 무덤으로 가는 길목에 세워 죽은 이의 사적을 기리는 비석. 대개 무덤 남동쪽에 남쪽을 향하여 세우는데, 신도(神道)라는 말은 사자(死者)의 묘로(墓路), 즉 신령의 길이라는 뜻이다.

2) 정려비(旌閭碑) : 충신, 효자, 열녀 등 귀감이 되는 사람을 칭송하고 표창하기 위하여 나라에서 내려준 정려를 토대로 그가 살던 곳 어귀에 세운 정문 혹은 비석을 말한다.

## (2) 수내동의 연혁

▣ 757 : 漢州에서 漢山州로 개칭.

▣ 940(고려 태조) : 漢山州에서 廣州로 개칭.

▣ 983(고려 성종 3) : 廣州牧으로 승격.

▣ 1573 : 廣州府로 승격 후 → 廣州郡으로 변경.

▣ 1760 : 廣州郡 突馬面 上洞里(郡의 面과 里로 하부구조 개편)

▣ 1906 : 廣州郡 突馬面 藪內村(日帝가 개편)

▣ 1914 : 廣州郡 突馬面 藪內里로 변경.

▣ 1964 : 廣州郡 城南出張所 藪內里(突馬面 소멸, 직할출장소로 변경)

▣ 1971 : 京畿道 城南出張所 藪內里(廣州郡 직할에서 京畿道 직할로 변경)

▣ 1973 : 城南市 盆唐區 藪內洞으로 개편.

▣ 1989 ~ 1996 : 盆唐新都市 건설로 종전의 廣州郡과 突馬面 및 藪內洞으로 구성된 숲안, 역말, 넘말 등 3개 전통 마을의 고유지명은 영원히 사라져버리고 말았다.

## 2. 수내동의 옛 지도와 성남시 분당구 관내도

### (1) 수내동 옛지도

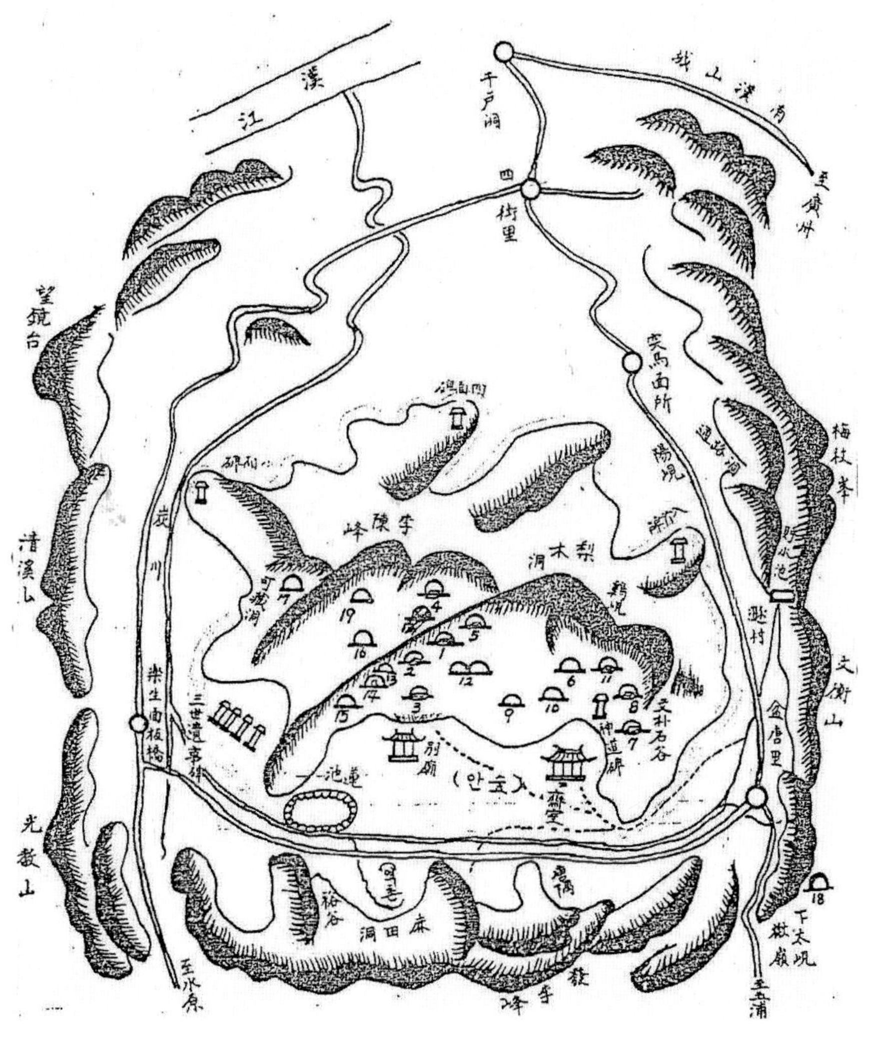

## (2) 성남시 분당구 관내도

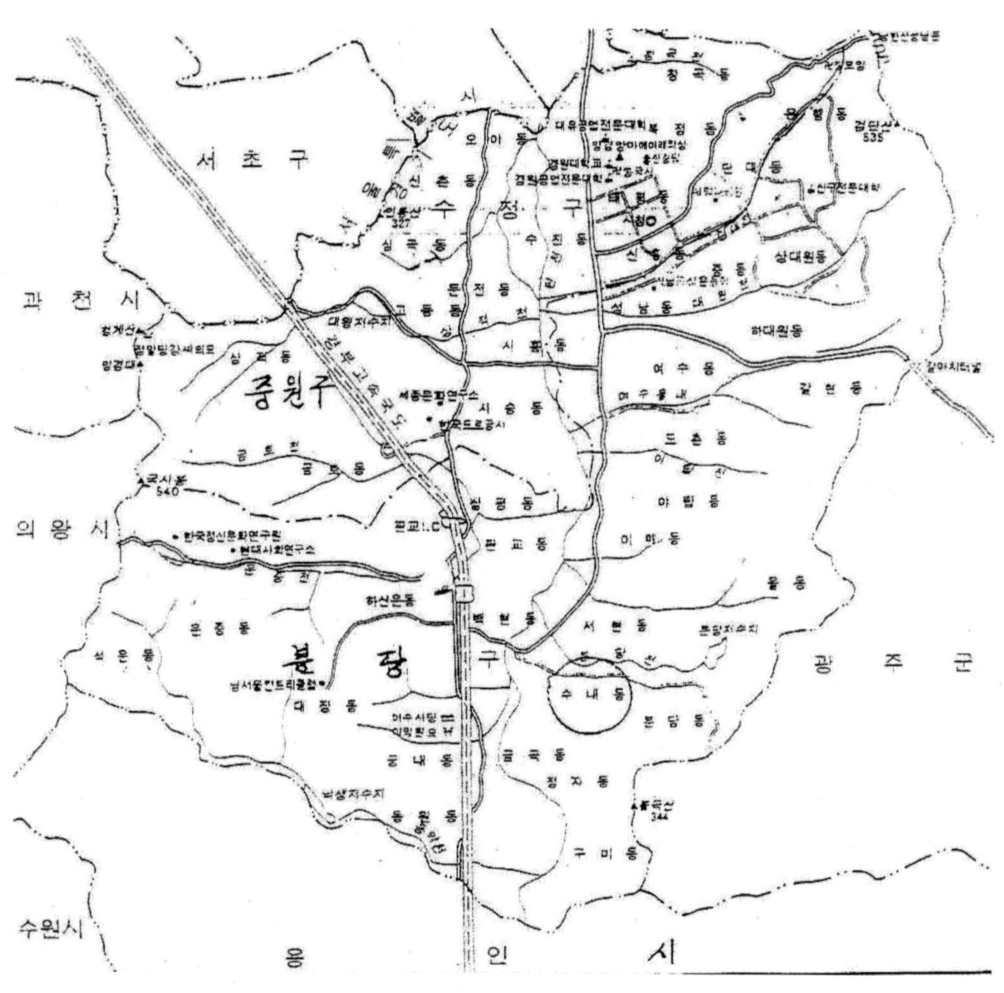
서 초 구
과 천 시
의 왕 시
수원시
용 인 시
광 주 군
수 정 구
중원구
분 당 구
오 야 동
신 촌 동
심 곡 동
고 등 동
수 진 동
태 평 동
신 흥 동
복 정 동
창 곡 동
단 대 동
상대원동
하대원동
여 수 동
갈 현 동
도 촌 동
시 흥 동
금 토 동
야 탑 동
이 매 동
율 동
판 교 동
하산운동
백 현 동
서 현 동
수 내 동
분 당 동
운 중 동
석 운 동
대 장 동
궁 내 동
금 곡 동
정 자 동
동 원 동
구 미 동
판교I.C
535
540
327
344

# 제2부.

# 분당신도시건설과
# 한산이씨 수내동 문화유적 보존

## 1. 분당신도시건설 개요

### (1) 연혁(수내동을 중심으로 요약)

1989년 4월 : 분당신도시 건설계획 발표.

1989년 5월 : 택지개발 예정지구 지정 및 개발사업 연구용역 발주.

1989년 7월 : 보상심의위원회 구성.

1989년 9월 : 시범단지(안) 현상공모 당선작 발표.

1989년 10월 : 보상계획 공고 및 보상개시.

1989년 11월 : 제1단계 택지조성공사 착수 및 시범단지 아파트 1차 분양.

1990년 11월 : 분당중앙공원 조성공사 착공.

1990년 12월 : 지구 지정변경(3차) 및 개발계획변경(4차).

1991년 9월 : 제1차 시범단지 입주 개시.

1994년 7월 : 분당중앙공원 공사 완료 및 준공.

1995년 12월 : 지구 지정변경(9차)과 개발계획변경(11차) 및 택지조성 공사 4, 5, 6단계 준공.

1996년 12월 : 택지조성공사 7단계 준공 및 신도시 건설사업 완료.

## (2) 분당신도시 건설의 시대적 배경

19세기 말에 영국에서부터 시작된 신도시(New Town) 건설은 최근 우리나라에도 도입되어 대규모의 도시개발 형태로 발전하게 되었다.

1989년 분당신도시가 건설되기 전까지만 헤도 우리나라는 위성도시, 주택도시, 공업단지, 배후도시, 신시가지, 주거단지 등 나름대로의 특성과 형태를 지니고는 있지만, 종합적인 계획 없이 산발적으로 건설되는 경우가 대부분이었기 때문에 학문적으로나 제도적으로 개념상의 성격 규정은 없었다.

우리나라에서 신도시 개발의 첫 발단은 사실상 1971년도 서울시의 청계천변 일제 정비와 과밀화된 인구 분산책의 하나로 시행된 경기도 '광주대단지(성남시) 건설'이 대표적이다.

"정부는 1960년대부터 경제개발 우선 정책을 시행하여 1~4차 개발계획 기간 중에는 빈곤 탈피를 위한 정책을 추진함으로써 도로, 항만 등 기간시설 확충에 중점적으로 투자하였으나 주택 부문에 대한 투자는 GNP 대비 약 3% 수준으로 매우 미흡하였다.

제5차 계획기간에는 주택정책을 주택공급의 확대와 주택가격의 안정에 목표를 두고 추진하였다. 그러나 주택공급이 인구증가 및 핵가족화에 따라 급증하는 주택수요에 미치지 못하였고, 주택공급의 뒷받침 없이 가수요 억제를 위한 투기 방지에 치중하였으나 결과적으로 주택가격은 계속 폭등하였다.

더욱이 제6차 계획기간(1987~1991) 초기에는 경상수지 흑자로 발생한 유동성 자금이 주식과 부동산 시장에 집중 유입되는 거품경제 현상으로 부동산 가격이 급등하였다.

1988년 초부터 서울 강남지역의 중대형아파트를 중심으로 주택가격이 급격히 상승하여 '집값 파동'이라는 사회적 문제로 이어지면서 사회적인 갈등과 불안한 국가적 위기 상황이 초래되었다.

특히 6공화국 출범 이후 이 시기의 주택가격과 전세가의 급등은 민주화과정에서 근로자와 영세민의 욕구 분출과 맞물려 정치, 경제, 사회적으로 가장 뜨거운 주제로 제기되었다.

이에 따라 주택문제 해결의 획기적 전기를 마련하여 사회적 안정을 기하고 경제의 정상적 운용을 도모하기 위한 200만 호 주택건설계획을 수립하게 된 것이다."

– 분당신도시개발사 제11장 주택건설(한국토지개발공사) –에서 발췌

특히 1980년대 말에는 서울 등 대도시로 집중되는 인구의 과밀화와 주택과 교통문제 등으로 인하여 가용(可用) 토지는 한계에 이르렀으며, 주택과 토지가격이 천정부지로 치솟는 등 걷잡을 수 없을 만큼 많은 문제들이 발생하면서 투기와 사기 등 각종 불법행위가 만연하게 되었다.

■ 주택가격의 폭등과 아파트 투기

1980년대 초 이후 10년간 반복되어온 주택투기 현상이 주택수요의 팽창과 부진한 주택건설이라는 상황에 편승하여 심각할 정도로 발생하였다.

이 지역에서는 1986년 올림픽 패밀리아파트 건설 이후 신규아파트 공급이 사실상 중단되었고, 서울지역에서는 대단위 택지개발 가능지가 고갈되어 정부의 200만 호 주택건설은 어려우며, 향후 신규아파트 공급도 중단될 것이라는 인식이 널리 유포되었다.

또한 신규아파트의 분양 시 지가, 자재비, 인건비 등의 상승으로 분양가 인상이 불가피할 것이라는 여론으로 인하여 기존 중대형 고급아파트의 가격이 급격히 상승하여 투기적 거래가 성행하게 되었다.

- <동아일보> 1989년 4월 20일 자 "겁나는 폭등… 정책 있나 없나" - 참조

급기야 정부는 서울로 집중되는 인구의 분산과 주택과 교통난 등을 해소하기 위하여 자연녹지로 묶어두었던 성남시 남단의 분당(돌마면, 낙생면 등)지역을 대규모 택지개발지구로 지정하고, 1989년부터 1996년까지 분당신도시를 건설하게 되었다.

성남시 남단의 '녹지지역'은 1976년부터 이 지역의 무분별한 개발과 건축행위를 막고 녹지를 최대한 보존하도록 정부가 설정해놓은 녹지대로서, 근 20년간 이 지역의 땅값과 집값은 주변 도시보다 크게 떨어지거나 헐값에 거래되는 등 사실상 사유재산권을 침해당한 원주민들에게는 물질적 정신적으로 큰 고통이 아닐 수 없었다.

이처럼 엄청난 불이익을 감수하는 가운데 또다시 설상가상으로 "분당신도시건설"이라는 뜻하지 않은 악재를 만난 원주민들의 원성과 불만은 하늘을 찌를 듯이 높아지게 되었다.

분당신도시건설의 '신도시'라는 명칭은 사실상 이때부터 새로운 개념으로 시작된 택지개발 및 주택건설을 위한 대규모의 국책사업이었다. 그러나 성남시 관내에는 분당동뿐만 아니라 수십 개의 법정동(法定洞)이 있음에도 유독 분당만을 지칭한 것은 얼핏 이해할 수가 없을 뿐만 아니라 분당동 이외에 그 규모가 어느 정도인지 일반인들로서는 쉽사리 가늠할 수가 없는 일이었다.

## 2. 수내동 문화유적 현황

### (1) 韓山李氏 奉化公(諱 長潤)과 그 후손들의 墓所 世系圖

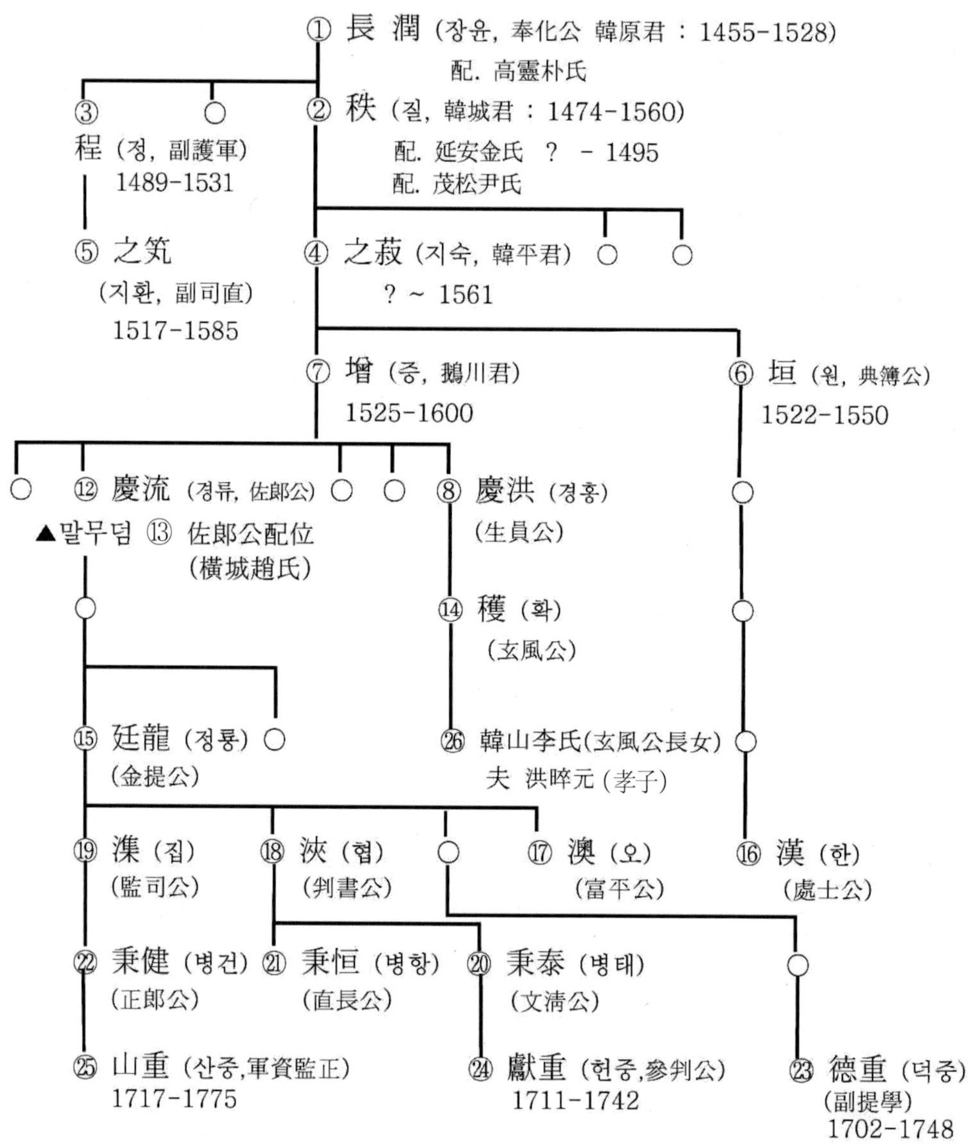

## (2) 묘소 위치도

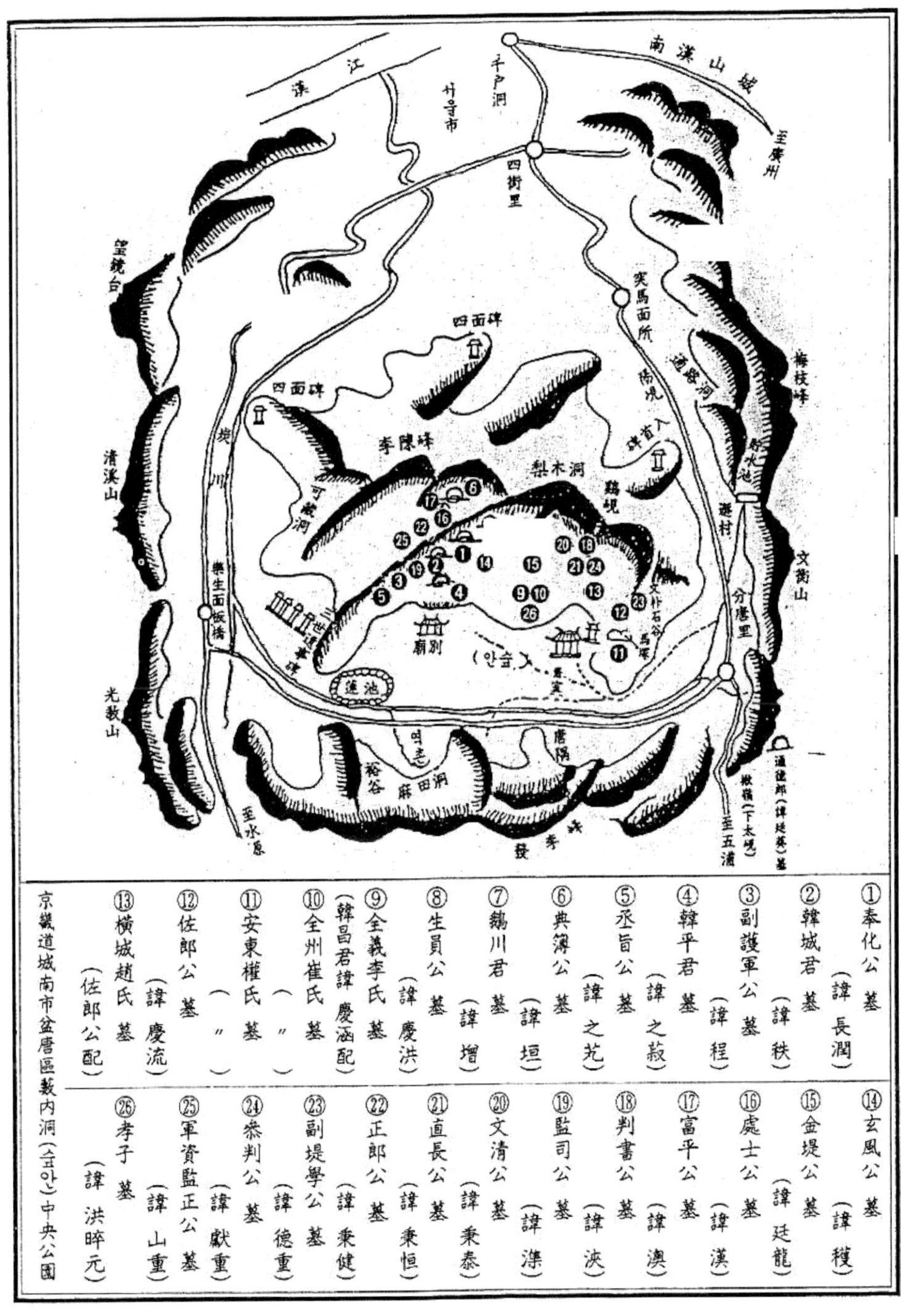
南漢山城
漢江
千戶洞
사송市
至廣州
四街里
望鏡台
突馬面所
四面碑
四面碑
梅枝峰
清溪山
李陳峰
梨木洞
文衡山
光教山
蓮池
至水原
至五濟
分唐里
麻田洞
唐隅
(안숲)
①奉化公 墓 (諱 長潤)
②韓城君 墓 (諱 秩)
③副護軍公 墓 (諱 程)
④韓平君 墓 (諱 之蔽)
⑤丞旨公 墓 (諱 之芃)
⑥典簿公 墓 (諱 垣)
⑦鶴川君 墓 (諱 增)
⑧生員公 墓 (諱 慶洪)
⑨全義李氏 墓 (韓昌君諱 慶涵配)
⑩全州崔氏 墓 ( 〃 )
⑪安東權氏 墓 ( 〃 )
⑫佐郎公 墓 (諱 慶流)
⑬橫城趙氏 墓 (佐郎公配)
⑭玄風公 墓 (諱 稷)
⑮金堤公 墓 (諱 廷龍)
⑯處士公 墓 (諱 漢)
⑰富平公 墓 (諱 澳)
⑱判書公 墓 (諱 泱)
⑲監司公 墓 (諱 澲)
⑳文清公 墓 (諱 秉泰)
㉑直長公 墓 (諱 秉恒)
㉒正郎公 墓 (諱 秉健)
㉓副提學公 墓 (諱 德重)
㉔參判公 墓 (諱 獻重)
㉕軍資監正公 墓 (諱 山重)
㉖孝子 墓 (諱 洪暐元)
京畿道城南市盆唐區藪內洞(숲안)中央公園

## (3) 先祖 墓所 및 略歷

### ① 이장윤(李長潤 : 奉化公 1455 - 1528)[3)]

牧隱公(諱 穡)의 4대손으로 자(字)는 수연(晬然)이며 1455년 12월 4일 大司成公(諱 堣)의 장남으로 태어났으며, 수내동에 최초로 정착한 한산이씨 입향조(入鄕祖)로 추앙받고 있다.

부인은 숙인(淑人) 고령박씨(高靈朴氏)로 판서를 역임한 박만(朴蔓) 公의 증손녀이자 현감을 역임한 박인효(朴仁孝) 公의 따님이다. 아들은 韓城君(諱 秩), 贊成公(諱 穉), 縣監(諱 穩), 副護軍(諱 程) 등 4형제를 두었다.

손자 이지함(李之菡) 公은 토정비결(土亭秘訣)을 지어 토정(土亭) 선생으로 세상에 널리 알려져 있으며, 14명의 증손자 중에 영의정 및 판서 4명, 즉 領議政 鵝溪公 산해(山海), 判書 松窩公 희(壄), 判書 鵝川君 증(增), 判書 鳴谷公 산보(山甫)를 배출함으로써 명문세족을 이루었다. 公은 1469년(성종 20) 5월 功臣의 적장자서용(嫡長子敍用)과 관련한 왕명에 따라 14명의 적장자에 포함됨으로써 음보(蔭補)[4)]로 광흥창주부(廣興倉主簿)가 되었다. 그 후 정삼품 당하관인 통훈대부(通訓大夫)가 되어 이산(尼山), 노성(魯城), 봉화(奉化)의 현감을 역임하였다. 사후에는 정이품 正憲大夫 吏曹判書 兼 知義禁府事 五衛都摠府都摠管에 증직되고 한원군(韓原君)에 봉군되었다.

묘소는 수내동 1-2번지 분당중앙공원 내 한산이씨묘역에 정부인 고령박씨

3) 『朝鮮王朝實錄』 『成宗實錄』 267권, 1492년(성종 23년 7월 26일 갑오 2번째 기사.) 三陟府使 李禮堅, 尼山縣監 李長潤, 知禮縣監 金禮生, 康津縣監 金負石, 黔毛浦萬戶 金以章辭. 上引見, 謂曰 : “守令之任至重, 民之休戚係焉, 爲守令者愛百姓如子, 則百姓亦愛守令如父母矣. 萬戶當鍊卒整船, 以應緩急也.” 禮堅啓曰 : “江原道居民鮮少, 而賦役與他道同, 千人之役百人當之, 必不能支, 雜徭役, 在所當減. 嶺東道路險阻, 如末醬等物, 直納於京, 人馬俱困, 請移定內地.” 上曰 : “民弊不可不祛, 其令該司議啓.”

4) 음보(蔭補) : 조상의 덕과 공훈으로 인하여 벼슬을 얻는 것을 말하며 그렇게 얻은 벼슬을 음직(蔭職)이라고 한다.

(高靈朴氏)와 간좌(艮坐)에 합폄(合窆)[5]이다.

이 일대에는 봉화공의 장남 韓城君 李秩과 손자 韓平君 李之菽 등 삼세(三世)를 포함한 23기(基)의 묘소가 분포되어 있다.

분당중앙공원 내의 한산이씨 문화유적지 일대는 1989년 12월 29일 자로 경기도 지방문화재 제116호로 지정되었다.

### ② 이 질(李 秩 : 韓城君 1474-1560)

牧隱公(李 穡)의 5대손이고, 세종조에 크게 활약한 문신 文烈公 諱 계전(季甸)의 증손이며, 成均館 大司成을 역임한 諱 우(堣)공의 손자다.

부친은 贈 정헌대부(正憲大夫) 行 봉화현감(奉化縣監)을 지냈으며, 수내동 한산이씨 입향조(入鄕祖)로 추앙 받는 諱 장윤(長潤)공이다.

1496년 증광시(增廣試)에 진사(進士) 2등에 급제하고 문화, 상주, 울진, 양천, 삭령, 덕천, 장단 등 7개 군의 군수를 역임하였다.

정3품(正三品) 당상관(堂上官) 통정대부(通政大夫)에 올라 80세 이상의 벼슬아치와 90세 이상 노인에게 은전으로 주는 벼슬(壽職)을 받았다.

사후에 종2품(從二品) 가선대부에 오르고 한성군(韓城君)에 추증되었다. 가정형편이 어려워져서 행여나 제사를 거를까 걱정하면서도 조상을 극진히 받들어 모시는 가운데 늘 자손들의 번성을 빌었다고 세보(世譜)에 전해진다.

묘소는 수내동 중앙공원 한산이씨묘역에 후배(後配)인 정부인(貞夫人) 무송윤씨(茂松尹氏)와 상하 쌍폄(雙窆)[6]이다.

초배(初配) 정부인(貞夫人) 연안김씨(延安金氏) 묘소는 서울시 관악구 신림

---

5) 합폄(合窆) : 여러 사람의 시신을 한 개의 무덤에 묻은 것을 뜻하며, 보통 부부를 같은 묘에 합장하는 것을 말한다.

6) 쌍폄(雙窆) : 한 장소에 있는 두 개의 무덤을 뜻하며 보통 부부가 나란히 있는 두 개의 무덤에 따로 매장된 경우를 말한다.

동 산157번지에 있다.

③ 이 정(李 程 : 副護軍 1489-1531)

奉化公(諱 長潤)의 4남으로 字는 자명(子明)이다. 여러 벼슬을 거쳐서 정삼품 당하관 통훈대부(通訓大夫) 어모장군(禦侮將軍) 충좌위(忠佐衛) 부호군(副護軍)을 역임하였고, 호조참판(戶曹參判)에 증직되었다.

묘소는 수내동 1-2번지 분당중앙공원 내 한산이씨묘역의 한성군 묘하에 증 정부인 장수황씨(長水黃氏)와 합폄(合窆)이다. 후배 증 정부인 창원황씨(昌原黃氏)는 공의 계하에 모셔져 있다.

④ 이지숙(李之菽 : 韓平君 ? -1561)

韓城君(諱 秩)의 3남으로 태어나 음직(蔭職)으로 정3품(正三品) 당하관(堂下官) 통훈대부(通訓大夫)에 올라 종묘서령(宗廟署令)을 지냈다.

그의 차남인 이증(李增)이 현달(顯達)하여 이조판서 겸 지의금부사(知義禁府事) 오위도총관(五衛都摠管)에 추증(追增)되었고, 한평군(韓平君)으로 봉군되었다.

묘소는 성남시 분당구 수내동 산1-2 분당중앙공원 내 한산이씨묘역의 부친 韓城君 묘하(墓下)의 우측에 있다.

⑤ 이지환(李之芄 : 副司直公 1517-1585)

副護軍(諱 程)의 아들로 태어났으며, 충의위(忠義衛) 부사직(副司直)을 역임하고 좌승지(左承旨)에 증직(贈職)되었다.

묘소는 성남시 분당구 수내동 산1-2 분당중앙공원 내 한산이씨묘역의 부친

副護軍 墓下에 있다.

⑥ 이 원(李 垣 : 典簿公 1522-1550)

韓平君(諱 之菽)의 장남으로 태어났으며, 관직(官職)은 정오품(正五品)의 종친부전부(宗親府典簿)를 역임하였다.

묘소는 성남시 분당구 수내동 산1-2 분당중앙공원 내 한산이씨묘역에 있으며, 공인(恭人) 청풍김씨(淸風金氏)와 계좌(癸坐)에 합폄(合窆)이다.

⑦ 이 증(李 增 : 鵝川君 1525-1600)[7]

한평군(諱 之菽)의 차남으로 자는 가겸(可謙), 호는 북애(北崖), 종형제지간인 鵝溪公(諱 山海)과 함께 宣祖朝에 크게 활약한 문신이다.

1549년 사마시에 합격, 1560년 별시병과(別試丙科)에 급제한 후 1573년 이조정랑을 거쳐 사인, 집의, 직제학, 승지 그리고 통정대부(通政大夫)에 이르는 등 승진을 거듭하였다. 외직으로는 황해, 충청, 전라, 경상 4도의 관찰사를 역임하였다.

1568년(선조 원년)에는 원접사 종사관 임무를 수행하였고 1580년에는 예조참판으로 성절사가 되어 명나라에 다녀오는 등 외교 업무에 종사하였다. 1585년 가선대부(嘉善大夫)에 이어 가의대부(嘉義大夫)로 승진하였고 한성좌우윤(漢城左右尹), 부제학, 대사헌, 동지의금부사를 지냈다. 1589년(선조 22) 대사간으로 재직 시 정여립 모반사건을 다스린 공로로 1590년 평난공신(平難功臣) 3등에 책훈되었다. 1589년 부제학을 거쳐 형조, 예조, 공조판서를 차례로 역임

7) 『朝鮮王朝實錄』 『宣祖實錄』 7권, 1573년(선조 6년 11월 21일 정유 4번째 기사) 夜對於丕顯閣. 與承旨 李增, 進講官 尹卓然, 史官 沈喜壽 · 洪仁憲 · 趙瑗入侍時, 宇顒拜副修撰, 以驟陞濫加乞辭, 再上章矣.

하고 의정부 좌우참찬에 이르렀으며, 1597년 8월 아천군(鵝川君)에 봉해졌다. 1593년과 1599년 두 번에 걸쳐 예조판서로 임명되어 전란(戰亂)으로 사라지거나 소실된 각종 규범과 예식을 다시 찾아내는 등, 헌장(憲章)과 예의(禮儀)에 뛰어난 능력을 발휘하여 선조(宣祖)로부터 커다란 신임을 받았다.

당시의 혼탁한 붕당(朋黨)[8]정치 속에서 동인(東人)에 속했지만 당파에 매몰되지 않고 공정한 입장을 취함으로써 시련을 겪기도 했다. 사후에 그에 대한 제문을 지은 인물 중에는 윤두수(尹斗壽), 이항복(李恒福)을 비롯한 서인(西人)세력 다수가 있는 것으로 보아 당파를 초월하여 공의 인품을 높게 평가한 것으로 보인다.

1600년(선조 33년)에 별세, 의정부 영의정에 증직되었으며, 의간공(懿簡公) 시호(諡號)를 받았다.

묘소는 성남시 분당구 수내동 산1-2 분당중앙공원 내 한산이씨묘역의 증조부 奉化公(諱 長潤) 묘소 상단(上壇)에 위치해 있다.

### ⑧ 이경홍(李慶洪 : 生員公 1550-1585)

조부(祖父)는 한평군(諱 之菽)이고, 부친 아천군 이 증(李 增) 공의 5남 중 장남으로 태어났다. 字는 선원(善源)이며, 1579년(乙酉) 사마시(司馬試)[9]에 합격하여 생원(生員)에 이르렀다. 슬하에 아들 현풍공(玄風公) 諱 확(穫)을 비롯하여 1남 3녀를 두었다. 현풍공의 여식 한산이씨는 병자호란 삼학사 중의 한 분인 충정공(忠正公) 화포(花浦) 홍익한(洪翼漢)의 아들 건초(建初) 홍수원(洪晬元 : 1611~1637)에게 출가하였다.

8) 붕당(朋黨) : 이념과 이해에 따라 이루어진 사람들의 집단을 일컫는다.

9) 사마시(司馬試) : 조선시대에 진사와 생원을 뽑던 과거시험의 하나이며, 오품 이하의 관리나 향교(鄕校), 사부 학당(四部學堂)의 학생이 응시하여 제술(製述)을 겨루던 시험. 초시와 복시가 있으며 합격자에게는 성균관 입학 자격과 문과 응시 자격을 주었다.

묘소는 성남시 분당구 수내동 분당중앙공원 한산이씨묘역에 유인(孺人) 순흥안씨(純興安氏)와 합폄(合窆)이다.

### ⑨ 전의이씨(全義李氏)

한창군(韓昌君) 참판공(參判公) 이경함의 초배, 한신이씨묘역 C지구 金堤公(諱 廷龍) 묘소 좌록 하단에 후배 전주최씨(全州崔氏)와 쌍폄이다.

### ⑩ 전주최씨(全州崔氏)

한창군(韓昌君) 참판공(參判公) 이경함의 후배, 분당중앙공원 한산이씨묘역 A지구 金堤公(諱 廷龍) 묘소 좌록 하단에 9)항 전의이씨(全義李氏 )와 쌍폄이다.

### ⑪ 안동권씨(安東權氏)

한창군(韓昌君) 참판공(參判公) 이경함의 후배, 분당중앙공원 한산이씨묘역 C지구 佐郎公(諱 慶流) 묘소 하단에 위치해 있다.

### ⑫ 李慶流(이경류 : 兵曹佐郎公 1564-1592)[10)]

조부(祖父)는 한평군(諱 之菽)이고, 부친 아천군(諱 增)의 5남 중 4남으로 태어났다. 1591년 식년을과(式年乙科)에 합격하고, 이듬해(1592년) 병조좌랑(兵曹佐郎)에 승전하였으며 임진왜란(壬辰倭亂)이 발발하자 조방장(助防將)

10) 『朝鮮王朝實錄』 『宣祖修正實錄』 26권, 1592년(선조 25년 4월 14일 계묘 8번째 기사 ) … 從事官 弘文校理 朴箎・尹暹, 防禦使從事官兵曹佐郎 李慶流, 判官 權吉 皆死. 鎰 與一軍官, 一奴子裸身行走到 聞慶, 狀啓待罪, 還踰 鳥嶺, 趨 申砬 軍.

변기(邊璣)의 종사관(從事官)으로 참전(參戰)한 상주전투(尙州戰鬪)에서 장렬히 순절(殉節)하였다. 순절(殉節) 후 그 충성심을 높이 평가하여 도승지(都承旨) 직제학(直提學)에 증직되었으며 정려(旌閭)가 하사(下賜)되었다.

묘소는 성남시 분당구 수내동 산1-2 분당중앙공원 내 한산이씨묘역에 있으며, 묘소 하단에는 公의 충마총(忠馬塚)이 조성되어 있다.

### ⑬ 횡성조씨(橫城趙氏)

佐郎公(諱 慶流)의 배위, 묘소는 좌랑공의 묘소 우측 별록(別麓) 간좌(艮坐)에 있다.

### ⑭ 李 穫(이확 : 玄風公 1583-1658)

조부(祖父)는 鵝川君(諱 增)이고, 부친 생원공(諱 慶洪)의 장남으로 태어났다. 관직은 1615년 사마시(司馬試)에 합격하고, 정삼품 통훈대부(通訓大夫) 현풍현감(玄風縣監)과 대구진영 병마동첨절제도위(大邱鎭營 兵馬同僉節制都尉)를 역임하였다.

묘소는 성남시 분당구 수내동 산1-2 분당중앙공원 내 한산이씨묘역에 숙부인 전주이씨(全州李氏), 숙부인 동래정씨(東萊鄭氏)와 3位 합폄(合窆)이다.

### ⑮ 李廷龍(이정룡 : 金堤公 1629-1689)

조부(祖父)는 佐郎公(諱 慶流)이고, 부친 부사공(諱 穧)의 차남이다. 字는 몽경(夢卿), 벼슬은 정삼품 당하관 통훈대부(通訓大夫)로 관직은 외직으로 문화현감, 김제군수, 온양군수 등을 역임하였다.

전주진관병마첨절제사(全州鎭管兵馬僉節制使)를 지냈으며, 가선대부(嘉善大

夫) 이조참판(吏曹參判) 겸 동지의금부사(同知義禁府事) 오위도총부부총관(五衛都摠府副摠管)에 증직되었다.

묘소는 성남시 분당구 수내동 산1-2 분당중앙공원 내 한산이씨묘역에 증 정부인(贈 貞夫人) 제주양씨(濟州梁氏)와 합폄(合窆)이다.

### ⑯ 李 漢(이 한 : 處士公 생졸년도 미상)

韓平君(諱 之蔵)의 5대손으로 첨지중추부사(僉知中樞府事) 경부(慶溥) 공의 증손이며, 통덕랑(通德郞) 정규(廷葵)공의 장남이다.

### ⑰ 李 澳(이 오 : 富平公: 1659-1720)

鵝川君(諱 增)의 현손(玄孫)이며 부친 金堤公(諱 廷龍)의 장남으로 태어났다. 字는 섬백(贍伯), 사마시(司馬試)에 합격하고, 벼슬에 진출하여 정삼품 당하관 통훈대부(通訓大夫)로 영양군수(英陽郡守)와 부평부사(富平府使)를 역임하였다.

묘소는 성남시 분당구 수내동 산1-2 분당중앙공원 내 한산이씨묘역 좌록(左麓)에 숙인(淑人) 남양홍씨(南陽洪氏) 및 죽산안씨(竹山安氏)와 三位 합폄(合窆)이다.

### ⑱ 李 浹(이 협 : 1664-1698)

鵝川君(諱 增)의 현손(玄孫)으로 부친 金堤公(諱 廷龍)의 3남으로 태어났다. 字는 숙화(叔和), 1689년 사마시(司馬試)에 합격하였다.

아들인 문청공(文淸公) 이병태(李秉泰)를 워종시킨 공훈으로 가선대부(嘉善大夫) 이조참판(吏曹參判)에 증직되었으며, 문청공이 청백리(淸白吏)에 녹훈

(錄勳)되자 자헌대부(資憲大夫) 이조판서(吏曹判書)에 추증되었다.

묘소는 성남시 분당구 수내동 산1-2 분당중앙공원 내 한산이씨묘역의 좌랑공묘 후록(後麓) 간좌(艮坐)에 贈 정부인 청주한씨(淸州韓氏)와 합폄(合窆)이다.

⑲ 이 집(李 潗 : 監使公 1670-1727)

鵝川君(諱 增)의 현손(玄孫)으로 부친 金堤公(諱 廷龍)의 4남으로 태어났다. 字는 계통(季通), 號는 한주(韓州)이며, 1699년(숙종 25) 사마시(司馬試)에 합격하여 1703년(숙종 29) 음직으로 목릉침랑(穆陵寢郞)에 제수되었다. 1725년 증광문과(增廣文科)에 乙科로 합격하여 정삼품 당하관 통훈대부(通訓大夫)로 해주목사(海州牧使)를 지내고, 이듬해 황해도관찰사(黃海道觀察使) 겸 병마수군절도사 순찰사(兵馬水軍節度使 巡察使)에 전임되어 민생구제에 부단한 노력을 쏟았으며 1727년(영조 3) 임지에서 서세하였다.

묘소는 성남시 분당구 수내동 산1-2 분당중앙공원 내 한산이씨묘역의 한성군(韓城君) 묘하 간좌(艮坐)에 숙부인(淑夫人) 기계유씨(杞溪兪氏)와 합폄(合窆)이다.

⑳ 李秉泰(이병태 : 文淸公 1688-1735)

字는 유안(幼安), 號는 동산(東山)이다. 鵝川君(諱 增)의 5대손으로, 조부는 증(贈)이조참판 諱 정룡(廷龍) 공이고, 증(贈) 이조판서 이협(李浹) 공의 장남이다.

1723년에 증광문과(增廣文科)에 급제하고, 1727년 예조참의와 호조참의, 이조참의, 홍문관 부제학(副提學)을 역임하였으며, 1731년 합천(陜川)군수 재임

시 선정(善政)을 베푼 공덕으로 합천군민들이 생사당(生祠堂)[11]을 세워 춘추로 제향하였다.

1796년 청백리(淸白吏)[12]에 녹선되었고, 사후(死后) 자헌대부(資憲大夫) 이조판서 대제학에 증직되었다.

묘소는 성남시 분당구 수내동 산1-2 분당중앙공원 내 한산이씨묘역의 진사공묘 우록(右麓) 자좌(子坐)에 贈 정부인 반남박씨(潘南朴氏)와 贈 정부인 진주유씨(晉州柳氏)와 쌍폄(雙窆)이다.

### ㉑ 李秉恒(이병항 : 直長公 1691-1732)

字는 유구(幼久)이고 鵝川君(諱 增)의 5대손으로 조부는 증(贈) 吏曹參判 金堤公(諱 廷龍)이며, 부친 吏曹參判 이협(李浹) 공의 차남이다.

1719년 司馬兩試에 합격하여 직장(直長)을 역임하였으며, 배위는 판관(判官) 남구정(南九鼎)의 따님 남양홍씨(南陽洪氏)이다.

### ㉒ 李秉健(이병건 : 正郎公 1696-1742)

鵝川君(諱 增)의 5대손으로, 조부는 증(贈) 이조참판 金堤公(諱 廷龍)이고 관찰사 이집(李潗) 공의 아드님이다. 1719년 사마시(司馬試)에 합격하여 진사(進士)가 되었고, 1735년 호조정랑을 역임하였으며 경상도 지례(知禮)현감을 거친 후, 가선대부 이조참판에 추증(追贈)되었다.

묘소는 성남시 분당구 수내동 산1-2 분당중앙 공원 내 한산이씨묘역에 있다.

---

11) 생사당(生祠堂) : 감사, 현령 등 지방 관아의 수장이 재임 중 선정을 베풀어서 백성들이 그가 살아 있을 때부터 공덕을 칭송하여 세운 사당을 말하며 사후에도 제사를 모시는 곳이다.

12) 청백리(淸白吏) : 조선시대 의정부의 6조와 경조의 정,종 2품 이상의 당상관과 사헌부, 사간원의 수장들의 추천에 의해 선정되어 청렴한 관리의 표상으로 삼던 벼슬아치를 말한다.

### ㉓ 李德重(이덕중 : 副提學公 1702-1748)[13]

鵝川君(諱 增)의 6대손으로, 조부는 이조참판 이택(李澤) 공이며, 증(贈) 이조참판 이병겸(李秉謙)의 장남으로 字는 자이(子彝)이다.

1727년 사마시(司馬試)에 합격하고 1730년 정시(庭試) 문과병과(文科丙科)에 급제하여 여러 벼슬을 거친 후 정삼품 당하관인 통훈대부(通訓大夫) 홍문관부제학(弘文館副提學)을 지냈으며 이조참판에 증직되었다.

묘소는 성남시 분당구 수내동 산1-2 분당중앙공원 내 한산이씨묘역의 좌랑공묘 좌측 임좌(壬坐)에 숙부인 풍산홍씨(豐山洪氏)와 합폄(合窆)이다.

### ㉔ 李獻重(이헌중 : 參判公 1711-1742)

鵝川君(諱 增)의 6대손으로 청백리(淸白吏) 문청공(文淸公) 이병태(李秉泰) 공의 양자(養子)가 되었으며, 생부(生父)는 이병항(李秉恒) 공이다. 부친의 후광과 영조(英祖)의 특임음보(特任蔭補)로 환로(宦路)에 나아가 정삼품 당하관 통훈대부(通訓大夫) 양성현감(陽城縣監)을 역임하였다. 아들인 대영(大永)의 수(壽)함에 가선대부(嘉善大夫) 이조참판(吏曹參判)에 증직되었다.

묘소는 성남시 분당구 수내동 산1-2 분당중앙공원 내 한산이씨묘역의 문청공(文淸公) 묘하 간좌(艮坐)에 증 정부인 안동김씨(安東金氏)와 합폄(合窆)이다.

### ㉕ 李山重(이산중 : 軍資監正公 1717-1775)

字는 자정(子靜), 鵝川君(諱 增)의 6대손으로, 부친 호조정랑(戶曹正郞) 諱

13) 『朝鮮王朝實錄』 『英祖實錄』 50권, 1739년(영조 15년 12월 1일 계유 1번째 기사) 朔癸酉/以許沃爲司諫, 李成中爲正言, 李齊聃爲掌令, 鄭實爲持平, 李德重爲應敎, 洪啓裕爲修撰, 申思喆爲禮曹判書.

병건(秉健) 공의 3남 중 장남이다. 음보(蔭補)로 환로(宦路)에 나아가 정삼품 당하관 통훈대부(通訓大夫)로 군자감정(軍資監正)을 역임하였다.

아들과 손자의 귀(貴)함에 자헌대부(資憲大夫) 이조판서(吏曹判書) 겸 지의금부사(知義禁府事) 오위도총부도총관(五衛都摠府都摠管)에 증직되었다.

묘소는 성남시 분당구 수내동 산1-2 분당중앙공원 내 한산이씨묘역의 봉화공묘 서별록(西別麓) 간좌(艮坐)에 贈 貞夫人 안동김씨(安東金氏)와 합폄(合窆)이다.

### ㉖ 南陽洪公(諱 晬元)과 配位 韓山李氏

남양홍공(南陽洪公, 諱 晬元)의 字는 건초(建初), 병자호란 시 결사항전을 주장하여 청나라에 끌려가 처형당한 삼학사 중의 한 분인 충정공(忠正公) 화포(花浦) 홍익한(洪翼漢)의 장남으로 태어났다. 어려서부터 효성이 지극하였으며 부친의 종기가 악화되자 고름을 입으로 빨아내어 낫게 하였다고 전해진다.

1637년(인조 14) 1월 25일 청군(淸軍)의 습격 시 보친을 보호하려다가 부인 한산이씨와 함께 순절하였으며 자손이 없는 관계로 처가인 현 수내동 중앙공원 내 한산이씨묘역에 안장되었다. 그의 장인인 玄風公(諱 穫)과 한산이씨 문중의 배려로 안장을 허락한 것으로 보이며, 묘소는 현풍공 묘소의 좌록(左麓)에 위치해 있다.

## (4) 韓山李氏 奉化公(諱 長潤) 후손들의 墓所 世系圖(2)

본 유적(墓所와 각종 石物)은 17세기 후반부터 19세기 중반때까지 한산이씨 수내동 유적지(영장산 일대) 경내에 있었던 유적들이었으나, 1989년 분당신도시 건설로 유적지 일부가 신도시건설 부지로 편입됨에 따라 부득이 다른 지방(지역)으로 이전하였다.

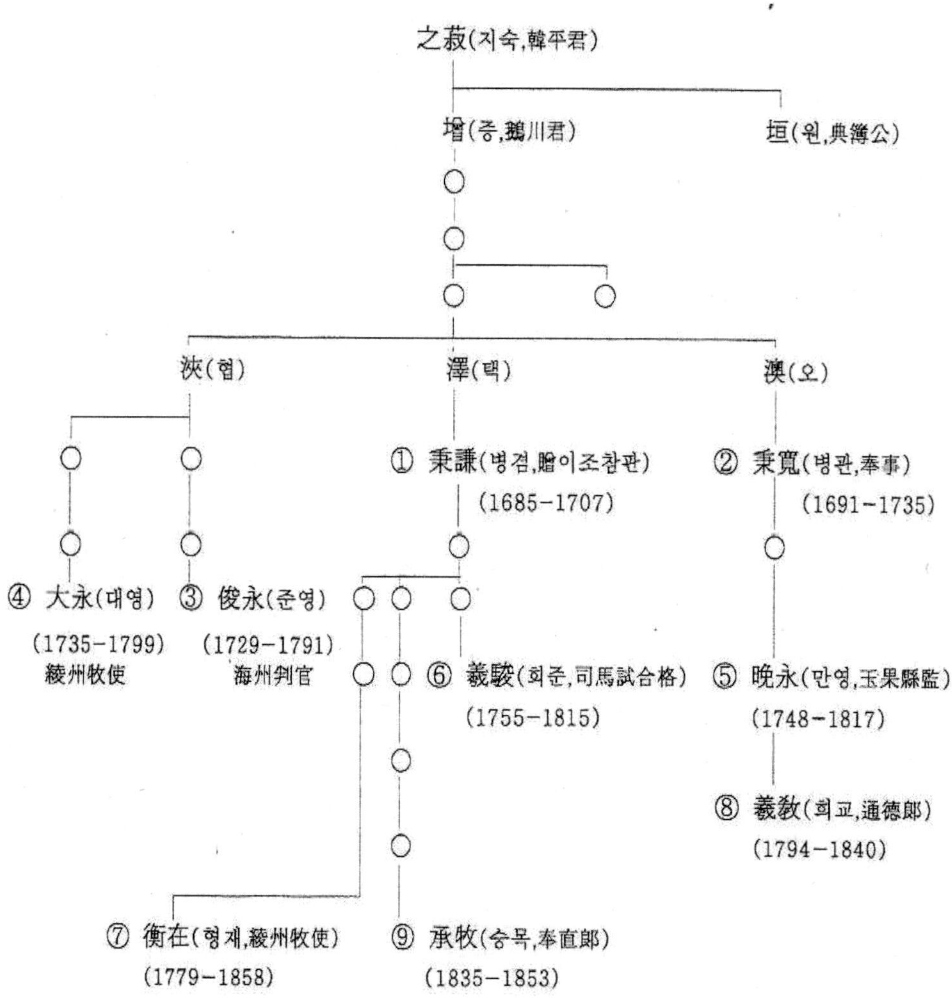

① 이병겸(李秉謙 : 1685-1707)

鵝川君(諱 增)의 5대손으로, 조부는 증(贈) 이조참판 金堤公(諱 廷龍)이고, 부친 이조참판 이택(李 澤) 공의 장남이다. 관직은 음보(蔭補)로 증(贈) 가선대부(嘉善大夫) 이조참판(吏曹參判)을 제수받았다.

묘소는 성남시 분당구 수내동 산1-2 분당중앙공원 내 한산이씨묘역에 정부인(貞夫人) 해평윤씨(海平尹氏)와 합폄(合窆)이다.

② 이병관(李秉寬 : 1691 - 1735 )

鵝川君(諱 增)의 5대손으로 金堤公(諱 廷龍)의 손자이고 부평부사(富平府使)를 지낸 諱 오(澳)의 차남이다.

字는 군빈(君賓), 벼슬은 종8품 승사랑(承仕郎)으로 봉사(奉事)를 지냈다. 묘소는 성남시 분당구 수내동 산 1-2. 분당중앙공원 내 한산이씨묘역에 배천조씨(白川趙氏)와 자좌(子坐)에 합폄(合窆)이다.

③ 이준영(李俊永 : 1729-1791)

鵝川君(諱 增)의 7대손으로, 조부는 경상도 관찰사 諱 병태(秉泰) 이며, 부친 양성현감 諱 헌중(獻重)의 장남이다. 관직은 해주판관(海州判官)을 역임하였다. 묘소는 성남시 분당구 수내동 산 1-2. 분당중앙공원 내 한산이씨묘역에 연일정씨(延日鄭氏)와 합폄(合窆)이다.

④ 이대영(李大永 : 1735-1799)

아친군 諱 증(增)의 7대손으로, 생부(生父) 현감 諱 헌중(獻重)의 차남으로 태어나 諱 병항(秉恒)의 손자(孫子)로 입계(入系)하였고, 관직은 음보(蔭補)로 정3품 통훈대부 능주목사(綾州牧使)를 역임하였으며, 수직(壽職)으로 종2품 가정대부(嘉靖大夫) 동지중추부사(同知中樞府事)가 되었다.

묘소는 성남시 분당구 수내동 산 1-2. 분당중앙공원 내 한산이씨묘역에 은진송씨(恩津宋氏)와 합폄(合窆)이다.

⑤ 이만영(李晩永 : 1748-1817)

아천군 諱 증(增)의 7대손으로, 조부는 청주목사 諱 병정(秉鼎)이고 부친 諱 흥중(興重)의 장남이다. 字는 성지(成之), 1795년 사마시(司馬試)에 합격하고 옥과현감(玉果縣監)을 역임하였다. 묘소는 성남시 서현동 通路谷 乾坐에 있다.

⑥ 이희준(李羲駿 : 1755-1815)

鵝川君(諱 增)의 8대손으로, 조부는 부제하(副提學) 諱 더중(德重)이고 생부는 諱 주영(胄永)이고 부친 諱 한영(漢永)의 후계로 입계(入系)하였다. 1783년 사마시(司馬試)에 합격하였다. 묘소는 성남시 양현리 계좌(癸坐)에 있다.

⑦ 이형재(李衡在 : 1779-1858)

鵝川君(諱 增)의 9대손으로, 증조부는 부제학(副提學) 諱 덕중(德重)이고, 부친 諱 희린(羲鱗)의 장남으로 태어났다. 1807년 사마시(司馬試)에 합격하고 관직은 능주목사(綾州牧使)를 역임하였으며 통정대부 (通政大夫)로 돈령부(敦寧府) 도정(都正)을 지냈다.

묘소는 성남시 서현동 돈서촌 신좌(辛坐)에 배위 연안김씨(延安金氏), 전주유씨(全州柳氏)와 합폄(合窆)이다.

⑧ 이희교(李羲教 : 1794-1840)

鵝川君(諱 增)의 8대손으로, 증조부는 諱 병정(秉鼎)이고, 조부는 흥중(興重)이며, 계부(系父)는 諱 만영(晩永)이다. 字는 유인(維人), 1839년 별시(別試) 병과(丙科)에 합격하고, 관직은 정5품 홍문관교리(弘文館校理)를 역임하였다. 묘소는 성남시 서현동 통로곡(通路谷) 묘좌(卯坐)에 있다.

⑨ 이승목(李承牧 : 1835-1853)

鵝川君(諱 增)의 10대손으로, 고조(高祖)는 諱 덕중(德重)이고, 부친 諱 정재(定在)의 후계(後系)로 입계(入系)하였다. 字는 순명(舜命), 관직은 음보(蔭補)로 정5품 봉직랑(奉直郎)으로 의금부도사(義禁府都事)를 역임하였다.

### (5) 각종 비석과 석조물 및 기타 기념유적 현황

#### ① 韓山李氏 奉化公 以下 三世遺事碑(1728년 건립)[14)]

#### ② 鵝川君(諱 增)[15)] 不祧廟(祠堂 1612년 건립)[16)]

1600년(선조 33) 별세 후 의정부 영의정에 추증되었으며 시호(諡號)는 의간(懿簡)이다. 1612년 불천위(不遷位)로 지정되어 사당을 지어서 위패를 모신 후 지금까지 매년 음력 10월 14일에 제향을 올리고 있다.

분당신도시 개발 당시 1994년에 노후된 사당을 중건하였으며, 사당 규모는 정면 3칸, 측면 2칸의 맞배지붕 구조이며, 좌우에 풍벽(風壁)을 설치하고 마루가 있다. 사당 정면에는 '숭모문(崇慕門)'이라는 현판이 걸린 솟을삼문이 있고 주위에 담장을 둘렀다. 사당 중앙에는 '부조묘(不祧廟)'[17)]라는 현판이 걸려 있는데 '부조묘' 위에 작은 크기의 전서(篆書)로 '아천부원군(鵝川府院君)'이라고 쓰여 있다.

1997년 6월 아천군의 증조부인 봉화공(휘 장윤)의 묘표와 상석이 한 광인(狂人)에 의해 파손되어 이를 부조묘 경내에 옮겼으며, 그 중 파손된 묘표는 개수 후 성남문화원 정원으로 이전하여 보존되고 있다.

매년 음력 10월 14일 정오에 한산이씨 鵝川君派 宗會에서 기제(忌祭)를 올

---

14) 제2장 3부 봉화공 이하 삼세유사비의 역사적 고찰 참조.

15) 『朝鮮王朝實錄』『宣祖實錄』91권, 1597년(선조 30년 8월 22일, 경진 )2번째 기사. 以尹自新爲工曹判書, 李增爲 鵝川君, 李軸爲 漢城府判尹, 宋錫慶爲侍講院說書, 鄭弘翼爲藝文館檢閱.

16) 鵝川君(諱 增) 행장은 신도비 명문 참조.

17) 부조묘(不祧廟) : 불천위(不遷位) 제사의 대상이 되는 신주를 둔 사당. 본래 4대가 넘는 조상의 신주는 사당에서 꺼내어 땅에 묻어야 하지만 나라에 공훈이 있는 사람의 신위는 왕의 허락으로 옮기지 않아도 되는 불천지위(不遷之位)가 된다. 따라서 불천지위가 된 대상은 위패를 사당에 계속 두면서 기제사를 지낼 수 있다.

리고, 음력 5월 29일 정오에는 배위 증(贈) 정경부인(貞敬夫人) 경주이씨(慶州李氏)의 기제를 올린다.

③ 鵝川君(諱 增) 神道碑(1695년 건립)

鵝川君(諱 增, 1525~1600년), 고려 말 성리학자(性理學者)이며 삼은(三隱) 중 한 분으로 추앙되는 목은(牧隱) 이색(李穡)의 7대손으로 韓平君(諱 之蕤)의 차남, 호(號)는 북애(北崖)이다. 1589년(선조 22) 정여립(鄭汝立)의 모반사건(謀叛事件)을 평정한 공으로 평난공신(平亂功臣) 3등에 책훈(策勳)되어 아천군(鵝川君)에 봉해졌다. 1590년 이조참판에 이어 대사헌, 형조판서, 예조판서, 공조판서 등을 역임하였으며 영의정(領議政), 아천부원군(鵝川府院君)에 증직(贈職)되었다. 현존하는 저서로는 북애집(北崖集)이 있고, 시호(諡號)는 의간(懿簡)이다. 비(碑)는 1695년(숙종 21)에 건립되었으며, 비문(碑文)은 병조판서(兵曹判書) 정두경(鄭斗卿)이 짓고, 이진휴(李震休)가 쓰고, 윤덕준(尹德駿)이 전액(篆額)하였다. 공원관리소 오른편에 부조묘(不祧廟)가 있다.

▣ 李增 神道碑

· 建立 年度 : 1695년(숙종 21)
· 撰書篆 : 鄭斗卿 撰, 李震休 書, 尹德駿 篆
· 所在地 : 수내동 중앙공원 한산이씨 문화재 구역 내

碑文

有明朝鮮國 贈大臣輔國崇祿大夫議政府領議政 兼 領經筵弘文館藝文館春秋館

觀象監事 世子師鵝川府院君謚毅簡公行推忠奮義平難功臣 正憲大夫禮曹判書兼知義禁府事五衛都摠府都摠管 鵝川君李公神道碑銘幷序

嘉善大夫兵曹判書兼 弘文館提學 鄭斗卿 撰

外五代孫 嘉義大夫禮曹參判兼 同知義禁府事 李震休 謹書

外五代孫 資憲大夫吏曹判書兼知義禁府事 同知經筵春秋館事 五衛都摠府都摠管 世子右賓客 尹德駿 謹篆

韓山人水部員外郎李澶託王父墓銘按公諱增字可謙號北崖生于嘉靖乙酉二十五擧司馬三十六登第補承文正字後除弘文正字考履歷六曹則歷戶兵刑禮吏郎王堂則歷正字博士修撰校理憲府則歷持平諫院則歷正言獻納外任則拜咸鏡道北評事及京畿都事奉命則戊辰天使時拜遠接從事庚辰聖節使赴京癸酉一日六遷自吏曹正郎歷檢詳舍人執義典翰直提學至承旨超自爲通政大夫在通政內歷兵戶刑三曹參議判決事都承旨外歷黃海忠清全羅慶尙四道觀察使慶尙則病不赴乙酉超資爲嘉善大夫後又超嘉義大夫在嘉善嘉義歷刑禮吏三曹參判漢城左右尹副提學大司憲同義禁府事己丑以諫長叅鞫汝立獄典務平反人多稱之庚寅策勳平難三等封鵝川君辛卯冬拜刑曹判書超爲資憲大夫後又超正憲大夫在資憲正憲歷刑禮工三曹判書議政府左右參贊癸巳新經大亂國事初創公職宗伯憲章禮儀燦然有可觀者庚子十月卒春秋七十六訃聞上震悼輟朝遣官致祭命復亂前禮葬之典贈大臣輔國崇祿大夫議政府領議政鵝川府院君辛丑二月葬于廣州突馬里從先塋也配貞敬夫人慶州李氏新羅元勳謁平之後司直夢黿之女也舅姑以孝遇親戚以恩訓子孫嚴而有法晩從諸子于郡縣務簡省費邑人皆頌其德後公三十年壬子卒春秋八十二祔公墓左公爲人正直不阿在弘文正字忤權奸左遷北幕性于淸儉不治家産位致宰列自奉如寒士孝友出天辛酉外艱丙子內艱哀毁盡禮皆廬墓三季其孺慕終身不衰生日不設宴食新必待白氏典簿公食而食弟妹窮之者皆依歸洟焉遇國忌雖遠代輒食素朋友喪而不肉至老不已少負文名登第除拜必帶知製敎天使至從事儐相時文士甚

衆望皆屬公未嘗以此自多三拜大司成皆不仕曰國子師儒非淺學可堪識者多其謙退甲午儕流見誣救者被斥雖心知寃者畏莫敢言時公子慶涵爲掌令稟公去就勉直言不諱禍機少止前壬辰六七歲倭勢甚橫趙憲上疏陳制倭之策請召成渾朴淳洪聖民李俊民及他數公預講籌畫以備後患公名亦與其見重一世繫國家安危如此公牧隱七世孫也考諱之蕤宗廟署令贈吏曹判書祖諱秩韓城君曾祖諱長潤奉化縣監贈吏曹判書高祖諱堣大司成贈參判皆公策勳贈也妣善山金氏進士弼臣之女也公生五男二女男曰慶洪生員娶士人安濂女曰慶涵參判娶察訪權悟女曰慶深統制使娶縣令李潤女曰慶流兵曹佐郎娶僉知趙遴女曰慶浞嘉善郡守娶節度使徐得運女女長適判官柳諲次適通政縣監李繼側室子慶河典醫監參奉慶洪生一男穫縣監三女適生員朴由孚進士宋希得左尹金守玄慶涵無子子弟之子澶慶深生一女適文科通政府使李志定側室子和萬戶慶流生一男穧文科通政府使二女適別坐權儇通政牧使金孝誠慶浞生三男長業士人次澶文科正郎卽後於參判者也次渙士人六女適進士申大業生員李時烱縣監兪得曾通政縣令安應昌士人辛柔進士趙文馨柳諲三男景纘武判官景緝觀察使景紹府使李繼二男孝伯通政孝叔士人女適嘉善府使李宗一穫無子以業子潤雨後穧二男廷夔魁科大司諫廷龍士人業三男時雨士人商雨進士潤雨士人卽繼於穫子也澶一男瑞雨士人渙一男行雨士人內外曾玄孫三百二十餘人亦盛矣壬辰變佐郎公爲助防將從事戰死尙州大駕卒西向百僚多後者公馳到高陽聞子訃驚慟氣絶亦後每恨後從西向必痛哭流涕秋間詣行在拜大司憲令廷夔仕路甚顯豈天與忠烈有此報耶銘曰牧隱之後世有令名逮于七葉北崖挺出猗歟北崖實邦之楨羽儀王庭極顯極榮三讓不受職大司成讓出中心得謙之鳴利涉大川實惟謙享壽七十六位在正卿子五丈夫盛莫與京不其多福鬼神害盈突馬之原是公先塋刻此墓銘永垂厥聲歲己亥東溟鄭公撰是銘判校族祖與伯父謀刻未就爲後孫恨五兄凍與弟兄弟修小宗稧略有錢財用此具石會仲兄澤尹玆土始經理以崇禎後再乙未十月立銘後子孫多未銘又或陞職玆並識又後穫女洪晬元澶判校女申泉穧女司評朴昇後金桄參奉卞搏沈若湖業女李時胤鄭勃潤雨男溥參奉瑞雨男洞縣令濂廷夔吏曹參判男濱奉事滓郡守沆

女進士尹揩監司尹攀徐文濟副提學金萬吉生員徐宗普廷龍郡守男澳縣監澤文科府尹浹進士溎府使女朴泰正時雨男濷武科瀹湜女參奉沈榎金碩佐商雨郡守後公再從弟鳴谷公山甫男淵奉事涑郡守行雨男湙女朴成進溥男秉一二幼泂男秉迪秉德秉直秉福濂子秉德湞男秉元秉益滓男秉哲參奉沆男秉常吏曹正郎澳男秉鼎參奉秉觀一幼澤男秉謙浹男秉泰生員秉恒溎男秉健檍繼子秉文淵男秉天涑男秉淵縣監秉成佐郞湙男秉彦世重道重秉元出一幼泰重秉益出華重台重箕重秉哲出二幼纘重秉天出恒重秉淵出一幼秉一三男秉鼎二男秉德秉常秉謙秉恒秉文秉成各一男泰重纘重各一男皆幼若庶派慶河無後稷側出廷芝生河涉澹廷茂生滌泳洙纏側殷雨生澈湋和男廷芳生演先考側出泌若外裔繁不盡載寫序銘者李志定曾孫也寫篆及識者尹攀男也玄孫溎謹識

번역문

유명조선국 증대광보국 숭록대부 의정부영의정 겸 영경연 홍문관 예문관 춘추관 관상감사 세자사 아천부원군 시의간공 행 추충분의 평난공신 정헌대부 예조판서 겸 지의금부사 오위도총부도총관 아천군 이공 신도비명 병서 가선대부 병조참판 겸 홍문관제학 정두경(鄭斗卿)은 글을 짓고 외 5대손 가의대부 예조참판 겸 동지의금부사 이진휴(李震休)는 삼가 글을 썼으며 외 5대손 자헌대부 이조판서 겸 지의금부사 동지경연 춘추관사 오위도총부도총관 세자우빈객 윤덕준(尹德駿)은 삼가 전액(篆額)하다.

한산인 수부원외랑 이전이 그의 조부의 묘명을 부탁해왔다. 살펴보건대 공의 諱는 증(增)이요 자(字)는 가겸(可謙)이며 호(號)는 북애(北崖)이다. 1525년(중종 20)에 출생하여 25세에 사마시에 합격하였으며, 36세에는 과거에 급제하여 승문원정자에 보임되었고, 그 후 홍문관정자에 제수되었다.

공의 이력을 살펴보면 6조(六曹)에서는 호조 병조 예조 이조의 랑(郎)을 두루 역임하였으며, 홍문관에서는 정자 박사 수찬 교리를 역임하고 사헌부에서는 지평(持平)을 사간원에서는 정언(正言)과 헌납(獻納)을 역임하였다. 외직(外職)으로 나아가서는 함경북도 평사와 경기도사를 역임하였다.

왕의 명을 받든 것으로는 1568년(선조 1) 명나라 사신이 왔을 때 원접사종사관(遠接使從事官)을 배수받았으며, 1580년(선조 13)에는 성절사(聖節使)로 명나라에 다녀왔다. 1573년(선조 6)에는 하루 동안 관직을 여섯 차례 옮기며 이조정랑으로부터 검상 시인 집의 전한 직제학을 역임하였고 승지에 이르렀으며 품계가 통정대부에 올랐다.

통정의 품계에 있을 때 조정 내에서는 병조, 호조, 형조 등 3조(三曹)의 참의와 판결사 도승지를 지냈으며, 외직을 나아가서는 황해, 충청, 전라, 경상 등 4도의 관찰사를 지냈으나 경상도에는 병으로 부임하지 못했다.

1585년(선조 18) 가선대부로 승진하였으며 그 후 가의대부로 승진하였다.

가선과 가의의 품계에 있을 때에는 형조, 예조, 이조 3조의 참판과 한성좌우윤, 부제학, 대사헌, 동의금부사를 역임하였고, 1589년(선조 22)에는 대사간으로서 정여립(鄭汝立)의 옥사를 국문하는데 참여하여 난을 평정하는데 힘써 사람들이 모두 칭송하였다.

1590년(선조 23) 평난공신 3등에 책훈되었으며 아천군(鵝川君)에 봉해졌다.

1591년(선조 24) 겨울에는 형조판서에 배수되었고 품계가 자헌대부로 올랐고 곧이어 정헌대부로 승진하였다.

품계가 자헌 정헌에 있을 때에는 형조 예조 공조의 판서와 의정부좌우참찬을 두루 역임하였다. 1593년(선조 26) 임진왜란 와중에 예조판서로 있으면서 전란으로 사라진 헌장(憲章)과 예의(禮儀)를 다시 세우는 등 가히 눈부신 공적을 쌓았다.

1600년(선조 33) 10월 돌아가시니 춘추 76세이다.

부음을 듣고 왕께서는 놀라며 슬퍼하시어 조회를 중지시키고 관원을 보내어 제문과 제물을 내렸으며 임진왜란 이전의 예장과 법전을 회복시키라는 명을 내리면서 대광보국숭록대부 의정부영의정 아천부원군에 증직하였다.

1601년(선조 34) 2월 광주 돌마리에 있는 선영에 장사를 지냈다.

부인 증 정경부인 경주이씨는 신라(新羅)의 원훈(元勳)인 알평(謁平)의 후손인 사직 몽원(夢黿)의 따님이다. 시부모를 섬김에 있어 효를 다하고 친척들에게는 은혜로 대하였으며 자손들을 가르침에는 엄하게 하였으니 모두 법도에 합당하였다. 나이가 들어 여러 아들들을 좇아 지방으로 나갔을 때 정사는 간략히 하면서 비용을 줄이는데 힘쓰도록 하니 고을 사람들이 모두 그 덕을 칭송하였다.

공보다 13년 후에 돌아가시니 춘추 82세로 공의 묘소 왼쪽에 합장하였다. 공의 사람됨은 정직하였고 아첨하지 않아 홍문관정자로 있을 때 권간의 미움을 받아 북쪽 지방 군현으로 좌천되기도 하였다. 성품 또한 청렴 검소하여 가산을 다스리지 않아 벼슬이 재상의 반열에 있었으나 스스로 가난한 선비처럼 살았다.

효성과 우애는 하늘로부터 타고난지라 신유년(辛酉年) 부친의 상과 병자년 모친의 상을 당함에 슬퍼하며 예를 다하였고 모두 3년씩 여묘(廬墓)하였으며, 그 사랑하고 사모하는 마음을 죽을 때까지 잊지 않았다.

생일을 맞이하여서도 잔치를 열지 않았으며, 별식(別食)이 있으면 반드시 맏형 전부공(典簿公)을 기다려 함께 먹었다. 또한 아우와 누이들 중 궁핍한 자들은 모두 공에게 의지하였다.

나라의 기일을 당해서는 비록 아득한 조상이라 할지라도 소식(小食)을 하였으며 친구의 상을 당해서는 고기를 먹지 않았으며 이는 연로해서도 변함이 없었다.

어려서부터 글을 잘하여 이름을 떨쳤으며 과거에 급제하여 벼슬을 제수받았을 때는 반드시 지제교(知製敎)[18]를 겸하였다.

명나라 사신이 왔을 때 원접사종사관(遠接使從事官)으로 임명되었는데 이때 모든 문사들로부터 신망을 받음에 있어서 절대 자만하지 않았다. 세 번씩이나 대사성에 배수되었으나 성균관의 책임자는 비천한 학문을 가진 자신이 감당할 직책이 아니라고 사양하였으니 식견이 있는 자들은 그 겸손함을 아름답게 여겼다.

1594년(선조 27) 동년배들이 무고를 당하여 이를 비호하려는 자까지 배척을 당하므로 누구도 그 억울함을 말하는 자가 없었다. 이때 공의 아들 경함(慶涵)은 장령으로 있으면서 공에게 거취를 묻자 직언하기를 꺼려하지 말 것을 권하니 화(禍)의 기미가 수그러져버렸다.

임진왜란이 일어나기 6, 7년 전 왜의 기세가 매우 횡포함에 조헌은 왜의 세력을 억제할 계책을 청하는 상소를 올렸다. 이때 왕께서는 성혼, 박순, 홍성민, 이준민 등 여러 사람을 불러 그 대책 마련을 토의에 부쳤는데 공의 이름 또한 여기에 포함되어 있었으니 국가의 안위에 연계됨이 이와 같았다.

공은 목은 선생의 7세손으로 아버지 諱 지숙(之菽)은 종묘서령(宗廟署令)을 지내고 이조판서에 증직되었고 조부 諱 질(秩)은 한성군(韓城君)이다.

증조부 諱 장윤(長潤)은 봉화현감을 지냈으며, 이조판서에 증직되었고 고조부 諱 우(堣)는 대사성을 지내고 참판에 증직되었으니 이들 직책은 공의 책훈에 의한 것이다.[19]

공의 모친 선산김씨는 진사 필진의 따님이다.

---

18) 지제교(知製敎) : 조선 시대에 왕에게 교서(敎書) 따위의 글을 기초하여 바치는 일을 맡아보던 벼슬. 고려시대의 지제고를 고친 것으로, 내지제교와 외지제교로 나뉜다.

19) 奉化公(諱 長潤)의 吏曹判書(正二品) 증직은 수증자(受贈者)와 수훈자(受勳者)가 증조-증손의 관계일 경우 수훈자가 영의정(領議政 正一品)이어야 하므로 이는 公(鵝川府院君)의 재종제(再從弟)이며 영의정을 역임한 鵝溪相公(諱 山海)의 책훈에 의한 것으로 보인다.

공은 5남 2녀를 낳았는데 장남 경홍(慶洪)은 생원으로 사인 안염(安濂)의 따님에게 장가들었으며 차남 경함(慶涵)은 참판으로 찰방 권오(權悟)의 따님에게 장가들었다. 셋째 경심(慶深)은 통제사로 현령 이윤(李潤)에게 장가들었고 넷째 경류(慶流)는 병조좌랑으로 첨지 조린(趙潾)의 따님에게 장가들었으며, 다섯째 경황(慶滉)은 가선대부로 군수를 지냈고 절도사 서득운(徐得運)의 따님에게 장가들었다. 따님 중 장녀는 판관 유인(柳諲)에게 출가하였고 둘째는 통정대부 태감 이계(李繼)에게 출가하였다. 측실에서 낳은 아들 경하(慶河)는 전의감참봉(典醫監參奉)이다.

경홍(慶洪)의 아들 확(穫)은 현감이며 따님 셋은 생원 박유부(朴由孚) 진사 송희득(宋希得) 좌윤 김수현(金守玄)에게 출가하였고, 경함(慶涵)은 아들이 없어서 동생(慶滉)의 아들인 전(穮)으로 후사를 삼았다.

경심(慶深)은 따님 하나를 낳아 문과에 급제하고 통정대부의 품계에 있는 부사 이지정(李志定)에게 출가시켰고, 측실에서 아들 하나를 두었는데 화(和)이며 만호를 지냈다. 경류(慶流)는 1남을 낳았는데 제(穧)로 문과에 급제하여 품계는 통정대부에 이르렀고 부사(府使)이며 따님 둘은 별좌 권잉(權倂) 통정대부 목사 김효성(金孝誠)에게 출가시켰다. 경황(慶滉)은 3남을 낳았는데 장남은 업으로 사인이며 둘째는 전(穮)으로 문과에 급제하여 정랑에 이르렀으며 참판공 경함의 후사를 이었다. 셋째는 환(穖)으로 사인이다.

따님 여섯은 진사 신대업(申大業) 생원 이시형(李時烱) 현감 유득증(兪得曾) 통정대부 현령 안응창(安應昌) 사인 신유(辛柔) 진사 조문형(趙文馨)에게 출가시켰다.

유인은 3남을 두었는데 장남 경찬(慶纘)은 무과에 급제하여 판관이 되었으며 둘째 경집(慶緝)은 관찰사이고 셋째 경소(慶紹)는 부사이다. 이계는 2남을 두었는데 효백(孝佰)은 통정대부요 효숙(孝叔)은 사인이며 따님은 가선대부

부사 이종일(李宗一)에게 출가시켰다.

확(穫)은 아들이 없어 업(穛)의 아들 윤우(潤雨)로 후사를 이었으며 제(穧)는 2남을 두었으니 정기(廷夔)는 문과에 장원으로 급제하여 대사간에 이르렀으며, 정룡(廷龍)은 사인이다. 업은 3남을 두었는데 시우(時雨)는 사인이요, 상우(常雨)는 진사이며, 윤우는 사인으로 확의 후사를 이었다. 전은 1남을 두었으니 서우(瑞雨)로 사인이며 황의 아들 행우(行雨) 또한 사인이다. 그밖에 내외의 증 현손이 20여 명이 되니 이로써 가문이 크게 번성하였도다.

임진왜란 당시 좌랑공(佐郞公)은 조방장의 종사관이 되어 상주 전투에서 전사하였다. 이때 대가(大駕)가 급작스럽게 서행하여 신하들 중 뒤떨어진 자가 많았다. 공 또한 뒤늦게 달려가다가 고양에 이르렀을 때 아들의 부음을 듣고는 놀라 통곡하다가 기절하여 뒤에 처지게 되었다. 이에 매양 뒤에 떨어지게 된 것을 한하여 서쪽으로 향하면서 통곡하며 눈물을 흘렸다. 가을에 공은 행재소에 나아가 왕을 뵈었는데 이때 대사헌을 제수받았다.

정기(廷夔)의 벼슬길이 매우 현달하게 되었으니 이것이 어찌 충렬한 사람에게 하늘이 보답한 바가 아니겠는가?

돌에 새기기를,

“목은의 후손으로 세상에 아름다운 이름을 낸 사람이 있으니 7대를 내려와서 북애(北崖)가 걸출(傑出)하였도다.

아! 북애는 실로 나라의 기둥이었으니 왕정의 법도를 구현함에 있어서 그 명성을 세상에 크게 떨쳤으며 또한 빛냈도다.

대사성 직을 세 번이나 사양하고 받지 않았으나 사양한 것은 마음속에서 진심으로 우러나온 것이어서 많은 사람들로부터 칭송을 받았도다.

많은 난관을 쉽게 헤쳐 나온 것은 실로 겸손함 때문이니 이로 말미암아 76세의 수를 누렸으며 지위는 재상에까지 미쳤도다.

아들 다섯은 모두 씩씩하여 주변에서는 견줄 자가 없었으니 공의 타고난 복이 많지 않았다면 귀신들이 그 가득함을 방해했으리라.

돌마의 언덕은 공의 선영으로서 여기에 이 묘명을 새기어 영원히 그 명성을 전하리라.

기해년에 동명(東溟) 정공(鄭斗卿)이 이 명(銘)을 지었는데 판교 족조(族祖)가 큰아버지와 함께 이 글을 돌에 새길 것을 계획하였으나 이루지 못하여 후손들에게 한이 되었다.

다섯째 형인 속(涑)이 여러 형제들과 더불어 소종계(小宗契)를 조직하여 약간의 돈과 재원이 마련되어 이것으로 석물을 갖추게 되었다. 이때 중형 택(澤)이 고향의 원님으로 내려와 비로소 일을 시작하여 숭정(崇禎) 후, 재 을미년 10월에 이 비석을 세우게 되었다. 그 후의 자손들이 많이 기록되지 않았고 또 혹 직이 오른 자도 있어 이를 아울러 기록하는 바이다.

확(穫)의 따님은 홍수원에게 출가하였고 전(稙)은 판교가 되었으며 그의 따님은 신창(申昶)에게 출가하였다. 제(穧)의 따님은 사평 박승후(朴承後) 김광(金桄) 참봉 변박(邊搏) 심약호(沈若湖)에게 각각 출가하였다. 업(㯁)의 따님은 이시윤(李時胤) 정발(鄭勃)에게 출가하였다.

윤우의 아들 부(溥)는 참봉이며 서우의 아들로는 현령인 형(泂)과 염(溓)이 있다. 정기는 이조참판으로 아들로는 봉사인 자(澬)와 군수 행(涬), 그리고 항(沆)이 있으며 따님은 진사 윤개(尹揩), 감사 윤반(尹攀), 서문제(徐文濟), 부제학 김만길(金萬吉), 생원 서종보(徐宗普)에게 출가하였다. 정룡(廷龍)은 군수를 지냈으며 아들로는 현감 오(澳), 문과에 급제하여 부윤으로 있는 택(澤), 진사 협(浹), 부사 집(潗)이 있으며 따님은 박태정(朴泰正)에게 출가하였다. 시우의 아들 헌(瀗)은 무과에 급제하였으며 그밖에 흡(滃)과 식(湜)이 있으며 따님은 참봉 심하(沈河) 김석좌(金碩佐)에게 출가하였다. 상우는 군수를 지냈는데 공의 재종제 명곡(鳴谷) 이산보(李山甫, 1539~1594)[20] 공(公)의 후사를 이었으며, 아들로는 봉사 정(淵) 군수 속(涑)이 있다. 행우의 아들로는 염(淰)이 있으며 따님은 박성진(朴成進)에게 출가하였다.

부(溥)의 아들로는 병일(秉一)이 있으며 나머지 둘은 어리다. 동(洞)의 아들로는 병적(秉迪), 병덕(秉德), 병직(秉直), 병복(秉福)이 있으며 염(濂)의 아들은 병덕(秉德)이다. 자(濱)의 아들은 병원(秉元), 병익(秉益)이며 행(涬)의 아들은 참봉 병철(秉哲)이다. 항(沆)의 아들은 이조정랑 병상(秉常)이다. 오(澳)의 아들로는 참봉 병정(秉鼎)과 병관(秉觀)이 있으며 다른 하나는 어리다. 택(澤)의 아들은 병겸(秉謙)이며 협(浹)의 아들로는 생원 병태(秉태)와 병항(秉沆)이 있다. 집(潗)의 아들로는 병건(秉健)이 있으며 헌(瀗)의 아들은 양자 병문(秉文)이다. 정(淵)의 아들은 병천(秉天)이며 속涑)의 아들로는 현감 병연(秉淵) 좌랑 병성(秉成)이 있다. 심(淰)의 아들로는 병언(秉彥)이 있다.

\세중(世重) 도중(道重)은 병원(秉元)의 소생이며 다른 하나는 어리다. 태중(泰重)은 병익(秉益)의 소생이며 화중(華重) 대중(台重) 기중(箕重)은 병철(秉哲)의 소생이고 나머지 둘은 어리다. 찬중(纘重)은 병천(秉天)의 소생이고 항중(恒重)은 병연(秉淵)의 소생이며 나머지 하나는 어리다. 병일(秉一)은 3남을 두었으며 병정(秉鼎)은 2남을 두었고, 병덕(秉德), 병상(秉常), 병겸(秉謙), 병항(秉恒), 병문(秉文), 병성(秉成)은 각기 1남을 두었다. 태중(泰重), 찬중(纘重)은 각각 1남을 두었으며 모두 어리다. 서자의 자손인 경하(慶河)는 후손이 없다. 확(穫)의 측실 소생인 정지(廷芝)는 하(河), 섭(涉), 담(澹)을 낳았다. 정무(廷茂)는 척(滌), 영(泳), 수(洙)를 낳았다. 전(稹)의 측실 소생인 은우(殷雨)는 철(澈), 즙(湒)을 낳았다. 和의 아들 정방(廷芳)은 연(演)을 낳

20) 『朝鮮王朝實錄』 『宣祖實錄』 29권, 1592년(선조 25년 8월 10일 정유 1번째 기사) 丁酉/引見左議政 尹斗壽, 禮曹判書 尹根壽, 工曹判書 韓應寅, 兵曹判書 李恒福, 戶曹判書 李誠中, 吏曹判書 李山甫, 大司憲 李德馨, 刑曹參判 申礏, 都承旨 柳根, 奉教 奇自獻, 假注書 康昱 入侍…….

았다. 선고(先考)의 측실 소생으로는 필(泌)이 있다. 외손은 번성하여 모두 다 기록하지 못한다. 서명(序銘)을 쓴 사람은 李志定의 증손이며 전액과 지문을 쓴 사람은 윤반(尹攀)의 아들이다.

현손 집(潗)이 삼가 기록한다.

### ④ 佐郞公(諱 慶流) 旌閭碑 : 정조대왕이 하사한 친필 편액

**李慶流[21] 旌閭碑**

· 旌閭 年度 : 1615년(광해 7)

· 設立 年度 : 1727년(영조 3)

· 謹竪 : 좌랑공 휘 경류의 현손

· 所在地 : 수내동 중앙공원 내 韓山李氏三世遺事碑 옆

**碑文**

嗚呼此□□ 高祖考 贈都承旨府君旌忠之閭也 府君殉節事實□□□□□碣始朝廷命就府君漢城之第 棹楔于門以褒之中因宗□□□□□□而不擧幾六十年我季父觀察公 諱潗嘗慨然與諸孫□□□□□□忠將以表示白世也今宗孫未立而居第無可微所□□□□□□□□日鄕井之地 蓋就于□□□□□□□□□□

21) 『朝鮮王朝實錄』「正祖實錄 36권」, 1792년(정조 16년12월 24일 무자 1번째 기사) 戊子/賜尙州故忠臣 尹暹, 李慶流,(朴篪)〔朴箎〕 戰亡之地所建壇號 忠臣義士壇, 竪碑記之. 敎曰 : "以故忠臣 尹暹, 李慶流, 朴篪等合享, 別享當否, 賜批於嶺儒矣. 近聞欲竝享於 權吉之祠, 則位次與間架, 果難便云, 而又聞之, 尙之人士, 就其辦忠之地, 設墠以祭, 又築別壝, 以將卒侑之云. 若知是地之有是壇, 則何靳於疏籲? 建院雖涉邦禁, 因其壇而祭之, 用 愍忠壇故事, 豈不誠兩便乎? 特賜壇號曰 忠臣義士壇, 仍自本牧, 每歲春秋, 侑以斗酒盂飯. 明春初行也, 當降香, 親撰祭文. 道伯巡到時, 爲獻官設行, 又以短碣立之壇後, 前書壇號, 陰記今下有旨, 以示朝家尙忠奬義之意."

□□□□ 用石作簷柱將爲久遠計以觀察公□□□□□□□□□□□事工遂告訖

焉이崇禎紀元再丁未三月□□□□□□□□□□識觀察公遺意謹使公胤□□□□□

번역문

오호라! 이곳은 □□(2자결) 고조고 증도승지부군의 충절을 기린 정려이다. 부군이 순절한 사실은 □□□□□(5자결) 비로서 조정에서 명하여 부군의 한성 집에 나아가 문에 기둥을 만들고 이를 포상하였다. □□□□□□(6자결) 그러나 거행하지 못한 채 60년이 흘렀다. 나의 작은아버지 관찰공 諱 집(潗)이 이를 개탄하여 여러 자손과 함께 □□□□□□(6자결) 충성을 장차 백세토록 전하고자 하였는데 지금 종손이 이를 세우지 못하고 있으니 슬픈 일이다.

그 집에 아무런 징표가 없으면 부군의 업적은 영원히 소멸될 것이다. □□□□□□□□(8자결) 일향정 땅으로 대개 □□□□□□□□□□□□□□(14자결) 돌을 써서 처마와 기둥을 만들어 장차 구원의 계책으로 삼고자 하였다. 또한 관찰공은 □□□□□□□□□□(10자결) 공사를 드디어 마쳤다. 숭정기원 두 번째 정미년(1727년, 영조3) 3월에 □□□□□□□□□(9자결) 관찰공의 유지를 기록하고 삼가 공의 후손으로 하여금 □□□□□(5자결)

### ⑤ 佐郎公(諱 慶流) 墓碣

#### 李慶流 墓碣

· 設立 年度 : 1728년(영조 4)

· 撰書篆 : 李縡 撰, 洪錫輔 書, 金鎭尙 篆

· 所在地 : 수내동 중앙공원 내 한산이씨묘역

## 碑文

有明朝鮮國 贈通政大夫 承政院都承旨 兼 經筵參贊官 春秋館修撰官 藝文館直提學 尙瑞院正 行宣敎郎守兵曹佐郎李公 墓碣銘幷序

嘉義大夫 吏曹參判兼 守弘文館大提學 藝文館大提學 同知經筵春秋館成均館事 世子左副賓客 李綡撰

嘉義大夫 吏曹參判兼 同知經筵義禁府春秋館事 五衛都摠府副摠管 世子左副賓客 洪錫輔書

通訓大夫 行司憲府執義 知製敎兼 校書館校理 金鎭尙篆

萬曆壬辰倭寇大入嶺以南瓦解至尙州助防將邊璣遁其從事李公慶流死之時干戈道不通□(1자결)朝廷不以時聞難定又未遑褒錄公孤綍公死時甫四歲旣長上書自陳始贈公弘文館直提學旌之曰忠信之門公字長源翰山人自稼亭牧隱曁良景公種善文烈公季甸大司成堣仍累世赫舃三傳至判書增娶慶州李氏司直夢黿女生公公慷慨有志節二十八進士仍取明經科用判書公勞陞六品爲成均館典籍翼年拜司憲府監察兵曹佐郎尋移禮曹寇報猝至百官鳥獸公疾赴闕廟堂獎遣將守爲嶺公仲兄慶涵差從事倉卒誤以公名　啓下仲曰朝議屬我我必往公曰事急矣安敢辭難卽馳馬去無幾未見色至嶺見主將有逗留意引義責之是夜將走不知處一軍駭散公計無所出聞李鎰軍在尙州亟往從之未及數十里賊兵己彌野鎰亦逸去尹公暹朴公篪以從事皆死公灑泣告餘衆曰國事至此惟死耳遂赴敵力戰以死卽四月二十五日也臨陣以朝衣帶及衾付一吏歸與家人曰事機己急吾命在天只望安奉兩親善護兒子又謂家僮曰吾飢甚趣取一盂飯來比覓飯還已不知公所在乃間道歸遇判書公赴行在痛哭陳狀判書公用衣衾葬于廣州突馬之先塋具八谷思孟作三從事歌以哀之嗚呼公以眇然一白面釋褐纔一年軍旅非其小學而一朝有急走死地如騖彼擁强兵受厚恩而望風雨遁者相隨屬也獨能捨命取義明白從容雖用不盡材

而其風聲義烈足以扶樹人紀公之一死又曷可少哉公歿後四十餘年精魄不泯凡有憂慶家人往往如見如聞余以同閈後生亦耳熟矣豈非朱子所謂養得氣剛大凝結不散者耶夫人横城趙氏父曰僉知遴梱範純備蓋李公訣書爲終身用八十八庚寅卒葬在公墓地右穧文科府使別坐權僎牧使金孝誠公壻也府使二男廷夔參判是加贈公都承旨者廷龍郡守奉事濱郡守滓贈判書沆長房出府使澳參判澤進士浹觀察使溓次房出沆男秉常判書典文衡浹男秉泰副提學外支顯者承旨金世鼎判書尹德駿公之後旣蕃而又□賢天之報施公其在是歟觀察在海臬將樹碣走書幣請文余敬諾無何觀察以櫬歸其從子判官秉鼎書速曰不則吾叔之目不瞑矣余悲觀察之志遂爲之銘銘曰

天地之間氣剛烈兮 不生與存死與滅兮 是或融結山岳崒兮 又爲雷霆洩鬱兮 商水蕩蕩平原忽兮 空裏投橘神怳惚兮 援唫鶴飛非我匹兮 有菀梧楸安此室兮 冠佩華華享祀潔兮 鐘玆忠孝慶長發兮

崇禎紀元後再戊申十月 日立

번역문

유명조선국 증 통정대부 승정원도승지 겸 경연참찬관 춘추관수찬관 예문관직제학 상서원정 행 선교랑 수병조좌랑 이공 묘갈명 병서

가의대부 이조참판 겸 수홍문관대제학 예문관대제학 동지경연 춘추관 성균관사 세자좌부빈객 이재는 글을 짓고

가의대부 이조참판 겸 동지경연 의금부 춘추관사 오위도총부도총관 세자좌부빈객 홍석보는 글을 썼으며

통훈대부 행 사헌부집의 지제교 겸 교서관교리 김진상은 전액을 하다

만력 임진년(1592년, 선조 25)에 왜구가 대거 침입하여 영남지방 일대가 와해되었다. 상주에 이르러서는 조방장 변기가 도망가고 그 종사관인 이공 경류

는 죽게 되었다. 이때는 전란이 극심한 때로 길이 막혀 조정에도 그 사정을 알리지 못하였다. 한편 난리가 평정되었음에도 불구하고 포상자 명부에도 오르지 못하였다. 이에 공의 외아들 제(穧)는 공이 돌아갔을 때 겨우 네 살이었으나 이때는 이미 장성하여 왕께 자진하는 글을 올려 비로소 공은 홍문관 직제학에 증직되었고 충신지문이라는 정문이 세워졌다.

공의 자는 장원으로 한산인이다. 가정, 목은으로부터 양경공 종선, 문열공 계전, 대사성 우에 이르기까지 거듭 여러 대에 걸쳐 혁석(赫舃)하게 되었다. 3대를 지나 판서 증(增)에 이르러서는 경주이씨 사직 몽원의 따님을 아내로 맞아 공을 낳았다.

공은 강개하여 지절이 있었으며 28세에는 진사가 되었으며 거듭 명경과에 합격하였다. 이에 판서공의 공로로 말미암아 천거되어 6품으로 승품하여 성균관전적을 제수받았고 다음 해에는 사헌부감찰을 배수 받았으며 병조좌랑으로 있다가 예조로 옮겼다.

갑자기 왜구에 대한 보고가 이르러 백관들은 조수와 같이 모두 숨어버렸으나 공은 병환 중에도 관문으로 나아갔다. 묘당(조정)에서는 장차 장수를 보내 조령을 지키고자 하여 공의 둘째 형 경함(慶涵)[22]을 종사관으로 보내려 하였다. 그러나 갑작스러운 때라 공의 이름으로 잘못 써서 재가를 받은 관계로 둘째 형이 이를 알고 이르기를 "조정의 의론이 나에게 속하였으니 내가 반드시 가야만 한다."고 하였다. 이에 공이 말하기를 "사태가 위급한데 어찌 감히 어려움을 사양하겠습니까?"라고 하며 말을 달려 나갔으며 조금도 망설이는 기색을 보이지 않았다.

22) 『朝鮮王朝實錄』「宣祖實錄 102권」, 1598년(선조 31년 7월 2일 을유 첫 번째 기사) 乙酉/司諫院來啓曰 : "臣等將西陵君 … 同副承旨 李慶涵, 雖有善治之績, 人物麤滑, 爲公議所不與者久矣. 喉舌重任, 豈宜授之匪人? 請亟命改正." 答曰 : "不允. 古者善治守令, 入爲政丞者有之。 慶涵豈不得爲承旨乎."

조령에 이르러 조방장(助防將) 변기(邊璣)을 만났으나 그는 그저 한곳에 그냥 머무르며 움직이지 않으려 하므로 공이 의리로써 이를 책망하였더니 그날 밤 주장은 도망하여 간 곳을 알 수가 없었다. 군사들 또한 이를 따라 흩어져버리니 공 또한 어떠한 계책도 낼 수가 없었다.

또한 이일(巡邊使)의 군사가 상주에 있다는 소문을 듣고 그쪽으로 급히 가서 종사하기로 하였으나 수십 리도 못 가서 적군이 이미 사방에 퍼져있고 이일 또한 달아나 버렸으며 먼저 와있던 윤섬(尹暹)과 박호(朴箎) 두 종사관은 이미 죽은 뒤였다. 이에 공은 눈물을 뿌리며 남아있던 군사들에게 말하기를 "나라의 일이 이 지경에 이르렀으니 오직 죽음만이 있을 뿐이다."라는 말을 남긴 채 적진으로 뛰어 들어 온 힘을 다해 싸우다 돌아가시니 이 날이 4월 25일이다.

이에 앞서 공은 진(陣)에 합류하기 전에 편지와 함께 관복과 이불을 아전에게 부쳐 집으로 보냈는데 그 글에서 부인에게 이르기를 "사태가 매우 위급하여 나의 목숨은 하늘에 달려 있소. 모쪼록 부모님을 편안히 봉양하고 아이들을 잘 살펴주기를 바랄 뿐이요."라고 하였다. 또 가동에게 이르기를 "내가 몹시 시장하니 밥 한 그릇만 가져오도록 하라."고 하여 가동이 밥을 구하여 돌아와 보니 이미 공은 보이지 않았다. 이에 샛길로 돌아오다가 판서공을 만나 행재소(行在所)에 나아가 통곡하며 서장을 전해드렸다. 판서공은 공의 관복과 이불로서 광주 돌마의 선영에 장례를 치르니 팔곡 구사맹이 세 종사관을 애도하는 노래를 지어 이를 슬퍼하였다.

오호라! 공은 묘연한 백면(白面)으로서 벼슬에 나아간 지 겨우 1년밖에 안 되었다. 군려(軍旅)[23] 또한 그가 배운 것도 아니었으나 하루아침에 사태가 위

23) 군려(軍旅) : 국가와 국가 또는 교전 단체 간에 무력으로 싸우는 전투행위 또는 그 무력 집단(군대)을 일컫는 말이다.

급해지니 사지로 달려 나가기를 주저하지 않았다.

강병을 거느린 채 두터운 은혜를 입은 자가 적의 기세에 눌려 도망하여 숨는 자가 줄을 이었는데도 공은 홀로 목숨을 버리고 의리를 취하였음은 명백한 사실이다.

등용된 이래 비록 그 재능을 다하지는 못하였지만 그 풍성과 의열은 인륜의 기강을 받들어 세우는데 족하였으니 공의 죽음을 어찌 작은 것이라 하겠는가? 공이 돌아간 지 40여 년이 지났어도 넋은 사라지지 않았으니 어떤 근심과 경사가 있을 경우에 집안사람들에게는 공의 모습이 보이는 것 같기도 하고 목소리가 들리는 것 같기도 하였다.

나는 공과 같은 고을에 살았던 후배로서 또한 공의 일을 귀에 익도록 들은 바 있었으니 이는 어쩌면 주자(朱子)께서 "수양해서 얻은 기는 강대하고 응결되면 흩어지지 아니 한다."고 하신 말이 그대로 나타난 것이 아니겠는가!

부인은 횡성조씨로 부친은 첨지 린(遴)이며 가정의 범절을 잘 지켜 공이 보낸 작별 편지를 종신토록 거울로 삼았다. 88세 되던 경인년에 돌아가시니 공의 묘소 오른쪽에 장례를 지냈다. 부사를 지낸 별좌 권영(權偀)과 목사 김효성(金孝誠)은 공의 사위들이다. 부사공은 2남을 두었는데 장남 정기(廷夔)는 참판을 역임하여 공이 도승지로 증직되었으며 차남 정룡(廷龍)은 군수이다.

봉사(奉事) 자(濱), 군수 행(涬), 판서 항(沆)은 장남의 소생이며, 부사 오(澳), 참판 택(澤), 진사 협(浹), 관찰사 집(潗)은 차남의 소생이다.

항의 아들 병상(秉常)은 판서로 문형(文衡)[24]에 올랐으며 협의 아들 병태(秉泰)는 부제학에 올랐다.

또 외손으로 현달한 자는 승지 김세정(金世鼎), 판서 윤덕준(尹德駿) 등이 있다. 공의 후손이 이미 번성하고 어진 이가 많았던 것은 하늘의 보시를 공이

24) 문형(文衡) : 조선시대 대제학(大提學)을 달리 일컫던 말

누리는 것이다.

관찰공이 해얼(海臬)에 있을 때 장차 묘비를 세우고자 하여 서폐(書幣)를 내게 보내어 청문하였다. 관찰공이 친귀(櫬歸)[25]하고 그 조카인 판관 병정(秉鼎)이 서신으로 독촉하기를 "거절하신다면 숙부께서 눈을 감지 못하실 것입니다."라고 하였는바, 내가 관찰공의 뜻을 애절하게 여겨 이를 위해 명(銘)을 하게 되었다. 명(銘)하기를,

천지간의 기는 강하고도 굳세도다.

살면 존재하고 죽으면 없어지는 것이 아니로다.

이것이 혹 융합하여 맺게 되면 산악과 같이 우뚝하리로다.

또 천둥과 번개가 되면 일대의 답답함을 한 번에 씻어주는 도다.

맑고 깨끗한 물이 좔좔 흐르니 평원이 보이지 않는 도다.

공중에 귤을 던지니 신기가 황홀해지는 도다.

원음과 학비는 나의 짝이 아니로다.

동산의 오동나무만이 나의 집을 편하게 해주는 도다.

선비들이 많이 모이니 향사가 청결하도다.

충과 효를 심으니 경사가 길이길이 이어지리라.

崇禎 紀元後 再戊申 10月 日 세우다.

### ⑥ 金堤公(諱 廷龍) 神道碑

#### ▣ 李廷龍 神道碑

· 建立 年度 : 1728년(영조 4)

· 撰書篆 : 李宣顯 撰, 金鎭尙 書, 洪鉉輔 篆

25) 친귀(櫬歸) : 윗사람의 별세를 높여서 정중히 부르는 말

· 所在地 : 성남시 분당구 수내동 중앙공원 내

碑文

有明朝鮮國 贈嘉善大夫吏曹參判兼同知義禁府事五衛都摠府都摠管 行通訓大夫行金堤郡守全州鎭管兵馬同僉節制使李公神道碑銘幷序

大匡輔國崇祿大夫領議政府右議政 兼 領經筵事監春秋館事 李宣顯 撰通訓大夫宗簿寺正知製敎 兼春秋館編修官 金鎭尙 書 嘉善大夫禮曹參判兼同知義禁府事五衛都摠府副摠管 洪鉉輔 篆

肅宗大王四十一年以臣澤秩二品命贈其考廷龍爵嘉善大夫吏曹參判兼同知義禁府事五衛都摠府副摠管妣濟州梁氏貞夫人國典也後十二年季子瀗觀察海西將樹石神道以彰恩榮使不佞銘之亡何觀察歿而其從子秉泰以遺意逮銘余固已許觀察重有感於人事之變遂攬涕以叙之曰公姓李氏字夢鄉韓山人牧隱先生諱穡之十世孫也曾祖諱增禮曹判書贈領議政諡懿簡祖諱慶流兵曹佐郎壬辰倭亂死後贈都承旨考諱穧大丘府使贈吏曹參判聘羅州林氏觀察使惰女生二子長廷夔吏曹參判次卽公公三歲而孤孝奉母夫人事參判公如父李公端相歎其不可及參判公病瘟不離側喪又親歛卒無恙人謂庾袞不過嘗謂諸子曰使室中言無及兄弟則幾矣尒曹勉之閨刑甚肅斥左道不許入門惟和易任眞無表襮口不言人過然中實堅介雖屈跡小官絶無趨營意見有附勢諂鄙者殆欲唾之常歎曰吾少也聞仕宦語面輒發紅今世之人異乎此時勢之漸下如是夫公始用佐郎蔭爲厚陵參奉施棄去復由穆陵參奉轉長與奉事以都監勞陞軍資主簿非罪免後復除而仍陞本監判官出文化縣令善於治民民有召杜之誦又出金堤郡守公素惡俗變務減剋沽虛譽者一以誠懿奉公爲主嘗刮吏橐以濟民民喜而吏爲蜚語間遂居殿亡何微文編配旋宥由司僕判官除溫陽郡守以視任徽陵方上不果赴己巳二月十三日卒年六十一葬于廣州突

馬村先壟下公所自卜也公嘗登其麓曰今人拘方術違遠先壟多見其惑也吾樂斯之可葬於是及公卒如其言夫人應教曼容女見識超卓德性莊正涖家織洪不遺而閫外菽然無聲古所謂女而士行夫人有焉年七十一以庚辰十一月六日卒祔於公有四男一女長澳富澳平府使次卽澤吏曹參判次浹進次卽準女適朴泰正曰護軍泌側出也府使男秉鼎判官秉觀進士秉升秉咸參判男秉謙側出秉漸進士男秉泰副提學秉恒參奉觀察男秉健生員泌男秉坤秉鼎男弘重秉謙男德重生員秉恒男憲重其幼而未名若外裔略之公出自名門樂有賢兄以克自成立亦嘗屢譽發解咸謂一第不足取而竟詘遠啚仕又不諧知公者固惜之然蓄儲遺羸启慶後嗣耽爵天鄕榮溢泉塗其視燀爀一時而無其終者得失何如哉君子於是及知天之報善人未始不厚也銘曰弱於志不立易於事必跲果淚者取敗亢高者多悔公闡斯義擧此詔子觀言察人八九其眞棲棲蔭階嗟命之乖低徊迍蹇百不一展由積也厚大發於後恩誥煌煌梓栢含光而續而似方進未巳理固不借令而益驗有媛維碩同此玄宅旣固旦安永無後艱崇禎紀元再戊申十月 日立

## 번역문

유명조선국 증가선대부 이조참판 겸 동지의금부사 오위도총부도총관 행통훈대부 행 김제군수 전주진영병마동첨절제사 이공신도비명병서 대광보국 숭록대부 영의정 겸영경연사관 춘추관사 이의현은 글을 짓고 통훈대부 종부시정 지제교 겸 춘추관편수관 김진상은 글을 썼으며 가선대부 예조참판 겸 동지의금부사 오위도총부부총관 홍현보가 전액하다

숙종대왕 41년(1715) 택(澤 : 李廷龍의 子)의 품계가 2품으로 오름에 그의 부친 정룡에게 가선대부 이조참판 겸 동지의금부사 오위도총부부총관을 증직하고 그의 어머니 제주양씨를 정부인으로 증직하라는 명이 내려졌으니 이것은 나라의 법전에 따른 것이다. 12년 후 박내아늘 집(準)이 황해도 관찰사로 있

을 때 장차 신도비를 세워 임금에게 은혜를 입은 영광을 나타내려고 명(銘)을 짓도록 하였다. 그러나 얼마 후에 관찰공이 돌아가자 그 종가의 장남 병태가 유의로서 다시 명을 부탁해왔다. 나는 이미 관찰공의 뜻을 수락하였으나 거듭 인간사의 변하는 감회를 느끼며 마침내 눈물을 흘리며 이를 서술하고자 한다.

공의 성은 이 씨요, 자는 몽향으로 한산인이며 목은 선생 휘 색의 10세손이다. 증조부 諱 증(增)은 예조판서를 지내고 영의정에 증직되었으며 의간(懿簡)이라는 시호를 받았다. 할아버지 휘 경류는 병조좌랑을 지냈는데 임진왜란 때 순절하여 도승지에 증직되었고 아버지 諱 제(穧)는 대구부사를 지내고 이조참판에 증직되었으며 나주이씨 관찰사 서(惰)의 따님과 결혼하였다. 아들 둘을 두었는데 맏은 정기(廷夔)[26]로 이조참판이며 둘째가 바로 공이다.

공은 세살 때 부친상을 당하여 어머니를 봉양함에 효를 다하였으며 참판공 섬기기를 마치 아버지와 같이 함에 이단상공은 공의 덕이 가히 미칠 수 없는 지경에 이르렀음을 알고 감탄하였다. 참판공이 전염병을 앓고 있을 때 곁을 떠나지 않고 간호하였으며 상을 당하여 친히 염을 하였으나 아무런 탈이 없었다. 이에 사람들이 이르기를 "유곤(庾袞)[27]도 이에 미치지 못할 것이다."라고 칭송하였다. 일찍이 여러 아들들에게 말하기를 "집안에서 하는 말까지도 형제에게 미치지 않도록 한다면 모두가 원만할 터이니 너희들은 이것에 힘쓰라."고 하였으며, 집안에서의 징벌에도 엄하게 하였다. 또한 유학의 종통에 어긋나는 사교나 이단을 배척하여 자식들이 이에 입문하는 것을 허락지 아니하였다. 성격은 화이하였고 또 진실함으로 일관하여 감정을 밖으로 들어내지 않았으며 입으로는 남의 허물을 말하지 않았다. 그러나 중심은 실로 굳세고 깨끗하였다.

26) 이정기(李廷夔)(생년 1612 ~몰년 1671), 신분문반, 자일경(一卿), 호귀천(歸川), 본관한산(韓山) 『朝鮮王朝實錄』「孝宗實錄 19권」, 1657년(효종 8년 11월 30일 무진 1번째 기사 ) 戊辰/以宋時喆爲正言, 權大運爲副應敎, 李壽仁爲校理, 李時術爲修撰, 鄭萬和爲兼司書, 李行道爲司書, 李廷夔爲執義

27) 유곤(庾袞) : 진(晉)나라 때 사람으로 字는 숙포(淑褒), 평생을 근검(勤儉)하고 학문에 독실하였으며 그 천성이 매우 효성스러웠다.

비록 소관으로 종사하였으나 자신의 이익을 위해 영위를 추구하지 않았으며 세도가에게 붙어 아첨하는 자를 보면 자못 침을 뱉고자 하여 항상 탄식하며 말하기를 “내가 어렸을 때에는 벼슬을 하라는 말을 들으면 문득 얼굴을 붉히었으나 지금의 사람들은 전혀 다르니 시세가 점차 하락함이 이와 같도다.”라고 하였다. 공은 처음 좌랑에 임명되었으며 음보로서 후능참봉에 임용되었으나 이내 직을 버리고 향리로 돌아갔다. 다시 목능참봉을 거쳐 장흥고봉사로 전보되었다. 도감으로서의 공로로 군자주부로 승진하였으나 아무런 죄도 없이 파직되었다. 후에 다시 서용되어 본관 판관으로 품계가 올랐다. 외직으로 나아가서는 문화 현령을 제수받아 백성을 잘 다스렸으므로 소두(召杜)[28]의 고사를 인용하여 선정을 칭송하였다.[29] 또 김제군수로 나가기도 하였다.

공은 본래 풍속이 퇴변하는 것을 싫어하고 힘써 헛된 명예를 탐하는 자를 물리쳤으며 진실한 정성으로 공무를 집행함에 진력하였다. 일찍이 아전들의 폐단을 일소하여 백성들을 구제하니 백성들은 기뻐하였으나 아전들은 없는 말을 만들어 퍼뜨려 마침내 임금에게도 이러한 비방이 들어가게 되었다. 이러한 무함으로 귀양 조치가 될 뻔 했으나 이내 풀려서 사복시판관을 거쳐 온양군수에 제수되어 휘릉을 살펴보도록 되었으나 이때는 상경해 있던 터라 부임하지 않았다.

1689년(숙종 15) 2월 13일 돌아가시니 향년 63세였다. 광주 돌마촌 선영 아래 장례를 지내니 이는 공이 미리 정해둔 곳이다. 공은 일찍이 그 산록에 올라 말하기를 “지금의 사람들은 방술에 현혹되어 선영을 어기거나 멀리하여 그 의혹됨을 흔히 볼 수 있는데 내가 이곳을 좋아하는 것은 기꺼이 묻힐 만한 곳

28) 소두(召杜) : 전한(前漢)의 소신신(召信臣)과 후한(後漢)의 두시(杜詩)를 가리키는 말, 이들은 前·後로 남양태수(南陽太守)가 되어 모두 덕정(德政)을 베풀었기 때문에 “전(前)에는 소부(召父)가 있었고, 후(後)에는 두모(杜母)가 있었나.”는 말이 유행하기까지 하였다.

29) 경기금석대관 참조 (제4장 제2부 4항)

이기 때문이다."라고 하였다. 이에 공이 돌아감에 따라 공의 말을 그대로 따른 것이다.

부인은 응교 만용의 따님으로 식견이 탁월하였고 덕성이 장정(長汀)하였다. 집안을 다스림에 있어서는 큰일이건 작은 일이건 모두 남에게 폐를 끼치지 아니하였으며 문을 나서서도 조용히 움직여 아무 소리도 들리지 않았으니 옛말에 "아녀자는 선비와 같은 행실이 있어야만 한다."고 한 말은 바로 부인을 두고 한 말이었다. 71세 때인 1700년(숙종 26) 11월 6일 돌아가시니 공과 함께 부장하였다.

4남 1녀를 두었는바, 장남 오(澳)는 부평부사이며 둘째는 택(澤)으로 이조참판이다. 셋째 협(浹)은 진사이고 넷째는 집(潗)이다. 따님은 박태정에게 출가하였다. 호군 필(泌)은 측실의 소생이다. 부사공의 아들로는 판관 병정(秉鼎)과 진사 병관(秉觀), 그리고 병승(秉升), 병함(秉咸)이 있으며 참판공의 아들로는 병겸(秉謙)과 측실 소생인 병점(秉漸)이 있다. 진사공의 아들로는 부제학 병태(秉泰)와 참봉 병항(秉恒)이 있다. 관찰공의 아들로는 생원 병건(秉健)이 있으며, 필(泌)의 아들은 병곤(秉坤)이다. 병정의 아들은 홍중(弘重)이고, 병겸의 아들은 생원 덕중이며, 병항의 아들은 헌중(憲重)이다. 아직 어려서 이름을 짓지 않은 약간의 외손들은 생략한다.

공은 명문 가문에서 출생하여 어진 형이 있음을 기뻐하였으며 자신의 힘으로 성장하여 일찍이 여러 번 향시에서 이름을 드높여 모두들 제일이라고 칭찬하였으나 여기에 걸맞은 직을 얻지 못하여 마침내 먼 지방으로 돌아다님으로써 벼슬 또한 해조(諧調)하지 못하게 되었으나 공을 아는 사람들은 이를 진실로 애석하게 여겼다. 그러나 공덕을 쌓아 이를 후세에 넘치도록 남겼으니 후손들에게는 경사가 되었고 또한 천경(天卿)의 작호를 받으니 이는 영화가 저승까지 흘러넘친 것이 아닌가! 일시에 찬란함을 보였어도 그 끝에 가서는 아무

것도 없는 자의 득실이 어찌 이와 같을 수가 있겠는가? 군자는 이것에서 선인에게 보답하는 것이 처음부터 매우 후하다는 것을 알아야 할 것이다.

명하기를 뜻이 약하면 서지 못하고 일이 쉬우면 반드시 넘어지며 과단성이 어그러진 자는 실패하며 높이 오른 자는 후회함이 많도다.

공은 이러한 의리를 천명하고 이것으로 자식들을 훈계하였으니 말하는 것만 보고도 그 사람됨을 살핌에 십중팔구는 그 진실을 알게 되었도다.

음보에 위계만을 지니고 있었으니 슬프도다! 임용의 명 또한 괴려하도다. 낮은 관직만을 돌고 돌아 백의 하나만이라도 뜻을 펴지 못하였구나.

쌓은 공덕은 두터워 돌아가신 후에 크게 발하니 은고가 빛나고 빛나도다. 자백(梓栢) 또한 그 빛을 머금었도다.

계속하여 이러한 것이 나타남에 바야흐로 그 경사가 끝이 없도다. 하늘의 이치는 진실로 어그러짐이 없음을 지금에 와서 더욱 깨달았노라.

훌륭한 배필을 만나 현택을 같이 하였으니 이미 굳건하고 편안하여 영원히 후간(後艱)이 없을 것이로다.

숭정 기원 재 무신 10월 일 세우다.

### ⑦ 韓山李氏 墓山入首碑(묘역 동쪽 경계비)

· 建立 年度 : 1728년

· 所在地 : 수내동 중앙공원 내 한산이씨 문화유적지 내

· 規模 : 비좌 높이 32cm, 너비 73cm, 두께 78cm
비신 높이 166cm, 너비 35cm, 두께 36cm
가첨석 높이 39cm, 너비 76cm, 두께 69.5cm
총 높이 237cm

한산이씨 묘산입수비는 묘역 동쪽의 경계를 표시하기 위하여 세워졌으며, 文淸公(諱 秉泰) 묘소 뒤편에 북동향으로 세워져 있다.

비좌와 비신, 가첨석은 세장비와 같으며, 비좌는 당초문과 4면 3엽 단판목련문이 새겨져 있고 비신은 화강암이며 가첨석은 팔작지붕 형으로 올려져있다.

⑧ 韓山李氏 世葬之山碑Ⅰ

· 建立 年度 : 1728년

· 所在地 : 분당중앙공원 한산이씨 문화유적지 내

· 規模 : 碑座 높이 20cm, 너비 78cm, 두께 71cm
碑身 높이 165cm, 너비 37cm, 두께 39cm
加檐石 높이 30cm, 너비 73cm, 두께 69cm
총 높이 215cm

한산이씨묘역의 북쪽 경계를 표시하는 '세장비Ⅰ'은 원래 주산인 영장산의 이진봉을 중심으로 북쪽 방향의 산자락에 세워져 있었으나 이 지역에 분당신도시가 들어섬에 따라 분당중앙공원 내의 팔각정(영장대) 아래 노변으로 이전되어 북쪽으로 향하여 세워져 있다.

농대석(籠臺石)은 정방형이고 비좌는 4면에 당초문과 3엽씩 단판복련의 문양이 양각되어있다

비신은 회백색 화강암으로 전면에 한산이씨세장지산(韓山李氏世葬之山)이라 명문되어 있고 가첨석은 팔작지붕의 모양을 갖추었으며, 비신 상부에는 직경 10cm 정도의 탄흔이 있는 것으로 보아 6.25전쟁 시 훼손된 것이다.

### ⑨ 韓山李氏 世葬之山碑Ⅱ

· 建立 年度 : 1728년

· 所在地 : 수내동 분당중앙공원 야외음악당 인근

· 規模 : 碑座 높이 28cm, 너비 89cm, 두께 78cm

碑身 높이 166cm, 너비 44cm, 두께 40cm

加檐石 높이 38cm, 너비 88cm, 두께 82cm

총 높이 232cm

한산이씨묘역의 서쪽 경계를 표시하는 '세장비Ⅱ'는 '세장비Ⅰ'과 마찬가지로 원래 영장산 이진봉 산자락 서쪽에 세워져 있었으나 신도시건설로 인하여 현 위치로 이전되었으며, 분당구청을 향하여 도로와 인접한 횡단보도 가에 서북향으로 세워져 있다. 비의 형태는 세장비Ⅰ와 같다.

### ⑩ 홍수원 정려비(洪晬元 旌閭碑)

· 建立 年度 : 1803년(崇禎紀元後 3년 癸亥)

· 撰書篆 : 宋時烈 撰, 宋煥箕 書

· 所在地 : 수내동 중앙공원 내 한산이씨묘역

#### 碑文

嗚呼此處士洪晬元建初及其配李氏墓也建初性孝其孝花浦公諱翼漢嘗病癰甚殆建初吮䖍嘗糞年廿七歲崇禎丁丑正月虜陷江都廿五日繼母許氏遇賊不屈遂白刃交可建初以身翼蔽而死之李氏亦自剄于其傍嗚呼花浦公大節壁與白日爭光而今其家孝烈乂

如此花浦公可謂有妻有子而李氏□爲建初妻□夫□□□有感於所畜者矧以天叙之懿而化於門庭者耶然而旌典不及焉惜哉建初母具氏李氏父穫噫□□死矣況建初之系奚□不著大匡輔國崇祿大夫領中樞府事宋時烈撰崇政大夫議政府右贊成兼成均館祭酒宋煥箕書肅宗癸亥命旌公内外孝烈

번역문

오호라! 이곳은 처사 홍수원(洪睟元) 건초(建初)와 그의 부인 이씨(李氏)의 묘소이다. 건초는 성품이 효성스러워 그의 아버지 화포공(花浦公) 諱 익한(翼漢)이 일찍이 악성 종기의 병을 앓아 심히 위태로웠음에 입으로 고름을 빨아 내고 또 분뇨를 받아내는 등 온갖 효성으로 간병하였다.

27세가 되던 숭정 정축년(1637년, 인조 15)에 오랑캐들이 도읍을 함락하였다. 이때 계모 허 씨는 적을 만났는데 이에 굴하지 않아 마침내 죽게 되었고 부인 이 씨도 역시 지아비 옆에서 죽고 말았다.

오호라! 화포공의 큰 절의는 이미 태양과 더불어 그 광채를 다투었으니 지금 그 가문의 효열 또한 이와 같음에 화포공은 과연 훌륭한 처와 자식을 두었도다. 또한 이 씨는 건초의 처가 되어 □□□□□(5자결) 그 가정의 감화를 받아 타고난 품성으로 그 가문을 크게 빛내었도다. 그러나 아직도 정려(旌閭)의 은전이 미치지 못하고 있으니 참으로 애석하도다. 건초의 어머니는 구 씨(具氏)이고 이 씨의 아버지는 확(穫)이다.

슬프도다! □□(2자결) 그 죽음이여! 항차 건초의 사적을 어찌 밝히지 않을 수 있겠는가?

대광보국숭록대부 영중추부사 송시열이 글을 짓고, 의정부우찬성 겸 성균관 제주 송환기가 글을 쓰다.

숙종 계해년에 공을 정려하니 내외에 그 효열을 밝히도록 명하노라

숭정 기원후 3년 계해 2월 일 세우다.

### ⑪ 고가옥(한산이씨 가옥 : 1750년경 건립)

원래 수내동 숲안 마을은 한산이씨묘역 앞 쪽에 위치하고 있었는데 이 지역이 신도시건설로 개발되기 전에는 약 70여 호가 있었으며 그중 한산이씨는 약 30여 호가 집성촌을 이루며 조상 대대로 살아왔다.

그러나 신도시개발 이후 대부분의 가옥이 철거되었으나 이 집을 옛 모습대로 중앙공원 경내에 보존 유지하기로 결정되어 오늘에 이르고 있다.

이 고가는 택구(宅求) 씨의 가옥으로 1800년경에 지어진 것으로 조선조 말 경기지역의 전통가옥의 하나로 그 원형을 그대로 유지하면서 옛 마을 모습 일부를 보여주고 있다. 마을 어귀의 연못과 느티나무 고목, 정자터 등 자연과 잘 어우러진 소박한 농촌 고가이다.

구조는 바깥마당에 접한 ㅡ자형 문간채와 그 뒤로 ㄱ자형 안채가 안마당을 둘러싸고 있고, 전체적으로 틔어있는 ㅁ자형 배치를 이루는 가운데 안채 뒤로는 넓은 뒷마당이 곳간에 둘러싸여 있다.

안채는 10칸 규모의 초가로서 1.5칸의 건넛방과 4칸 대청마루와 안방 2칸 등이 일렬로 배치되어 있고 안방 안쪽에서 꺾이어 1칸의 부엌과 광이 있다. 안방과 건넛방 받침이 설치되어 공간 활용도가 높다.

사각기둥은 낮은 자연석 기단 위에 세워져 있고 그 위에 지붕을 떠받치는 서까래 등이 잘 짜여져 있어 건축 부재가 매우 견실할 뿐만 아니라 치목도 반듯하다. 문간채는 6칸 규모의 우진각 초가인데 중앙에 대문이 있고 오른쪽은 온돌방 구조로 되어 있다.

### ⑫ 佐郎公(諱 慶流) 忠馬塚

방어사 종사관인 병조좌랑(防禦使從事官兵曹佐郎李慶流公)[30]은 1564년(명종 19) 2월 19일 현 성남시 분당구 수내동(당시 광주군 돌마리)에서 태어났으며 字는 장원(長源)이요, 號는 반금(伴琴)이다. 공의 부친은 宣祖朝에 크게 활약한 禮曹判書 贈議政府 領議政 鵝川府院君 諱 增이다.

공은 壬辰倭亂 발발 시 助防將 변기(邊璣)의 종사관으로 임명되어 조령을 방어하여 왜군의 북진을 저지토록 하였으나 상주 지역의 전세가 매우 급박하여 상주로 파견되었다. 현지에 도착하여 방어책을 마련 중에 왜군이 쳐들어오자 순변사 이일과 조방장 변기 등 지휘부는 모두 도망가기에 급급하였다. 공은 이들을 크게 꾸짖음과 동시에 나머지 병력을 이끌고 적진으로 뛰어들어 장렬히 전사하였다.

공이 상주전투에서 전사한 직후 공의 忠馬는 한 아전과 같이 공의 관복과 이불 등 유품을 싣고 500여 리를 달려 돌마리 고향집에 도착하자 집안에서는 비로소 공의 전사 소식을 알게 되었으며, 충마는 이로부터 수일간을 먹지도 않고 울기만 하다가 끝내 숨지고 말았다.

공의 시신을 수습하지 못한 관계로 유품으로 장례를 치렀으며, 공의 산소 아래에 충마의 무덤을 조성하여 오늘에 이르고 있으며, 매년 제초와 벌초는 물론 추계 시제 시 충마 무덤에도 술잔을 부어주는 등 간단한 의식행사로 충마(忠馬)의 넋을 기리고 있다.

30) 『朝鮮王朝實錄』 『宣祖實錄』 50권, 1594년(宣祖 27년 4월 1일 己酉 3번째 기사) 上御便殿, 引見都元帥從事官司藝李慶 涵. … 上問 慶涵 曰 : “李慶流 , 爾之同生乎?” 慶涵 曰 : “臣之弟也”上曰 : “當初死於戰, 予甚悼焉. 今見爾忽思之. 爲何人從事, 而死於何處乎?” 慶涵 曰 : “爲 邊璣 從事官, 死於嶺南矣” 上曰 : “尹暹 、朴箎, 皆死於其時. 此平日侍從之臣也. 予每思之, 不勝慘惻.” 履祥 曰 : “如此之人, 不可無恤典矣.” 上曰 : “敗而死者, 乃臣職也, 其與敗走保生者, 相去遠矣.”

# 3. 수내동 문화유적 보존 활동 일지

## (1) 보존활동 추진 개요

1989년 사상 최대의 국책사업인 '분당신도시 건설'이 추진되는 과정에서사업부지 전체에 대해 무차별적인 철거 혹은 강제 이전이 이루어짐으로써 수내동 한산이씨 문화유적지도 풍전등화처럼 언제 없어질지 모를 긴박한 상황을 맞게 되었다.

한산이씨 한평군(諱 之蔵)의 14대손 '호정(湖亭) 이상구(李庠求)'와 '이정(梨亭) 이항구(李恒求)' 형제는 문중의 여러 원로들과 함께 우리 한평군 가문의 뿌리인 이들 문화유적을 지키기 위하여 역사 및 고고학계의 권위자와 입법부 및 행정부의 영향력 있는 인사들을 찾아다니며 "한산이씨 수내동 문화유적 원형 보존"의 당위성을 피력하고 탄원서와 건의서를 직접 작성하여 관련 부처에 발송하는 등 백방으로 협조를 구한 결과 정부의 사업 재검토를 이끌어내 우리 문중의 문화유적을 원형 그대로 보존함은 물론 지방문화재로 지정되도록 하는 데에 주도적인 역할을 하였다.

## (2) 보존 활동 일지(일정별 주요 내용 발췌 요약)

▣ 1989년 4월 27일(목)

분당신도시건설계획이 각 일간신문에 전격 발표되었으며, 그 주요 내용은 다음과 같다.

· 1989년 4월 4일 : 청와대 관계기관회의에서 분당 및 일산 지역에 신도시건설을 집중 검토.

· 1989년 4월 12일 : 한국토지개발공사가 분당신도시 개발구상(안)을 청와대와 건설부에 보고하였으며, 청와대 경제수석과 건설부장관이 각각 동 후보지 현장 답사.

· 1989년 4월 15일 : 분당신도시 후보지에 대하여 청와대(서민주택 건설 실무기획단), 건설부(토지국 택지개발과), 한국토지개발공사(사업계획부 택지계획과) 관계자들로 실무작업팀 구성

· 1989년 4월 20일 : 신도시건설계획 대통령 재가

· 1989년 4월 27일 : 정부에서 분당신도시 건설계획 공식 발표

▣ 1989년 5월 5일(금)

이항구(李恒求)는 서울시 종로구 수송동 소재 목은(牧隱) 영당에서 봉행된 정례적인 춘계다례(春季茶禮)에 참석한 후 여의도 국회의원 회관으로 가서 자신이 공직 현직에 있었을 시 10여 년 전부터 교분을 쌓아온 모(某) 친지 의원을 방문하였다.

오래간만에 만나 반갑게 인사를 나누었으나 먼저 와서 기다리고 있는 방문객들이 많아 방문 목적이 정부의 분당신도시 건설로 인해 멸실 위기에 처한

수내동 유적지에 대한 보존 문제임을 우선 간략히 설명해드리고 준비해간 자료를 전달하자 친지 의원은 고맙게도 자세한 사항은 5월 8일(월)에 다시 만나 의논하자며 면담 일정을 잡아주었다.

■ 1989년 5월 8일(월)

① 이항구는 오후 4시경 서울 여의도 국회의원회관에서 친지 의원을 다시 만나 비교적 자세한 사항을 의논하였다.

친지 의원은 이처럼 귀중한 유적들이 서울 근교인 수내동에 아직도 남아있다는 것이 신기하다며, 오후 6시 퇴근 후에 현장을 보고 싶다고 하여 안내하였다.

수내동 유적지 현장에는 형구, 인구, 창규, 호규, 만규 씨 등 문중의 중진들이 나와서 친지 의원을 초면(初面)으로 마중하였으며, 같은 자리에서 잠시 환담을 나눈 뒤에 뒷뫼를 포함한 수내동 유적지 현장을 안내하면서 자세한 설명과 함께 유적지 보존의 필요성을 호소하였다.

② 분당신도시 건설에 관한 기사가 경인일보에 게재됨.

주요내용 : 분당 540만 평 택지지구 고시 및 "분당–일산 개발반대시위 격화"

(별첨 1–1 참조)

■ 1989년 5월 15일(월)

① 1970년대 후반 이항구가 공직에서 퇴직 후 수원의 동남보건대학교 재직 중에 만나서 교분(交分)을 쌓았던 감사원의 모(某) 친지 선배 사무실을 방문하여, 금번 성부의 분당신도시 건설계획에 따른 수내동 유적지 보존 문제에 관

하여 관련 자료와 함께 현황을 설명하고, 이에 대한 적극적인 협조를 요청하였다.

② 이항구로부터 요청받은 친지 선배는 이 문제(분당신도시건설)는 자신의 직무와는 관련이 없는 사항이지만, 이는 매우 중요한 문제이므로 이를 주관하는 한국토지개발공사의 주무 담당관을 만나서 협의해보라며 친절하게 면담을 주선해주었다.

③ 이항구는 형님 호정 이상구 씨와 함께 곧바로 택시를 잡아타고 서울 강남구 삼성동에 도착하여 약 1시간가량 헤맨 끝에 토지개발공사를 찾아서 들어갔다.

부사장실에서 이송만 부사장과 인사를 나누고 모(某) 인사(人士)의 소개로 찾아온 뜻을 전하자 부사장은 곧바로 최병태(崔炳泰) 기획부장과 신동빈 분당신도시 계획과장을 불러들였다.

이들이 들고 온 대형지도(도면)를 펼쳐놓고 수내동과 영장산 일대를 살펴본바, 뜻밖에도 수내동 유적지 일대가 학교와 아파트 건설부지로 설정되어 있었다.

관계자들의 친절한 설명에 고마움을 표하고, 이 지역은 문중차원을 초월하여 역사적으로 귀중한 문화유적지인데 보존될 수 있겠느냐고 물었더니 자신들로서는 잘 모르겠다고 답변할 뿐이었다.

■ 1989년 5월 16일(화)

① 수내동 유적지 보존 활동을 보다 조직적으로 추진하기 위하여 이항구는

가칭 "분당 뒷뫼 원형 보존대책 추진위원회"의 구성이 시급하다고 판단하여 이의 발족 취지문을 작성하고 사회 각계 원로 및 저명인사들을 고문으로 위촉하는 등 대책위원회를 급히 출범시켰다.

(별첨 1-2 참조)

② 공화당(총재 김종필)에서 "분당신도시 건설 전면백지화 결의안"을 국회에 제출하였다.

분당신도시건설이 이 지역에서 생업에 종사하고 있는 농민의 생존권을 박탈할 뿐만 아니라 기존의 수도권 정비계획과도 전면 배치되며, 안보상의 취약점 등 여러 가지 문제점을 제기한 공화당(총재 김종필)의 "분당신도시건설 전면백지화 결의안"이 국회 본회의에 제출되었다.

▣ 1989년 5월 18일(목)

① 오전 11시 수내동 유적지 보존대책을 위한 긴급 간담회 개최.

· 장소 : 서울시 종로구 동아일보사 옆 서린호텔 커피숍

· 참석자 : 위원장 이종구(전 건국대 교수)

이호규(전 성남농협 조합장)

이형구(숲안종회 회장)

이상구(전 성균관 부관장)

이항구(위원회 간사)

· 주최 : 숲안-뒷뫼 유적지 보존대책위원회

※ 점심 식사 등 경비는 이상구 씨가 개인 부담하였음

② 국회 건설분과위원회의 대정부 질의.

5월 17일 공화당 안건으로 국회에 제출된 분당 신도시건설계획의 전면백지화 결의안에 관하여 국회 건설분과위원회에서 대정부 질의와 답변이 있었으며 그 요지는 다음과 같다.

가. 신도시 개발은 공청회를 거친 후에 실시하라

나. 경기도지사를 수도권 개발 심의위원으로 참여케 하라

다. 대정부질의는 건설분과 국회의원 5명이 실시했으며 정부 측에서는 박승 건설부장관이 답변하였다.

(별첨 1-3 참조)

▣ 1989년 5월 19일(금) - 임사빈 경기도지사와 1차 면담.

이항구는 자신의 출신대학인 건국대학교 수원동문회 총회에서 동창인 임사빈 경기도지사를 만나 수내동 유적지 보존 문제에 대한 설명과 함께 협조를 요청하고, 자세한 사항은 5월 22일(금) 오전에 경기도지사실에서 다시 만나 논의하기로 약속하였다.

▣ 1989년 5월 20일(토)

① 수내동 유적지 보존대책위원회 오전 회의 개최.

· 장소 : 성남시 수진동 이충규 한약방.

· 참석자 : 이충규, 이형구, 이창규, 이영구, 이명구, 이상구, 이항구(간사)

② 대책위원회 오후 회의 개최.

· 장소 : 수내동 한산이씨종회 재실(이만규 씨 댁)

· 참석자 : 이형구(숲안종친회 회장)외 8명, 간사 이항구

· 주요 토론사항 : 수내동 유적지 보존을 위한 청원서를 작성하여 이를 정부 관계부처, 학계, 언론계 등 관련 기관에 전달하기로 결정하고 청원서 초안 작성 등 세부 행정업무는 간사 이항구가 전담하기로 하였다.

▣ 1989년 5월 22일(월)

지난 19일(금) 경기도지사와의 면담 약속에 따라 이항구는 경기도지사 지사실을 방문하여 수내동 유적지 현황자료를 임사빈 도지사에게 건네준 다음, 유적지가 신도시 건설 부지에서 제외될 수 있도록 도와달라고 간곡히 요청하였다.

이에 대해 임 지사는 자신의 고향에도 명망 높은 조상들의 묘소가 많은데 이들 모두가 문화유적지라며 이항구의 설명에 공감하면서 건네받은 자료를 관계관에게 검토하도록 지시하겠다고 약속하였다.

(별첨 1-4 참조)

▣ 1989년 5월 23일(화)

권기홍 성남문화원장은 수내동 유적지 영구 보존을 위한 진정서를 작성하여 정부 등 관계기관에 제출하였다.

(별첨 1-5 참조)

▣ 1989년 5월 25일(목)

① 수내동 유적지 보존을 위한 자문(諮問)과 협조를 받기 위하여 이항구는 형님인 이상구 씨와 함께 서울대학교 박물관장 임효재(任孝宰) 박사와 동 대학 규장각 실장 이태진(李泰鎭) 박사 사무실을 방문하여 환담을 나눈 다음 두

분을 모시고 수내동 유적지 현장으로 안내하였다.

상구 형님의 친구인 임효재 박사는 우리나라 고고학계의 최고권위자 중 한 분으로 과거에 수내동 유적지를 여러 차례 방문하여 학문적으로도 깊은 관심을 표명한 바 있었던 학자이었다.

또한 우리나라 사학계의 석학인 이태진(李泰鎭) 박사는 수내동 유적지 방문은 초행이었으나 두 전문가의 견해는 같았으며 특히 이 박사는 서울 근교에 아직도 이런 유적지가 남아있다는 사실이 신기하다며 감탄하였다.

두 분 학자들은 유적지를 돌아본 소감과 함께 그 견해를 다음과 같이 피력하였다.

"수내동 한산이씨 유적지는 16세기 초에 조성된 한 문중(門中)의 유적지로써 수도권에서 오늘날까지 오랜 세월 동안 이처럼 원형이 잘 보존된 곳이 별로 없다며, 역사 문화에 대한 인식 부족과 무관심 속에 무분별한 개발 우선 시대에서 양적으로나 질적으로도 매우 귀중한 사료로 평가되는 곳이므로 국가적 차원에서 절대 보존할 가치가 있다."는 판단을 내렸다.

② 임 박사와 이 박사 두 분은 답사를 끝내고 귀경길에 분당구 운중동에 소재한 한국정신문화연구원을 방문하여 고고학계의 석학인 前 선문대학원장 이형구(李亨求) 박사와 만나서 의견을 나누고 돌아갔다.

▣ 1989년 5월 26일(금)

국회 건설분과위원회에서 정부의 분당신도시건설 추진에 대한 재검토 결의안이 여·야 만장일치로 가결되어 정부에 제출되었다.

(별첨 1-6 참조)

■ 1989년 5월 27일(토)

① 수내동 유적지 보존을 위한 청원서 작성

이항구는 수내동 유적지 보존을 위한 '청원서' 초안 작성을 완료하고, 이의 최종검토(수정 및 보완)는 건국대 교수 이종구 박사가 수고해주셨다.

본 청원서는 수내동 유적지의 존폐의 명운이 걸린 중요한 문서로서 문장 내용뿐만 아니라 사진이나 부속서류 등에서 한 치의 오류나 하자가 없도록 철저히 확인 후 최종적으로 취합하여, 5월 30일 이를 대책위원회 명의로 정부 및 각계 관련 기관에 일제히 발송키로 결정하였다.

② 이항구는 이날 오후에 서울 여의도 국회의원 회관으로 모(某) 친지 의원을 다시 만나 뵙고 5월 26일 자로 국회 건설분과위원회에서 분당 신도시건설에 대한 재검토 결의안이 여·야 만장일치로 통과된 데 대하여 감사 인사를 드렸다.

친지 의원은 이 자리에서 이 문제는 여·야를 떠나 지금 국민들의 반대와 분노가 폭증하는데도 불구하고 정부가 이를 무시하고 여러 가지 측면을 고려한 치밀한 계획이 없이 주택건설에만 주력하여 속전속결로 밀어붙이려는 졸속 행정에 대하여 제동을 건 것이라고 말해주었다.

이항구는 이 말을 듣고 급박하게 돌아가고 있는 신도시건설 추진 와중에서 수내동 문화유적지 보존 전략을 보다 구체화할 수 있는 다소의 시간적 여유를 얻게 되어 매우 다행이었다.

친지 의원은 유적지 보존을 위해서 앞으로 준비해야 할 주요 사항을 친필 메모로 요약하여 이항구에게 건네주었다.

(별첨 1-7 참조)

■ 1989년 5월 28일(일)

① 김재광 국회부의장과 임사빈 경기도지사에게 협조요청.

건국대학교 총동창회 정기총회가 서울에서 개최된 자리에서 이항구 옆에 자리한 김재광 국회부의장에게 수내동 유적지 보존 문제를 간략히 설명하고 원형 유지에 대한 협조를 요청하였고, 이어서 다시 만난 임사빈 경기도지사에게도 재차 협조를 요청하였다.

② 정부는 5월 26일자 국회의 '재검토 결의안'에 대하여 이를 수용하여 신도시 건설계획을 충분히 재검토할 것임을 공식 발표하였다

(별첨 1-8, 1-9 참조)

■ 1989년 5월 29일(월)

지난 5월 26일 및 5월 28일에 정부가 국회에서 제출한 재검토 결의안에 따라 신도시건설계획을 신중히 다시 검토하여 추진하겠다는 입장을 밝힘으로써 불과 1주일 정도 사이에 신도시건설에 관한 정책이 크게 변경될 것이 거의 확실시됨에 따라 5월 30일에 발송하려고 준비 완료된 청원서를 보다 내실을 기해 설득력 있게 다시 보완한 후 6월 2일에 발송하기로 결정하였다.

■ 1989년 5월 30일(화)

① 지난 5월 15일자에 이항구는 수내동 유적지 문제 등에 관하여 협조 요청한 바 있는 모 친지 선배로부터 본 건에 관하여 긴요하게 전달해줄 사항이 있다는 전화 연락을 받고 형구, 호규, 학구, 상구 씨 등 중진 대책위원들에게 급히 연락하여 모두 모이게 한 다음 함께 택시를 대절하여 오전 중친지 선배 사

무실에 도착했다.

② 친지선배는 구두 브리핑에서 신도시 건설 담당 모처의 비공식 요청사항이라며 수내동 유적지 중 봉화공 묘역을 A지구, 전부공 묘역을 B지구, 좌랑공 묘역을 C지구로 구분하여 각 지구 묘역을 중심으로 각각 1만 평 규모의 분할된 경계선을 표시한 도면(축적 1/25,000 지도)을 자신에게 요청하였으니 대책위원회에서 이를 작성하여 빠른 시일 내에 자신(친지 선배)에게 제출해줄 것을 요청하였다.

※ 당시 군부대 주둔지역을 제외한 유적지 면적은 약14만 평정도 미만이어서 이 말을 들은 위원회 일행은 3~4만 평정도만이라도 유적지로 보존된다면 다행이라는 기대와 함께 1/25,000지도 구하기에 나섰으며, 신도시건설 담당 모처(某處)는 '한국토지개발공사'일 것으로 추정하였다.

▣ 1989년 5월 31일(수)

① 수내동 뒷뫼 지도(1/25,000)확보 및 A, B, C지구 분할도면 작성

- 수내동 유적지(뒷뫼)를 중심으로 한 1/25,000지도를 구하고자 서울 시내 서점과 복덕방 등을 백방으로 찾아다녔으나 당시의 부동산 붐으로 인해 한정 판매되는 지도는 시중에서 품절이 되어 구할 수가 없었다.

그래서 이항구는 하는 수 없이 모 복덕방에 사정하여 지도를 어렵사리 구하여 만규 씨 댁 수내동 재실로 돌아와 형구, 상구 씨 등 위원들과 함께 묘역 지도를 펼쳐놓고 개략 목측(目測)으로 A. B. C 지구별 1만 평 씩 총 3만 평의 경계를 색연필로 표시해놓은 다음 이 지도(도면)는 이항구가 직접 제출키로

하여 보관하고 있었다.

이항구는 A, B, C지구 분할지도(3만 평 도면)를 친지 선배에게 곧바로 전달할 예정이었으나 자신도 모르게 갑자기 고민이 깊어지기 시작했는데 그 이유는 다음과 같았다.

첫째, A, B, C지구 3만 평 규모의 축소판 도면을 제출하는 즉시 이를 근거로 그 이외의 지역은 불도저로 무조건 터파기(제1차 시범단지 조성) 작업이 시작되는 것은 시간문제일 것 같았다.

만약 도면대로 공사가 진행되었을 때 1만 평씩 A, B, C 세 조각으로 쪼개진 보존지역은 사면이 깎아지른 절벽을 가진 외딴 섬처럼 고립될 것이 거의 확실시되고, 외딴 섬 주변으로는 고층아파트 군(群)이 둘러싸 이들로 인해 시야가 가려지므로 외부에서는 유적지가 보이지도 않을 뿐만 아니라 깎아지른 절벽을 따라 오르고 내릴 진·출입 문제도 큰일이 아닐 수 없었다.

둘째로는 정부 측이 고심 끝에 3만 평 정도의 넓은 면적을 보존지역으로 크게 배려했는데도 불구하고 도면(지도) 제출을 거부하고 있다면 정부 측에서 임의대로 이마저 없던 일로 하여 원래 계획대로 아파트 건설을 강행한다면 이 또한 큰일이므로 그야말로 진퇴양난이었다.

② 경기도지사가 "수내동 유적지 보존요청"에 관한 공문을 문화공보부 장관에게 공식 발송하였음을 경기도청으로부터 수내동 한산이씨 숲안종회 회장(이형구)에게 통보해왔다는 소식이 이항구에게 전달되었다.

▣ 1989년 6월 2일(금)

정부부처 등 각계 기관으로 청원서 일제히 발송

수내동 유적지 보존을 위한 청원서를 뒷뫼 유적지 보존대책위원장 이형구, 한산이씨대종회이사장 이인구, 성남 한산이씨종회회장 이충규 등 3명 공동명의로 정부 부처 등 관계기관에 등기우편으로 일제히 발송하였다.

※ 수신처 : 대통령실, 국무총리실, 국회의장, 감사원장, 건설부장관, 내무부장관, 문화공보부장관, 경기도지사, 토지개발공사장, 기타 관련 기관

(별첨 1-10 참조)

○ 청원서 작성 후기

1980년대 후반까지만 해도 우리나라의 행정 기반은 빈약하기 이를 데 없었다. 오늘날에는 거의 사라져 없어졌지만 타자기 보급률도 미흡했고 더욱이 타자 기술은 대부분 여성들에 의해 중앙정부 행정기관 등에서나 취급될 정도로 열악한 실정이었으며, 오늘날과 같이 컴퓨터를 포함한 정보통신 기술이 보편화된 편리한 세상이 아니었다.

특히 교통 불편이나 열악한 행정처리 환경은 더 이상 이를 바 없었다.

별첨 자료 13의 청원서와 같이 본문은 공타자(孔打字)로 인쇄되어 있고, 본문 말미에 첨부한 참고사항은 인쇄 아닌 이항구의 자필로 기록한 것이다. 제출해야 할 시간은 촉박한데 주변에서 급히 타자와 인쇄를 할 수단을 찾을 수가 없었기 때문에 어쩔 수 없이 본인이 자필로 직접 추가하게 된 것이다.

(별첨 1-11 참조)

수내동 유적지의 존폐가 걸린 '청원서'는 일목요연(一目瞭然)하고 품위 있게 작성되어야 함에도 그렇지 못한 이유는 분당(당시는 농촌지역)이나 이항구가

거주하는 수원 지역에서는 타자와 인쇄 등을 자유롭게 작성할 수 있는 곳이 관공서 외에는 거의 없었다.

때문에 본문(本文) 작성은 며칠 전에 타자 인쇄만을 전문으로 취급하는 서울 중구 을지로3가~4가의 인쇄소 골목에 가서 상당한 대금을 주고 인쇄물을 완성하여 준비해놓고 있었다.

그러나 발송 직전에 정부 정책이 다소 변화할 징후가 있었을 뿐만 아니라 때마침 서울대학교 임효재 교수를 비롯하여 이태진 교수, 한국정신문화원이형구 교수, 명지대학교 신천식 교수, 건국대학교 이종구 교수 등 저명학자들이 이구동성으로 수내동 유적지는 절대적으로 보존되어야 한다는 일치된 견해들을 '주요 고려사항'으로 묶어 별도로 급히 추가하게 된 것이다.

② 수내동 유적지 A, B, C지구 경계표시도면 제출 독촉

이항구는 수내동 유적지 A, B, C 지구 경계선 표시도면(별첨자료 12)을 빨리 제출해달라고 간접경로를 통하여 독촉을 받고 있었다.

그러나 그는 고민을 거듭하면서 제출을 끝까지 거부하면서 어느 누구에게도 그 속사정을 밝히지 않은 채 침묵하면서 모험을 감행키로 했다.

■ 1989년 6월 5일(월)

① 이항구와 이송만 토지개발공사 부사장의 단독 요담

이항구는 친지 선배로부터 다음과 같은 전화를 직접 받았다. "한국토지개발공사 이송만 부사장으로부터 수내동 유적지 보존 문제를 주도하고 있는 한산이씨 측 대표자와 단독으로 특별 요담을 갖고 싶다."는 요청이 있었다며 오늘 꼭 만나보라는 전화연락을 받았다.

이 연락을 받은 그는 오늘의 요담이 한국토지개발공사 고위층과의 마지막 담판의 기회로 판단하고 급히 서울로 향했다.

② 토지개발공사 부사장실에 도착하여 이송만 부사장과 인사를 교환 후 최병태(崔炳泰) 기획본부장이 배석한 가운데 회담을 시작했으며, 양측에서 오간 주요 발언 내용은 다음과 같다.

- 문(이 부사장) : 한산이씨 문중은 무슨 이유로 신도시건설을 반대하는가?
- 답(항구) : 한산이씨 문중이 신도시건설 자체를 반대한 적은 없다.

- 문(이 부사장) : 본 사업이 시작된 지도 벌써 상당한 시일이 지났으나 한 걸음도 진척되지 못하고 있는데, 그 이유는 정확히 모르지만 한산이씨 문중이 앞장서서 반대운동을 하고 있기 때문으로 본다.
- 답(항구) : 그렇게 보는 것은 상당한 오해다. 근본적인 문제는 분당 주민 스스로가 자신들의 생존권을 보장받기 위해 취하는 자발적인 집단행동이며, 한산이씨 문중이 선봉에 서서 선동하는 일은 전혀 없다. 다만 한산이씨 문중이 정부 당국에 요청하는 것은 수내동 일대에 500년 이상 보전해온 여러 유적들이 훼손되지 않도록 보호해 달라는 것뿐이다.

- 문(이 부사장) : 현재 수내동 유적지의 규모와 분포는 어느 정도인가?
- 답(항구) : 조선시대 중기 이후 벼슬하신 조상의 묘소는 약 30여 기이며, 각종 비석 등 석물과 비각, 신도비, 사당, 연못 등이 광범위하게 배치되어 있으며, 이 유적들은 영장산 넓이 약 10만 평(총넓이 약 15만 평

중 군부 대 주둔 5만 평 제외) 전역에 분포되어있다

– 문(이 부사장) : 현재까지 수내동 유적들은 실제 문화재 지정도 되어 있지 않은 일반 묘소들로서 신문 지상에 공고한 대로 7월 말까지는 무조건 이전시켜 달라.

– 답(항구) : 문화재 지정 여부에 앞서서 정부가 신도시건설 계획을 수립하면서 사전에 현장의 문화재 조사와 사후 처리 등 충분한 검토도 없이 지역 내 역사 문화적 자산들을 외면한 채 방대한 도시개발계획을 일방적으로 조급히 추진하는 잘못도 있다고 본다. 말하자면 단순히 대규모 주택 건립에만 치중하고 다른 문제는 외면하고 있는 것 같다.

– 문(이 부사장) : 가정하여 현재의 유적지 규모 10만여 평에서 약 3만 평 정도를 유적지 보존지역으로 제척해준다면 잔여 대지는 주택지로 동의해줄 수 있겠는가?

– 답(항구) : 현행 문화재보호법상 인위적으로 이전하거나 멸실된 유적은 문화재로 지정될 수가 없다. 수내동 유적은 한두 개가 아닌 수많은 유적들이 넓은 지역에 분포되어 있는데 이들을 원래 있던 자리에서 3만 평 규모의 작은 공간으로 이전 통합한다는 것은 있을 수 없다.

– 이상으로 양측은 서로 간의 입장 차이만 확인하고 단독 요담을 마쳤다.

○ 결론

분당신도시건설의 책임을 맡은 주무 부서인 한국토지개발공사는 수내동 유적지 보존 여부에 관하여 최후 담판의 형식으로 한산이씨 문중의 책임자로부터 최종적인 답변을 듣고 결론을 내고자 이항구와 토지개발공사 부사장 간의 단독 요담을 벌이게 한 것으로 보이며, 이때 이항구는 토지개발공사 측으로부터 수내동 유적지 A, B, C지구 '3만 평 분할 경계 도면' 제출에 관하여 강력한 독촉을 받을 것으로 예상하고 긴장했으나, 뜻밖에도 이 문제는 단 한 마디의 언급도 없었다.

의외로 한산이씨 문중을 대신한 이항구의 완강한 의사를 접한 이송만부사장은 몹시 불쾌하다는 표정을 지으며, "귀하의 답변은 괴변일 뿐이며 어떻게 될지 알 수는 없지만, 유적지 전역을 보존해달라는 요구는 보장할 수 없다."고 잘라 말한 후 작별 인사도 없이 자리를 박차고 나가버렸다.

이 같은 부사장의 무례한 행동에 이항구 또한 불쾌하기 그지없었으나 이를 참고 돌아왔으며, 이항구는 이때의 험하고 어려웠던 심정을 그 후에도 누차 토로한 바 있다.

▣ 1989년 6월 8일(목)

토지개발공사 측으로부터 최초의 공식적인 회신이 접수되었다.

1989년 6월 2일 자로 제출한 청원서 "수내동 유적지 보존과 문화재 지정 신청"에 따른 토지개발공사 측 최초의 공식적인 회신 요지는 아래와 같다.

① 수내동 유적지 보존은 원칙적으로 불가능하나 선조 묘역의 문화재 지정이 선행된 후에 고려하겠다.

② 청원 사항을 충분히 검토한 후에 공원구역으로 조성하겠다.

(별첨 1-12 참조)

▣ 1989년 6월 9일(금)

이항구는 경기도청 문화공보실과 도시개발과를 방문하여 수내동 유적지 보존에 관한 추진 상황을 문의하고 관계자들의 노고에 감사를 표한바, 주무부서의 입장과 태도가 매우 긍정적임을 느끼고 크게 안도하였으며 주무부서의 반응과 응답은 다음과 같았다.

· 도시개발과 : 신도시건설 지구에서 수내동 유적지를 제외시켜줄 것을 이미 토지개발공사에게 공문으로 요청하였다.

· 문화공보실 : 동 지구내의 유적에 대한 문화재지정 여부를 검토 중에 있다.

▣ 1989년 6월 10일(토) ~ 6월 21일(수)

6월 2일 자로 발송된 대책위의 청원서에 대한 관계기관들의 회신내용은대부분 긍정적인 내용이었으며 각각 다음과 같이 회신해주었다.

· 건설부 : 택지 01254-13199, 택지 01254-13400, 택지01254-14201

· 문화재관리국 : 문임 35300-2982

· 한국토지개발공사 : 특기 1-591-26510

· 경기도 : 도시 30303-588, 도시 30303-498, 문공 35300-1054

· 내무부 : 총무 0250

· 감사원 : 민원 01254-834

· 정부합동민원실 : 합민 01254-35630

· 성남시 : 도시 30260-337

· 대한민국국회 : 의안 제2334호

(별첨 1-13 참조)

■ 1989년 6월 15일(목) : 임효재 박사가 KBS에 출연 유적지 보존 호소.

서울대학교 박물관장 임효재(任孝宰) 박사가 KBS TV 오후 9시 뉴스의 인터뷰 인사로 나와 수내동 한산이씨유적지에 대하여 500여 년의 역사와 문화를 간직한 소중한 유적지라는 해설과 함께 박성범 아나운서와 대담을 나누고, 신도시건설지역에서 절대 보존지역으로 지정해줄 것을 호소하였다.

■ 1989년 6월 16일(금) : 각 일간지에 수내동 유적지 소개 보도.

한국일보(韓國日報), 세계일보(世界日報), 일본(日本)의 통일일보(統一日報) 등 주요 일간지에 수내동 한산이씨 유적지에 대한 소개와 이 유적지를 원형대로 보존해야만 하는 당위성에 대한 기사가 일제히 게재되었다.

(별첨 1-14 참조)

■ 1989년 6월 27일(화)

이항구는 경기도청 문화공보실(향토사료실)을 재차 방문하여 강대욱(姜大旭) 사무관을 만나서 수내동 유적지 보존에 따른 제반문제를 협의하였다. 이때 강사무관에게 수내동 유적지에 관한 역사와 문화적 자료집을 전달하고, 문화재 지정에 따른 절차와 필요한 자료준비 등을 협의하였다.

경기도청 문화공보실은 경기도 관내의 문화재보호와 관리 및 발굴 조사와 지방문화재 시성 업무 등을 담당하는 중요한 부서이다.

그러나 당시(1989년도)까지만 해도 문화재지정과 유적보호 같은 역사 문화에 대한 인식은 크게 부족한 반면, 산업발전과 경제개발에 치중된 정부 정책으로 인해 역사와 문화에 관한 정책은 자연스럽게 차 순위로 밀려날 수밖에 없었다. 많은 인구와 광대한 지역을 관할하는 경기도청에서 관내의 역사와 문화 사업을 담당하는 인력이 강대욱 사무관을 비롯한 2~3명의 기능직 공무원뿐이었다는 사실은 당시 우리 사회의 역사 문화에 대한 인식 수준을 적나라하게 보여주고 있다.

▣ 1989년 7월 4일(화)

서울대학교 박물관장 임효재(任孝宰) 박사는 "수내동 유적지 보존"에 관하여 정부에 공식 요청하였는바. 신도시건설 예정지역인 분당지구에 대한 문화재 발굴조사를 가장 먼저 실시하고, 기존의 역사유적은 있는 그대로 보존해줄 것을 서울대학교 박물관장 명의로 문화부와 경기도에 공식 건의하였으며 이뿐만 아니라 정자동 전주이씨 유적, 야탑동 유적, 구미동 전의이씨 유적등도 함께 포함시켰다.

(별첨 1-15 참조)

– 건의서 요지 –

수내동 한산이씨 묘산과 유적들은 역사 문화적으로 사료(史料)적 가치가 높은 유물들이 시대 순으로 층층이 잘 배치되어 있을 뿐 아니라, 조선시대의 문중묘제(門中墓制)의 원형은 물론 연못과 반촌(班村) 등이 잘 보존되어 있어서 이 지역은 현대에 있어서 전국적으로도 매우 보기 드문 유적지라고 지적하였다.

따라서 이를 보존하기 위한 현실적인 대안으로 이 지역의 수려한 자연 경관을 잘 살려서 시민들의 이상적인 문화 휴식 공간으로 조성할 것을 권고했다.

▣ 1989년 7월 5일(수) – 수내동 일대 시범단지 조성발표.

분당신도시개발의 첫 번째 사업으로, 서현동과 수내동 일대 24만여 평에 대하여 오는 10월부터 시범단지조성 공사가 착공된다고 발표되었다.

(별첨 1–16 참조)

▣ 1989년 7월 7일(금) – 분당 사업지구 내 분묘개장 공고

한국토지개발공사는 분당신도시건설 사업지구 내에 소재한 모든 분묘에 대하여 1989년 9월 1일부터 1989년 10월 15일까지 기간 내에 일제히 개장 할 것을 공고하였다.

· 분묘는 개장공고기간(1989년 7월 7일~1989년 9월 30일)내에 신고하고 신고가 없을 때는 무연고 분묘로 간주하여 임의로 개장함.

· 분묘개장 대상 : 수내동 산1~2번지(뒷뫼) 등 분당일대의 모든 분묘.

(별첨 1–17 참조)

▣ 1989년 7월 10일(월)

① "A, B, C지구 분할표시 도면" 제출 독촉

이항구는 수내동 유적지 보존추진위원회 대부분의 중진위원들로부터 "수내동 유적지 A, B, C지구별 분할표시 도면"을 7월 11일(화)까지 토지개발공사 측에 속히 제출하라고 재차 독촉을 받았다.

특히 이학구, 이만규, 이선구 등 위원들로부터 "정부 측이 보존 규모 3만 평

정도만이라도 보존해준다면 보상금은 받지 않아도 좋으니 정부 측에서 방침을 원점으로 철회하기 전에 3만 평 분할도면을 빨리 제출해달라."는 압박을 받았다.

이때 이항구 간사의 마음은 흔들릴 수밖에 없었으며 이를 어찌해야 할 지 그의 고민과 불안은 한층 깊어지게 되었다.

② 전항과 같은 상황에 직면한 이항구는 사태의 심각성을 깨닫고, 오후 늦게 국회의원회관으로 달려가 친지 의원에게 그간의 추진 경과 등을 자세히 설명하고 앞으로의 추진방안 등에 관하여 의논하였다.

이 자리에서 친지 의원은 토지개발공사 측이 강력히 요구하는 수내동유적지 A, B, C 분할 경계도면 제출 문제는 앞으로의 사태 추이를 좀 더 지켜보고 나서 결정하는 것이 좋겠으니 일단 유보하라는 격려를 받았다.

(별첨 1-18 참조)

■ 1989년 7월 12일(수)

① 한양대학교 유적지 조사단이 수내동 유적지 실태 조사차 유적지에 대한 현지답사에 착수하였다.

② 유적지 조사단이 답사한다는 소식을 듣고 수내동에 거주하는 명구(命求) 씨와 택구(宅求) 씨 두 분은 수일 전부터 7월 한여름 무더위를 무릅쓰고 뒷뫼 묘역 일대에 무성하게 자란 잡초를 제거하고 주변을 깔끔하게 정리함으로써 조사단들이 현장을 답사할 때 좋은 평가를 받을 수 있도록 하는데 노고가 지대하였을 뿐만 아니라, 조사단들이 현지에 도착하여 조사활동을 시작하여 끝날 때까지 이들을 직접 친절하게 안내하기도 하였다.

이와 같이 뒷뫼 유적지가 순식간에 멸폐(滅廢)될지도 모르는 위기상황 하에서 이를 남의 일처럼 팔짱끼고 바라만 보고 있지 않고 묵묵히 솔선함으로써, 말이 아닌 행동을 통하여 유적지 보존을 위해 애쓴 그 공로는 실로 크다 하지 않을 수 없으며 그 은혜와 고마움 또한 영원히 잊어서는 안 될 것이다.

▣ 1989년 7월 15일(토)

이항구 간사의 수원 자택(自宅)으로 뜻밖의 전화 연락이 왔다.

정연대 한국토지개발공사 성남사업단 사업부장은 신도시개발에 따른 수내동 유적지 보존책에 관하여 이항구와 의견을 교환하고 싶다며 오는 7월 18일(화) 오후에 수원에서 만나기를 제의하자 이항구는 이를 바로 수락하였다.

전화를 통하여 토지개발공사 측의 뜻하지 않은 제의를 받은 이항구는 이번 기회가 최종적인 담판의 분수령으로 판단하여, 정부 당국이 합당한 조치를 내리고 결정할 수 있는 객관적 자료인 "뒷뫼 유적지 원형 보존의 필요성"을 작성하는데 밤새도록 온 힘을 다하였다.

왜냐하면 수내동 유적지 보존을 위하여 더 이상 물러설 수 없는 이 막바지 협상에서 논리(論理)에서 밀리게 되면 하는 수 없이 정부가 하고자 하는 방향으로 끌려갈 수밖에 없기 때문이었다.

▣ 1989년 7월 18일(화)

오후 2시, 수원시내 모(某) 다방에서 이항구는 지난 7월 15일에 전화로 약속한 토지개발공사 성남사업단의 정연대(鄭然大) 사업부장과 만나서 아래와 같이 요담(要談)을 나누었다.

○ 정연대 부장의 논지(論旨)

분당신도시건설 추진을 담당한 정부(건설부)와 토지개발공사는 수내동 유적지 존폐 문제 등으로 사업 진도(進度)는 한 걸음도 떼지 못하고, 제자리에 머물고 있다.

본 유적지는 문화재지정도 안 된 일반 묘소들이기 때문에 신도시건설계획 당시 수내동 유적지는 일반묘소로서 당연히 이전(移轉) 대상이 될 수밖에 없다.

그러나 TV와 신문 등 언론매체 및 학계를 비롯한 각계의 비상한 관심 그리고 진정서, 청원서 및 대정부 건의서 등으로 인해 본 유적지에 대한 재평가가 이루어짐으로써 그 보존의 필요성을 알게 되었다.

하지만 이 시점에서 정부가 일방적으로 강행할 수 없는 현실에서 문제는 현행법(문화재관리법) 상 유물 한 점 중심으로 사방면(四方面)으로 약 5m 정도 범위 내에서 단위 별(單位 別)로 보존지역으로 지정하도록 규정된 것으로 알고 있는데, 수내동 유적지 전역(10만여 평)을 대상으로 전부 보존하자는 것은 너무 지나친 요구이다.

그렇다면 이에 대한 합법적인 해결방안은 무엇인가?

○ 이항구의 논지(論旨)

국내외적으로 여러 가지 어려운 환경에도 불구하고, 경제안정을 도모하려는 정부의 대규모 국책사업인 분당신도시건설은 불가피한 조치임을 깊이 이해하고 있다.

다만 문제는 신도시건설 추진과정에서 수내동 유적지 같은 중요 문화재의 발굴조사와 역사적 가치 판단 등 역사와 문화에 대한 중요성은 뒷전으로 밀려난 채 무차별적인 철거로 해체 위기에 직면해있다.

그렇다면 차제에 국가기관이 이를 회수하여 원형을 보존 유지하게 한다면 국가적으로도 매우 유익하고 보람 있는 사업으로 평가받게 될 것이므로 이는 결코 무리한 요구가 아닐 것이다.

한편 귀측이 제시한 이른바 수내동 유적지의 전 지역 보존 요구는 무리라는 견해와 이에 관련하여 현행법상 적용규정이 마땅치 않다는 서로 상반된 주장이 존재하는 현실에서 이를 구제할 '합법적인 방법'은 무엇인가에 대하여 생각해보자. 본인의 판단으로는 당장의 '합법적인 방법'은 어려울 수 있으나, '합리적인 방안'은 모색할 수 있다고 본다.

다시 말하면 모든 일은 결국 사람이 하는 것이고 또한 많은 사람들이 지혜를 모아 창조적으로 일을 만들어 발전해나가는 것이 가장 바람직한 사회인만큼, 귀중한 문화유적들이 밀집해있는 수내동 유적지를 다시 한 번 답사해보고 그 중요성을 확인해 본다면 미처 모르고 있던 보존적 가치와 필요성을 깨닫게 될 것이다.

이를 토대로 하여 정치적, 문화 행정적으로 지혜로운 논리가 더해진다면 정부 당국으로서도 사업의 기본구상은 살리면서도 여러모로 합리적인 방안이 도출 될 수 있을 것이다.

끝으로 이항구는 수내동 유적지에 관한 긴 역사를 한 순간에 말로써 일일이 설명하기에는 시간적인 한계가 있으므로, 그 대신 본인이 밤새워 급히 요약하여 작성한 한 건의 문서(뒷뫼 유적지 원형보존의 필요성)를 정 부장에게 전하면서 이를 출장복명서로 가름해달라고 부탁하였다.

(별첨 1-19 참조)

○ 정 부장의 마무리 답변

이처럼 귀중한 참고자료를 정성껏 준비하여 준데 대하여 감사를 표하며, 자기 자신도 포은(圃隱) 정몽주(鄭夢周) 선생의 후손이지만 만약 포은 선생의 묘역이 이토록 어려운 환경에 처하게 되었다면 자기 자신을 포함하여 이처럼 앞장서서 해결할 사람은 아마 없을 것 같다며 정중하게 인사를 하였다.

■ 1989년 7월 20일(목)

분당신도시 건설계획을 수립하고 주관했던 박승(朴昇) 건설부장관이 전격 해임되고 후임에 권영각(權寧珏) 씨가 장관으로 임명되었다. 해임사유를 정확히 알 수는 없으나 추측컨대 신도시건설사업 부진의 책임을 진 것으로 보인다.

■ 1989년 7월 31일(월)

분당신도시건설에 따른 수내동 유적지보존 문제가 사회적인 초미의 관심사로 떠오른 이때 이상구, 이항구 형제는 사회적으로 높은 지위와 명성을 가지고 크게 활약하고 있는 한산이문의 저명인사와 원로들을 처음으로 한 자리에 초청하였다.

이는 현안에 관하여 보다 내실 있고 효과적인 자문과 협조체제를 구축하는 한편 원로 일가들이 평소 쉽사리 만나보기 어려운 이들 인사들과 서로 얼굴을 익히고 친목을 도모하기 위한 귀중한 시간이었다.

이분들이 향후 수내동 유적지 보존을 위한 여러 활동에서 우리에게 큰 도움을 주셨음은 더 말할 나위가 없으며, 당일 간담회와 식사에 따른 소요 비용은 이상구가 부담하였다.

장소

· 간담회 : 서울 종로1가 '보신각다방'
· 저녁식사 : 보신각다방 인근의 한식 전문식당 '유경'

참석인사

· 이인구(李仁求) 한산이씨대종회 이사장
· 이종구(李鐘求) 교수
· 이인구(李麟求) 국회의원
· 이긍규(李肯珪) 국회의원
· 이동복(李東馥) 국회의장 비서실장
· 이신원(李信遠) 문중 원로
· 이호규(李鎬珪) 문중 원로
· 이충규(李充珪) 보존대책위원장
· 이형구(李亨求) 보존대책위원
· 이상구(李庠求) 보존대책위원
· 이항구(李恒求) 보존대책위원회 간사
· 간담회 자료 : 뒷뫼유적지 원형보존에 관한 주요 사업계획(안)

(별첨 1-20 참조)

▣ 1989년 8월 4일(금) - 경기도청 관계자들과 오찬

① 지난 5월 10일(금) 자에 이항구가 경기도청 향토사료실을 방문하여, 문화재 관리업무를 담당하는 강대욱(姜大旭) 사무관을 만나 수내동 유적지 보존 문제를 협의하고 관계 자료를 전달한 바 있다.

② 그 이후 강사무관은 이 문제를 집중 검토한 결과, 역사와 문화 등 학술적 가치가 매우 높다는 판단 하에 이를 적극적으로 협조해주었다.

이항구는 이 자리에서 그간 많은 도움을 준 실무자들에게 감사를 표하였으며, 수원시 북문 소재 '별장식당'으로 강대욱 사무관과 경기도청 신중현 사무관 등 관계관들을 초청하여 저녁 식사를 함께 나누었다.

이때는 수내동 유적지에 대하여 유물 발굴을 위한 경기도청 주관의 지표조사가 이미 진행되고 있었다.

■ 1989년 8월 9일(수) – 이항구 간사의 주민등록을 분당으로 이전

① 지난 4월부터 신도시건설이 시작되자 투기꾼들의 보상금을 노린 부동산의 불법거래와 위장 전입 등 부정행위를 차단하기 위하여 정부는 분당지역에 주민등록 전·출입을 단속하는 등 감시를 강화했다.

뿐만 아니라 분당 일대 곳곳에는 경비초소를 설치하고, 불법 건축이나 집단 시위 등에 대비하여 주민들의 동향을 철저히 감시하는 등 살벌한 분위기가 조성되어 있었다.

② 이 같은 분위기 속에서 수내동 유적지 보존을 추진하던 이항구로서는 본의 아닌 오해와 교통 불편을 덜기 위하여 수원에서 성남시 수내동 228-1의 명구(命求) 씨 댁으로 주민등록을 이전했다.

주민등록을 이전할 당시 관할 동사무소(수원시 및 성남시)에서는 이전 사유를 까다롭게 따진 후 "토지 등 부동산에 관련된 일체의 행위를 금지하고, 실거주가 아닐 경우에는 어떠한 처벌도 감수한다."는 조건부 단서를 단 문서에 서명한 뒤에야 전입서류를 발급 받을 수 있었다.

(별첨 1-21 참조)

■ 1989년 8월 10일(목) ~ 8월 11일(금) : 여론조사 결과

분당 - 일산신도시건설에 대한 수도권 거주 6천 명을 대상으로 주택수요 조사를 한 결과는 다음과 같았다.

· 분당으로 이주 희망 : 69.6%

· 일산으로 이주 희망 : 30.4%

· 일산보다 분당이 살기 좋아 : 70%

이때 분당지역 주민들의 신도시개발백지화 시위가 재발하였다.

■ 1989년 8월 16일 ~ 9월 23일 : 신도시 관련 기사.

· 건설부의 분당신도시 건설계획 수정안 발표.

· 신도시 개발계획에 관한 공청회 개최.

· 분당 신시가지 토지 보상 기준 마련.

(광주–용인–안양–평촌지역 등과 대등한 수준으로 평가)

· '문화공보부' 직제 개편 발표, '문화공보부'가 폐지되고 '문화부'의 외청으로 '문화재관리청' 신설.

※ 분당신도시 건설의 초기목표는 대단위 주택건설과 이를 위한 대도시 기반 조성이었다. 따라서 역사와 문화 등 대단지 건설의 외적 요소는 낮은 비중으로 취급될 수밖에 없었으나, 사업추진 과정에서 수내동 유적지(문화재) 보존 문제가 크게 부각된 점이 기폭제가 되어 정부의 관련 기구 개편과 문화재보호법 개정 등이 이루어졌다.

이와 같이 문화유적 문제가 법적, 제도적으로 크게 개선된 데에는 '수내동 유적지 보존' 문제가 결정적인 역할을 한 것으로 평가되며, 이 또한 국가발전

에 끼친 기여도와 그 가치는 실로 크다고 할 수 있을 것이다.

(별첨 1-22 참조)

■ 1989년 10월 28일(토)

분당지구 문화유적 조사가 종료되고 종합보고서가 발간되었다.

· 기 간 : 1989년 9월 1일 ~ 1989년 9월 30일(1개월간)

· 조사기관 : 한양대, 명지대, 동국대, 경기대, 서울산업대, 민속촌, 서울대, 고려대, 중앙대, 문화공보부, 경기도청, 시흥시청(무순)

■ 1989년 10월 31일(화)

1989년 4월 27일 정부의 신도시건설 발표이후 이때까지 추진된 과정을 살펴볼 때 별다른 이변이 발생하지 않는 한 수내동 유적지 보존은 거의 틀림이 없을 것으로 판단되었다.

다만 문제는 관계당국이 "수내동 유적지 전지역 보존은 불가하다."며 'A, B, C 분할도면(3만 평)' 제출을 계속 독촉하고 있는 상황에서 건설부가 과연 어느 정도 규모로 보존지역으로 설정해줄 지는 어느 누구도 알 수 없는 상황이었다.

따라서 이항구는 '비공식적인 문제'라 할지라도 A, B, C 분할도면을 특별 한 이유 없이 제출을 계속 거부하고 있는 것도 무책임한 처사이므로 그 심적인 부담은 더해질 수밖에 없었다.

이처럼 불확실한 상황에서 갈피를 잡지 못하고 때만 기다리고 있다가 정작 좋은 기회를 놓쳐서 후회한들 소용이 없는 일이었다.

때문에 이항구는 고민 끝에, 1989년 10월 16일 토지개발공사가 '유적지 보존지역의 규모와 범위' 등을 일방적으로 결정하고 시공하기 전에 A, B, C 분할도면(3만 평)의 대안(代案)을 제시하기로 하고, 이를 위하여 수내동 전지역(숲안 마을 + 뒷뫼 유적지 + 황새울 들판 + 숲안 앞개울)을 아우르는 '수내동 유적지 전통마을공원 조성안'을 작성하여 이항구 단독 명의로 관계기관(건설부, 경기도, 한국토지개발공사)에 청원서로 건의하였다.

(별첨 1-23, 1-24 참조)

■ 1989년 11월 6일 ~ 1989년 11월 10일

1989년 10월 31일자에 '뒷뫼 문화유적공원(조감도)'를 청원서에 첨부하여 관계기관에 건의한 데 대하여 이들 기관들은 작성자인 이항구에게 다음과 같이 회신해왔다.

- 건설부 : 신택 01254-25801호(1989. 11. 6)
- 한국토지개발공사 : 특사1(계) 1811-6106(1989. 11. 9)
- 경기도 : 문예 35300-70(1989. 11. 10)

(별첨 1-25 참조)

관계기관들로부터 접수된 대부분의 회신들은 의외로 긍정적이었다. 분당중앙공원 조성은 관계기관에 건의한 '참고자료'를 제출한지 1년 후인 1990년 11월에 착공되었고, 1994년 7월에 현재의 모습으로 완공되었으며, 이 모든 일이 종료된 다음 이항구는 자신의 소회를 다음과 같이 밝혔다.

"자신의 지나친 속단일지는 모르나 토목, 건축 분야에 종사하는 전문가들이라 할지라도 수내동을 포함한 분당 일대의 현지에 대한 향토 인문지리와 역사, 문화 그리고 지형지물이나 입지조건 등은 또 다른 별개의 분야로서 이곳에서 나고 자란 토박이들보다 이를 더 잘 아는 전문가는 아마도 없을 것이다.

자세히는 알 수 없으나 관계 전문가들이 수내동 유적지 공원 조성의 규모, 구도 및 범위 등을 설정할 때, 자신이 제출한 조감도(안)을 포함한 여러 가지 자료와 방안을 놓고 충분히 검토한 후에 최종결론을 내렸을 것으로 생각된다.

다만 공교롭게도 1994년 7월에 완공된 분당중앙공원 전경(全景)의 모습은 지난 10월 31일 자신이 건의한 조감도(안)와 크게 다르지 않아 매우 기쁜 마음과 함께 다행이란 생각이 들었다.

금번 신도시건설 현장을 지켜봤을 때, 수십만 평의 넓은 면적이라 할지라도 터파기와 정지작업 정도의 기초 작업은 수백 대의 크고 작은 건설 장비들을 현장에 투입하여 속전속결로 밀어붙이면 마을 하나와 야산(野山) 하나쯤은 순식간에 평지(平地)로 바뀌는 것이 현실이었다.

지난 6월 중순부터 신도시건설 담당기관(한국토지개발공사)측은 자신에게 "수내동 유적지 A, B, C 분할경계도면(3만 평)" 제출을 계속 독촉하고 있었다.

만약 이때 이를 즉시 제출해주었다면 이를 근거로 하여 곧바로 제1차 시범아파트 건설을 위한 기반조성공사와 정지작업이 시행되어 11월 경 그 3만 평을 제외한 지역은 이미 고층아파트들이 줄지어 들어선 신시가지로 바뀌었을 것이다.

실제로 토지개발공사가 급히 서둘러 공사를 강행하였다면, 봉화공 묘소 중심의 1만 평(A지구), 전부공 묘소 중심의 1만 평(B지구), 좌랑공 묘소 중심의 1만 평(c지구)만을 제외한 전 지역과 숲안 마을에는 고층아파트들이 들어서게 되어 정작 유적지(A, B, C)는 사방이 급경사 절벽과 아파트 군락으로 둘러 싸여서 고립된 문중 묘지에 불과했을 것이다.

때문에 자신이 시의적절하게 제출한 조감도가 매우 중요한 역할을 한 것으로 보여 크게 다행이었다."

■ 1989년 12월 29일(금)

경기도 지방문화재위원회는 수내동 한산이씨 문화유적을 경기도 지방문화재 제116호로 지정하여 수내동 일대는 문화유적지 보존지역으로 설정되었다.

경기도청 대회의실에서 임사빈 도지사를 위원장으로 하고 약 20여 명의 위원으로 구성된 경기도 지방문화재 심의위원회에서 그간 고군분투하며 작성 신청한 분당구 수내동 소재 한산이씨 문화유적들은 법에 따라 "경기도 지방문화재 제116호"로 지정되었으며, 이 일대의 전 지역을 '문화재 보호구역'으로 지정하는 것을 만장일치로 의결함으로써 법의 보호를 받는 근거를 확보하게 되었다.

· 경기도문화재지정서(경기도 기념물 제 116호) : 1989. 12. 29

· 경기도 문예 35300-67(1990. 1. 23)

· 성남시 문공 35310-11455(1990. 5. 4)

· 경기도 고시 제 152호(1990. 4. 26)

(별첨 1-26, 1-27, 1-28 참조)

### (2) 한산이씨 수내동 문화유적 관리 유지

한산이씨 수내동 문화유적이 경기도문화재로 지정되고 분당중앙공원 경내에 포함됨으로써 한산이씨 문중과 공원 관할기관인 성남시와의 협의가 필요하게 되었다. 이에 따라 성남시와의 업무협의 창구는 수내동 지역 한산이씨 최상위 종중인 봉화공파종회로 정하였다.

그리고 사초, 제초 및 벌초 등 묘역 관리는 한산이씨 해당 문중이 담당하고 사당, 비각 등의 건물 관리는 성남시에서 담당하는 것으로 협의되어 오늘에 이르고 있다.

## 4. 수내동 문화유적 보존 주요공로자 소개

정부와 학계 및 사회 각계각층의 많은 분들이 이에 적극적으로 협조하여 주셨으며, 특히 수내동 유적지 보존을 위해 물심양면의 많은 도움과 함께 노고를 아끼지 않으신 당시 주요 인사들을 소개하면 다음과 같다.

· 한산이씨대종회 이인구(李仁求) 이사장
· 건국대학교 이종구(李鍾求) 교수
· 국회의원 이인구(李麟求) 의원
· 국회의원 이긍규(李肯珪) 의원
· 행정부 이덕구(李德求) 이사관
· 국회의장실 이동복(李東馥) 비서실장
· 서울대학교박물관장 임효재(任孝宰) 박사
· 명지대학교 신천식(申千湜) 박사
· 성균관부관장 이상구(李庠求)
· 성남문화원장 권기흥(權起興)
· 용인민속촌 맹인재(孟仁在) 원장
· 성남출장소 이충규(李充珪) 소장
· 성남시농협 이호규(李鎬珪) 조합장
· 한산이씨숲안종회 이형구(李亨求) 도유사
· 전 정부이사관 이항구(李恒求)
· 기타 분당구 수내동 한산이씨 일동

이분들 중에서도 수내동 한산이씨 문화유적지의 '원형보존(原形 保存)'과 이에 대한 '문화재지정(文化財指定)'이 이루어지기까지 절대적인 역할과 함께 공로가 각별히 크셨던 아래 두 분에게는 우리 모두가 그 노고에 대한 무한한 감사와 함께 그 은덕을 잊지 말고 영원히 기억해야할 것이다.

▣ 이인구(李麟求) : 前 國會議員, 鷄龍建設(株) 명예회장

李麟求 會長은 국가 입법부의 고위 공직자로서 뿐만 아니라 건설 분야의 중견사업가로서 나라사랑과 국가발전을 위하여 많은 공적(功績)을 남겼으며, 특히 수내동 한산이씨 문화유적지 내에 모셔진 선현들에 대하여 깊은 관심과 애정을 가지고, 신도시건설로 인하여 멸실될 위기에 처했던 이곳을 국가적 차원에서 마땅히 원형 그대로 보존되어야 한다는 소신과 함께 전심전력을 다하여 유적지 전역이 보존지역(문화재 보호 구역)으로 지정되도록 하는데 최선의 역할을 다한 공로(功勞)가 지대하였다.

▣ 신천식(申千湜) 박사 : 명지대학교 교수 및 동 대학교 박물관장

1989년 분당신도시 건설 당시 수내동 한산이씨 선현들이 안장된 문화유적지가 멸실의 위기에 빠졌을 때 사학자(史學者)로서 이를 안타깝게 여긴 나머지 스스로 솔선하여 서둘러 보존대책을 세워가면서 관계기관을 설득하는 등 긴밀한 협조를 아끼지 않았다.

따라서 1989년 9월 1일부터 1개월간 명지대 '문화유적지 지표 조사 및 유물 발굴 조사단'을 구성하고, 단장으로서 분당 일대 특히 수내동 유적지에 대한 지표조사와 유물 발굴에 전력을 다하였다.

특히 신 박사는 '경기도문화재 심사위원'으로서 수내동 한산이씨 문화유적들

에 대하여 객관적이고 학술적인 판단에 따라 이들이 모두 문화재로 지정되어 국가 차원에서 관리 유지되도록 온갖 역할을 다하였다.

그 뿐만 아니라 신 박사는 우리나라 사학계(史學界)의 권위자로서 고려 말의 대문호(大文豪)이신 牧隱 李穡 선생의 전기(傳記)인 『牧隱 李穡의 學問과 學脈』을 著述(1998년 4월 발행)하였고 이어서 2004년 2월에는 牧隱(李穡) 선생을 비중 있게 다룬 『麗末鮮初 性理學의 受容과 學脈』을 編著하였다.

특히 조선시대 성군(聖君))으로 추앙받는 세종대왕 곁에서 무려 23년간을 보좌한 명신(名臣)이자 한산이씨 가문의 중흥을 이끈 文烈公(諱 季甸)의 行蹟(행적)을 집필한 『存養齋 李季甸의 生涯와 行錄』을 著述(2001년 10월 발행) 하였으며, 文烈公의 '神道碑'(경기도 여주시 점동면 사곡리 소재) 비문을 명문장(名文章)으로 찬(撰)하였다.

특히 수내동을 비롯한 기타 경기지역 출신 한산이씨 선현들의 行錄 등 사적이 경기금석대관(京畿金石大觀) 등재(登載)에서 빠져있는 것을 발견한 신 박사는 이를 즉시 수습하여 6년간(1987 ~1993)에 걸쳐 영구 불멸의 반열보감(班列寶鑑)인 『京畿金石大觀』 제2집 ~ 제7집에 추가로 수록하는 등 크나큰 업적을 남겼으며, 지금까지 어느 누구도 하지 못했던 한산이씨 문중의 역사적이며 서사적(敍事)的)인 사적(事蹟)들을 국가 차원의 역사문헌으로 우리에게 남긴 커다란 은인이다. 따라서 우리 한산이씨 후손들은 그 공덕(功德)에 대한 고마움을 영원히 잊지 말고 기려야할 것이다.

# 5. 분당신도시건설 전 후의 수내동 모습

▲ 수내동의 옛 모습

▲ 현재 수내동 모습

## 6. 기타 참고사항

### (1) 관련기사 소개

① 토요신문(1990년 5월 31일자)

1989년 4월 27일 정부가 '분당신도시건설'을 전격 발표하자 온 국민의 관심과 시선이 이 지역에 집중되었었다.

이때 수내동 한산이씨 집성촌인 숲안 마을과 귀중한 뒷뫼 유적지가 일거에 해체될 위기에서, 이를 안타깝게 바라본 토요신문(신효정 기자)이 유일하게 수내동만을 방문하여 500여 년의 긴 역사를 가진 반촌(班村)의 속내를 비교적 생생하게 취재한 귀중한 자료다.

(별첨 1-29 참조)

② 조선일보(1992년 10월 23일자)

역사상 최초의 대규모 국책사업인 '분당신도시건설'은 시작부터 끝날 때까지 온 나라를 시끄럽고 들끓게 만든 초대형 도시개발 사업이었다. 이를 반영하듯, 당시 노태우 대통령이 신도시건설 현장의 일반 가정을 직접 방문하여 민정을 살펴보았다는 것 자체가 매우 이례적인 일이 아닐 수 없다.

③ 조선일보(1997년 10월 27일자)

분당신도시건설은 1989년 4월부터 시작하여 1996년에 완료되었다. 그로부터 1년 후 조선일보는 전통과 현대가 아름답고 세련되게 어우러져 어디 내놓아도 손색이 없는 수내동의 경관과 정취를 다시 한 번 조명하면서 세상 사람들에게 이를 널리 소개하였다.

자칫 사라져버릴 뻔 했던 수내동 유적지가 이처럼 수도권(首都圈) 중심의 명소로 자리매김할 것이라고 생각한 사람은 별로 없었을 것이다.

④ 靈長山 韓山李氏 文化遺蹟地 聖域化 造成을 끝내고.

조 선 일 보 1997年 10月 27日

(뿌리를 찾아서) **분당 수내동**

**분당천-마을사이**

**많은 나무로 숲 이룬데서 비롯**

**한동안 '숲안'으로 불려**

성남시 분당구 수내동(藪內洞)은 조용한 주거지역으로 꼽힌다. 불곡산 기슭에 자리잡고 탄천을 내려다 보는 구조로, 큰 길가에서 떨어져 있어 주거지역으론 최상의 조건을 지녔다.

수내동의 지명과 역사는 이곳에 취락을 형성했던 한산(韓山) 이(李)씨의 씨족사와 밀접한 관련이 있다. 이 지역은 고려 공민왕때 낙계(落溪)로 불리며 처음 문헌에 나타났으나 한동안 사람이 살지 않았다. 본격적으로 이곳에 정착한 사람이 15세기 말 봉화현감을 지낸 한산 이씨 이장윤(李長潤)이다. 그의 손자가 토정비결(土亭秘訣)의 저자로 알려진 이지함(李之菡).

토정은 조부 이장윤이 죽자 묘를 마을 뒤 영장산에 썼는데 이 터가 명당이라 이후 대대로 후손들이 출세하며 가문이 융성했다고 한다. 영장산은 한산 이씨의 종산으로 이장윤을 비롯, 이증(李增), 이경류(李慶流) 등의 묘가 있다. 이경류의 묘 아래는 말무덤이 있는데 이 말은 주인 이경류가 임진왜란때 전사하자 3일동안 슬퍼하며 굶다가 죽어 그 충절을 기리기 위해 주인 곁에 묻어주었다고 한다.

수내동이란 이름은 이장윤의 7세손으로 경종때 청백리로 유명한 문청공(文淸公) 이병태(李秉泰)가 분당천과 마을 사이에 밤나무 등 많은 나무를 심어 숲을 이룬데서 비롯된다. 고을이 숲속에 있어 한동안 「숲안」으로 불리다가 이것을 한자로 표기한 것이 수내라고 한다. 현재 이곳에는 한산 이씨의 선조묘를 비롯, 신도비, 고가(古家), 지석묘 등 문화유적들이 많다. <李泓기자>

(경기도 지방문화재 제116호 1989. 12. 29.) 湖亭(庠求)과 梨亭(恒求)형제가 靈長山(뒷뫼) 聖地에 올라 敬拜 하며 感懷에 젖어있다.(1992. 9. 11)

'분당신도시건설'이라는 前代未聞의 猝地風波로 어지럽던 당시 風前燈火처럼 한순간에 痕跡도 없이 사라져버릴 운명(運命)속에서, 湖亭(諱 庠求)은 생업을 접은 채 육백 년간 祖上님들이 安葬되어 있는 聖域을 永久保存하는데 全心全力으로 勞苦를 아끼지 않았으며, 이 밖에도 크나 작으나 獻身的으로 韓山李門에 기여한 많은 일가 여러분들의 功勞는 歷史에 길이 빛나고 後孫들에게는 자랑스러운 祖上으로 永遠히 記憶될 것이다.

▲ 萬感 속에 感懷어린 형제
우 湖亭(諱 庠求), 좌 梨亭 恒求

# 제II장

## 韓山李氏 奉化公(諱 長潤)의

## 藪內洞 入鄕과 集姓村 建設

# 제II장

## 韓山李氏 奉化公(諱 長潤)의 藪內洞 入鄕과 集姓村 建設

## 제1부. 봉화공의 수내동 입향

### 1. 봉화공의 출생과 결혼

奉化公(諱 長潤)은 1455년 12월 4일 서울 종로 북촌 관가의 文烈公(諱 季甸) 조부 댁에서 출생한 것으로 추정된다.

봉화공은 大司成公(諱 堣)의 장남이며 모친은 牧使 숭지(崇智)의 따님 安東權氏이다.

봉화공이 5세 때 조부 文烈公이 돌아가셨고, 12세 때에는 부친 大司成公 마저 36세의 일기로 일찍 돌아가셨다.

대종가의 사손(嗣孫)이 된 봉화공은 노래(老來)하신 할머니 豐基秦氏와 모친 安東權氏 슬하에서 애지중지 자라면서 어린 동생들과 글공부에 열중하였다.

이때 봉화공에게는 두 분의 삼촌(明憲公 諱 坡, 憲平公 諱 封)이 계셨는데, 이분들은 조부 문열공이 돌아가시기 전에 과거에 급제하여 각기 벼슬에 올라 분가 독립하였고, 네 분의 고모들 또한 모두 출가한 상태였다. 당시는 일단 시

집을 간 따님들의 친정집 왕래가 오늘날처럼 자유롭게 허용되지는 않던 때이었다.

1474년 4월에 봉화공의 장남인 韓城君(諱 秩)이 출생함으로써 풍기진씨는 증손의 출생까지 지켜보셨으나 이로부터 7개월 후인 1474년 11월에 노환으로 돌아가셨다.

이로 미루어 볼 때 조모 풍기진씨는 대종가의 종손이자 사손인 봉화공이 하루속히 장성하여 가업과 세업을 계승하기를 손꼽아가면서 생전에 봉화공의 결혼을 서둘렀던 것으로 보인다.

풍기진씨가 돌아가신 후 묘소는 경기도 여주시 점동면 사곡리 종산에 부군 문열공과 함께 앞뒤로 나란히 모셔져 있다.

봉화공의 조모이신 풍기진씨의 부친은 군수 진호(秦浩) 공이고, 증조부는 판관 진중길(秦中吉) 공이며 외조부는 달성부원군 서의갑(徐義甲) 공이다. 진호공의 관향(貫鄕)은 경상북도 풍기현(豐基縣)이고 고향은 경기도 이천시 신둔면 수하리 일대로 밝혀졌다.

이 같은 사실은 경기도 이천시 문화원장을 역임한 조명호 씨가 자신의 가옥을 신축하던 중 터파기를 하다가 풍기진씨 가문의 묘지석(墓誌石)이 발굴됨에 따라 확인된 것이다.

이로 미루어 볼 때 경기도 이천시 신둔면 일대는 문열공(諱 季甸)의 처가댁인 풍기진씨 세족들의 오래된 세거지(世居地)로 추정되며, 문열공이 고위 관직으로 출사(出仕)하기 이전의 연고지 또한 이천시 신둔면 관내였던 것으로 밝혀졌다.

## 2. 봉화공(諱 長潤)의 결혼과 혼척(婚戚)

결혼 또는 혼인이란 남녀가 부부관계를 맺는 것을 말하며, 누구나 일생에서 가장 행복하고 경사스러운 의식의 하나인 것이다.

조선시대의 전통적 결혼 풍습은 1945년 8.15광복 당시까지 크게 달라짐 없이 이어져 왔다. 이를테면 신랑이 말 타고 처가로 가서 혼인식을 치르고 신부는 가마 타고 신랑과 함께 시댁으로 오는 것 등은 말할 것도 없고, 이처럼 결혼 의식을 치르기 전에 『토정비결(土亭秘訣)』과 같은 예언서를 통해 신랑 신부의 사주(四柱)를 대조하여 궁합과 길흉화복(吉凶禍福) 등 결혼생활의 운세를 타진하였다.

따라서 상대방 가문의 혈통이나 문벌 또는 계층이나 귀천 등 신분상의 높고 낮음을 중시하였으며, 오늘날과는 달리 재력이나 빈부의 차이 등 경제적 조건은 후 순위에 불과하였다.

고려시대부터 조선시대에 걸쳐 관직 중에 판서(判書 : 정2품)와 판사(判事 : 종2품)는 육조(六曹)의 가장 으뜸의 벼슬로서 대신(大臣)으로 불렸으며 오늘날의 직위로 비유하면 장관(長官)에 해당하는 높은 관직이었다.

1453년(단종 2) 10월 봉화공의 조부이신 문열공은 병조판서에 재직 중 이었다. 같은 무렵에 현재의 경기도 이천시 호법면 유산1리에 거주하던 서진(徐晋)공의 벼슬은 판사(종2품)이었으며, 이와 인접한 이천시 호법면 후안1리(호박골)에 거주하던 박만(朴蔓) 공은 판서(정2품)의 벼슬에 있었다.

이와 같이 당대의 고위 관직에 있던 위 세 분의 개인적인 인연을 살펴보면 다음과 같다.

첫째, 세분이 비슷한 시기에 태어나 서로 만나게 된 점.

둘째. 세분의 고향 또는 거주지가 거의 같은 지역인 이천시 호법면과 신둔면 또는 율면 등 같은 고장으로서 세 분이 향우(鄕友) 관계라는 사실.

셋째, 고위 관직에 오른 대신들로서 조정에서 임금과 함께 국사를 논의하고 결정하는 등의 활동을 하면서 오랫동안 국가발전을 위하여 헌신한 동료 신하들이었다는 점 등이 참으로 공교롭다.

문열공의 장남인 大司成公(諱 堣)은 판사 서진공의 따님과 결혼하였으며 판서 박만공의 손자 박인효(朴仁孝) 공 또한 서진공의 따님과 결혼하였다. 즉, 판사 서진(徐晉) 공의 따님 중 한 분은 문열공의 장남 이우(李堣) 공과 결혼하였고 또 한분의 따님은 판서 박만 공의 손자 박인효 공과 결혼함으로써 이우공과 박인효공 두 분은 동서지간의 인연을 맺게 되었다.

대사성 이우(李堣) 공의 장남인 이장윤(李長潤) 공은 위 호박골에 거주하던 박인효 공의 따님 고령박씨(高靈朴氏)와 결혼하였다. 이와 같은 인연에 따라 현감 박인효 공 내외분은 봉화공으로서는 장인–장모이자 이모(姨母)와 이모부(姨母夫)로서 이중의 혼척(婚戚) 관계가 된 것이다.

봉화공의 부친이신 대사성 이우 공과 동서지간인 박인효 공은 봉화공 가문의 내력과 문벌 그리고 혈통이나 가세(家勢) 등 가정환경에 대하여 너무나 잘 알고 있을 뿐 아니라, 봉화공이 어느 모로 보나 뿌리 깊은 명문대가 출신의 사윗감이므로 주저 없이 자신의 따님 고령박씨(高靈朴氏)와 결혼시킨 것으로 추정된다.

현감 박인효 공의 조부는 판서 박만 공이며 고조부는 박우생 공이다.

경기도 이천시 호법면 후안1리 '호군 박씨촌' 또는 '호박골'로 유명한 이 고을은 박인효 공의 7–8대 조상 때부터 대대로 살아온 세거지(世居地)이자 집성촌(集成村)이었다.

그밖에도 이천시 호법면 매곡1리와 율면 고당리 일대 역시 분당구 수내동의 한산이씨(韓山李氏) 집성촌처럼 고령박씨(高靈朴氏) 후손들이 모여 살던 집단거주지였다.

## 3. 奉化公(諱 長潤)의 혼척(婚戚) 가계도(家系圖)

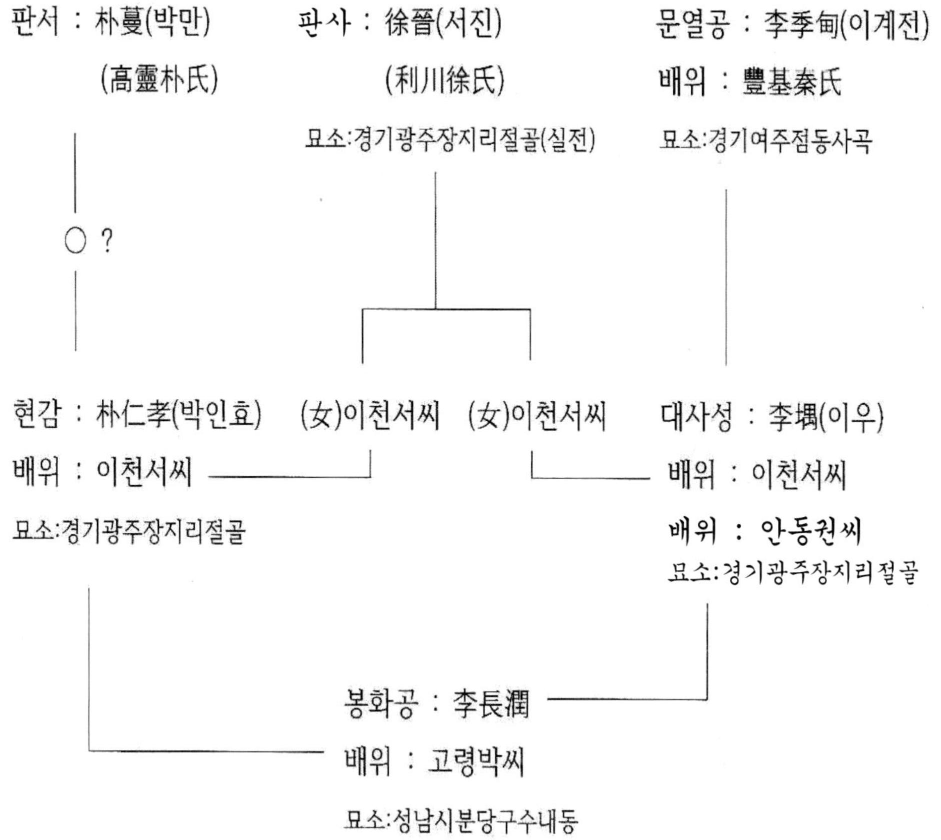


앞의 '봉화공 혼척 가계도'에서 보듯이 판사 서진 공의 두 분 따님과 각각 결혼하여 동서지간이 된 봉화공의 부친 세대(大司成 李堣와 縣監 朴仁孝)에 이어서 봉화공이 결혼하기까지 혼례(婚例) 또한 일반적인 결혼 사례와 달리 특별하고도 이례적이다.

때문에 그 이면의 특별한 배경과 단서에 대하여 살펴보면 역시 조부 세대인

文烈公 李季甸, 判事 徐晋, 判書 朴蔓 등 세 분의 지연(地緣)을 바탕으로 한 명가(名家) 간에 혈연으로 맺어진 혼척관계(婚戚關係)로 요약될 수 있다.

이 같은 관계는 判事 徐晋, 大司成 李堣, 縣監 朴仁孝 등 세 분의 묘소 조성에도 잘 나타나고 있다. 옛부터 우리나라의 관습과 제도상 묘소 조성은 엄중한 사안이었으며 때로는 집안 간에 사활을 다투는 민감한 문제로 대두되기도 하였다.

상기 가계표에서 보듯이 판사 徐晋은 대사성 李堣 공과 현감 朴仁孝 공의 장인이시다. 그런데 공교롭게도 이 세 분의 묘소는 모두 朴仁孝 공의 선산으로 추정되는 경기도 광주시 장지리 절골 일대에 분산되어있다

이 같은 묘제 형태는 일반적으로 흔치 않은 경우로 꼽히는바, 이로써 이 세 분의 남다른 인연은 매우 깊고 돈독한 사이었을 것으로 보인다. 다만 판사 서진 공의 묘소는 시대 미상으로 실전되었으며, 이천서씨 족보상에는 묘지가 광주시 서면 아지리로 기록되어 있다.

1459년(세조 5) 9월에 봉화공의 조부이신 문열공(諱 季甸)이 돌아가셨을 때 묘소는 오늘의 世宗大王 英陵이 있는 경기도 여주시 능서면 왕대리에 모셔져 있었으나 1469년(예종 1) 서울 서초구 내곡동에 있던 세종대왕 영능이 왕실의 사정에 의해 왕대리로 천장(遷葬)함에 따라 부득이 여주시 점동면 사곡리로 천묘(遷墓)하게 되었다.

문열공의 묘소를 천묘하기 2년 전 1467년(세조 12) 8월에 공의 장남인 大司成 李堣 公이 돌아가셨다. 그렇다면 묘소는 일반적인 관행으로 볼 때 부친 문열공의 여주시 왕대리 묘소의 계하(階下)로 모시는 것이 당연했음에도 불구하고 동서인 현감 朴仁孝 공의 선산으로 알려진 경기도 광주시 장지리 절골로 모시게 된 사유는 알 수가 없다.

# 제2부.

# 奉化公 이하 三世의 藪內洞 정착과 집성촌 건설

## 1. 奉化公(諱 長潤)의 수내동 입향

수내동(숲안)은 오늘날 분당중앙공원으로 변모되었으나 이곳은 봉화공파 세족의 파조(派祖)이신 文烈公(諱 季甸)의 훈업에 따른 사패지(賜牌地)였다.

분당구 수내동의 옛 지명은 '숲안-뒷뫼'라 했으며 이 지명은 최근까지 도 불리고 있다. 옛 지명이 말해주듯이 이곳은 숲이 울창한 산골로서 사람들이 살기에는 다소 척박한 지역이었다. 그러나 奉化公(諱 長潤)께서 이곳에 입향하여 정착한 이후에 누대 후손들이 그 뒤를 이어 갈고 닦고 지키며 높은 문화를 창조함으로써 유서 깊은 고장으로 거듭나게 되었다.

봉화공의 조부이신 文烈公(諱 季甸)은 1427년(세종 9) 문과에 합격하고 조정에 출사한 후 세종-세조조에 이르는 동안 왕의 신임을 받아 승승장구하여 병조판서, 영중추원사를 역임한 충신이었으며, 학문과 문장 또한 당대 최고의 학자였다.

궁벽한 향리(鄕吏)를 벗어나지 못했던 한산이씨가 고려 말에 이르러 稼亭-牧隱 두 분의 성업(聖業)에 의해 가문이 크게 일어나 당대 제일의 권문세족이 되었다. 그러나 '조선 개국에 동참하지 않았다'는 이유로 한때 멸문의 큰 위기를 맞았으나 문열공께서 선대의 유지를 받들고 그 유업을 계승 발전시킴으로써 한산이씨 가문의 중흥을 이끌어내었다.

1453년(단종 원년) 계유정난(癸酉靖難) 당시 봉화공의 조부이신 문열공은 兵曹參判으로 재직 중이었으며, 이때의 공훈으로 정난공신(靖難功臣) 1등에 올라 사패지 300결(結)과 노비 40구(口)를 받았다. 또한 1458년(세조 4)에는 좌익공신(佐翼功臣) 2등에 책훈(策勳)되었다. 이때에도 사패지를 추가로 받았으나 그 규모가 정확히 기록되지 않아 알 수가 없어 아쉽다.

이에 따라 국가에서는 공신에게 사여(賜與)되는 사패지(賜牌地)와 곡식, 목화, 광목, 농수산물 등 일상생활에 필요한 여러 가지 필수품은 물론 노역을 제공하는 노비(奴婢)와 말(馬) 등을 功臣 당사자와 당사자의 부인이 사망할 때까지 관급(官給)해주는 제도가 있었다.

1459년 조부이신 문열공이 돌아가시고 1474년에는 국가 공신 문열공의 부인이자 봉화공의 조모이신 豐基秦氏께서 노환으로 돌아가시자, 이때까지 국가로부터 지급받던 여러 가지 생필품의 관급이 끊기게 되었다.

1467년 부친 대사성공이 돌아가셨음에도 불구하고 그간 조부이신 문열공의 공훈 덕으로 비교적 안정된 생활을 영위해왔으나, 이때의 봉화공은 관직에 나가기 전인 20세 미만의 무직자로서 스스로 생계를 꾸려 나갈 수입원이 없었을 것으로 보인다.

봉화공은 불과 몇 해 전에 현감 박인효 공의 따님 고령박씨(高靈朴氏)와 결혼한 원기 왕성한 20대의 청년이었다. 봉화공은 조부 문열공께서 돌아가시고 부친(대사성공)께서 일찍 돌아가셨어도 조모께서 생존해계신 동안에는 생활 걱정 없이 학문에만 전념하던 선비이자 명문대가의 종손으로 귀한 신분이었다.

따라서 봉화공은 아무리 생계가 어려워도 지체 높은 양반 가문의 장남으로서 험한 노동을 할 수는 없었을 것이며, 당시 봉건신분 사회제도 하에서 봉화공으로서는 어려운 처지가 될 수밖에 없었을 것이다.

실생활 경험이 없었던 봉화공은 백면서생(白面書生)의 가장으로서 자신에게 한꺼번에 밀어닥친 여러 가지 문제를 스스로 극복하고 해결하기에는 역부족이었을 것으로 보인다.

봉화공의 장인이신 현감 박인효 공과 장모이신 이천서씨(利川徐氏)는 양가에서 가장 큰 어른들이었는데 어려운 처지에 놓인 봉화공으로서는 절실하게 기대고 싶은 곳이었을 것이다.

봉화공의 장인과 장모는 사위 집안의 생활 안정을 돕기 위하여 우선적으로 현 분당구 수내동에 거주하던 봉화공의 진외가 풍기진씨(豐基秦氏) 댁을 찾아가 의견을 나누고 대책을 강구했을 것으로 판단되며, 그 결과 양측은 해결방안에 대한 합의에 이르러 이를 실행에 옮긴 것으로 추정된다.

현 성남시 분당구 수내동(숲안 - 역말 - 넘어마을 - 영장산) 일대는 봉화공의 조부이신 문열공이 조정으로부터 훈업(勳業)으로 받은 사패지(賜牌地)였다. 농경사회인 당시로서는 생계유지의 기반인 전답 등 땅이 없으면 살기가 어려운 때였다. 수십만 평으로 추정되는 문열공의 사패지는 문열공이 한양에 거주하면서 고위 관직에 있는 관계로 사패지를 직접 경영할 수는 없었으므로 마침 현지에 거주하던 처가댁인 풍기진씨 가문의 생업과 별업을 돕기도 할 겸 토지를 위탁 경영하였던 것으로 보인다.

이런 인연으로 외손인 봉화공이 서울에서 낙향하기로 결정되자 사패지를 봉화공에게 주저 없이 이양해 준 것으로 추정된다.

이때 조모(祖母)께서는 늙으신 몸으로서 어린 손자가 빨리 성장하여 가업(家業)과 세업(世業)을 이을 봉사손(奉祀孫)이 되기를 기원(祈願)하면서 생존시에 손(孫)을 보실 수 있도록 결혼을 서둘었을 것이며, 따라서 봉화공은 조모님 뜻에 따라 19세를 전후하여 결혼한 것으로 추정된다.

공교롭게도 조모 풍기진씨는 그 이듬해(1474년)에 돌아가셨으며, 그해에 증손자이자 奉化公(諱 長潤)의 장남인 韓城君(諱 秩)이 출생하였다.

봉화공(諱 長潤)은 조모의 생존 시에는 국가가 사망한 공신(功臣)의 배우자에게 사망까지 지급하는 각종 식량과 생활필수품 등을 제공받으면서 큰 불편 없이 비교적 안정된 생활을 영위할 수 있었다.

그러나 조모가 돌아가신 후에는 국가로부터 받던 혜택이 종결됨에 따라 자연히 가세(家勢)는 기울어지고, 생계유지가 막막해질 수밖에 없게 되었다.

돌아가신 할머니(豐基秦氏)에 대한 3년 탈상(脫喪)을 한 봉화공은 1477년경 고민 끝에 서울 본가(조부 댁)를 정리한 후 가족을 거느리고 조부의 사패지이자 연고지인 현 수내동으로 이주하여 정착한 것으로 추정된다.

이때 봉화공의 연령은 23세 전후로 배위(配位)이신 고령박씨(高靈朴氏)와 두 분 사이에서 출생한 장남 한성군(諱 秩 : 1474년생)과 차남 찬성공(諱 穉 : 1477년생)등 나이 어린 두 아들을 둔 가장(家長)이었다.

수십만 평으로 추산되는 조부 문열공의 사패지(수내동과 영장산 일대)는 당시 조부께서 처가댁인 풍기진씨 가문에게 위탁하여 별업(別業)과 생계(生計)를 도왔던 연고지로 추정되며, 외손(外孫)인 봉화공이 생활의 어려움으로 인해 서울에서 낙향하게 되자 사패지(賜牌地) 관리를 넘겨준 것으로 보인다.

본 연고지(숲안-뒷뫼)에는 1989년 신도시 개발 당시까지 풍기진씨(豐基秦氏) 묘소들이 존재해있었다는 사실은 이를 뒷받침하는 증거(證據)라 할 수 있다.

분당구 수내동에 정착한 봉화공은 농경(農耕)에 대한 경험이 전혀 없었기 때문에 당분간 진외가(풍기진씨)의 도움을 받아가며, 기존 전답과 불모지 등을 일구고 개간하는 등 온갖 노력을 다한 끝에 어느 정도 자립자족(自立自足)을 성취한 것으로 보이며, 그 이후의 풍기진씨 일가족은 이곳(수내동)을 떠나 관향(貫鄕)인 경상북도 풍기현(豊基縣 : 조선시대 지명)으로 옮겨갔거나 아니면 고향인 경기도 이천시 신둔면 관내의 풍기진씨 세거지로 귀향했을 가능성이 높다. 봉화공(諱 長潤)은 슬하에 4남 2녀의 자녀와 8남 11녀의 손자 손녀 및 그 아래로 여러 명의 증손자와 고손자들의 출생까지 지켜본 후 1528년 74세로 서세(逝世)하였다.

봉화공이 돌아가시자 묘소는 수내동(숲안) 뒷뫼(영장산)에 안장(安葬)하였으며, 그로부터 수내동(숲안-뒷뫼)에는 공의 후손들이 대대로 번창하면서 한산이씨 집성촌(集姓村)이 형성되었고, 그 후손들에 의한 각종 문화유적(文化遺蹟)이 누대에 걸쳐 쌓여져 왔으며, 그 구도(構圖)는 오늘날까지 변함이 없이 도도하게 이어져왔다.

이로써 봉화공(諱 長潤)은 분당구 수내동에 최초로 뿌리내린 한산이씨 입향조(入鄕祖)로 추앙(推仰)받고 있으며, 그로부터 육백 년간 이 땅에서 수많은 인재가 배출되었고, 그들 중에는 국가발전과 문화 창달에 커다란 발자취를 남긴 인물들이 적지 않았다.

## 2. 봉화공(諱 長潤)의 숲안(수내동) 정착

문열공(文烈公 諱 季甸 : 1404~1459)은 목은(牧隱) 선생의 손자로서, 24세(세종 9) 때 친시문과(親試文科)에 합격하고 곧바로 집현전(集賢殿) 학사(學士) 로 발탁된 당대(當代) 최고의 학자이자 엘리트 관료였다.

특히 공(公)께서는 관직생활의 거의 대부분인 무려 23년의 오랜 기간 동안 세종대왕을 곁에서 모심으로써, 대부분의 주요정책 결정은 공(公)의 의견과 건의문(建議文) 등에서 비롯될 만큼 국가를 위하여 크게 활약하였다.

1450년 세종대왕이 승하(昇遐)하고 3년 후(1453년) 계유정란(癸酉靖難)이 일어났을 때, 공(公)은 병조참판(兵曹參判)으로 재직 중이었다.

이때 공(公)은 국난(國難)을 평정(平定)한 공로(功勞)로 정난일등공신(靖難一等功臣)에 올랐으며, 국왕(國王)이 국가 공신에게 수여하는 사패지(賜牌地)와 기타의 사여품(賜與品) 또한 상당량인 것으로 확인되고 있다.

공(公)의 훈업(勳業)으로 포상 받은 사패지와 조정(朝廷)에 재임기간 중 받은 과전(科田)등의 현황은 다음과 같다.

· 1455년, 정난일등공신으로 받은 전지(田地) : 200結.
· 1457년, 과전(科田) 結(미상이나 100結 추정)
· 1458년, 좌익이등공신(左翼二等功臣) 전지(田地) 100結.(總 400結)

1결(結) = 3,286.3평 × 400結 = 1,314,520평

조선시대 중기 때까지 토지 상속은 남녀 구분 없이 자녀에게 평등하게 분배

되었으며, 무남독녀인 따님일 경우에 부모를 모시거나 제사를 받드는 것이 당시의 관습이었다.

문열공이 당시에 이처럼 많은 토지들을 어떻게 처분했는지 자세히 알 수는 없으나, 문열공은 당시의 관습에 따라 3남4녀의 자녀(子女)에게 토지(사패지)를 골고루 분배해주었을 것으로 추정된다. 그뿐 아니라 공(公)은 사후(死後)에 자신의 묘소 자리(경기도 여주 능서면 왕대리 일대 임야 수십만 평 : 현재의 세종대왕 영능 일대)는 물론, 경작지(토지)가 필요한 당시 영장산 일대에 거주하던 처가댁 풍기진씨(豐基秦氏)가문에도 크게 배려(경기도 성남시 분당구 수내동 일대의 수십만 평)하여 위탁 관리한 것으로 추정되고 있다.

이 때문에 분당구 수내동 일대는 문열공의 훈업(勳業)으로 받은 사패지 중 한곳임이 틀림없을 것으로 보인다.

# 문열공(諱 季甸)의 家系圖

**문열공(諱季甸, 1404 - 1459)**

配 : 豐基秦氏( ? ~ 1474 )
처가댁 : 성남시 분당구 수내동

현 묘소 : 경기도 여주시 점동면 사곡리
최초묘소 : 경기도 여주시 능서면 왕대리
(세종대왕 영능 위치)

**封**(헌평공:1441-1493)
配 : 안동김씨
묘 : 포천 일동 기산리

**坡**(명헌공:1434-1486)
配 : 파평윤씨
묘 : 양주 풍양 지산리

**堣**(대사성공:1432-1467)
配 : 이천서씨, 안동권씨
묘 : 경기 광주 장지리

4녀 (鄭繼金)　3녀 (權善)　차녀 (崔延年)　장녀 (劉昭)

**長潤**(봉화공 : 1455-1528)
配 : 고령박씨
묘 : 성남시 분당구 수내동(뒷뫼)

# 제3부.

# 봉화공이하삼세유사비(奉化公以下三世遺事碑)의 역사적 고찰

## 1. 삼세유사비의 건립 배경

성남시 분당구 수내동 황새울 언덕(현 중앙공원 내)에는 경기도 지방문화재 제116호로 지정되어 있는 한산이씨 봉화공 이하 삼세유사비(韓山李氏 奉化公 以下 三世遺事碑)가 건립되어 있다.

서기 1728년 세워진 이 비석은 사실상 이 지역의 入鄕祖이신 봉화공 이장윤(李 長潤 : 1455-1528)공의 서거(逝去) 200주년을 기리는 추모비이다.

그뿐 아니라 韓山李氏 奉化公 宗家의 세거지지(世據之地 : 현 분당구 수내동) 건설의 주역인 奉化公(諱 長潤)을 비롯하여 公의 장남 韓城君(諱 秩)과 公의 손자 韓平君(諱 之蔌) 등 삼세의 공덕(功德)을 기리며 이를 빛내고자 세워진 역사적 가치가 높은 기념비(記念碑)이다.

# 2. 한산이씨삼세유사비(韓山李氏三世遺事碑) 비문

· 建立 年度 : 1728년(영조 4)

· 撰書篆 : 이병연(李秉淵) 찬(撰), 이병건(李秉健) 서(書), 이기중(李箕重) 전(篆)

· 所在地 : 藪內洞 中央公園 韓山李氏 文化遺蹟地 境內

· 규모 : 총고 295cm, 비고 198cm, 폭 80cm, 두께 26cm

碑文

韓山李氏三世遺事碑

漢之南廣州治西三十里爲突馬里有山曰靈長蔚然翔盤于野其溪流演而渟其楸栢蒼而密中岡隆然有題神道曰有明朝鮮國禮曹判書諡懿簡公者吾五代祖北崖先生衣履之藏也自懿簡公墓同岡稍前同爲艮原者有上下二位焉曰奉化縣監府君韓城君府君其左壬原一位焉曰宗廟署令府君卽毅簡公以上三代而三代碑碣闕焉獨縣監公墓表篆官職姓諱而已凡我後承何以考焉嗚呼芝草豈眞無根醴泉豈眞無原有來讀毅簡公墓前之石而若祖若禰積累垂裕之休昧昧然無徵其不幾乎不知所本哉今之諸子孫去三府君遠且過二百年近或百累十年而濶焉盖皆所謂耳孫也緬惟先德遺風藹然在鄕黨傳誦之間者罔莫能承接其詳或庶幾講求大體也懿簡公玄孫觀察使準裒粹家乘尤盡心於縣監公以下事實搜訪遺聞稍成籍記闕略尙多旣不能各爲本末則三祖之懿合于一碣以爲徵後之圖者觀察公實有志也逮丙午秋按節海西捐奉伐石亟爲是役者始擧而公則疾病遂以石托家姪全州判官秉鼎以文囑族姪白川郡守秉淵而卒越一歲而碑成秉淵乃敢次第三代遺事曰縣監公諱長潤字粹然韓山李氏大司成諱堣之長子牧隱先生之玄孫大司成公以

上世系俱載毅簡公碑文公以皇明景泰六年乙亥生莁仕例遷由廣興倉主簿歷覽尼山奉化兩縣卒於嘉靖七年戊子享年七十四贈資憲大夫吏曹判書韓原君公天惟寬仁謙厚平生無疾言遽色爲治以恤民爲務嘗曰凡爲官者其下有罪且置而思之吾之怒可解無倉卒傷人之慮人以爲格言淑人高靈朴氏縣監諱仁孝之女判書諱蔓之曾孫從公之四子長韓城君也次稺縣令次穩縣監次程副護軍孫之菡世稱土亭先生曾孫領議政山海吏曹判書山甫皆出二房曰韓城君諱秩字子序以成化十年甲午生戊午中生員旣仕用治行連典七君文化尙州蔚珍陽川朔寧德川長湍也陞通政進壽職襲先祖勳封卒於嘉靖三十九年庚申享年八十七公已耋艾志慮明敏筆畫遒健坐未嘗跛倚暑未嘗裸程好觀書坐處不去手於追遠一節誠敬篤至宿齋戒躬薦獻時節省墓益虔老少如一日子弟疲於助祭莫敢望焉恪謹奉公未或有ㅅ避嘗曰凡公會吾不敢後人也一時以異人稱之夫人延安金氏府使諱錫賢之女贊成諱汝和之曾孫衿陽新林洞某原卽其別窆後配茂松尹氏別坐浚之女判中樞諱汴之曾孫祔公墓三子長之薰次之蘭贈領議政次卽宗廟署令公孫吏曹判書墍出於議政曰宗廟署令公諱之菽字大有生於某年月卒於嘉靖四十年卒酉以毅簡公貴贈純忠輔祚功臣正憲大夫吏曹判書韓平君淑人善山金氏進士弼臣之女祔焉四子長垣典簿次毅簡公也次堡次堈竊念三府君平日言行今幾於泯沒無傳廑廑而存雖庸行細節不敢不書然縣監公臨民仁恕之政韓城君居家孝謹之風因其一二而大致得之惟謙冲孫悌詳順而敦厚原之深而流之長積於前而施於後者匪春觀於何哉斯觀察公意也若夫令府君世代差近事蹟全亡得書其終職終年而已尤豈非後裔無已之恨哉於子姓近而顯者皆書其遠者其外派者具于他碑秉淵於此復有所私感於心者秉淵曾受於先親都正公曰韓城君性至孝每家祭祀曰貧不能盛祭原子孫榮立無替報本後公之孫與從孫同時爲卿相者四人仕臣之盛爲世所稱是若公之默禱者符焉此事近古公之誠意質實篤先裕後有如此者而顧公行德無能闡發墓道之埋沒久矣此先親所而每擧舊聞而爲子孫之責而今日之役成於觀察公秉淵與焉於是乎庶無憾焉文將就石而又無與稟觀察公九原難作俯仰泣然重有莫逮之慟悲夫先親諱涑亦毅簡公玄孫

崇政紀元後再戊申十一月 日

後孫通訓大夫白川郡守秉淵謹述生員秉健謹書進士箕重謹篆

## 번역문

한성 남쪽에 있는 광주현의 치소에서 30리 떨어진 곳인 돌마리에 산이 있는데 그 이름이 영장이다. 영장산의 초목은 무성하여 들로 나가지 못하게 하고 그 산골짜기에서 흐르는 시냇물은 길게 흘러내리다가 정회(渟滙)[31]를 이루며 가래나무와 잣나무들은 푸르고도 무성하다.

그 우뚝 솟은 산등성이에는 신도비가 있으니 표제하기를 "유명조선국 예조판서 시의간공(有明朝鮮國 禮曹判書 謚毅簡公)"이라 하였으니 우리 5대조 북애(北崖) 선생의 의리(衣履)를 모신 곳이다. 의간공의 묘소가 있는 언덕 약간 앞 간좌(艮坐)의 언덕에는 위 아래로 두 묘소가 있으니 奉化縣監府君과 韓城君府君의 묘소이다. 또 그 왼쪽 임좌(壬坐)의 언덕에 한 묘소가 있는데 이것은 宗廟署令府君의 묘소인즉 의간공 이상 3대의 묘소이다. 3대의 비갈은 없어지고 유독 현감공의 묘표만 있으나 이것 또한 관직과 성(姓) 휘(諱)만 전액(篆額)하였을 뿐이니 우리 후손들이 어떻게 상고할 수 있겠는가?

오호라! 지초가 어찌 참으로 뿌리가 없으며 예천이 어찌 참으로 근원이 없이 올 수가 있겠는가? 의간공의 묘표를 읽어봄에 조상들이 착한 일을 쌓아 후손에게 물려주신 아름다운 사실들이 미미하게 되어 아무런 증거가 없어지게 된다면 얼마 지나지 않아서는 그 근원을 알 수 없게 되지 않겠는가?

지금의 여러 자손들은 세 부군께서 돌아가신지 멀게는 200년이 지났고 가깝

31) 물이 소용돌이치는 곳

게는 백수십년이 지나 이제는 그 사적들이 거의 사라져버렸다. 대개 모든 자손이라는 자들이 아득한 선조의 덕과 유풍을 생각하며 애연(藹然)[32]하게 향리에서 무리를 지어 이를 전송(傳誦)하곤 한다. 그러니 그 상세함을 능히 두루 승접(承接)[33]하지 못하여 거의 그 대강만을 강구할 뿐이다.

의간공의 현손인 관찰사공 집(潗)이 가승(家乘)을 부최(裒稡)함에 현감공 이하의 사실에 더욱 마음을 다하여 찾아 구하였다. 그리하여 유문(遺聞)들이 점차로 책을 이루게 되었다. 그러나 기록들 중에는 궐략(闕略)된 것이 오히려 많아 능히 각각 본말을 이루지 못하였으므로 3祖의 아름다움을 한 비석에 합하여 서술함으로써 증표를 삼아 후세에게 알려주려는 계획이 관찰공에게 실상 그 뜻이 있었던 것이다. 병오년(1726년, 영조 2) 가을에 이르러 관찰공은 황해도 관찰사로 나아가 녹봉을 내어 돌을 다듬고 함으로써 비로소 역사(役事)를 시작하였다. 그러나 그 일을 시작하자마자 공은 병환이 생기어 마침내 비를 세우는 일을 가질(家姪)인 전주판관 병정(秉鼎)에게 맡기고 문장은 족질(族姪) 배천군수 병연(秉淵)에게 부탁하고 돌아가시었다. 그 후 1년이 지나 비를 이루게 되어 병연이 이에 감히 3대의 유사를 차례대로 서술하게 되었다.

현감공의 諱는 장윤(長潤)이요 자(字)는 수연(粹然)으로 한산이씨 대사성 諱 우(堣)의 장자이며 목은(牧隱) 선생의 현손이다. 대사성공 이상의 세계는 의간공의 비문에 상세히 실려 있다. 공은 황명(皇明) 경태(景泰) 6년(1445년, 단종 3) 을해에 출생하여 서사(筮仕)하였다가 예(例)에 의하여 광흥창주부로 옮겼으며 이산(지금의 魯城), 봉화 두 곳의 현감을 역임하였다. 가정 7년(1528년, 중종 23) 무자에 돌아가시니 향년 74세로 자헌대부 이조판서 한원군(資憲大夫 吏曹判書 韓原君)에 증직되었다.

---

32) 애연(藹然) : 왕성한 모양

33) 승접(承接) : 앞에서 받아 뒤로 이어줌

공은 천성이 너그럽고 겸손하면서 후덕하였으며 평생 질언이나 노여워하는 빛을 나타내지 않았다. 또 백성을 다스리는 데는 휼민(恤民)하는 일에 힘썼다. 일찍이 말하기를 "무릇 관리가 된 자는 그 아랫사람이 죄가 있다 하여도 이를 그대로 두고 생각하면 나의 노여움은 가히 풀릴 수 있다. 또 갑자기 사람들을 모함하지 말아야 하며 깊이 생각해야 한다."고 하니 사람들이 이를 격언으로 삼았다. 숙인(淑人) 고령박씨는 현감 諱 인효(仁孝)의 따님이요 판서 諱 만(蔓)의 증손이다. 공은 네 아들을 두었는데 장자 질(秩)은 한성군(韓城君)이요 둘째 치(穉)는 현령이며 셋째 온(穩)은 현감이고 넷째 정(程)은 부호군(副護軍)이다. 손자는 지함(之菡)으로 세상에서는 토정 선생(土亭先生)으로 칭송되고 있고, 증손으로서는 영의정 산해(山海)와 이조판서 산보(山甫)가 있으니 모두 둘째 아들의 소생이다.

한성군은 諱가 질(秩)이요 자(字)는 자서(子序)로 1474년(성종 5) 성화[34) 10년 갑오에 출생하였으며 1498년(연산 4)에 생원시에 합격하였다. 벼슬에 나아가서는 치행(治行)을 거듭하여 일곱 군의 군수를 역임하였으니 문화(文化), 상주(尙州), 울진(蔚珍), 양천(陽川), 삭녕(朔寧), 덕천(德川), 장단(長湍)이 그곳이다. 품계가 통정으로 승진하였으며 수직(壽職)으로 선조의 훈봉을 계승하였다. 가정 39년(1560년, 명종 15) 庚寅에 돌아가니 향년 87세이다.

공은 연로한 나이에도 불구하고 뜻과 생각이 명민하였으며 필화(筆畫) 또한 건장하였다. 앉아 있으면서는 일찍이 기대는 법이 없었고 아무리 덥다 하더라도 일찍이 옷을 벗는 법이 없었다. 독서를 좋아하여 앉아있으면 추원(追遠)의 일절을 손에서 놓지 않았다.

성경(誠敬)을 돈독히 하였으며 새벽에 이르러 목욕재계하고 몸소 제사를 올렸으며 절기마다 성묘하기를 더욱 공경히 하여 늙으나 젊으나 한결같았다. 이

34) 성화 : 명나라 헌종 때의 연호

에 자제들이 제사를 돕는데 피곤하다 할지라도 감히 원망하지 못하였다. 삼가 모든 공사(公事)를 받듦에 있어서 혹시라도 법규에 저촉되는 일이 없도록 하였으며 일찍이 말하기를 "무릇 공회(公會)에 있어서 내가 감히 다른 사람에게 뒤질 수 없다."고 하였으므로 사람들이 일시에 이인(異人)이라고 칭송하였다.

부인 연안김씨는 부사를 지낸 諱 석현(錫賢)의 따님으로 찬성을 지낸 諱 여지(汝知)의 증손인데, 묘소는 금양 신림동 묘원에 있다. 후배 무송윤씨는 別坐를 지낸 諱 준(浚)의 따님으로 판중추(判中樞)를 지낸 諱 변(汴)의 증손이며 공과 함께 부장하였다.

공은 아들 셋을 두었는데 장자는 지훈(之薰)이요, 둘째는 지란(之蘭)인데 영의정에 추증되었으며, 셋째가 종묘서령공(宗廟署令公)이다. 손자로는 이조판서 희(壁)가 있는데 의정공의 소생이다.

종묘서령공의 諱는 지숙(之菽)이요 자(字)는 대유(大有)로 출생년도는 미상이며 가정 40년(1561년, 명종 16) 辛酉에 돌아갔다. 의간공이 현달(顯達)함으로써 순충보조공신 정헌대부 이조판서 한평군(純忠輔祚功臣 正憲大夫 吏曹判書 韓平君)에 증직되었다. 숙인 선산김씨는 진사 필신(弼臣)의 따님으로 공과 함께 부장되었다. 네 아들을 낳았으니 장자 원(垣)은 전부(典簿)요, 둘째는 諱 증(增)이니 의간공이며, 셋째가 보(堡), 넷째가 경(坰)이다.

가만히 생각해보건대 세 분 부군의 평소 언행은 지금 거의 민몰(泯沒)되어 전해지지 않으며 겨우 몇 가지의 일만 전하여지니 비록 용행세절(庸行細節)이라도 감히 쓰지 않을 수 없다. 그러나 현감공이 백성을 다스림에는 인서(仁恕)의 정치로 임하였고 한성군이 가내에서 효근(孝謹)의 풍도(風度)로 살아왔는바 이러한 한두 가지로 보아 겸손하고 화평하며 자세하고 돈후(敦厚)함을 크게 얻었으니 근원이 깊으면 흐르는 것 또한 긴 것이다. 전후로 하여 착한 일을 쌓은 것을 이것이 아니면 어떻게 볼 수가 있겠는가? 바로 이것이 관찰공의 뜻인 것이다. 영부군(令府君)은 세대가 조금 가까운데도 사적(事績)이 모두 망실되어 글을 얻은 것도 그 종직(終職)과 종년(終年)뿐이니 이 어찌 후예가 아니라도 한이 남지 않겠는가?

자손들 중에 가깝고 현달한 자는 모두 기록해야 할 것이고 먼 자와 그 외손들은 다른 비석에 기록되어 있으니 병연(秉淵)은 이것에 대하여 마음속으로 애틋한 감회가 있었던 것이다. 병연은 일찍이 선친 도정공(都正公)으로부터 들은 바 한성군의 성품은 효성이 지극하였고 매양 집안의 제사 때에는 축원하여 말하기를 "가난하여 능히 제사를 잘 차리지 못하였습니다. 원컨대 자손이 영화롭게 되면 근본에 보답하는 마음을 바꾸지 않겠습니다."라고 하였다. 그리하여 후에 공의 자손과 종손들 중 한꺼번에 경상(卿相)이 된 자들이 네 명이나 되었으며 사환(仕宦)의 성세(盛勢)를 세상이 칭송하게 되었으니 이것은 공이 묵도(默禱)한 효험일 것이다. 이것은 근고의 일로 공의 성의(誠意)가 질실(質實)하여 선조에 대해서는 돈독하고 후손에 대해서는 너그러운 것이 이와 같았다. 돌이켜보건대 공은 행덕(行德)을 능히 천발(闡發)하지 못하였으며 묘도 또한 매몰된 지 오래되었다. 이것 때문에 선친은 매양 옛날에 들었던 것으로 자손들을 책망하였는데 오늘에 이르러 역사(役事)가 관찰공에 의해 이루어졌고 병연 또한 참여하게 되었으니 이제야 비로소 유감이 없다고 하겠다.

이 글을 돌에 새기었으나 품질(稟質)을 함께 적지 못한 것은 관찰공이 이미 돌아가시어 부앙(俯仰)키 어려움이 있기 때문이니 눈물이 흐르고 거듭 끝없는 슬픔이 있도다. 선친의 휘는 속(涑)이니 역시 의간공의 현손이다.

숭정기원후 재무신 11월

후손 통정대부 배천군수 병연(秉淵)은 삼가 글을 짓고

생원 병건(秉健)은 삼가 글을 쓰고

진사 기중(箕重)은 삼가 전액을 함

## 3. 삼세유사비 비문 요약 및 건립 추진 과정

"아아! 지초(芝草)가 어찌 뿌리 없이 자랄 수 있으며, 예천(醴泉)이 어찌 근원(根源)없이 흐를 수 있겠는가. 우리 조상들이 착한 일을 하고 뒤에 물려주신 사실들은 아무런 증거가 없으니 이대로 가다가는 근본을 알 수 없게 되지 않겠는가? 지금 여러 자손들이 부군(府君) 이후로 또 멀리는 300년이 지났고, ……소위 자손이라는 자가 선조의 덕(德)과 남긴 풍도(風度)를 생각하면, …… 향리(鄕里)에서 전송(傳誦)하면서도 진실로 그 자세한 것을 알지는 못한 채 그 대강만을 강구할 뿐인바, …… 세 조상의 아름다움을 비갈(碑碣) 하나에 합쳐서 뒷사람에게 알려주려고 한다."라고 하였다. 본 삼세유사비를 건립할 때까지의 추진과정은 처음부터 결코 쉽지는 않았던 것으로 보인다.

봉화공(諱 長潤)이 서세(逝世)하신 이후, 무려 200년의 긴 세월 동안 삼세(三世 : 봉화공-한성군-한평군)공의 전기(傳記)나 행록(行錄) 등 주요 사료(史料)들이 유실되었거나 전무한 상태에서 역사적 연결 고리가 단절된 채 오랫동안 공백기(空白期) 상태로 방치되어 있었다.

이를 안타까워하던 당시 후손들 또한 오랫동안 단절된 역사를 그대로 두고 이를 모른 채 방관하고 있다면 이 또한 후손된 도리가 아님을 통감하여 6년 동안 이곳저곳을 찾아다니며 수소문(搜所聞)하여 흩어진 자료들을 수집 정리하였고, 이를 후손들에게 길이 전하고자 개략적으로 빗돌에 새겨 정성껏 세운 봉화공파 세가(世家) 최초의 유일한 사적비(事蹟碑)가 바로 '三世遺事碑'이다.

본 삼세유사비의 건립 추진은 서기 1722년 봉화공의 증손자인 아천부원군(鵝川府院君) 이증(李 增)의 현손인 황해도관찰사 이집(李 潗)이 안건(案件)

을 발기(發起)하고 자신의 녹봉(祿俸)을 건립비용으로 희사(喜捨)하였으나 본 사업을 시작하기도 전에 사망(1727년)하자, 관찰사공(諱 濮)의 조카들인 판관 병정(秉鼎)이 돌을 다듬고 배천군수 병연(秉淵)은 비문(碑文)을 작성하였으며,

▲ 한산이씨삼세유사비, 이증 신도비, 이경류 정려비, 이정룡 신도비의 옛 모습

▲ 한산이씨삼세유사비 비각(삼세유사비, 이증 신도비, 이경류 정려비, 이정룡 신도비)

생원 병건(秉健)과 진사 기중(箕重)등이 협력하여 서기 1728년에 비를 세웠다.

위치는 분당중앙공원 광장 옆에 탄천을 바라보고 남서향으로 서 있으며, 정면 2칸, 측면 1칸의 비각 내에 있으며, 비각은 1997년 5월~1999년 8월에 개수한 바 있다.

비는 지대석 위에 화강암재의 장방형 비좌, 대리석 비신과 8작 지붕형의 옥개석을 올려놓았다.

조각은 비좌 4면에 당초문(唐草紋)과 상부 전후 5엽, 좌우 1엽의 뾰족한 단판복련문(端板覆蓮紋)으로 되어 있고, 비신 상단에는 앞뒤에 이어 전서체로 한산이씨 삼세유사비(韓山李氏 三世遺事碑)라고 정교하게 새겼으며, 비문은 비신 앞뒤로 각인되어 있다.

봉화공파종중 최초로 세워진 이 역사적인 기념비에서 제목 「奉化公 以下 三世遺事碑」 첫머리의 대명사가 '奉化公'으로 적시(摘示)되었는바, 이는 '奉化公(諱 長潤)'이 분당구 수내동에 정착한 한산이씨 최초의 입향조(入鄕祖)였음을 입증하는 확실한 근거(根據) 자료이다. 때문에 현재의 분당구 수내동이 한산이씨 奉化公(諱 長潤) 이하 모든 종파(宗派)와 세족(世族)들의 발원지(發源地)이자 뿌리요, 유서(由緖) 깊은 고향(故鄕)이라는 사실을 거증(據證)하는 사적비(事蹟碑)인 것이다.

1989년도 정부가 분당신도시건설을 강행할 당시, 수내동 한산이씨 문화유적 전체가 매몰(埋沒)될 위기를 극복하고, 경기도 지방문화재 제116호로 지정(指定)되기까지의 험난한 과정에서 이에 결정적인 역할을 한 일등공신은 바로 '三世遺事碑'였음은 말할 나위가 없다.

## 4. 奉化公 以下 三世公의 遺事
## (三世 : 奉化公 - 韓城君 - 韓平君)

### (1) 奉化公(諱 長潤 : 1455-1528)의 遺事

'삼세유사비'의 서두(序頭) 기록에서, "서울 남쪽 광주(廣州) 서쪽 삼십리쯤 되는 곳이 돌마리(突馬里)요, 여기에 산이 있는데 영장산(靈長山)이라 한다. …… 흐르는 시냇물은 ……잣나무는 ……푸르고 무성하다. ……(이하 생략)"하였다.

1728년 당시 삼세유사비를 건립할 때 수내동의 실제 모습은 위와 같은 상태였다.

마을(수내동)은 "흐르는 시냇물과 무성하고 푸르른 잣나무 숲이 전부"였던 것으로 미루어볼 때, 많은 주민(住民)들이 거주하는 마을 단위의 동리(洞里) 규모는 아니고 돌마리(突馬里) 관내에 소속된 산골이었던 것으로 보인다.

수내동의 고유지명은 옛부터 최근까지 '숲안-뒷뫼'라고 하였다.

봉화공(諱 長潤)은 서울 종로중심가(수송동 목은영당 인근)의 북촌(北村) 관아(官衙)에서 태어나 자라나고 생활하던 양반집 명문대가의 존귀한 선비이자 도시인(都市人)이었다

이처럼 귀한 신분(身分)에도 불구하고, 서울에서 살던 봉화공이 어떤 연유로 현 분당구 수내동의 외진 산골로 내려와서 정착하게 되었으며 목적한 바는 과연 무엇이었을까?

이에 관하여 그간 명확한 문헌이나 자료들을 찾을 수가 없었기 때문에, 앞에서는 생계안정(生計安定)을 도모하기 위한 목적으로 부득이 수내동 연고지로 하향(下鄕)할 수밖에 없었을 것이라는 가설(假說)로 추정한 바 있다.

그러나 봉화공은 단순히 생존(生存)과 빈곤탈피를 위한 도피성(逃避性) 귀촌은 아니었던 것으로 보인다.

봉화공은 신분이나 명예 또는 안빈낙도(安貧樂道) 등 허울 좋은 명분에 사로잡혀 있거나, 무사안일(無事安逸)을 추구하는 소극적인 자세를 가진 사람이 아니라, 실사구시(實事求是)의 진취적인 실용주의(實用主義)를 택함으로써 보다 창의적이고 패기만만한 선구자적(先驅者的)인 인물이었을 것으로 추정된다.

이는 조부 文烈公(諱 季甸)과 부친 大司成公(諱 僩)에 이르기까지 국왕을 곁에서 모시며 각종 정책을 입안하고 직언을 서슴지 않았던 사대부(士大夫) 집안의 종손으로서 그 역할의 무게가 결코 가볍지 않았을 것이며, 나고 자란 한양을 떠나 외가 풍기진씨(豐基秦氏)의 혈족이 살고 있는 이곳 수내동으로 귀촌을 택함으로써 가문의 영예를 이어 나기기 위한 새로운 터전을 가꾸어 보려는 사려 깊은 결단으로 볼 수밖에 없다.

분당구 수내동(숲안-뒷뫼) 일대의 넓은 토지들은 조부 文烈公(諱 季甸)으로부터 물려받은 값진 유산(遺産)이었다. 따라서 조상으로부터 물려받은 재산은 법(法)에 따라 타인에게 양도(讓渡)하거나 처분할 수가 없었다.

이에 대하여, 봉화공은 종가의 종손(宗孫)으로서 수내동 유산을 후손들 대대로 안전하게 세전(世傳)시켜야 좋을 지 그 방안을 찾는데 고민하지 않을 수가 없었을 것이다.

따라서 봉화공은 자신의 사후(死後)에 미래(未來) 세계가 어떻게 변화할지 예측할 수 없는 상황에서 가장 합리적인 방안을 구현(具顯)한다는 것은 누구에게나 매우 어려운 일이었을 것이다.

그럼에도 불구하고 봉화공은 그 방안에 관하여 깊이 연구하고 생각한 끝에 보다 뜻있고 장기적인 계획으로서 '수내동 한산이씨 집성촌 건설'이라는 만전지책(萬全之策)을 야심차게 구상(構想)하였던 것으로 추정된다.

당시의 한산이씨 집성촌 건설이 과연 오늘날의 어떤 것이었을지 감히 추정해 본다면 오늘날의 새마을 건설처럼 수내동 전역을 두 개의 구역으로 나누어 비교적 평탄한 숲안 일대에는 한산이씨 집성촌을 건설하고, 뒷뫼(영장산) 일대는 한산이씨 세장지(世葬地)를 조성하는 구도이었을 것이다.

이는 이 지역의 구획과 정체성을 밝히는 한산이씨 묘산입수비, 세장지지비 및 삼세유사비 등에 잘 나타나 있다.

분당구 수내동으로 입향(入鄕)하여 정착한 봉화공은 우선적으로 자신이 구상했던 청사진에 맞추어 손쉽게 할 수 있는 치표(置標) 및 지경(地境) 설치 등 지대(地臺)를 고르고 다듬는 정도의 첫 단계 기초적인 사업을 추진했을 것이다. 그 다음 단계는 조상의 유지(遺志)로 후손들에게 넘겨주는 몫으로 남겨 놓았을 것이다.

그로부터 육백 년 가까이 흐른 오늘에 있어서 후손들 또한 조상으로부터 물려받은 수내동 사패지 유산이 어느 시기에 '사라질 위기의 땅'이 될지 아니면 '절대가치의 땅'이 될지는 그 어느 누구도 알 수 없는 문제였다. 그러나 수내동 한산이씨 문화유적지는 1989년도 분당신도시건설을 고비로 멸몰(滅沒)될 위기를 힘겹게 넘기고, 국가로부터 "경기도 지방문화재 제116호 및 문화재 보호구역"으로 지정됨으로써 사실상 '절대가치의 땅'으로 길이길이 보전할 수 있게 되었다.

문화재 보호구역 내의 모든 문화재는 일종의 재물임에는 틀림이 없다. 그러나 이 재물은 일반 물품과 달리 억만금으로도 사거나 팔 수가 없는 절대적 가치를 지녔으며, 일개 문중의 차원을 벗어난 국가적 차원의 귀중한 문화유산인 것이다.

약 육백 년 전에 봉화공(諱 長潤)의 뛰어난 혜안에 의해 시작된 수내동 한산이씨 집성촌 건설이 사실이 아니었다면, 그 이후 수백 년간 자손들에게 대물림되어 후손들의 땀과 정성이 켜켜이 쌓인 이 땅의 뿌리 깊은 역사로 자리매김하지는 못했을 것이다.

이와 같이 조상이 물려주신 소중한 유산을 후손들 대대로 깔축없이 세전(世傳)되도록 "수내동 한산이씨 집성촌 건설과 세장지지(世葬之地) 조성"이라는 천년대계의 꿈을 실현한 사실이야말로, 우리 후손들이 봉화공 이하 삼세분(奉化公 – 韓城君 – 韓平君)의 공덕을 높이 경배하고 칭송하지 않을 수가 없는 이유이다.

### (2) 韓城君(諱 秩 : 1474-1560)의 遺事

韓城君(諱 秩)은 奉化公(諱 長潤)의 4남2녀 중 장남이다.

한성군은 부친으로부터 종가(宗家)의 가업(家業)과 세업(世業)을 이어받은 봉사손(奉祀孫)이었다.

서울 관아(官衙)에서 생활하던 한성군은 가정 사정으로 일찍이 부친과 함께 분당구 수내동에 정착하여, 새로운 삶의 터전을 일구고 개척하는데 온갖 힘을 다하였다.

특히 한성군(諱 秩)은 老來하신 부모님을 효성껏 모시고, 지극정성으로 조상을 받들었으며, 많은 가족을 거느린 가장(家長)으로서 가정교육과 일상생활에 조금도 소홀함이 없었다.

『송와잡기(松窩雜記)』는 한성군의 손자인 松窩公(諱 墍)이 당대의 시대상을 기술한 책으로 "왕부(王父) 한성군께서는 조상을 생각하며, 제사를 받드는 일에 독실하여 90에 가까운 나이에도 지기(志氣)가 쇠하지 않아 선조의 묘제(廟祭)와 기일(忌日)에는 반드시 미리 경계하여 재계한 후 몸소 음식과 잔을 올리고, 나아가거나 물러날 때에 조금도 게으른 빛이 없으며, 한 집안의 제사를 돕는 자제들도 집사 일을 보는데 피로해 하면서도 탄복하지 않는 자가 없었다."고 했다.

『한산이씨 한평군파 세보』 및 『한산이씨 문열공파 세보 유사』에서는 다음과 같이 적고 있다.

"죽창한화(竹窓閑話)를 상고하건대 한성군(韓城君) 질(秩)은 문음(門蔭)으로 벼슬이 부사(府使)에 이르렀다. 성품이 지극히 효성스러워서 매양 조상의 기제(忌祭)나 가묘(家廟)의 향사(享祀)때에 초헌(初獻)으로서 축문(祝文)에 쓰기를 '자손이 빈한(貧寒)해서 제사를 계속하지 못할까 두렵사오니 원컨대 묵우(默佑)를 주시어 자손들로 하여금 영귀(榮貴)하게해 주시옵소서.'했다. 뒤에 공(公)의 손자 희(墍)와 증(增)이 일시(一時)에 현달(顯達)하여 문호(門戶)가 빛났다. 또 공(公)은 '훈신(勳臣)의 적장(嫡長)으로서 나이 팔십(八十)이 넘어 늙게 봉군(封君)되어 편안히 지내다가 몰(沒)했다.'고 했으니, 이 또한 전하는 말이기에 여기에 함께 기록하는 바이다."라고 했다.

하늘도 무심치 않아 공(公)의 효성과 정성에 감복하여 역사상 가장 흥성(興盛)한 명문세가(名門世家)로 우뚝 서는데 공덕이 크셨으며, 그로부터 국가에 명성(名聲)을 떨친 세손(世孫)들이 적지 않게 배출되었음은 결코 우연이 아닐 것이다.

### (3) 韓城君(諱 秩) 配位 茂松尹氏의 遺事

#### ① 초배(初配) 연안김씨(延安金氏)

한성군(諱 秩)의 초배 연안김씨(延安金氏)는 1495년 1월 장남 承旨公(諱 之薰)이 5세, 차남 議政公(諱 之蘭)이 3세 때 젊은 나이로 아깝게 별세하였다.

#### ② 후배(後配) 무송윤씨(茂松尹氏)

대가족을 거느린 한성군은 종부(宗婦)이었던 연안김씨가 일찍 별세하자 하는 수 없이 삼년상(三年喪)을 마친 후에 무송윤씨(茂松尹氏)를 후배로 맞이하게 되었다.

대종가의 종부(宗婦)가 된 무송윤씨는 증조부 문열공(文烈公), 조부 대사성공(大司成公) 등 조상님들의 봉제사(奉祭祀)를 비롯하여, 연로한 시부모님(봉화공과 고령박씨)을 편안히 모셔야 할 책임을 지게 되었다.

또한 무송윤씨는 연안김씨 소생의 2남(承旨公 諱 之薰, 議政公 諱 之蘭)과 韓平君(諱 之菽)을 포함한 1남 2녀의 자녀 등 슬하에 3남 2녀의 어린 자녀들을 돌보고 키워야 했으며, 그밖에도 아직 나이 어린 3남 2녀의 시동생들과 여러 명의 노비 등 수십 명의 대가족을 이끌어야 했다. 그러나 『문열공파세보』와 『한평군파세보』 등에 따르면 집안 형편이 풍족하지는 못했던 것으로 보이는 바, 이로 인한 어려움도 많았을 것으로 짐작된다.

무송윤씨는 당시 사회적으로 대접받지 못하는 여성으로서 현모양처(賢母良妻 )의 본분은 물론 풍족하지 못한 집안 형편에도 불구하고 수시로 찾아오는 여러 손님들에게 예(禮)를 갖추어 접대를 하는 등, 할 일 많고 체면을 중시하는 양반댁의 맏며느리로서 감내해야 하는 가사노동은 실로 엄청난 정신적, 육체적 고통(苦痛)을 수반했을 것으로 보인다.

그러나 무송윤씨는 이와 같은 일상사(日常事)를 어쩔 수 없이 타고난 자신의 운명으로 받아들이고, 모든 어려움을 인내로서 이겨내며 묵묵히 헌신적으로 종부(宗婦)로서의 도리를 다하였다.

무송윤씨는 매우 어질고 지혜로웠으며, 천부적으로 모성애 가득한 한집안의 며느리로서 십여 명의 어린 자녀와 시동생들에 대하여 하나 같이 사랑과 정성을 쏟아가며 열성껏 가르쳐서 모두 훌륭하게 키웠다.

이와 같이 타고난 모성과 헌신으로 가족과 주변에 베풀고 정성을 다한 음덕(蔭德)은 몇 십 년의 세월이 지난 후에 그 지극한 은혜에 보답이라도 하는 듯이 모두 현실로 발현(發顯)되었다.

지성(至誠)이면 감천(感天)이라 하였으며, 뿌린 대로 거둔다는 말처럼 하늘이 감응(感應)하시어 이들 자손 대부분은 조상들의 기대를 저버리지 않고 훗날에 지(智)와 덕(德)을 겸비한 훌륭한 인재(人材)로 자라나 가문(家門)의 명예를 빛냈으며, 그들 중에는 입신양명(立身揚名)하여 역사에 큰 이름을 남기거나 국가와 사회에 크게 공헌한 자랑스러운 자손들이 적지 않았다.

봉화공파 종가의 가업(家業)과 세업(世業)을 한성군(諱 秩)이 이어받고 그 배위 무송윤씨(茂松尹氏)가 등장한 이후에 조금씩 어려움에서 벗어나면서 가세(家勢)가 일어나기 시작한 것은 결코 우연이 아닐 것이다.

그뿐 아니라, 조상 대대로 문한가(文翰家)의 전통을 이어받은 당시 자손들 또한 면학(勉學)과 재능을 발휘하여 조야(朝野)의 높은 위치에 올라 명성(名聲)을 떨쳤으며, 명문대가로서 한산이씨 역사상 가장 빛나고 활기찬 전성기를 구가(謳歌)하게 되었다.

나라를 안전하게 보위(保衛)하고 부강하게 발전시킨 데에는 어김없이 공신(功臣)이나 충신(忠臣)이 있었듯이, 한 문중이나 가정에서도 화목을 도모하고 번창하는 데에는 어김없이 효부열녀(孝婦烈女)와 열부열사(烈夫烈士)가 있음은 동서고금의 역사가 증명하고 있다.

### (4) 韓平君(諱 之菽)의 遺事

韓平君 諱 지숙(之菽)은 한성군 諱 질(秩)의 3남으로 봉화공(諱 長潤)파 종가의 세전지물(世傳之物)인 제사와 재산 등 세업(世業)과 가업(家業)을 상속받았다. 만약 조선시대 후기부터 실시된 가족제도 하에서 종가의 세전지물(世傳之物 : 제사 및 재산)이 장남(長男)에게 세습(世襲)되던 시대였다면 3남으로의 상속 승계는 불가능했을 것이다.

그러나 그 이전에 韓平君(諱 之菽)시대에서는 아들, 딸 구별 없이 조상의 제사나 부모를 모실 수 있었으며, 또한 차남이나 딸도 제사와 유산을 상속받을 수 있었다.

한평군은 멀리 타향(他鄕)에 떨어져 사는 伯氏(承旨公 諱 之薰)와 仲氏(議政公 諱 之蘭) 두 분과 달리 조부 봉화공(諱 長潤)과 부모(韓城君 諱 秩과 茂松尹氏)의 뜻에 따라 조상으로부터 물려받은 숲안과 뒷뫼의 유산(수내동 위토)을 굳세 지켜가면서, 조부 봉화공이 시작한 한산이씨 집성촌(集姓村) 건설을 위하여 차근차근 일로매진(一路邁進)하였다.

특히 한평군은 한성군의 3남으로 원지(遠地)에 살고 있는 종손을 대신하여 봉제사(奉祭祀)와 묘역관리 등 이어 받은 조업과 세업을 정성껏 받들어 모심으로써 명문세가(名門世家)의 영예로운 전통이 훼손되지 않도록 최선을 다하였다.

그러나 연로하신 조부모님과 부모님, 그리고 두 명의 여동생과 3남 2녀의 대가족 가장(家長)으로서 가문의 번영과 발전을 위한 한평군의 노고(勞苦)는 적지 않았을 것이다.

### (5) 韓山李氏 三世遺事碑에 內在된 祖上의 유지(遺旨)

1728년에 건립된 봉화공 이하 삼세유사비(奉化公以下三世遺事碑)에 의하면 한산이씨 봉화공 가문의 조업(祖業)과 세업(世業)은 봉화공(諱 長潤)에서 공(公)의 장남인 한성군(諱 秩)에게 승계되었으며, 그 다음 순위(順位)에서는 이례적으로 한성군(諱 秩)의 장남 承旨公(諱 之薰)이 아닌 3남 한평군(諱 之菽)에게 승계(承繼)되었음을 밝히고 있다.

한 집안의 조업(祖業)과 세업(世業)의 승계(承繼)는 매우 중요한 사안인 만큼 삼세유사비에서 봉화공, 한성군, 한평군 삼세(三世)를 확고(確固)하게 지칭(指稱)하고 행록을 적시(摘示)한 것은 시간이 갈수록 점점 잊혀져 가는 세분 선조들의 행적을 뒤늦게나마 밝히면서 오랜 세월 동안 이 지역에서 세거해 온 봉화공 가문의 조업과 세업이 한성군을 거쳐 한평군으로 자연스럽게 승계된 경위를 문서가 아닌 돌에 새겨 놓음으로써 향후(向後) 후손들 간에 불화가 생기지 않도록 한 선조(先祖)들의 혜안(慧眼)이었음을 부인할 수 없다.

그로부터 봉화공(諱 長潤) 가문의 조업(祖業)과 세업(世業)은 한평군(諱 之菽)을 거쳐서 면면(綿綿)히 계승되어 왔으며, 우리 후손들은 선조들이 대대손손 살아온 고향이자 삶의 뿌리인 수내동 한산이씨 유적지를 육백 년에 가까운 긴 세월 동안 정성껏 가꾸고 지켜 오면서 선조들의 유지를 한결같이 지극정성으로 받들어 모셨다.

그 지극정성이 하늘에 닿아 일순간에 사라질 위험에 처했던 수내동 한산이씨 문화유적은 천신만고 끝에 '경기도 지정 문화재 제116호'로 지정되어 오늘날의 자랑스런 문화유산으로 남게 되었다.

경기도 지방문화재로 지정된 수내동 한산이씨 문화유적지와 이미 옛 터가 되어버린 수내동 한산이씨 집성촌이었던 숲안 일대가 합쳐진 20여만 평의 넓은 땅은 우리 문중의 끈질긴 노력에 의해 분당중앙공원으로 새롭게 탄생되었다. 대한민국 수도권 한복판에 성남시의 상징물이 된 분당중앙공원은 노송(老松) 등 수목이 울창한 숲과 고색창연(古色蒼然)하고 아름다운 자연이 펼쳐진 옛 선비 마을답게 고전미(古典美) 풍기는 전통과 현대가 예술적으로 잘 조화된 경관은 마치 한 폭의 멋진 풍경화처럼 모든 방문객들의 마음을 사로잡고 있다.

특히 이 공원은 지금도 전국에서 가장 격조(格調)있고 매력(魅力)있는 명소로 손꼽히고 있으며, 1994년 12월 16일 정부로부터 "제5회 대한민국 환경문화 대상(大賞)"을 수상한바 있는 만큼, 이러한 찬사는 어떤 한 문중이나 개인의 자화자찬은 아닐 것이다.

# 제III장

## 韓山李氏 韓平君(諱 之蔚)의 世系

# 제Ⅲ장

## 韓山李氏 韓平君(諱 之菽)의 世系

## 제1부. 韓平君의 先系 略傳 및 行錄

### 1. 韓平君의 先系 略傳

#### (1) 始祖 戶長公(諱 允卿)

충청남도 남서부에 위치한 서천군의 한산면과 기산면 및 화양면 일대는 한산이씨 문중의 발상지(發祥地)이자 뿌리요 관향(貫鄕)이다.

오늘날 한산면과 기산면 및 서천읍 등 일대는 1413년에 이미 한산군(韓山郡)으로 통합되어 500년간 유지되어오다가 1913년 일제강점기(日帝强占期) 때 서천군(舒川郡)으로 통합되었다.

고려시대에 이 고장 한산에서 생졸(生卒)한 것으로 추정되는 권지호장(權知戶長)[35] 이윤경(李允卿) 公은 한산이씨의 시조(始祖)이시다.

고려에서는 983년(성종 2)에 처음으로 12목(牧)에 향리를 두었는데 이를 호장(戶長)이라고 하고 그 직무는 풍속을 바로잡는 것이었다.

---

35) 권지호장(權知戶長) : 향리(鄕吏)의 벼슬 이름

# 韓平君(諱,之菽)의 世系圖

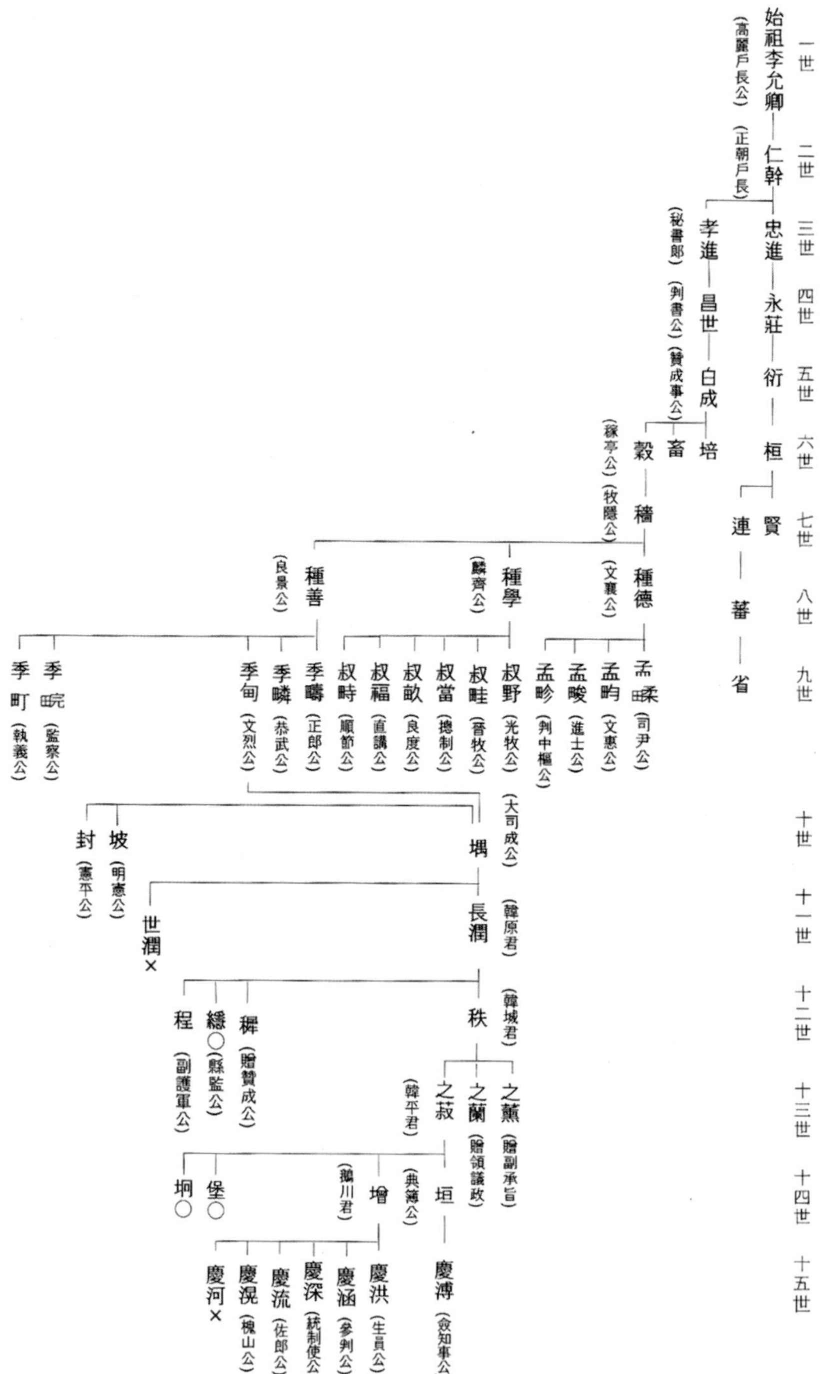

## (2) 正朝戶長 인간(仁幹), 秘書郞 효진(孝進), 判書公 창세(昌世)

戶長公(諱 允卿)의 아드님은 정조호장(正朝戶長) 인간(仁幹)이며, 인간은 슬하에 충진(忠進)과 효진(孝進) 두 아드님을 두었다.

인간의 아드님 중 차남인 봉헌대부(奉憲大夫) 비서랑(秘書郞) 효진은 봉익대부(奉翊大夫) 판도판서(判圖判書) 창세(昌世)를 아들로 두었고, 창세(昌世)의 아드님은 찬성사(贊成事) 자성(自成)이며, 슬하에 배(培), 축(畜), 곡(穀) 세 분의 아드님을 두었다.

시조 諱 允卿으로부터 그의 현손(玄孫) 諱 自成에 이르기까지 선대들은 한산 지방에 대대로 세거(世居)하였으나 이때까지만 해도 그다지 이름난 명문세가는 아니었으며 본관지(本貫地) 향당(鄕堂 : 약 500戶 마을)의 향리(鄕吏)를 지낸 평범한 가문이었다.

## (3) 贊成事公(諱 自成)

贊成事公(諱 自成)은 창세(昌世)공의 아드님이며, 슬하에 배(培), 축(畜), 곡(穀) 세 분의 아드님을 두었다.

## (4) 文孝公(諱 穀)

이곡(李穀) 선생은 1298년(고려 충렬왕 24) 충청도 한산 북고촌(현 충남 서천군 한산면)에서 찬성사(贊成事) 諱 자성(自成)의 3남으로 출생하였다. 이곡(李穀 : 1298~1351) 선생은 文烈公(諱 季甸)의 증조부이며, 한평군(韓平君) 諱 지숙(之菽)의 7대조이다.

선생의 초명은 운백(芸白)이고 자(字)는 중부(仲父), 호(號)는 가정(稼亭)이다. 고려조에서는 선생에게 광정대부 도첨의 찬성사 우문관대제학 감춘추관사 상호군(匡靖大夫 都僉議 贊成事 右文館大提學 監春秋館事上護軍)에 추서되었으며 시호(諡號)는 문효공(文孝公)이시다.

원조(元朝)에서는 봉의대부 정동행중서성 좌우사랑중(奉議大夫 征東行 中書省 左右司郎中)이 제수되었다.

가정(諱 穀) 선생은 어려서부터 총명하고 부지런하였으며, 특히 책 읽기를 매우 좋아하였고 13세 때 아버지 찬성사공을 여의면서 홀어머니(興禮李氏 : 三韓國大夫人)를 효성을 다해 섬겼다.

그러나 가정 선생의 유년시절은 집이 외롭고 가난한 관계로 마땅히 의지하여 공부할 곳이 없었다. 이를 안타까워하던 어머니 흥례이씨는 아들의 장래와 생계유지를 위하여 두메산골인 한산을 떠나 친정인 울주(蔚州 : 現 蔚山)와 멀지 않은 복주(福州 : 現 安東)로 거처를 옮겼다.

이리하여 가정공은 학식 높은 선비들이 많이 살고 있어서 공부하기에 좋은 안동 지역에서 학문에 정진하며 큰 꿈을 키워나갔다.

가정공의 나이 13세에 안동에서 시인(詩人)과 문사(文士) 등 많은 지식인들이 재주를 겨루는 시회(詩會 : 학술경연대회)가 열렸다.

시제는 "장야부장시주야(長夜不長詩酒夜 : 기나긴 밤이지만 시 짓고 술 마시는 밤은 길지가 않네.)라는 시구(詩句)가 걸렸으나 어느 누구도 이에 걸맞는 대구(對句)를 못하고 있었다.

이때 나이 어린 가정 선생이 즉석에서 원산비원화도산(遠山非遠畵圖山 : 멀리 있는 산이지만 그림 속에 있는 산은 먼 것이 아니로다.)라고 대구(對句)를 읊었다.

이 학술경연대회에 모인 시인과 문사 등 여러 사람들은 가정의 재능에 크게 감탄하였으며, 이때부터 가정은 신동(神童)으로 이름을 날리게 되었다.

이후로 안동지방에서 딸을 가진 선비나 유명 인사들이 장래가 촉망되는 가정을 사위 혹은 제자로 삼고자 너도나도 탐을 냈다는 일화가 있다.

당시 가정공이 사사 받은 스승들을 열거해보면 백이정(白頤正 : 1247-1323), 권부(權溥 : 1262-1346), 우탁(禹卓 : 1263-1342), 안축(安軸 : 1287-1348), 이제현(李齊賢 : 1287-1363), 최해(崔瀣 : 1287-1340) 등 당대 최고의 문장가인 동시에 덕망 높은 학자들이었다.

가정 선생의 배위(配位)는 함창김씨(咸昌金氏)이며 경북 영해향교(鄕校)의 대현(大賢) 김택(金澤) 선생의 따님이다. 당시 16세인 가정 공으로서는 오로지 학문에만 전념하고 있을 때, 공의 장인이 되신 김택 선생과 선생의 아들이자 가정공의 처남이 된 삼사좌윤(三司左尹) 김요(金嶢) 공 父子 분의 청혼으로 양 가문간의 결혼이 성사되었음은 결코 범사가 아니며 이는 하늘이 맺어준 크나큰 축복이었음은 더 말할 나위가 없다.

참고로 가정 선생의 처가이자 목은 선생의 외가인 함창김씨 댁의 계보를 한산이씨 계보와 함께 살펴보면 아래와 같다.

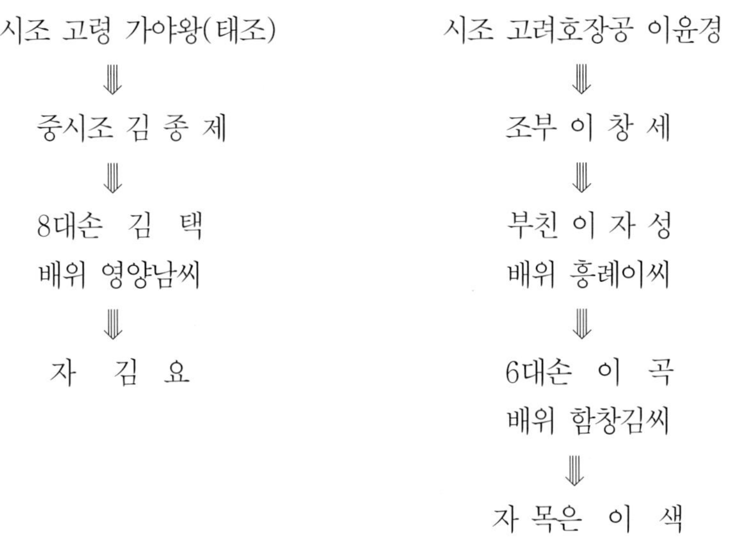


함창김씨(咸昌金氏)는 본시 6개 가야(伽倻) 중 하나인 고령가야(古寧伽倻)의 후손으로 오늘날에도 경북 상주시 함창읍 중촌리에는 고령가야의 왕릉과 왕비능이 있다. 고령가야는 과거에 함녕(咸寧)이라 하였는데 지금의 함창(咸昌)을 말한다.

고령가야는 이후 신라에 복속(服屬)되었고 그 이후에 고령군으로 부르다가 고려 때 함녕군으로 되었다가 조선조에서도 그대로 불리었다. 함창김씨의 시조가 되는 고령 왕릉과 약 300미터 떨어져있는 왕비 능은 잘 정비되어 있으며, 경상북도 기념물 제26호로 지정되어있다

상주 지방의 호족인 김택(金澤) 선생은 고령가야 왕의 후손이며, 중시조는 김종제(金宗悌)이다.

가정 선생은 1317년(충숙왕 4) 20세에 익제(益齊) 이제현(李齊賢), 박효수(朴孝修) 문하에서 수학하며 거자과(擧子科) 시험에 합격하였고, 1320년(충숙왕 7) 23세에는 이제현(李齊賢)이 주관하는 성균관 수재과(秀才科)시험에서 2등으로 합격하여 곧바로 福州(現 安東)의 사록참군사(司錄參軍事)에 등용되었

다.

1326년(충숙왕 13) 29세에 원나라가 개경에 설치한 감독관청인 정동행성(征東行省) 관아에서 시행하는 향시(鄕試)에 3등으로 합격하였고, 1332년(충숙왕 복위1) 35세 때에는 1등으로 합격하였다.

1328년(충숙왕 15) 31세 때에 아드님 목은(牧隱)을 낳으셨다. 이는 가정공 개인만의 득자(得子)가 아니라 해동(海東)의 규성(奎星)을 이 세상에 내놓은 것이다.

36세(1333년)에는 원(元)나라 연경(燕京 : 現 北京)으로 들어가 원나라 황제가 친히 관장하는 회시(會試)에 2등으로 합격하였으며, 가정 선생이 원나라 한족이 아닌 고려인으로서 얻은 2등은 그의 탁월한 재능을 입증하는 것이다.

이때 가정 선생의 시험 답안이 너무 우수하므로 독권관(讀卷官)이 크게 칭찬하였다 하며, 현장에서 즉시 승사랑 한림국사원검열관(承事郎 翰林國史院檢閱官)을 제수(除授)받았다.

중국 원나라 때 회시(會試) 제도는 보통 어려운 것이 아니었다. 특히 외국인 고려인으로서는 1차 관문인 정동행성 향시에 합격을 해야 하고, 그 다음 2차 관문인 원나라의 수도 연경으로 들어가서 황제 앞에서 300명이 겨루는 회시에 응시해야 하는데, 최종적으로 이 시험에 합격하는 것은 하늘의 별 따기 만큼 어려운 일이었다.

회시는 응시자 300명 중 100명을 최종 선발하여 등용하는 것인데 이들 100명은 종족(種族)별로 몽고인(蒙古人), 색목인(色目人), 한인(漢人 : 中國族), 남인(南人 : 南方人) 등 4개 민족으로 분류하여 각각 25명의 인원으로 배정되어 있었다.

다만 고려인은 별도의 배정 없이 중국 한인(漢人) 25명 그룹 안에 포함되는 것이어서 그 합격의 어려움은 상상을 초월하였을 것으로 보인다.

이때까지 고려인들이 원나라 제과(制科)에 간간히 합격하여 관직에 등용된 적이 있었으나 대부분 하위 계급에 머물렀으며, 회시에서 2등으로 합격하고 국위를 선양한 사람은 가정 선생이 최초라고 한다.

때문에 당시 원나라의 유명한 학자들이 이를 경탄하고 놀라워하며 가정 선생을 외국인으로 취급하지 않았으며, 이로 인하여 선생은 원나라의 많은 문사들과 격의 없이 교유(交遊)함과 동시에 그들로부터 존경을 받으며 학문의 깊이를 더하는데 진력하였다.

고려 말까지 고려인으로서 원나라 제과(制科)에 합격한 자가 13회에 걸쳐 모두 18명이었다. 그러나 대부분 합격자들의 성적이 하열(下列)에 불과 하여 지방관에 머물렀으며, 중앙부처에 문한관(文翰官) 등 고위직에 임명된 인물은 이곡(李穀), 이색(李穡) 부자와 빈우광(賓于光) 등 3명뿐이었다고 한다. 이때부터 가정 선생은 원나라 중앙부처에서 관직생활을 하면서 수많은 학자 등 저명인사들과 교우(交友)하게 되었다.

39세(1336년)에는 원나라로부터 유림랑경정원관구 겸 승발가각고(儒林郎徽政院管句 兼 承發架閣庫)를 제수받았다. 이 해에 『경사대보은광교사기(京師大報恩光敎寺記』 와 『경사금손미타사기(京師金孫彌陀寺記)』 등 서적을 저술하여 원나라 조정에 바쳤다.

같은 해에 역사적으로 유명한 「대언관청파취동여서(代言官請罷取童女書」 라는 장문의 청원서를 작성하여 이를 원나라 황제에게 올렸다. 오래전부터 원나라는 매년 고려로부터 나이 어린 동녀(童女)들을 강제로 차출하여 처첩(妻妾)이나 궁녀 또는 노비로 삼았는데, 이로 인해 고려에서는 강제로 딸을 빼앗긴 부모들이 목 놓아 통곡하며 피눈물로 세월을 보내야 했다. 또한 이들은 한번 끌려가면 대부분 평생 고향땅으로 돌아오지 못한 채 타국의 원혼이 되었다.

이 때문에 고려 사람들은 어린 딸들을 원나라에 빼앗기지 않으려고 딸이 태어나면 어릴 때부터 가시내(가짜 사내)로 부르며 남자 옷을 입혀 아들로 가장(假裝)하여 기르는 등, 참으로 눈물겨운 현실 앞에서 마땅히 호소할 곳도 없는 수많은 백성들은 비통한 심정으로 힘없는 나라를 원망하며 한탄할 뿐이었다.

아무런 힘이 없는 고려 조정(朝廷)으로서는 원나라의 노여움을 살까 두려워 이의를 제기하지 못하였으며, 일부 간신들은 자신의 출세를 위해 공녀의 수를 늘려 바치며 공을 내세우기까지 하였다.

당시 원나라 국가고시인 회시에 합격 후 연경(燕京)에서 관직에 있던 가정 선생은 1336년(충숙왕 4)에 이 같은 강대국의 횡포에 맞서 고려 백성의 한을 풀어주고 인륜을 무시한 악폐(惡弊)를 없애기 위해 장문의 청원서인 「대언관청파취동녀서(代言官請罷取童女書)」를 작성하여 동녀 차출의 부당함과 이로 인한 고려 백성의 피눈물 나는 고통을 원나라 황제에게 고하였다.

결국 원나라 순제(順帝)가 이 청원을 흔쾌히 받아들여 1337년(충숙왕 6)이 같은 악습이 끝내 폐지됨으로써 더 이상 고려 백성이 딸을 다른 나라에 빼앗기는 억울함을 겪지 않게 되었다.

## 「대언관청파취동녀서(代言官請罷取童女書)」 전문(全文)

– 언관을 대신하여 동녀차출 폐지를 요청하는 글

### 元文

側聞高麗之人生女者卽祕之, 唯慮不密, 雖比隣不得見. 每有使臣至自中國, 便失色相顧曰, 胡爲乎來哉, 非取童女者耶, 非取妻妾者耶. 而已軍吏四出, 家搜戶探, 若或匿之, 則係累其隣里, 縛束其親族, 鞭撻困苦, 見而後已. 一遇使臣, 國中騷然, 雖雞犬不得寧焉.

及其聚而選之, 姸醜不同, 或啖其使臣而飽其欲, 雖美而舍之, 舍之而它求. 每取一女, 閱數百家, 惟使臣之爲聽, 莫或敢違, 何者, 稱有旨也. 如此者歲再焉, 或一焉間歲焉. 其數多者至四五十, 旣在其選, 則父母宗族相聚哭泣, 日夜聲不絶. 及送于國門, 牽衣頓仆, 欄道呼泣. 悲慟憤懣, 有投井而死者, 有自縊者, 有憂愁絶倒者, 有血泣喪明者. 如此之類, 不可殫紀. 其取爲妻妾者, 雖不若此, 逆其情取其怨則無不同也.

伏望渙發德音, 敢有冒于內旨, 上瀆聖聽, 下爲己利而取童女者, 及使于其國而取妻妾者, 明示條禁, 絶其後望. 以彰聖朝同仁之化, 以慰外國慕義之心. 消怨致和, 萬物育焉, 不勝幸甚.

번역문

들리는 말에 의하면 고려에서는 딸을 낳으면 곧 비밀로 하고, 오로지 소문이 날까 우려하여 비록 이웃이라도 볼 수 없다 합니다. 매번 중국에서 사신이 오면 얼굴빛을 바꾸면서 서로 돌아보고 말하기를 “왜 왔을까? 동녀를 구하는 것인가? 처첩을 데려가려는 건 아닌가?”라고 합니다. 군리(軍吏)가 사방으로 집집마다 뒤지는데, 혹시 숨기거나 하면 그 이웃들을 잡아 두고 그 친족을 밧줄로 매어 채찍질과 몽둥이질을 하여 숨긴 딸을 찾은 뒤에야 멈춥니다. 한 번 사신이 올 때마다 나라 안이 소란해지니 닭과 개조차도 편안할 수 없습니다.

동녀를 모아서 선발할 때 곱고 추함이 같지 않으니, 사신의 욕심을 채워 만족시켜주면 비록 아름답더라도 놓아주고는 다른 곳에서 동녀를 다시 찾습니다. 매번 동녀 하나를 찾으려고 수백 가(家)를 뒤지는데 오직 사신이 시키는 대로 따라야 하고 감히 어길 수 없으니 황제의 명령임을 내세우기 때문입니다. 이 같은 일이 한 해에 한두 번 있기도 하고 해를 걸러 일어나기도 합니다. 동녀의 수가 많게는 40~50명에 이르는데, 선발되면 곧 부모와 친척들이 서로 모여 통곡하며 우는데 밤낮으로 그 소리가 끊이지 않습니다. 도성 문에서 송별할 때는 옷자락을 잡고 쓰러지기도 하고 길을 막고 호소하며 울기도 합니다. 매우 비통하고 분하여 우물에 몸을 던져 죽기도 하고, 스스로 목을 매는 자도 있으며, 근심 걱정으로 혼절하여 쓰러지는 자도 있고, 피눈물을 쏟다가 실명하는 이도 있다 합니다. 이와 같은 일이 이루 헤아릴 수 없을 정도입니다. 처첩으로 데려가는 경우는 비록 이와 다르다고는 하더라도, 인정을 거스르고 원망을 사는 점은 다를 게 없습니다.

엎드려 바라옵건대 덕음(德音)을 내시어 감히 황제의 명령을 사칭하여 위로는 성청(聖聽)을 모독하면서 아래로 자기의 이익을 위해 동녀를 취하는 자 및 그 나라에 사신으로 가서 처첩을 취하는 자가 있으면 금지 조목을 명시하여 이후로 그런 일을 바라는 마음을 끊어버리소서. 그리하여 황제의 조정에서 모든 사람을 똑같이 사랑하시는 덕화를 드러내 의리를 사모하는 외국(고려)의 심정을 위로해주소서. 이렇게 하여 원망을 없애고 조화로운 기운을 불러들여 만물을 자라게 하신다면 그보다 다행은 없을 것입니다.[36)]

고려로서는 나라의 힘이 약하여 오랜 기간 동안 원나라의 속국으로 취급을 당했으나 이러한 가정 선생의 쾌거는 원나라 황제에게 고려가 당당한 독립 국가임을 각인(刻印) 시켜준 계기가 되었는바, 이는 외교적으로도 전례가 없는 큰 업적으로서 가정 선생이 우리 한민족에게 끼친 공로는 청사에 길이 빛날 것이다.

1350년 10월에는 가정 선생의 지극한 효성을 받던 홀어머니 홍례이씨께서

36) 이 청원서는 가정(稼亭) 선생이 원나라에서 공식, 비공식적으로 고려에 동녀(童女)를 요구하며 생긴 폐해를 지적하면서, 황제가 직접 원나라 조정에 지시를 내려 더 이상 강제적인 동녀 차출이 없도록 선처해 줄 것을 간곡히 요청한 글이다.

83세를 일기로 돌아가셨으며, 그 이듬해인 1351년 정월 초하루에는 가정 선생이 어머니 별세의 슬픔을 안은 채 한산 숭문동(崇文洞)에서 서세(逝世)하셨다. 이때 나라에서는 문효공(文孝公)의 시호(謚號)를 내렸다.

가정 선생이 돌아가신 후 원나라 공녀제도를 철폐시킨 선생의 공로를 기리고 그 은덕에 감사하는 뜻으로 전국 각지에서 제례를 올리고 명복을 비는 행사가 조선시대를 거쳐 근래 서양풍속이 성행되기 전까지 이어져왔으며, 현재에도 전통혼례식에는 곡자상(穀字床)을 차려놓고 교배례(交拜禮)를 행하고 있다.

공녀제도가 폐지된 이후 고려시대 사람들은 길이가 세길(보통 사람 신장의 3배)이나 되는 나무를 부엌 마당에 꽂아 놓고 아침저녁으로 정화수를 떠놓아 선생의 자손이 번성하기를 빌었으며, 지방에서는 이러한 풍속이 지금까지도 전해져 오고 있다.

신랑 신부가 결혼 할 때 초례청(醮禮廳)의 예식상(禮式床 : 술과 과일 등 음식을 차려 놓은 상) 앞에서 가장 먼저 제례(祭禮)를 올린 다음에 별도 순서에 따라 상견례(相見禮)인 교배례를 거행하는 것인데 이 제례 의식은 근래까지 육백여 년 동안 이어져왔다.

이외에도 시집보낼 딸을 가진 집에서는 정월 보름날 오곡(五穀)이 담긴 색동주머니를 대추나무에 걸어놓고, 가정 이곡(李穀) 선생을 추모하며 감사의 절을 올리는 풍습이 전해져왔다고 한다.

1336년 원나라의 고려 동녀제도 폐지와 관련하여 가정 선생의 큰 업적을 기리고 추모하는 흔적은 지금도 경기도 여주시 가정리(稼亭里) 반여울 등 곳곳에 역력히 남아있다. 현재 여주시 북내면 가정리 마을 입구에는 稼亭里 地名의 유래와 가정 선생의 공덕을 기리는 표석이 있다.

1349년 가을에 선생이 관동지방을 유람할 때 금강산 절경을 보고 감탄한 나머지 이를 기행문으로 남긴 유명한 「동유기(東遊記)」에서 금강산 봉우리의

▲ 여주시 북내면 가정리(稼亭里) 표석

수를 일만이천봉(一萬二千峯)으로 표현함으로써 이것이 금강산의 또 다른 이름처럼 불리는 연유가 되었다고 한다.

선생은 이때 울진(蔚珍)의 성류굴(聖留窟)도 관람하고 동유기에 기행문을 남겼는데, 성류굴 입구에 있는 안내판에는 "고려시대의 학자 이곡(李穀)선생이 쓴 동유기(東遊記)에 성류굴에 대한 자세한 기록이 있다."고 적혀 있다.

원나라가 중국을 비롯한 아시아를 제패한 후 정복국가의 체제를 공고히 하기 위하여 고려를 비롯한 한인(漢人)과 남인(南人) 등 몽고족 이외의 모든 주변국 민족에게 병기 소지를 금하는 명을 내렸다. 그러나 고려는 이에 대해 군기 소지와 마필의 보유를 허락해줄 것을 요청하여 결국 뜻을 이루었는데 이에 대한 감사의 표를 선생이 아래와 같이 작성하여 올렸다. "소국이 멀리 동방에 있음에 풍속이 자못 중원과 달랐사오나 태조의 창업 하실 처음에 실로 먼저 귀부하였으며 세조황제의 용비(龍飛)하실 즈음에 더욱 공로를 나타내어 말을 주고 세 번 접견하는 영광이 있었으며 이실(二室)에 사위를 머무르게 하는 경사가 남아서 약속은 비록 성제(聖帝)에 따르나 법도는 조상의 풍속을 변함이 없게 하였사오니 만일 일조(一朝)에 변경하오면 삼한이 경동(驚動)할까 염려되오며 또한 복종

하지 않는 오랑캐가 이웃에 있으므로 방비 없는 나라를 엿볼까 심히 염려되옵니다."

선생이 이 글에서도 양국의 풍속과 전통의 유지는 물론 국가방위상의 문제점들을 지적하며 군기 소지의 당위성을 역설함으로써 그가 항상 고려의 독자성과 민족적 자주 의식에 사상적 근거를 두고 있음을 알 수가 있다.

몽고와 강화를 맺은 지 약 30년 후에 태어난 선생이 중국은 물론 아시아 대륙과 유럽까지 그 영향력을 미치고 있는 원나라 제국 내에서 활동하면서 현격한 국력의 차이를 몸소 느끼며 고려를 원(元)제국 내의 일국으로 인식하면서도 고려의 독립된 정치체제와 역사 문화적인 고유성을 뚜렷이 밝힌 것은 원(元) 중심적인 세계질서 속에서 고려의 독립과 민족적 자주성을 지키려는 처절한 몸부림이었다고 보아야 할 것이다.

그는 원나라에서 관직생활을 하고 있어도 고향에 대한 그리움은 거의 떨쳐질 날이 없었고 외국에서의 생활보다는 고려에 돌아가고 싶은 뜻을 그의 문집 곳곳에 나타내고 있다.

이 시기에 관직을 갖고 있는 자로서 반원의식(反元意識)을 직설적으로 표출하기는 어려웠을 것이나 선생은 원에 의한 이중적 체제 속에서도 정통적인 유신(儒臣)으로서 고려의 역사적 문화적 독립성을 지키려는 강한 민족의식의 소유자이었음을 알 수 있다.

이상과 같이 가정 선생은 한산이씨 가문이 평범한 가계(家系)에서 명문거족으로 우뚝 서면서 추앙을 받게 되는 초석을 다지신 분으로 우리 후손들이 선생을 영원히 흠모(欽慕)하여야 마땅할 것이다.

## 稼亭 李穀의 漢詩 硏究

한국 성리학(性理學)의 계보(系譜)를 정리하는데 앞장서온 경북 안동 출신의 강원대학교 황재국(黃在國) 교수는 '가정 이곡 선생에 대한 관료적 생애와 학문 및 사상' 등을 객관적으로 조명하기 위하여 『가정집(稼亭集)』과 족보, 『고려사』와 『한국사』 등의 사료(史料), 그리고 여러 저명한 학자들의 학술 논문 등 수많은 자료들을 토대로 하여 종합적인 연구를 하였다.

2006년 2월에 발간된 그의 저서 『稼亭 李穀의 漢詩 硏究』는 이러한 그의 연구가 집대성된 작품이다.

958년(고려 광종9)에 시작된 科擧制度는 이후로 줄곧 급제(及第)를 위한 문식(文飾)에만 치중하여 사장(詞章) 중심의 학풍이 盛行하고 있었는데, 이에 염증을 느낀 사류층(士類層)이 새로 도입된 性理學을 受容하면서 새로운 학풍이 일어났다.

즉 기교적인 측면에만 치중하던 詞章 중심의 문학에서 道學 위주의 이념적 고문 위주의 학문으로 변환이 이루어진 것이다.

이때 전형적인 사대부인 稼亭 선생은 백신정(白頤正), 권부(權溥), 우탁(禹倬), 이제현(李齊賢) 등 당대의 거유(巨儒)들을 통해 성리학을 수용하여 교화(敎化) 위주의 효용적 문학세계를 구축해나갔다.

서거정(徐居正)은 그의 책 『동인시화(東人詩話)』에서 충렬왕 이후 학자들은 다투어 성리학의 영역에 젖어들어 갔으며, 益齊 李齊賢 이래로 稼亭 李穀, 牧隱 李穡, 圃隱 鄭夢周, 三峯 鄭道傳, 陽村 權近 등 당대 최고의 학자들이 서로 이어져 내려왔다.

稼亭은 당시 문물이 월등히 뛰어나던 원나라에까지 문장실력으로써 나라를 빛낸 국제적인 문학가였다.

앞서 그의 생애에서도 언급했듯이 그는 36세 때 원나라 會試에 응시하여 탁월한 대책문으로 第二甲으로 합격함으로써 당시 독권관(讀卷官)으로부터 칭송을 받았으며 이로써 원나라의 文士들을 깜짝 놀라게 하였다. 稼亭 李穀이 처음으로 원나라 회시에서 第二甲에 올랐고 나중에 아들 李穡까지 등제(登第)함으로써, 중국에 우리의 학문적 우수성을 크게 떨친 최치원(崔致遠) 이래 이제현과 더불어 이문화국(以文華國)한 대표적 학자이다.

저 유명한 「대언관청파취동녀서(代言官請罷取童女書)」를 통해 원나라의 공녀제도를 폐지하게 함으로써 문장가로서의 위치뿐만이 아니라 나라와 백성을 사랑하는 고려인 사대부로서의 면목을 유감없이 보여준 것이다.

稼亭은 행장(行狀)을 처음으로 지어 한국 한문학사상 행장을 하나의 문학 장르로 만들어 놓은 문학적 선구자이며, 금강산을 유람하고 지은 작품인 「東遊記」는 한국 기행문학의 효시(嚆矢)가 되고 있다.

또한 그의 시문이 『동문선(東文選)』에 백편이 넘게 실려 있고, 여러 주요 시문선집(詩文選集)에 수록되고 있어 그의 문학적 위치를 입증해주고 있다. 무엇보다 그의 문학적 위치를 높이 평가해야 하는 것은 그가 아버지로서 아들 牧隱의 사상과 학문 세계에 있어서 결정적인 영향을 주었다는 사실이다.

아들이 출세하여 양명(揚名)하면 그의 아버지의 이름 또한 올라가는 것이 상례이나 牧隱이라는 너무나도 큰 나무 그늘에 가려져 상대적으로 큰 조명을 받지 못하는 것이 사실이다.

鄭道傳은 李崇仁의 文集序에서 "牧隱 李穡 선생이 일찍이 家庭에서 가르침을 이어받고 여러 학자들을 가르쳤으니, 그 가르침을 받고 興起한 자는 鄭夢周, 李崇仁, 朴尙衷, 金九容, 權近, 尹紹宗, 鄭道傳이었다."라고 하였다.

또한 고려시대 의학자 김자수(金自粹)는 "동국문장집대성 가정부자관군영

(東國文章集大成 稼亭父子冠群英)"이라고 읊어 牧隱과 함께 稼亭을 우리 문장의 으뜸자리에 올려놓았다.

조선의 개국공신인 陽村 權近은 "당시 文孝公 李穀은 문장으로서 宰相의 자리에 있었다."고 하여 그를 당대 최고의 文豪 자리에 앉혔다. 또한 조선 영조 때의 柳光翼은 고대로부터 근세에 이르기까지 詩品으로서 名人을 上中下의 三篇으로 나누었는데 稼亭을 禹倬, 李齊賢, 李穡, 李崇仁, 鄭夢周 등과 함께 上篇에 넣고 있어 稼亭의 문인으로서의 위치를 알게 한다.

## 韓國 性理學 學流 系圖

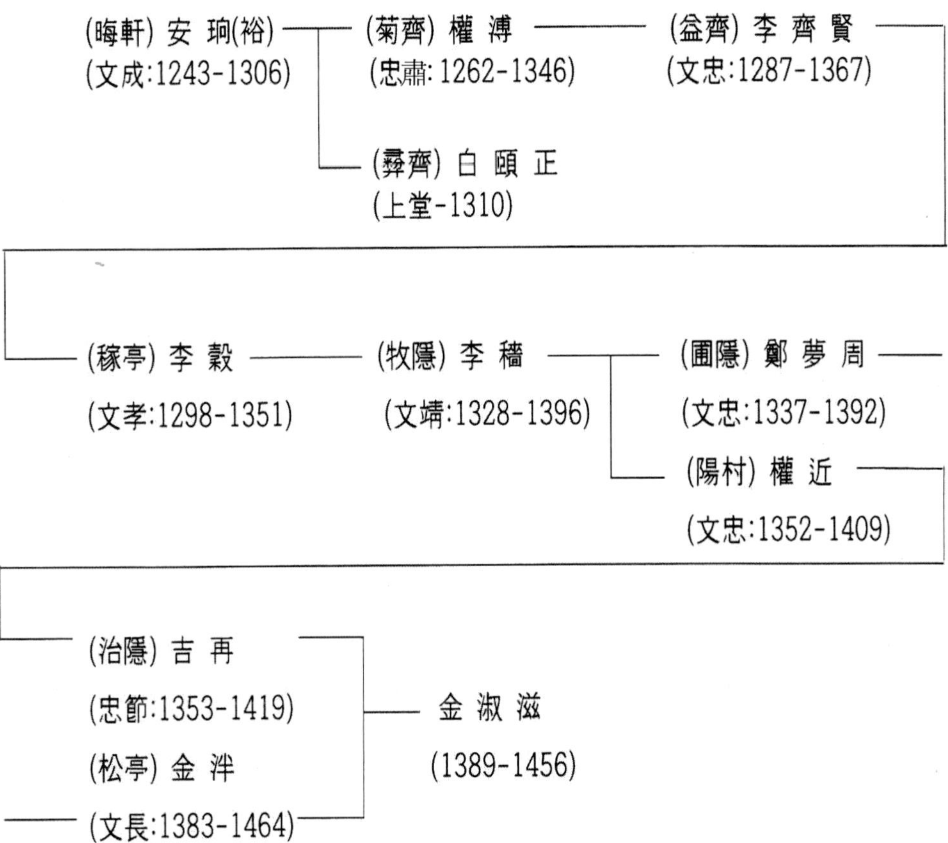


* 이 도표는 성리학의 學流系圖이지만 당시의 문인들이 거의 성리학자였으며, 성리학자들이 거의 다 문학작품을 남긴 점으로 볼 때, 이는 學文淵源의 도표나 다름이 없을 것이다.

## (5) 文靖公 牧隱(諱 穡)

성리학(性理學)의 태두(泰斗) 문정공(文靖公) 목은(牧隱) 이색(李穡) 선생의 字는 영숙(穎叔) 號는 목은(牧隱), 한산인으로 1328년(충숙왕 15)에 가정(稼亭) 이곡(李穀) 선생의 아들로 태어났다. 이곡은 당시 이제현(李齊賢) 이후 그를 계승하는 학자로 인정받고 있는 유학자였다. 또한 그의 어머니는 향교대현 김택(金澤)의 따님이다. 그는 14세에 화원군 權中達의 따님인 안동권씨를 부인으로 맞이하였다. 그는 14세에 성균시에 합격하여 세상에 명성을 떨쳤고, 21세에는 아버지 가정(稼亭) 이곡(李穀) 선생이 원에서 벼슬을 하게 되어 그 또한 원에 건너가 국자감 생원으로 3년간 재학하게 되었다. 24세가 되던 해 부친의 별세로 인해 학업을 중단하고 귀국하여 삼년상을 마쳤다. 25세에 恭愍王卽位開科에 급제함으로써 관직에 오르게 된다.

25세 때 장문의 服中上疏를 하였는데, 田制와 國防論, 불교에 대한 견해를 비롯하여 유학에 대한 견해 등을 기술하고 있다. 공민왕 2년 5월 그는 乙科 제일인(第一人)으로 중거하였고 다음해 가을에는 원 제과에 장원급제하여 원경에 가게 된다. 그 후 원에서 정동행중서성(征東行中書省)의 좌우낭중(左右郞中) 등의 관직을 이행하다가 그 해 가을 본국에 돌아와 典理正郞, 知製敎, 兼春秋館編修官이 된다. 28세에는 奉善大夫가 되고 다음 해부터 배원정책(排元政策)이 시작된다. 그는 공민왕 의 개혁정치에 참여하여 당시의 시폐를 개정하고자 하였다.

1353년(공민왕 2) 계미 을과에 1등으로 합격하였고 중정동행성 향시에서 1등으로 합격하였으며, 다음해에 원나라 제과에서 제2갑으로 합격하여 응봉한림문자지제고 국사원편수관(應奉翰林 文字知制誥 國史院編修官)에 제수되었다.

淸陰 金尙憲(1570 -1652) 선생은 그의 『청음집(淸陰集)』 권 38의 서(序)에서 다음과 같이 牧隱의 학문이 稼亭에서 비롯되었음을 강조하며 높이 평가하고 있다.

元文

盖麗朝五百年 以文章名家者不易數 而牧隱爲冠首 牧隱之學 出於其父 稼亭先生 仍父子中元朝特科 俱爲翰林 其戰藝於詞場也 中國文能之士 多退舍焉 此五百年所未見 豈特五百年 自有東韓以來 未嘗聞也 論者謂譬之武公 乙支文德 安市城主 敵隨唐百萬兵者列也 嗚呼偉矣 自麗訖今 又三百年 牧隱集尙猶廣布 而獨稼亭集 鮮有藏者 世以爲歉 先生誌文孫 今嶺南方伯李公基祚 適得舊本 銳意重梓 使兩世不朽大業 備存並傳 愈久愈新 亦家見承家繼述之風 又何懿歟

번역문

대개 고려조 오백 년 동안 문장가로서 이름을 드러낸 사람은 많지 않은데 목은이 가장 으뜸이 된다. 목은의 학문은 그의 부친 가정 선생으로부터 나왔으며, 부자가 원나라제과에 급제하여 한림이 되었다. 과거시험장에서 글재주를 겨루는데 있어서 비교할 수 없을 정도로 중국의 문장에 능한 선비들을 물리쳤다. 이는 오백 년 동안 보지 못했던 것이다. 어찌 오백 년뿐이겠는가? 우리 동방의 한국이 생긴 이래 들어보지 못한 것이다. 논하는 사람들이 이를 무공에 비유하여 말하기를 을지문덕과 안시성주 양만춘 장군이 수나라와 당나라의 백만 대군을 무찌른 것과 같다고 했다. 아아, 위대하도다.

그러나 고려로부터 지금까지 또 삼백 년이 지났는데 『목은집』은 오히려 널리 퍼졌지만 유독 『가정집』은 가지고 있는 사람이 거의 없으므로 이를 한스러워하고 있다. 선생의 이름난 자손이며 지금 영남의 방백인 이기조 공이 마침 구본을 얻어서 이를 다시 판각하여 간행할 뜻을 두어 양세의 불후대업을 전하려함으로써 오래된 것을 더욱 새롭게 하니 가업을 이어 받아 전술하는 가풍을 볼 수 있으니 이 또한 얼마나 아름다운 일인가.

## (6) 良景公(諱 種善)

資憲大夫知中樞院事 贈純忠積德秉義補祚功臣 大匡輔國崇祿大夫 議政府領議政 韓山府院君 諡良景公 자헌대부지중추원사 증순충적덕병의보조공신 대광보국숭록대부 의정부영의정 한산부원군 시양경공

公의 자(字)는 경부(慶夫)요, 본관(本貫)은 한산(韓山)이며, 부친 목은(牧隱) 이색(李穡)의 3남으로 태어났다.

15세에 과거에 합격하였고 壬戌年 부친상으로 3년간 여묘(廬墓)로 향당에서 효자로 칭송하였으며, 이 일이 나라에 알려져 1398년(태조 7) 10월에 효자리비(孝子里碑)를 세우고 정문(旌門)을 내렸다.

▲ 서천군 죽촌리 양경공(휘 종선) 효자리비각

이 효자리비는 2016년 12월 30일 자로 '충청남도 유형문화재 239호'로 지정되어 비각 개수 및 조경정리를 하였다.

외직은 순창, 백천, 여흥 수령을 역임하고 내직은 집의, 사간, 참의, 대언, 한성부윤, 인수부윤을 지내다가 다시 외방으로 강원도, 충청도 관찰사를 역임하였으며, 인수부윤 우군총제(仁壽府尹 右軍摠制)로 함길도관찰사로 있다가 판한성부사로 승진하였고 다시 개성유후로 보직하다가 병으로 사임 후 10년 후 중추원사로 제수 후 졸하였다.

나라에서 조상하고 부의와 제수를 내려주었으며, 시호 양경(良景)의 양(良)은 성품이 온량하고 화락하다는 것이고 경(景)이란 행실이 의리로 행해졌다는 뜻이다.

아들은 정랑공(正郎公) 계주(季疇), 공무공(恭武公) 계린(계疄), 문열공(文烈公) 계전(季甸), 감찰공(監察公) 계완(季琬), 집의공(執義公) 계정(季町) 등 다섯 분이다.

· 1392년(공양왕 4) 첨서(簽書) 벼슬 재직 중에 高麗가 망하고 朝鮮이 개국되면서 정국이 혼란기에 빠져들었다.
· 1392년(태조 원년) 7월 28일 김진양(金震陽)의 옥사(獄事)에 연루되어 결당모란(결당모란)의 모함을 받아 중형(仲兄) 種學과 함께 서인(庶人)으로 폐출되어 직첩(職牒)이 회수되고 장(杖) 70대 형을 받고 외방에 유배되다.
· 1396년(태조 5) 병조참의를 제수받았으나 5월 7일 부친 목은(牧隱) 이색(李穡) 선생이 서세하자 3년 동안 여묘(廬墓)하니 향당(鄕黨)에서는 그의 효성이 지극하다 하였고 나라에서는 효자비(孝子碑)를 세

우고 정문(旌門)을 내렸다.

· 1408년(태종 8) 8월 15일 판사 이종선 등이 조사하여 호조 문서를 위조한 전 사헌부 감찰(監察) 정제의 직첩을 회수하고 죄안을 시행하다 동년 12월 10일 와병 중인 길창군 권근(權瑾)이 대간들을 용서하기를 청하는 상소로 그 사위인 종선을 불러 위로하다.

· 1409년(태종 9) 2월 25일 우사간대부(右司諫大夫)로 임명되었으며, 동년 3월 15일 세자의 활쏘기 훈련 금지를 상소하여 그대로 시행되다. 동년 4월 16일 김한로를 예조판서로 임명하는 등 양사(兩司)의 인사이동으로 좌사간대부(左司諫大夫)가 되다.

· 1411년(태종 11) 6월 29일 국자조교(國子助敎) 진연(陳璉)이 작성한 목은 묘지명(牧隱墓誌銘)이 말썽이 되어 호조참의직에서 파면되고 장(杖) 100대에 동래진(東萊鎭)으로 귀양을 가다.

· 동년 7월 2일 조영무(趙英茂)가 이종선이후세에 이색(李穡)을 나타내고자 하므로 죄를 청하였으나 임금은 병으로 듣기 어려우니 물러가라고 하다.

· 동년 10월 15일 동래진에 부처한 이종선을 용서하고 경외종편(京外從便)37)하다

· 1412년(태종 12) 호조참의(戶曹參議)로 고신(告身)되었다.

· 동년 10월 11일 과전(科田)을 환급받다. 그 후 순창(淳昌)과 백천(白川), 여흥(驪興)의 부사(府使)를 역임하였다.

· 1416년(태종 16) 4월 2일 문성부원군(文城府院君) 유양이 졸하자 임금의 대언(代言) 이종선을 보내어 집에서 제사를 내리고 관에서 장사를

37) 서울과 시골에서 일을 편한 대로 좇음.

도왔다.

· 1417년(태종 17) 2월 10일 풍해도관찰사(豊海道觀察使)에 임명되다.

· 동년 7월 10일 박영(朴齡)이 조정 판결에 불복하고 재심을 청구한 사건에 연루되어 교지 불복으로 의금부에 수감되었다가 석방되다.

1418년(세종 즉위년) 강원도관찰사(江原道觀察使)를 제수받다.

· 1419년(세종 원년) 2월 8일 한성부윤(漢城府尹)을 제수받다.

· 곧이어 동년 2월 11일 인수부윤(仁壽府尹)에 제수되다.

· 1421년(세종 3) 4월 13일 우군총제(右軍摠制)를 제수받다.

· 동년 5월 11일 우군동지총제(右軍同知摠制)를 제수받다.

· 동년 12월 7일 좌군동지총제(左軍同知摠制)로 보직 변경되다.

· 1422년(세종 4) 9월 24일 충청도관찰사 재직 시 청산현감 탁지(卓祉)가 국상(國喪) 중에도 연회를 열자 이의 처벌을 주청하여 파직 및 가산 몰수 조치하다.

· 동년 10월 5일 영춘, 단양지방에 수해로 피해가 막심하자 이를 조정에 보고하고 조세감면을 건의하여 허락을 받다.

· 1423년(세종 5) 8월 1일 권홍(權弘), 김여지(金汝知), 조말생(趙末生)과 함께 明 皇帝 알현시의 의복착용과 관련하여 제조(提調)를 맡다.

· 동년 8월 27일 진표사 장천부원군(進表使 長川府院君) 이종무(李從茂)와 함께 진전사부윤(進箋使府尹)으로 임명되어 명나라에 보내는 사은표문과 전문을 지참하고 북경으로 떠나다.

· 1424년(세종 6) 2월 25일 사절단 임무를 마치고 이종무와 함께 북경에서 귀국하다.

· 동년 3월 22일 좌사간 박관 등이 진하사(進賀使) 권희달(權希達)이 명나라 중신과 회동한 자리에서 "조선에서 바친 별마(別馬)는 똥을

싣고 다니던 말"이라는 망언을 한 사실에 대해 이종무, 이종선을 비롯한 진하사(進賀使) 일행 모두에게 중벌(重罰)을 청하였으나, 영의정 유정현 등의 상소로 직첩(職牒)만 회수 후 외방에 부처하다.

· 1425년(세종 7) 이종선을 포함한 진하사 일행이 모두 직첩을 도로 받고 1월 24일에는 과전을 도로 받다.

· 동년 6월 23일 수군 소재 고을의 수령과 도절제사의 관계로 인해 수군의 유능한 자를 육군으로 전환하는 것을 금지하고 병선(兵船)의 건설로 변방방어를 견고토록 진언하다.

· 1426년(세종 8) 11월 17일 이종선이 함길도감사(咸吉道監司) 이임 시 새로 부임하는 감사를 기다리지 않고 출발한 것에 대하여 죄를 청했으나 이를 불윤(不允)하다.

· 1427년(세종 9) 10월 7일 판한성부사(判漢城府使)로 제수하다.

· 동년 11월 11일 사헌부에서 세가대족(世家大族)에 대한 소송 지연으로 이종선에게 장(杖) 70대의 벌을 정하였으나 왕은 이를 논하지 말 것을 명하다.

· 1428년(세종 10) 4월 12일 명 황태자 책봉 축하 표전과 방물을 받들고 진하사(進賀使)로 북경에 가다. 동년 6월 21일 진하사 임무를 마치고 귀국하다.

· 1428년(세종 10) 10월 20일 우의정 맹사성(孟思誠), 좌의정 황희(黃喜) 등과 경원부, 용성 등의 방비를 논의하다.

· 1429년(세종 11) 7월 20일 판한성부사로 황주 선위사를 겸직하다.

· 동년 8월 6일 가례색(嘉禮色)으로 임명되어 내관 김순(金淳)과 함께 전라도에 파견되어 처녀를 선발하다.

· 동년 9월 17일 총재 이명덕(李明德)과 함께 황해도 순위량의 병선

정박지 선정에 대해 논의하다.

· 동년 9월 30일 개성유후사유후(開城留後司留後)를 제수받다. 이때 이맹균(李孟昀)은 예문관대제학, 이맹진(李孟畛)은 우대언(右代言)으로 제수되었다.

1430년(세종 12) 8월 10일 호조의 공법 시행 가부에 대해 의논하다.

· 1438년(세종 20) 1월 24일 중추원사(中樞院事)를 제수받았으나 동년 3월 14일 향년 71세에 병환으로 졸(卒)하다.

## (7) 文烈公(諱 季甸)

### ① 文烈公의 연보(年譜)

문열공의 諱는 계전(季甸)이요, 자(字)는 병보(屛甫), 호(號)는 존양재(存養齋), 시호(諡號)는 문열공(文烈公)이다.

· 1404년(태종 4) 출생하였으며, 목은(牧隱)의 손자요, 양경공(良景公) 諱 종선(種善)의 3男이며, 한평군(韓平君) 諱 지숙(之菽)의 고조다.
· 1427년(세종 9) 친시(親試) 문과에 급제하여 집현전 학사로 발탁되었다.
· 1429년(세종 11)에는 어명에 의해 「집현전장서각송(集賢殿藏書閣頌)」을 지었으며 이 내용은 동문선(東文選)에 기록되어 있다.
· 1434년(세종 16)에는 집현전수찬(集賢殿修撰)으로 통감훈의(通鑑訓義)를 참교(參校)하였다.
1435년(세종 17) 통감훈의가 완성되자 세종은 경회루에서 연회를 베풀어 공을 비롯한 찬집관(撰集官)들을 불러 그간의 노고를 위로하였다.
· 이때 세종은 전대(前代)의 문신인 이색(李穡)과 정몽주(鄭夢周) 등의 경학(經學)의 아름다움을 칭송하면서 이들 찬집관들에게 각기 시를 지어 올리게 하였으며, 공은 이후 집현전부교리로 승전(陞轉)하였다.
· 1436년(세종 18) 왕명에 의해 강목(綱目)과 훈의(訓義)를 찬술하였다.
· 1437년(세종 19) 왕명으로 『역대세년가(歷代世年歌)』 서문을 지었으며, 이 내용은 『동문선(東文選)』에 수록되었다.
· 1442년(세종 24) 직집현전(直集賢殿)으로 승전하였다.

· 1443년(세종 25) 최만리(崔萬理), 김문(金汶), 정창손(鄭昌孫), 이개(李塏), 하위지(河緯地), 양성지(梁誠之) 등과 함께 공법개혁(貢法改革)을 논의하였다.

· 1445년(세종 27) 집현전직제학(集賢殿直提學)으로 승전하였다.

· 이해 7월에 '사창제도(社倉制度)의 설립과 운영에 관한 사목(事目)'을 항목별로 열거하여 올렸으며, 8월에는 소금 전매(專賣)에 관한 폐단을 상소하였다.

· 이때 조정에서는 어염(漁鹽)에 대한 법을 세우려 했으나, 공이 장문의 글을 올려 그 폐단을 논의하게 됨으로써 세종은 이를 승정원에 내려 보내 다시 의논케 하였다.

· 10월에는 철전(鐵錢)과 저화(楮貨) 사용에 대한 폐단과 그 대안을 왕에게 올렸다.

· 같은 해에 「치평요람(治平要覽)」과 「용비어천가전(龍飛御天歌箋)」을 지어 상신하였다.

· 한편 축성(築城), 공법(貢法), 입거(入居)에 대한 폐단을 논하였고, 그 개혁안을 건의하였을 뿐만 아니라 궁인(宮人)에 대한 형벌집행 등 국가에서 시행하고 있는 공법(公法)에서 나타나고 있는 수많은 폐단에 대한 개혁안을 올렸다.

· 1447년(세종 29) 2월에 삼품(三品) 이하의 인재 천거(薦擧)에 대한 개선안을 올렸다.

· 3월에는 문과 한성시(文科 漢城試)를 두 곳으로 나누어 제술하도록 건의하였으며 이어 동부승지(同副承旨)를 제수받았다.

· 1448년(세종 30) 7월에 세종이 문소전(文昭殿) 서북쪽에 불당(佛堂)을 설치하도록 명하자 그 부당성을 수차 극간하였다.

· 1449년(세종 31) 우부승지(右副承旨)에 올랐다.

· 11월에 「추은고사(推恩故事)」를 상고하여 「추은교서(推恩敎書)」를 지어 올렸으며 좌부승지(左副承旨)로 승전하였다.

· 1450년(문종 즉위년) 2월 18일 세종이 붕어하자 명나라에 부고(訃告)를 알리고 시호(諡號)를 청하는 표(表)와 전(箋)의 문서를 공이 작성하여 배송(拜送)하였다.

· 같은 해 5월에 우승지(右承旨), 7월에는 승정원도승지(承政院都承旨)가 되었다. 12월에는 정몽주(鄭夢周), 길재(吉再)에게 작위를 추증하고, 그 후손을 봉작(封爵)하도록 건의하였다.

· 12월에는 잡과(雜科)에 합격한 자도 문무과(文武科)의 예에 준하여 등급의 차례에 따라 산관직(散官職)을 제수하도록 건의하였다.

· 1451년(문종 원년) 11월 고려조(高麗朝) 왕씨의 후예를 찾아 그 작위를 높이고 제사를 이어 갈 수 있도록 건의하였으며, 이후 왕명으로 왕씨 후예를 예우하라는 「교서(敎書)」를 지었다.

· 과거(科擧)에 합격하지 못하였다 해도 학술이 정명하고 연로한 자는 서용(敍用)하도록 건의하였다. 또한 생원(生員)으로 오랫동안 성균관에서 수학한 자 중에서 우수한 자는 경관(京官)으로 서용(敍用)하도록 건의하였다.

· 1452년(문종 2) 성균박사(成均博士)를 겸임하였으며, 2월에 『세종실록(世宗實錄)』을 찬술하였다.

· 문종이 사망하자 5월 18일 단종(端宗)이 근정문(勤政門)에서 즉위(卽位)하였으며, 10월에 공은 이조참판(吏曹參判)을 제수받아 동지경연(同知經筵)을 겸하였다. 6월에는 병조참판(兵曹參判)으로 자리를 옮겼다.

· 1453년(단종 원년) 6월 10일 수양대군(首陽大君)이 안평대군과 결탁하여 김종서(金宗瑞), 황보인(皇甫仁) 등을 제거하고 계유정란(癸酉靖亂)을 일으켰다. 이때의 기록에서 공이 수양대군에게 협력한 내용은 보이지 않는다.

· 10월에 병조판서(兵曹判書)로 승전하였으며, 정란일등공신(靖亂一等功臣)의 책호(策號)를 받았다. 이때 집현전 직제학 성삼문(成三問)은 3등공신의 책호를 받았다.

· 10월 18일·공은 수양대군과 좌의정 정인지(鄭麟趾), 우승지 신숙주(申叔舟), 우부승지 박팽년(朴彭年), 우사간 성삼문(成三問) 등과 함께 안평대군의 죄를 청하였다.

· 11월 8일 수충위사협찬정란공신(輸忠衛社協贊靖亂功臣)으로 책록(策祿)되고 한산군(韓山君)의 봉작(封爵)을 받았다.

· 11월 19일 좌의정 정인지, 좌사간 성삼문과 함께 단종에게 아무런 공(功)이 없이 공신의 열에 올랐음을 주청(奏請)하고 공신의 호를 삭제해주기를 청하였다.

· 1454년(단종 2) 『세종실록(世宗實錄)』 163질이 완성되다.

· 12월에 성균관 대사성(成均館 大司成)을 겸하였다.

· 6월 11일 단종이 수양대군에게 왕위를 선위(禪位)함으로써 수양대군은 세조로 등극하였다. 이때 세조는 다시 공에게 병조판서(兵曹判書)를 제수하였다.

· 8월 16일 세조가 공신들을 불러 사정전(思政殿)에서 연회를 베풀었을 때 공이 어온(御醞)[38]의 과함을 주청하자 세조는 공의 관(冠)을 벗기고 곤장을 치는 벌을 가하고 왕에게 충성하도록 설득하였다.

38) 어온(御醞): 임금이 마시는 술의 높임말

· 9월 5일 수충경절좌익공신(輸忠勁節左翼功臣)으로 책록되고 한성군(韓城君)의 봉작을 받았다.

· 1456년(세조 2) 판중추원사(判中樞院事)로 자리를 옮기고 판병조사(判兵曹事)를 겸하였다.

· 이 해 6월 단종복위 사건에 조카 이개(李塏)가 주역임이 밝혀지자 세조는 의금부에 공을 이 사건에 연좌시키지 말라는 영(令)을 내렸다.

· 7월 1일부터 약 1개월간 대간(臺諫)에서나 많은 벼슬아치들이 공을 이개와 연루시켜 처벌하도록 주청하였으나 세조는 이를 불윤(不允)하였다.

· 1457년(세조 3) 『문종실록(文宗實錄)』이 완성되었다. 공은 이때 지춘추관사(知春秋館事)를 겸하여 『문종실록』 찬술에 주역을 담당하였다.

· 1458년(세조 4년) 공을 좌익이등공신(左翼二等功臣)에 책훈(策勳)하고 이에 대한 교서를 내렸으며, 8월에는 영중추원사(領中樞院事)를 제수받았다.

· 1459년(세조 5) 경기도 도체찰사(都體察使)를 겸하게 되어 군정(軍政)을 점고(點考)하였다.

· 이 해 9월 16일 졸(卒)하자, 조정에서는 부의(賻儀)를 내리고 예장(禮葬)으로 장례를 치르도록 하였으며 문열공(文烈公)의 시호를 내렸다.

※ 시호(諡號) 문열(文烈)의 뜻

박문다견왈문(博文多見曰文) 병덕존업왈열(秉德尊業曰烈)

사물을 널리 듣고 아는 것이 많음이 문(文)이고, 덕을 지키고 업을 높인 것이 열(烈)이다

※ 묘소(墓所)

- 최초 묘소 : 경기도 여주시 능서면 왕대리
- 현재 묘소 : 경기도 여주시 점동면 사곡2리 371
- 천장 사유

문열공 존양재 이계전 선생의 묘소는 현재의 英陵(세종대왕의 능)이 위치한 여주시 능서면 왕대리에 있었으나 1469년(예종 원년)에 세종대왕능을 이곳으로 천장(遷葬)하면서 지금의 여주시 점동면 사곡리로 이장하게 되었다.

배 풍기진씨 부 군수 호 조 사재부령 소유 증조 판관 중길 외조 달성부원 군 서의(配 豊基秦氏 父 郡守 浩 祖 司宰副令 小儒 曾祖 判官 中吉 外祖 達城府院君 徐義)

1474년 갑오(甲午) 11월 6일 졸(卒)하다.

묘(墓) : 건위묘하자좌 국조문형안공전문형 부조묘재 충남 예산군 봉산면 봉림리(乾位墓下子坐 國朝文衡案公典文衡 不祧廟在 忠南 禮山郡 鳳山面 鳳林里)

② 文烈公 행장(行狀)

贈 大匡輔國崇祿大夫 議政府領議政 行 輸忠衛社 靖難左翼功臣 輔國崇祿大父 領中樞院事 知成均館事 韓城府院君 謚 文烈公 증 대광보국숭록대부 의정부영의정 행 수충위사 정난좌익공신 보국숭록대부 영중추원사 지성균관사 한성부원군 시 문열공

③『세조실록(世祖實錄)』에서 존양재 이계전의 졸기(卒記)

영중추원사 이계전이 졸하니 조회와 저자를 이틀 동안 정지하고 관청에서

장사를 맡아서 처리할 것이며, 쌀과 콩 70석과 종이 1백권을 부의 (賻儀)로 내렸다.

이계전은 한산군(韓山君) 이색(李穡)의 손자인데 성품이 관후(寬厚)하고 기개와 도량이 넓고 컸다. 젊어서 과거에 올라 집현전에 뽑혀 들어갔으며, 여러 번 승진하여 승정원 도승지가 되었고 정난공신과 좌익공신으로 참여하였다. 아들이 셋 있으니 이우(李堣), 이파(李坡), 이봉(李封)이다.

시호가 문열(文烈)이니 사물을 널리 듣고 아는 것이 많음이 문(文)이고 덕(德)을 지키고 업(業)을 높인 것이 열(烈)이다.

(『世祖實錄』 卷 17, 世祖 5年 9月 乙未)

공께서 돌아가시자 세조는 크게 진도(震悼)하여, 친히 장례에 나아가 거애(擧哀)의 의(儀)를 행하고자 하였다. 그러나 전례가 없다는 좌승지 이극감(李克堪)의 상언(上言)으로 중단하였으며, 이는 다음의 기록에서 잘 나타나 있다.

왕이 이계전의 졸한 일로 장차 거애하려고 승정원에 의논하니 좌승지 이극감이 아뢰기를 "성상께서 친히 거애하시기는 진실로 어려우실 것입니다. 또 전정(殿庭)에 계시면서 권도(權道)로 전례(前例)를 멈추고 배곡(拜哭)하는 일 또한 옳지 못하니 청컨대 거애를 정지하소서."라고 하니 그대로 따랐다.

(『世祖實錄』 권 17, 世祖5年 9月 丙寅)

공이 돌아가시자 보한재(保閑齋) 신숙주(申叔舟)는 다음과 같은 시를 지어 애도하였다.

문장훈업계한산(文章勳業繼韓山) 산두동방숙가반(山斗東方孰可攀)

성주철조춘파일(聖主輟朝春罷鎰) 송인애저역산산(送人哀沮亦潸潸)

란파십재관배종(鑾坡十載慣陪從) 신세유유일몽통(身世悠悠一夢通)
극목광릉공선루(極目廣陵空詵泪) 차생유한부상중(此生遺恨負湘中)
이한당시속우림(離恨當時屬雨霖) 나지별로구천심(那知別路九泉深)
강정유약심무처(江亭有約尋無處) 독파청시루만금(讀罷淸詩泪滿襟)

번역문

문장과 훈업은 목은 선생을 이었으니 태산북두의 그 학문 동방에서 누가 따를 수 있으랴.

임금께서 조회와 저자의 장사를 파하셨고 길손들의 슬픈 눈물 또한 끝이 없구나.

십 년 동안 임금을 모시면서 항상 배종(陪從)하였는데 몸과 세상은 아득한 한편의 꿈이로구나.

멀리 광릉을 바라보면서 부질없는 깊은 눈물 뿌리니 이 생에 한이 있다면 임금을 저버림일세.

이별하는 한을 그 당시 장맛비에 부쳤더니 어찌 작별하는 길이 구천인 줄 알았으랴.

강정에 약속은 있어도 찾을 길 없는데 맑은 시 다 읽고 나니 눈물이 옷깃에 가득하네.

(『保閑齋集』 卷5, 哭李領院事季甸)

## (8) 大司成公(諱 堣)

### ① 大司成公(諱 堣) 약전(略傳)

공(公)의 諱는 우(堣)요, 자(字)는 명중(明仲)이며 牧隱(諱 穡)의 증손이고 1432년(세종 14)에 문열공(휘 季甸)의 장남으로 태어났다.

1450년(세종 32) 18세 때 사마시(司馬試)에 합격하고 1453년(단종 원년) 증광문과(增廣文科)에 합격한 천재였다.

1455년 좌익원종공신(佐翼原從功臣) 2등에 녹훈(錄勳)되었고, 1457년(세조 2) 25세에는 중시(重試)[39]문과에 합격하였다.

그 후 성균관대사성(成均館大司成), 황해도관찰사(黃海道觀察使), 예문관직제학(藝文館直提學), 공조참판(工曹參判), 첨지중추원사(僉知中樞院事) 등 요직을 두루 역임하였으나 1467년(세조 13) 8월 1일 아깝게도 36세를 일기로 일찍 서세하였다.

공의 묘소는 경기도 광주시 장지동 산 51에 모셔져 있다

### ② 大司成公(諱 堣) 行錄

贈 嘉善大夫吏曹參判 兼 同知經筵義禁府春秋館 成均館事 弘文館藝文館提學 世子左副賓客 韓山君 行 通政大夫 成均館大司成 知製敎 李公 行錄 증 가선대부이조참판 겸 동지경연의금부춘추관 성균관사 홍문관예문관 제학 세자좌부빈객 한산군 행 통정대부 성균관대사성 지제교 이공 행록

---

39) 중시(重試) : 고려, 조선시대에 당하관 이하 문무관에게 10년마다 한 번씩 치르게 한 시험

公의 姓은 李氏요, 諱는 堣이며 字는 明仲 韓山人이다.

高麗 때 韓山李氏 始祖인 諱 允卿 고려 權知戶長公 諱 仁幹 官正朝戶長을 낳으시고 그 아드님은 諱 孝進 奉憲大夫秘書郞一云進士요, 그의 아드님 諱 昌世는 官追奉翊大夫版圖判書요, 그 아드님은 諱 自成이니 井邑監務로 都僉議贊成事를 증직하였고 그의 아드님 諱는 穀이니 중국 征東省鄕試의 第一名으로 制科 第二甲에 발탁되어 벼슬이 征東行中書省左右司員外郞에 이르렀고 중국에서 돌아와 都僉議贊成事로 임명되었으며 謚號는 문효공인데 호는 稼亭이다. 아드님의 諱는 穡이요, 號는 牧隱이니 또한 중국 征東省 第一名으로 制科 制二甲으로 발탁되어 응봉한림문자지제고국사원편수관조열대부정동행중서성좌우사랑중(應奉翰林文字知制誥國史院編修官朝列大夫征東行中書省左右司郞中)을 제수받고 본국으로 돌아와 고려조에서는 관추충보절동덕찬화보리공신벽상삼한삼중대광문화시중판전리사사영효사관서연예문관춘추관사우문관대제학상호군한산부원군(官推忠保節同德贊化輔理功臣壁上三韓三重大匡門下侍中判典理司事領孝事觀書筵禮文館春秋館事右文館大提學上護軍韓山府院君)으로 父子의 道德文章과 節義로 그 명성이 천하를 진동하여 백세의 종사가 되었으니 斯文의 儒賢들이 모두 문하에서 배출되어 온 세상에서 泰山北斗로 推仰하였으니 공의 高祖와 曾祖가 되신다.

祖父는 良景公 諱 種善이니 李朝에 와서 左贊成에 자헌대부지중추원사(資憲大夫知中樞院事)로 증 순충적덕병의보조공신 대광보국숭록대부의정부영의정한산부원군(贈 純忠積德秉義輔祚功臣 大匡輔國崇祿大夫議政府領議政 韓山府院君) 시호는 양경(良景)이다. 先考는 文烈公 諱 季甸이니 1404년(태종 4) 甲申 2월 14일생으로 領中樞院事로 세조 임금의 지우(知遇)[40]를 받아 공적이 충훈부에 기록되고 인덕을 쌓은 여음(餘蔭)이 집안을 더욱 번영으로 이끌었다.

40) 지우(知遇) : 자신의 인격 또는 학식을 남이 알아서 우대하는 것 또는 그 대우를 말함

(贈大匡輔國崇祿大夫 議政府領議政 行 輸忠衛社靖難佐翼功臣 輔國崇祿大夫 領中樞院事 知成均館事 韓城府院君 諡號 文烈公)이다.

1459년(세조 4) 己卯 9월 25일 56壽로 졸하였다. 先妣는 大邱郡夫人 豐基秦氏이니 郡守 浩의 따님이고 祖는 司宰副令 小儒이며, 외조는 達城府院君 徐義이다. 4남4녀를 낳으시니 장남 육(堉)은 無後하였고 공이 차남이요, 삼남 파(坡)는 1451년 文宗元에 增廣文科에 급제하여 議政府左贊成에 이르렀으며 시호는 명헌(明憲)이다. 季男 봉(封)은 1464년(세조 10) 別試文科에서 장원으로 탁제(擢第)되어 형조판서에 이르렀고 시호는 헌평(憲平)이다.

公은 1432년(세종 14) 壬子생으로 司馬試에 올라 1451년(단종 원년) 癸酉 2월 10일 增廣文科 丁科에 선발되었다. 1455년(단종 3) 乙亥 12월 4일 아드님 奉化公 諱 장윤(長潤)을 낳으시다.

- 1455년(단종 3) 12월 27일 李堣 공에게 原從功臣 二等에 녹훈되었다.
- 1456년(세조 원년) 丙子 6월 27일 公의 조모인 안동권씨부찬성길창군 문충공호양촌근조 정승희증조부원군고외조문경공고성이강(安東權氏父贊成吉昌君 文忠公號陽村近祖 政丞僖曾祖府院君皇外祖文敬公 固城李堈)이 졸하다.
- 1457년(세조 2) 丁丑 重試에 올라 관통정대부 성균관대사성(官通政大夫成均館大司成)이 되다.
- 1455년(단종 3) 12월 27일 이우(李堣) 공에게 원종공신(原從功臣) 二等에 녹훈(錄勳)되었다.
- 1456년(세조 원년) 丙子 6월 27일 公의 조모이신 안동권씨 부 찬성 길창군 문충공 호 양촌, 근조 정승 희 증조 부원군, 고외조 문정공 이강(安東權氏 父 贊成 吉昌君 文忠公 號 陽村 近祖 政丞 僖 曾祖 府院君 皇外祖 文景公 固城李堈)이 卒하다.

· 1457년(세조 2) 丁丑 重視에 올라 관통정대부성균관대사성(官通政大夫成均館大司成)이 되다.

· 1459년(세조 4)己卯 9월15일 先考 영중추원사 이계전 시문열공(領中樞院事 李季甸 諡文烈公)이 졸하다. 부음이 전해지자 임금은 놀라고 슬퍼하고 애훼(哀毁)하여 몸을 지탱하지 못할 것 같았다. 친히 대궐 뜰에 나아가서 망곡(望哭)하고 닷새 동안 정조철시(停朝撤市)하였다. 특히 명하여 여러 아들들을 존휼(存恤)하게 하고 관청에서 장례를 도와주도록 하였다.

· 1460년(세조 5) 庚辰 公 등을 불러 역학계몽(易學啟蒙)을 講하게 하다. 上이후원에 나아가서 활 쏘는 것을 구경하고 판내자시사 이우(判內資寺事 李堣), 지승문원사 이파(知承文院事 李坡), 직강 노사신(直講 盧思愼)을 명소(命召)하여 역학계몽을 講하였다.

· 1463년(세조 8) 癸未 4월 16일 公등을 팔도분대(八道分臺)로 보내기로 하였다. 임금이 監司, 守令이 법을 어겨 작폐(作弊) 할 것을 염려하여 팔도에 분대를 보내라고 하면서 승지 등에게 물으니 승지 등이 의논하여 아뢰기를 "보내는 곳이 편하겠습니다."라고 하였으므로 즉시 예문직제학 안관후(藝文直提學 安寬厚), 판종부지사(判宗簿寺事)인 公을 보내다. 동년 8월 2일 公을 黃海道觀察使로 임명하다.

· 1463년(세조 8) 癸未 8월 17일 公 등을 분순어사(分巡御史)로 황해도에 보내다. 그가 가지고 간 사목(事目)은 제때에 파종하지 않은 자와 거짓으로 파종한 현장이 있으면 수령(守令)을 가두어 국문(鞫問)할 것과 수령이 칠사(七事)를 거행하는지 여부, 호조에 내린 전지(傳旨)의 금령조건(禁令條件)을 규리(糾理)할 것 등이다.

· 1465년(세조 10) 乙酉 5월 23일 성균관대사성인 공이 명나라 사신들을

성균관문선왕(成均館文宣王)을 배알토록 하다.

· 1466년(세조 11) 丙戌 3월 26일 공조참판인 공을 명나라에 보내어 칙유(勅諭)를 회주(回奏)하고 표리(表裏)를 내려준 것을 사례하게 하다.

· 동년 8월 28일 공을 僉知中樞院事로 임명하다.

· 동년 9월 2일 公이 사은사(謝恩使)로 명나라에 다녀왔으며 사은사 칙서를 전하였으며, 귀국 시 명나라에 표류해있던 제주의 김형두 등 14명을 데리고 돌아왔다. 동년 公이 14인의 표류인을 데리고 온 것을 사은(謝恩)하다.

· 1467년(세조 12) 丁亥 8월 1일 36세에 이조참판이 되다.

· 묘소는 경기도 광주시 장지동 산 51에 모셔져 있으며, 配 利川徐氏(父 判事 晋)와 묘부(墓附)하고 配 安東權氏(父 牧使 崇智)는 건위묘계하(乾位墓階下)에 모셔졌다.

## (9) 奉化公(諱 長潤)

牧隱(휘 穡) 선생의 高孫으로, 조부(文烈公 : 휘 季甸)는 판서(判書)를 역임하였고, 부친은 문과를 거쳐 대사성(大司成)을 역임한 諱 堣 公의 장남이다.

배위는 숙인(淑人) 고령박씨(高靈朴氏)로 현감(縣監)을 역임한 박인효(朴仁孝) 공의 따님이고, 판서를 역임한 박만(朴蔓)공의 증손녀이다.

아들은 韓城君 질(秩), 贊成公 치(穉), 縣監 온(穩), 副護軍 정(程) 등 4형제다. 손자 이지함(李之菡) 공은 세상에서 토정(土亭) 선생으로 유명하며, 14명의 증손자 중에는 영의정 및 판서 4명(領議政 鵝溪公 山海, 判書 松窩公 旣, 判書 鵝川君 增, 判書 鳴谷公 山甫) 등 큰 인물이 배출됨으로써 명문세족을 이루게 되었다.

공(公)은 1469년(성종 20) 5월, 공신(功臣)의 적장자서용(嫡長子敍用)에 따른 명(命)에 의거 14명 중 한사람으로 선정되어, 음보(蔭補)로 광흥창주부(廣興倉主簿)가 되었고, 그 후 정삼품(正三品)의 당하관(堂下官)인 통훈대부(通訓大夫)에 올라 이산(尼山)과 노성(魯城) 및 봉화(奉化) 현감(縣監)을 두루 역임하였다.

사후(死后)에는 정헌대부(正憲大夫) 겸 지의금부사(知義禁府事) 오위도총부도총관(五衛都摠府都摠管)에 증직되고, 한원군(韓原君)에 봉(封)해졌다.

묘소는 분당구 수내동 1~2번지 분당중앙공원 내 한산이씨묘역에 정부인(貞夫人) 고령박씨(高靈朴氏)와 합폄(合窆)이다.

### (10) 韓城君(諱 秩)

牧隱公(李 穡)의 5대손이고, 세종 조에 크게 활약한 문신 문열공 諱 계전(季甸)의 증손이며, 성균관 대사성을 역임한 휘 우(堣)의 손자이다.

부친은 정헌대부 봉화현감을 지냈고, 수내동 한산이씨 입향조로 추앙을 받는 諱 장윤(長潤) 공이다

1496년 증광시(增廣試)에 진사(進士) 2등에 급제하고 문화, 상주, 울진, 양천, 삭령, 덕천, 장단 등 7개 군의 군수를 역임하였다.

정3품(正三品) 당상관(堂上官) 통정대부에 오르고, 80세 이상의 벼슬아치와 90세 이상 노인에게 은전으로 주는 벼슬을 받았다.

사후에 종2품(從二品) 가선대부에 오르고 한성군(韓城君)에 추증되었다.

가정형편이 어려워져서 행여나 제사를 거를까 걱정하는 등, 조상을 극진히 받들어 모시는 가운데 늘 자손들의 번성을 빌었다고 세보(世譜)에 전해진다.

묘소는 분당구 수내동(중앙공원)에 후배(後配)인 정부인(貞夫人) 무송윤씨(茂松尹氏)와 합폄(合窆)이다. 초배(初配) 정부인(貞夫人) 연안김씨(延安金氏) 묘소는 서울시 관악구 신림동 산157에 있다.

# 제2부.

# 韓平君(諱 之菽) 이하 三世의 行錄

## 1. 韓平君(諱 之菽) : ? - 1561

자(字)는 대유(大有), 봉화공(諱 長潤)의 손자이며, 韓城君(諱 秩)의 3남이다. 자료가 멸실되어 자세하지는 않으나 음직(陰職)으로 종3품 당하관(堂下官) 통훈대부(通訓大夫)에 올라 종묘서령(宗廟署令)을 지냈다.

아들인 鵝川君(諱 增)이 현달(顯達)함에 따라 純忠補祚功臣 正憲大夫 吏曹判書 兼 知義禁府事 五衛都摠管에 추증되었고, 韓平君에 봉해졌다.

▲ 上 한평군(휘 지숙)묘소.,下 아천군(휘 증) 부조묘

## 2. 典簿公(諱 垣)과 鵝川君(諱 增)

### (1) 典簿公(諱 垣)

1522년 9월 23일 韓平君(諱 之菽)의 장남으로 태어나 종5품 종친부전부(宗親府典簿)를 역임하였으며, 1550년 29세의 아까운 나이로 서세하였다.

배위 청풍김씨(淸風金氏)와의 슬하에 1남 경부(慶溥)를 두었으며, 묘소는 분당중앙공원 한산이씨묘역 봉화공묘소의 서록(西麓) 계좌(癸坐)에 배위 청풍김씨(淸風金氏)와 합폄(合窆)이다.

#### ① 휘 경부(諱 慶溥)

1543년 12월 3일 典簿公(諱 垣)의 아들로 태어났으며, 韓平君(諱 之菽) 종가(宗家)의 종손(宗孫)이다. 관직은 중추부의 正3品 堂上官 첨지중추부사(僉知中樞府事)를 역임하였으며 1595년 4월 53세로 서세하였다.

묘소는 이천시 마장면 장암리 宗山 갑좌(甲坐)에 있으며 배위 이천서씨(利川徐氏)와 합폄(合窆)이다.

슬하에는 수사공(水使公) 諱 찬(穳)이 독자로 한평군 종가의 종손이다.

公은 1606년(선조 39)에 덕천(德川)군수, 1627년(인조 5)에 함경도 및 전라우병마절도사(全羅右兵馬節度使)와 수군절도사(水軍節度使)를 역임하였다.

1504년 갑자사화(甲子士禍) 때 폐비윤씨 사건에 연루되어 水使公의 7대조 이신 文烈公(諱 季甸)의 묘소가 평분(平墳)됨으로써 실전(失傳)되어 왔으나,

수사공의 현몽(現夢)으로 120여 년 만에 묘소를 발견하여 복원하였다 하여 그 공로로 수사공이 서세하자 문열공 묘소 계하에 장사(葬事)하였다고 전해진다.

### (2) 鵝川君(諱 增)

아천군(鵝川君) 휘 증(增)은 1525년(중종 20) 12월 25일 목은(牧隱) 이색(李穡) 선생의 6세손인 한평군(韓平君) 휘 지숙(之菽)의 아들로 태어났으며, 어려서부터 기도(器度)가 남달랐을 뿐만 아니라 관직에 나아간 이후에는 늘 지제교(知製教[41]))를 겸직하는 등 문장에 매우 능하여 주변으로부터 많은 추앙을 받았다.

· 1549년(명종 4)에 사마시(司馬試)에 합격하였다.

· 1560년(명종 15) 9월 28일 세자관례입학(世子冠禮入學) 별시(別試)에 병과(丙科)로 급제하였다.

· 1564년(명종 19) 홍문관(弘文館) 정자(正字)로 벼슬을 시작하다.

· 1566년(명종21) 7월에 홍문관 부수찬(副修撰)이 되다.

  · 동년 9월에 홍문관 수찬(修撰), 동년 10월에는 사간원(司諫院) 정언(正言)을 지내다.

· 1667년(명종 22) 5월에 다시 홍문관 수찬이 되었다가 동년 6월에 지평(持平)으로 승전하였다.

· 1568년(선조 원년)에 중직대부 홍문관교리(中直大夫 弘文館校理) 지제교겸경력시독관(知製教兼經歷侍讀官)에 임명되었다.

· 1570년(선조 3) 10월에 지평(持平)을 지내다.

· 1573년(선조 6) 형방승지(刑房承旨)가 되었으며, 동년 6월 집의(執義)로 승전하였다.

· 1574년(선조 7) 10월 왕의 특명으로 서용(敍用)으로 전라감사(全羅監司)

41) 조선 시대에, 왕에게 교서(敎書) 따위의 글을 기초하여 바치는 일을 맡아보던 벼슬

에 임명되었다.

· 1581년(선조 14) 5월에 전라감사를 다시 제수(除授)받았다.

· 1583년(선조 16) 12월 대사간(大司諫)에 임명되었고 1584년(선조 17) 12월 다시 대사간이 되었다.

· 1589년(선조 22) 2월 홍문관 부제학(副提學)에 임명되었다.

· 1590년(선조 23)에는 이조참판(吏曹參判)이 되었으며, 동년 8월 정여립모반사건을 다스린 공으로 추충분의평난공신(推忠奮義平難功臣)에 책훈(策勳)되었으며 아천군(鵝川君)에 봉해졌다.

· 1591년(선조 24) 2월에는 대사헌(大司憲)에 임명되었다.

· 1592년 임진왜란 발발 시 公은 왕의 행차가 서쪽으로 파천함을 뒤늦게 알고 경기도 고양까지 급히 뒤따라갔으나, 이때 4남인 佐郎公(諱 慶流)이 조방장(助防將) 변기(邊璣)의 종사관(從事官)으로 참전하여 경북 상주에서 왜군과의 전투에서 전사했다는 소식을 듣고 너무 놀란 나머지 병이 생겨서 따라가지 못했던 것이다.

· 1593년(선조 26) 1월 13일 다시 대사헌(大司憲)이 되었으나 임진왜란 발발로 파천(播遷) 시 왕을 제때에 호종(扈從)하지 못하였음을 사유로 사헌부의 계청에 의해 다음날 직책에서 물러나고 말았다.

· 동년 5월에는 형조판서(刑 曹判書)에 임명되었으며, 동년 9월에는 정헌대부예조판서겸지의금부사 오위도총부도총관(正憲大夫禮曹判書兼知義禁府事 五衛都摠府都摠管)으로 승전하여 전란으로 황폐해진 나라의 기강을 바로잡으며, 임진왜란 기간 중 대명, 대왜 외교에 있어서 중심적인 역할을 수행하였다.

· 1595년(선조 28) 7월 특진관(特進官)을 겸직하였고, 동년 8월 사간원의 탄핵으로 특진관에서 파직되었으나 다음해 6월에 특진관으로 다시

임명되었다.

· 1596년(선조 29) 1월에는 예조판서를 사임하였다.

· 1957년(선조 30) 8월에는 공조판서(工曹判書)에 임명되었다.

· 1599년(선조 32) 6월 다시 예조판서에 제수되었고 이후 한 단계 승전하여 정2품의 의금부지사(義禁府知事)가 되었다.

· 1600년(선조 33) 4월 다시 공조판서에 임명되었다.

· 1600년(선조 33) 동년 10월 14일 76세를 일기로 노환으로 서세하였다.

· 공이 별세 후 선조는 예조좌랑 이여하(李如賀)를 보내 제문(祭文)을 지어 조문하였으며, 시호(諡號를 의간(懿簡)으로 내리고 대광보국숭록대부 의정부영의정 아천부원군(大匡輔國 崇祿大夫 議政府領議政 鵝川府院君)으로 추증하였다.

『宣祖實錄』에 왕이 공의 시호를 정함에 있어서 의(懿)는 온유현선(溫柔賢善)을 뜻하며, 간(簡)은 정직무사(正直無邪)를 뜻한다고 기록되어 있다.

배위는 贈 貞敬夫人 慶州李氏이며 1531년(중종 26)에 출생하여 1612년(광해 4) 5월 30일 82세로 졸하였다.

두 분의 묘소는 분당중앙공원 내 한산이씨묘역에 증조부이신 봉화공(奉化公) 묘소 뒤편에 있으며 합폄(合窆)이다.

① 生員公 諱 慶洪 : 1550. 9. 4~1585. 4. 15

아천군의 5남 중 장남으로 字는 선원(善源)이며, 1579년(乙酉) 사마시(司馬試)에 합격하여 생원(生員)에 이르렀다. 슬하에 아들 현풍공(玄風公) 휘 확(穫 : 1583. 3. 15~1658. 2. 12)를 비롯하여 1남 3녀를 두었다. 현풍공의 여식 한산이씨는 병자호란 삼학사 중의 하나인 충정공(忠正公) 화포(花浦) 홍익한(洪翼漢)의 아들 건초(建初) 홍수원(洪晬元 : 1611~1637)에게 출가하였다.

홍수원은 어려서부터 남다른 효성으로 그의 부친이 악성 종기로 매우 위독하였을 때 입으로 종기의 고름을 빨아내고 대변을 받아내는 등 온갖 정성으로 간호하여 효자로 이름이 났다. 병자호란 시 강화도로 피신하였으나 계모를 보호하려다 부부가 모두 청나라 군에 의해 피살되었다. 부부의 묘소는 수내동 한산이씨 문중 선산(현재의 분당중앙공원 한산이씨묘역)에 위치하여 오늘에 이르고 있으며, 비록 한산이씨는 아니지만 현풍공 휘 확(矱)의 사위로서 후사가 없는 사정을 참작하여 처가의 세장지(世葬地)에 매장을 허락한 것으로 보인다. 1683년(숙종 9)에 나라에서 정려(旌閭)를 내리고 그 효열(孝烈)을 내외에 밝히도록 명하였다.

② 參判公(諱 慶涵)

아천군의 2남으로 字는 양원(養源)이고 號는 만사(晩沙)이다.

· 1553년(명종 8) 12월 19일 태어났다.
· 1579년(선조 12)에 사마시(司馬試) 합격하였다.
· 1585년(선조 18) 9월 28일 식년병과(式年丙科)에 급제하였다.
· 1593년(선조 26) 4월 사간원(司諫院) 정언(正言)에 임명되고 8월에는 지평(持平), 9월에는 장령(掌令)으로 승진하였다.
· 1594년(선조 27)에는 사헌부 장령(掌令)으로 승진하였다.
· 1608년(광해 즉위 년) 2월에 좌부승지(左副承旨)에 이어 같은 해 8월에는 황해감사(黃海監司)를 제수받았다.
· 1609년(광해 원년) 11월에 호조참판에 임명되었다.

· 1610년(광해 2) 1월에 경기도관찰사(京畿道觀察使)를 제수받았고, 8월에는 다시 호조참판으로 돌아왔다.

· 1611년(광해 3) 10월 특진관으로 임명되었다.

· 1614년(광해 6) 9월에는 경주부윤(慶州府尹)이 되었으며, 같은 해 9월에 경상도관찰사(慶尙道觀察使)를 제수받았다.

· 1616년(광해 8)에 병조참판(兵曹參判) 겸 동지춘추관사(同知春秋館事)가 되었다.

· 1617년(광해 9) 11월에는 한창군(韓昌君)의 봉작(封爵)을 받았으며, 같은 해 12월 동지의금부사(同知義禁府事)에 올랐다.

· 1619년(광해 11) 9월에 한성부좌윤(漢城府左尹)이 되었다.

· 1621년(광해 13) 1월 지의금부사(知義禁府事)가 되었다.

· 1623년(인조 원년) 3월에는 다시 한성부좌윤(漢城府左尹)이 되었다.

· 1624년(인조 2) 2월 동지의금부사(同知義禁府事)가 되었다.

· 1625년(인조 3) 2월에는 왕이 천성이 공근(恭謹)하고 도량(度量)을 고루 갖추었으니 호조참판(戶曹參判)에 임하라고 특명하였다.

· 1627년(인조 5) 10월 29일 75세를 일기로 서세(逝世)하여 좌참찬(左參贊)에 증직되었다.

묘소는 경기도 광주시 중부면 상번천리 315번지에 위치해 있다. 배위는 전의이씨(全義李氏), 전주최씨(全州崔氏), 안동권씨(安東權氏) 세 분이며 묘소는 분당중앙공원 한산이씨묘역에 있다.

## 參判公(諱 慶涵) 神道碑

### 碑文

兵曹判書 李公 神道碑銘 井序

公諱慶涵字養源號晩沙籍韓山韓山之李自稼牧知大名德相承宣祖朝有名臣曰禮曹判書鵝川君贈領議政懿簡公諱增是公皇考也配慶州李氏司直夢黿女以嘉靖癸丑歲生公己卯中生員乙酉擢第選入承文院歷典籍正言持平直講司藝北評事弼善兼校書校理掌今軍器寺正通禮南陽府使有去思碑司諫執義承旨廣州牧使戶曹參議星州光州牧使再受表裡以聖節使朝天慶州府尹黃海監司戶曹判書京畿監司左尹同知義禁府事以餞慰使送詔使干境上兼副摠管以修宣祖寬錄兼同知春秋館事兵曹參判光海丁巳廢母議發以忤姦凶意被彈削版癸亥仁祖改玉以嘗有舊學恩召拜右尹兼摠管金吾甲子适變扈駕公州移戶曹參判提學常寺乙丑以年踰七十引老乞休上勉許解職西叙丁卯虜寇病不得隨駕瞻望痛哭亂定陳疏待罪因感憤病疾劇是年十月二十九日卒上驚悼遣官致祭知如禮葬干廣州樊川里負子之原公初娶全義李氏直長義忠女再娶全州崔氏進士德秀女三娶安東權氏察訪悟女三夫人墓俱在同州突馬里鵝川君墓左麓幷無育以弟郡守慶涚男判校禾亶爲後側室一女適郡守辛喜季禾亶一男通德郞瑞雨一女適士人申䄕瑞雨二男泂方任龍潭縣令濂早夭公形貌魁碩儀度整肅坐則危坐立則植立如泥槊人時然後言不妄戱狎人得一笑語重於百朋之遺庚子毅簡公之喪廬墓三年哀毁踰禮猶以大夫人在堂抑情者多及壬子遭大夫人憂自謂吾年己及下壽死亦無恨晝夜哀哭日食溢糜家人慮至滅性勸加進公大恨曰吾日啜一盂粥人見其然以爲欲自全乃復欲司吾以平人自虛耶遂絶粒三日猶躬親祭奠至於顚仆折齒親黨不忍傷其意下敢復言薑桂之滋旣免喪除慶尙監司以老病乞解備局啓曰李某內外之任皆以盡職著稱但哀年執喪過制致傷不宣劇任請許其辭云公生平立朝言論行事以屢經兵燹家乘多佚不得其詳然先輩舊德耳目相

傳者亦有一二可紀公之初拜掌憲鄭相公澈追奪之論發勢將蔓延士林間有立異輒被重譴人皆畏慴不敢言公以爲身居言路不可計私而負公入稟於懿簡公懿簡公方食輟匕箸責勉以事君大義於是不顧衆咻痛辨誣妄上意頗悟禍機賴以少息李白沙金仙源兄弟聞公父子間言論歎服不已丁巳廢母收議時白沙諸公立大節將被竄公在金吾議配所乃於公座歎曰如李公輩其可附時議投死地耶及定配所以入承旨白大珩韓纘男努罵公抵啓單於地臺彈繼發嗚呼觀此二事可以槩其餘矣公於登朝之初即逢喪亂以弟佐郎慶流戰歿尙州隨懿簡公求屍不及執紼於西幸及其位望稍高又値倫紀之斁絶陁於群壬杜門屛迹幸値仁祖中興群材咸奮公則又有甘盤之舊若可以有爲於世而無柰年至告老終至於聲不噐其實位不滿其德此實後死者所深慨也詔使朱蘭嵎之來也自負酒戶之巨朝廷擧公敵之朱先倒椅不公詣闕復命上曰能復飮乎又宣三大器旣釂辭退步趨如常公嘗曰人之酒量當以酒後能入講筵席出治公務爲準其號呶喪儀者所飮雖多何可謂之量也銘曰君子之行惟孝與忠孝當竭力忠則匪躬旣竭其力又用其誠旣匪其躬又正其名用誠伊何其大在喪正名伊何其重在綱公於二者可謂盡職銘以昭之期于無極

領議政 南九萬撰

## 번역문

병조참판 이공 신도비명 병서

공(公)의 휘(諱)는 경함(慶涵), 자(字)는 양원(養源), 호(號)는 만사(晩沙), 본관 (本貫)은 한산(韓山)이다.

한산이씨는 가정(稼亭), 목은(牧隱)으로부터 비로소 커졌는데 이름 있고 덕(德)이 있는 이들이 계속 이어졌다. 선조조(宣祖朝)에 와서 명신(名臣)이 있으니 예조판서 禮曹判書) 아천군(鵝川君) 증 영의정(贈領議政) 시 의간공(謚 毅簡公) 휘 증(諱增)이 곧 공의 아버님이다. 그 부인은 경주이씨(慶州李氏) 사직

(司直) 몽원(夢黿)의 따님이니, 가정(嘉靖) 계축(癸丑 : 1553년)에 공을 낳았다. 공은 기묘(己卯)에 생원(生員)에 합격하고 을유(乙酉)에 과거에 급제하여 승문원(承文院)에 뽑혀 들어가 전적(典籍) 정언(正言) 지평(持平) 직강(直講) 사예(司藝) 북평사(北評事) 필선(弼善) 겸 교서관교리(校書館校理) 장령(掌令) 군기시정(軍器寺正) 통례(通禮)를 겪었고, 남양부사(南陽府使)로 나갔을 때는 거사비(去思碑)[42]가 있다.

다시 사간(司諫) 집의(執義) 승지(承旨) 광주목사(廣州牧使) 호조참의(戶曹參議) 성주(星州)와 광주목사(光州牧使)를 지내고, 또 표리(表裏)[43]를 받았다. 성절사(聖節使)[44]로 중국에 다녀와서, 다시 경주부윤(慶州府尹) 황해감사(黃海監司) 호조참판 (戶曹參判) 경기감사(京畿監司) 좌윤(左尹) 동지의금부사(同知義禁府事)를 지냈고, 전위사(餞慰使)[45]로서 중국 조사(詔使)[46]를 국경(國境)까지 전송하였다. 부총관(副摠管)을 겸하고 선조실록(宣祖實錄)을 편수(編修)했으며, 동지춘추관사(同知春秋館事) 병조참판(兵曹參判)을 겸했다.

광해(光海) 정사(丁巳)에 폐모(廢母)의 의논이 나왔을 때, 간사하고 흉한 자들의 미움을 사서 탄핵(彈劾)을 받아 벼슬이 삭탈(削奪)되었다가 인조(仁祖)가 반정(反正)하자 일찍이 옛날에 배운 은혜가 있다고 해서 불러서 우윤(右尹) 겸 총관(摠管) 금오(金吾)에 배(拜)했다.

갑자(甲子)에 이괄(李适)의 변(變)이 있었을 때, 임금을 모시고 공주(公州)로 가서 호조참판(戶曹判書) 봉상시 제조(奉常寺 提調)로 옮겼다.

을축(乙丑)에 나이 七十이 넘었으므로 늙었다 하여 쉬기를 청하자 임금은

42) 거사비(去思碑) : 감사(監司)나 수령(守令)이 이임한 뒤에 그 선정(善政)을 사모하여 고을 주민(住民)들이 세운 비(碑)
43) 표리(表裏) : 은사(恩賜)로 임금이 내리던 옷의 겉감과 안집
44) 성절사(聖節使) : 중국 황제의 탄신을 축하하기 위하여 보내던 사신
45) 전위사(餞慰使) : 중국 사신(使臣)을 전송하고 대접하는 사신
46) 조사(詔使) : 중국 황제의 조서(詔書)를 가지고 온 사신

마지못해 허락하니 벼슬을 내놓고 서쪽으로 돌아갔다. 정묘(丁卯)에 오랑캐가 침입해 왔는데, 공은 병으로 임금의 행차를 따르지 못하고 멀리 바라보면서 통곡(痛哭)할 뿐이었다. 난리가 평정되자 소(疏)를 올려 죄를 기다리고 이로 인하여 감분(感憤)하여 병이 더하여 이 해 10월 29일에 졸(卒)했다. 임금이 놀라고 슬퍼하여 관원을 보내어 제사드리기를 예절(禮節)과 같이 했다.

광주(廣州) 번천리(樊川里) 자자(子坐) 언덕에 장사지냈다.

공의 초취(初娶)는 전의이씨(全義李氏) 직장(直長) 의충(義忠)의 따님이요, 재취 (再娶)는 전주최씨(全州崔氏) 진사(進士) 덕수(德秀)의 따님이요, 삼취(三娶)는 안동권씨(安東權氏) 찰방(察訪) 오(悟)의 따님인데, 세 부인(夫人)의 묘소(墓所)가 모두 같은 고을 돌마리(突馬里)의 아천군(鵝川君) 묘소(墓所) 좌록(左麓)에 있다. 세 부인이 모두 자녀(子女)가 없어서 아우 군수(郡守) 경황(慶滉)의 아들 판교(判校) 전(檀)을 입양(入養)했다. 측실(側室)에게서 한 따님이 있으니 군수(郡守) 신희계(辛喜季)에게 시집갔다. 전(檀)의 아들은 통덕랑(通德郞) 서우(瑞雨)요, 따님은 사인(士人) 신창(申昶)에게 시집갔다. 서우(瑞雨)는 두 아들이 있는데, 경(泂)은 현재 용담현령 (龍潭縣令)으로 있고, 염(濂)은 조몰(早歿)했다.

공은 형모(形貌)가 훤칠하고 크며, 의도(儀度)가 정숙(整肅)했다. 앉으면 단정히 앉고 서면 소상(塑像)처럼 우뚝했다. 말할 때가 되어야 말을 하고, 망녕되이 희롱의 말을 하지 않으니 사람들이 공의 웃음의 말을 한번 들으려면 백 사람의 벗을 만나기 보다 더 어렵다고 했다.

경자(庚子)에 의간공(毅簡公)의 상사를 당하자 三년 동안 여묘(廬墓) 하고 애훼(哀毁)하기를 오히려 예(禮)에 지나치게 했으나, 대부인(大夫人)이 계신 까닭에 심정(心情)을 억제할 때가 많았다. 임자(壬子)에 대부인 (大夫人) 상을 당하자 스스로 이르기를, "내 나이 이미 하수(下壽)[47]에 이르렀으니 죽어도 또한 한 될 것이 없다."하고, 밤낮으로 슬피 울면서 날마다 겨우 미음을 마실 뿐이니, 집안사람들이 그 멸성(滅性)48)할 것을 걱정하여 공에게 음식을 들도록 권했으나, 공은 크게 탄식하기를 "내가 날마다 한 그릇의 미음을 마시는 것도 사람들이 보면 내 몸을 보존하기 위해서 하는 일이라고 할 것인데, 더구나 나에게 보통 사람처럼 지내라는 말인가?"하고, 드디어 곡식을 3일 동안이나 끊고서도 오히려 몸소 제전 (祭奠)을 지내다가 심지어 넘어져서 이가 부러지기까지 하니, 집안 가까운 사람들이 차마 그 뜻을 상하게 할 수가 없어서 감히 다시는 강계(薑桂)의 자양(滋養)49)을 권하지 못했다.

三年喪이 끝나자 경상감사(慶尙監司)에 제수되었으나 늙고 병들어서 해직(解職)을 청하니, 비국(備局)에서 임금에게 아뢰기를 "이모(李某)는 안팎의 직임(職任)에 모두 책임을 다한 자로 일컬어지는 데, 다만 나이가 많고 집상(執喪)하느라 제도에 지나치게 하여 몸을 상했으니 억지로 책임을 맡기는 것이 마땅치 않사온 즉 그 사퇴(辭退)하는 것을 허락해 주십시오."하였다.

공은 평생 동안 조정에 있었기 때문에 그 말한 것과 행한 일의 기록이 많았으나 여러 번 병화(兵火)를 겪었기 때문에 가승(家乘)이 모두 없어져서 그 자세한 것을 알 수가 없다. 그러나 선배(先輩)들과 덕 있는 옛 분들의 귀와 눈으로 전해 내려온 것에서 한두 가지 기록할 만한 것이 있다. 공이 처음 장헌(掌憲)에 배(拜)했을 때, 정상공철(鄭相公 澈)을 추탈(追奪)하자는 의논이 나오고 그 형세가 장차 사림(士林)에까지 번지고 만일 여기에 이의(異意)를 제기하면 중한 벌을 받게 되므로 모든 사람들이 두려워하여 감히 말을 하지 못했다.

---

47) 하수(下壽) : 나이 16세를 말함

48) 멸성(滅性) : 부모의 초상을 당하여 지나친 슬픔으로 자기의 성명(性命)을 잃음

49) 강계(薑桂)는 생강과 육계(肉桂)를 말한다. 예기(禮記) 단궁편(檀弓篇)에 보면 증자(曾子)가 말하기를 부모의 초상에라도 병이 있을 때는 고기를 먹고 술을 마실 것이며, 반드시 초목(草木)의 자양분(滋養分)이 있어야 한다고 했으니, 이는 강계(薑桂)를 말한 것이다. 그리고 이 생강과 육계(肉桂)의 성질은 오래 될수록 좋고 특히 늙은이에게 좋다고 한다.

이에 공은 생각하기를 몸이 언로(言路)에 있어서 자신의 사사로움 때문에 이를 모른 체 할 수 없으므로 들어가서 의간공(毅簡公)께 여쭈었다. 이때 의간공(毅簡公)은 바야흐로 식사(食事)를 하다가 수저를 놓고 공을 책망하면서 임금을 섬기는 대의(大義)로 처신할 것을 권면(勸勉)하였다. 이리하여 공은 여러 사람이 시끄러워지는 것을 괘념치 않고 그 무망(誣妄)한 것을 강력히 변명하니, 임금의 뜻이 자못 풀려서 이 때문에 화(禍)의 기미가 조금 가라앉았다. 이 일에 대하여 이백사(李白沙 : 恒福)와 김선원 (金善源 : 尙容) 형제가 공의 부자간에 있었던 언론(言論)을 듣고 나서는 탄복(嘆服)을 금치 않았다.

정사(丁巳)에 폐모(廢母)에 관한 의논이 났을 때, 백사(白沙) 등 제공(諸公)이 큰 절개를 세우다가 장차 귀양 가게 되었는데, 이때 공은 의금부(義禁府)에 있다가 이들의 배소(配所)에 대해서 의논하게 되었다. 이에 공은 그 자리에서 탄식하기를 "이공(李公) 같은 분들을 어찌 시의(時議) 에 부쳐서 죽을 땅으로 보낸단 말이냐?"하였다. 이리하여 배소(配所)를 정해 가지고 들어가니, 승지(承旨) 백대형(白大珩)과 한찬남(韓纘男)이 노해서 꾸짖으므로 공은 올리려던 문서(文書)를 땅에 던졌다. 이 일로 해서 대관(臺官)의 탄핵(彈劾)이 계속하여 일어났으니, 아아! 이 두 가지 일만 보더라도 그 나머지 일은 가히 짐작할 수 있을 것이다.

공은 조정에 나가던 처음에 곧 상난(喪亂)을 당해서, 아우 좌랑(佐郎) 경류(慶流)가 상주(尙州)에서 전몰(戰歿)했으므로, 의간공(毅簡公)을 따라서 시신을 찾으러 갔으나 찾지 못하고, 임금이 의주(義州)로 파천할 때 말고삐를 잡고 따라갔었다. 지위가 차츰 높아지자 또 윤기(倫紀)의 변을 당해서 여러 간사한 무리들을 끊어버리고 문을 닫고 자취를 감추었다. 그러다가 다행히 인조(仁祖)의 중흥(中興)으로 모든 인재(人材)들이 다시 나가서 일하게 되니, 공은 더구나 옛날 임금이 매우 은혜가 있으므로 가히 세상에 일을 할 만하게 되었었는데, 어찌 하리. 나이가 이미 늙어서 끝내 그 명성이 실상에 차지 못하고 지위가 그 덕에 만족하지 못했으니, 이는 실로 그 뒤에 죽는 사람들이 깊이 개탄할 일이다.

조사(詔使) 주난우(朱蘭嵎)가 왔을 때, 그는 스스로 자기의 주량(酒量) 이 크다는 것을 자랑했다. 이에 우리 조정에서는 공을 천거하여 그를 대적하라고 했다. 두 사람이 술을 마시다가 주(朱)가 먼저 의자 밑에 쓰러졌는데, 공은 아무 일 없다는 듯이 대궐에 들어가 복명(復命)을 하였다. 이에 임금께서 "능히 더 마시겠는가?"하면서 큰 그릇으로 세잔을 내리셨는데, 공은 이 술을 다 마신 후 퇴근하여 걸어서 나가는데 평상시와 조금도 다름이 없었다.

공은 일찍이 말하기를 "사람의 주량은 마땅히 술을 마신 뒤에 능히 연석에 들어가 강론하고 나와서 공무를 처리하는 것으로 표준을 삼아야 한다. 그러니 저 취해서 날뛰고 예의를 잃은 자가 아무리 많이 마신들 어찌 그것으로 주량을 말할 수 있으랴."고 하였다.

명(銘)에 말하노라.

군자의 행동은 오직 효도와 충성뿐이니, 효도는 마땅히 힘을 다해야 할 것이고 충성을 하려면 목숨을 바쳐야 한다. 이미 그 힘을 다하고 또 그 정성을 다하며, 이미 그 몸을 바치고 또 그 이름을 바르게 빛내니, 정성을 다하는 것이 어찌 그 초상 때 하는 것보다 더 큰 것이 있으며, 이름을 바르게 하는 것이 어찌 기강을 소중히 여기는 것보다 더 할 것인가? 그런데 공은 이 두 가지 일에 모두 직분을 다했으니 이제 이 명(銘)으로 세상에 밝힘으로써 이를 끝없이 알리고자 하노라.

영의정 남구만 지음

③ 統制使公(諱 慶深)

· 1560년(명종 15)에 아천군의 3남으로 태어났다.

· 1582년 무과에 급제하였다.

· 1590년(선조 23) 7월 순안군수(順安郡守)로 임명되었다.

· 1591년(선조 24) 11월에는 곽산군수(郭山郡守)로 전보되었다.

· 1592년(선조 25) 임진왜란이 발생하자 8월에 평안병사(平安兵使)가 되었다.

· 1592년(선조 26) 2월에 광주목사(廣州牧使)로 임명되었다.

· 1594년(선조 27) 8월에는 황해병사(黃海兵使)가 되었다.

· 1595년(선조 28) 2월에는 공주목사(公州牧使)로 충청병사(忠淸兵使)를 겸직하였다.

· 1596년(선조 29) 3월에는 만포첨사(滿浦僉使) 겸 평안병사(平安兵使)로가 선대부(嘉善大夫)에 올랐다.

· 1603년(선조 36) 2월 경상우수사(慶尙右水使) 겸 제6대 삼도수군통제사(三道水軍統制使)를 제수받아 2년 7개월 간 재식하였다.

  · 통제사로 재직 시에 정유재란으로 인해 한산도통제영(閑山島統制營)이 파괴된 이후 자리를 잡지 못하고 떠돌던 水軍統制營을 현 통영(統營)의 두룡포(頭龍浦)에 대규모의 군영으로 새로이 건설함으로써 오늘날 남해안의 주요 항구도시인 통영시(統營市)가 탄생하게 된 배경이 되었다.

  · 일제강점기 치하에서 방대했던 통제영 대부분의 건물이 철거되고 그 자리에는 관공서 및 주택가가 들어섰으며, 삼도수군통제영 건설 당시의 건물 중 유일하게 현존하는 세병관(洗兵館)은 2011년 10월 14일 국보 305호로 승격되어 오늘에 이르고 있다.

· 1605년(선조 37) 10월에는 수원부사(水原府使)가 되었다.

· 1606년(선조 38) 6월에는 다시 평안병사(平安兵使)가 되었다.

· 1609년(광해 원년) 7월에는 제9대 삼도수군통제사로 임명되어 다시 한 번 수군 최고의 직에 올랐다.

· 1615년(광해 7) 3월에 황해병사(黃海兵使)가 되었다.

· 1616년(광해 8) 8월에는 황주목사(黃州牧使) 겸 정사원종공신(靖社原從功臣)에 책훈(策勳)되고 자헌대부(資憲大夫)에 올랐다.

· 1620년(광해 12) 2월 4일 61세를 일기로 서세하여 숭정대부(崇政大夫) 우찬성(右贊成)에 증직되었다.

묘소는 경기도 광주시 오포면 진해촌(眞海村)에 있었으나 광주시 초월읍 학동리 산122번지로 천장(遷葬)하였다.

배위는 경주이씨(慶州李氏), 함열남궁씨(咸悅南宮氏), 원주원씨(原州元氏) 세 분 모두 통제사공과 합폄(合窆)이다.

### ④ 佐郎公(諱 慶流)

가. 가계(家系)

좌랑공(佐郎公) 諱 경류(慶流)의 자는 장원(長源)이고 호는 반금(伴琴)이며 목은(牧隱) 이색(李穡) 선생의 8대손이다. 한원군(韓原君) 諱 長潤의 현손이고 한성군(韓城君) 諱 秩의 증손이며 한평군(韓平君) 諱 之菽의 손자이다. 공의 부친 아천군(鵝川君) 諱 增은 宣祖 朝에 크게 활약한 문신으로 의정부 영의정에 증직되었으며, 공은 아천군의 5남 중 4남으로 태어났다.

나. 충절(忠節)

좌랑공은 나면서부터 성정이 맑고 강직했으며 기상과 도량이 굳세고 씩씩하였다. 젊어서는 강개(慷慨)하여 끊고 맺음이 분명하였으며 경서(經書)를 익히는데 힘을 쏟았다.

· 1591년(선조 24) 진사시에 합격하고 그해 가을 식년시(式年試) 문과(文科) 을과(乙科)에 급제하여 성균관전적(成均館典籍)에 제수되었다.
· 1592년(선조 25) 1월에 사헌부감찰(司憲府監察)에 임명되었으나 곧 이어 병조좌랑(兵曹左郞)에 임명되었다. 이 해(임진년) 4월 14일 왜군이 부산에 상륙 후 계속 북상한다는 급보가 조정에 알려졌으며, 조정에서는 급히 이일(李鎰)을 순변사(巡邊使)로 임명하였으며, 변기(邊璣)를 조방장(助防將)으로 삼아 조령(鳥嶺)을 방어하게 하였다. 당시 비변사(備邊司)에서는 사헌부 관원인 공의 중형(仲兄) 경함(慶涵)을 조방장 변기의 종사관으로 삼았으나 행정 착오로 그 동생인 좌랑공 경류(慶流)의 이름이 쓰이게 되었다.
  · 이를 뒤늦게 알게 된 경함은 아우 경류를 찾아가 잘못된 경위를 설명하고 자신이 종사관으로 내려갈 것을 주장하였으나, 공은 "이미 저의 이름으로 조정의 재가가 내려졌고 일이 촌각을 다투는데 어느 겨를에 고치기를 청하겠습니까?"라고 하면서 하직 후 달려 나가는데 추호도 다른 뜻이 얼굴에 나타나지 않았다.
· 1592년(선조 25) 4월 23일 순변사 이일이 이끄는 중앙군 60여 명과 종사관 윤섬, 박호 등이 상주에 도착하여 급히 병력을 동원하였으나 모두 전투훈련이 안 된 농민들이 대부분이었다. 이일은 북천(北川)에서 진을 치고 결전을 준비하였으나 다음날 왜군이 상주 남쪽 장천

(長川)으로 진입하자 이일은 변기에게 다급하게 지원을 요청하였다. 이에 변기는 좌랑공과 함께 정예병 약 100여 명을 거느리고 밤을 도와 달려서 4월 25일 동이 트기 전에 상주에 도착하였다. 李鎰은 邊璣와 李慶流가 도착하자 종사관 尹暹, 朴箎 등과 함께 작전회의에 들어갔으나, 회의가 끝나기도 전에 왜군의 공격이 시작되고 조선군의 피해가 커지면서 전투대형이 무너지자 李鎰은 "헛되게 죽어서 이로움이 없으니 제공들은 나를 따르라."라고 하면서 도망가려 하였다. 이에 크게 놀란 공은 이일을 향해 이는 불충불의한 일이고 신하 된 도리가 아니며 죽음에 임하는 장부가 할 일이 아님을 꾸짖었으나, 李鎰 은 머리를 풀어 헤치고 옷을 바꿔 입은 채 변기(邊璣)와 함께 말을 달려 달아나고 말았다.

· 이에 공은 다른 종사관들과 함께 다시 전열을 가다듬고 당당히 병사들 앞에 서서 "나랏일이 이 지경에 이르렀으니 어찌 마음이 아프지 않겠는가? 내 비록 힘은 없으나 너희들과 함께 싸우다가 죽으리라." 하고 전장으로 달려 나아가 항전하다가 천여 명의 조선군과 함께 순절하였다.

· 이보다 앞서 공은 상주에 도착 직전에 부인 횡성조씨(橫城趙氏)에게 편지를 써서 "일이 이미 급박하여 내 목숨이 하늘에 달렸으니, 부디 부모님을 극진히 봉양하고 이이들을 잘 보살펴 주길 바랄 뿐이오." 하고 서리를 시켜 조복과 이불을 집으로 보내었다.

· 또한 전투가 시작되기 전 집에서 데리고 온 가복(家僕)에게 군막에 가서 밥 한 그릇을 얻어오라고 하였으나, 가복(家僕)이 밥을 가지고 돌아왔을 때는 이미 왜군과의 전투가 벌어지고 있는 중이라 공의 생사를 알 수가 없었다. 가복은 그 길로 산길을 넘어 공의 부친

아천군 휘 증(增)이 있는 곳으로 달려가 공이 순변사 이일의 비겁한 행동을 꾸짖은 일과 바로 적진으로 달려간 전말을 고하였다.

· 치열했던 상주 전투가 끝났으나 공의 시신을 찾지 못한 관계로 유족들은 전장에서 보내온 조복과 이불을 관에 넣어 장례를 지냈다. 묘소는 현 수내 동 중앙공원의 한산이씨묘역 내 조부 한평군(韓平君) 묘소의 동쪽 간좌(艮坐)에 있으며, 왜군과 싸웠던 4월 25일 당일을 기일로 삼아 제사를 받들었다.

### 다. 李慶流 旌閭碑

· 旌閭 年度 : 1615년(광해 7) 11월 11일

· 設立 年度 : 1727년(영조 3) 3월

· 謹竪 : 좌랑공 휘 경류의 증손 관찰사 휘 집

· 位置 : 수내동 중앙공원 내 韓山李氏三世遺事碑 옆

#### 碑文

嗚呼此□□　高祖考　贈都承旨府君旌忠之閭也　府君殉節事實□□□□□碣始朝廷命就府君漢城之第　棹楔于門以褒之中因宗□□□□□□而不擧幾六十年我季父觀察公　諱潗嘗慨然與諸孫□□□□□□忠將以表示白世也今宗孫未立而居第無可微所□□□□□□□□日鄕井之地　蓋就于□□□□□□□□□□□□□□用石作簷柱將爲久遠計以觀察公□□□□□□□□□□事工遂告訖焉이崇禎紀元再丁未三月□□□□□□□□□識觀察公遺意謹使公胤□□□□□

번역문

오호라! 이곳은 ……(2자결)…… 고조고 증도승지부군의 충절을 기린 정려이다. 부군이 순절한 사실은 ……(5자결)…… 비로소 조정에서 명하여 부군의 한성 집에 나아가 문에 기둥을 만들고 이를 포상하였다. ……(6자결)…… 그러나 거행하지 못한 채 60년이 흘렀다. 나의 작은아버지 관찰공 휘 집(潗)이 이를 개탄하여 여러 자손과 함께 ……(육자결)…… 충성을 장차 백세토록 전하고자 하였는데 지금 종손이 이를 세우지 못하고 있으니 슬픈 일이다.

그 집에 아무런 징표가 없으면 부군의 업적은 영원히 소멸될 것이다. ……(8자결) 일향정 땅으로 대개 ……(14자결)…… 돌을 써서 처마와 기둥을 만들어 장차 구원의 계책으로 삼고자 하였다. 또한 관찰공은 ……(10자결)…… 공사를 드디어 마쳤다. 숭정기원 두 번째 정미년(1727년, 영조 3) 3월에 ……(9자결)…… 관찰공의 유지를 기록하고 삼가 공의 후손으로 하여금 ……(5자결) ……

라. 李慶流 殉國碑

· 前面 : 朝鮮忠臣 韓山李公慶流 殉國碑

· 後面 : 贈 都承旨 殉國碑

· 銘文 : 公의 諱는 慶流요, 字는 長源이며 韓山人이다. 麗末의 名賢인 稼亭 牧隱 兩先生의 後孫으로 禮曹判書 贈議政府領議政 鵝川府院君 增과 配位 贈貞敬夫人 慶州李氏 사이의 五男 중 四男으로 1564년(명종 9년) 2월 19일에 탄생하였다. 公은 어려서부터 孝誠이 至極하였고 讀書와 修養에 專念하면서도 慷慨한 志節이 있었다.

1591(선조 24년) 9월 式年文科에 급제하여 成均館典籍이 되었으며, 다음해 司憲府監察을 거쳐 兵曹佐郎에 임명되었다가 禮曹로 옮겼다. 1592년(선조 25

년) 4월에 壬辰倭亂이 일어나자 邊璣의 종사관이 되어 尙州 李鎰 휘하에 從軍하였는데 倭寇가 滿山遍野하여 攻擊해 들어오니 主將과 副將이 行方不明되어 我軍의 陣營은 沙汰처럼 무너졌다.

이때 公이 눈물을 뿌리고 남아있는 群衆에 告하여 이르기를 나라일이 이 지경에 이르렀으니 오직 죽음만이 있을 뿐이다 하고 敵陣으로 뛰어들어 같이 參戰한 從事官 尹暹 朴篪와 함께 臨戰無退 奮戰하다가 壯烈하게 散華하니 公의 나이 29세 때인 壬辰 4월 25일이다. 후일 公의 盡命報國의 忠誠을 기려 朝廷에서 通政大夫 承政院都承旨 兼 經筵參贊官 春秋館 修撰官 藝文館 直提學 尙瑞院正에 贈職되었으며 1792년(正祖 16년) 尙州忠義壇과 1992년 忠烈祠에 각각 奉享되었다.

公의 葬禮는 尙州로부터 忠馬의 등에 실려 온 衣冠만으로 世葬山 先塋下에 모셔지고 墓下에는 忠馬塚이 있어 오늘에 이르고 있다. 世藏山 입구에는 正祖大王의 御筆로 쓰여진 忠臣宣敎郎兵曹佐郎李慶流之閭라는 旌閭碑가 서있으니 公의 그 義烈과 忠節은 耿耿不滅하여 길이 靑史에 빛날 것이다.

遺族은 配 贈 貞夫人 橫城趙氏와 1男2女가 있었는데 家庭凡節과 子女敎育에 疎忽함이 없었다. 嗣子 穧는 1613년(光海君 8년) 謁聖文科에 及第하여 大丘府使를 지냈으며 別坐 權俁과 牧使 金孝誠은 공의 女壻이다. 穧의 二男 중 장남 廷夔는 吏曹參判을 지냈고 次男 廷龍은 金堤郡守를 지냈다. 廷夔의 차남 涬은 平昌郡守를 지냈고 3남은 贈左贊成이었다. 涬의 孫 文敬公 台重은 禮曹 戶曹判書를 지냈고 淸白吏로 錄選되었으며, 台重의 장남 忠肅公 復永은 判書였다. 涬의 후손으로 寂佐는 尙州牧使를 지냈으며 經在와 承五는 判書를 지냈다. 沆의 嗣子 秉常은 戶曹 工曹 刑曹 禮曹判書와 大提學을 지냈다. 穧의 차남 廷龍의 四男 중 장남 澳는 富平府使였으며 그의 아들 秉鼎은 淸州牧使였고 秉升은 載寧郡守였다. 차남 澤은 吏曹參判이었으며 三男 浹의 장남 文淸公 秉泰는 副

提學을 지냈고 淸白吏로 錄選되었다. 四男 準은 黃海道觀察使를 지냈고 準의 후손 泰永은 慶尙道觀察使였으며 후손으로 輔國判中樞府事 正獻公 義甲과 孝憲公 判書 謙在와 鼎在 承純과 學部大臣 容稙이 있다. 이밖에도 오늘날까지 어질고 顯達한 후손이 많이 輩出되어 遺志를 繼承하고 있는 것은 公의 陰德이리라. 國亂을 막기 위해 목숨을 바치셨던 그 忠義를 追慕하고 기려 後世에 龜鑑이 되게 하고자 삼가 여기에 殉國碑를 세우다.

西紀 1999년 乙卯 十月

前 大法院長 傍裔孫 一珪 謹撰

前 監査院監査官 十二代孫 琮求 謹書

贈都承旨公宗會 理事長 十一代孫 漢珪 謹竪

마. 정조실록 36권, 1792년(정조 16년) 12월 24일 무자(戊子) 1번째 기사

原文

戊子 賜尙州故忠臣 尹暹 李慶流 朴篪 戰亡之地所建壇號忠臣義士檀 竪碑記文 敎曰 以故忠臣 尹暹 李慶流 朴篪等合享 別享當否 賜批於嶺儒矣 近聞欲竝享於權吉之祠 則位次與間架 果難便云 而又聞之 尙之人士 就其辨忠之地 設壇以祭 又築別壝 以將卒侑之云 若知是地之有是壇 則何靳於疏若 建院雖涉黴邦禁 因其壇而祭之 用愍忠壇故事 豈不誠兩便乎 特賜壇號曰忠臣義士壇 仍自本牧海歲春秋侑以斗酒盂飯 明春初行也 當降香 親撰祭文 道伯巡到時 爲獻官設行 又以短碣立之壇後 前書壇號 陰記今下有旨 以示朝家尙忠奬義之意

번역문

상주의 옛 충신 윤섬, 이경류, 박호가 싸우다 순직한 곳에 제당을 세워 충신의사단(忠臣義士壇)이라 이름하고 비를 세워 기념하게 하고서 전교하기를 "고 충신 윤섬, 이경류, 박호 등을 함께 제향하는 것과 따로 제향하는 일의 옳고 그름에 대한 영남 유생들의 소에 비답을 내렸었다. 근자에 들으니 권길(權吉)의 사우(祠宇)에다 합향하려고 하면 신위의 차례며 사우의 공간 등으로 불편하다 하고 또 상주 선비들이 그들이 충절을 세운 곳에 단을 쌓고 제사를 올리며 또 따로 제단을 쌓아 장수와 사졸들을 함께 제사 지낸다고 들었다. 만일 그곳에 그러한 제단이 있음을 알았다면 왜 상소를 올려 호소했을 때 윤허를 하지 않았겠는가? 서원 세우는 일이 비록 나라의 금령에 저촉되나 옛날 민충단

▲ 경북 상주시 연원동 충렬사 경내의 충신의사단비(忠臣義士壇碑)

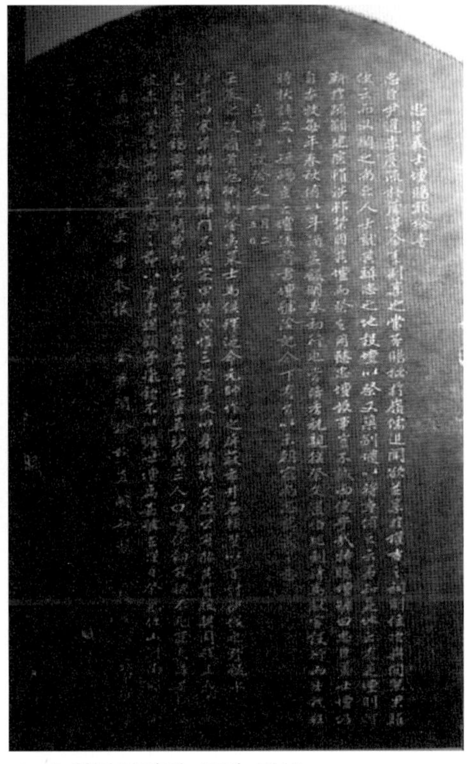
▲ 충신의사단비 음기 탁본

에서 했던 것처럼 그 단에다 제를 올린다면 그 어찌 둘 다 편리한 일이 아니겠는가? 특별히 단호를 내려 충신의사단이라 하고 본 고을에서 해마다 봄가을로 약간의 술과 제물을 준비하여 제사를 돕도록 할 것이다. 내년 봄 처음으로 제향을 올릴 때는 내가 마땅히 향을 내리고 제문을 지어 내릴 것이다. 도백이 그곳을 순행 차 들렸을 시에는 헌관이 되어 제사를 행하도록 하고, 짧은 빗돌을 제단 위에 세워 전면에는 제단 이름을 쓰고 뒷면에는 지금 내린 유지를 기록하여 조정이 충의를 숭상하고 권장하는 뜻을 보이도록 하라."

⑤ 槐山公(諱 慶滉)

괴산공(槐山公) 휘(諱) 경황(慶滉, 1569. 11. 29 - 1628. 4. 25)은 아천군의 5남으로 태어났으며, 字는 징원(澄源)이다.

음보(蔭補)로 관직에 나아가 1616년(광해 11) 형조정랑(刑曹正郞), 현령(縣令)이 되었다. 통정대부(通政大夫)에 올라 1624년 이괄(李适)의 난(亂) 때 왕의 남행을 호종(扈從)하여 그 공으로 원종공신(原從功臣)에 책훈(策勳)되고 한성부우윤(漢城府右尹)을 역임하였으며, 사후에 공조판서(工曹判書)로 증직되었다.

묘소는 광주시 중부면 상번천리 산21-1에 있으며, 배위 이천서씨(利川徐氏)와 쌍폄(雙窆)이다.

# 제3부. 한평군 후손 주요 인물

## 1. 과거급제자

– 자료제공 : 典簿公(諱 垣)派宗會 理事長 李學馥

| 세 | 이름 | 생 졸 | 조 | 부 | 과거 | 관 직 | 비 고 |
|---|---|---|---|---|---|---|---|
| 13 | 지숙 | ?~1561 | 장윤 | 질 | | 종묘서령 | 한평군 |
| 14 | 원 | 1522~1550 | 질 | 지숙 | | 종친부 전부 | 전부공 |
| 〃 | 증 | 1525~1600 | 질 | 지숙 | 문과 | 형조·예조판서 | 아천부원군 |
| 15 | 경부 | 1543~1595 | 지숙 | 원 | | 첨지중추부사 | |
| 〃 | 경홍 | 1550~1585 | 지숙 | 증 | 사마 | 생원 | 생원공 |
| 〃 | 경함 | 1553~1627 | 〃 | 〃 | 문과 | 호조참판 | 참판공 |
| 〃 | 경준 | 1560~1620 | 〃 | 〃 | 무과 | 삼도수군통제사 | 통제사공 |
| 〃 | 경류 | 1564~1592 | 〃 | 〃 | 문과 | 병조좌랑 | 좌랑공 |
| 〃 | 경황 | 1569~1628 | 〃 | 〃 | | 한성부우윤 | 괴산공 |
| 16 | 찬 | ? | 원 | 경부 | | 병마수군절도사 | |
| 〃 | 확 | 1583~1658 | 증 | 경홍 | 사마 | 현풍현감 | |
| 〃 | 전 | 1597~1665 | 〃 | 경함 | 문과 | 군자감정 | |
| 〃 | 화 | 1610~1660 | 〃 | 경준 | 무과 | 훈련원정 | |
| 〃 | 제 | 1589~1631 | 〃 | 경류 | 문과 | 대구부사 | |
| 17 | 정시 | 1602~1661 | 경부 | 찬 | | 통덕랑 | |
| 〃 | 정규 | ? | 〃 | 〃 | | 〃 〃 | |
| 〃 | 윤우 | 1631~1692 | 경홍 | 확 | | | 증 좌승지 |
| 〃 | 정방 | ? | 경준 | 화 | | | 증호조참판 |
| 〃 | 정기 | 1612~!671 | 경류 | 제 | 문과 | 예조참판 | 귀천공 |
| 〃 | 정룡 | 1629~1689 | 〃 | 〃 | | 김제군수 | 김제공 |
| 18 | 부 | 1652~1726 | 확 | 윤우 | | 증 좌승지 | |
| 〃 | 형 | 1659~1718 | 전 | 서우 | | 천안군수 | |
| 〃 | 연 | ? | 화 | 정방 | 무과 | 훈련원 첨정 | |
| 〃 | 행 | 1647~1694 | 제 | 정기 | | 평창군수 | 증이조참판 |
| 〃 | 항 | 1654~1740 | 〃 | 〃 | | | 증 좌찬성 |
| 〃 | 오 | 1659~1720 | 〃 | 정룡 | | 부평부사 | |
| 〃 | 택 | 1661~1720 | 〃 | 〃 | 문과 | 이조참판 | |

| 세 | 이름 | 생 졸 | 조 | 부 | 과거 | 관 직 | 비 고 |
|---|---|---|---|---|---|---|---|
| 18 | 협 | 1664~1698 | 제 | 정룡 | 사마 | | 증 이조판서 |
| 〃 | 집 | 1670~1727 | 〃 | 〃 | 문과 | 황해도관찰사 | 감사공 |
| 〃 | 필 | ? | 〃 | 〃 | | 철충장군 첨사 | |
| 19 | 병일 | 1676~752 | 윤유 | 부 | | 통덕랑 | |
| 〃 | 병삼 | 1705~ ? | 〃 | 〃 | 무과 | 동지중추부사 | |
| 〃 | 병오 | 1710~1757 | 〃 | 〃 | | 영릉참봉 | |
| 〃 | 병적 | 1686~1745 | 서우 | 형 | | 현령 | |
| 〃 | 병덕 | 1688~1727 | 〃 | 염 | | | 증 승지 |
| 〃 | 병균 | ? | 정방 | 인 | | | 증 부호군 |
| 〃 | 병원 | 1663~ ? | 정기 | 자 | | 목능참봉 | |
| 〃 | 병철 | 1674~1711 | 〃 | 행 | | 익능참봉 | 증 이조판서 |
| 〃 | 병상 | 1676~1748 | 〃 | 항 | 문과 | 대제학 | |
| 〃 | 병정 | 1678~1736 | 정룡 | 오 | 사마 | 청주목사 | |
| 〃 | 병관 | 1691~1735 | 〃 | 〃 | | 참봉 | |
| 〃 | 병승 | 1714~1767 | 〃 | 〃 | 사마 | 재령군수 | |
| 〃 | 병겸 | 1685~1707 | 〃 | 택 | | | 증 이조참판 |
| 〃 | 병진 | 1715~1774 | 〃 | 〃 | | 첨추 | |
| 〃 | 병임 | 1718~1785 | 〃 | 〃 | | 첨사 | |
| 〃 | 병태 | 1688~1712 | 〃 | 협 | 문과 | 합천군수 | 청백리 |
| 〃 | 병항 | 1691~1732 | 〃 | 〃 | 사마 | 직장 | |
| 〃 | 병건 | 1696~1742 | 〃 | 집 | | 호조정랑 | |
| 20 | 사중 | 1708~1772 | 부 | 병일 | 사마 | 부사 | |
| 〃 | 성중 | 1738~1829 | 〃 | 병오 | | 충주목사 | |
| 〃 | 현중 | 1708~1764 | 염 | 병덕 | 문과 | 교리 | 문열공 묘표 |
| 〃 | 기중 | ? | 인 | 병균 | | 부호군 | |
| 〃 | 세중 | 1687~1721 | 자 | 병원 | | 사능참봉 | |
| 〃 | 화중 | 1693~1745 | 행 | 병철 | | 금산군수 | |
| 〃 | 태중 | 1694~1756 | 〃 | 〃 | 문과 | 호조판서 | 청백리 |
| 〃 | 기중 | 1697~1761 | 〃 | 〃 | 사마 | 군자감정 | |

| 세 | 이름 | 생 졸 | 조 | 부 | 과거 | 관 직 | 비 고 |
|---|---|---|---|---|---|---|---|
| 〃 | 형중 | 1709~1786 | 〃 | 〃 | | | 증 사복정 |
| 〃 | 상중 | 1711~1790 | 〃 | 〃 | | 순창군수 | |
| 〃 | 양중 | 1708~1764 | 항 | 병상 | | 동복현감 | |
| 〃 | 응중 | 1715~1784 | 오 | 병관 | | 서윤 | |
| 20 | 덕중 | 1685~1707 | 택 | 병검 | 문과 | 홍문관부제학 | |
| 〃 | 학중 | 1775~1897 | 〃 | 병림 | | 첨사 | |
| 〃 | 헌중 | 1711~1752 | 협 | 병태 | | 양성현감 | 증 이조참판 |
| 〃 | 산중 | 1717~1742 | 집 | 병건 | | 호조정랑 | |
| 〃 | 석중 | 1722~1750 | 〃 | 〃 | | | 증 이조참판 |
| 〃 | 해중 | 1727~1778 | 〃 | 〃 | 문과 | 예조참판 | |
| 21 | 지영 | ? | 병근 | 천중 | | | 증 호조참판 |
| 〃 | 언영 | 1796~1850 | 병오 | 경중 | 무과 | 초관 | |
| 〃 | 원영 | 1780~1836 | 〃 | 성중 | | 공조좌랑 | |
| 〃 | 택영 | 1785~1822 | 〃 | 〃 | | 남해현령 | |
| 〃 | 관영 | 1791~1861 | 〃 | 〃 | | 사천군수 | |
| 〃 | 시영 | 1778~1837 | 병복 | 치중 | 사마 | 헌능직장 | |
| 〃 | 조영 | 1780~1844 | 〃 | 〃 | 문과 | 연산현감 | |
| 〃 | 주영 | 1730~1779 | 병덕 | 현중 | 사마 | 강서현령 | |
| 〃 | 일영 | ? | 병균 | 기중 | | 동지중추부사 | |
| 〃 | 춘영 | 1713~? | 병원 | 세중 | | 익릉참봉 | |
| 〃 | 희영 | 1693~1745 | 병철 | 화중 | | 금산군수 | |
| 〃 | 가영 | 1716~1793 | 〃 | 〃 | | | 증 이조참판 |
| 〃 | 주영 | 1731~1812 | 〃 | 〃 | | 첨지중추부사 | |
| 〃 | 서영 | 1736~1774 | 〃 | 〃 | | 서흥부사 | |
| 〃 | 복영 | 1719~1759 | 〃 | 태중 | | 공조판서 | |
| 〃 | 득영 | 1721~1756 | 〃 | 〃 | 문과 | 승지 | |
| 〃 | 익영 | 1741~1803 | 〃 | 〃 | 사마 | 통천군수 | |
| 〃 | 학영 | 1745~1795 | 〃 | 〃 | 〃 | 장성부사 | |
| 〃 | 목영 | 1748~1788 | 〃 | 〃 | 〃 | 용인현령 | |

| 세 | 이름 | 생 졸 | 조 | 부 | 과거 | 관 직 | 비 고 |
|---|---|---|---|---|---|---|---|
| 〃 | 윤영 | 1714~1759 | 〃 | 기중 | | | 증 이조참의 |
| 〃 | 운영 | 1722~1794 | 〃 | 〃 | 사마 | 동지중추부사 | |
| 〃 | 극영 | 1726~1804 | 〃 | 형중 | | 도정 | |
| 〃 | 순영 | 1749~1827 | 〃 | 상중 | | | 증 이조참판 |
| 〃 | 기영 | 1733~1792 | 병상 | 양중 | 사마 | 부제학 참의 | |
| 〃 | 구영 | 1736~1787 | 〃 | 〃 | 〃 | 서예원 첨정 | |
| 〃 | 만영 | 1748~1817 | 병정 | 흥중 | 〃 | 옥과현감 | |
| 〃 | 휘영 | 1769~1841 | 병승 | 명중 | | 단성현감 | |
| 〃 | 하영 | 1733~1793 | 병겸 | 덕중 | 사마 | 성주목사 | |
| 〃 | 건영 | 1765~1809 | 병진 | 국중 | 〃 | 직장 | |
| 21 | 준영 | 1729~1791 | 병태 | 헌중 | | 해주판관 | |
| 〃 | 대영 | 1735~1799 | 병항 | 〃 | | 동지중추부사 | |
| 〃 | 태영 | 1744~1803 | 병건 | 산중 | 문과 | 예조참판 | |
| 〃 | 규영 | 1747~1771 | 〃 | 석중 | | | 증 이조판서 |
| 〃 | 도영 | 1749~1805 | 〃 | 해중 | 사마 | ? | |
| 〃 | 선영 | 1770~1847 | 〃 | 〃 | | 적성현감 | |
| 〃 | 호영 | 1772~1798 | 〃 | 〃 | | 통덕랑 | |
| 22 | 희룡 | ? | | 천중 | 지영 | | 증호조참판 |
| 〃 | 희창 | 1823~1889 | 성중 | 원영 | | 순안군수 | |
| 〃 | 희봉 | 1804~1863 | 기중 | 석영 | 무과 | 절충장군 | |
| 〃 | 희관 | 1753~1791 | 화중 | 희영 | 문과 | 교리 | |
| 〃 | 희운 | 1744~1801 | 〃 | 가영 | 사마 | 군위현감 | 증 이조판서 |
| 〃 | 희찬 | 1766~1844 | 〃 | 주영 | 〃 | 서흥부사 | |
| 〃 | 희인 | 1736~1809 | 태중 | 복영 | | 대구판관 | |
| 〃 | 희문 | 1740~1808 | 〃 | 득영 | 사마 | 부평부사 | |
| 〃 | 희구 | 1767~1809 | 〃 | 직영 | | 사헌부 지평 | |
| 〃 | 희시 | 1769~1816 | 〃 | 익영 | | 판관 | 증 이조참의 |
| 〃 | 희명 | 1792~1836 | 〃 | 〃 | 무과 | 안흥첨사 | |
| 〃 | 희선 | 1775~1818 | 〃 | 학영 | 사마 | 직산현감 | |

| 세 | 이름 | 생 졸 | 조 | 부 | 과거 | 관 직 | 비 고 |
|---|---|---|---|---|---|---|---|
| 〃 | 희년 | 1764~1814 | 〃 | 목영 | | | 증 이조참판 |
| 〃 | 희천 | 1736~1771 | 기중 | 윤영 | | | 증 이조참판 |
| 〃 | 희연 | 1755~1820 | 〃 | 운영 | | 광주목사 | |
| 〃 | 희현 | 1765~1801 | 〃 | 〃 | 사마 | 황주목사 | |
| 〃 | 희원 | 1749~1817 | 형중 | 극영 | | | 증 이조참의 |
| 〃 | 희곤 | 1756~1792 | 〃 | 〃 | 사마 | 혜릉참봉 | 증 이조참판 |
| 〃 | 희온 | 1760~1839 | 상중 | 순영 | 〃 | 동 돈영 | |
| 〃 | 희석 | 1783~1840 | 양중 | 효영 | 사마 | 능주목사 | |
| 〃 | 희도 | 1803~1890 | 〃 | 구영 | 〃 | 동 돈영 | |
| 〃 | 희교 | 1794~1839 | 흥중 | 만영 | 문과 | 홍문관 교리 | |
| 〃 | 희기 | 1749~1811 | 헌중 | 준영 | 사마 | 천안군수 | |
| 〃 | 희갑 | 1764~1847 | 산중 | 태영 | 문과 | 이조판서 | 정헌공 |
| 〃 | 희승 | 1774~1851 | 〃 | 〃 | 사마 | 진주목사 | |
| 〃 | 희조 | 1776~1848 | 〃 | 〃 | 문과 | 대사헌 | |
| 〃 | 희오 | 1783~1858 | 〃 | 〃 | 무과 | 안흥첨사 | |
| 22 | 희신 | 1789~1838 | 산중 | 태영 | | 감역관 | |
| 〃 | 희명 | 1794~1869 | 〃 | 〃 | 무과 | 헌김 | |
| 〃 | 희공 | 1795~1829 | 〃 | 〃 | | | 증 호조참판 |
| 〃 | 희중 | 1808~1852 | 〃 | 순영 | 무과 | 통정대부 | |
| 〃 | 희두 | 1768~1854 | 석중 | 규영 | 사마 | 나주목사 | |
| 〃 | 희평 | 1772~1839 | 해중 | 도영 | 〃 | 황주목사 | |
| 〃 | 희본 | 1805~1838 | 〃 | 〃 | 무과 | 중군 | |
| 〃 | 희전 | 1807~1871 | 〃 | 선영 | | 사과 | |
| 〃 | 희석 | 1791~1838 | 〃 | 호영 | 무과 | 군기판관 | |
| 〃 | 희용 | 1792~1851 | 〃 | 〃 | | 별제 | |
| 〃 | 희종 | 1795~1866 | 〃 | 〃 | 무과 | 찰방 | |
| 23 | 형재 | 1824~1896 | 달영 | 희인 | | 도정 절충장군 | 부호군 |
| 〃 | 연재 | ? | 지영 | 희룡 | | 동지중추부사 | |
| 〃 | 석재 | 1854~1893 | 관영 | 희창 | 〃 | 중군 | |

| 세 | 이름 | 생 졸 | 조 | 부 | 과거 | 관 직 | 비 고 |
|---|---|---|---|---|---|---|---|
| 〃 | 경재 | 1789~1872 | 가영 | 희운 | 문과 | 이조판서 | 대제학 |
| 〃 | 각재 | 1809~1877 | 주영 | 희찬 | | 감역 | |
| 〃 | 헌재 | 1785~1827 | 서영 | 희간 | 사마 | 참봉 | |
| 〃 | 양재 | 1793~1873 | 〃 | 희만 | | 도정 | |
| 〃 | 기재 | 1816~1883 | 〃 | 희진 | 사마 | 청풍군수 | |
| 〃 | 위재 | 1823~1897 | 〃 | 〃 | | 김제군수 | |
| 〃 | 상재 | 1779~1841 | 복영 | 희빈 | | 서원현감 | |
| 〃 | 선재 | 1796~1821 | | 희민 | 사마 | | |
| 〃 | 녹재 | 1790~? | 득영 | 희신 | | 평강현감 | |
| 〃 | 용재 | 1793~1828 | 익영 | 희시 | | 청산현감 | |
| 〃 | 인재 | 1762~1822 | 〃 | 희먕 | | 동지중추부사 | |
| 〃 | 창재 | 1797~1863 | 학영 | 희선 | | 공조참판 | 증 좌찬성 |
| 〃 | 경재 | 1800~1873 | 〃 | 〃 | 문과 | 영의정 | 문간공 |
| 〃 | 학재 | 1801~1867 | 목영 | 희년 | 사마 | 서산군수 | |
| 〃 | 준재 | 1808~1876 | 〃 | 〃 | 〃 | 형조참의 | |
| 〃 | 노재 | 1758~1820 | 윤영 | 희천 | 사마 | 진주목사 | |
| 〃 | 우재 | 1765~1831 | 〃 | 〃 | 문과 | 병조참판 | |
| 〃 | 계재 | 1787~? | 〃 | 희산 | | 청안현감 | |
| 〃 | 취재 | 1777~1850 | 운영 | 희연 | 사마 | 상주목사 | |
| 〃 | 인재 | 1793~1855 | 〃 | 〃 | 〃 | 밀양부사 | 영남루 복원 |
| 〃 | 부재 | 1781~1858 | 〃 | 〃 | 무과 | 오위장 | |
| 〃 | 심재 | 1812~1869 | 〃 | 〃 | | 군수 | |
| 23 | 용재 | 1790~1875 | 운영 | 희현 | 사마 | 공조참의 | |
| 〃 | 안재 | 1803~1879 | 〃 | 〃 | 〃 | 도정 | |
| 〃 | 택재 | 1795~1840 | 〃 | 희풍 | | 규장각부제학 | |
| 〃 | 완재 | 1805~1876 | 〃 | 〃 | | 연천현감 | |
| 〃 | 도재 | 1771~1841 | 극영 | 희원 | 문과 | 형조참의 | |
| 〃 | 대재 | 1771~1815 | 〃 | 희곤 | 사마 | 제용감부봉사 | |
| 〃 | 시재 | 1785~1852 | 〃 | 〃 | 문과 | 이조참판 | |

| 세 | 이름 | 생 졸 | 조 | 부 | 과거 | 관 직 | 비 고 |
|---|---|---|---|---|---|---|---|
| 〃 | 강재 | 1780~1856 | 순영 | 희온 | 사마 | 동 돈영 | |
| 〃 | 헌재 | 1824~1886 | 구영 | 희도 | 사마 | | |
| 〃 | 정재 | 1799~1868 | 하영 | 희익 | 〃 | 성주목사 | |
| 〃 | 운재 | 1806~? | | 희채 | | 학관 | |
| 〃 | 형재 | 1779~1858 | 위영 | 희린 | 사마 | 능주목사 | |
| 〃 | 익재 | 1775~1833 | 준영 | 희기 | 〃 | 거창부사 | |
| 〃 | 숙재 | 1782~1822 | 〃 | 〃 | 사마 | 공주판관 | |
| 〃 | 학재 | 1792~1857 | 대영 | 희로 | 〃 | 백천군수 | |
| 〃 | 익재 | 1799~1860 | 태영 | 희갑 | | 광주목사 | |
| 〃 | 겸재 | 1800~1863 | 〃 | 〃 | 문과 | 이조판서 | 효헌공 |
| 〃 | 절재 | 1820~1870 | 〃 | 희승 | | 통덕랑 | |
| 〃 | 구재 | 1824~1907 | 〃 | 〃 | 무과 | 오위장 | |
| 〃 | 원재 | 1827~1886 | 〃 | 희명 | | 학관 | |
| 〃 | 환재 | 1839~1899 | 〃 | 〃 | | 참봉 | |
| 〃 | 회재 | 1814~1881 | 〃 | 희공 | 무과 | 동지중추부사 | |
| 〃 | 만재 | 1817~1886 | 〃 | 〃 | | 통덕랑 | |
| 〃 | 신재 | 1829~1904 | 순영 | 희중 | 무과 | 수시 | |
| 〃 | 정재 | 1788~1877 | 규영 | 희두 | 문과 | 예조판서 | |
| 〃 | 관재 | 1799~1873 | 〃 | 〃 | 사마 | 덕산군수 | |
| 〃 | 풍재 | 1804~1870 | 〃 | 〃 | | 장악원 정 | |
| 〃 | 항재 | 1797~1828 | 도영 | 희평 | | | 증 사헌부지평 |
| 〃 | 곤재 | 1805~1823 | 〃 | 〃 | | 통덕랑 | |
| 〃 | 홍재 | 1847~1929 | 선영 | 희전 | | 궁내부관찰관 | |
| 〃 | 긍재 | 1814~1881 | 호영 | 희용 | | 과천현감 | |
| 〃 | 면재 | 1847~1902 | 〃 | 〃 | | 중추원 의관 | |
| 24 | 승덕 | 1850~1903 | 희주 | 순재 | | 성균관 박사 | |
| 〃 | 승정 | 1824~1888 | 희관 | 현재 | 사마 | 판관 | |
| 24 | 승유 | 1824~1870 | 희운 | 경재 | 문과 | 이조참의 | |
| 〃 | 승범 | 1839~1870 | 〃 | 〃 | | 오위장 | |

| 세 | 이름 | 생 졸 | 조 | 부 | 과거 | 관 직 | 비 고 |
|---|---|---|---|---|---|---|---|
| 〃 | 승가 | 1866~1931 | 희찬 | 각재 | | 도지부 주사 | |
| 〃 | 승선 | 1836~1903 | 희간 | 헌재 | | 감역 | |
| 〃 | 승희 | 1841~? | 희진 | 기재 | | 주사 | |
| 〃 | 승익 | 1812~1869 | 희인 | 정재 | 문과 | 이조참판 | |
| 〃 | 승태 | 1838~1917 | 희빈 | 상재 | 사마 | 혜릉참봉 | |
| 〃 | 승로 | 1846~1914 | 희순 | 낙재 | | 장릉참봉 | |
| 〃 | 승호 | 1829~1889 | 희시 | 용재 | 문과 | 이조참판 | |
| 〃 | 승오 | 1837~1900 | 희선 | 창재 | 문과 | 이조판서 | 시조묘 복원 |
| 〃 | 승구 | 1833~1915 | 희선 | 경재 | 문과 | 교리 | 증 이조판서 |
| 〃 | 승필 | 1837~1904 | 희년 | 준재 | | 괴산군수 | |
| 〃 | 승원 | 1803~1841 | 희천 | 노재 | 사마 | 건원릉참봉 | |
| 〃 | 승교 | 1813~1877 | 〃 | 우재 | 〃 | 비안현감 | |
| 〃 | 승두 | 1856~1909 | 희연 | 선재 | | 하동군수 | |
| 〃 | 승은 | 1854~1930 | 희현 | 만재 | | 의금부 도사 | |
| 〃 | 승성 | 1819~1887 | 희풍 | 택재 | | 규장각 제학 | |
| 〃 | 승직 | 1829~1889 | 〃 | 의재 | | 사과 | |
| 〃 | 승갑 | 1849~1893 | 〃 | 완재 | | 연천현감 | |
| 〃 | 승경 | 1815~1880 | 희원 | 도재 | | 상주목사 | |
| 〃 | 승겸 | 1803~1866 | 희곤 | 대재 | 사마 | 남원부사 | |
| 〃 | 승백 | 1810~1878 | 〃 | 시재 | 〃 | 순창군수 | |
| 〃 | 승란 | 1829~? | 〃 | 〃 | 무과 | 오위장 | |
| 〃 | 승락 | 1810~1886 | 희온 | 강재 | 사마 | 형조참의 | |
| 〃 | 승인 | 1823~1877 | 〃 | 〃 | 무과 | 첨추 | |
| 〃 | 승한 | 1831~1892 | 〃 | 〃 | | 검서관 | |
| 〃 | 승우 | 1834~1892 | 희석 | 철재 | 사마 | 장상군수 | |
| 〃 | 승목 | 1834~1853 | 희익 | 정재 | | 도사 | |
| 〃 | 승모 | 1858~1904 | 희보 | 종재 | | 의관 | |
| 〃 | 승록 | 1826~1898 | 희갑 | 익재 | | 의금부 도사 | |
| 〃 | 승례 | 1832~1888 | 〃 | 〃 | | 의금부 도사 | |

| 세 | 이름 | 생 졸 | 조 | 부 | 과거 | 관 직 | 비 고 |
|---|---|---|---|---|---|---|---|
| 〃 | 경직 | 1888~1918 | 만재 | 승은 | | 화령전 참봉 | |
| 〃 | 광직 | 1855~1900 | 택재 | 승모 | | 첨서 | |
| 〃 | 용직 | 1859~1908 | 택재 | 승성 | | 평리원 판사 | |
| 〃 | 봉직 | 1845~1916 | 대재 | 승겸 | 사마 | 강릉군수 | |
| 〃 | 응직 | 1853~1932 | 강재 | 승락 | | 무안현감 | |
| 〃 | 정직 | 1854~1898 | 석재 | 승만 | 문과 | 대사성 | |
| 〃 | 용직 | 1853~1932 | 학재 | 승목 | 문과 | 학부대신 | 을사보 |
| 25 | 호직 | 1857~1919 | 익재 | 승록 | 사마 | 승훈랑 | |
| 〃 | 민직 | 1861~1891 | 〃 | 〃 | 사마 | | |
| 〃 | 창직 | 1862~1927 | 〃 | 승례 | 사마 | | |
| 〃 | 인직 | 1847~1904 | 겸재 | 승서 | | 감찰 | |
| 〃 | 완직 | 1858~1928 | 〃 | 승위 | | 용양위 사과 | |
| 〃 | 관직 | 1882~1972 | 〃 | 〃 | | 육군무관학교 | 독립장 |
| 〃 | 명직 | 1867~1924 | 함재 | 승기 | 문과 | 장예원 부경 | |
| 〃 | 홍직 | 1870~1903 | 정재 | 승로 | | 봉사 | |
| 〃 | 영직 | 1866~? | 관재 | 승구 | | 자경단 참봉 | |
| 〃 | 경직 | 1853~1879 | 풍직 | 승기 | 문과 | 시강원 설서 | |
| 〃 | 장직 | 1877~1949 | 풍재 | 승수 | | 육군참위 | ? |
| 〃 | 성직 | 1882~1932 | 풍재 | 승기 | | 김포군수 | |
| 〃 | 현직 | 1846~1913 | 곤재 | 승우 | | 의금부 도사 | |
| 〃 | 광직 | 1869~? | 기재 | 승철 | | 궁내부 주사 | ? |
| 26 | 경규 | 1859~1918 | 승선 | 응직 | | 참봉 | |
| 〃 | 병규 | 1887~1951 | 승고 | 종직 | | 참봉 | |
| 〃 | 철규 | 1869~1934 | 승교 | 민직 | 무과 | 훈련원 판관 | |
| 〃 | 용규 | 1886~1909 | 승철 | 세직 | | 종사랑 주사 | |
| 〃 | 정규 | 1882~1932 | 승룡 | 기직 | | 도지부 주사 | |
| 〃 | 동규 | 1888~1970 | 〃 | 〃 | | 효덕전 전위 | |
| 〃 | 상규 | 1885~1905 | 승겸 | 봉직 | | 온양군수 | |
| 〃 | 정규 | 1855~1900 | 승목 | 홍직 | | 도사 | |
| 〃 | 범규 | 1898~1921 | 승목 | 용직 | | 감송원 | |

| 세 | 이름 | 생 졸 | 조 | 부 | 과거 | 관 직 | 비 고 |
|---|---|---|---|---|---|---|---|
| 〃 | 승서 | 1820~1872 | 〃 | 겸재 | | 개령현감 | |
| 〃 | 승위 | 1821~1895 | 〃 | 〃 | | 임실군수 | |
| 24 | 승순 | 1841~1907 | 희갑 | 겸재 | 문과 | 공조형조판서 | |
| 〃 | 승소 | 1853~1883 | 〃 | 〃 | | 학관 | |
| 〃 | 승부 | 1840~1919 | 희승 | 복재 | | 영릉참봉 | |
| 〃 | 승기 | 1827~1894 | 희조 | 함재 | | 도정 | |
| 〃 | 승진 | 1841~1900 | 희공 | 회재 | | 학관 | |
| 〃 | 승원 | 1849~1873 | 희공 | 만재 | | 선락장군 | |
| 〃 | 승로 | 1813~1880 | 희두 | 정재 | 사마 | 군수 | |
| 〃 | 승구 | 1842~1901 | 〃 | 관재 | | 의금부도사 | |
| 〃 | 승기 | 1835~1892 | 희두 | 풍재 | 사마 | 강화판관 | |
| 〃 | 승수 | 1846~1895 | 〃 | 〃 | 문과 | 참판 | 주미공사 |
| 〃 | 승호 | 1822~1888 | 희평 | 항재 | | 장사랑 | |
| 〃 | 승우 | 1823~1889 | 〃 | 곤재 | | 삼척부사 | 시조묘 |
| 〃 | 승은 | 1853~1936 | 희용 | 긍재 | | 호군 | |
| 25 | 정직 | 1847~1928 | 인재 | 승면 | | 승훈랑 주사 | |
| 〃 | 상직 | 1870~1939 | 민재 | 승복 | | 오위장 | |
| 〃 | 종직 | 1829~1881 | 후재 | 승민 | | 평시서 직장 | |
| 〃 | 헌직 | 1849~1892 | 순재 | 승정 | | 도사 | |
| 〃 | 장직 | 1860~1916 | 홍재 | 승휴 | | 시종원 부경 | |
| 〃 | 건직 | 1846~1894 | 정재 | 승익 | | 영희전령 | |
| 〃 | 종직 | 1856~1929 | 풍재 | 승고 | | 도사 | |
| 〃 | 충직 | 1876~1934 | 창재 | 승오 | 문과 | 규장각 직강 | |
| 〃 | 정직 | 1853~1919 | 경재 | 승구 | 문과 | 승지 | |
| 〃 | 양직 | 1833~1882 | 노재 | 승원 | | 감역 | |
| 〃 | 민직 | 1846~1866 | 우재 | 승교 | | 진사 | |
| 〃 | 세직 | 1849~1905 | 우재 | 승교 | | 동지중추부사 | |
| 〃 | 기직 | 1858~1921 | 우재 | 승룡 | | 중추원 의관 | |
| 〃 | 동직 | 1823~1893 | 취재 | 승정 | 사마 | 담양부사 | |
| 〃 | 준직 | 1876~1932 | 인재 | 승륙 | | 인릉참봉 | |

| 〃 | 석규 | 1899~1930 | 승기 | 명직 | | 사용 | |
|---|---|---|---|---|---|---|---|
| 〃 | 순규 | 1873~1933 | 〃 | 경직 | 사마 | 현릉 참봉 | |
| 〃 | 흥규 | 1869~1934 | 승우 | 현직 | 사마 | 참봉 | |
| | | | | | | | 291분 |

## 2. 청백리(淸白吏)

### (1) 청백리의 의미

동서고금을 막론하고 위정자들이나 관료들에게 직업윤리의 하나로 청렴성을 강조하는 것은 부정부패를 방지하는 차원뿐만이 아니라 백성들이 관료 나아가서는 통치자를 믿고 따르게 함으로써 안정적인 국가 운영을 가능하게 하기 때문이다. 이는 어떤 형태의 정치체제나 어떤 문화권에서도 공통되는 가치관이라고 할 수 있으며, 특히 유교를 통치 이념으로 삼았던 조선시대에서는 관료들의 청렴은 무엇보다 중요한 덕목이었다.

淸白吏는 淸廉潔白한 관리를 지칭하는 말이지만 조선 중기 이후에 제도화되어 청백리에 이름이 오른 사람들을 말하며 사후(死後)에 주어지는 호칭이다. 일찍이 다산(茶山) 정약용(丁若鏞)은 "淸廉은 목민관의 본질적 책무이며 모든 善의 근원일 뿐 아니라 모든 德의 근원이다."라고 하여 관리들이 지켜야 할 가장 중요한 덕목으로 청렴을 꼽았다.

## (2) 역사에 드러난 청백리 정신

삼국시대 이후 고려에서 조선시대로 이어지는 1천년 사이에 경천애민(敬天愛民) 즉, 인본사상을 바탕으로 한 인간의 존엄성은 점차 성리학에 근거하여 개인, 가족, 사회, 국가의 윤리가 하나의 공동체 윤리로 인식되면서 충효사상으로 정착되어 왔다. 조선 중기에 이르러 충과 효는 애민사상으로 확대되어 이른바 '사대부 정신' 즉, '선비정신'으로 승화되었다. 이로 인하여 '멸사봉공(滅私奉公)', '충의정신(忠義精神)'을 일생 동안 몸소 실천한 인물들을 청백리로 규정하고 있다.

청백리 정신은 오늘날과 견주어보면 '모범공무원상(模範 公務員像)'이라고 할 수 있다. 淸白吏의 청(淸)은 "맑은 물처럼 티 없이 깨끗함"이요, 백(白)은 때 묻지 않은 광명이며, 리(吏)는 "다스림의 위치에 있는 사람"이라고 하였다. 즉, 청백리는 평생 동안 욕심을 버리고 정직하게 살면서 자신에게 부여된 권한을 오로지 국가기강의 확립과 민생의 평안을 위해 사용하고 지조와 기개를 꺾이지 않은 채 용기 있게 살다 간 사람을 일컫는다.

우리의 조상들이 청백리 정신을 강조했던 이유는 청백리 정신이 앙양(昂揚)되었을 때는 사회정의의 구현과 민족의식의 확립으로 밝은 사회가 이룩되면서 국가기강이 바로 서서 국가발전이 이루어졌기 때문이며, 그렇지 못한 때에는 내부 혼란과 외침(外侵)으로 이어진 역사적 사실이 이의 중요성을 말해주고 있다.

### (3) 韓平君(諱 之萩) 가문의 청백리 소개

#### ① 文清公(諱 秉泰)

1688년(숙종 14)에 출생하였으며 字는 유안(幼安), 號는 동산(東山)이며, 한평군(휘 지숙)의 6대손이고 진사(進士) 협(浹)의 아들이다.

1715년(숙종 41) 진사시에 합격하고 사릉참봉(思陵參奉), 평시서봉사(平市署奉事), 내자시직장(內資寺直長) 등을 거쳐 1723년(경종 3) 증광문과(增廣文科)에 을과로 급제하여 권지부정자(權知副正字)에 발탁되었으며, 병조참의(兵曹參議), 홍문관 부제학(弘文館 副提學)을 거쳐 지제교 겸 경연참찬관(知製教兼 經筵參贊官)을 역임하였다.

그 후 대사성(大司成), 1727년(영조 3)에 예조참의(禮曹參議), 호조참의(戶曹參議)를 지냈고 1730년(영조 6)에 경상도관찰사를 지내고 이듬해에 승지에 임명되었으나 사퇴함으로써 왕의 노여움을 사 합천(陜川)군수로 좌천되었다. 그러나 합천군수로 재직 시 빈민구제 등 백성을 위한 선정을 베풀어 군민들이 불망비(不忘碑)를 세웠으며 海印寺에 대한 세금감면을 주청하여 스님들이 청덕비(淸德碑)를 세우는 등 훌륭한 목민관으로서의 면모를 보였다. 저서로는 『동산선생주의(東山先生奏議)』가 전해온다.

1735년(영조 9) 46세를 일기로 서세하였으며, 사후에 청백리에 녹선(錄選)되고 이조판서(吏曹判書)에 추증되었으며, 시호(諡號)는 문청(文淸)이다.

묘소는 수내동 분당중앙공원 내 한산이씨묘역에 있고 후배 진주유씨(晉州柳氏)는 부좌(祔左), 초배(初配) 반남박씨(潘南朴氏)는 공의 우록(右麓) 자좌(子坐)에 있으며 쌍폄(雙窆)이다.

② 三山公(諱 台重)

三山公(諱 台重)의 字는 자삼(子三)이며 號는 삼산(三山)이다.

公은 牧隱 李穡 先生의 13대손이고 韓平君(諱 之菽)의 7대손이며, 鵝川君(諱 增)의 6대손, 歸川公(諱 廷夔)의 증손이다.

· 1694년(숙종 20) 충청도 결성(結城)의 삼산리에서 부친 參奉(諱 秉哲)과 모친 반남박씨(潘南朴氏)의 2남으로 태어났다. 배위는 안동권씨(安東權氏)이고 후배는 밀양박씨(密陽朴氏)이며 슬하에 7남 4녀를 두었다.

· 1717년(숙종 43) 사마시에 합격하였다.

· 1730년(영조 6) 정시(庭試)문과에 병과(丙科)로 급제하여 관직에 나아갔으나 의리와 명분을 생명처럼 여기는 강직한 성품과 목숨을 건 직언으로 인해 3번의 奧地 유배와 수차례 관직 제수에 불응하는 등 험난한 일생을 보냈으나 뜻있는 사람들의 추앙과 백성들의 존경을 인정받아 사후 청백리(淸白吏)에 녹선되었다.

· 1734년(영조 10) 사간원 정언(正言)이 되었다.

· 1735년(영조 11) 사헌부 지평(持平)으로 재직시 신임사화(辛壬士禍)[50] 때에 처형당한 김창집 등 노론4대신[51]의 신원(伸冤)을 주장하다가 소론 세력의 탄핵에 의해 흑산도로 위리안치(圍籬安置[52])되었다가 영임으로

50) 신임사화(辛壬士禍) : 1721년(경종 1)에 있었던 신축옥사(辛丑獄事)과 1722년에 있었던 임인옥사(壬寅獄事)를 합쳐서 부르는 명칭이며 노론과 소론의 정치적 적대관계로 인해 일어난 사화(士禍)이다. 신축옥사는 경종이 몸이 허약하고 아들이 없자 경종의 동생 延礽君(후일의 英祖)의 왕세제 책봉 문제로 노론과 소론이 충돌하였으며, 경종의 병을 이유로 연잉군의 왕세제 책봉 및 대리청정을 주장한 영의정 김창집, 좌의정 이건명, 영중추부사 이이명, 판중추부사 조태채 등 노론 4대신이 소론의 탄핵에 의해 처형당한 사건이다.

51) 김창집(金昌集) · 이이명(李頤命) · 이건명 · 조태채(趙泰采)를 가리킨다. 경종이 아들이 없자 연잉군(延礽君 : 뒤의 영조)을 세자로 책봉하자는 상소가 있었다. 영의정 김창집, 좌의정 이건명, 판중추부사 조태채 등의 노론영수들이 이에 찬성하고, 1721년(경종 2) 연잉군이 세자로 책봉되었다. 그 후 세자의 대리청정문제로 노론과 소론은 다시 격렬하게 대립하였다. 그 결과 세자의 청정은 취소되고, 그해 12일에 소론의 김일경(金 鏡) 등이 노론의 김창집 등을 '사흉'이라 하는 상소를 올렸다. 이에 노론은 실각되고, 1722년 4대신은 처형되었다. 이들과 관련된 수백 명에 이르는 사람들도 죽거나 유배되었는데 이를 신임사화라 한다.

이배(移配)되기도 하였다.

그 후 양사(兩司), 세자시강원(世子侍講院) 등의 관직에 임명되었으나 부임하지 않았다.

· 1740년(영조 16)에 다시 지평이 되어 신축옥사를 일으킨 유봉휘(柳鳳輝), 조태구(趙泰耉)의 관직 추탈과 이광좌(李光佐)의 파직을 주청하다가 갑산(甲山)으로 유배되었다.

· 1741년(영조 17)에 대신들의 주청으로 부교리와 동래부사를 지냈으나 외직으로 보임되는 명을 받들지 않아 재차 부임지역에 정배(定配)되기도 하였다.

· 1735년부터 1740년 5년간 세 차례의 유배를 다녀오면서도 재차 간관에 임명된 것은 그의 관료적 성품의 일면을 잘 보여주는 사례이며, 이는 그가 훗날 청백리로 녹선되는 배경이 되었을 것으로 보인다.

· 이처럼 목숨을 건 직언으로 영조(英祖)의 탕평책을 비판하는 등 왕과의 갈등 속에서도 1746년(영조 22) 청나라와의 국경협상에 조선의 입장을 대변할 강골(强骨) 선비가 필요하여 공에게 서장관(書狀官) 임무를 맡아줄 것을 청하자, 공은 이는 나라를 위한 일이므로 흔쾌히 받아들여 임무를 수행하였다.

· 1749년(영조 25)에 다시 동래부사가 되었다가 비변사 부제조로 임명되었고, 이어서 갑산부사, 전라감사, 진도군수 등을 역임하였다.

· 1750년(영조 26)에 병조참의, 동부승지, 황해도관찰사, 예조참판, 부제학, 호조판서 등을 역임하였다. 같은 해 모든 관료들이 선망하는 전라도 관찰사를 제수받고도 사직상소를 올려서 부임하지 않았다.

52) 위리안치(圍籬安置): 유배(流配)된 거소에 가시나무 울타리를 설치하여 외부 출입과 타인과의 접촉을 금하여 거소 안에서만 생활하도록 한 징벌의 일종.

· 1753년(영조 29) 황해도 지역에 홍수가 나고 전염병이 창궐하여 영조는 공을 불러 이를 해결할 사람은 공이 적임이니 도백을 맡아달라고 청하자, 백성을 위한 일이니 맡겠다고 하여 바로 부임하였다. 부임 후 황해도 각 지역의 수해 현장을 찾아 수해복구에 진력하면서 전염병 차단을 위한 한약재 배급과 무료급식소를 운영해 기근과 병고에 시달리는 백성들을 살폈다.

· 같은 해 12월 황해도의 민심이 안정되자 영조는 공을 평안도관찰사로 임명하였으며, 현지에 부임하자 공은 부패한 수령들을 처벌하고 북방 지역의 방어를 위한 군비 점검과 군량 확충 및 군관 선발을 추진하는 등 도백으로서의 올바른 면모를 보였다.

· 1796년(正祖 20년) 육조(六曹)의 판서와 사간원, 사헌부의 수장들이 이태중의 청렴 강직한 관직생활을 높이 평가하여 임금에게 청백리천(淸白吏薦)을 올림으로써 청백리에 녹선되었다.

· 그가 청백리로 신정된 것은 그의 집안 내력이기도 하다. 그의 5대조인 佐郎公(諱 慶流)의 현손 문청공(文淸公) 이병태(李秉泰)는 부제학을 역임하였고 청백리로 선정되었으며, 진도에 귀양살이를 한 배경으로 봉암서원(鳳巖書院)에 배향되었다.

公은 중앙 관직에 있을 시에는 간관(諫官)으로서 강직한 성품을 보여 임금인 영조의 심기를 건드려 엄한 질책을 듣는 일도 많았으나, 그의 소신에 의해 일을 바르게 처리했고 간관의 지위에 벗어나는 일은 결코 하지 않았다. 이러한 관료적 품성에 따라 전라도, 황해도 및 평안도 관찰사와 진도군수 등의 외직 근무 시에는 공평무사한 일처리와 함께 예하 관리들에 대한 부패 척결과 백성들을 구제하는 선정을 베풀어 君主의 위엄을 높이 세우면서도 백성을 사랑하는 관리로서의 모범적인 모습을 보여주었다.

이와 같이 그는 고집불통의 외골수가 아니라 옳고 그름에 대한 확고한 신념과 올바른 소신을 지닌 관료이었으며, 자신의 양심에 따라 절대권력자인 왕과의 정치적인 갈등도 마다하였으나, 결국 그의 이러한 행동은 의리(義理)를 지키고 백성을 내 몸처럼 사랑함으로써 군주의 올바른 위엄이 온 세상에 떨쳐지도록 하려는 충심에서 비롯되었음을 모두가 인정한 것이다.

1756년(영조 32) 부제학 호조판서를 제수받았으나 같은 해 10월 13일 63세를 일기로 서세하니 황해도와 평안도의 백성들은 "누가 우리 백성들을 살펴주겠는가?"하며 울었다고 전해진다.

1796년(정조 20) 삼산공을 청백리로 천거한 이는 우의정 심이지(沈頤之)와 호군 어영대장 이한풍(李漢豊)이다.

묘소는 충남 홍성군 은하면 목현리 종산에 배위 안동권씨(安東權氏) 및 밀양박씨(密陽朴氏)와 三位 합폄(合窆)이다.

## 3. 정승(政丞) 및 판서(判書)

■ 文簡公 領議政(諱 景在 : 1800-1873)

文簡公(諱 慶在)의 字는 계행(季行), 號는 송서(松西) 또는 소은(紹隱)으로 부른다.

韓平君(諱 之薮)의 10대손, 三山公(諱 台重)의 증손이다.

· 1800년(正祖 24) 10월 26일 稷山縣監을 역임한 諱 희선(羲先) 공의 차남으로 태어났다.

· 1822년(純祖 22) 식년문과에 급제하였다.

· 1827년 2월 예모관 겸 설서직중승(禮貌官 兼 說書職中陞)에 임명되었다.

· 1827년 10월 규장각(奎章閣) 직각(直閣)이 되었다.

· 1834년 이조참의(吏曹參議)로 승전하였다.

· 1835년(憲宗 元年) 대사간(大司諫)이 되었다.

· 1838년에는 대사헌(大司憲)에 올랐다.

· 1839년에는 이조참판(吏曹參判)에 임명되었다.

· 1840년에는 홍문관부제학(弘文館 副提學)이 되었다.

· 1847년 정월에 공조판서(工曹判書)가 되었다.

· 1850년(哲宗 元年) 3월에 형조판서(刑曹判書)를 제수받았고, 같은 해 7월 철종 즉위에 따른 사은 정사(謝恩正使)로 淸나라에 다녀왔다.

· 1851년 8월에 한성부판윤(漢城府 判尹)이 되었다.

· 1852년 3월에는 예조판서(禮曹判書)에 올랐다.

· 1853년 7월 병조판서(兵曹判書)를 지내다가 같은 해 10월에 평안도관찰사

(平安道觀察使)로 나갔다.

· 1856년 7월에 다시 한성부판윤에 임명되었다.
· 1857년 11월에 판의금부사(判義禁府事)가 되었다.
· 1858년 12월에 호조판서(戶曹判書)에 올랐다.
· 1861년 8월에는 상호군(上護軍)에 올랐다.
· 1862년 2월에는 다시 형조판서에 임명되고 7월에는 선혜청당상(宣惠廳堂上)이 되었다.
· 1863년(哲宗 14) 2월에 규장각제학(奎章閣提學)에 올랐다.
· 1864년(高宗 1) 고부청시겸승습사(告訃請諡兼承襲使)로 청나라에 다녀왔다.
· 1866년에 의정부영의정(議政府領議政)에 오르고 뒤에 봉조하(奉朝賀)가 되었다.
· 1873년(高宗 10) 1월 24일 74세를 일기로 서세하였다.

시호(諡號)는 문간(文簡)이며 配位는 여흥민씨(驪興閔氏)로 郡守 치병(致秉)公의 따님이다. 묘소는 경기도 광주시 남한산성면 상번천리에 있다.

### ▣ 鵝川君(諱 增 : 1525-1600)

韓平君(諱 之蔽)의 차남으로 자는 가겸(可謙), 호는 북애(北崖), 종형제지간인 鵝溪公(諱 山海)과 함께 宣祖朝에 크게 활약한 문신으로 정여립 모반사건을 다스린 공으로 추충분의평난공신(推忠奮義平難功臣)에 책훈(策勳)되었으며 아천군(鵝川君)에 봉해졌다. 刑曹, 禮曹, 工曹判書를 두루 역임하였으며 특히 두 번에 걸친 禮曹判書 재직 시에는 전란으로 황폐해진 나라의 기강을 바로잡으며, 壬辰倭亂 기간 중 대명, 대왜 외교에 있어서 중심적인 역할을 수행하였다.[53)]

### ▣ 文靖公 竹峴(諱 秉常)

工曹, 刑曹, 禮曹 判書와 大提學를 역임하였다.[54]

### ▣ 三山公(諱 台重)

상기 2항 淸白吏에 이미 기술되어 略傳을 생략함.

### ▣ 忠肅公(諱 復永 : 1710-1794)

忠肅公의 字는는 초지(初之), 1710년 三山公(諱 台重)의 장남으로 태어났다. 공조판서를 역임하였고 묘소는 홍성군 결성면 화봉리에 있으며 배위 반남박씨(潘南朴氏), 능성구씨(綾城具氏)와 3位 합폄이다.

### ▣ 正獻公(諱 羲甲 : 1764-1847)

字는 원여(元汝), 號는 평천(平泉)이나. 韓平君(諱 之葳)의 9대손이며, 1764년 7월 7일 東田公(휘 태영)의 장남으로 태어났다.

관직은 吏曹, 刑曹 判書와 司憲府大司憲, 漢城府判尹, 判義禁府事, 輔國判中樞府事 등 요직을 역임하였으며, 1864년 1월 11일 84세로 졸하였다. 묘소는 가평군 금대리 동전공 묘소 계하에 있으며 배위 안동김씨(安東金氏)와 합폄이다.

### ▣ 孝憲公(諱 謙在 : 1800-1863)

字는 공익(公益), 韓平君(諱 之葳)의 10대손이며 1800년 4월 1일 상기 正

---

53) 기타 상세한 행록은 3장 2절 "韓平君 以下 3世"의 鵝川君란을 참조.
54) 아래 4항 大提學 참조

獻公(諱 羲甲)의 차남으로 태어났다.

관직은 平安道觀察使, 工曹判書, 漢城府判尹, 禮曹判書, 判義禁府事, 吏曹判書 등 요직을 역임하고 1863년 12월 3일 64세로 졸하였다. 묘소는 파주시 조리면 장곡리에 있었으나 1968년 공주시 정안면 인예리로 천장하였다. 배위 안동김씨(安東金氏), 청주한씨(淸州韓氏)와 합폄이다.

### ▣ 絳山公(諱 經在 : 1744-1801)

字는 치정(稚正), 號는 강산(絳山)이다. 韓平君(諱 之菽)의 10대손이며, 1789년 8월 1일 贈 吏曹判書(諱 羲雲)의 장남으로 태어났다.

1837년 정시문과(庭試文科)에 급제하여 관직에 나아가 이조판서(吏曹判書) 양관제학(兩館提學)을 역임하였으며, 1872년 1월 9일 84세를 일기로 졸하였다. 묘소는 홍성군 은하면 대야곡리에 배위 해평윤씨(海平尹氏)와 합폄(合窆)이다.

### ▣ 諱 鼎在

字는 공매(公梅), 韓平君(諱 之菽)의 10대손이며, 英祖 戊申 1월 15일 贈 左贊成(諱 羲斗)의 장남으로 태어났다.

純祖 丙戌에 별시문과(別試文科)에 급제하여 홍문록(弘文錄), 도당사점(都堂四點), 동지사서장관사승(冬至使書狀官辭陞), 哲宗 癸丑 5월에 이조참판(吏曹參判)을 거쳐 예조판서(禮曹判書)에 올랐다. 高宗 丁丑 9월 14일 졸하였다. 묘소는 양주군 오금리에 있으며 배위 경주김씨(慶州金氏)와 합폄(合窆)이다.

## ▣ 三隱公(諱 承五 : 1837-1900)

字는 규서(奎瑞), 號는 삼은(三隱)이다. 韓平君(諱 之菽)의 11대손이며 1837년 8월 29일 문간공(文簡公) 領議政(諱 景在)의 차남으로 태어나 큰집인 蔭工曹參判(諱 昌在)의 장자로 입계하였다.

문과에 급제하여 관직에 나아가 1865년 성균관대사성을 제수받았으며, 1866년 禮曹參議, 1877년 吏曹參判, 1880년 弘文館副提學, 1885년 大司諫, 1887년 刑曹判書, 1889년 漢城府判尹, 1891년 判義禁府事를 거쳐 吏曹判書에 올랐다. 같은 해 12월에 禮曹判書 겸 藝文館提學에 임명되었고, 1892년에 工曹判書, 1894년 吏曹判書에 올랐다. 1894년에는 兵曹判書를 역임하였다. 1895년 奎章院卿 兼 王太子宮 日講官직을 수행한 바 있으며 1900년 8월 13일 졸하였다.

묘소는 청양군 사양면 용마리에 있었으나 1935년 8월 예산군 산성리의 祖父(諱 義先) 묘소 후록(後錄)으로 천장(遷葬)하여 배위 光山金氏, 驪興閔氏와 3位 합폄(合窆)이다.

## ▣ 諱 承純(1841-1907)

字는 粹卿, 韓平君(諱 之菽)의 11대손으로 1841년 6월 20일 孝憲公(諱 謙在)의 5남으로 태어났다.

1861년 한림소시(翰林召試)에 선발되어 관직에 나아가 정헌대부 행 형조판서 공조판서 겸 지의금부사 지경연춘추관사 동지성균관사 오위도총부도총관 원임규장각직각(正憲大夫 行 刑曹判書 工曹判書 兼 知義禁府事 知經筵春秋館事 同知成均館事 五衛都摠府都摠管 原任奎章閣直閣)을 역임하였으며, 1907년 6월 20일 67세로 졸하였다.

묘소는 연기군 남면 수산리 후록(後錄) 건좌(乾坐)에 있다.

## ▣ 剛菴公(諱 容稙 : 1853-1932)

字는 치만(穉萬), 호는 강암(剛菴)이다. 韓平君(諱 之菽)의 12대손으로 光州牧使(諱 益在) 公의 손자이다.

· 1853년 12월 24일 諱 승조(承祖)공의 장남으로 태어났다.

· 1875년 別試文科에 급제하여 승정원부정자(承政院副正字)에 임명되었다.

· 1877년 사간원설서(司諫院說書)가 되었다.

· 1880년 예문관검열(藝文館檢閱)이 되었다.

· 1882년 용강현련(龍岡縣令)이 되었다.

· 1885년 부호군(副護軍)으로 電線施設을 위해 중국에 파견되었다.

· 1886년에 승문원동부승지(承文院同副承旨), 참의내무부사(參議內務府事)가되었다.

· 1887년 이조참의(吏曹參議)가 되었다.

· 1890년에는 형조참의(刑曹參議)를 거쳐 한성부서윤(漢城府庶尹)이 되었다.

· 1891년에는 형조참판 겸 동지중추부사(刑曹參判兼同知中樞府事)에 이어 우승지(右承旨), 예조참판(禮曹參判)에 올랐다.

· 1892년에는 사헌부대사헌(司憲府大司憲)과 성균관대사성(成均館大司成)을 역임 후 가의대부(嘉義大夫)로 승전하였다.

· 1893년 가선대부(嘉善大夫)로 승전하였다.

· 1895년에는 종2품 궁내부특진관(宮內府特進官)이 되었다.

· 1899년 정2품 정헌대부(正憲大夫)로 승전하였다.

· 1904년 학부대신(學部大臣)에 올랐다.

· 1905년에는 全羅道觀察使를 제수받았다. 한산이씨 숭안종회와 대종회를 창립하여 한산이씨 문중을 제도권으로 이끈 공로가 매우 컸다.

· 1919년 7월 일제강점기(日帝强占期) 치하에서 독립운동 청원서 작성 및 배포로 징역 1년 6월에 집행유예 3년을 선고 받았다.

· 1932년 2월 27일 80세로 졸하였다.

묘소는 고양시 일산 역전에 있었으나 1984년 파주시 탄현면 맥금리로 천장하였으며, 배위 양주조씨(楊州趙氏)와 합폄(合窆)이다.

## 4. 대제학(大提學)

### ■ 文靖公 竹峴(諱 秉常)

文靖公(諱 秉常)의 號는 죽현(竹峴)이며, 韓平君(諱 之薮)의 6대손, 壬辰倭亂시 尙州 전투에서 순절한 佐郎公(諱 慶流)의 현손이다.

· 1676년(肅宗 2) 6월 28일 贈 左贊成(諱 沆)의 장남으로 태어났다.

· 1705년에 사마시에 합격하였다.

· 1710년에 관무재(觀武才)의 문과에 급제하여 검열(檢閱)이 되었다.

· 1712년에 정언(正言)이 되었다.

· 1713년에는 홍문관교리(弘文館校理)에 임명되어 같은 해에 수찬(修撰), 헌납(獻納)으로 승전하였다.

· 1714년 이조좌랑(吏曹佐郎) 겸 사서(司書)가 되었다.

· 1717년에 대사간(大司諫)이 되었다.

· 1718년에 대사성(大司成)이 되었다.

· 1719년에 이조참의(吏曹參議)가 되었다.

· 1720년에 승지(承旨)에 임명되었다.

· 1721년(景宗 元年)에 부제학(副提學), 대사헌(大司憲), 이조참판(吏曹參判)을 두루 역임하였다.

· 1725년(英祖 元年)에는 호조참판(戶曹參判), 도승지(都承旨)를 거쳐 공조판서(工曹判書), 우참찬(右參贊), 한성판윤(漢城判尹)을 두루 역임하였다.

· 1726년에 대제학(大提學)에 제수되었다.

· 1729년에 대사헌(大司憲)이 되었다.

· 1731년에 형조판서(刑曹判書)를 명받았다.

· 1732년에 예조판서(禮曹判書)가 되었다.

· 1740년에 판의금부사(判義禁府事)가 되었다.

· 1742년에는 대제학(大提學)에 다시 제수되었다.

· 1745년 강화유수를 역임하였다.

· 1748년(영조 24) 5월 15일에 73세를 일기로 서세하였다.

配位는 領議政 종태(宗泰)공의 따님 달성서씨(達城徐氏)이며 묘소는 경기도 광주시 남한산성면 상번천리에 있다.

# 제4부.

# 韓山李氏 韓平君(諱 之菽)派宗會 沿革

## 1. 숲안 慣習宗中 創立

### (1) 종중(宗中)에 대하여

종중(宗中)이란 조상에 대한 제사를 공동으로 행하는 동족 집단을 말하며, 한 가문을 대표하는 관계로 문중(門中)이라고도 한다.

따라서 오늘날의 종회(宗會)는 종중이 현대화되어 보다 조직적인 체제를 갖추게 됨에 따라 법적인 권리와 의무를 가진 관습 법인으로서의 지위를 갖게 되었다. 즉 계급과 신분제도를 바탕으로 하던 전통사회의 가까운 혈족 간의 구성에서 보다 발전된 친족집단의 조직으로 확대되었으며, 이러한 조직사회를 종친회(宗親會) 또는 이를 줄여서 종회(宗會)라 칭하고 있다.

여기의 종(宗)에는 보통 소종(小宗)과 대종(大宗)이 있는데, 대종은 백세부천(百世不遷)으로 아무리 세월이 흘러도 바뀌지 않는 것이고 소종은 오세이천(五世而遷)으로 다섯 세대가 지나면 바뀌는 것을 뜻한다.

즉 대종은 세대가 바뀔 때마다 그 성원(成員)이 함께 변화해나가지만 소종은 그 성원이 8촌간인 삼종형제(三從兄弟)까지로 범위가 한정된다. 소종의 구성 범위가 한정되는 것은 사대봉사(四代奉祀)의 관습과 밀접한 관련이 있으며,

고조부(高祖父)를 공동 선조로 하는 자손들은 9촌 이상의 혈족들보다 훨씬 더 가까운 근친(近親)의 혈족집단(血族集團)이기 때문이다.

종중(宗中) 혹은 문중(門中)이라고 하는 중(中)은 대종과 소종을 초월한 친족집단의 중화(中和)를 의미하는 중심이라는 뜻이자 종친간의 친화성(親和性)을 집중적으로 표시하는 말로도 해석된다. 이러한 종법(宗法)은 중국의 친족제도에서 유래되었으며 이 제도는 백제(百濟)와 신라(新羅) 시대를 거쳐 고려 말에 중국으로부터 『주자가례(朱子家禮)』[55]가 전래되면서부터 종중이 조직적으로 제도화되었다.

조선시대 중기 이후에는 종중 조직과 직접적인 관련이 있는 족보(族譜)의 간행이 각 문중을 중심으로 활발하게 이루어져 왔다. 계급과 신분을 중시하던 전통사회에서 혈족을 구성하는 가계(家系)를 구체화하여 이를 문서로 남기는 것은 그 문중으로서는 매우 중요한 무형의 상징적 자산이 아닐 수 없었다.

하나의 친족집단인 종중이 갖고 있는 조손(祖孫) 중에 명신(名臣), 거유(巨儒), 학문이 뛰어난 석학(碩學) 등 저명한 인물들의 업적과 명예와 같은 상징적 자산은 물론 종중 구성원 전체의 인적사항에 관하여 이를 종합하고 체계적으로 일목요연하게 정리하여 족보라는 문서로 간행한다는 것은 결코 쉬운 일이 아니다.

때문에 이러한 광범위한 행정적인 업무를 전담하고 친족집단의 효율적인 관리와 운영을 위해서는 집단화된 조직이 필요하게 되었다. 이러한 조직이 바로 오늘날 종친회 또는 종회(宗會)로 확대 발전된 것이다.

최근까지 연구된 자료에 의하면 문헌상 우리나라에서 가장 오래된 종회 는 1580년(선조 3)에 조직된 안동김씨(安東金氏)의 종약소(宗約所)로 알려져 있다.

55) 주자가례(朱子家禮) : 중국 송나라 주자가 가정에서 지켜야 할 예의범절에 관해 저술한 책. 관혼상제에 관하여 자세히 수록한 책으로, 궁궐에서부터 일반 서민에 이르기까지 지켜야 할 덕목을 잘 정리해 놓았다. 16세기 사림은 예학을 강조하여 이 책을 중요시하였다. 『문공가례(文公家禮)』라고도 한다.

## (2) 숲안 慣習宗中의 創立과 繼承

### ① 한산이씨 숲안 관습종중 창립

1989년 정부의 분당신도시건설로 덧없이 사라진 마을의 옛 지명은 경기도 광주군 돌마면 수내리의 '숲안'이었으나 오늘날의 새로운 지명인 경기도 성남시 분당구 수내동의 분당중앙공원(盆唐中央公園)으로 변모되었다.

이 숲안 지역은 육백 년에 걸친 韓平君(諱 之菽)자손의 집성촌인 동시에 조선시대에 국가와 사회의 발전에 크게 공헌하신 한산이씨 선조들이 고이 잠드신 유서 깊은 문화유적지로서 경기도문화재 제116호로 지정된 문화재보호구역(文化財保護區域)이다.

이처럼 장구한 세월이 흐르는 동안 이곳에서는 재상(宰相)을 비롯하여 조정의 육조백관(六曹百官)인 판서(判書) 참판(參判)과 팔도(八道)의 관찰사(觀察使), 병마사(兵馬使) 수군절도사(水軍節度使) 청백리(淸白吏)와 충의지사(忠義志士) 등 수많은 인재들이 배출된 충효(忠孝)와 문벌(門閥)이 빛나는 전통의 고장이었다.

한산이씨 집성촌인 '숲안'의 인재들은 조상을 모시는 정성이 남달리 깊어 부모와 선조들에게 효를 다하여 공경하였고 형제간의 우애 또한 매우 돈독하였다. 이 같은 미풍양속은 이 마을 숲안이 지녀온 오래된 특징이자 한산이가(韓山李家) 고유의 전통가례(傳統家禮)이며 엄격한 관습적 범절(凡節)이었다.

이처럼 오랜 세월에도 불구하고 이같이 아름다운 가풍과 전통이 변하지 않고 이어져온 것은 고려 말의 대문호(大文豪)이자 대정치가이며 거유(巨儒)로 추앙 받고 있는 목은(牧隱) 諱 색(穡) 선조의 가르침과 유훈에 그 근원이 있는바, 특히 선조께서 후손들에게 분부하신 가학사상(家學思想)을 절대적으로 따른 결과이다.

韓山李氏 韓平君(諱 之菽) 가문의 종중이 구성된 것은 1905년 구한말 당시 학부대신(學部大臣)을 역임한 韓平君(諱 之菽)의 12대손 剛庵公(諱 龍稙 : 1853-1932)께서 公의 15대조 大司成公(諱 堣), 14대조 奉化公(諱 長潤), 13대조 한성군(諱 秩), 13대 증조부 副護軍(諱 程), 12대조 한평군(諱 之菽) 등 열선조(列先祖)님들의 봉제사와 조업(祖業) 관리 그리고 재산의 증식 등 각종 숭조사업을 효율적으로 추진하는 동시에 일가들의 친목과 협동 단결을 도모하기 위하여 그 구심적인 역할을 담당할 '숲안 관습종중'을 한산이문 최초로 창립한 것이 그 시발점이 되었다.

공의 헌신적인 노력으로 출발한 '숲안 관습종중'의 구성원과 종재의 규모는 해를 거듭 할수록 신장되었으며, 그로부터 분당신도시건설이 시작되기까지 84년의 세월이 흐르는 동안 종중 업무를 이어받은 후임 이사장과 관계 임원들이 선조님들의 유지를 받들어 종중의 번영과 발전을 위하여 기울인 노력과 그 공로는 참으로 지대하였다.

이 '숲안 관습종중'은 한산이씨 문중 역사상 최초의 종중이며, 이후에 탄생한 '한산이씨대종회(韓山李氏大宗會)'의 모델이 되기도 하였다.

### (3) 慣習宗中 創立과 管理維持

전술한 바와 같이 종중이란 조상의 제사를 공동으로 모시는 씨족의 일단을 말하는데, 공동으로 제사를 모시려면 다음과 같은 여러 가지를 필요로 한다.

첫째는 각종 제구(祭具)와 곡물, 과일, 건어물, 채소 등의 제수(祭需)를 준비해야 하고, 둘째로는 이들 물품을 구비하기 위해서는 구매할 자금이나 현물이 있어야 하며, 셋째로 자금이나 현물은 스스로 만들어지는 것이 아니라 자금은 근로의 대가로 발생한 금전이며 현물은 위토(位土)의 경작을 통한 생산품으로 이를 얻기 위해서는 많은 땀과 노력이 요구되는 것이다.

한산이씨 숲안 관습종중이 구한말 剛庵公(諱 容稙)에 의해 창립됨으로써 대사성공 선조에 대한 제사 봉행과 묘소 및 위토 관리 등 제반 종무사항은 '숲안 관습종중'에서 전담하였던 것으로 추정되며, 이는 아래와 같이 1966년 10월 1일 발간된 『한평군파세보초간본(韓平君派世譜初刊本)』 등의 자료를 통해 유추 할 수 있다.

1945년 8.15 해방과 더불어 숲안 관습종중은 韓平君(諱 之菽)의 13대손 장규(璋珪 : 1906-1996, 參判公 諱 慶涵의 11대손))씨가 이사장에 취임하여 大司成公(諱 堣)종중과 奉化公(諱 長潤)종중, 韓城君(諱 秩) 종중 및 韓平君(諱 之菽)종중의 위선사업을 통괄(統括) 운영하면서 여러 가지 어려움을 극복하며 종중 운영에 절대적으로 필요한 종재의 확보와 증식에 심혈을 기우렸다. 장규씨는 1966년 10월 1일 자로 한평군 가문 역사의 한 획을 긋는『한평군파세보』 초간본을 발행하는 큰 업적을 남겼다.

오늘날 우리나라는 집집마다 TV, 냉장고, 세탁기, 에어컨 등 각종 가전제품은 물론 자가용 자동차가 없는 집이 드물 정도로 물질적 풍요로움을 누리고 있고, 2018년도에 1인당 국민소득 3만 달러를 달성했으니 참으로 놀라운 속도로 큰 발전을 이루었다. 뿐만 아니라 거미줄처럼 깔려 있는 고속도로와 국내 어느 곳이던 구석구석 연결되고 잘 포장되어 있는 여러 지방도로와 교량, 터널 등 사통팔달의 우수한 교통망을 자랑하고 있다. 반면에 불과 몇 십 년 전 과거를 지금과 비교하며 되돌아보면 비참하기 그지없었던 시절이었다. 일제강점기의 식민지에서 벗어난 지 5년 만에 북한의 불법 남침으로 인한 동족상잔의 6.25전쟁을 치러야 했으며, 전쟁 기간 중 수많은 사람들이 굶어죽거나 총칼에 희생당했을 때 우리나라의 국민소득은 66.5달러 수준이었으니 세계에서 가장 가난하고 헐벗은 나라 중의 하나였다.

韓平君(諱 之蕤) 가문의 집성촌인 분당 수내동 일대에 전깃불이 들어온 것은 1973년 정부의 농어촌전화사업(農漁村電化事業) 덕분이었으나, 그 후 1980년대까지 영장산(뒷뫼) 인근의 도로는 자갈로 덮인 우마차 길뿐이었다.

영장산 일대에 한산이씨집성촌이 형성되고 육백 년의 세월이 흐르는 동안 이처럼 열악한 환경 속에서 강원도, 충청도, 경상도 등 멀리 경향각지에 정착한 후손들이 시향, 벌초, 사초 등 묘소관리와 제례 참석 등을 위해 그때마다 고향을 방문한다는 것은 거의 불가능에 가까운 어려운 일이었을 것이다.

1980년경 초대 숲안 관습종중 이사장 장규(璋珪)씨가 노쇠해지자 그 이웃에 거주하던 韓平君(諱 之蕤)의 14대손인 수은(藪隱) 형구(亨求) 씨가 奉化公派, 副護軍派, 韓平君派 등 여러 종중의 종사 업무를 인계받고 신임이사장으로 취임하여 그 많은 종사 업무를 성심을 다하여 이끌었다. 형구 씨는 1960년대 경기도 광주군의 돌마면사무소에서 면서기로 다년간 재직하고 퇴직한 이 지방의 유지였다.

이후 1989년 4월 분당신도시개발계획이 발표되고 수내동 일대가 제1차 시범아파트 건설단지로 획정됨으로써 역내에 거주하던 원주민들은 토지수용법령에 따라 보상금을 지급 받고 모두 떠났으며, 뒷뫼의 묘역을 비롯한 각종 문화 유적과 가옥들은 그해 9월말까지 모두 철거 내지는 이전하도록 되어 있었다.

신도시건설을 반대하는 주민들의 대규모시위와 격렬한 항의집회가 연일 계속되는 가운데 아파트 건설 현장에서는 각종 중장비의 굉음과 함께 마치 전쟁하듯이 공사가 진행되었다.

### (4) 숲안 慣習宗中의 解體와 分化

'한산이씨 숲안 관습종중'은 1905년 구한말 학부대신(學部大臣)을 역임한 韓平君(諱 之菽)의 12대손 剛庵公(諱 容稙 : 1853-1932)에 의해 창립된 이후 大司成公(諱 堣), 奉化公(諱 長潤), 韓城君(諱 秩), 副護軍(諱 稈), 韓平君(諱 之菽) 등 열선조(列先祖)님들의 봉제사와 조업(祖業) 관리를 담당해왔다.

공의 헌신적인 노력으로 출발한 '숲안 관습종중'의 구성원과 종재의 규모는 해를 거듭할수록 신장되었으며, 그로부터 분당신도시건설이 시작되기까지 84년의 세월이 흐르는 동안 종중 업무를 이어받은 후임 이사장과 관계 임원들이 선조들의 유지를 받들어 종중의 번영과 발전을 위하여 기우린 노력과 그 공로는 참으로 지대하였다.

종중을 포함한 모든 단체의 존재는 마치 살아있는 생물과도 같이 변화와 부침을 겪기 마련이며 그것은 하나의 생태현상으로 누구도 피할 수 없는 것이다.

1989년 분당신도시건설을 고비로 오랜 역사와 전통 속에서 여러 종중의 종사를 통합하여 운영해온 '숲안 관습종중'은 여러 종중이 신도시개발에 따른 토지보상금을 기반으로 독자적인 종재가 확보되고 종중별로 인적구성이 가능해짐으로써 우여곡절 끝에 여러 개별 종중으로 독립 분화되어 숲안 종중의 새로운 시대가 열리게 되었다.

아래 도표에서 보는 바와 같이 모체인 '숲안 관습종중'으로부터 분화되어 새롭게 출범한 종중 조직은 '대사성공파종회', '봉화공파종회', '한성군파종회', '부호군파종회', '한평군파종회' 등 5개 종회이다.

# 숲안 관습종중의 분화 도표

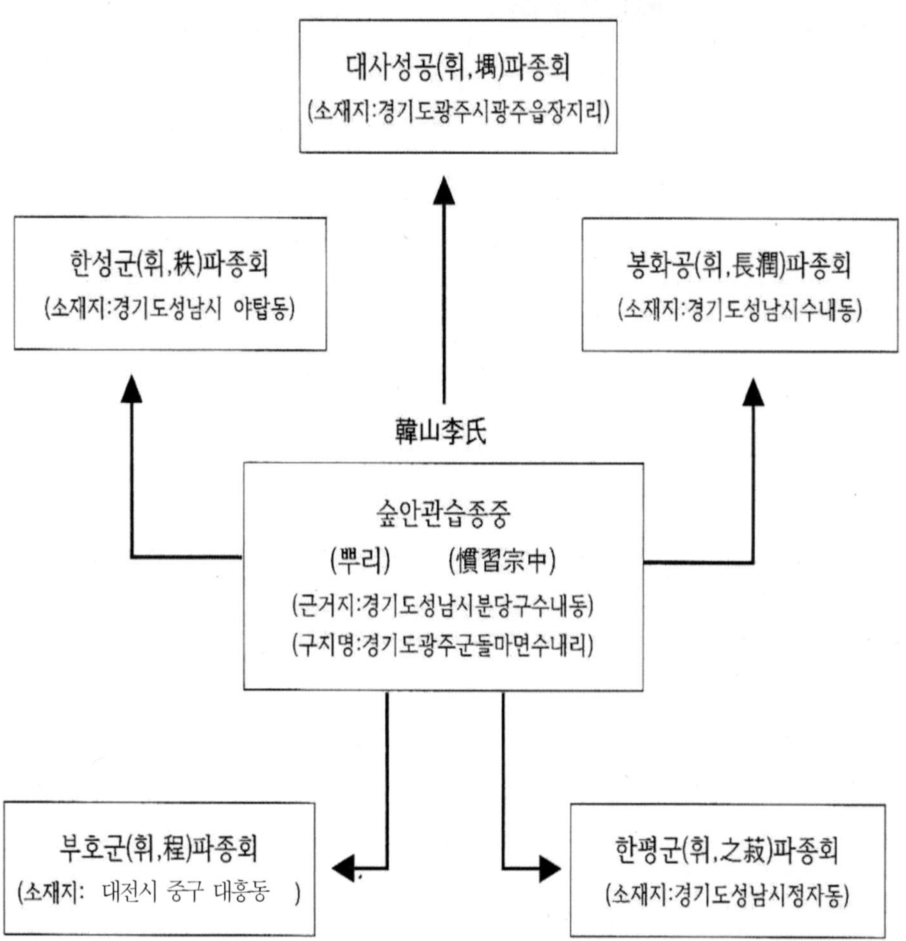

### (5) 大司成公(諱 堣)派 宗會의 종무계승과 재무구조 개선

#### ① 종회 기능의 계승

한산이씨 大司成公(諱 堣)派宗會의 기능은 1989년도 분당신도시 개발계획이 시행된 이후 숲안 관습종중이 해체되었을 때 그 후신(後身)으로 파생된 韓平君(諱 之菽)派宗會에서 겸하여 관장함으로써 종무는 변함없이 종전과 같이 수행되어 왔다.

당시 곧바로 개별 종중으로 독립하지 못했던 저간의 사정은 대사성공 선조의 조업으로 확보된 임야와 위토(位土) 등 상당한 부동산이 경기도 광주시 장지리 일대에 온존(溫存)하고 있었으나, 종중 단체를 조직하여 자립할 수 있는 운영자금이 전무했기 때문이다.

#### ② 종회의 임원진 구성

韓平君(諱 之菽)의 14대손 호정(湖亭) 이상구(李庠求)는 1992년도에 韓平君(諱 之菽)종회 이사장 이학구(李學求)씨가 임기 중 중도 사직하자 그 후임으로 이사장직을 맡게 되었고, 동시에 大司成公(諱 堣)파종회 이사장을 겸임하게 되었다. 이때 대사성공파종회의 임원진은 다음과 같이 한평군(휘 지숙)파종회 임원진이 겸직해 운영하였다.

부이사장 : 갑규(甲珪), 상무이사 : 상복(尙馥), 이사 : 인구(麟求), 선구(宣求), 헌규(憲珪), 재복(載馥), 감사 : 철구(喆求) 등

### ③ 빈약한 재무구조 개선

대사성공종회의 빈약한 재무구조를 개선하는 과제는 무엇보다도 가장 시급한 일이었다. 종회가 당면한 최대의 급선무인 재정 확충 문제는 첫째로 선조묘소의 관리와 봉제사를 받들고 둘째로는 종중을 운영하기 위한 자금 즉 현금을 마련하는 것이었다.

1994년 12월 당시까지 대사성공파종회의 수입원은 종토를 일반인에게 임대하고 그 임대료를 현물 곡식으로 받아서 간신히 제사를 모시는 정도였다.

그러나 이 같은 종래의 방식은 현실과 동떨어져 있을 뿐만 아니라 현대적인 종회 운영이 불가하므로, 1994년 12월에 임대료를 현물에서 현금으로 전환하는 동시에 금액도 현 시세를 그대로 반영하여 인상함으로써 비로소 현금 수입의 통로를 만들게 되었다. 이를 시행하는 과정에서 임대인과 임차인간에 임대료의 대폭 인상과 관련하여 적지 않은 진통이 있었음은 물론이며 참고로 당시 임대료를 현물에서 현금으로 전환한 내용을 보면 아래와 같다.

| 성 명 | 임 대 료 | | 성 명 | 임 대 료 | |
|---|---|---|---|---|---|
| | 현물(斗) | 현금(원) | | 현물(斗) | 현금(원) |
| 유정열 | 8 | 300,000 | 이재문 | 3 | 120,000 |
| 양윤식 | 7 | 280,000 | 박종하 | 2 | 100,000 |
| 박상희 | 5 | 200,000 | | | |

2008년 8월 호정 이상구는 그간의 노고를 인정받아 대사성공파종회 이사장으로 재선되었다. 이사장으로 취임한 그는 변함없이 빈약하기 그지없는 종회재정을 확충하기 위하여 새로운 방안을 강구하였다.

즉, 토지만 빌려주고 임대료를 받는 방식에서 벗어나서 토지상에 건물을 지어서 보다 부가가치를 높여서 임대하는 방식으로 전환하기로 결정하였다. 건물로는 건축비용이 비교적 적게 들고 임대가 용이한 물류창고를 지어 임대하기로 하였으며 그 규모는 다음과 같다.

## 물류창고 신축 및 임대 사업

| 소 재 지 | 종 류 | 동 | 면 적 |
|---|---|---|---|
| 경기도 광주시 광주읍 장지동 565-1 | 창 고 | 1 | 81평 |
| 경기도 광주시 광주읍 장지동 548-3 | 창 고 | 1 | 52평 |
| 경기도 광주시 광주읍 장지동 663-18 | 창 고 | 1 | 165평 |

창고 신축에 필요한 소정의 절차를 마치고 준공을 필하였으며 그 후 창고가 모두 임대 완료되어 매월 현금 수입이 생기게 되었으나, 재산세, 종부세 등이 4천만원이나 되어 어려움을 겪었으나 한평군(휘 지숙)의 후손인 갑규 이사장과 학복 상무이사가 재직(2014-2020)시 오랜 세월 동안 종토내에 거주해 온 원주민을 상대로 명도소송 및 매수채권을 행사하여 구옥 13채를 철거 조치하였다. 이후 년간 도지로 180만원을 받던 것을 년 5천만 원으로 대폭 현실화 함으로써 비로소 대사성공파종회의 재정이 안정적으로 운영될 수 있게 되었다.

이를 위하여 수고한 당시의 종회 임원들은 다음과 같다.

· 이사장 : 상구(庠求),

· 부이사장 : 근복(根馥),

· 상무이사 : 갑규(甲珪),

· 이사 : 상원(相遠), 원구(元求), 헌구(憲求)

· 건물 신축 : 을규(乙珪) 韓平君(諱 之菽)의 13대손

1989년도 분당신도시건설 이후 현대적 종중으로 출범한 봉화공파종회는 하위 여러 지파에 대하여 위선사업비 상당액을 지원한 바 있으며 이는 여러모로 우리 한산이씨 일가들을 위해 고마운 일로 남아있다.

## 2. 宗中 規約 및 規範

다음은 1989년 분당신도시 제1차 시범아파트 건설 당시 해체되어 가던 수내동 한산이씨 집성촌(숲안)의 韓平君(諱 之菽) 家門에서 오랫동안 대대로 보관되어 온 여러 規範으로서 역사문화적 가치가 높은 귀중한 고문헌(古文獻)자료이다.

### (1) 완의(完議)

수내동 한산이씨 문화유적지(뒷뫼=영장산)에 모셔진 조상님들의 묘역을 효율적으로 관리하기 위하여 묘하의 후손들이 뜻을 모아 1770년(영조46) 9월에 작성된 가장 오래된 자치적(自治的)인 향약(鄕約)이다. 이 문헌(文獻)은 1528년 봉화공(諱 長潤)께서 돌아가신지 무려 242년간의 간극(間隙)의 역사를 이어주는 매우 귀중한 문화유산이다.

본 문서의 작성 취지는, 당시에 여러 종친들이 모여 선산(先山)에 대한 효율적인 관리를 위하여 제정한 향약(鄕約)으로서, 면적이 제한된 선산(先山)에 개별적으로 산소를 임의로 조성하는 행위를 강력히 통제하고, 만일 이를 어길 때에는 종친결의(宗親決議)에 따라 엄중한 처벌을 가하겠다는 내용이다. 따라서 본 문서는 당시에 오래 보관이 가능한 판각(板刻)으로 제작하여 종친 가정 누구나 대청마루에 게시하고, 준수하였던 매우 귀중한 문화유산이다.

(별첨 2-1 참조)

### (2) 순의(循議)

이 문건은 인간으로서 반듯이 갖추고 실행해야할 근학(勤學)과 충효(忠孝) 등 기본적 소양과 삼강(三綱)오륜(五倫) 및 오상(五常), 오계(五戒) 등 도덕과 윤리적 가치들을 종친들이 이해하기 쉽도록 우리말로 풀이하여 일가 모두가 이를 가훈(家訓)으로 받들고 성실히 실천토록 한 윤리 교본(倫理敎本)이다.

· 삼강(三綱) : 군위신강(君爲臣綱), 부위자강(父爲子綱), 부위부강(夫爲婦綱)

· 오륜(五倫) : 군신유의(君臣有義), 부자유친(父子有親),
 부부유별(夫婦有別), 장유유서(長幼有序), 붕우유신(朋友有信)

· 오상(五常) : 인(仁),의(義),예(禮),지(智),신(信)

· 오계(五戒) : 살생(殺生), 투도(偸盜), 사음(邪淫), 망어(妄語), 음주(飮酒)

(별첨 2-2 참조)

### (3) 선산조위세제식(先山祧位歲祭式)

이 문건은 수내동(분당중앙공원) 뒷뫼 영장산(靈長山) 성지(聖地)에 모셔진 봉화공 이장윤(李長潤) 공과 공의 배위(高靈朴氏), 한성군 이질(李秩)공과 공의 배위 무송윤씨(茂松尹氏), 韓平君 諱 지숙(之菽) 공과 공의 배위 선산김씨(善山金氏) 등 삼세선현(三世先賢)에 대한 제례의식(祭禮儀式)에서 갖추어야 할 제반 사항을 명시한 참고서이며 주요 내용은 다음과 같다.

· 축문서식
· 한원군(봉화공), 한성군, 한평군 세분 선조의 봉제사를 위하여 확보된 위토(논과 밭)의 현황과 그 소득 내역
· 제사상에 올릴 제물(祭物)의 세부 내역
· 1770년경 수내동(숲안) 출신 후손 중 국가 고위 관직(목사, 현령, 현감, 판관, 군수, 첨사, 찰방, 부사직 등)에 재직 중인 인사들이 제사비용으로 충당하기 위하여 각자 십시일반(十匙一飯)으로 녹봉의 일부를 갹출한 것을 기록한 보기 드문 귀중한 자료이다.

(별첨 2-3 참조)

이상 세 가지 문건(完議, 循義, 先山祧位歲祭式)은 한결같이 조상님에 대한 효성과 존경, 그리고 인간으로서 지켜야할 도덕과 윤리 등을 설파(說破)한 윤리지침으로써 이들 문서는 1770년(庚寅年) 거의 같은 시기에 작성된 것으로 추정된다.

### (4) 납향제(臘享祭)[56]

이 문건은 제목이 없는 단 한 장의 기록문서로서, 얼핏 보면 무슨 문서인지 알 수 없어서 오늘날 한글세대에서는 무관심 속에 자칫 휴지통으로 버려질 가능성이 높았던 고문서이다.

그러나 문건속의 기록들을 자세히 보고 검토한바 아래와 같은 내용으로 요약해 볼 수 있다.

본 문건에는 1900년(庚子年 : 大韓光武 4년) 음력 12월 말경 세종대왕 능(陵)인 영릉(英陵)[57]의 납향제(臘享祭)를 앞두고, 각처에서 마수(馬髓)로 보내온 농산물들을 1901년(大韓光武 5년) 정월에 광주군 돌마면 낙계리(樂溪里) 이 참봉(李 參奉)댁에서 종합한 현황이다.

광주군 돌마면 낙계(廣州郡 突馬面 樂溪)는 오늘의 분당구 수내동(숲안)의 옛 고유지명이며, 이참봉(李參奉)은 조선조 고종(高宗)때 영능참봉(英陵參奉 : 從9品 벼슬)을 역임하였으며, 수원시 거주 이택구(李宅求)씨의 증조부 諱 승부(承溥 : 1840-1919)공이다.

(별첨 2-4 참조)

---

56) 납향제(臘享祭) : 조선시대에 세시풍속(歲時風俗)에서 음력으로 한해를 마무리하는 섣달(12月 납일(臘日) : 冬至가 지난 뒤 셋째날(戌日)에 나라에서나 민간에서는, 한 해 동안 수확한 농산물을 신(神)에게 제사(祭祀)지내는 납향제(臘享祭 또는 臘平祭)라는 풍속이 있었다.

57) 영릉(英陵) : 경기 여주시 능서면 왕대리에 있는 세종대왕의 묘

## 3. 韓山李氏宗會 創立

1948년(戊子년) 분당구 수내동(한산이씨 집성촌-숲안)을 중심으로 인근 지역의 한산이씨들을 통합하여 '한산이씨종회'를 설립하여 21개 조항으로 된 '한산이씨종회 규칙'을 제정하였으며, 50여 명의 '회원 명부'와 종회에서 선출된 '임원 명부' 등을 작성하여 보다 현대적인 조직을 갖춘 종회로 공식 출범하게 된 근거 문서로써 그 내용은 아래와 같다.

### (1) 韓山李氏宗會 規則(최초)

제1조(名稱) : 韓山李氏宗會라 稱함

제2조(位置) : 廣州郡 突馬面 藪內里에 置함.

제3조(目的) : 藪內里 附近 部落에 居住하는 韓山李氏로서 組織하야 親族愛를 圖하며 또 宗事를 進行함에 一般協力하기로 目的함.

제4조 : 役員은 다음과 같이 定함

理事長 : 1人, 副理事 : 1人, 專務理事 : 1人, 常務理事 : 1人,

監査役 : 2人, 評議員 : 8人, 顧問 : 若干人

제5조 : 理事長은 宗中事를 處理함에 從事함

제6조 : 副理事는 理事長이 有故 할 時에 事務處理를 代理로 함

제7조 : 專務理事는 宗中에 事件이 有할 시는 理事長과 副理事에 通告하야 決裁를 得한 後에 事務를 處理케 함.

제8조 : 常務理事는 理事長, 副理事, 專務理事의 指揮 裁決에 依하야 金錢出

納 事務에 從事함.

제10조 : 評議員은 宗中事에 對하여 進行함에 協力하는 事務에 從事함.

제11조 : 會計年度는 自 4月 1日로 至 翌年 3月 末日로 定함

제12조 : 文簿 檢閱은 會計年度 內에 2期로 分하여 6個月씩으로 定함.

제13조 : 開會는 定期總會와 臨時會의 2種으로 定함

제14조 : 宗中에 非常事件이 有할 시는 理事長이 臨時開會함을 得함

제15조 : 役員의 任期는 滿 3年으로 定하고 滿期 후에 再任함도 得함.

제16조 : 役員 中에서 특히 事故가 有할 시는 定期 內에도 任免함을 得하는 事도 有함

제17조 : 役員 中에 缺員이 有할 시는 臨時總會를 開催하여 投票 選定 補缺케 함

제18조 : 役員會는 理事長이 開會함을 得함.

제19조 : 規則의 改正이 有할 時는 總會를 開催하여 可決에 衣하야 變更함을 得함.

제20조 : 會員 중 事故가 有할 시는 그의 家子 成年된 자로 하여금 會員行事를 代理케 함을 得함

제21조 : 顧問은 本會의 모든 事業 및 會務를 後援하며 監督을 할 수 있다.

(별첨 2-5 참조)

## (2) 회원 및 임원

### ① 최초 회원 및 역원 명부

1948년(戊子년) 수내동 '한산이씨종회'를 설립하고, 일가 간의 단합과 친목 그리고 번영과 발전을 도모하기 위하여 작성된 회원 및 임원명부이다.

(별첨 2-6 참조)

가) 같은 시기에 재(在)자 항렬(行列)을 필두로 승(承)-직(稙)-규(珪) - 구(求)-복(馥)자 항렬에까지 무려 6대(代) 항렬 세대끼리 공존공영(共存共榮)하였음을 입증하는 자료라고 할 수 있다.

나) 1948년(戊子년) : 수내동 '한산이씨종회' 설립을 주도하고 부이사장으로 선출된 치홍(致鴻) 諱 범규(範珪 : 梨亭 恒求의 父親)공께서 1948년 가을에 오랜 병고(病苦) 끝에 돌아가시자, 종회는 당년(1948년) 10월에 諱 성규(聖珪) 공을 부이사장으로 다시 선임하였다.

### ② 역대 주요 임원

· 1949년(己丑년) 10월 : 이사장 명규(名珪), 부이사장 성규(聖珪)
전무이사 명규(明珪), 상무이사 순규(順珪)

· 1954년(甲午년) 11월 : 이사장 용직(龍稙), 부이사장 은규(殷珪)
전무이사 효직(孝稙), 상무이사 병규(丙珪)

· 1958년(戊戌년) 11월 : 이사장 명규(明珪), 부이사장 장규(璋珪)
전무이사 병규(丙珪), 서기 찬구(瓚求)

· 1960년(庚子년) 10월 : 이사장 장규(璋珪), 부이사장 순규(順珪)
전무이사 기복(箕馥), 상무이사 병규(丙珪)

· 1966년(丙午년) 12월 : 이사장 장규(璋珪), 부이사장 순규(順珪)
전무이사 기복(箕馥), 상무이사 형구(亨求)

## (3) 회칙 서문

# 韓山李氏 家門

우리 韓國文化의 特性을 端的으로 말한다면 家族制度文化라 할 수 있다. 父系父權家族이면서 類型上 直系家族임을 特色으로 한다.

一世帶 一夫婦로 이어지는 家族制이다.

우리의 家庭은 祖上을 받들어 뫼시고 禮節을 遵守하며 家庭을 中心으로 夫婦가 琴瑟좋게 和順하며 生男生女하며 오붓하게 生活한다는 것이 家庭倫理이다. 父慈子孝하고 兄友弟恭하는 孝悌忠信이 우리 家庭의 生活信條로 人間의 基本的 德性이다.

일찍이 우리 韓山李門의 賢祖이신 稼亭(諱穀)文孝公께서 「我之子孫 百代之親」이니 勿呼宗하라고 하셨다. 나의 子孫들은 百代가 되어도 之親이니 宗氏라 부르지 말고 반드시 行列에 따라 呼稱하라고 하였다.

우리 後孫들은 金言의 말씀을 信條로 삼아 오늘날까지 行列에 따라 呼稱하고 있어 親族之感을 더욱 實感게 하니 世世孫孫이 續承發展시켜 나가야 할 것이다.

稼亭 文孝公의 아드님이신 牧隱(諱穡) 文靖公께서는 子孫들에게 "詩禮傳家忠孝立身하라."는 庭訓을 주셨기에 後孫代代로 이 나라와 民族을 爲해서 功獻하셨고 빛내주신 顯達하신 先祖가 헤아릴 수 없이 많다는 事實은 오늘을 살아가는 우리 後孫들은 限없이 感謝하고 韓山李氏로 태어난 것을 자랑스럽고 矜持를 갖기에 充分하다 할 것이다.

1984年 11月 1日 總人口調査 센서스에서 集計된 10大 姓氏의 人口數는 金

海金氏 376萬, 密陽朴氏 290萬, 全州李氏 240萬, 慶州金氏 150萬, 慶州李氏 120萬, 晉州姜氏 100萬, 慶州崔氏 87萬, 坡平尹氏 84만, 光山金氏 75만, 淸州韓氏 60萬, 韓山李氏 約13萬…….

以上에서 보는바와 같이 우리 韓山李氏는 比較도 안 되는 少數氏族으로서 朝鮮朝 五百年間 四名의 政丞과 大提學 3名, 淸白吏 6名, 功臣 12名 等을 包含하여 文科에 及第한 어른만 해도 198名이다.

수백 姓氏 중에 名門甲族으로서 韓山李氏 家門이 朝鮮朝를 이끌어가면서 중추적 역할을 담당해 온 빛나는 家門임을 말해준다.

이렇듯 累代에 걸쳐서 수많은 官吏를 輩出한 韓山李氏 家門이지만 우리의 矜持는 결코 그 숫자에만 있는 것은 아니다.

그보다는 오히려 그토록 많은 벼슬살이를 하면서 한결같이 쌓아온 忠誠과 淸貪이라는 두 가지 特性에 우리 家門의 자랑이 숨어있다.

아무리 많은 宰相이나 지방 수령을 내었다 한들 그들이 백성의 고혈을 짜는 貪官汚吏였다면 그것은 오히려 가문의 수치로 여겨야 할 것이다.

되돌아볼 만한 族譜조차 가지지 못한 수많은 이름 없는 백성들을 내 몸같이 아끼고 돌보았던 조상들을 모셨기에 그러한 矜持를 소중한 정신적 유산으로 간직하여 우리 家門의 後孫들은 지금 民主社會의 일원으로 各界各層에서 제 몫을 다하며 誠實하게 살아가고 있다.

自古로 피와 性品은 못 속인다 하였다.

훌륭하신 선조의 피가 우리 몸속에 脈脈이 흐르며, 고매한 정신을 이어 받은 후손 중 많은 이들이 多邊化된 현 사회에서 교단에 서서 국민을 가르치는 敎育者가 되고 그 숫자가 놀라울 만큼 많다는 사실은 대단히 鼓舞的이며 希望的이다.

1995年末 우리 韓山李氏 敎授會가 設立되었다. 현재 定規大學 敎授로 등록

된 분이 140여 명이나 되며, 그 외 停年退職 教授 및 專門大學 教授를 포함한다면 200~300名은 될 것으로 보인다.

以下 初.中 高等學校 또는 學院 等에서 가르치고 있는 선생님의 숫자는 또 얼마나 될까? 사람을 가르치는 教育者가 많다는 것은 무엇과도 바꿀 수 없는 高貴한 價値임에 틀림이 없다.

一家 여러분은 우리들 몸에 牧隱 할아버지의 고귀한 鮮血이 脈脈이 흐르고 있음을 잊지 말아야 하며, 和睦 團結하고 협조하여 선조의 遺德을 宣揚함은 물론 지속적인 종재 증식과 효율적인 종회 운영을 통하여 면면히 이어 내려 온 우리 종회를 더욱 改善 發展시켜 나가야 할 것이다.

# 4. 韓平君(諱 之萩)派宗會

## (1) 기본 재산 형성 경위

### ① 자본금

· 관습종중 기보유 자본금 : 22,046,424원

· 토지 및 건물 보상금

| 구분 | 주 소 | 토지 형태 | 토지규모(m) | 보 상 금 |
|---|---|---|---|---|
| 1차보상금 (1991.6.30) | 수내동 55-1 | 답 | 2,149 | 132,770,500 |
| | 수내동 55-2 | 답 | 246 | 23,364,000 |
| | 수내동 55-3 | 전 | 1,329 | 7,974,000 |
| | 수내동 79 | 유 | 575 | 56,124,500 |
| | 수내동 80 | 대 | 298 | 51,256,000 |
| | 수내동 85 | 대 | 555 | 121,545,000 |
| | 수내동 115-2 | 답 | 2,493 | 254,286,000 |
| | 수내동 353-7 | 답 | 2,159 | 202,946,000 |
| | 소 계 | | | 850,266,000 |
| 2차보상금 (1991.8.4) | 서현동 314-3 | 답 | 1,296 | 93,312,000 |
| | 서현동 353-5 | 답 | 4,628 | 277,680,000 |
| | 정자동 42 | 답 | 1,904 | 177,072,000 |
| | 정자동 44 | 답 | 1,557 | 147,915,000 |
| | 소 계 | | | 695,979,000 |
| | 분당동 144 | 답 | | 121,422,000 |

| 토지보상금 계 | | | 1,667,667,000 |
|---|---|---|---|
| 재실 보상금 | | | 15,684,700 |
| 예금이자 | | | 1,767,876 |
| 보상금 총액 | | | 1,685,119,576 |
| 자본금 총액 | | | 1,707,166,000 |

## ② 토지 및 건물 취득비

| 토지구입비 | 건 축 비 | 행정/기타비용 | 총 계 |
|---|---|---|---|
| 1,091,652,800 | 1,592,800,000 | 43,000,000 | 2,727,452,800 |

* 회관건축과 관련하여 자본금을 전액 투자해도 약 10억2천만 원이 부족하였으나 봉화공파종회의 遺財支援金 3억2천만 원과 건물 賃貸保證金 7억 원으로 가까스로 해결하였음.

## (2) 회관 건물 신축

### ① 공사 개요

· 공사명 : 한산이씨한평군파종회 회관신축공사

· 공사 계약자 : 山靑綜合建設(株) 대표자 방태열

　본사 : 경기도 성남시 중원구 중동 65

　참고 : 회관신축도급계약서 참조

· 공사장소 : 경기도 성남시 분당구 정자동 19-5

　도로명주소 : 경기도 성남시 분당구 성남대로

　343번길 12-6(정자동, 한평회관)

· 공사기간 : 착공 2001년 09월 04일, 준공 2002년 12월 30일

· 도급금액 : 일금 십오억구천이백팔십만원(₩1,592,800,000)

· 계약일자 : 2001년 8월 24일

### ② 사용승인

· 일자 : 2002년 06월 24일

· 승인기관 : 경기도 성남시장

· 근거 : 사용승인서(준공검사필증)

### ③ 건축물대장

· 대지 지번 : 경기도 성남시 분당구 정자동 19-5

· 건물 주소 : 경기도 성남시 분당구 성남대로 343번길 12-6

· 대지면적 : 428.70㎡ 연면적 : 2,250.60㎡ 중심상업지역

건축면적 : 339,25㎡ 건폐율 : 79.51㎡ 용적률 : 385.84%

④ 등기권리증

· 권리자 : 한산이씨한평군파종회

· 참고 : 등기권리증 참조

· 사업자등록증 : 등록번호 129-82-03944

· 업태 : 부동산

· 종류 : 임대

### (3) 상가건물 구입

예금 금리가 점차 인하되는 추세를 고려하여 종재 증식차원에서 보유 현금 일부를 상가건물에 투자하기로 2016년 12월 28일 이사회에서 의결함에 따라 아래와 같이 종회 인근의 상가건물 2개 지분을 구입하였다.

① 수내상가

· 주 소 : 경기도 성남시 분당구 백현로 97, 5층 502호
(수내동, 다운타운빌딩)

· 취득일 : 2016. 5. 23

· 면 적 : 246,62㎡(74.60평)

· 매입가 : 750,000,000원

· 임대보증금 : 50,000,000원

· 권리자 : 한산이씨한평군파종중

② 정자상가

· 주 소 : 경기도 성남시 분당구 성남대로 345, 5층 502호
(정자동, 정자역프라자)

· 취득일 : 2016. 9. 30

· 면 적 : 113.25㎡(34.25평)

· 매입가 : 467,000,000원

· 임대보증금 : 30,000,000원

### (4) 韓平君(諱 之菽)派宗會 歷代 理事長, 副理事長, 常任理事

| 代數 | 理事長 | 之派 | 在任期間 | 副理事長 | 常務理事 |
|---|---|---|---|---|---|
| 初代 | 갑규(甲珪) | 좌랑공 | 1948 ~ 1957 | | |
| 2代 | 용직(龍稙) | 좌랑공 | 1957 ~ 1958 | | |
| 3代 | 명규(名珪) | 생원공 | 1958 ~ 1960 | | |
| 4代 | 장규(璋珪) | 참판공 | 1960 ~ 1967 | | |
| 5代 | 기복(箕馥) | 좌랑공 | 1967 ~ 1967. 11. 09 | | |
| 6代 | 병규(丙珪) | 생원공 | 1967. 11. 09 ~ 1970. 12. 24 | | |
| 7代 | 복규(復珪) | 좌랑공 | 1970. 12. 04 ~ 1977. 01. 03 | | |
| 8代 | 정구(鼎求) | 좌랑공 | 1977. 01. 03 ~ 1981. 02. 17 | | |
| 9代 | 형구(亨求) | 좌랑공 | 1981. 02. 17 ~ 1989. 02. 17 | 宣求 | 昌珪 |
| 10代 | 학구(學求) | 참판공 | 1989. 02. 17 ~ 1991. 05. 18 | 庠求 | 麟求 |
| 11代 | 상구(庠求) | 전부공 | (직무대행)1991. 05. 18 ~ 1994. 03. 25<br>1991. 05. 18 ~ 1997. 03. 20 | 庠求 | 麟求 |
| 12代 | 학구(學求) | 참판공 | 1997. 03. 20 ~ 2000. 03. 24 | 元求 | 麟求 |
| 13代 | 한규(漢珪) | 좌랑공 | 2000. 03. 24 ~ 2003. 03. 25 | 元求 | 麟求 |
| 14代 | 인구(麟求) | 참판공 | 2003. 03. 25 ~ 2006. 02. 03 | 憲珪<br>恒求 | 元求 |
| 15代 | 헌규(憲珪) | 생원공 | (직무대행)2006. 02. 04 ~ 2006. 03. 26<br>2006. 03. 27 ~ 2012. 03. 31 | 昌珪<br>恒求 | 元求 |
| 16代 | 원구(元求) | 전부공 | 2012. 04. 01 ~ 2018. 03. 31 | 璋馥<br>寅馥 | 宗遠<br>洪馥 |
| 17대 | 종구(宗求) | 좌랑공 | 2018. 04. 01 ~ 2021. 03. 31 | 乙珪<br>綜馥 | 昌求 |

## (5) 宗會 會則改正 經緯

| 개정일자 | 주요 개정 항목 | 비 고 |
|---|---|---|
| 1994.3.25 | 제1장 총칙<br>제5조(회의구분)<br>제11조 임원회의구성<br>가. 이사장(도유사) 1인<br>나. 부이사장(부도유사) 2인<br>다. 상무이사(유사) 1인<br>라. 이사(평이사) 23인<br>마. 감사 2인<br>바. 고문 약간명 | • 평이사 24명 → 23명으로 1인축소<br><br>• 부이사장 1명에서 2인으로 증원 |
| 2004.3.24 | 제1장 총칙<br>제2장 회의<br>제3장 임원<br>제14조(임원선출)<br>본 종회의 이사장, 부이사장, 감사는 총회에서 선출한다.<br>제15조 이사회구성<br>가. 전부공파종회 6인<br>나. 아천군파종회 21인(생원공4, 참판공4, 통제사공2, 좌랑공9, 괴산공2)<br>신설조항<br>제30조(관리소장 채용과 임무의 임기)<br>③ 관리소장의 임기는 2년으로 하고 연임할 수 있다.<br>부칙<br>제3조(기본재산목록표시)<br>1. 부동산 : 경기도 성남시 분당구 정자동19-5 번지 소재<br>대 지 : 426.70㎡(129평)<br>회관건평 : 2.258.49㎡(683평) | |

| 개정일자 | 주요 개정 항목 | 비 고 |
|---|---|---|
| | 2. 동 산 : 현금 등 금융기관에 예치된 자산은 수시 변동하므로 매회계년도 결산보고서로 대체함. | |
| 2011.3.30 | 제1장 총칙<br>제2장 회의<br>제13조(이사회의 기능)<br>2. 이사장, 부이사장, 감사 선임 및 보선 임원에 대한 승인사항<br>※ 개정된 회칙은 이사장, 부이사장, 감사의 선임은 총회에서 선임권한을 이사회 권한으로 개정함.<br>제3장 임원<br>제14조(임원선출)<br>본 종회의 이사장, 부이사장, 감사는 이사회의에서 선출하고 총회에 승인을 받아야 한다고 개정<br>제16조(이사의 임기)<br>1. 이사 및 감사의 임기는 3년으로 하며 연임할 수 있다.<br>2. 이사장, 부이사장은 1회에 한하여 연임할 수 있다. | 개정회칙(원문)<br>후면 첨부 |
| 2016.3.29 | 쪽 및 목차 신설<br>제1장 총칙<br>제4조(사무소) 도로명주소로 개정함.<br>제2장 회원<br>신설조항<br>제6조(회원의 권리와 의무)<br>1. 회원은 본 회칙에서 정한 권리와 의무가 있다. | |

| 개정일자 | 주요 개정 항목 | 비 고 |
|---|---|---|
| | 2. 회원은 본회에서 시행하는 각종사업과 행사에 적극 협조하여야한다.<br>제3장 임원<br>제8조(임원선출)<br>1. 본 종회의 이사장, 부이사장, 이사는 이사 중에 각지파(전부공·아천군)에서 추천한 후보를 임원회의 의결을 받아 총회에서 승인한다로 개정함.<br>신설조항<br>제9조(상위종회 임원선출)<br>1. 전부공·아천군파종회에서 추천된 자.<br>2. 각지파 이사장단 회의에서 추천된 자.<br>3. 1,2항에 의해 추천된 자를 임원회에서 추인한다.<br>제10조(임원의 결격대상자)<br>4. 본회 상벌규정에 의거 징계 처분을 받은자.<br>제13조(임기만료) 본 회의 임원은 그 임기 만료 후라도 후임자가 선임될 때까지 그 임무를 수행하여야 한다. 다만, 불신임 결의 또는 해임된 경우에는 그러하지 아니한다.<br>제14조(임원의 불신임 결의 및 해임)<br>5. 불신임 결의 및 해임요구가 있을 때<br>이사장은 14일 이내 임원회를 소집하고 이사장이 소집하지 않을 시는 7일 이내에 감사가 회의를 소집할 경우 그 회의 의장은 선임 감사가 된다.<br>제16조(임원 및 기타직의 보수)<br>4. 종손은 당연직 고문으로 종회 예산을 고려하여 약간의 예우비를 지급할 수 있다.<br>제4장 회의<br>제20조(회의성립과 의결 및 정족수) | |

| 개정일자 | 주요 개정 항목 | 비 고 |
| --- | --- | --- |
| | 1. 총회 70인 → 100인 으로 개정함.<br>신설조항<br>제20조(회의 성립과 의결 및 정족수)<br>4. 정기총회 및 임시총회는 최종 회의 참석 인원을 의결정족수로 인정하며, 의결권을 행사한다.<br>제5장 재산 및 회계<br>제30조(현금보관 및 예치)<br>3. 불가피하게 일천만 원 이상의 자금을 지출할 때에는 감사의 지출 승인을 받아야 한다.<br>신설부칙<br>부칙<br>제1조(시행일) 본 회칙은 개정을 의결한 2016년 3월 29일로부터 시행한다.<br>제2조(경과조치) 본 회칙은 개정 이전에 예치한 통장 계출 인감 날인은 예치 만료 시 회칙 제30조 2항에 의한다.<br>단, 현임원진의 임기와 보수는 예외 규정을 적용할 수 있다.<br>제3조(폐지 규정) 본 회칙 시행과 동시에 종전의 회칙을 폐지한다. | |
| 2019.3.27 | 전문 개정함.<br>제3장 임원<br>제7조(임원의 정수 및 이사회 구성)<br>1. 임원의 정수<br>다. 고문 : 약간 명(종손은 당연직 고문으로 의결권을 가진다.)<br>제8조(임원선출)<br>1. 본 종회의 이사장은 각 지파(전부공, 아천군)에서 추천한 복수 후보를 이사회의 의결을 거쳐 총회의 승인을 받아 선출한다. | |

| 개정일자 | 주요 개정 항목 | 비 고 |
| --- | --- | --- |
| | 4. 상무이사는 총회에서 신임 이사장이 타지파의 이사 중에서 1인을 추천하여 총회의 승인을 받아야한다.<br>제9조(상위 종회 임원선출)<br>1. 상위 종회 이사장 후보는 각 지파(전부공, 아천군)에서 추천한 복수 후보를 이사회의 의결을 거쳐 해당 종회에 통보한다.<br>제4장 회의<br>제19조(이사회의 시기 및 소집권자)<br>이사회는 매 년도 2회 → 3회로<br>신설조항<br>제20조(회의성립과 의결)<br>2. 모든 의결시 찬반 의사표시는 비밀투표를 원칙으로 하며, 사안이 경미한 경우에는 거수로 결정할 수 있다.<br>3. 단 3개 안 이상이 상정되어 1차 투표 에서 과반수 득표 안이 없을 시 1, 2위 득표 안에 대하여 2차 투표로 결정한다.<br>신설부칙<br>부칙<br>제3조(기본재산 목록)<br>1. 부동산<br>나. 경기도 성남시 분당구 백현로 97, 5층 502호(수내동, 다운타운빌딩)<br>면 적 : 246,62㎡(74.60평)<br>취 득 일 : 2016. 5. 23<br>다. 경기도 성남시 분당구 성남대로 345, 5층 502호(정자동, 정자역프라자)<br>면 적 : 113.25㎡(34.25평)<br>취 득 일 : 2016. 9. 30 | |

## 5. 기타 崇祖事業

### (1) 『韓山李氏韓平君派世譜』刊行

#### ① 초간본(初刊本)

· 발행인 : 李璋珪

1966年(丙午) 09月 30日 인쇄

1966年(丙午) 10月 01日 발간

· 편집인 : 李仲珪

· 인쇄소 : 南山印刷所

· 임 원 : 都有司 璋珪, 常務 庠求

單有可 : 復珪, 章馥, 丙珪, 德珪, 善求, 賢求

尙馥, 鐘求, 鳳求, 鼎求, 昌珪, 贊求

#### ② 『경진보(庚辰譜)』

· 발행인 : 李學求 韓平君派宗會 理事長

· 인 쇄 : 서기 2000年(庚辰) 3월 30일

· 발 행 : 서기 2000年(庚辰) 6월 30일

· 인 쇄 : 전통족보문화사(대표 金永哲)

· 편집위원장 : 이학구 이사장

## (2) 한산이씨한평군파 映像族譜 제작

· 제작일 : 1992년 5월 일

· 제작처 : 한산이씨한평군파종회

· 영상족보 추진위원장 : 庠求,

· 영상족보 추진위원 : 亨求, 鳳求, 麟求, 宣求, 珏珪, 學求, 賢求(교정)

· 한산이씨 문종의 소명과 시대조류에 부응하여 2년여의 시일과 각고의 노력 끝에 영상 족보의 편집을 마감. 당초에 전체의 문중과 모든 자손들이 망라된 획기적인 작품을 만들고자 하였으나 제한된 축소판을 내어 놓을 수 밖에 없었음을 안타깝게 생각하며, 우리나라에서 처음으로 시도한 미증유의 작품이라는 긍지와 자부심을 가지고 앞으로 기회가 주어진다면 더욱 수정 보완시켜 나갈 계획이다.

· 2019년 10월 17일 VTR로 제작되어 있는 영상족보를 디지털화함으로써 영상 족보를 보관과 재생이 용이한 최신의 간편한 저장매체(USB)로 전환하여 배포하였다.

## (3) 한산이씨 성남화수회 창립

### ① 성남화수회 연혁

한산이씨 성남화수회는 1977년 창립되어 全文 21개 조항으로 된 규약을 제정하였으나 참여자가 적고 조직 기반이 미약하여 거의 유명무실한 상태로 이어져 오다가 1989년 분당신도시 개발계획에 따라 수내동, 서현동, 분당동 등 개발구역 내에 거주하던 한산이씨 일가들이 고향을 등지고 뿔뿔이 흩어져 이주하게 되었다.

1991년은 신도시 개발사업이 진행되는 가운데 개발구역의 한가운데 위치한 한산이씨 수내동 문화유적을 지키기 위한 韓平君(諱 之菽) 후손들의 각고의 노력 또한 계속되고 있던 때였다. 조상 대대로 살아오던 삶의 터전이 사라지게 되자 오랜 세월 동안 돈독한 유대관계를 맺어온 일가 간의 단합과 재결속의 필요성을 느끼게 되었다.

이를 위해 헌규(憲珪), 원구(元求), 호규(鎬珪) 등 제씨는 분당지역 외의 성남시 관할 동사무소를 일일이 방문하여 주민등록 담당자의 협조를 받아 한산이씨 일가들의 주소 파악에 나섰다. 이러한 활동 끝에 100여 호의 일가들 주소를 파악하여 우편으로 연락을 취하여 모인 결과 20여 명의 인원이 참석하였다.

화수회 기금은 1986. 7. 27일 형구(亨求) 씨가 인구(麟求) 씨에게 업무를 인계 시 95,150원에 불과하였으나 2003. 5. 22 인구 씨가 원구(元求) 씨에게 인계 시는 4,181,333원으로 늘어났다. 화수회 기금은 주로 전국에 산재된 한산이씨 선조 유적지 답사와 성남시 거주 한산이씨 일가들의 돈목 활동에 사용되었다.

2006년 10월 2일에는 성남시 분당구 정자동 19-5, 한산이씨 한평군파종회 회관에 현판식을 거행하고 동 주소지에 사무소를 개설하였다.

2007년 2월 3일에는 회장단을 새로 뽑아 회장에 형구(亨求), 부회장에 종원, 병구, 상무이사에 원구(元求) 제씨가 선임되었으며, 같은 해에 목은 선조 생가지(生家地)인 경북 영덕 괴시리 일원에서 거행되는 '第3回 牧隱文化祭'에 30여 명의 회원이 참가하여 행사를 빛나게 하였다.

이후로도 화수회 회원들은 다양한 숭조목족(崇祖睦族) 활동을 통해 일가간의 우애를 다짐은 물론 선조 유적지 순방 및 참배 등으로 한산 이문의 숭조정신을 고양하는데 앞장에 서고 있다.

현재는 아천군파종회의 헌규(憲珪) 씨가 이사장, 전부공파종회의 은복(殷馥) 씨가 상무이사로 활동하면서 남다른 수고를 하고 있다.

# 제IV장

## 韓平君 後孫들의 先祖 文化遺産 保護 및 顯彰

# 제IV장

## 韓平君 後孫들의 先祖 文化遺産 保護 및 顯彰

## 제1부. 文化遺産 發掘 및 保護

단군(檀君)은 한민족의 시조(始祖)로서 자주적 주체성이 확립되어 있고, 고려호장공(高麗戶長公) 이윤경(李允卿)은 한산이씨(韓山李氏)의 시조(始祖)로서 이념과 정신적인 주체성이 확립되어있다

“지초(芝草)는 어찌 뿌리 없이 자랄 수 있으며, 수내동의 탄천(炭川)은 어찌 근원 없이 멀리 흘러갈 수 있겠는가?”

충청남도 한산(韓山)의 ‘큰뫼’는 한산이씨의 발원지(發源地)요, 수내동 영장산(靈長山)의 ‘뒷뫼’는 한산이씨 한평군 이지숙(李芝淑) 가문의 세거지이자 한산이씨 제2의 중흥발상지(中興發祥地)로서 그 근원을 이룬 곳이다.

세상의 모든 사물은 있었던 자리에 그 흔적이 반드시 남아 있듯이 인적(人跡) 또한 그 자리에 남아 있어야 마땅하다. 그러나 오랜 세월의 흐름에 따라 그 흔적이 남기도 하나 대부분 사라지는 것이 자연의 법칙이다.

위대한 선조들의 행적(行蹟)이나 흔적(痕迹)들이 사라졌다면 자손으로서 어느 누구나 죄송하고 한탄스럽기 그지없을 것이다. 그러나 아무리 발굴(發掘)이 어렵고 힘들며 가지고 있는 재력이 못 미쳐도, 작은 단서 하나라도 포기하지

않고 이를 끝까지 추적하여 조상의 묘소와 유적을 되찾아 성공적으로 마무리한 한평군 가문 자손들의 헌신적인 공로는 한산이씨의 역사에 길이 남을 것이다.

# 1. 韓山李氏 始祖 戶長公(諱 允卿)

## (1) 始祖 戶長公 失傳 墓所 復元

한산이씨의 시조(始祖)이신 고려호장공(高麗戶長公) 諱 윤경(允卿)으로부터 인간(仁幹)-효진(孝進)-창세(昌世) 공에 이르기까지 4세대 조상의 묘소들은 시대 미상으로 실전(失傳)되었다. 그러나 오랜 옛날부터 충청남도 한산군 군청 건물 지하에 한산이씨 조상을 암장(暗葬)한 석관(石棺)이 묻혀 있다는 전설이 널리 회자(膾炙)되어왔다.

이러한 사실은 일본인 무라야마 지쥰(村川智順)이 저술하고 1990년 3월에 한국인 최길성(崔吉城)이 옮긴 『朝鮮의 風水』에 다음과 같이 기록되고 있다. "……발복(發福)을 위하여 금지함을 무릅쓰고 암장하는 자가 고래로 적지 않았다. ……예를 들면 고려 공양왕 시대 궁전 구지(舊地)에 유골을 암장하려는 자가 있었다. 조사해보니 망부(亡父)의 유언에 따라 매장하려 했다는 것이다. 물론 처벌되었다. 한산이씨의 조상이 부친의 유해를 한산군청의 중앙지중(中央地中)에 암장했다.

특히 관아 마루에 깔려 있는 널판 중에서 가운데 부분이 이상하게도 해마다 썩어서 매번 새 것으로 바꾸어야 했는데, 풍수가들에 의하면 이 군청 터가 길지(吉地)로서 생기가 매우 왕성하며 널판이 썩는 것은 바로 그곳에서 지중(地中)의 기(氣)가 넘쳐흘러 새어나기 때문이었다."고 한다.

이는 2013년 2월 8일에 발행된 호정(湖亭) 이상구(李庠求)의 자서전인 『韓

山李門과 나』 28쪽에도 다음과 같이 기록하고 있다.

"……옛 노인의 전하는 말에 호장공(戶長公) 묘소가 한산고을의 오른쪽에 있었는데 관부(官府)를 이전하여 세울 때 그 묘소가 담장 안으로 들어갔노라고 하였다. 일찍이 그곳에서 지석(誌石)을 보았으나 이를 숨기는 자가 있어서 드디어 자취가 없어지고 말았다. 고을에 아직 살아있던 노인이 그곳을 가리키며 슬퍼한지 오래였으나 이제껏 찾아내지 못한 것은 대개 관아(官衙) 안에 있었기 때문일 것이다."

이처럼 오랜 세월 동안 실전되어 온 시조의 묘소를 찾기 위한 노력이 한평군(諱 之蔉)의 10대 이하 후손(회재, 승대, 승오, 승우)에 의해 빛을 보게 되었는데 그 경위는 다음과 같다.

1880년(고종 17) 충남 한산군 내아(內衙 : 군청 건물의 안채)가 노후되어 무너져 내렸다. 1881년 韓平君(諱 之蔉)의 11대손이자 좌랑공댁 감사공 휘 집(潗)의 6대손인 현감 승우(承祐)공 등이 무려 4일간에 걸쳐 허물어진 내 청의 지하를 파서 발굴 작입을 강행한 끝에 해좌(亥坐)[59] 지점 땅 속에서 매우 오래된 고분(古墳) 석곽(石槨)을 찾아내었다.

그러나 석곽에는 유해 이외에 아무런 기록이 없어서 어느 때 누구의 관인지 알 수가 없었다. 그러나 석곽의 규모로 보아 그 주인은 일반 평민이 아닌 이 고장의 지도자급이며, 이 관아 터가 한산이씨 시조의 묘소자리였다는 오랜 세월 동안 전해 내려온 구전과 일치함으로써 이는 한산이씨 시조의 구기(舊基)임에 틀림이 없는 것으로 판명하였다.

발굴 즉시 한평군의 10대손 부사공(府使公) 회재(晦在 : 監司公 諱 潗의 5대손)와 한평군의 11대손 승대(承大 : 參判公 諱 慶涵의 9대손)공 등이 함께 협력하여 발굴 현장을 정리하고 봉분을 정성껏 수축(修築)하여 묘역을 새롭

59) 해좌(亥坐) : 북북서를 등지고 남남동 방향을 바라보는 자리

게 조성함으로써 역사적인 한산이씨 시조 戶長公(諱 允卿) 묘소의 복원이 이루어지게 되었다.

### (2) 高麗 戶長公 墓表 建立

1882년 4월에는 韓平君 諱 之蔵의 11대손인 충청도 관찰사 삼은공(三隱公 諱 承五)이 비문을 찬(撰)하여 묘소가 복원된 위치에 비석을 세웠으며, 다만 묘표문(墓表文)은 '고려호장이공지묘(高麗戶長李公之墓)'로 표기하고 諱는 생략하였다.

관아 건물이 붕괴됨으로써 시조의 묘소를 복원하는 좋은 계기가 되었으나 이 자리를 지키기 위해서는 관아를 이전해야 하는 바, 여기에는 삼은공 등 위에 언급한 여러 후손들이 힘을 합쳐 이전에 따른 건축비 등을 부담한 것으로 추정된다.

한산이씨 시조 고려 권지호장공 윤경지묘(韓山李氏 始祖 高麗 權知戶長公 允卿之墓)라는 묘표(墓表)만 있었던 충남 서천군 한산읍 내탑동 현지에 1994년 10월 묘비 원문과 번역문을 음기(陰記)한 복원비(復元碑)를 새로 제작하여 건립하였으며, 이에 주도적인 역할을 한 후손들은 다음과 같다.

· 이은규(李殷珪) 근기(謹記)

· 이윤구(李潤求) 근서(謹書)

· 이상구(李庠求) 근수(謹竪)

· 이현구(李賢求) 전서(篆書)

본 복원비 건립은 한산이씨 봉화공파종회의 적극적인 지원과 한산 현지의 항규(伉珪),홍구(鴻求), 석구(錫求) 등 제씨의 수고가 더해져서 이루어질 수 있었다.

### (3) 戶長公(諱 允卿) 墓所 改替復元碑 建立

이상과 같이 어렵게 복원하여 세운 시조 호장공의 묘표석(墓表石)이 6.25전쟁의 참화와 자연재해 등에 의해 알아보기 어려울 정도로 마모되고 파손된 상태로 내려오다가 1975년에 이를 더 이상 방치하면 그마저도 아주 없어질 것을 염려하여 파손된 묘표석을 일단 그 위치의 땅에 묻었다.

이유야 어쨌든 묘표석이 오랫동안 매몰된 채 방치됨으로써 제3자는 이 묘소가 과연 누구의 것인지 전혀 알 수 없는 상태가 되었으니 이는 정말로 한심하고 부끄러운 일이 아닐 수 없었다.

이러한 사실을 안타깝게 생각해 온 한평군(諱 之菽)의 14대손 호정 이상구(李庠求) 씨는 여러 종중에 복원의 필요성을 호소함으로써, 여러 종중이 협력 참여하여 파손된 채 묻혀 버린 묘표 대신에 개체복원비(改替復原碑)를 건립하기에 이르렀으며 그는 이 과정에서 주도적인 역할을 한 바 있다.

## 2. 稼亭公(諱 穀)

### (1) 稼亭, 牧隱 양 선생 유허비(遺墟碑) 및 비각 건립

#### ① 가정, 목은 양 선생 유허비 건립

가. 건립 경위

가정(稼亭) 공과 그의 아드님 목은(牧隱) 공 두 분의 유허비(遺墟碑)는 韓山李氏 韓平君(諱 之蕤)의 8대손 東田公(諱 泰永 : 1744-1803)이 경상감사(慶尙監司)로 재직 중에 영해(寧海) 지방을 순시할 때, 1796년 4월에 영해부사(寧海府使) 황은(黃檼) 공과 협력하여 현 경북 영덕군 영해읍 괴시리(槐市里) 303번지 영해 대로변에 稼亭, 牧隱 兩 先生 유적지에 최초로 건립된 문화유적(文化遺蹟)이다.

나. 건립 배경

목은 이색(李穡) 선생은 1328년 5월 9일(고려 충숙왕 5) 외가인 현 경북 영덕군 영해면 괴시리 341번지(중마골 : 務稼亭 또는 無價亭)에서 태어나시고 68세를 일기로 1396년 5월에 돌아가셨다. 아버지는 가정(稼亭) 이곡(李穀) 선생이고 어머니는 영덕지역의 대현(大賢) 김택(金澤) 공의 따님 함창김씨(咸昌金氏)이시다.

이 유허비는 목은(諱 穡) 선생이 돌아가신지 만 400년이 되는 기일(忌日)인 1796년 5월에 선생을 추모하기 위하여 선생의 생가 터(生家舊基)에 추모비

겸 기념비를 세운 것이다.

본 괴시리는 국가적으로도 매우 중요한 성지(聖地)라고 할 수 있다. 가정(稼亭) 이곡(李穀) 선생이 어린 소년시절부터 이곳에서 학문에 정진하며 생애 처음으로 벼슬에 올라 그 명성을 떨친 곳이며, 이곳 무가정(務稼亭)[60]에서 그의 아드님이신 목은(諱 穡) 선생이 탄신하셨기 때문이다.

비록 늦은 감이 없지 않으나 400년이란 세월이 지난 후에라도 당시 후손들이 유허비를 세우지 않고 이를 방치하고 있었다면 오늘날 우리 후손들이 단절된 역사와 함께 매몰되어버린 선조의 빛나는 자취를 찾을 길이 없었을 것이고 따라서 이 귀중한 성지가 무명의 평지가 되어 역사에서 영원히 사라지고 말았을 것이다. 유허비 음기(陰記)는 영해부사(寧海府使) 황은(黃檼) 공이 찬술(撰述)하였다.

### 다. 가정목은양선생유허비음기(稼亭牧隱兩先生遺墟碑陰記)

元文

(碑在慶尙北道盈德郡寧海面槐市一洞)

府治東三里古有濠池村高麗進士金公諱澤之所居稼亭李先生以館甥隨而卜焉牧隱先生寔生是地

先生詩曰丹陽我鄕曲雲物冠東方佔畢齋詩亦曰先生一出爲人瑞從此丹陽草木枯丹是寧之舊號則兩詩有足徵者先生以文章遊上國歸來移歐陽博士之坊名改其村曰槐市取其眼界平遠景物之佳麗盖有彷彿村人至今傳之歲丙辰先生後孫泰永以巡節到本府訪其遺址亭礎臺甓尙留春草荒原之間若有待於今日然遂托不佞立石以表之石旣治略記其事實俾後之過此者敬式之云爾

60) 무가정(務稼亭) : 함창김씨 대현 김택(金澤) 公의 사택 겸 婿屋(서옥)

崇禎三丙辰四月 日 知郡事 黃㙫 記

번역문

고을 동쪽 3리쯤 되는 곳에 옛날에 호지촌이 있었으니 곧 고려진사 金 公(諱 澤)이 살던 곳이다. 가정 이 선생이 그의 사위로서 뒤를 이어 여기에 살았으니 목은 선생은 실상 이 땅에서 태어났다. 선생의 시에서 말하기를 "단양은 내 고향, 경치가 동방의 으뜸일세."라고 했고, 또 점필재(金宗直)의 시에도 말하기를 "선생이 한번 나시자 사람들이 상서롭게 여겼으니 이로부터 단양에는 초목도 마르리라."라고 했다. 이 단양은 영양(寧陽)의 옛 이름이니 이 두 시로서 족히 증명이 되는 것이다.

선생이 뛰어난 문장과 함께 중국에 가서 유람하다가 돌아와서 구양박사(歐陽玄)가 사는 마을 이름을 따서 호지촌 이름을 괴시(槐市)라고 고쳤으니 이는 그의 안계가 평탄하고 먼 곳까지 미치고 있으며 경치가 아름답고 고운 것은 대개 구양현의 마을과 흡사하기 때문이다.

그 후로 마을 사람들이 지금에 이르기까지 그렇게 전하고 있다. 그 뒤 병진년에 선생의 후손 태영(泰永)이 순절사로서 현지에 이르러서 그 남은 터를 찾으니 정자의 주춧돌과 대에 입혔던 기왓장이 아직도 봄풀이 우거진 거친 들판에 남아있어서 마치 오늘을 기다리는 것 같았다. 이에 드디어 내게 부탁하여 돌을 세워 표하게 하므로 돌이 이미 다듬어지자 그 사실을 대략 기록하여 훗날 이곳을 지나가는 자로 하여금 공손히 경의를 표하도록 하는 바이다.

崇禎 3 丙辰年 4월 知郡事 黃㙫 쓰다.

## ② 가정(稼亭), 목은(牧隱) 양 선생 유허비각(遺墟碑閣) 건립

### 가. 건립 배경

1843년(癸酉) 4월에 韓平君(諱 之蔌)의 10대손 경상감사 소은공(紹隱公)(諱 景在)이 영해부(寧海府)를 순시할 때 유허비가 비바람에 마멸되는 것을 방지하기 위해 자신의 1년 치 녹봉을 털어 비각을 최초로 건립하였으며, 1898년(戊戌) 8월에 영해군수 연안인(延安人) 이병옥(李炳鋈)공이 괴시리 영양남씨(英陽南氏) 문중과 협력하여 중건하였다.

이렇듯 한평군 후손들이 비각을 세우지 못했다면 풍마세우(風磨洗雨)로 인해 황무지 속에 파묻힌 채 관리 부재로 자연적으로 퇴락하여 사라졌을지도 모른다.

1978년(乙未) 3월 대구 거주 이남규(李南珪) 씨와 괴시리 거주 영양인(英陽人) 남영종(南永宗) 씨가 협력하여 유허비각을 중건하였으며, 남영종 씨가 작고한 후에는 동생인 남영충(南永忠) 씨가 이를 이어받아 비각을 관리해왔다.

1927년(丁卯) 4월에 안동 소호리(蘇湖里)에 사는 이인구(李仁求), 이경구(李景求), 함창인(咸昌人) 김의익(金義益), 괴시리 영양인(英陽人) 남교(南嶠) 등 제씨들의 협력으로 중수(重修)하였다.

2000년도에는 "경북 북부지역 유교문화권 정비"를 위한 정부의 국책사업이 시행되어 국비 지원으로 유허비각을 중수단장(重修丹粧)하였다.

### 나. 가정목은 양선생유허비각기(稼亭牧隱 兩先生遺墟碑閣記)

元文

勝國末稼亭牧隱兩李先生以文章節行鳴於上國上國之人慕其風焉況我東士乎哉余

到郡之初按郡之職方認知兩先生遺墟碑在郡之東數里許槐市里往在英祖丙辰先生後孫泰永巡節時所創竪而知府黃公檃所撰記也閣則憲廟癸卯後孫景在所覆也余乃心竊感焉以暇日謁是閣而禮焉百年之間典護曠懈風雨滲磨丹靑剝落凜然有朝夕之患彷徨久之謂鄕人曰先生之風世所共仰玆閣之責顧不在士林耶聞丹山爲先生尸祝而恩撤後買田爲贍學所則不可無助余亦損廩以助之盍謨葺諸僉曰諾遂屬本洞章甫南朝涵南朝浩監董焉仍其舊制而新之隔世遺躅依然若徵於今日矣遠近人士行過是墟者豈不尤加敬式也哉嗟夫古人有言曰不知其土視其草木不知其家視其子孫今以先生之雲仍家于鄕洛者言之圭組軒冕炳耀一世者前後相望則醴泉靈芝豈無根源而然歟先生我百世師也其有風餘韻悠久以不泯固不係乎碑閣之存不存也而若乃後生之想像彷彿於播芬勝馥之地焉爲羹墻之寓將不在斯耶於以誦先生之文講先生之道復有一方與起之効則太守之適玆會不亦有光焉乎哉至於左右湖山之秀麗與夫草樹雲煙之香靄出沒于空曠者已悉於先生題咏之句覽者自得之矣於乎余過客也今玆之役不敢自謂効尺寸之誠而竊自附於數公尊衛之意後之視今猶今之視昔則嗣之葺之以圖不朽者未必無其人焉豈懼是閣之不壽乎遂爲之記以遺寧人

戊戌南至日 知郡事 延安 李炳鍌 記

## 번역문

고려 말년에 稼亭, 牧隱 양 선생이 문장과 절행으로 중국에 이름이 나서 중국인들도 그 풍도를 사모했거늘 하물며 우리나라 선비들이겠는가? 내가 이 군에 도착해서 군내의 실정을 조사하다가 비로소 양 선생의 유허비가 군 동쪽 몇 리 되는 괴시리에 있다는 것을 알게 되었다. 이는 지난 영조 병진에 선생의 후손 태영(泰永)이 순절사로 왔을 때 비로소 세운 것으로써 지부 황공 은(檃)이 기(記)를 지은 것이요, 비각은 후손 경재(景在)가 세운 것이다. 나는 이에 마음속으로 깊이 감동하여 틈이 난 날 이 비각을 가볍고 예를 올렸는데 100년 동안 수호하는 것이 게을러서 비바람에 새고 마모되어 단청이 모두 지워졌으며 놀랍게도 금방이라도 쓰러질까 우려되었다. 여기에서 한동안 머뭇거리다가 이곳 사람들에게 이르기를 선생의 풍도는 세상에서 모두 우러러보는 터인데 이 비각의 책임이 사람들에게 있는 것이 아닌가? 들으니 단산에 선생의 서원(書院)이 있었는데 나라에서 헐어 없어졌다 하니 밭을 사서 학문하는 곳으로 삼으면 도움이 되지 않겠는가? '나 또한 녹봉으로 받은 쌀을 내어 도울 것이니 지붕을 다시 입혀보지 않겠는가?'하였더니 모두 그렇게 하겠다고 하였다. 드디어 본동에 사는 유생 남조함(南朝涵)과 남조호(南朝浩)에게 부탁하여 이 일을 감독하게 하고 옛 제도에 따라 새롭게 해 놓으니 대를 뛰어넘어 남은 자취를 오늘날에도 뚜렷이 볼 수 있게 되었다. 멀고 가까운 곳에 있는 인사들이나 이 터를 지나는 자들이 어찌 더욱 공경을 더하여 예를 표하지 않겠는가? 아아! 옛사람이 말하기를 "그 흙을 알지 못하면 그 초목을 보고, 그 집을 알지 못하면 그 자손을 보라."고 하였다. 지금 선생의 자손들로서 경향 각지에서 높은 벼슬로 한세상에 빛나는 자들이 앞뒤로 계속되었으니 예천이나 영지가 어찌 근원이 없이 될 수가 있겠는가? 선생은 우리 백 대의 스승이다. 그가 남긴 풍도와 운치는 오래될수록 없어지지 않으니 진실로 비각이 있고 없는데 관계되는 바는 아니라 하지만 후생들이 선생께서 뿌려 놓은 꽃다움과 남아있는 향기를 어렴풋이나마 상상해서 추모할 수 있는 곳이 바로 여기가 아니겠는가? 더구나 선생의 글을 외우고 선생의 도를 강론하여 다시 한 나라의 사문을 흥기시키는 효험이 있다고 한다면 태수가 이 모임에 온 것 또한 더욱 빛나지 않겠는가? 그러나 좌우에 있는 호수와 산의 수려함과 풀 나무 구름 연기의 아득한 경치가 천지 사이에서 출몰하는 것은 이미 선생께서 읊은 시구에 실려 있으니 보는 자들은 스스로 깨달아 알 것이다. 아아! 나는 지나가는 나그네이다. 지금이 역사(役事)에 감히 작은 정성을 냈다고 스스로 말할 수는 없으나 스스로 여러 공(公)들의 존경하며 따르는 뜻에 합치되기는 한 것이다. 그러니 뒷날 사람들이 이 일을 보는 것이 지금에 옛날 일을 보는 것과 같다면 뒤를 이어 비각을 수리하여 보호하는 일에 반드시 뜻있는 사람들이 나타나지 않는다고 할 수 없는 것이니 어찌 이 비각이 오래가지 않을 것을 두려워하겠는가?

이것으로 기(記)를 써서 영해 사람들에게 전해주는 바이다.

무술년(1898년) 동지 일에 지군사 연안 이병옥 쓰다

### 다. 유허비 개체비(改替碑) 건립

1971년(辛亥) 5월 안동 소호리 거주 이상복(李象馥)과 괴시리 거주 영양인(英陽人) 남영종(南永宗) 씨가 협력하여 경상북도 도비(道費)를 지원받아 낡고 마멸된 옛 유허비는 땅에 묻고 새로 제작한 개체비를 세웠다.

## (2) 稼亭 先生 神道碑 序文 撰述

韓平君(諱 之蔵)의 10대손 文簡公(諱 景在)이 좌의정 벼슬에 있을시 稼亭先生 神道碑 서문을 찬술하였다.

### 稼亭 先生 神道碑 序文

我先祖稼亭先生有盛德大業丕闡于麗季又李文靖公爲子而墓道無大碑豈世値革除事有所未遑者歟仰謙光之旨導而無改歟文靖公有三男後皆蕃衍十八世孫元溥次房裔也遍謁諸宗曰先生之雲仍遍一國言行垂竹帛是宜百世炳耀夫何麗牲之爲雖然歲月滋久文獻莫徵則雖有如班孟堅何以述祖德太史公何由登箕山乎爲是之具圖所以顯刻旣伐石矣撰與書不能無待於長季二派也景在季房後也猥被徵文義不敢辭謹就麗史與家來而檃括之曰先生諱穀初諱藝伯字仲父稼亭其號也我李系出韓山自高麗權知戶長諱允卿數傳至井邑監務元贈祕書監丞本國贈都僉議贊成事諱自成是先生之考也妣元奉遼陽縣君本國奉三韓國大夫人興禮李氏諱椿年女先生以忠烈王戊戌七月壬寅生焉時元太德二年也自齠齔擧止異常及至讀書亹忘倦稍長慕聖賢之學遊於益齋李先生之門研窮經史學者多就正早孤事大夫人以孝聞性端嚴剛直人皆敬之十三歲屬諫院外郎知名當時爲都評議使司椽吏弱冠中擧子科越四年庚申中秀才科卽忠肅七年也調福州司錄叅軍忠惠二年辛未拜藝文檢閱忠肅後元年壬申中征東省鄕試第一名癸酉人元朝登制科前此本國人雖中制科率居下列先生所對策大爲讀劵官所賞擢置第二甲授承仕郎翰林國史院檢閱官與中朝文士交遊講劘所造益深爲文詞操筆立成辭簡義奧典雅高古當時學士皆歎服推重不敢以外國人視也甲戌奉興學詔還國乙亥拜奉善大夫典儀副令直寶文閣如元復命丙子授儒林徽政院管句丁丑轉征東行中書省左右司員外郎時元屢求童女于本國先生言於御史臺請罷之因代作其疏畧曰古昔帝王發一號施一令天下顒

顒望其德澤故稱詔旨曰德音今屢降特旨奪人室女甚爲不可夫人之生子鞠之育之將以望其反哺也無尊卑之別華夷之間其爲天性一也抑彼風欲寧使男異居女則不出若爲秦之贅婿然凡致養于父母者有女之尸焉故其生女也恩斯勤斯日夜望其長能有以奉養而一旦奪之懷抱之中送之四千里外足一出門終身不返其爲情何如也今高麗婦女在後妃之列配王侯之貴而公卿大臣多出於高麗外甥者此其國王族及閥閱豪富之家特蒙詔旨或情願自來且有媒聘之禮焉固非常事而好利者援以爲例凡今使其國者皆欲妻妾非但取童女而已夫使于四方將以宣布上恩詢咨民隱詩不云乎周爰咨詢周爰咨諏今乃使于外國貨色是黷不可不禁也側聞高麗之人生女者卽祕之唯慮不密雖比隣不得見每有使臣至自中國便失色相顧曰胡爲乎來哉非取童女者耶非取妻妾者耶而已軍吏四出家搜戶探若或匿之則係累其隣里縛束其親族鞭棰困苦見而後已一遇使臣國中騷然雖雞犬不得寧焉及其聚而選之姸醜不同或啖其使臣而飽其欲雖美而舍之舍之而它求每取一女閱數百家惟使臣之爲聽莫或敢違何者稱有旨也如此者歲再焉或一焉間歲焉其數多者至四五十旣在其選則父母宗族相聚哭泣日夜聲不絶及送于國門牽衣頓仆欄道呼泣悲慟憤懣有投井而死者有自縊者有憂愁絶倒者有血泣喪明者如此之類不可殫記書曰匹夫匹婦不獲自盡民主罔與成厥功恭惟國朝德化所及萬物咸遂高麗之人獨有何罪而受此若乎昔東海有冤婦三年不雨今高麗有幾冤婦乎比年其國水旱相仍民之飢殍者甚衆豈怨歎能傷和氣氣乎今以堂堂天朝豈不足於後庭而必取之外國乎雖承恩於朝夕猶懷父母鄕黨人至情也乃置之宮掖愆期虛老時或出之而歸之寺人終無嗣者十之五六其怨氣傷和又何如也伏望渙發德音敢有冒于內旨上瀆聖聽下爲己利而取童女者及使于其國而取妻妾者明示條禁絶其後望以彰聖朝同仁之化以慰外國慕義之心焉帝喜納之其獘始革國人德之爲植三叉木於廚庭朝夕置淸水器禱先生之多子孫其俗或至今尙傳焉是歲東還拜中顯大夫成均祭酒藝文館提學知製敎己酉拜正順大夫判典校寺事忠惠後二年辛巳賚賀改元表如元因留居癸未授奉訓大夫中瑞司典簿時本朝政亂刑賞俱濫群小用事忠直見斥甲申元流忠惠于揭陽是歲薨忠穆襲位還國先生貽書于執政大臣勉

以輔政用人之道其畧曰維吾三韓國之不國亦已久矣風俗頹敗刑政紊亂民不聊生如在塗炭幸今國王受命之國民之望之若大旱之望甘澍然國王以春秋之富謙恭冲默一國之政聽於諸公則其社稷安危人民利病士君子進退皆出於諸公夫進君子則社稷安退君子則人民病此古今之常理也然則用人又爲政之本也盖用人則易知人則難不問邪正不論高下惟貨是視惟勢是依附我者雖姦諂而進之異己者雖廉謹而退之則旣用人不旣易乎用人易故政日亂政亂故國家隨以危亡此不待遠求諸古實目前之明鑑也古之人知其然於一進退人之際而必察其所行惟恐瀆于貨而奪于勢也然猶朱紫相奪玉石相混其知人不難乎卽今本國之俗以有財爲有能有勢爲有智至以朝衣儒冠爲倡優雜劇之戲直言正倫爲閭里狂妄之談宣乎國之不國也比聞諸公所以輔政更化者與前日甚不尙遠名雖尙老而少者實主其柄名雖尙廉而貧者實執其權旣斥惡小而大者不悛其惡旣改舊臣而新者反附其舊知人不難用人甚易似非國王委任之意朝廷聞之得無不可乎執政不能用己酉扈帝駕于上都本國拜奉翊大夫判典校司事藝文館提學同知春秋館事上護軍又拜密直副使丙戌頒朔東還屢陞知密直司事加階匡靖大夫政堂文學進賢館提學知春秋館事上護軍又進重大匡韓山君藝文館大提學王以閔漬所撰國史編年綱目多闕漏命重修先生如益齋諸賢改撰以進又修忠烈忠宣忠肅三朝實錄丁亥知貢擧所取士多聞人戊子如元(是歲如元戊子)中書差監倉尋還國拜都僉議贊成事右文館大提學忠宣二年庚寅元授奉議大夫征東行中書省左右司郎中冬遭大夫人憂翌年正月一日卒享年五十四贈謚文孝法曰博學多聞慈惠愛親所著文有二十劵行于世墓在韓山郡南下面光峴壬坐原享祀韓山文獻寧海丹山書院配元奉遼陽縣君麗朝奉咸昌郡夫人金氏鄉校大賢諱澤女別葬左岡艮坐有一男卽文靖公諱穡高麗門下侍中道學節義爲世儒宗學者稱牧隱先生生二女長適判典校寺事朴尙衷世稱潘南先生次適判衛尉寺事朴寶生牧隱三男長種德知密直司事號玄巖謚文襄公次種學進賢館提學號麟齋次種善知中樞院事謚良景公孫仁寧府司尹孟畇右贊成謚文惠公孟畇進士狀元孟畯判中樞院事孟畛長房出牧使叔野牧使叔畦右軍摠制叔當陰判書謚良度公叔畝成均館直講叔福左贊成謚順節公叔時次房

出正郎季疇左贊成諡恭武公季疄領中樞諡文烈公號存養齋季甸右正言季畹執義季町季房出內外孫曾玄以下不可勝計而本朝五百年間姓孫之通仕籍者隨派繩武圭組蟬嫐名碩相望於乎盛哉先生當麗之世道德文章冠絶古今澤被生靈名滿華夷繼以牧隱先生倡起斯文益大以闡東人之仰之若泰山北斗宣乎受天之佑歷世彌彰矣若夫成績偉烈著於國乘遺藏餘韻被之鄕邦碑之有無不足輕重於先生末裔如景在者又何能發揮其萬一也只據史牒所載謹敍次如右

十七代孫 大匡輔國崇祿大夫 議政府左議政 景在 謹撰

번역문

우리 선조 가정 선생은 그 성한 덕과 큰 업적이 고려 말년에 크게 드러나지 못했고, 또 문정공 같은 아드님이 있는 데도 묘도에 큰 비석이 없으니, 어찌 세상이 변하였다고 해서 일을 미처 이루지 못했단 말인가? 아니면 그 겸손한 뜻을 좇아서 그치지 않으려 함이었던가? 문정공이 세 아드님이 있으니 그 자손들이 모두 빈성하였다. 18대손 원부(元溥)는 둘째 아드님의 후손으로 두루 여러 종족을 찾아보고 말하기를 "선생의 자손이 온 나라 안에서 두루 퍼졌고 그 말씀과 행동이 역사에 실려 있으니 어찌 마땅히 백대가 가도록 빛나게 하려고 비석을 세워야 하겠는가? 그러나 세월이 너무 오래되어 문헌을 상고할 수가 없으니 아무리 반맹견(班孟堅)[61] 같은 사람이 있은들 어떻게 그 덕을 저술할 수 있으며, 태사공(太史公)[62]이 있더라도 어떻게 자기가 기산(箕山)에

61) 반맹견(班孟堅) : 후한시대의 역사학자인 반고(班固 : 字 孟堅, AD 32-92)를 이르는 말. 23세 때 부친 반표(班彪)가 사마천(司馬遷)의 『사기(史記)』를 보완해 만든 역사서 『후전(後傳)』을 기초로 하여 『한서(漢書)』를 집필하기 시작하여 20여 년에 걸쳐 완성하였다.

62) 태사공(太史公) 중국 전한시대 인물로 중국 최고의 역사가(歷史家)로 꼽히는 사마천(司馬遷 : BC 145 – BC 86 추정)을 칭하는 말. 그는 중국 전역을 다니면서 자료를 수집하고 전승을 취재하여 130권에 이르는 중국 역사상 가장 방대한 역사서인 태사공서(太史公書 : 후에 사기로 불리움)을 완성하였다. 기전체(紀傳體)라는 독창적인 역사 기술 방법을 창안하였으며, 공자(孔子)를 왕의 반열에 올려놓음으로써 역사적 인물에 대한 자신의 평가를 반영하였다.

올라가 볼 수가 있겠는가? 이에 이런 것을 두려워하여 비석에 새기는 일을 계획하게 되었는바, 이미 돌을 마련이 되었으나 글을 짓고 쓰는 일은 맏집과 끝의 집 두 파에 의논하지 않을 수 없는 일이다."하는지라, 나 경재는 끝의 집 후손으로서 외람스럽게 글 짓는 일을 맡게 되었는바 의리에 감히 사양할 수가 없다. 이에 삼가 고려사와 가승(家乘)에 의거하여 모든 잘못된 사실들을 바로잡아 보려고 한다.

우리 한산이씨(韓山李氏)의 계통은 한산(韓山)에서 나왔는데 고려 권지호장(權知戶長) 諱 윤경(允卿)으로부터 몇 대를 내려와서 정읍감무(井邑監務)로 원나라로부터 비서감승(祕書監丞)을 증직하고 본국에서 도첨의찬성사(都僉議贊成事)를 증직한 諱 자성(自成)에 이르러 이 분이 선생의 아버님이시다. 어머니는 원나라에서 요양현군(遼陽縣君)으로 봉하고 본국에서 삼한국대부인(三韓國大夫人)을 봉한 흥례이씨(興禮李氏)이니 즉 諱 춘년(椿年)의 따님이다. 선생은 충렬왕 무술년 7월 임인일에 낳았으니 이때는 곧 원나라 태덕(太德) 2년이다. 선생은 어려서부터 행동하는 것이 보통 사람과 다르더니 글을 읽게 되자 부지런히 하여 게으르지 않았다. 차츰 자라면서 성현의 학문을 사모하여 익재 선생의 문하에 가서 공부하여 경서(經書)와 사적(史籍)을 연구하니 배우는 자들이 많이 선생으로 하여 잘못된 해석이 바로잡아졌다. 일찍 아버님을 여의고 어머님을 섬기는 데 효성이 있다고 소문이 났었다. 성품이 단정하고 엄숙하며 강직하여 사람들이 모두 공경하였다. 13세에 간원외랑(諫院外郎)이 되니 당시에 이미 이름이 알려졌다. 다시 도평의사사 연리(都評議使司 椽吏)가 되고, 15세에 거자과(擧子科)에 합격하였다. 4년이 지난 경신년에 수재과(秀才科) 과거에 합격하니 이때가 곧 충숙왕 7년이다. 다시 복주 사록참군(福州 司錄參軍)이 되었고, 충혜왕 2년 신미에 예문검열(藝文檢閱)에 올랐으며, 충숙왕이 다시 복위한 원년 임신에 정동성(征東省)의 향시 제1명에 합격하였고 계유년에는 원나라 조정에 들어가서 제과(制科)에 올랐다. 이때까지는 우리나라 사람이 비록 원나라 제과에 합격하여도 모두 아래 벼슬에만 있었는데, 선생이 이때 지은 대책(對策)이 독권관(讀劵官)의 큰 칭찬을 받아 제2갑에 뽑혀서 승사랑 한림국사원 검열관(承仕郎翰林國史院檢閱官)이 되었다. 이로부터 중국 조정의 문사들과 사귀면서 학문을 연구하고 닦아서 공부가 더욱 깊어져 문장을 짓는데 붓을 잡고 그 자리에 서서 완성해도 문체가 간결하고 글 뜻이 깊으며 전아(典雅)하고도 고고(高古)하니 당시의 중국학자들이 모두 탄복하고 소중히 여겨서 감히 외국사람으로 보지 못하였다. 갑술년에 학문을 일으키라는 조서(詔書)를 받고 본국에 돌아왔는데 이듬해에 봉선대부(奉善大夫) 전의부령 직보문각(典儀副令 直寶文閣)에 배하여 원나라에 가서 복명(復命)하였다. 병자년에는 유림휘정원관구(儒林徽政院管勾)를 제수받았으며, 정축년에는 정동행중서성 좌우사원외랑(征東行中書省 左右司員外郎)으로 옮겼다. 이때 원나라에서는 여러 번 우리나라에서 동녀(童女)를 구해 갔는데 선생은 어사대(御史臺)에 말하여 이것을 중지하라 청하고 이내 그 소(疏)를 지었으니 그 대략에 말하기를 "옛날 제왕이 한 가지 명령을 내리거나 한 가지 법령을 실시하면 온 천하 사람이 화락(和樂)하게 그 덕택을 바랬습니다. 그렇기 때문에 조서(詔書)의 뜻을 덕음(德音)이라 하였습니다. 하온데 이제 여러 번 특지(特旨)를 내려서 남의 집 딸을 빼앗아가고 있으니 몹시 옳지 못한 일입니다. 대체로 사람이 자식을 낳아서 키우고 기르는 것은 장차 그 반포(反哺)63)를 바라보기 때문입니다. 그러므로 존비(尊卑)의 구별이나 중국과 오랑캐의 차이가 없이 그 천성은 한가지인 것입니다. 그러기에 그들의 풍속은 차라리 남자들은 따로 살게 할지언정 여자는 밖에 나가지 않게 하여 마치 진나라 법의 췌서(贅婿)와 같기 때문에 대체로

63) 반포(反哺) : 까마귀 새끼가 커서 늙은 어미에게 먹을 것을 물어다 준다는 뜻으로, 자식이 성장하여 늙은 부모를 봉양하는 것을 이르는 말이다.

부모를 봉양하는 것은 여자에게서 시작되었습니다. 그러므로 사람들이 딸을 낳으면 은혜를 베풀고 부지런히 돌보아 밤낮으로 그 자라기를 기다려 그 봉양을 받게 되는 것입니다. 하온데 하루아침에 품속에서 빼앗아 4천리 밖으로 데려가서 그 발이 한번 문을 나가면 죽을 때까지 돌아오지 못하니 그 심정이 어떠하겠습니까? 이제 고려의 부녀들이 왕후나 왕비의 자리에 있고 왕후(王侯)의 부인으로서 귀한 몸이 되어 공경대신(公卿大臣)이 고려의 사위에게서 낳은 자가 많은 형편입니다. 그래서 그 나라 왕족이나 벌열부호(閥閱富豪)의 집에서 특별히 조서(詔書)의 혜택을 입고 있는데, 혹 자청하여 스스로 와서 중매를 통하여 장가드는 예식까지 있으니 이는 진실로 보통의 일이 아니며 더욱 이(利)를 좋아하는 자는 이런 일을 예사로 여기고 있습니다. 대체로 그 나라에 사신으로 가는 자는 모두 아내나 첩을 삼고저 하여 비단 동녀만 데려갈 뿐이 아닙니다. 남의 나라에 사신으로 가는 것은 장차 상은(上恩)을 펴고 백성들의 괴로움을 묻는 것이 목적이니 시경(詩經)에도 주원자순 주원자추(周爰咨詢 周爰咨諏)라고 하였습니다. 그런데 지금은 그렇지 않고 외국에 사신으로 가면 재물과 여색을 탐하고 있으니 이를 금하지 않을 수 없습니다. 소문에 듣자오니 고려 사람들은 딸을 낳으면 즉시 숨겨 두고 그래도 비밀이 지켜지지 않을까 염려하여 비록 가까운 이웃이라도 볼 수가 없다고 합니다. 그러다가 매양 사신이 중국에서 가는 날이면 금세 빛을 잃고 서로 돌아보면서 말하기를 '무슨 일로 왔을까? 동녀를 취하러 온 것이 아닐까? 처첩을 취하러 온 것이 아닐까?'한다고 합니다. 이윽고 군리(軍吏)들이 사방에서 나와 집마다 찾고 집마다 뒤져서 만일 숨겨둔 자가 있으면 그 이웃 마을까지 연루시키기도 하고 혹 그 친족까지 잡아다가 매를 때려 괴롭게 하여 기어코 찾아내고야 맙니다. 이리하여 한 번 사신을 만나면 온 나라 안이 시끄러워 닭이나 개까지도 편안하지가 못합니다. 이제 사람을 모아놓고 고르는 데도 얼굴의 곱고 미움에 상관없이 혹 그 사신을 꾀어서 그 욕심을 채워 주면 아무리 아름다워도 빼놓고 그 대신에 다른 동녀를 구합니다. 이리하여 한 사람을 취함에 수백 집을 뒤지게 되는 데 그래도 오직 사신이 하라는 대로 하고 감히 어기지 못하니 이는 조서(詔書)가 있기 때문입니다. 이렇게 하기를 1년에 두 번도 하고 혹 한 번도 하며 혹 한해를 거르기도 하는데 그 수효가 많을 때는 40-50명에 이르고 있습니다. 이미 거기에 뽑혀 가게 되면 부모와 종족들이 모두 모여서 울어 밤낮으로 그 소리가 끊어지지 않고 국경 밖에까지 보내고 나면 옷을 잡고 쓰러지기도 하고 길을 막고 울기도 하여 슬퍼하고 분해하던 끝에 혹은 우물에 몸을 던져 죽기도 하고 목을 매어 죽기도 하며, 또는 근심 끝에 졸도하는 자도 있고, 피눈물을 흘리다가 눈이 머는 자도 있어서 이러한 일을 이루 다 기록할 수가 없습니다. 서경(書經)에 이르기를 필부(匹夫)나 필부(匹婦)라 할지라도 자기 일을 마음껏 할 수가 없다면 백성과 임금이 더불어 그 공업(功業)을 성취할 수 없다고 하였습니다. 공손히 생각하건대 국조(國朝)의 덕화(德化)가 미치는 곳에 만물이 모두 이루어지는 것이오니 고려 사람만이 무슨 죄가 있어서 이러한 괴로움을 받는 것입니까? 옛날 동해에 원망하는 한 부인이 있어서 3년 동안 비가 오지 않았는데 지금 고려에서는 몇 명의 원망하는 부인이 있겠습니까? 해마다 그 나라는 홍수와 가뭄이 잇달아 계속되어 백성들이 주려 죽는 자가 몹시 많으니 이 어찌 원망하고 탄식하는 것이 화기(和氣)를 상함이 아니오리까? 이제 당당한 천조(天朝)로서 어찌 후정(後庭)이 부족해서 꼭 외국에서 취해 와야 한단 말입니까? 비록 아침저녁으로 임금의 은혜를 받았을 지라도 오히려 부모와 고향을 그리워하는 것은 사람의 지극한 정인데, 이제 궁중에 두어둠으로 시기를 넘기고 헛되이 늙게 하거나 때로는 혹 내보내어 시인(侍人)이 되게 하여 끝내 자식이 없는 경우가 열에 대여섯은 되니 그 원망하는 기운이 화기(和氣)를 상하게 함이 또 어떠하오리까? 엎드려 바라옵건대 조서를 내리시어 감히 임금의 뜻을 어겨 위로 성청(聖聽)을 더럽히고 아래로 제 몸만 이롭게 해서 동녀를 취해오는 것과 또 그 나라에 사신으로 가서 처첩을 취해오는 것을 분명히 금하는 법으로 삼아 그 뒤의 바라는 바를 끊어서 이로써 성조(聖朝)의 동인(同仁)의 교화를 빛내고 또 이로써 외국에서 의리를 사모하는 마음을 위로하여 주시옵소서."하니 제(帝)는 이를 아름답게 여겨 받아들여서 그 폐단을 비로소 없애어 우리나라 사람들은 세 갈래 되는 나무를 부엌 마당에 심고 아침저녁으로 청수(淸水) 그릇을 놓아두고 선생의 자손이 번성하기를 비니 그 풍속이 아직까지도 전해온다.

이 해에 본국으로 돌아와서 중현대부 성균제주(中顯大夫 成均祭酒) 예문관제학지제교(藝文館提學知製敎)에 올랐으며, 기묘년에는 정순대부 판전교시사(正順大夫 判典校寺事)에 올랐다. 충혜왕 복위 2년 신사에 개원한 것을 하례하는 표를 가지고 원나라에 가서 그대로 머물러 있었다. 이리하여 계미년에 봉헌대부 중서사전부(奉憲大夫 中瑞事典簿)를 제수받았다. 이때 우리 조정에서는 정치가 어지러워 벌하고 상주는 일이 모두 참람(僭濫)되어 소인배들이 일을 꾸며서 충성되고 곧은 사람들은 배척을 받았다. 갑신년에 원나라가 충혜왕을 게양으로 귀양 보내어 그해에 죽게 하고 충목왕이 자리를 이어 본국으로 돌아왔다. 이때 선생은 집정대신(執政大臣)들에게 글을 보내어 정치를 돕고 사람을 쓰는 도리를 깨우쳐 힘쓰게 하였다. 그 대략에 말하기를 "우리 삼한(三韓)이 나라이면서도 나라 구실을 못 한지가 이미 오래되었다. 풍속은 무너지고 형벌과 정치는 어지러워져 백성들이 살아가지 못하여 마치 도탄에 빠진 듯하다. 다행히 지금 국왕께서 즉위하던 처음에 백성들이 바라기를 큰 가뭄에 단비를 바라듯 하였다. 그러나 국왕께서는 춘추가 젊으신 데도 겸손하고 공손하고 충성되고 말이 없으시며 온 나라 정치를 여러분에게 물으시는데, 사직(社稷)의 편안하고 위태로운 것과 백성들에게 이롭고 해로운 것과 사군자(士君子)들의 나가고 물러나는 것이 모두 여러분의 손에서 나오고 있다. 대체로 군자가 나아가면 사직이 편안하고 군자가 물러나면 백성이 병드는 것이니, 이것은 예나 지금이나 마찬가지로 떳떳한 이치이므로 사람을 잘 쓰는 일이 정치의 근본인 것이다. 대개 사람을 쓰기는 쉽고 사람을 알기는 어려운 일이니 간사하고 정당한 것을 묻지 않고 높고 얕은 것을 의논할 것 없이 오직 재물만을 밝히고 세력만을 의지하여 내게 붙는 자는 비록 간사하고 아첨하는 자라도 올려 쓰고 나와 의견이 다른 자는 비록 청렴해도 물리친다면 그 사람 쓰는 것이 이미 쉬운 일이 아니겠는가? 사람 쓰기를 쉽게 하기 때문에 정치가 날로 어지러워지고 정치가 날로 어지럽기 때문에 나라가 위태로워지고 망하게 되는 것이니, 이것은 멀리 옛일에서 구할 것이 아니라 실로 눈앞에 밝게 보이는 일이다. 옛사람은 그러한 이치를 알아서 한번 사람을 올려 쓰거나 물리칠 때에는 반드시 그 행동을 살펴서 오직 그 사람이 재물을 탐내거나 세력에 마음을 빼앗기는 것을 두려워하였다. 그럼에도 오히려 높은 벼슬을 가지고 서로 빼앗아 옥과 돌이 서로 섞였으니 그 사람을 안다는 것이 참으로 어려운 일이 아니겠는가? 지금 우리나라 풍속은 재물이 있는 것을 가지고 유능하다 하고 세력이 있는 것을 가지고 지혜롭다고 하여, 심지어 조정에 나갈 때 입는 옷과 유관(儒冠) 차림으로 광대의 잡스러운 놀이를 하고 곧은 말과 바른 의론을 해야 할 사람이 마음으로 미치고 망년된 말을 하니 나라가 나라 구실을 못하는 것이 당연한 일이다. 들리는 말에 의하면 여러분이 정치를 돕고 고쳐서 새롭게 하려는 것이 전일과 별로 다르지 않다고 하니 명목으로는 늙은이를 숭상한다고 하면서 젊은이가 실제로는 그 권리를 쥐었고, 명목으로는 청렴한 것을 숭상한다고 하면서 재물을 탐하는 자가 실제로는 그 권리를 잡고 있다. 이미 악한 것이 적은 자를 내쫓았다. 그러나 그 큰 자는 악한 마음을 고치지 않았으며, 이미 옛 신하들은 갈았다고 하나 새 사람이 옛사람에게 붙었으니 사람을 알기가 어려운 것이 아니라 사람을 쓰기가 몹시 어려운 일이다. 이것은 국왕께서 정치를 위임한 본의가 아닌듯하다. 조정이 이러한 말을 들으면 어찌 불가하다고 아니 하겠는가?" 하였다. 그러나 집정대신들은 이 말을 듣지 않았다.

을유년에 원나라 황제의 행차를 모시고 상도(上都)로 갔다. 이때 본국에서 봉익대부 판전교시사 예문관제학 동지춘추관사 상호군(奉翊大夫 判典校寺事 藝文館提學 同知春秋館事 上護軍)을 배하고 또 밀직부사(密直副使)에 배하였다. 병술년에 반삭(頒朔)의 일로 인해 본국으로 돌아와서 여러 번 벼슬이 승진하여 지밀직사사(知密直司事)가 되고, 다시 품계가 올라 광정대부 정당문학 진현관제학 지춘추관사 상호군(匡靖大夫 政堂文學 進賢館提學 知春秋館事 上護軍)에 이르고 또 승진하여 중대광한산군 예문관대제학(重大匡韓山君 藝文館大提學)이 되었다. 이때 임금이 민지(閔漬)가 지은 국사편년강목(國史編年綱目)이 빠진 것이 많다고 하여 다시 편수하라고 명하므로 선생은 익재(益齋) 및 그 밖의 사람들과 함께 이를 고쳐지어서 올렸다. 또 충렬, 충신, 충숙 三朝의 실록도 편수하였다. 정해년에는 지공거(知貢擧)가 되어 그가 뽑은 사람이 많았다. 이 해에 원나라에 가서 무자년에 중서차감창(中書差監倉)이 되었다가 얼마 안 되어 돌아오니 본국에서 도첨의찬성사 우문관대제학(都僉議贊成事 右文館大提學)에 배하였다. 또 충선왕 2년 경인에는 원나라에서 봉의대부 정동행중서성 좌우사낭중봉의대부(奉議大夫 征東行中書省 左右司郎中)을 제수하였다. 이해 겨울에 어머님 상을 당하고 이듬해 정월 1일에 卒하니 향년 54세였다. 시호(諡號)를 문효(文孝)라고 내리니 그 뜻은 널리 배우고 많이 들었다(博學多聞)하여 문(文)이요, 자상하고 은혜롭고 부모를 사랑했다(慈惠愛親)하여 효(孝)라고 한 것이다. 저술한 글 20권이 있어서 세상에 전해진다. 묘는 한산군(韓山郡) 남하면(南下面) 광현(光峴)의 임좌(壬坐) 언덕에 있고 한산 문헌서원(韓山 文獻書院) 영해 단산서원(寧海 丹山書院)에 향사(享祀)하였다. 부인은 원나라에서 요양현군(遼陽縣君)을 봉하고 고려조에서 함창군부인(咸昌郡夫人)을 봉한 김씨(金氏)이니, 향교대현(鄕校大賢) 諱 택(澤)의 따님이다. 선생의 묘소 왼편 언덕 간좌(艮坐)에 따로 장사지냈다.

한 아드님이 있으니 곧 문정공(文靖公) 諱 색(穡)이다. 고려에서 문하시중(門下侍中)에 올랐으며, 도학(道學)과 절의(節義)로 세상에 유종(儒宗)이 되니, 학자들이 모두 목은 선생(牧隱先生)이라고 일컬었다. 두 따님이 있는데 맏이는 판전교시사(判典校寺事) 박상충(朴尙衷)에게 시집가서 세상에서 반남 선생(潘南先生)이라 일컬었고, 다음은 판위위시사(判衛尉寺事) 박보생(朴寶生)에게 시집갔다. 목은은 세 아드님이 있는데 맏이는 종덕(種德)이니 지밀직사사(知密直司事)로 호는 현암(玄巖) 시호는 문양(文襄)이요, 다음은 종학(種學)이니 진현관제학(進賢冠提學)으로 호는 인재(麟齋)요, 그 다음은 종선(種善)이니 지중추원사(知中樞院事)로 시호는 양경(良景)이다. 손자 인녕부사윤(仁寧府司尹) 맹유(孟유)와 우찬성(右贊成) 시 문혜(謚 文惠) 맹균(孟畇)과 진사 장원(進士 壯元) 맹준(孟畯)과 판중추원사(判中樞院事) 맹진(孟진)은 큰아들 소생이요, 광주목사(光州牧使) 숙야(叔野)와 진주목사(晉州牧使) 숙휴(叔畦)와 우군총제(右軍摠制) 숙당(叔當)과 음 판서(蔭 判書) 시 양도(謚 良度) 숙묘(叔畝)와 성균관직장(成均館直長) 숙복(叔福)과 좌찬성(左贊成) 시 순절(謚 順節) 숙치(叔畤)는 둘째 아들의 소생이다. 정랑(正郞) 계주(季주)와 좌찬성(左贊成) 시 공무(謚 恭武) 계린(季疄)과 영중추(領中樞) 시 문열(謚 文烈) 호 존양재(存養齋) 계전(季甸)과 감찰(監察) 계완(季畹)과 집의(執義) 계정(季町)은 막내아들의 소생이다. 내 외손과 증손 현손 이하는 이루 셀 수가 없다. 본조(本朝) 오백 년 동안에 선생의 자손으로서 벼슬한 자가 각파에 계속 이어졌으니 아아! 장한 일이로다. 선생은 고려와 원나라의 세상을 당하여 도덕과 문장이 고금에 뛰어났고 그 은택을 생령들이 모두 입었으며, 이름이 중국과 오랑캐 나라에 까지도 가득했다. 계속하여 목은 선생이 사문(斯文)을 일으켜서 더욱 크게 들어남에 우리나라 사람들이 우러러 보기를 마치 태산북두(泰山北斗)와 같이 했으니 마땅히 하늘이 도움을 받아서 대가 갈수록 더욱 빛날 것이로다. 그 장한 업적과 뛰어난 공렬(功烈)은 역사에 실려 있고 유풍(遺風)과 남긴 운치(韻致)는 고향과 나라 안에 가득하니 비석이 있고 없는 것이 어찌 선생을 높이고 낮출 수가 있겠는가? 더욱이 못난 자손 경재(景在) 따위가 어떻게 능히 그 만분지 일인들 발휘케 할 수가 있겠는가? 다만 사첩(史牒)에 실려 있는 것에 의거하여 삼가 위와 같이 쓸 뿐이다.

17대손 대광보국숭록대부 의정부좌의정 경재(景在) 씀

## 3. 稼亭, 牧隱 양 선생 유허지(遺墟地) 재정비 복원 및 성역화

### (1) 사업 추진 요지

한산이씨 韓平君(諱 之菽)의 14대손 이정(梨亭) 이항구(李恒求 : 前 政府理事官))는 가정, 목은 두 분 선조의 유허비를 포함한 유적지가 심히 퇴락하여 거의 알아볼 수 없는 지경에 처한 현실을 바로잡기 위하여 경북 영덕군 영해읍 괴시리에 소재한 稼亭, 牧隱 양 선생 遺墟地 再整備 및 聖域化 造成을 위한 請願書와 計劃書를 작성하여 1999년 8월 28일 자로 문화재청, 경북도청, 영덕

▲ 유허지(遺墟地)재정비 기공식(2002. 10. 24)

군수, 영덕문화원 등 관련 기관에 각각 단독명의로 제출하여 관계부처에서 이를 적극 검토해 달라고 요청하였다.

(별첨 3-1 참조)

### (2) 사업추진 동기 및 배경

영덕군 등 관련 기관에 이 사업추진의 필요성을 최초로 제기하고 사업이 완료되기까지 온갖 노력을 아끼지 않은 이항구 씨의 사업추진 동기 및 배경을 본인의 소회를 통해 알아보면 다음과 같다.

이항구는 1999년까지만 해도 槐市里가 지리상 어디에 있는지 그리고 이곳이 稼亭, 牧隱 두 분 선조의 유허지(遺墟地)라는 사실을 모르고 있었다.

1999년 5월 본인은 한산이씨 목양회(牧良會) 이진규(李振珪) 회장으로부터 괴시리 선조 유적지 단체 관광에 함께 가자는 초청을 받고 이에 동참하게 되었다. 경북 영덕군 영해읍 괴시리 현장에 도착하여 이 기회에 꼭 보고 싶었던 두 분 선조의 유적을 보는 순간 실망과 부끄러움에 몸 둘 바를 몰랐다.

700년의 시공을 넘어 이제야 할아버지 품에 안긴 듯, 이항구는 엎드려 사죄하고 마음 속 깊이 용서를 빌며 재배를 올렸다.

퇴락(頹落)해가는 유허비(遺墟碑) 이외에 보이는 것은 허리보다 높은 잡초 덤불과 대나무 숲이 전부이며 주변 일대는 무인지경(無人之境)에 온통 황무지(荒蕪地) 그 자체였으며, 쓰러져가는 비각은 잡초가 무성하고 들쥐와 벌레들의 서식지가 되어 있었다. 이를 어찌 한산이문 선현의 유적지라 말할 수 있으며, 이를 어찌 성지요 관광 여행지로 볼 수가 있다는 말인가?

지난 세월 동안 한산이씨 수많은 후손들이 관광 삼아 이곳을 오가면서 보고 느낀 것이 무엇이며, 얻은 것은 과연 무엇이란 말인가? 충효사상은 예전에 비해 갈수록 엷어지고 있다지만 이렇게 선조의 유적지가 수백 년 동안 방치된 채로 폐허로 변해버린 현실은 우리 후손들의 불효이자 수치(羞恥)로써 존엄한 조상님에 대한 모독이 아닐 수 없었다. 참으로 황당하고 참담(慘憺)한 심정으로 너무나 큰 충격과 경악(驚愕)을 금치 못하였으며, 자신도 모르게 눈물이 흘러 나왔다.

우선 급한 대로 일가분들과 함께 비각 주변을 정리한 후 괴시리 중마골에 위치한 무가정(務稼亭)으로 이동하였다. 괴시리 마을은 첫눈에 보기에도 아늑하고 아담하였으며, 멀리로는 영해 앞바다 수평선이 시원스레 펼쳐져 있어 너른 들판 가운데 수백 년의 풍상을 견뎌낸 고촌의 향기가 가득하였다.

허물어진 돌담길을 따라 기와집 고가(古家)들이 촘촘히 들어선 골목길을 지나 산중턱으로 올라가는 길목에는 牧隱 先生을 우러러 사모하고 기린다는 경목재(景牧齋)-괴정(槐亭)이 있었다.

괴정을 둘러보고 무가정까지 오르는 길은 인적이 없는 험한 가시밭길이었다. 아무런 흔적이 없는 빈터에 올라 우리 일행은 어려서부터 이 마을에서 살아와 오늘 안내인을 자청한 남동호 씨(80세)로부터 설명을 들었다. 자신도 이곳에서 나고 자랐지만 무가정을 직접 본 적은 없으며 옛 어르신들로부터 전해 내려오는 말씀을 통해 알고 있을 뿐이라고 하였다.

참으로 허무하고 황당한 노릇이었다. 어떤 표시나 근거가 될 만한 것이 하나도 없이 눈에 보이는 것이라곤 담쟁이 넝쿨과 온갖 가시덤불 속의 무성한 잡초 그리고 울창한 대나무 숲과 노송이 군락을 이루고 있는 불모지였다.

이를 보고 어찌 위인의 성지라고 말할 수 있단 말인가? 그러나 어쩔 수 없이 안타깝고 허탈한 마음을 안은 채 발길을 돌릴 수밖에 없었다.

그러나 슬픔과 죄책감을 잠시 접어두고 앞으로 이를 어떻게 해야 하나를 생각해 보았다. 오늘 이 시점에서 가장 시급하고 중요한 것은 무엇일까?

분당신도시개발 시 수내동 한산이씨 문화유적지를 지키기 위하여 동분서주한 경험이 있는 이항구로서는 감회가 남다를 수밖에 없었다.

국가기관이나 건설업자들이 전국 각처에서 개발이란 미명 아래 마구잡이식의 토건 사업을 펼치고 있어서 언제 이곳도 그 무분별한 개발대상지가 될지도 모르는 현실을 감안 할 때 이대로 한탄만 하고 있을 수는 없는 일이었다.

이곳은 우리 한산이씨 문중의 성스러운 장소일 뿐만이 아니라 우리나라 역사적으로도 귀중한 유적지임에 틀림이 없는데 이를 그대로 모른 척한다면 이토록 귀중한 문화재의 원래 모습이 일거에 사라질 수도 있다는 위기감을 느끼게 되었다. 이러한 문화유적은 한번 훼손되거나 이전이 되면 다시는 원상 복원이 불가능할 뿐만 아니라 그로서 그 가치는 심히 평가절하 될 수밖에 없는 일이다.

따라서 이를 사전에 대비하려면 우선 관계기관에 유적의 가치와 보존의 필요성을 납득시키는 일이 급선무이었으며, 어떤 경우이든 시기를 놓치고 후회한들 천추(千秋)의 한(恨)만을 남길 뿐이다.

▲ 괴시리 341번지(중마골) 무가정 터, 좌로부터 이항구, 남영충, 이원구

## (3) 사업추진 경위

한미(寒微)한 씨족에서 三韓甲族의 명문으로 키워주신 稼亭-牧隱 두 분 선조의 유적지가 이토록 흉물로 방치된 것은 어떤 이유로도 변명 할 수 없는 후손들의 수치이자 숭조에 대한 모독이므로 이를 더 이상 보고만 있을 수 없는 일이었다.

따라서 항구 씨는 이번 방문길에서 돌아오자마자 그간 느낀 점을 다시 돌아보며 이를 해결할 방안을 강구하여 실천에 옮기기 시작하였다.

▣ 1999년 5월 29일 – 5월 30일

괴시리 稼亭, 牧隱 선조 遺墟地 답사를 통해 유적의 복원 및 보호의 필요성을 절감함.

▣ 6월 1일 - 7월 25일

· 영덕군 일대 수차례 현장 답사 및 자료 수집.

· 영덕군청, 영덕문화원, 법원 등기소, 동사무소 등 관련 기관 방문과 향토사학자 등 관내 주요 인사들과의 면담을 통해 많은 유익한 자료 수집.

▣ 7월 26일 - 8월 27일

문화재청장, 경북도지사, 영덕군수, 영덕문화원장 등 관계기관장에게 보낼 청원서 작성 및 수정 작업을 함.

▣ 8월 28일

약 300쪽 분량의 청원서(유허지 성역화 사업 추진 계획)를 제본하여 관계기관에 일제히 제출함.

각 기관장과 담당관들의 관심을 집중시키기 위하여 영덕문화원 이완섭(李完燮) 총무국장에게 청원서 4부를 등기소포로 제출하여 영덕문화원에서 수신처의 관계기관에 공문으로 접수시켜 줄 것을 요청함.

(별첨 3-1 참조)

▣ 9월 28일

조선일보 문화사회 면에서 이항구가 제출한 청원서(괴시리 유적지 성역화 조성 사업) 내용이 포함된 범정부 차원의 문화재 정비계획을 확인함.

* 주요내용 : 대통령 지시에 의해 "문화재 보수정비 및 가야 역사문화 환경 정비사업"으로 정부예산 350억 원 규모의 국책사업을 추진.

▣ 11월 22일

영덕문화원 이완섭 국장으로부터 긴급히 요청 받은 문화유적공원 조성 사업 계획서(분야별 추진계획과 조직 등 법적, 제도적, 행정적 절차 등 망라)를 작성하여 우편으로 발송함.

(별첨 3-2 참조)

▣ 12월 17일

한산이씨대종회 이상구(李相求) 사무국장이 추천한 단국대 이광복(李洸馥) 교수에게 관계기관에 이미 제출한 청원서 사본과 조선일보에 보도된 관련 자료 일체를 넘겨주고 향후 서로 협조하면서 사업 추진에 만전을 기하기로 약속함.

■ 12월 14일 - 12월 25일

8월 28일 자로 정부기관에 제출한 청원서에 대한 문화재청장과 경북도지사의 회신 공문 접수

· 문화재청 기념8674-990(1999. 12. 14)

· 경상북도 문예 86770-3242(1999. 12. 24)

(별첨 3-3 참조)

■ 2000년 1월

경북 북부지역 유교문화권 정비 사업에 영덕 영해면 괴시리 선조 유허지 일대 정비 및 성역화 사업이 포함됨으로써 동 사업이 국책사업의 일환으로 정식으로 채택됨(괴시리 지역 정비 소요액 약 30억 원)

■ 2000년 9월 6일

목은 유적 복원사업 추진위원회 발족

· 회장 : 이태복 전 보건복지부 장관

· 고문 : 이일규(李一珪) 대종회 이사장 외 5명

· 지도위원 : 이긍규(李肯珪) 로얄스포츠회장 외 12명

· 전문위원 : 이형구(李亨求), 선문대(鮮文大) 교수 외 7명

· 부회장 : 이항구(李恒求) 한성군종회 이사장
이정복(李貞馥) 목은연구회장 외 8명

· 실무위원 : 이특구(李特求) 교수 외 4명

· 총무 : 목은연구회 총무 李洸馥 교수

▣ 2005년 5월 4일

1999년 8월 28일 자로 보낸 청원서의 후속 조치에 대하여 공식 회신이 없어서 해당기관에 다시 독촉 문서를 발송함.

(별첨 3-4 참조)

▣ 2005년 5월 7일 - 5월 18일

5월 4일자 독촉 문서에 대해 관련 기관이 보낸 회신 공문을 접수함.

· 문화재청 사적과 3079호(2005. 5. 16)

· 경북도 유교문화권 개발사업단 1174호(2005. 5. 7)

· 영덕군 문화관광과 3218호(2005. 5. 18)

(별첨 3-5 참조)

▣ 2010년 10월 28일

이항구는 괴시리에서 열린 목은문화제에 참석해 稼亭, 牧隱 두 분 선조님께 아래와 같이 봉정문을 올렸다.

### 봉정문(奉呈文)

오늘처럼 기쁘고 즐거운 날에 稼亭 선조님, 牧隱 선조님 天界 靈前에 감축하옵나이다. 일찍이 원대하신 꿈과 포부를 펼치고자, 고향 韓山을 떠나시어 천리 낯선 타향에 下臨하신 盈德은 높은 학덕과 성업을 쌓으신 거점이요, 英明하신 牧隱이 태어나신 光輝의 胎地이자 거룩한 민족의 성지입니다.

그러나 송구스럽게도 선조님의 遺墟地는 후손들의 무관심과 愚昧하고 不孝한 탓에 어쩌다가 삼백여 년이나 가시덩굴 속에 방치된 채 성스러운 흔적을 찾아볼 수 없는 폐허가 되었습니다.

엎드려 깊이 謝罪하옵니다.

때문에 이를 바로잡기 위하여 우리 후손들은 뜻을 모아, 1999년 8월 26일 政府要路에 부끄러운 실태를 무릅쓰고 유적지 복원의 당위성을 간곡히 청원하였으며, 이를 계기로 槐市里 遺墟地 聖域化事業은 다행히 2001년 1월부터 정부사업(경북 북부 유교문화권 정비사업)으로 채택되어 추진되었습니다. 2005년 5월까지 7년간의 대 役事를 성공적으로 끝내고, 牧隱記念館을 아담하게 新築, 遺品을 기리게 하였으며 유서 깊은 槐市마을은 깔끔하게 정돈되었습니다. 다만 옛 모습을 찾기는 하였으나 아쉽게도 聖所였던 務稼亭(無價亭)은 복원하지 못한 것은 큰 아쉬움으로 남습니다.

그 전말을 정리하여 오늘에야 奉呈하게 되었음을 용서하여 주시옵소서.

앞으로는 더욱 힘써서 높으신 學德과 위대하신 발자취를 따라 거룩하고 경건한 聖地로서 손색없고, 자랑스러운 세계적인 명소로 거듭나게 할 것입니다.

崇高한 陰德을 追慕하기 위하여 2003년부터 온 국민들이 뜻을 모아 뜻 깊은 문화축제를 거행하여 오늘로써 5회째 잔치를 벌이고 있사오니, 이를 가상히 여겨 이 나라의 念願인 國泰民安과 하루 속히 統一의 그날이 올 수 있도록 굽어 살펴주옵소서.

삼가 冥福을 祈願하오며 오늘 온 국민이 받드는 문화축제에 歆饗하소서.

2010년(庚寅) 10월 28일

奉呈者 不肖 後孫 李恒求 謹祝

＊ 첨부 1. 정부(문화재청장, 경상북도지사, 영덕군수)에 건의한 청원서 1부.

2. 정부의 사업추진 결과 회신서 등 종합 경위서 1부.

3. 괴시리 가정 – 목은 양선생 유적지 성역화사업추진경위서 1부

### (4) 사업추진 결과

괴시리 "稼亭, 牧隱 兩先生 遺墟地 整備 및 聖域化 事業"은 1999년 8월 최초로 정부 관련기관에 제출된 請願書로부터 발의되어 2007년 8월 사업이 모두 완료되기까지 무려 9년간에 걸친 大長程의 공정이었으며 참으로 우리나라와 한산이씨 문중 역사에 길이 남을 기적과 같은 크나큰 업적이었다.

이 사업을 통해 가정, 목은 두 분 선조님의 각종 문화유적에 대한 조사, 발굴, 복원, 보수, 정비에 관한 내역은 다음과 같다.

· 가정, 목은 양 선생 유허비 및 비각 정비 : 지방문화재 지정

· 무가정(務稼亭, 無價亭) 生家址 흔적 멸실로 標識石 설치

· 땅에 묻혔던 최초 유허비 발굴 및 무가정 舊址에 전시 설치

· 목은기념관(牧隱記念館) 건립 : 현판은 여초(如初) 선생의 글씨

· 牧隱 李穡 선생 석상 건립 : 국회의원이자 계룡건설 회장인 이인구(李麟求) 씨가 제작 기증함

· 목은문화제 개설 : 영덕군 주최로 격년제로 축제 개최

· 관어대소부(觀魚臺小賦) 시비(詩碑) 건립 : 강원대 황재국(黃在國) 교수의 글씨

· 침향지(沈香池) 복원 조성

· 침향정(沈香亭) 복원 건립

· 괴정(槐亭 : 목은 선생을 기리는 옛 書堂) 보수 정비

· 괴시리 전통마을 조성 : 전통 한옥 및 담장 등 옛 모습으로 대대적 정비 및 보수

· 1999년 최초 청원서를 통해 요청한 대로 괴시리 목은 선생 유허지를 중심으로 한 반경 2Km 구역을 개발제한구역으로 법정 고시하였으며, 일대를 시민공원으로 조성

## (5) 괴시리 유허지 성역화 사업 공로자 소개

■ 이완섭(李完燮) 영덕문화원 사무국장

영덕문화원 사무국장을 맡고 있던 이완섭 씨는 1999년 5월 牧良會 李振珪 회장과 恒求 씨 일행이 영덕 방문 시 동행을 요청하자 기꺼이 참여하여 괴시리 유적지를 일일이 찾아서 안내하였으며, 목은 생가 관련 자료가 전무했던 우리 종회를 대신하여 관련 자료를 수소문하여 이를 보유하고 있는 박노활(朴魯闊) 씨를 찾아 소개시켜 줌으로써 생가 복원의 커다란 실마리를 제공하였다.

뿐만 아니라 괴시리 성역화 사업이 진행되는 동안 각종 자료 발굴과 업무 연락을 도맡아주었으며, 우리 종회의 이항구(李恒求) 씨가 작성한 청원서를 경북도청, 문화재청, 영덕군 등 관계기관에 제출 시 이를 영덕문화원 명의의 공문으로 발송해주는 등 이후로도 당시 김우연(金又淵) 군수와의 두터운 교분으

▲ 좌로부터 이상복 교수, 이항구 씨, 남영충 씨, 이일규 전 대법원장, 이광복 교수, 이정복 교수

로 인해 많은 행정적 도움을 제공해 준 커다란 공로가 있었다.

이후 한산이씨대종회(李一珪 理事長)에서 본격적으로 나서고 경북북부지역 유적개발계획이 확정되면서 사업이 탄력을 받게 되었다.

■ 이광복(李洸馥) 전, 단국대 교수

목은연구회 총무를 맡고 있던 이광복 교수는 괴시리 선조 유적 복원추진위원으로 참여하여 괴시리 유허지 성역화 사업의 실무 작업을 도맡아서 최초 사업 방향을 제시하고 정부 및 지자체와 한산이씨대종회 등 유관부서와 긴밀히 협조하여 사업이 성공적으로 이루어지도록 최선의 노력을 다하였다.

사업의 발의로부터 완공까지 무려 9년이라는 긴 시간 동안 자신의 모든 정성과 열정을 쏟아 문중의 영광 재현을 위해 헌신한 공로는 길이 기억해야 할 것이다.

■ 이태복(李泰馥) 선, 보건복지부 장관

1999년 8월 28일 한산이씨 후손(李恒求)이 작성한 괴시리 성역화 사업 계획에 관한 청원서를 정부 관계기관(문화재청장, 경북도지사, 영덕군수, 영덕문화원장)에 제출함으로써 시작된 성역화 사업 추진은 2000년 9월 6일 당시 노동일보사 회장으로 재직 중이던 이태복 전 보건복지부 장관이 괴시리 선조유적 복원추진위원회 회장의 중책을 맡음으로써 본격적인 활동 단계에 들어가게 되었다.

위원회 고문에 이일규(李一珪) 대종회 이사장 외 5명, 지도위원에 이긍규(李肯珪) 로얄스포츠 회장 외 12명, 전문위원에 이형구(李亨求), 정문대(鄭文大) 교수 외 7명, 부회장에 이항구(李恒求) 한성군종회 이사장, 이정복(李貞馥) 목은연구회장 외 8명, 실무위원에 이특구(李特求) 교수 외 4명 등을 선임하였으며, 목은연구회(회장 李貞馥 교수, 총무 李洸馥 교수)가 주축이 되어 사업을 추진하였다.

그러나 이 사업은 막대한 자금이 투입되어야 하는 대형 사업으로서 재정이 빈약한 한산이씨대종회의 자금 사정으로는 사업추진이 불가능하였으나 사업추진위원회 회장인 이태복 전 장관이 정부 요로와 사회 각계에 긴밀히 협조 요청하는 등 크게 활약하여 사업비 전액(정부 및 지자체 부담액 약 30억 원)을 지원받음으로써 사업이 성공적으로 이루어지게 한 공로가 다대하였다.

■ 남영충(南永忠) 괴시리 마을 원로

남영충 씨는 괴시리 현지에서 나고 자란 마을 원로 중의 한 분으로 작고한 형님 남영종(南永宗) 씨를 이어서 가정 목은 양 선생 유허비각에 대한 잡초 제거와 보수유지 등을 자원하여 행함으로써 유허비 관리 유지에 남다른 정성을 기울였다.

특히 괴시리 성역화 추진을 위한 사업기간 동안 우리 문중의 관계자가 현지 방문시 동행 안내를 도맡아 하고 각종 자료수집에 있어서도 적극적인 협조를 아끼지 않는 등 여러 가지 편의를 제공하였다.

이러한 남영충 씨의 협조와 노고는 사업 추진에 커다란 도움이 되었으며, 그 결과로 폐허에 가까웠던 선조의 유허지를 역사적인 성지(聖地)로 되찾을 수 있게 되었다.

## (6) 牧隱 선조의 출생지 영덕과 貫鄕 한산의 관계

서해안의 충남 한산과 동해안의 경북 영덕(盈德)은 한반도 중부지역에서 동서 방향으로 서로 끝과 끝에 위치 해있어 직선거리로도 약 300Km에 달하는 먼 곳이다.

지금으로부터 700여 년 전에 한산에서 살던 가정(稼亭) 공이 오늘과 같은 교통수단도 없던 당시에 무슨 이유로 그 머나먼 길을 오가게 되었는지에 대하여 우리 후손 대부분이 이를 매우 궁금해 하고 있으므로 이 기회를 빌어 그 경위를 추정하여 요약 정리하였다.

### ① 韓山 - 盈德 이동 경위

1310년 가정(稼亭) 공이 12세 때에 아버지(贊成事公 諱 自成)께서 돌아가셨다. 공에게 한산(韓山)은 고향이자 출생지이기는 하나 가난하고 의지할 일가친척이 없는 낙후된 시골 한촌(寒村)이었다. 또한 인근에는 스승으로 받들만한 학자나 선비가 없었으며, 있다고 하더라도 집안 형편상 스승에게 사례(謝禮)하는 것도 어려운 일이었다.

당시까지 한미(寒微)했던 한산이씨 가문을 크게 일으키신 가정공의 어머니이시며 삼한국대부인(三韓國大夫人)으로 추앙 받는 홍례이씨(興禮李氏)는 그야말로 우리 문중의 크나큰 어머니(大夫人)이시다.

일찍이 홀로되신 홍례이씨는 열두 살의 어린 아들을 데리고 희망이 없는 한산 고을을 떠나기로 결심하고 복주(福州), 즉 오늘날의 안동으로 이사를 하였다. 여기에는 당장의 생계유지는 물론 어려서부터 뛰어난 아들의 천재성을 키워주기 위한 교육이 무엇보다 중요하며 이를 위해 적합한 곳이 바로 안동이라는 홍례이씨의 판단이 작용한 것으로 보인다.

당시 영덕 서쪽에 위치한 안동지방에는 예로부터 고명한 학자와 낙향한 고위관리, 그리고 학식 높은 선비들이 즐비했으며 다른 지방에 비해 문물이 매우 발달한 선진 지역사회이었다.

특히 당시의 고려시대는 모계사회(母系社會)로서 신랑이 결혼하여 사위가 되면 처가(妻家)의 서옥(壻屋)에서 아이를 낳아 분가(分家)할 때까지 처가살이하는 것이 관습이었다, 이때 많은 사람은 처가로부터 토지와 가옥 등 재산을 물려받아 그곳에 정착하여 독립하기도 하였다.

아들의 장래를 위한 교육과 생계유지에 있어서 친정댁과 가까워서 친척들의 도움을 받기가 비교적 용이한 안동 지방을 거주지로 택한 것은 탁월한 선견지명(先見之明)이었다. 홍례이씨는 이곳에서 아들 稼亭(諱 穀) 公이 학문 연마에 정진하도록 모든 희생을 무릅쓰며 고인이 된 부군을 대신하여 훈도(訓導)에 전력하였고, 稼亭 公 또한 이러한 어머니의 뜻에 어긋남이 없이 학구에 전념하면서 극진히 효도를 다하였다.

가정 공이 13세 때 안동 지방 시주사(詩酒寺)에서 열린 시회(詩會)에서 수많은 시인과 문인이 참가한 가운데 시구(詩句)로 내걸린 "장야부장시주야(長夜不長詩酒夜- 밤은 길지만 시 짓고 술 마시는 밤은 길지가 않네)"에 어느 누구도 선뜻 나사서 이에 대구(對句)하는 사람이 없었는데, 가정 공이 전혀 망설임 없이 "원산비원화도산(遠山非遠畵圖山 - 산은 멀리 있지만 그림 속의 산은 멀지가 않네.)"으로 대구(對句)함으로써 주위를 놀라게 하여 신동(神童)으로 이름을 날리게 되었다. 1333년 원나라 순제(順帝)에게 공녀징발(貢女徵發)의 부당성을 상소(上疏)하여 공녀제도를 폐지케 한 사실 등은 앞 장의 한산이씨 한평군(諱 之菽)의 선계 행적에 상세히 기술되어있다

이렇게 하여 학문의 깊이를 더해 가던 중 1313년경에 그는 홍례부 북쪽의

영해지방을 방문했을 때 영해향교의 대현(大賢)인 함창김씨(咸昌金氏) 택(澤)공이 가정 공이 후일 반드시 귀하게 될 것임을 알고 그를 사위로 삼아 처가댁 서옥(壻屋)인 무가정(務稼亭 또는 無價亭)에서 생활하면서 과거시험에 합격함으로써 복주(福州)의 사록참군사(史錄參軍事) 벼슬에 올라 처음으로 지방 관서에 진출하게 되었다.

1328년 현 괴시리 341번지 중마골에 있는 무가정에서 아드님 牧隱(諱 穡)이 태어나셨으며, 1329년 가정 공은 목은 공이 두 살 되던 해에 가족과 함께 영덕을 떠나 고향인 충청도 한산군 서하면 영모리(현 충남 서천군 기산면 영모리)로 귀향하였다.

### ② 괴시리(槐市里) 마을의 유래와 변천

1300년 경 함참김씨(咸昌金氏)가 이 마을에 정착하여 세거(世居) 중이었으며, 1328년 목은(牧隱) 이색(李穡) 선생이 외가인 고려 진사(高麗 進士) 증 찬성(贈 贊成) 김택(金澤) 선생 댁에서 출생하였다.

이 마을의 자연환경을 살펴보면 동쪽은 높은 산이 감싸고 있고 주봉인 망월봉(望月峯)은 내룡(來龍)으로 마을이 팔자(八字) 형국으로 펼쳐져 있으며, 마을 전면에는 동해안의 삼대평야(三大平野) 중의 하나인 영해평야(寧海平野)가 광활하게 펼쳐져 있다.

남쪽으로는 영해(寧海)의 명산인 경산(鯨山 : 고래산)이 솟아있고, 북으로는 상대산(上臺山) 그리고 그 맞은편에는 십리경포(十里鯨浦)와 평원을 끼고 있다. 팔자 형국인 마을의 중간을 본 마을이라 하며 그 남으로 이십 동천(二十洞川) 작자골이 있으며 그 중심축에 있는 곳이 중마골이다.

다시 북으로는 호지(壕池)가 있었다 하여 호지골 또는 호지마을 즉 호지 촌

▲ 제1회 목은문화제 모습(2003. 5. 9)

(壕池村)이라 부르며, 서쪽 방향으로 팔자 형으로 펼쳐진 마을에는 기와집 저택 20여 채가 있었던 대촌이었다.

호지촌에는 고려 말에 함창김씨(咸昌金氏)가 처음으로 입향하였고, 그 후 조선조 명종(1545-1567) 연간에는 수안김씨(遂安金氏)와 영해신씨(寧海申氏)가, 1630년(인조 8)경부터는 영양남씨(英陽南氏)가 세거하였다.

거유(巨儒) 중 한명인 치헌(癡軒) 김덕오(金德五 : 1680-1748) 선생도 1680년 이 마을에서 태어나는 등 사성(四姓)이 함께 살아오다가 영양남씨를 제외한 삼성(三姓)은 점차 다른 곳으로 이주하고 영양남씨(英陽南氏)들만이 400여 년간 세거해온 집성촌(集姓村)으로 도내에서도 명문으로 이름난 반촌(班村)이다.

이 마을은 동해로 흘러드는 송천(松川) 주위에 늪이 많고 호지(壕池)가있어서 호지말 혹은 호지촌(壕池村)으로 부르다가 고려 말 목은(牧隱) 선생이 원나라에서 문장으로 이름을 떨치고 있을 때 교분을 쌓은 구양박사(歐陽博士 :

歐陽玄)가 살던 괴시(槐市)마을이 자신이 태어난 호지촌처럼 시야가 탁 트이고 아름다운 산천 경관이 너무도 흡사하므로 귀국 후 이 마을 이름을 괴시(槐市)라 고쳐 부른 데서 유래한 것으로 전해진다. 송천(松川)과 하천(霞川 : 지금의 新坪)도 이때 동시에 명명되었다.

마을의 동쪽 망월봉에는 목은 선생의 외조모인 정경부인(貞敬夫人) 영양남씨(英陽南氏)의 묘소가 있는데 그 장례식 때 인근 각 지방의 수령들이 운집하였다 하여 속칭 '監司무덤'으로 불리운다. 목은 선생의 외조부 찬성공(贊成公) 김택(金澤) 선생의 묘소는 경상북도 상주시 사벌면 대정산(大井山)에 모셔져 있다.

## (7) 괴시리 목은(牧隱) 문화유적

### ① 감천정(甘川亭)과 마계정사(磨溪精舍)

1680년 괴시리 7번지에 목조 기와집 4칸을 예조좌랑(禮曹佐郎) 영산현감(靈山縣監) 감천 남붕익(甘川 南鵬翼)이 건립하였다. 감천정은 후일 대원군(大院君)의 친필이 하사되었다.

### ② 괴정(槐亭) 또는 연정(蓮亭)

1776년(영조 42) 괴시리 307번지에 목조 환주와가(環柱瓦家) 3간(방 2, 마루) 툇마루 4칸을 성균진사(成均進士) 괴정(槐亭) 남준형(南峻衡)이 건립하였다. 괴정공은 목은 선생을 경모(敬慕)하며 영원히 기리기 위하여 경목재(景牧齊) 현판을 마루 서쪽에 걸어두고 항상 추모하면서 후학을 양성하던 서당이었다.

1936년에 중건하여 중건기문(重建記文) 및 현판(懸板)을 東,南으로 각 1좌씩 게시(揭示)하였다.

### ③ 물소와(勿小窩)

1840년(己酉) 남계병(南啓炳)이 자신의 6대조를 추모하고자 건립한 가옥으로 이곳에서 많은 선비들이 배출되었다.

### ④ 해촌헌(海村軒)

1788년(戊申)에 건립한 해촌(海村) 남극만(南極萬)의 가옥으로 후진을 양성하였다.

⑤ 침향정(枕香亭)

1845년(乙巳) 남공수(南公壽)가 건립한 정자이다. 정자 밑으로 계천(溪川)이 흘러내리고 송림이 울창하여 수석(樹石)이 절묘하게 어우러진 경지(景地)에 건립되었다.

⑥ 만서헌(晩棲軒)

이곳은 사실상 1328년 5월에 목은(牧隱) 선생이 탄생하신 무가정(務稼亭) 터이다. 이곳을 중심으로 한 주변 일대는 선생의 외조부인 향교 대현 김택(金澤) 선생 저택의 구기(舊基)였으며, 무가정은 가정공(稼亭公)이 결혼 후 오랫동안 생활하시던 처가댁 서옥(壻屋)이었다.

오랜 세월을 견디어 온 무가정(務稼亭)은 풍마우세(風磨雨洗)로 허물어진 채로 방치되었으나 적어도 150여 년 전까지는 건물이 건재해 있었을 것으로 추정된다. 1921년 남대철(南大轍)이 자신의 고조(高祖) 호은(濠隱) 남흥수(南興壽)를 추모하기 위하여 허물어지고 버려진 무가정(務稼亭)을 흔적도 없이 걷어내고 그 자리에 목조와가(木造瓦家)로 방 2개, 툇마루 3칸의 건물을 신축하여 만서헌(晩棲軒)이라 명명하였으나, 지금은 사람이 살지 않아 빈집으로 퇴락되었다.

이와 같이 아쉽게도 후손들의 무관심과 관리 부재로 인해 이 귀중한 문화유산의 원형은 영원히 사라지고 말아 통탄을 금할 수가 없다.

### ⑦ 무가정(務稼亭 또는 無價亭)

1992년 10월에 발행된 『盈德郡 鄕土史』 「槐市1里」 편에 의하면 무가정의 명칭은 務稼亭과 無價亭 등 두 가지 명칭으로 통용되고 있다. 이 무가정은 영해면 괴시리 341번지(중마골)에 위치한 목은(牧隱) 이색(李穡)의 유허지(遺墟地)라고 기록되어있다

또한 정자 아래쪽에는 연못인 침향지(沈香池)가 있었고 연못 위에는 항향정(沆香亭) 정자가 있었으며, 북쪽 사구에는 소요대(逍遙臺)가 있었다고 문헌에 나와 있으나 물환성이(物換星移)하여 황야초원으로 변하였다고 기록되고 있다.

# 4. 牧隱公(諱 穡)

## (1) 牧隱 李穡 先生 行錄 및 성장기

### ① 牧隱 李穡 先生 行錄

성리학(性理學)의 태두(泰斗) 문정공(文靖公) 목은(牧隱) 이색(李穡) 선생의 자는 영숙, 호는 목은, 한산인으로 1328년(충숙왕 15)에 가정(稼亭) 이곡(李穀) 선생의 아들로 태어났다. 이곡은 당시 이제현(李齊賢) 이후 그를 계승하는 학자로 인정받고 있는 유학자였다. 어머니는 그 지역 향교의 대현(大賢) 김택(金澤)의 따님이다. 그는 14세에 花原君 權仲達의 따님인 안동권씨를 부인으로 맞이하였다. 그는 14세에 성균시에 합격하여 명성을 세상에 떨쳤고, 21세에는 아버지 가정(稼亭) 이곡(李穀) 선생이 원나라에서 벼슬을 하게 되어 그 또한 원나라로 건너가 국자감(國子監) 생원으로 삼년간 재학하게 되었다. 24세가 되던 해 부친의 별세로 인해 학업을 중단하고 귀국하여 삼년상을 마쳤다. 25세에 恭愍王 卽位 開科에 급제함으로써 관직에 오르게 된다.

25세 때 장문의 服中上疏를 하였는데, 田制와 國防論, 불교에 대한 견해를 비롯하여 유학에 대한 견해 등을 기술하고 있다. 공민왕 2년 5월 그는 乙科 제일인으로 중거하였고 다음해 가을에는 원 제과에 장원급제하여 원경에 가게 된다. 그 후 원에서 정동행중서성의 좌우낭중 등의 관직을 이행하다가 그해 가을 본국에 돌아와 典理正郎, 知製敎 兼春秋館 編修官이 된다. 28세에는 奉善大夫가 되고 다음 해부터 排元政策이 시작된다. 그는 공민왕의 개혁정치에 참여하여 당시의 시폐를 개정하고자 하였다.

1353년(공민왕 2) 癸未 乙科에 1등으로 합격하였고 중정동행성 향시에서 1등으로 합격하였으며, 다음 해에 원나라 제과에서 제2갑으로 합격하여 응봉한림 문자지제고 국사원편수관(應奉翰林 文字知制誥 國史院編修官)에 제수되었다.

淸陰 金尙憲(1570 -1652) 선생은 그의 『청음집(淸陰集)』 권 38의 서(序)에서 다음과 같이 牧隱의 학문이 稼亭에서 비롯되었음을 강조하며 높이 평가하고 있다.

原文

盖麗朝五百年 以文章名家者不易數 而牧隱爲冠首 牧隱之學 出於其父 稼亭先生 仍父子中元朝特科 俱爲翰林 其戰藝於詞場也 中國文能之士 多退舍焉 此五百年所未見 豈特五百年 自有東韓以來 未嘗聞也 論者謂 譬之武公 乙支文德 安市城主 敵隨唐百萬兵者列也 嗚呼偉矣 自麗訖今 又三百年 牧隱集尙猶廣布 而獨稼亭集 鮮有藏者 世以爲歉 先生誌文 今嶺南方伯李公基祚 適得舊本 銳意重梓 使兩世不朽大業 備存並傳 愈久愈新 亦家見承家繼述之風 又何懿歟"

해석문

대개 고려조 오백 년 동안 문장가로서 이름을 드러낸 사람은 많지 않은데 목은이 가장 으뜸이 된다. 목은의 학문은 그의 부친 가정 선생으로부터 나왔으며, 부자가 원나라제과에 급제하여 한림이 되었다. 과거시험장에서 글재주를 겨루는데 있어서 비교할 수 없을 정도로 중국의 문장에 능한 선비들을 물리쳤다. 이는 오백 년 동안 보지 못했던 것이다. 어찌 오백 년뿐이겠는가? 우리 동방의 한국이 생긴 이래 들어보지 못한 것이다. 논하는 사람들이 이를 무공에 비유하여 말하기를 을지문덕과 안시성주 양만춘 장군이 수나라와 당나라의 백만 대군을 무찌른 것과 같다고 했다. 아아, 위대하도다.

그러나 고려로부터 지금까지 또 삼백 년이 지났는데 『목은집』은 오히려 널리 퍼졌지만 유독 가정집은 가지고 있는 사람이 거의 없으므로 이를 한스러워하고 있다. 선생의 이름난 자손이며 지금 영남의 방백인 李基祚 公이 마침 구본을 얻어서 이를 다시 판각하여 간행할 뜻을 두어 양세의 불후대업을 전하려 함으로써 오래된 것을 더욱 새롭게 하여 가업을 이어받아 전술하는 가풍을 볼 수 있으니 이 또한 얼마나 아름다운 일인가.

### ② 牧隱 李穡 先生 成長記

문정공(文靖公) 목은(牧隱) 이색(李穡) 선생은 1328년(고려 충숙왕 15) 5월 9일 경상도 영해(지금의 경북 영덕군)의 괴시촌(현재의 괴시리)의 무가정(務稼亭)에서 가정(稼亭) 이곡(李穀) 선생의 아들로 태어났다. 무가정은 가정 선생이 영해에 정착하여 이곳의 대현(大賢)인 김택(金澤)공의 따님과 혼인 후 괴시촌 호지말에 '무가정(務稼亭)'이란 정자를 지었는데, 이는 호를 가정(稼亭)이라한 데서 연유한다.

목은 선생은 두 살 되던 해(1329년) 영해를 떠나 본가인 충청도 한산군 서하면으로 이사를 와서 유년기를 맞이하게 된다. 한산군 서하면은 그 후 서천군 기산면으로 편입되었는데 서천은 백두대간(白頭大幹)이 한반도 중서부로 뻗어 내린 차령산맥(車嶺山脈)의 끝자락인 충남의 남서부에 위치한다. 이곳은 대부분 지역이 비교적 평탄한 평원지역을 이루고 있어 논농사가 활발하여 충남 지역의 곡창지(穀倉地)가 되고 있다.

목은은 8세 때부터 한산 숭정산(崇井山)의 산사(山寺)에서 공부를 시작하였으며, 13세가 되던 해에는 한산에서 강화도의 교동(喬桐)으로 와서 화개산(華蓋山)에 들어가 공부했음을 그의 시 교동삼수(喬桐三首)로 알 수 있다. 1341년(충혜왕 2) 14세 때 목은은 성균관 시과(試科)에 합격하였으며, 이때부터 성균관 구재도회(九齋都會)[64]에 들어가서 공부를 한 바 있다.

이후 목은은 화개산의 절에 들어가 공부를 계속하려 했으나 워낙 외진 곳이라 식량을 구하기가 어려워 포기하고 17세 때 배를 타고 송도로 돌아가는 길에 봄에는 한양의 삼각산(三角山), 가을에는 양주의 감악산(紺嶽山), 겨울에는 청룡산(靑龍山) 등의 산사(山寺)에 들려 공부를 했다.

18세 때 다시 고향인 서천 대둔산(大芚山)으로 내려와서 공부를 했으며, 이 해에 원나라에 있던 부친 가정선생으로부터 근학(勤學)을 격려하는 시 2수(二首)를 받게 된다. 그 시는 다음과 같다.

男兒須宦帝王都　남자가 벼슬을 하려면 제왕의 도읍에서 해야 하고
若欲致身均是勞　입신을 원한다면 끝없이 노력해야 하는 것
汝識宣尼小天下　너는 공자가 천하가 작다고 한 뜻을 알겠느냐
只綠身在泰山高　바로 몸을 태산 같이 높게 처신하라는 것이다
三十年前懶讀書　삼십 년 전에 글 읽기를 게을리 하였더니
虛名去嘆白頭餘　그 헛된 이름을 늙어서 한탄한들 무엇 하리
汝今當惜分陰學　너는 마땅히 촌음을 아껴 공부에 힘써야 하느니
富貴可求緣木魚　그렇지 않으면 부귀는 나무에서 물고기를 구함과 같으리라

64) 구재도회(九齋都會) : 고려 말 및 조선조에 경학(經學)을 가르치기 위하여 성균관내에 설치했던 아홉 개의 학과를 말하며, 이를 통하여 통치이념인 유학을 장려하고 사서오경(四書五經)을 경전으로 삼아 정치, 도덕의 실천을 중시하는 교육을 실시함으로써 국가체제를 운영할 고위 관리를 양성하였다.

1347년(충목왕 3) 20세 때 목은은 마음을 굳게 먹고 원나라 연경으로 들어가 부친 가정선생을 뵈었으며, 이듬해에 조관자제(朝官子弟)의 특혜를 받아 국자감(國子監)에 생원(生員)으로 입학하여 3년간 수학하면서 학문적 역량을 키워나갔다. 당시 원나라에서도 유명한 국자감의 교수진을 보면 우문공량(于文公諒) 오당(吳當), 호중연(湖仲淵) 구양현(歐陽玄) 등 유학에 박통(博通)한 학자들로 이루어져 있었으며 목은은 이들로부터 학문을 닦았다.

1353년(공민왕 2) 5월 그이 나이 26세 때 지공거(知貢擧) 이제현(李齊賢)과 동지공거(同知貢擧) 홍언박(洪彦博)이 주관하는 문과 시험에서 장원급제하여 곧바로 숙옹부승(肅雍府丞)의 벼슬을 제수받았다. 동년 가을에는 정동행성(征東行省)에서 실시한 향시(鄕試)에서 수석으로 합격함으로써 원나라 연경에서 황제가 주관하는 회시(會試)에 응시할 수 있는 자격을 얻게 되었다.

1354년(공민왕 3) 2월 27세 때에는 진봉사서장관(進封使書狀官)이 되어 연경에 들어가 한림승지(翰林承旨) 구양현(歐陽玄)과 예부상서(禮部尙書) 왕사성(王思誠) 문하생으로서 회시(會試)에 합격하였다. 다음 달에는 회시에 이어 전시(殿試)에서도 제이갑(第二甲)으로 합격하여 응봉한림 문자승사랑 동지제고 겸 국사원편수관(應奉翰林 文字承仕郎 同知制誥 兼 國史院編修官)을 제수받고 귀국하였다.

이때 그의 스승이자 고시관(考試官)인 구양현(歐陽玄)은 목은의 학문실력을 보고 "공자(孔子)의 학통이 해외로 나가서 그대에게 전수되어 공자의 도덕(道德)이 동국(東國)에도 있도다."라고 극찬하며 감탄하였다.

이로부터 목은은 후일에 동방이학(東方理學)의 조(祖) 또는 유종(儒宗) 혹은 거유(巨儒)로 존숭(尊崇)을 받게 되었다. 이처럼 많은 학자들로부터 존경을 받을 수 있었던 학문적 배경은 3년간 연경(燕京)의 국자감에서 수학에 전념한 노력의 결실일 것이다. 이러한 사실은 조선 초의 명신인 양촌(陽村) 권근(權

近)이 찬술한 목은선생행장(牧隱先生行狀)에 그대로 나타나 있다.

"무자년(戊子年)에 가정(稼亭) 선생이 원나라 조정에서 중서사전부(中瑞司典簿)가 되었는데 공은 조관(朝官)의 아들로 국자감 생원이 되어 거기에서 배운지 3년 동안에 중국 연원(淵源)의 학문을 받아서 갈고 닦아 학문이 더욱 크게 진보하였으며 특히 성리학의 도에 매우 깊었다."고 기술하고 있다.

③ 牧隱 李穡 선생의 國政改革과 敎育中興

1351년 목은은 원나라 연경에서 국자감(國子監) 생원으로 재학 중이었으나 1월 1일에 부친 가정(稼亭) 선생이 돌아가셨다는 부음을 듣고 급히 귀국하였다. 공민왕이 즉위 후 牧隱은 국방정책과 교육정책 등 국정개혁을 목표로 두 차례에 걸쳐 '시정오사(時政五事)'와 '시정팔사(時政八事)' 등 개혁안을 조정에 건의하였으며, '시정오사(時政五事)'는 다음과 같다.

① 전제(田制)를 바로 잡을 것
② 국방을 튼튼히 하여 왜구를 막을 것
③ 문학을 숭상하고 무력을 증강 할 것
④ 학교를 일으켜 배움을 충실히 할 것
⑤ 이단(異端)을 눌러 나라에 충성토록 할 것

'시정팔사(時政八事)'는 그 내용이 전해지는 것은 없으나, 성균관 교과과정에 문과와 무과를 병설케 하는 방안으로 정방(政房)을 폐지하고 이부(吏部)와 병부(兵部)를 설치하는 안으로 추정되고 있다.

공민왕은 이와 같은 이색 선생의 건의를 적극 수용하고 이를 시정개혁의 주요 과제로 교서에 반영함으로써 국정개혁을 강력히 추진하였다.

1356년(공민왕 5) 공민왕은 국정개혁의 첫 단계로 원나라가 세운 감독관청인 정동행성(征東行省)을 철폐하는 동시에 원나라 연호(年號 : 順帝 至正) 사용을 폐지하였다.

또한 고려의 역대 왕들이 그긴 몽고인처럼 복장을 호복(胡服)으로 하거나 머리모양을 몽고풍으로 체두변발(剃頭辮髮)로 답습하였던 악습을 폐지하였다. 뿐만 아니라 누이가 원나라 황실과 혼인을 맺게 되자 그 위세를 등에 업고 횡포를 일삼던 기철(奇轍)을 숙청하였고 관제를 복구하여 3省 6府[65]로 환원시켰다. 그리고 관직을 종래 명칭으로 변경하는 등 실질적인 배원정책(排元定策)을 펴나감으로써 국가의 정체성을 선명하게 확립해나갔다.

이처럼 정치개혁은 공민왕 자신이 주체가 되어 강력히 이끌어나갔으며, 학교 재건 등 교육중흥을 위한 교육개혁은 이색 선생이 전담하는 방식으로 양 날개 체제로 다음과 같은 국정개혁이 추진되었다.

첫째로 1355년(공민왕 2)에는 왕명으로 학교 교육 중흥을 위한 교서(敎書)가 하달되었다.

유명무실한 학교와 피폐한 12도(十二徒) 및 동서학당(東西學堂)의 수축(修築)을 명하였고, 생도를 양성하는데 일경(一經)이라고 능통한 자가 있으면 녹명하여 보고하라고 명하였다.[66]

둘째로는 국학의 교육체제를 구재학제(九齊學制)로 설치하고 교육내용은 경학(經學) 위주로 개편하였다.[67]

구재학제는 교육체제를 대학재(大學齊), 논어재(論語齊), 맹자재(孟子齊),

65) 3성 6부제 : 중시성(내시성), 문하성, 상서성의 3성을 말한다. 6부는 상서성 아래 있는 기관으로 이(충무), 호(인구, 재정), 예(교육, 의례), 병(국방), 형(법률), 공(토목)을 관장하는 부서 6개를 두었다.
66) 자료출처 : 『高麗史』 권 74
67) 자료출처 : 조선조 『世祖實錄』

중용재(中庸齋), 예기재(禮記齋), 춘추재(春秋齋), 시재(詩齋), 서재(書齋), 주역재(周易齋)로 나누어 이를 차례대로 수학하여 승차(陞差)케 하는 단계적 교육제도이다. 이때 제정된 구재학규(九齋學規 : 四書五經齋)는 조선 건국 후에도 그대로 수용되어 경국대전(經國大典)에 법제화하여 조선조 500년간 유지되었다.

셋째로는 학교 교육을 당시 국제정세에 대응할 수 있는 체제로 개편하였다, 1371년(공민왕 20)에 중앙의 성균관을 비롯하여 지방의 향교에 이르기까지 모두 무학(武學)을 개설하여 교육하도록 하였다.

당시 교서에서 "문무(文武)의 채용은 가히 한쪽을 폐할 수 없으니 중앙에서는 성균관부터 지방에서는 향교에 이르기까지 문(文) 무(武) 양학을 개설하고 인재를 양성하여 탁용(擢用)에 대비하라."하였다. 이는 국정이 자칫 문약(文弱)에 흘러 무(武)를 경시함으로써 국가 안보가 취약해질 수 있음을 경계한 탁월한 혜안으로서 오늘날에도 적용되는 것이다.

넷째로는 1367년(공민왕 16) 종래 사용하던 국자감(國子監)의 명칭을 성균관으로 바꾸고 6년 전 홍건적(紅巾賊)의 침입 때 불타버린 숭문관(崇文館) 옛터에 성균관 건물을 새로 중건하고 교육 중흥과 인재 양성을 위하여 힘차게 출발하였다.

공민왕은 이때 평소 존경하고 신뢰하던 판개성부사(判開城府事) 이색(李穡)을 성균관 초대 대사성(大司成)으로 겸직 임명하였다.

이때 목은(牧隱)은 경학(經學)에 능통한 김구용(金九容), 정몽주(鄭夢周),박상충(朴尙衷), 박의중(朴宜中), 이숭인(李崇仁) 등 당대의 이름난 학자들을 뽑아 교관으로 겸직시키고 이들로 하여금 인재 양성과 학교 교육에 전념토록 조치하였다.

이들은 모두 당대의 석학들이었으며 목은 선생 문하에 출입하였던 인재들이었고 이 중에는 여러 사람들이 선생과 동년이거나 선배였으나 대부분은 선생보다 뒤늦게 과거시험에 합격한 신진학자들이었다.

이들은 후에 목은(牧隱) 학맥(學脈)의 근간을 이루었으며 또한 선생과 뜻을 같이하면서 정치활동에서도 견해를 같이 한 관료들이었다. 이들 대부분은 성균관 대사성 또는 지공거(知貢擧)를 역임하였으며 이들 또한 자신들 문하에서 수학한 수많은 문생(門生)과 문도(門徒)를 배출하였다.

또한 이색(李穡) 선생의 문하생이자 공민왕 때의 문신인 권근(權近 : 1352 - 1409)은 목은 선생의 행장(行狀) 찬술(撰述)에서 다음과 같이 밝히고 있다.

"丁未年(공민왕 16) 겨울에 목은 선생은 원으로부터 조열대부(朝列大夫)……, 본국 고려에서 판개성부사 겸 성균관 대사성을 제수받았다. …경산(京山) 이숭인 등으로 이들은 모두 다른 벼슬에 있으면서 학관을 겸하였으며 公은 여기의 수장이 되었다.

이듬해 戊申年 봄에 사방에서 배우려는 자가 모여들었으며, 강의가 끝난 뒤에는 뜻이 의심스러운 것은 서로 논란하여 각기 끝까지 연구하였다. 이때 公은 언제나 공정한 입장에서 분석하고 또 판단을 내려서 그 뜻을 절충하여 반드시 정주(程朱)의 뜻에 부합하도록 노력하였다. 이로써 우리 동방에 성리학이 크게 일어났다.

이로부터 배우려는 자들은 사장(詞章)을 기송(記誦)하는 버릇을 고쳐 신(信), 심(心), 성(性), 명(命)의 이(理)를 연구하게 되어 도(道)를 높이고 이단(異端)에 현혹되지 않게 되었으며, 인(仁)과 의(義)를 숭상하고 공리를 꾀하지 않게 되었다. 이로써 유풍(儒風)과 학술이 빛을 내어 새롭게 되었으니 이는 모두 公의 가르침에 힘입은 것이다."라고 했다.

목은(牧隱) 선생과 같이 교관문인(敎官文人)으로 함께 활동했던 도은(陶隱) 이숭인(李崇仁)은 당시를 회상하는 글에서 "… 나도 또한 같은 반열에 섞인 지

7, 8년이 흘렀다. 이때 학도들은 날로 번창하였고 재무(齋廡)에는 이들을 모두 수용할 수가 없을 정도였다. 교관들이 새벽에 일어나 성균관에 들어가 당(堂)에 오르면 학도들은 차례대로 정(庭)에 동서로 서서 두 손을 모으고 몸소 예를 행하였다. 그런 후에는 각기 공부해야 할 경(經)을 갖고 전후좌우로 잇달아 교관에게 나아갔다. 교관과 학도 사이에 수업이 끝나면 어려운 내용을 발표하여 서로 절충하고 변석(辨釋)한 후에야 끝을 맺었다. 나는 여러 차례 사람들의 얼굴에 기쁜 표정이 넘치는 것을 보고 "사문(斯文)이 일어서는구나."라고 하였다.

이상에서 본 바와 같이 목은 선생은 사명감을 가지고 고려 후기 침체되었던 학교 교육의 중흥을 위하여 진력하면서 성리학(性理學) 보급에도 전력을 다하여 당대의 석학들은 목은 선생을 성리학의 태산북두(泰山北斗)[68]로 존경하였다.

68) 태산북두(泰山北斗) : 중국 문화의 발상지인 황하유역에 위치하여 가장 높은 산으로 불리우는 泰山과 北斗七星을 합한 말이며, 후세에 이름을 남긴 뛰어난 위인이나 학자를 일컫는 말이다.

## (2) 成均館 沿革과 大司成 歷任 韓山人 紹介

### ① 成均館

서울시 종로구 명륜동 소재 "성균관대학교 육백주년 기념관"에는 고려시대 숭문관(崇文館 : 성균관 전신) 초대 대사성(大司成)을 역임한 목은(牧隱) 이색(李穡) 선생을 비롯하여 역대 대사성을 역임한 1,264명의 명단이 동판에 기록되어 있으며, 그 중에는 한산이문(韓山李門)의 인물 30명이 포함되어있다

이 내용은 韓平君(諱 之蕤)의 14대손 호정(湖亭) 이상구(李庠求) 씨가 성균관 부관장으로 재직 시 알게 된 사실로써 우리 한산이씨 후손들에게 시사하는 바가 크고 역사적 가치가 있으므로 이에 그 명단을 전재한 것이다.

#### 가. 고려시대

· 목은공(牧隱公) 諱 穡 : 고려 말 1367년(공민왕 16) 개성 숭문관(崇文館) 옛터에 국가적 인재 양성을 목적으로 성균관(成均館)을 새로이 설립하고 초대 대사성직을 겸임하였다.

· 인재공(麟齋公) 諱 種學 : 조선이 개국하자 두문동(杜門洞)으로 들어가 나오지 않음으로써 두문불출(杜門不出)의 어원이 된 고려조에 충성을 다한 72賢 중에는 목은공과 인재공 두 분이 포함되어있다

#### 나. 조선시대

- 1398년 ~ 1497년

. 문열공(文烈公) 諱 계전(季甸) : 父 良景公(諱 種善), 祖父 牧隱公(諱 穡)

. 문혜공(文惠公) 諱 맹균(孟畇) : 父 麟齋公(諱 種德), 祖父 牧隱公(諱 穡)
. 대사성공(大司成公) 諱 우(堣) : 父 文烈公(諱 季甸), 祖父 良景公(諱 種善)
. 명헌공(明憲公) 諱 파(坡) : 父 文烈公(諱 季甸), 祖父 良景公(諱 種善)
. 부제학공(副提學公) 諱 균(畇) : 父 諱 계정(季町), 祖父 良景公(諱 種善)
. 아계상공(鵝溪相公) 諱 산해(山海) : 父 諱 지번(之蕃), 祖父 諱 치(穉)
. 명곡공(明谷公) 諱 산보(山甫) : 父 諱 지무(之茂), 祖父 諱 치(穉)
. 창곡공(蒼谷公) 諱 현영(顯英) : 父 諱 대수(大秀), 祖父 諱 희백(希伯)
. 호암공(浩庵公) 諱 기조(基祚) : 父 諱 현영(顯英), 祖父 諱 대수(大秀)
. 귀천공(歸川公) 諱 정기(廷夔 ) : 父 諱 재(榟), 祖父 諱 경류(慶流)
. 과암공(果庵公) 諱 무(袤) : 父 諱 경전(慶全), 祖父 諱 산해(山海)
. 죽현공(竹峴公) 諱 병상(秉常) : 父 諱 항(抗), 祖父 諱 정기(廷夔)
. 문청공(文淸公) 諱 병태(秉泰) : 父 諱 협(浹), 祖父 諱 정룡(廷龍)
. 부제학공(副提學公) 諱 덕중(德重) : 父 諱 병겸(秉謙), 祖父 諱 택(澤)
. 충정공(忠正公) 諱 이장(彛章) : 父 諱 필중(弼重), 祖父 諱 만익(晩益)

- 1798년~ 1897년
. 오헌공(五獻公) 諱 우재(愚在) : 父 諱 희대(羲大), 祖父 諱 윤영(胤永)
. 효정공(孝貞公) 諱 희준(羲準)  : 父 諱 태영(泰永), 祖父 諱 산중(山重)
. 문간공(文簡公) 諱 경재(景在) : 父 희선(羲先), 祖父 학영(學永)
. 참판공(參判公) 諱 시재(時在) : 父 희곤(羲坤), 祖父 극영(克永)
. 삼은공(三隱公) 諱 승오(承五) : 父 창재(昌在), 祖父 희선(羲先)
. 판서공(判書公) 諱 승순(承純) : 父 겸재(謙在), 祖父 희갑(羲甲)
. 국내부대신공(國內部大臣公) 諱 경직(耕稙) : 父 선부(善溥), 祖父 규년(圭年)

. 승지공(承旨公) 諱 정직(貞稙) ; 父 승구(承九), 祖父 경재(景在)

. 강암공(剛庵公) 諱 용직(容稙 : 學部大臣) : 父 승조(承祖), 祖父 희갑(羲甲)

. 참판공(參判公) 諱 승수(承壽 : 駐美公使) : 父 풍재(豊在), 祖父 희두(羲斗)

. 대사성공(大司成公) 諱 정직(鼎稙) : 父 승만(承萬), 祖父 석재(錫在)

### 다. 구한말~대한민국

- 1898년 ~ 1960년

. 학부참의공(學部參議公) 諱 경직(庚稙) : 父 승기(承耆), 祖父 해승(海昇)

. 성균관대총장(成均館大總長) 諱 훈구(勳求) : 父 학규(鶴珪), 祖父 면직(冕稙)

이상과 같이 우리 한산이씨 열선조(列先祖)께서 이곳 성균관을 거쳐서 승승장구 벼슬길에 올라 국가와 민족을 위해 헌신하고, 정승, 대제학, 판서, 충신, 공신 등으로 명성을 떨쳐 가문을 빛냈으니 우리 후손들이 어찌 성균관을 돌아보지 않을 수가 있단 말인가?

이곳 성균관에서는 사람으로 태어나 사람으로 살아가는 윤리와 도덕을 학문적으로 인(仁), 의(義), 예(禮), 지(智)를 통하여 국가와 사회에 공헌할 수 있는 유능한 동량지재(棟梁之材)를 기르는 곳으로서 전 세계적으로 유일한 639년의 역사를 가진 최고의 교육기관이다.

2005년 을유(乙酉) 3월

성균관부관상(成均館副館長) 호정(湖亭) 이상구(李庠求)

## (3) 성균관 목은특별제가상(牧隱特別齊家賞) 제정

성균관은 우리나라 최초의 국립대학으로 인재 양성과 교육 진흥을 목적으로 1367년(고려 공민왕 16) 12월에 설립된 유일한 최고의 고등교육 기관이다. 성균관 창설을 최초로 고안하고 발안하여 공민왕의 윤허를 받아 이의 설립을 주도한 분은 유종(儒宗) 또는 대석학(大碩學)으로 추앙받는 牧隱 李穡 선생이었다. 성균관 설립과 동시에 목은 선생은 오늘날의 대학총장 격인 정3품의 대사성(大司成)에 올랐으며, 그 다음으로 오늘날의 교수 격인 학관(學官)에 오른 정몽주(鄭夢周), 김구용(金九容), 이숭인(李崇仁) 등은 성균관의 교실 격인 명륜당(明倫堂)에서 매일 강론 등 수업을 하였다.

국가 최고의 인재 양성을 위한 교육 기관의 명칭은 시대에 따라 변해왔다. 고구려 시대에는 태학(太學), 신라시대에는 국학(國學), 고려시대에는 국자감(國子監)으로 부르다가 1308년(高麗 忠宣王 34)에 비로소 成均館으로 개칭되었다. 성균관은 조선왕조가 들어선 이후에도 고려시대의 직제를 그대로 이어받아 존치하였으며, 이는 그만큼 인재 교육의 중요성을 인식한 결과로 볼 수 있다.

조선이 개국되고 한양으로 천도함에 따라 개성에 있던 성균관을 서울의 숭교방(崇教坊 : 오늘의 서울시 종로구 명륜동 성균관대학교 구내)으로 옮기고, 3년간의 건축공사 끝에 대성전(大成殿), 동·서무(東·西廡), 명륜당(明倫堂), 동재(東齋), 서재(西齋), 존경각(尊經閣), 반궁제(泮宮制), 정록소(正錄所), 식당, 양현고(養賢庫) 등의 건물이 들어섰다.

성균관제도(成均館制度)에서는 고려시대의 제도인 정3품 대사성(大司成) 1인, 종3품 제주(祭酒) 1인, 정4품 악정(樂正) 2인, 정5품 직강(直講) 1인, 정6

품 전부(典簿) 1인, 정7품 박사(博士) 2인 등 겸직 학자들과 직원들이 배치되었다. 또한 2품 이상의 대신(大臣) 가운데 학덕이 높은 자를 성균관제조(成均館提調) 또는 대사성을 겸임시켜 교육에 임하도록 하는 등 고려의 제도를 조선 초기에 그대로 이어 받았다.

1945년 광복 이후 설립된 오늘날의 성균관대학교는 조선 초기에 설치된 성균관의 전통을 이어받아 유학이념을 구현하는 사립대학으로 여기서 말하는 성균관과는 다른 기관이다. 1367년에 설립된 성균관에서 750여 년의 세월이 지난 오늘날에도 변함없이 한산이씨 문중의 중시조이신 牧隱 李穡 先生의 공덕을 기리는 행사가 거국적으로 계속 이어지고 있다는 것은 참으로 뜻깊은 일이 아닐 수 없다.

2006년 9월 19일 成均館 모성회(慕聖會)에서 "목은 선생 성균관 제가특별상"의 제정을 선포하였으며, 매년 추계석전대제(秋季釋奠大祭) 때 유교의 충효정신에 투철한 인물을 선발하여 상장과 부상을 수여하는 시상식이 거행되고 있다.

성균관 사상 처음으로 목은 이색 선생을 기리는 특별상 제도가 마련되기까지는 성균관 최근덕(崔根德) 관장을 비롯한 관계자 여러분과 특히 성균관의 한산이씨 임원인 집의공(執義公)의 17대손 副館長 진규(振珪) 씨를 위시하여 韓平君(諱 之菽)의 13대손 典學 을규(乙珪), 동 14대손 副館長 상구(庠求), 동 14대손 典儀 환구(桓求), 동 14대손 典學 용구(用求), 동 15대손 典學 은복(殷馥) 등 여러 인사들의 물심양면의 지원과 적극적인 역할이 있었다.

2006년 10월 17일에 실시한 제1회 '목은 선생특별제가상(牧隱先生特別齊家賞)'의 시상금(施賞金)은 위에 언급한 韓平君(諱 之菽)의 후손이 주축이 되어 출연헌성(出捐獻誠)함으로써 큰 의미를 가지게 되었다.

# 5. 良景公(諱 種善)

## (1) 양경공 및 배위 안동권씨 묘소 복원

### ① 묘소 실전 경위

1479년(성종 10)에 성종비(成宗妃) 尹氏는 품행이 왕비다운 체모(體貌)를 갖추지 못하고 성격이 난폭한 사유로 폐위(廢位)되었다가 이듬해 사약(賜藥)을 받고 죽었다.

그 후 성종의 장남 연산군(燕山君)이 왕위에 오르고 10년이 지난 1504년에 자신의 어머니가 廢妃되고 사사(賜死)된 사건의 전모를 알게 되자 이 사건에 직 간접적으로 간여했던 당시의 수많은 사람들을 무자비하게 처형하였다. 이처럼 광기(狂氣)로 가득 찬 군주의 복수심에 의해 무참히 처형된 사람들은 대부분 선왕(先王) 성종 시대의 충신, 학자들이었다.

한산이씨 문열공의 차남 明憲公(諱 坡)은 사건 당시 예조판서로 폐비에 찬성했다는 죄목으로 부관참시(剖棺斬屍)되었고, 그의 부인과 자손들은 서인(庶人)으로 강등되어 노비가 되었으며 모든 재산은 몰수되었다.

이 같은 야만적인 형벌도 모자라 명헌공의 조부 양경공과 부친 문열공 그리고 맏형인 大司成公(諱 堣) 등 삼대의 묘소들을 이 사건에 연좌하여 모두 평분(平墳) 조치하여 없애버렸다.

1506년 중종반정(中宗反正)이 성공하여 명헌공을 위시한 모든 혈족들의 강등된 신분은 모두 복권되었으나 부관참시 등 평분되어 없어진 선조 묘소는 오랫동안 그 위치를 찾지 못한 채 실전(失傳)되어 왔다.

② 묘소 복원 경위

갑자사화(甲子士禍)로 인해 양경공 이하 3세의 묘가 평분 조치된 이후 중종반정의 성공으로 복권은 되었으나 묘소는 실전된 채 오랫동안 봉분을 이루지 못하고 있었다.

평분되어 정확한 위치를 찾을 수 없었던 양경공 묘소는 양경공의 종현손(從玄孫)이자 麟齋公(諱 種學)의 현손인 좌의정 이유청(李惟淸) 공과 한평군의 조부이신 奉化公(諱 長潤) 두 분의 공조로 묘소를 복원하였다.

어느 날 左議政(諱 惟淸)이 봉화공의 서울 집으로 달려와서 묻기를 "꿈에 의젓한 어른이 나타나 말하기를 집이 허물어져 비가 새어도 자손의 재력이 모자라 능히 수리하지 못하는데 문중에서 오직 군(君)만이 할 수 있으니 보살펴 주기를 바란다고 하였습니다. 꿈을 깨어서 나도 모르게 등에 땀이 젖었습니다. 반드시 변을 겪은 후에 미처 하지 못한 일이 있을 것이므로 감히 와서 아뢰는 것입니다."라 하였다. 봉화공께서는 양경공의 묘가 평토된 뒤에 여러 해가 되도록 복원하지 못한 사유를 자세히 말하니 左議政(諱 惟淸)이 놀라서 드디어 봉화공과 함께 힘을 합하여 흙을 거두어 봉분을 만들었다고 『송와잡기(松窩雜記)』에 쓰여 있다. 묘소는 충남 서천군 영모리 산1-1 문헌서원 경내에 부친이신 牧隱 선조 계하에 모셔져있다.

양경공의 배위이신 안동권씨 묘소 역시 평분되어 오랫동안 후손들이 찾지 못해 안타까워했으나, 공교롭게도 1595년(선조 28)에 부제학(副提學) 신담(申湛)이 사망하여 묘소 조성 차 터파기 할 때 목은 선생의 셋째 며느님의 묘소 誌石이 출토되어 이를 한산이씨 후손들에게 알려줌으로써 91년 만에 비로소 양경공 배위 안동권씨의 묘소를 찾아 복원하게 되었다는 이야기가 구전되어

왔다. 상기 전설은 1950년 6.25전쟁 시 호정 이상구 씨가 피난 차 충남 한산군 화양면 추동리 표동에 소재한 양경공 재실에 유숙할 때 재실 수호인(守護人) 박흥서 씨로부터 전해들은 것을 오랜만에 다행히 기억해낸 것이다.

양경공 배위 안동권씨의 산소 자리는 풍수지리상 명당이었다고 한다. 왕사(王師)인 무학대사(無學大師)가 양경공 배위 산소자리를 택지할 때 산세가 박넝쿨 뻗어가는 길을 따라잡은 형국(形局)이었다는 전설이다.

때문에 한산이씨 후손들과 고령신씨 후손들 간에 산소 자리를 두고 다툼이 심했다고 하며, 결국 산에 대한 소유권 쟁송으로 이어지자 당시의 임금(宣祖로 추정)이 신동이서(申東李西)라는 명판결을 하여 문제가 해결되었다고 전해진다.

### (2) 良景公 配位 安東權氏 묘비 修正改替碑 건립

良景公(諱 種善)의 묘소는 충남 서천군 기산면 영모리 산1-1의 부친 목은공 묘소의 계하에 모셔져 있고, 陽村 權近의 따님이신 양경공 배위 安東權氏의 묘소는 충남 서천군 화양면 추동리 산 81-1에 각각 떨어진 위치에 모셔져 있다.

그런데 1962년에 건립된 안동권씨의 묘비가 "중추원사 양경공 이종선 계배 안동권씨 지묘(中樞院事 良景公 李種善 繼配 安東權氏 之墓)"로 표기되어 있었다.

韓平君(諱 之蔵)의 14대손 호정(湖亭) 이상구(李庠求)는 오래전부터 비문 중 외명부(外命婦) 작위(爵位)에 대한 표기 없이 평범한 안동권씨로 표기된 부분의 오류를 바로잡기 위하여 매년 한산 추계시제 참석차 전국에서 온 많은 제관들 앞에서 안동권씨 할머니 묘비 표기의 잘못을 지적하면서 개정비(改正碑) 건립을 호소하고 설파하였으나 매번 무위로 끝나고 말았다.

이상구 씨가 이처럼 개정비 건립에 집착한 이유는 다음과 같다.

첫째, 안동권씨 할머니 계하에는 한산이씨 외손인 고령신씨 부제학 신담(申湛) 내외분의 묘소가 있는데 안동권씨의 비석 표기는 아래와 같이 고령신씨의 신분보다 하위로 기록되어 있었다.

양경공(휘 종선) 배위 안동권씨의 종전 비석 표기

중추원사 양경공 이종선 계배 안동권씨 지묘(中樞院事 良景公 李種善 繼配 安東權氏 之墓

부제학 신담의 비석 표기

정부인 홍주이씨 지묘(貞夫人 洪州李氏 之墓)

이와 같이 양경공의 관직 품계는 영의정 증직에 양경공 시호를 받았으므로 배위인 안동권씨는 부군인 공의 직급에 따라 주어지는 정경부인(貞敬夫人)으로 표기되어야 마땅하나 품계의 표기가 안 되어있었다. 이처럼 1962년에 세워진 잘못된 비석에 대하여 이상구 씨가 30여 년간 끈질기게 관심을 갖고 개정의 필요성을 강조하고 이를 이루어낸 것은 명문가 한 후손으로서의 자부심과 자존심의 발로였다.

그러다가 2011년 4월 이상구 씨의 제안을 받아들인 양경공파종회(이사장 李壽馥)의 결의에 따라 비문을 다음과 같이 바로잡아 새로 건립하고 잘못 표기된 비석은 매몰하였다.

전면

贈 貞敬夫人 安東權氏 之墓(증 정경부인 안동권씨 지묘)

후면

贈 領議政 韓山府院君 行 知中樞院事 良景公 李種善 繼配 父 贊成 吉昌君 謚 文忠公 陽村 權近 生 4男2女 西紀 1456년 世祖 2年 丙子 6月 27日 卒, 子 贈 領議政 行 左贊成 恭武公 季疄, 子 贈 領議政 行 領 中樞院事 文烈公 季甸, 子 監察公 季琬, 子 司憲府執義公 季町 西紀 1962年 旣立竪한 碑銘 中 一部 誤謬 關係로 삼가 修正 改碑하여 立竪하나이다(증 영의정 한산부원군 행 지중추원사 양경공 이종선 계배 부 찬성 길창군 시 문충공 양촌 권근 생 4남2녀

서기 1456년 세조 2년 병자 6월 27일 졸, 자 증 영의정 행 좌찬성 공무공 계린, 자 증 영의정 행 영중추원사 문열공 계전, 자 감찰공 계완, 자 사헌부집의공 계정 서기 1962년 기입수한 비명중 일부 오류 관계로 삼가 수정 개비하여 입수하나이다.)

## (3) 良景公 位牌 文獻書院 配享

### ① 서원(書院)에 대하여

서원(書院)은 학문연구와 선현에 대한 제향을 위하여 사림(士林)에 의해 설립된 사설 교육기관인 동시에 향촌 자치운영기구이다. 나라를 위하여 충절을 지킨 인물 혹은 고명한 석학(碩學) 등 명현(名賢)의 위패를 모시고 제사를 올리며, 인재를 기르기 위하여 유생들이 학문을 강론하는 곳이다.

우리나라 서원은 1542년(중종 37)에 고려 말의 명신(名臣) 안향(安享 : 1243-1306) 선생의 학덕과 특히 중국으로부터 유학(儒學)을 최초로 도입하고 발전시킨 공로로 선생의 옛 집터인 현 경북 영주군 순흥면 내죽리에 백운동서원(白雲洞書院)을 세운 것이 그 시효이다. 서원의 건립은 본래 향촌 유림들에 의하여 사적으로 이루어지는 것이므로 국가가 관여할 필요가 없었으나, 서원이 지닌 교육 및 향사적(享祀的) 기능이 국가의 인재 양성과 교화정책에 깊이 연관되어, 조정에서 특별히 서원의 명칭을 부여하기도 하였다.

1550년 풍기군수 이황의 요청으로 명종이 백운동서원에 대하여 소수서원(紹修書院)이라는 어필(御筆) 현판을 내림으로써 최초의 사액서원(賜額書院)이 되었다.

### ② 문헌서원(文獻書院)에 대하여

문헌서원은 1574년(선조 7) 파곡(波谷) 이성중(李誠中 : 1539-1593)이 한산군수(韓山郡守)로 부임하여 기린산 기슭에 묘우(廟宇)를 짓고 문효공(文孝公) 가정(稼亭) 이곡(李穀) 선생과 문정공(文靖公) 목은(牧隱) 이색(李穡) 선생의 학문과 덕행을 추모하기 위하여 현 서천군 기산면 영모리에 효정묘(孝靖

廟)를 지어 두 분 선생의 위패를 모시고 매년 3월 중정일(中丁日)에 제사를 받든 것이 그 시초이다.

그 후 임진왜란으로 소실되었다가 1611년(광해군 3) 한산면 고촌리에 이건(移建)하였으며, 이때 문헌(文獻)이라는 사액(賜額)을 받았다. 그 후에 牧隱 선생의 차남 첨서밀직사사(簽서密直司事) 인재공(麟齋公) 이종학(李種學) 선생, 성균관직제학(成均館直提學) 백옥헌(白玉軒) 이개(李塏) 선생, 의정부우참찬(議政府右參贊) 음애공(陰崖公) 이자(李耔) 선생을 추배(追配)하였다.

1871년(고종 8) 흥선대원군의 서원철폐령에 의해 철거되었다가 1969년에 구지(舊地)인 현 기산면 영모리에 다시 복원하였다. 이때 牧隱 선생의 장남 동지밀직사사(同知密直司事) 문양공(文襄公) 이종덕(李種德) 선생을 추배하였다.

2009년 충남지역의 문화유적인 문헌서원을 중심으로한 이 일대가 정부의 재정지원으로 대대적인 보수정비를 시작한 이래 5년만인 2013년 4월에 성역화 사업이 완료되었다. 韓平君(諱 之菽)의 14대손 호정(湖亭) 이상구(李庠求) 씨는 牧隱 선생의 3남이자 19대 선조인 良景公(諱 種善)이 문헌서원에 배향되지 못한 것을 늘 가슴 아프게 생각해 오던 중 마침 문헌서원의 성역화사업이 마무리되는 때를 맞추어 良景公 선조의 추가 배향을 위하여 公의 행록(行錄)과 사적(事蹟) 등 추배에 필요한 관련자료를 확보하는데 전심전력하였다. 이상구 씨는 열흘 이상의 시간을 사생활을 전폐한 채, 서울대 규장각(奎章閣)에서 살다시피 하면서 한국학전문위원 김학천(金學泉) 씨의 도움을 받아 公과 관련된 약 200여 쪽에 달하는 방대한 자료들을 찾아내어 이를 빠짐없이 발췌 복사하였다. 그는 규장각에서 수집한 기본자료 일체와 다음과 같은 의견서를 첨부하여 한산이씨봉화공파종회에 전달하는 한편, 소정의 신청서 작성과 제출은 절차상 한산이씨 양경공파종회와 한산이씨대종회에서 처리하도록 적극 협력하여 양경공 선조의 문헌서원 배향을 추진하였다.

③ 문헌서원에 양경공 위패 추배 건의

아래 문건은 한산이씨양경공파종회에서 한산이씨대종회로 보낸 양경공 위패 추배 건의서이다

· 문서번호 : 양경종 009-3호

· 시행일자 : 2009. 10

· 수 신 : 한산이씨대종회

· 제 목 : 문헌서원 위패 추배 건의

문헌서원성역화로 2010년도에 서원 준공 예정인 바, 최초 1539년-1593년에 묘사(廟祠)를 세워 稼亭 李穀 先生과 牧隱 李穡 先生 양위(兩位)를 효정사(孝靖祠)에 배향(配享)한 후 1611년에 문헌서원으로 사액(賜額)되어 인재 이종학(麟齋 李種學) 선생과 음애 이자(陰崖 李耔) 선생이 배향되었고, 1713년에는 백옥헌 이개(白玉軒 李塏) 선생을 추배한 후, 1969년 서원을 이건(移建)하여 현암 이종덕(玄巖 李種德) 선생을 추배하여 한산이씨 선조 여섯 분의 위패를 모시고 있습니다.

1. 문헌서원 중건(重建)에 즈음하여 牧隱 선조의 계자(季子)인 양경공 이종선(良景公 李種善) 선생을 추배코져 하오니 종중의 원만한 협의와 유림들의 동의를 얻어 모실 수 있도록 조치하여 주시기 바랍니다.

가. 이종선 선생은 별지 업적에 의거 고려 우왕 8년 15세에 문과에 급제한 후 이조(李朝)에서 내직은 집의, 사간, 참의, 대신, 인수부윤을 역임하고 외방은 풍해도, 강원도, 충청도, 함길도 관찰사로 재직하다가 판한성부사, 개성유

後, 중추원사 등 중책을 역임하면서 결당모란(結黨謨亂) 모함과 목은묘지명(牧隱墓誌銘) 등으로 폐출, 직첩 회수, 유배 등 수차의 수난을 겪으면서 국가정책 조정에 크게 기여함은 '충(忠)'에 해당되고,

나. 부친상을 당해서 3년 여묘(廬墓)하니 향당(鄕黨)에서 효자라고 칭송하여 이 일이 나라에 알려져 효자비(孝子碑)를 세우고 정문(旌門)하였음은 '효(孝)'에 해당되는 바, 충효가 겸비한 선생(先生)으로 사료됩니다.

첨 부 : 1. 양경공 이종선 선생 업적 1부
2. 고려실록(양경공 이종선 선생 기록) 1부
3. 조선왕조실록(양경공 이종선 선생 기록) 1부

④ 文獻書院 聖域化事業 준공과 良景公 李種善 先生 추가 配享

문헌서원 성역화 사업이 2009년 시작되었으나 규모 확대에 따른 예산 부족 등으로 최초 예정보다 3년이 더 걸려 2013년 4월 27일에 성대한 준공식이 거행되었다. 이 행사에는 한산이씨대종회 이사장 이윤구(李潤求) 박사를 비롯하여 나소열 서천군수, 김종규 문헌서원장과 관내 주요 기관장 및 일가 주민 등 800여 명의 하객이 참석하였다.

이 행사에 맞추어 려조(麗朝) 때의 문신 資憲大夫 知中樞院事 贈 純忠積德秉義補祚功臣 大匡輔國崇祿大夫 議政府領議政 韓山府院君 良景公 李種善 先生(자헌대부 지중추원사 증 순충적덕병의보조공신 대광보국숭록대부 의정부영의정 한산부원군 양경공 이종선 선생)을 문헌서원 묘우(廟宇)에 추가 배향하고 일제히 참배(參拜)하였다.

▲ 문헌서원 효정사

이로서 牧隱 선생의 아드님 3분 모두가 문헌서원에 배향됨으로써 良景公(諱 種善) 후손들의 염원이 이루어지게 되었다.

나소열 서천군수는 준공식에서 "문헌서원 복원과 성역화 사업(전통역사마을 조성사업)을 계기로 牧隱 先生의 학문과 사상을 소재로 한 역사문화 프로그램을 다양하게 개발하고 인근의 관광자원과 전통문화자원을 연계하여 보다 전통 있는 역사문화관광지로 발전시킬 계획"이라고 밝혔다.

# 6. 文烈公(諱 季甸)

## (1) 文烈公 失傳 墓所 復元

① 묘소의 평분 경위

조선조 제9대 왕인 성종(1457-1494)의 첫 번째 계비(繼妃) 제헌왕후 윤씨(尹氏)는 평소 질투심이 강하고 성격이 난폭하여 성종과의 심한 갈등을 일으켜 왕비답지 않은 품행과 처신으로 인해 1479년(성종 10) 6월에 왕비의 직첩(職牒)을 회수함으로써 폐비로 출궁(出宮)되었으며 3년 후인 1482녀에 사사(賜死)되었다. 그 후 성종은 자신이 죽은 뒤에도 100년 동안은 폐비 문제를 거론하지 말라는 유명(遺命)을 남기기도 했다.

1494년 성종이 사망하자 폐비 윤 씨의 아들인 연산군(燕山君 : 1476-1506)이 10대 왕으로 즉위하였다. 왕위에 오른 연산군은 즉위 직후부터 자신의 잘못을 지적하는 대간(臺諫)이나 성균관 유생들과의 갈등이 심하였다. 1457년(세조 3)에 김종직(金宗直)이 항우(項羽)에 의해 죽임을 당한 초(楚)나라 의제(義帝)를 슬퍼하며 지은 조의제문(弔義帝文)을 김종직의 제자인 사관(史官) 김일손(金馹孫)이 사초(史草)에 넣으려 하자 연산군은 이를 왕권에 대한 반역(反逆) 행위로 규정하고, 이를 빌미로 그간 자신을 견제해온 대간(臺諫)과 사람파(士林派)를 대거 숙청함으로써 조선조 최초의 사화(士禍)인 무오사화(戊午士禍)[69]를 일으켰다. 그뿐 아니라 학문을 닦은 자들이 자신을 견제하려 한다고

69) 무오사화(戊午史禍) : 1498년(연산군 4)에 金馹孫 등 신진사류가 柳子光 중심의 훈구파에게 화를 입은 사건이다. 연산군은 金宗直의 弔義帝文이 세조의 왕위 찬탈을 비방한 것이라 여겨 이를 빌미로 3司(司諫院, 司憲府, 弘文館)를 차지하여 연산군의 향락과 훈구대신의 비행을 폭로 규탄하는 사람파를 대거

생각해 한글서적을 모두 태워버리는 등의 악행을 일삼았다.

이후 1504년(연산군 10)에 연산군은 자신의 모친 윤 씨가 폐비된 후 사사(賜死)된 사건의 전모를 임사홍(任士洪)을 통하여 알게 되자 이미 죽은 자를 포함하여 이 사건에 연루된 모든 사람들에게 잔인한 보복을 행하였다.

선왕(先王) 성종의 총애를 받았던 후궁 숙의(叔儀) 2명을 궁내에서 죽였으며, 과거 윤 씨에 대한 폐비를 지지했고 연산군의 포악한 행위를 질타한 조모 인수대비(仁粹大妃)는 연산군의 폭언과 만행에 시달리다 결국 화병(火病)으로 죽고 말았다.

또한 폐비 사건 당시 이에 찬성한 신하 10여 명은 처형되었으며, 사건과 관련된 신하들 중에 이미 사망한 한치형(韓致亨), 한명회(韓明澮), 정창손(鄭昌孫), 이파(李坡), 남효온(南孝溫) 등 10여 명의 명신거유(名臣巨儒)에 대하여 부관참시(剖棺斬屍)의 형벌을 가하였다. 따라서 이들의 직계존속과 비속들도 예외 없이 처벌하여 가산을 몰수하고 신분을 서인(庶人) 또는 노비로 강등시켰다. 이것이 무오사화에 이어 연산군의 광기(狂氣)가 일으킨 또 하나의 사화인 갑자사화(甲子士禍)이다.

갑자사화에서 부관참시를 당한 중신(重臣) 중 한산이씨 명헌공(明憲公) 이파(李坡)의 자(字)는 평중(平仲)이요, 호(號)는 소계(蘇溪) 또는 송국재(松菊齋)이고, 시호(諡號)는 명헌(明憲)이다.

明憲公(諱 坡)은 18세의 약관으로 문과에 급제하였고 집현전 박사, 도승지, 예문관 직제학, 동국통감수찬(東國通鑑修撰), 병조 및 이조참판, 성균관 대사성, 삼국사절요찬진(三國史節要撰進), 의정부 좌참찬 겸 예조판서(禮曹判書) 등을 역임하였다.

1479년(성종 10) 폐비 윤 씨 사건 당시 명헌공은 예조판서로 재직하였는데,

---

숙청하였다.

연산군은 “이파(李坡)도 이 사건(폐비 윤 씨)에 찬성하였으니, 그 죄는 난신(亂臣)과 다름없다. 당연히 부관참시하고 그 자손들은 폐(廢)하여 서인(庶人)으로 하게 하라.”고 명하였다.

그 후 의금부에서는 명헌공 자손의 직(職)과 이름을 적어 올리라고 명하였으며, 명헌공 묘소 파묘와 부관참시 결과에 대해서는 “파(坡)의 시신의 살이 조금 썩었다”고 보고하였다.

며칠 후에는 “파(坡)와 처의 묘도(墓道)에 있는 모든 석물과 구조물을 철거하라.”는 명을 내리고, 호조에 명하여 모든 가산의 몰수를 행하였다.

이로써 명헌공 자신뿐만 아니라 공의 조부 良景公(諱 種善), 부친인 文烈公(諱 季甸)과 장형(長兄)인 大司成公(諱 堣)에게도 화(禍)가 미쳐 묘소의 봉분을 없애는 평분의 처벌을 받았다.

1506년(연산군 12) 중종반정(中宗反正)으로 연산군이 폐위되고 성종의 둘째 아들 진성대군(晉城大君)이 제11대 왕 중종(中宗)으로 즉위함으로써 이러한 처벌과 폐족 조치는 모두 복권이 되었지만 평분된 묘소는 이후 100여 년간 실전되어 찾을 수가 없었다.

### ② 묘소의 복원

문열공의 7대손이자 한평군의 증손인 水使公(諱 穳)이 갑자사화에 의해 문열공 묘소가 평분된 이후 120여 년 만에 천신만고 끝에 지석(誌石)을 찾아서 성분(成墳)함으로써 묘소를 복원하였다. 이 공로로 수사공의 묘소는 여러 대를 뛰어넘어 문열공 묘소 계하에 모셔졌다고 전해진다.

이 내용은 1968년에 이중규(李仲珪) 선생이 찬술한 「수사공 묘표 음기(水使公 墓表 陰記)」와 1993년 10월 국사편찬위원 인종(寅種) 이현구(李賢求) 씨가 찬술(纂述)한 「수사공의 묘비문 음기(水使公의 墓碑文 陰記)」에서 다음과 같이 기술하고 있다.

## 수사공 묘표(墓表) 음기

公의 성은 이 씨요, 본관은 한산(韓山)이며 諱는 찬(穳)이니 文靖公 牧隱 先生 諱 색(穡)의 9대손이다. 8대조는 良景公 諱 種善이며, 7대조는文烈公 諱 季甸이고, 6대조는 대사성 한산군(韓山君) 諱 우(堣)요, 증조는 한평군(韓平君) 諱 지숙(之菽)이요, 조부는 종친부전부(宗親府典簿) 諱 원(垣)이고, 부친은 첨지중추부사(僉知中樞副事) 諱 경부(慶溥)요, 모친은 숙부인(淑夫人) 이천서씨(利川徐氏)이며, 배위는 정부인(貞夫人) 상주김씨(尙州金氏)이다.

공의 7대조 문열공의 묘소는 그 차남인 명헌공(明憲公) 諱 파(坡)가 연산조(燕山朝) 갑자년의 폐비 사건에 연루되어 혹독한 참화를 입었던 빌미로 평토(平土) 실전(失傳)된 지 일백여 년에 이르렀는데, 공이 성심과 전력을 다하여 지석(誌石)을 찾아내어 봉분을 개축했다 하니 오늘에 이르러 공의 공적은 참으로 위대하다고 할 것이다. 그러나 그러한 사실이 문자로 기록되어 전해오는 것이 없이 다만 구전으로 전해져서 그 전말을 상세히 알지 못하고 있으니 통탄스러움을 이길 나위가 없다. 혹 세월이 오래 지나면 민멸(泯滅)될까 두려워서 삼가 한 조각 돌을 세워 위와 같이 간략하게 기록하노라.

檀紀 4301年(戊申) 月 日

族裔孫 仲珪 삼가 짓고

11代 不肖孫 庠求 삼가 세움

## 수사공 묘비문(墓碑文) 음기

천하가 극도로 혼란할 때 다스리기보다 태평시대를 다스리기가 어렵다는 것은 혼란기에는 영웅이 일어나고 충신이 생기며, 백성이 앞날을 염려하고 뒤를 돌아보며…….(중략)

그러나 여기에 의관(衣冠)이 묻히신 전라우도 병마수군절도사(全羅右道 兵馬水軍節度使) 李公은 무(武)와 치(治)를 겸비하였으니 어찌 장하다 아니하랴.

공의 諱는 찬(穳)이요, 본관은 한산(韓山)이다.

그 선계는 문효공(文孝公) 가정(稼亭) 선생 諱 곡(穀)의 10대손이요, 문정공(文靖公) 목은(牧隱) 諱 색(穡)의 9대손이며…….(중략)

한평군(韓平君) 諱 지숙(之菽)의 증손이요, 조고(祖考)는 전부공(典溥公) 諱 원(垣)이시며, 고(考)는 첨지중추부사(僉知中樞副使) 諱 경부(慶溥)요, 비(妣)는 숙부인(淑夫人) 이천서씨(利川徐氏)이며, 배(配)는 상주김씨(尙州金氏)이다.

또 위선(爲先)에 대하여 남달리 출중하였던 것은 연산군 갑자사화(甲子士禍) 때 명헌공(明憲公) 諱 파(坡)께서 尹氏를 폐비할 때 예조판서(禮曹判書)로 있으면서 연루되었다 하여 그 화(禍)가 선대까지 미칠 때, 문열공(文烈公) 묘소가 평분(平墳)된 후 복원하지 못하고 120여 년 만에 공께서 찾아 성분(成墳)한 노고로 묘소를 이곳으로 택지(擇地)하게 되었다고 세세전래(世世傳來)되고 있다.

이처럼 장하신 선세 어른의 사적(事績)을 어찌 감히 나같이 우매한 자가 붓을 댈 수 있으랴마는, 공의 11대손 명구(命求) 씨가 내게 명하기를 공의 후손 모두가 진심갈력(盡心竭力)하여 찬란한 빗돌을 다듬었으니 비문(碑文)을 초

(草)하라 하여, 그 정성에 감탄하고 실록(實錄)과 가승(家 乘)을 참고하여 삼가 위와 같이 쓰노니 공의 인멸(湮滅)된 업적을 조금 더 탐구하여 소상히 밝히지 못하는 점이 송구(悚懼)할 따름이나 이상(以上)은 이제 천세만세(千歲萬歲)에 영원하리라.

西紀 1993年 10月 日

族裔孫 國史編纂委員 賢求 謹撰

李相大 謹書

水使公 後孫 一同 謹立

## (2) 文烈公 墓表 陰記 찬술

文烈公(諱 季甸)의 묘표는 韓平君(諱 之菽)의 7대손 弘文館校理(諱 顯重), 軍資監正(諱 箕重), 平安監司(諱 台重) 세 분이 협력하여 세웠으며 묘표 음기는 顯重公이 찬술하였다.

元文

嗚呼 此惟我先祖 文烈公 存養齋府君 衣履之藏也 墓前舊有表石 歲久磨漶殆不可辯 後孫箕重出守丹陽郡慨然有 改竪之意伐石鳩功其 仲兄平安監司台重 宗人慶尙水使 思先各捐俸 而助之成功既 訖屬不肖顯重 俾記諸陰 嗚呼 盛矣府君以牧隱陽村爲內外祖 人德之盛人莫不與凉 文章勳業表著於英光二廟簡策 所垂鐘鼎所銘不待後人之揄揚則 小子又河述焉惟是堂封數尺之碣 寓百世無窮之墓 者不可無識是以爲記 오호 차유아선조 문열공 존양재부군 의리지장야 묘전구유표석 세구마환태불가변 후손기중출수 단양군개연유 개수지의벌석구공기 중형평안감사태중 종인경상수사 사선각연봉 이조지성공기 흘속불초현중 비기제음 오호 성의부군이목은양촌위내외조 인덕지성인막불여량 문장훈업표저어 영광이묘간책 소수종정소명 부대후인지유양칙 소자우하술원유시당봉척지갈 우백세무궁지묘 자불가무식시이위기

번역문

아아! 이곳은 우리 선조 문열공 존양재 부군의 옷과 신이 간수되어 있는 곳이다. 옛날에 묘소 앞에는 표석이 있었으나 해가 오래되어 지워져서 알아볼 수가 없게 되었다. 후손 기중(箕重)이 단양군수로 나갔을 때 이를 슬퍼하고 고쳐

세울 뜻이 있어 돌을 깎아 일을 시작하니, 그 중형인 평안감사 태중(泰重)과 일가 사람인 경상수사(慶尙水使)가 각각 녹봉을 내어 일을 도왔다.

일이 끝나자 불초 현중에게 부탁하여 음기를 쓰라고 한다.

아아! 장하도다. 부군께서는 목은(李穡)과 양촌(權近)이 내외조가 되시니 사람의 덕의 장함을 사람마다 부러워하지 않는 자가 없다.

문장과 훈업이 世宗, 世祖 양 대에 나타나서 역사에 기록되고 돌에 새겨져 있는 바, 이는 후대의 찬양하는 말을 더 기다릴 것이 없는 터이니 소자가 또 무었을 기록하리오. 오직 여기에 몇 자가 되는 묘갈(墓碣)을 세워서 백대가 지나도록 끝없이 사모하는 뜻을 표하고자 하며 아무 말도 하지 않을 수가 없어서 이것으로 음기를 삼는 바이다.

11대손 통훈대부(通訓大夫) 행 홍문관교리(弘文館校理) 현중(顯重) 씀

## (3) 文烈公 神道碑 건립 및 神道碑銘 찬술

### ① 文烈公 李季甸 神道碑 건립

개요

존양재(存養齋) 이계전(李季甸) 선생에 대한 명지대학교 박물관장 신천식(申千湜) 박사의 평전(評傳)은 다음과 같다.

"존양재(存養齋) 이계전(李季甸) 선생은 1404년(태종 4)에 출생하여 1459년(세조 5)까지 활동한 분이었다. 선생은 당대를 대표하는 위대한 학자였으며, 수많은 학자들로부터 존경받는 박학다식한 석학(碩學)이었고, 다방면에 걸친 선생의 학문의 깊이에 대하여 더 이상 찬탄을 금할 수 없다. 그뿐 아니라 당시의 왕들은 정책에 관하여 의문이나 미흡한 사항이 발생하였을 때에는 항상 선생의 자문을 구하고 답신(答申)을 받아서 처리하는 등 신중을 기하였으며, 모든 분야의 법적, 제도적인 정치적 개혁에 있어서는 선생의 손을 거치지 않은 것이 없을 만큼 솔선수범으로 나라를 바로 세운 위대한 정치가였음이 실록에 낱낱이 드러나 있다."고 평한 바 있다.

그럼에도 불구하고 우리 후손들은 위대하신 조상님을 모시고 있으면서도 일찍이 신도비(神道碑) 하나 세워드리지 못한 채 허송(虛送)하고 방치된 지 540여 년의 긴 세월이 흐르고 말았다.

### ② 神道碑 建立 顯彰 事業

1997년도에 韓山李氏文烈公(諱 季甸)宗會(이사장 李斗遠, 상무이사 李甲珪,

이사 李庠求외 여러명) 이사회에서 문열공 신도비 건립 안건을 공식 상정하여, 별도로 구성되는 사업추진위원회로 하여금 1998년도에 신도비 건립을 추진하기로 결정하였다.

그러나 신도비를 건립하는데 우선적으로 절대 필요한 사항은 비에 실릴 비문(碑文)을 찬술하는 일이지만 비문 작성이 그리 간단하고 쉬운 일이 아닌 것이다. 비문을 작성하려면 우선 당사자의 행장(行狀)이나 행록(行錄) 또는 연보(年譜) 등 전문성이 요구되는 역사적 자료가 있어야 하는데, 이때까지 공에 대한 행장이나 문적(文蹟)이 전혀 없었기 때문에 난관에 봉착한 종회(宗會)로서는 참으로 부끄럽고 난처한 일이 아닐 수 없었다.

하는 수 없이 종회에서는 1989년도 분당신도시 건설 당시 멸실 위기에 처했던 수내동 유적지의 보존과 이들이 문화재로 지정되는데 절대적인 역할을 한 공로자이자 1998년 4월 30일 자로 발행된 『牧隱 李穡의 學問과 學脈』 의 저자인 명지대학교 신천식 교수에게 신도비 비문 작성을 의뢰하기로 하고 이를 청탁(請託)하는 내용의 청원서를 작성하게 되었다.

그 후 어느 날 친목을 도모하기 위한 간담회 겸 회식 자리를 마련하고, 이 자리에 초대한 신천식 박사에게 청원서를 정중히 전달하면서 비문 작성을 간곡히 요청하였다.

이때 호정(湖亭) 이상구(李庠求)는 부끄러움을 무릅쓰고 "신 교수께서는 역사학자로서 이미 지난번 분당 수내동 유적지 문화재 지정 건과 경기금속대관 추가 수록 그리고 『牧隱 李穡의 學問과 學脈』 저술 등으로 훌륭한 업적을 쌓으셨으니 교수님의 역량으로 비문을 찬해주시기를 부탁드립니다."라고 하자 신 박사는 "허허!"하며 더 이상 거절하지 못하였다.

③ 神道碑銘 竝書 및 神道碑 陰記 撰述

韓山人 李季甸의 字는 병보(屛甫)요, 號는 존양재(存養齋), 시호는 文烈公이며 목은(牧隱)의 손자요 良景公(諱 種善)의 季子이다. 문열공의 신도비명 병서는 다음과 같다.

## 文烈公 李季甸 神道碑銘 竝書

朝鮮國輸忠衛社 靖難佐翼功臣 輔國崇祿大夫 領中樞院事 兼 知成均館事 漢城府院君 贈 大匡輔國崇祿大夫 議政府領議政 兼 領經筵 弘文館 藝文館 春秋館 觀象監事 世子師 謚 文烈李公 神道碑銘 竝書 조선국수충위사 정난좌익공신 보국숭록대부 영중추원사 겸 지성균관사 한성부원군 증 대광보국숭록대부 의정부영의정 겸 영경연 홍문관 예문관 춘추관 관상감사 세자사 시 문열이공 신도비명 병서

## 文烈公 神道碑 陰記

오호라! 이곳은 문열공(文烈公)과 그 배 풍기진씨(配 豐基秦氏)의 의리지장(衣履之藏)이다. 公은 한산이씨(韓山李氏)로서 諱는 季甸이요, 字는 병보(屛甫)이고 號는 존양재(存養齋)이다.

한산이씨는 동방의 거족으로서 선계는 고려호장 윤경(允卿)을 시조(始祖)로 하며, 이후 정조호장 인간(仁幹), 비서랑 효진(孝進), 판도판서 창세(昌世), 도첨의 찬성사 자성(自成)을 거쳐 문효공 곡(穀)이 뒤를 이어 가문을 크게 일으켰으니 이분이 공의 증조가 된다.

조(祖)는 문정공 색(穡)이니, 호는 목은(牧隱)이다. 문정공은 도의와 문장이 해동의 으뜸으로 당시 학자들은 유종(儒宗)으로 받들었고 고려에 충절을 지켜 끝까지 조선에 사환(仕宦)하지 않았으니 후세의 학자들은 공의 충절을 규범으로 삼았다.

고(考)의 諱는 종선(種善)이니 시호는 양경(良景)이다. 良景公은 15세에 문과에 급제하여 벼슬에 나아갔고 조선이 건국되자 결당모란(結黨謨亂)의 죄를 씌워 원지(遠地)에 유배되었으니 이는 문정공과 함께 끝까지 고려를 지키려 한 충절 때문이었다.

태조(太祖) 5년 1396년 4월에 병조참의를 제수받았으나 다음 달에 문정공께서 하세(下世)하시자 벼슬을 버리고 한산으로 낙향하여 3년 동안 시묘(侍墓)하면서 애훼(哀毁)하니 보는 자 마다 그 효성에 감복하였다. 이로써 향당(享堂)에서는 효자비(孝子碑)를 세워 그 효행을 기렸고 나라에서는 정문(旌門)을 내려 포상하였다.

배(配)는 안동권씨(安東權氏)인데 문충공 근(近)의 여(女)이고 검교정승 희(僖)의 손녀이다.

公은 양경공의 3子로서 태종4년 1404년에 탄생했는데 천성이 관인(寬仁)하고 겸후(謙後)하였으며, 성경(誠敬)을 돈독히 하여 숙재계궁(宿齋戒窮)을 조금도 게을리 하지 않았다.

公은 처음에는 음(蔭)으로 벼슬에 나아가 종묘부승(宗廟副丞)이 되었으나 세종 9년 1427년에 친시문과(親試文科)에 급제하여 집현전 학사로 발탁되었다. 세종 16년 1434년에는 집현전 수찬이 되었고 이때 왕명을 받들어 통감훈의(通鑑訓義)를 참교(參校)하였다. 다음 해에는 집현전 교리로 올랐다.

세종 18년 1436년에는 왕명을 받들어 김문(金汶)과 더불어 강목(綱目)과 통감훈의(通鑑訓義)를 찬술(撰述)하였다.

1442년(세종 24)에는 직집현전(直集賢殿)에 특배(特拜)되었는데 이때 공께서는 선배인 김문보다 위(位)가 높음을 민망히 여겨 왕께 글을 올려 자신의 위(位)를 김문에게 옮겨 제수하도록 청하였으나 왕께서는 이를 불윤(不允)하였다. 이는 公의 학식이 그 자리에 합당하다고 보았기 때문이다.

세종 25년 1443년에는 공법(貢法) 시행에 따른 자문을 공에게 구하였고, 세종 27년 1445년 2월에는 왕명을 받들어 삼한국대부인안씨(三韓國大夫人安氏)의 묘지(墓誌)를 찬하였다. 이해 7월에는 집현전 직제학에 진배(進拜)되고, 이때 사창(社倉)과 의창(義倉)에 대한 개혁론을 올렸다. 다음 달에는 어염(魚鹽)의 전매에 대한 폐단을 논하고, 이의 개혁을 주청하였으며, 이해 10월에는 저화(楮貨) 사용의 폐단을 상소(上疏)하였다.

세종 28년 1446년에 5월에는 당면 정치의 개혁론을 건의하였는데 그 주지(主旨)는 양계(兩界)의 축성과 도민(徒民)에 대한 문제를 비롯하여 당시 시급히 해결해야 할 급무(急務)들이었다. 이 해 6월에는 공법 운영의 개혁을 건의하였고 이때를 전후하여 세자시강(世子侍講)의 우보덕(右輔德)을 겸하였다.

세종 29년 1447년 3월에는 문과한성시(文科漢城試)에서 제술(製述)을 세 곳(三處)으로 분리하여 응시하게 하는데 대한 폐단을 논하고 구례(舊例)에 따라 두 곳(二處)으로 환원하도록 건의하여 유념되었고, 이해 4월에 동부승지가 되었다.

세종 30년 1448년에는 왕이 문소전(文昭殿) 서북우(西北隅)에 불당을 건립하려 하자 "금내(禁內)에 불당을 건립하는 것은 진실로 불가하고 또 문소전은 청재하는 곳인데 승도(僧徒)로 하여금 그 옆에 처(處)하게 함은 더욱 불가하다."라는 상소를 올려 이를 중단하도록 하였다.

세종 31년 1449년 2월에는 우부승지에 올랐고 11월에는 추은고사(推恩古事)를 상고하여 절목을 올렸으며, 세종32년 1450년에는 좌부승지가 되었고,

이해에 문종이 즉위하자 좌승지로 올랐으며, 7월에는 도승지에 탁배(擢拜)되었고, 12월에는 절의(節義)를 포상하는 것은 강상(綱常)을 굳게 하는 것이라 하여 정몽주(鄭夢周)와 길재(吉再)를 포상하도록 건의하였으며, 며칠 후에는 둔전의 폐단을 논하여 이를 바로 잡았다.

문종 원년 1451년에는 노모의 봉양을 위하여 벼슬에서 물러나기를 청하였으나 윤허 받지 못하였고 7월에는 성균관 교육의 중흥을 위하여 좌찬성 김종서(金宗瑞)를 지성균관사에 겸직시키도록 건의하여 윤납(允納)되었다

문종 2년 1452년에는 세종실록의 편찬에 참여하였으며, 단종이 즉위하자 이조참판을 배수(拜受)하였고 이어 동지 경연을 겸하였다.

단종 원년 1453년 6월에는 병조참판에 이배(移配)되었고, 10월에는 병조판서에 초수(初授)되었다. 그러나 공은 정인지(鄭麟趾) 성삼문(成三問) 등과 더불어 공 없이 공신의 열에 올랐음을 주청하고 공신의 책훈에서 삭제해 주기를 탄원하였다.

단종 2년 1454년 12월에는 성균관 대사성을 겸하였고 집현전대제학(集賢殿大提學)과 지경연춘추관사(知經筵春秋館事)도 겸하였다. 다음 해 정월에는 왕께서 특별히 하교하여 공의 충성과 학문을 높이 치하하며 전지(田地)와 노비를 하사하였다.

세조 원년 1455년 7월에는 세자이사(世子貳師)를 겸하였고 다음 달에 세조가 육조직계법(六曹直啓法)을 시행하려 하자 공은 하위지(河緯地) 등과 부당함을 논하고 이의 철회를 건의하니 이로써 세조의 미움을 받게 되었다.

세조는 잠저시(潛邸時)에 공과 더불어 벗으로 지내왔는데 실권을 잡으면서 공에게 의지하려 하였으나 공께서 협조하지 않았다.

세조가 사정전(思政殿)에서 연회를 베풀었는데 공이 어온(御醞)의 과함을 주청하자 크게 노하여 공의 관(冠)을 벗기고 홍달손(洪達孫)에게 명하여 머리

채를 끌고 뜰로 내려가게 하여 위사로 하여금 곤장을 치게 하였다.

그리고는 공을 일러 "너는 극히 간휼(奸譎)하니 병조(兵曹)의 장이 될 수 없다. 네 직임을 파직하리라."고 하였다. 세조는 공에게 이러한 벌을 내리고는 곧 불러 마주 앉게 하여 "나는 평소에 너를 애중(愛重)함이 비할 바 없었는데 너는 어찌하여 내 마음을 헤아리지 못하느냐?"고 하여 그간의 서운함을 표현하였고, 또 신숙주(申叔舟)를 시켜 "네가 나를 애중함이 이제 나와 같겠는가. 내가 너를 애중히 여기기 때문에 앞으로 너를 좌익공신(左翼功臣)의 높은 등급에 올려놓으려 하는데 너는 나를 따르지 않겠는가?"하며 공을 설득하였다.

아! 세상에는 공을 일러 세조의 정난공신(靖難功臣)이라 하여 비하하고 있으나 위의 일을 보라. 춘추대의의 높은 의리(義理)를 신조로 하였던 공께서 처음부터 세조를 도와 왕위에 오르게 하였겠는가? 이해 9월에는 2등공신에 책훈되었고 수충위사협찬 정난공신(輸忠衛社協贊 靖難功臣)의 호와 한성군(韓城君)의 봉작을 받았다.

세조 2년 1456년 2월에는 판중추원사(判中樞院事)가 되어 판병조사(判兵曹事)를 겸하였고 이해 11월에 문종실록(文宗實錄)이 완성되었는데 공은 이일의 책임을 맡았다.

얼마 후 단종 복위(端宗 復位)를 위한 사건에 백옥헌(白玉軒)이 주역인 것으로 밝혀지자 공도 헌부(憲府)의 탄핵을 받았다. 그러나 공을 이에 연루시키지 말라는 왕의 특지(特旨)가 내려 화를 면하였다.

1457년(세조 3) 12월에는 영중추원사(領中樞院事)에 올랐고 다음해 6월에는 다시 좌익이등공신(左翼二等功臣)으로 책훈(策勳)되어 전지와 노비 등을 하사받았다.

그러나 공이 어찌 화기탕연(和氣蕩然)할 수 있었으랴. 오호라! 이 사건이 있은 후 3년이 되던 세조 5년 1459년 9월(乙未)에 마침내 고종(考終)하시니 이때 수(壽) 56세이었다. 부음이 전해지자 왕은 크게 진도(震悼)하여 정조(停朝)와 철시(輟市)를 명하면서 후한 부의(賻儀)를 내려 장사를 주관하도록 하였고 문열(文烈)이란 시호를 내렸다.

배(配)는 풍기진씨(豊基秦氏)인데 부(父)는 郡守 호(浩)이고 조(祖)는 사재부령(司宰副令) 소유(小儒)이며 외조(外祖)는 달성부원군(達城府院君) 서의(徐義)이다. 4남 4녀를 낳으시니 장남 육(堉)은 무후(無後)하였고, 차남 우(堣)는 단종 원년 1453년 증광문과(增廣文科)에 급제하여 성균관대사성(成均館大司成)에 이르렀고, 3남 파(坡)는 문종 원년 1451년에 증광문과(增廣文科)에 급제하여 의정부좌찬성(議政府左贊成)에 이르렀으며, 시호는 명헌(明憲)이다. 4남 봉(封)은 세조 10년 1464년 별시문과(別試文科)에서 장원(壯元)으로 탁제(擢第)되어 형조판서(刑曹判書)에 이르렀고 시호는 헌평(憲平)이다.

장녀는 금성인(金城人) 현령 유소(劉昭)에게, 차녀는 강화인(江華人) 현감 최연년(崔延年)에게, 3녀는 여천인(呂泉人) 별좌 권선(權善)에게, 4녀는 동래인(東萊人) 감찰 정계금(鄭繼金)에게 각각 출가하였다. 손(孫) 이하는 너무 많아 다 기록할 수가 없다.

아! 하늘이 위인을 세상에 낼 때는 불세(不世)의 재덕(才德)을 갖추게 하고 또 불세의 제우(際遇)를 만나게 하여 그로 하여금 불세의 상업(相業)을 이루도록 한다고 하였는데, 한산이씨의 세업을 살펴보면 이 말이 허언(虛言)이 아님을 알 수 있다.

어찌 일가(一家)에서 가정공(稼亭公)을 내고 목은공(牧隱公)이 나오며, 또 양경공(良景公)이 나오고 문열공(文烈公)이 나올 수 있단 말인가. 공의 후손으로서도 상신(相臣), 학자, 청백리(淸白吏), 충렬지사(忠烈之士)가 서로 이어 나와서 마치 임랑(淋琅)이 나란히 솟아오르는 듯하니 하늘이 이 가문에 번창지조(繁昌之祚)를 내림이 무한함을 알겠도다.

오호라! 지초(芝草)가 어찌 진실로 뿌리가 없을 것이며, 예천(醴泉)이 어찌 그 근원 없이 올 수 있단 말인가. 공의 사적(事蹟)은 혁혁(赫赫)하여 당세에 세인들이 추념한바 되었는데, 세월이 유전(流轉)하는 중에 많은 수난을 입어 사실이 왜곡됨이 많았도다.

이제 상고하니 공이 몰한지 540여 년이 지났도다. 그동안 공의 천궁(天穹)은 수차례에 걸쳐 난액(難厄)을 당했구나. 공의 졸 후에 여주의 성산에 의리의 장(藏)을 마련하였으나 이후 창릉(昌陵)이 즉위하여 영릉(英陵)을 이곳에 모시게 하니 공의 천궁은 이곳 여주 점동면 사곡리로 천장 되었다.

그 후 연산군(燕山君)이 윤 씨의 폐비(廢妃) 사건에 공의 아들 명헌공이 참여하였다 하여 추죄(追罪)하고 구천(九泉)에 있는 자까지도 연좌(連坐)하니 이로써 공의 천궁도 삭토(削土)의 화(禍)를 당하였다.

중종반정(中宗反正) 이후 신원(伸寃)되니 후손들은 공의 묘를 다시 찾아 예경(禮敬)하였고, 비갈을 세워 추념하였으나 아직껏 신도의 비는 마련하지 못하였다.

이제 공의 효성스런 후손들이 마음을 합하여 돌을 마련하고 신도의 비를 세우려고 한다.

훌륭하도다. 공의 후손들이여!

조상의 무덤을 초래지중(草萊之中)에 매몰되도록 하지 않고 그 덕업의 성(盛)함을 세상에 현양(顯揚)하는 것은 서기(庶幾)가 천령(天靈)을 위로하는 것이고, 또한 이것은 후손된 자가 행해야 할 지극한 도리가 아니겠는가. 이제 公 몰(歿) 후 540여 년에 공의 후손들이 공의 혁업(赫業)을 기리기 위하여 신도의 비를 조성하니 이 어찌 아름답지 아니한가?

명(銘)하노니, 숭정산 정기 받아 가정산(稼亭山) 태어나니 가문의 서여(緖餘)를 열었고, 태산교악(泰山喬嶽)의 정기 받아 목은공 태어나니 해동의 종유

(宗儒)로다. 양경공이 뒤를 이어 충효를 빛 보이니 효자리의 정표가 우뚝하도다. 건곤성악(乾坤星嶽)의 정기 받아 공께서 태어나니 목은공의 손자요 양경공의 아들이라.

왕실에 어름 같은 맑음은 공의 정아(情雅)한 기풍이요, 위봉상린(威鳳祥麟)은 공의 기상이 아니던가. 태어날 때부터 석덕(碩德)을 갖추어 성경(誠敬)에 돈독하고 숙제계궁 하였도다. 용두에 올라 이름 떨치니 영릉(英陵)은 집현전에 불러 사륜(絲綸)을 윤색(潤色)케 하였고, 현릉(顯陵이 즉위하니 은태(銀台)의 후설(喉舌)되어 직언을 서슴지 않았도다.

성균의 장(長)이 되어 교훈에 전념하니 생도들은 태산북두로 받들었고, 장릉(莊陵)과 광릉(光陵)께서는 공의 숙덕(宿德)을 우러러 유종의 칭호를 내렸도다.

오호라! 光陵이 즉위하고 莊陵이 화(禍) 당하니 공의 뜻이었던가? 白玉軒의 충절이 禍로서 보답 되니 공도 연루되어 탄핵받았도다. 광릉의 특지로 화는 면했으나 공의 마음 하늘의 무너짐 아니런가? 성숙(星宿)이 상태(上台)에서 떨어지니 마침내 백성들은 의지할 곳 잃었고, 나라는 부의(賻儀)를 내려 장례를 주관하였으나 그 귀감을 잃었구나. 성산의 정기는 용혈(龍穴)이 합하는 이곳에 풍운의 조화 또한 합하니, 아! 이곳이 바로 공의 유택 아니던가?

이제 정민(貞珉)의 글 새겨 공의 업적 현양(顯揚)하니 이 길 지나가는 자 이를 보고 公의 뜻 기리소서.

西紀 1998년 무인(戊寅)

後學 明知大學校 人文大學 史學科 敎授 文學博士 申千湜

### (4) 文烈公 墓域 驪州 鄕土文化財 지정

경기도 여주시 점동면 사곡리에 소재한 韓山李氏 文烈公(諱 季甸) 묘역 일원에 1999년 4월 공의 신도비가 건립되었고 2001년 10월에는 문열공의 문집을 중점으로 한 『存養齋 李季甸의 生涯와 行錄』이 간행되었다.

정부 차원의 신도시개발과 산업단지 조성 또는 민간차원의 토지개발 등이 성행되는 현실을 감안 할 때, 이러한 귀중한 유적지를 그대로 방치하고 있다면 개발이라는 미명 아래 언제든지 사라질 가능성이 있으므로 이를 미연에 방지할 수 있는 대책을 강구하여 후회가 없도록 조치하는 일이 시급하였다. 이러한 경험은 분당신도시 개발 사업으로 인해 훼멸 위기에 봉착한 한산이씨 수내동 문화유적을 뜻있는 문중 원로들과 후손들이 힘을 합하여 원형을 그대로 보존하고 더 나아가서 경기도 문화재로 지정 받음으로써 나온 것이기도 하다.

사곡리 문열공 묘소 일원의 한산이씨 문화유적으로는 문열공과 배위 풍기진씨 묘소, 水使公(諱 襸) 묘비와 석등 등 석조유물, 재실(齋室)과 부속가옥(附屬家屋), 신도비 등이 있다. 이러한 유적들을 보호하기 위하여 문열공의 행적과 문헌, 문열공의 묘표 약기(略記) 및 여러 유적들 사진 등을 망라한 문화재지정신청서를 1999년 4월 한산이씨 문열공파종회 이사장 이두원(李斗遠)씨 명의로 경기도와 여주시 등 관계기관에 제출하여 이를 선처해 줄 것을 간곡히 청원하였다.

이를 접수한 여주시 문화재위원회는 상기 자료에 대한 검토와 현지 확인을 거쳐 1999년 6월에 여주시는 문열공 묘소를 포함한 유적 일원을 '여주향토유적 제16호'로 지정하였다.

문화유적에 대한 문화재지정 신청 업무는 일반 행정사무와는 달리 절차가 복잡하고 까다로워 결코 쉬운 일은 아닌 것이다. 제반 자료수집과 신청서 작성 등 사안 자체가 복잡하고 전문성이 요구되는 행정적인 업무는 대부분 甲珪, 庠求, 元求 씨 등 韓平君(諱 之菽)의 후손들에 의해 추진되어 선도적인 역할과 노고가 적지 않았던 것으로 전해진다.

### (5) 文烈公 不祧廟 重建

公의 不祧廟는 忠南 禮山郡 挿橋邑 2里에 있는 樓山牧隱影堂 좌측에 창건되어 300여 년 간 보존되어왔으나 오랜 세월 거듭되는 풍마우세와 관리 부재로 70여 년 전에 훼절(毁折)되고 말았다. 그 후 여러 후손들이 重建을 시도하였으나 마땅한 장소를 못 구하고 특히 막대한 소요 비용으로 인해 엄두를 내지 못하였다.

그러다가 奉化公(諱 長潤)宗會의 재정지원에 힘입어 1997년 원래 위치에서 십여 리 떨어진 禮山郡 鳳山面 鳳林里에 새로 세워 위패(位牌)를 모심으로써 후손된 도리를 다하였음은 참으로 고맙고 다행한 일이었다.

▲ 부조묘 중건식 모습(1997. 10. 16)

# 7. 大司成公(諱 堣)

## (1) 大司成公 失傳 墓所 復元

### ① 대사성공 묘소 평분 경위

대사성공의 묘소가 평분된 경위는 성종의 첫 번째 계비(繼妃)이자 연산군의 생모인 윤 씨가 1479년(성종 10) 폐출(廢黜)되고 이어서 사사(賜死)되었으나 성종이 자신의 사후에도 이 문제를 거론하지 말라는 유명(遺命)에 따라 조용히 묻히는 듯했다. 그러나 연산군이 즉위 후 권력다툼의 과정에서 이 사건이 수면 위로 떠오르게 되면서 과거 선왕의 명으로 행해졌던 모든 조치를 뒤엎는 잔인한 복수극 갑자사화(甲子士禍)[70]가 발생하였다.

이로 인해 윤씨에 대한 폐비에 찬성하거나 동조했다는 이유로 폐비 당시의 관련자들 중 생존해 있는 사람들은 대부분 극형에 처하거나 삭탈관직(削奪官職) 혹은 귀양을 보냈고, 이미 사망한 사람들에 대해서는 부관참시(剖棺斬屍)와 직계 존, 비속 묘소의 봉분을 헐어버리는 반인륜적인 조치가 행해졌다.

이로 인해 폐비 사건 당시 예조판서로 재직했던 明憲公(諱 坡)은 부관참시의 화를 입었으며, 그와 형제지간인 대사성공과 부친 문열공, 그리고 조부 양경공 등 3대의 묘소는 그의 혈족이란 이유로 모두 평분 조치가 되었다.

---

70) 갑자사화(甲子士禍) : 연산군의 생모 윤 씨는 왕비의 체모에 어긋나는 행동을 많이 하여 1479년(성종 10) 폐출되었다가 1482년 賜死되었다. 연산군의 극에 달한 향락과 사치로 재정이 궁핍해지자 조정은 이를 제지하려는 신하들과 이를 이용하여 자신의 입지를 강화하려는 세력으로 나뉘게 되었다. 甲子士禍는 1504년(연산군 10) 임사홍(任士洪)이 폐비 윤 씨의 폐출과 사사에 관하여 연산군에게 밀고함으로써 시작된 연산군의 복수극이며, 이 士禍로 성종조의 수십 명의 명신거유와 가족들이 참혹한 화를 당한 사건이다.

이후 중종반정(中宗反正)으로 연산군이 폐위되어 갑자사화로 화를 당한 사람들에 대한 복권이 이루어짐으로서 명헌공을 비롯한 가문의 고통과 불명예는 다소 회복되었으나 평분되어 실전된 묘소는 복원되지 못한 채 많은 세월이 흐르고 말았다.

그러다가 대사성공의 6대손이자 韓平君(諱 之菽)의 증손이며, 괴산공(槐山公) 諱 경황(慶滉)의 장남인 통덕랑(通德郎) 諱 업(檏 : 1590- 1663)공이 천신만고 끝에 지석(誌石)을 발견하여 성분(成墳)함으로써 묘도(墓道)를 복원하게 되었다고 전해진다.

다만 이러한 사실이 후손들 세세간(世世間)에 구전(口傳)되어 온 것으로서 족보 또는 문집 등 객관적인 자료로 남지 않은 것이 안타깝지만, 통덕랑공의 묘소가 직계 선조의 대를 뛰어 넘어 6대조인 대사성공 묘소 계하에 모셔진 사실은 통덕랑공의 조상에 대한 지극한 정성과 묘소복원의 공로를 후손들 모두가 인정한 결과임이 분명하다 .

1504년(연산군 10) 갑자사화로 인하여 평분되있던 文烈公(諱 季甸)의 묘소(경기도 여주시 점동면 사곡리 산 330-1), 그리고 大司成公(諱 堣)의 묘소(경기도 광주시 장지동 산 51) 등은 이와 같이 韓平君(諱 之菽) 후손들의 한결같은 성심갈력(誠心竭力)으로 원상 복원되어 오늘에 이르고 있음은 우리 모두가 자랑스러워해야 할 것이다.

## (2) 大司成公 神道碑銘 찬술

### ① 大司成公(諱 堣) 行狀

嘉善大夫吏曹參判 兼 同知經筵義禁府 春秋館成均館事 弘文館藝文館提學世子左副賓客 韓山君 追贈 가선대부이조참판겸 동지경연의금부 춘추관성균관사 홍문관예문관제학 세자좌부빈객 한산군 추증

공의 묘소는 경기도 광주시 장지동 산 51번지, 언덕 간좌(艮坐)에 있다. 공의 행적(行蹟)과 가족 사항 등은 한평군(諱 지숙)의 선계 행적 참조.

초배(初配)는 이천서씨(利川徐氏)로 판사(判事) 진(晋)의 따님이며 묘소는 공과 합폄(合窆)이다.

후배(後配)는 안동권씨(安東權氏)로 목사(牧使) 숭지(崇智)의 따님이며 묘소는 공의 묘소 하단에 있다.

### ② 대사성공 휘 우 행록(大司成公 諱 堣 行錄)

贈 嘉善大夫吏曹參判 兼 同知經筵義禁府春秋館 成均館事 弘文館藝文館提學世子左副賓客 韓山君 行 通政大夫 成均館大司成 知製敎 李公 行錄 증 가선대부이조참판 겸 동지경연의금부춘추관 성균관사 홍문관예문관제학 세자좌부빈객 한산군 행 통정대부 성균관대사성 지제교 이공 행록

公의 姓은 李氏요, 諱는 堣이며 字는 明仲 韓山人이다.

高麗 때 韓山李氏 始祖인 諱 允卿 고려 權知戶長公 諱 仁幹 官正朝戶長을

낳으시고 그 아드님은 諱 孝進 奉憲大夫秘書郞一云進士요, 그의 아드님 諱 昌世는 官追奉翊大夫版圖判書요, 그 아드님은 諱 自成이니 井邑監務로 都僉議贊成事를 증직하였고 그의 아드님 諱는 穀이니 중국 征東省鄕試의 第一名으로 制科 第二甲에 발탁되어 벼슬이 征東行中書省左右司員外郞에 이르렀고 중국에서 돌아와 都僉議贊成事로 임명되었으며 諡號는 문효공인데 호는 稼亭이다. 아드님의 諱는 穡이요, 號는 牧隱이니 또한 중국 征東省 第一名으로 制科 制二甲으로 발탁되어 응봉한림문자지제고국사원편수관조열대부정동행중서성좌우사랑중(應奉翰林文字知制誥國史院編修官朝列大夫征東行中書省左右司郞中)을 제수받고 본국으로 돌아와 고려조에서는 관추충보절동덕찬화보리공신벽상삼한삼중대광문화시중판전리사사영효사관서연예문관춘추관사우문관대제학상호군한산부원군(官推忠保節同德贊化輔理功臣壁上三韓三重大匡門下侍中判典理司事領孝事觀書筵禮文館春秋館事右文館大提學上護軍韓山府院君)으로 父子의 道德文章과 節義로 그 명성이 천하를 진동하여 백세의 종사가 되었으니 斯文의 儒賢들이 모두 문하에서 배출되어 온 세상에서 泰山北斗로 推仰하였으니 공의 高祖와 曾祖가 되신다.

祖父는 良景公 諱 種善이니 李朝에 와서 左贊成에 자헌대부지중추원사(資憲大夫知中樞院事)로 증 순충적덕병의보조공신 대광보국숭록대부의정부영의정한산부원군(贈純忠積德秉義輔祚功臣 大匡輔國崇祿大夫議政府領議政 韓山府院君) 시호는 양경(良景)이다. 先考는 文烈公 諱 季甸이니 1404년(태종 4) 甲申 2월 14일생으로 領中樞院事로 세조 임금의 지우(知遇)를 받아 공적이 충훈부에 기록되고 인덕을 쌓은 여음(餘蔭)이 집안을 더욱 번영으로 이끌었다.

(贈大匡輔國崇祿大夫 議政府領議政 行 輸忠衛社靖難佐翼功臣 輔國崇祿大夫 領中樞院事 知成均館事 韓城府院君 諡號 文烈公)이다.

1459년(세조 4) 己卯 9월 25일 56壽로 졸하였다. 先妣는 大邱郡夫人 豐基

秦氏이니 郡守 浩의 따님이고 祖는 司宰副令 小儒이며, 외조는 達城府院君 徐義이다. 4남 4녀를 낳으시니 장남 육(堉)은 無後하였고 공이 차남이요, 삼남 파(坡)는 1451년 文宗元에 增廣文科에 급제하여 議政府左贊成에 이르렀으며 시호는 명헌(明憲)이다. 季男 봉(封)은 1464년(세조 10) 別試文科에서 장원으로 탁제(擢第)[71]되어 형조판서에 이르렀고 시호는 헌평(憲平)이다.

公은 1432년(세종 14) 壬子생으로 司馬試에 올라 1451년(단종 원년) 癸酉 2월 10일 增廣文科 丁科에 선발되었다. 1455년(단종 3) 乙亥 12월 4일 아드님 奉化公 諱 장윤(長潤)을 낳으시다.

1455년(단종 3) 12월 27일 이우(李堣)공에게 원종공신(原從功臣) 二等에 녹훈(錄勳)되었다.

1456년(세조 원년) 丙子 6월 27일 公의 조모이신 안동권씨 부 찬성 길창군 문충공 호 양촌 근조 정승 희 증조 부원군 고외조 문경공 이강(安東權氏 父贊成 吉昌君 文忠公 號 陽村 近祖 政丞 僖 曾祖 府院君 皐外祖 文景公 固城李堈)이 卒하다.

1457년(세조 2) 丁丑 重試에 올라 관통정대부성균관대사성(官通政大夫成均館大司成)이 되다.

1459년(세조 4)己卯 9월 15일 先考 영중추원사 이계전 시문열공(領中樞院事 李季甸 謚文烈公)이 졸하다. 부음이 전해지자 임금은 놀라고 슬퍼하고 애훼(哀毁)하여 몸을 지탱하지 못할 것 같았다. 친히 대궐 뜰에 나아가서 망곡(望哭)하고 닷새 동안 정조철시(停朝撤市)하였다. 특히 명하여 여러 아들들을 존휼(存恤)하게 하고 관청에서 장례를 도와주도록 하였다.

1460년(세조 5)庚辰, 公 등을 불러 역학계몽(易學啟蒙)을 講하게 하다. 上

71) 탁제(擢第) : 시험 혹은 선발 시 평가에 의해 매겨진 등급

이후원에 나아가서 활 쏘는 것을 구경하고 판내자시사 이우(判內資寺事 李堣), 지승문원사 이파(知承文院事 李坡), 직강 노사신(直講 盧思愼)을 명소(命召)하여 역학계몽을 講하였다.

1463년(세조 8) 癸未 4월 16일 公등을 팔도분대(八道分臺)로 보내기로 하였다. 임금이 監司, 守令이 법을 어겨 작폐(作弊)할 것을 염려하여 팔도에 분대를 보내라고 하면서 승지 등에게 물으니 승지 등이 의논하여 아뢰기를 "보내는 곳이 편하겠습니다."라고 하였으므로 즉시 예문직제학 안관후(藝文直提學 安寬厚), 판종부지사(判宗簿寺事)인 公을 보내다. 동년 8월 2일 公을 黃海道觀察使로 임명하다.

1463년(세조 8) 癸未 8월 17일 公 등을 분순어사(分巡御史)로 황해도에 보내다. 그가 가지고 간 사목(事目)은 제때에 파종하지 않은 자와 거짓으로 파종한 현장이 있으면 수령(守令)을 가두어 국문(鞫問)할 것과 수령이 칠사(七事)를 거행하는지 여부, 호조에 내린 전지(傳旨)의 금령조건(禁令條件)을 규리(糾理) 할 것 등이다.

1465년(세조 10) 乙酉 5월 23일 성균관 대사성인 공이 명나라 사신들을 성균관문선왕(成均館文宣王)을 배알토록 하다.

1466년(세조 11) 丙戌 3월 26일 공조참판인 공을 명나라에 보내어 칙유(勅諭)를 회주(回奏)하고 표리(表裏)를 내려준 것을 사례하게 하다. 동년 8월 28일 공을 僉知中樞院事로 임명하다.

동년 9월 2일 公이 사은사(謝恩使)로 명나라에 다녀왔으며 사은사 칙서를 전하였으며, 귀국 시 명나라에 표류해있던 제주의 김형두 등 14명을 데리고 돌아왔다. 동년 公이 14인의 표류인을 데리고 온 것을 사은(謝恩)하다.

1467년(세조 12) 丁亥 8월 1일 36 壽로 卒하다. 증직(贈職)은 현손인 松窩公 諱 희(堅) 贈領議政, 鵝川君 諱 증(增) 贈領議政, 鵝溪公 諱 산해(山海) 領

議政, 鳴谷公 諱 산보(山甫) 贈領議政 등의 책훈으로 인한 것이다.

묘소는 경기도 광주시 장지동 산 51에 모셔져 있으며, 配 利川徐氏(父 判事 晋)와 묘부(墓附)하고 配 安東權氏(父 牧使 崇智)는 건위묘계하(乾位墓階下)에 모셔졌다.

1504년(연산군 10) 甲子 4월 18일 甲子士禍 때 公의 아우 明憲公 諱 파(坡)가 成宗朝에서 폐비 윤 씨를 賜死 시 예조판서로 있었기 때문에 명헌공이 몰한지 18년에 의금부도사의 건의로 부관(剖棺)은 하였으나 참시(斬屍)는 면하고 석물의 철거와 묘가 평분(平墳) 조치되었다.

명헌공의 형인 公의 묘와 先考 文烈公 諱 季甸의 묘, 조부 良景公 諱 種善의 묘 등 삼대의 묘를 평분 조치하여 연좌(緣坐)를 당하였고, 공의 손자 贊成公 諱 치(穉)도 사화에 연루되어 진도(珍島)에 유배되었으나, 中宗反正 이후에 모든 조치가 철회되고 복권되었다.

평분되었던 공의 묘소는 오랫동안 못 찾다가 그 6대손 通德郎公 諱 업(㯓)이 찾아서 成墳하였고 先考 文烈公(諱 季甸)의 묘소는 7대손 水使公 諱 찬(穳)이 백여 년 만에 전심갈력(全心竭力)하여 誌石을 찾아 성분하였으며, 祖考 良景公(諱 種善)의 묘소는 대사성공의 종증조부(從曾祖父) 麟齋公(諱 種學)의 현손인 左議政公(諱 惟淸)의 夢事에 대하여 奉化공(諱 長潤)과 의논 후 협력하여 성분하였다고 공의 현손인 松窩公(諱 堅)이 저술한 『송와잡기(松窩雜記)』에 기록되어있다

공의 아드님 諱 長潤은 官奉化縣監을 역임하고 증정헌대부이조판서 겸 지의금부사 오위도총부도총관 한원군(贈正憲大夫吏曹判書 兼 知義禁府事 五衛都摠府都摠管 韓原君)이요, 배(配)는 고령박씨 현감 인효(仁孝)의 따님이다. 次子 세윤(世潤)은 어모장군(禦侮將軍) 공조정랑(工曹正郎)이다.

공의 따님이 세분인데 장녀는 宗室 李漬 槐山君에게 출가하고 둘째와 셋째

는 淳昌人 조경(趙瓊)과 晋州人 유한장(柳漢長) 생원에게 각각 출가하였다.

공의 손자는 4남 2녀로 長孫은 질(秩) 韓城君이요, 벼슬은 관부사가선대부동지중추부사 겸 오위도총부도총관 한성군(官府使嘉善大夫 同知中樞府事 兼五衛都摠府都摠管 韓城君)이고 次孫은 치(穉) 贊成公이니 관통훈대부수원판관증숭정대부좌찬성(官通訓大夫水原判官 贈崇政大夫左贊成)이다. 셋째 孫은 벼슬이 縣監이고 無後이다. 넷째 孫 정(程) 副護軍은 어모장군 행 충좌위부호군(禦侮將軍 行 忠左衛副護軍)이다.

曾孫으로 諱 지훈(之薰) 左副承旨, 諱 지란(之蘭) 議政公은 이조판서 의정부영의정(贈吏曹判書議政府領議政),諱 지숙(之菽) 韓平君은 증순충보조공신 이조판서 한평군(贈純忠輔祚功臣 吏曹判書 韓平君), 諱 지번(之蕃) 省庵公은 증순충적덕보조공신 의정부영의정 한천부원군(贈純忠積德輔祚功臣 議政府領議政韓川府院君), 諱 지무(之茂) 議政公은 증순충보조공신 영의정 한창부원군(贈純忠輔祚功臣 領議政 韓昌府院君), 諱 지함(之菡) 土亭公은 증자헌대부이조판서오위도총부도총관 세자사강원찬선(贈資憲大夫吏曹判書 五衛都摠府都摠管 世子師 講院贊善), 諱 지환(之芄)은 충의위부사직 증좌승지(忠義衛副司直 贈左承旨)이다.

현손은 식(埴) 贈吏曹參判鵝洲君이고 희(墍) 松窩公은 예조, 이조판서, 복상추천증의정부영의정(卜相推薦贈議政府領議政)이며, 증(增) 북애공(北崖公)은 추충분의평난공신 아천부원군 예조판서증의정부영의정(推忠奮義平難功臣 鵝川府院君 禮曹判書贈議政府領議政), 산해(山海) 아계공(鵝溪公)은 양관대제학(兩館大提學) 의정부영의정복배(議政府領議政復拜), 산보(山甫) 이조판서증충근정량효절협책호성공신의정부영의정한흥부원군(吏曹判書贈忠勤貞亮孝節協策扈聖功臣議政府領議政韓興府院君) 등으로 계승되었으며, 현달(顯達)한 후손 左議政 諱 思觀 孝靖公과 領議政 諱 景在 文簡公 등이 모두 公의 가르침에서 이루어졌다 할 것이다.

서기 2011년 3월

韓山李氏 大司成公派宗會 理事長 李庠求 삼가 씀

### (3) 『大司成公(諱 堣)의 生涯와 業績』 發刊

『大司成公(諱 堣)의 생애와 업적』에 관하여 저술한 한국학중앙연구원의 전문위원 김학수(金鶴洙) 박사의 인물평가에서 "이우(李堣)는 발군(拔群)의 재능을 타고났으며, 15세 때 분과에 합격하여 세상을 놀라게 한 수재 였고 그의 아우들도 모두 준재로 성장하여 일문의 번성을 예견하게 된다."고 하였고 "李堣는 다만 천수를 누리지 못하고 관직 생활을 불과 15년 하고 일찍 사망한 탓에 천부적 재능을 다 펼치지 못한 것이 아깝다."고 했다.

그뿐 아니라 "공의 아우 이파(李坡) 역시 나이 18세에 문과에 올라 여러 벼슬을 거쳐 의정부좌찬성(議政府左贊成)에 이르렀고 시호는 명헌(明憲)이며, 이봉(李封)은 이파(李坡)의 아우로서 1465년(乙酉) 과거에서 장원으로 급제하여 형조판서에 이르렀고 문장으로 명성을 떨쳤다."고 했다.

이상과 같이 대사성공의 생애는 비록 짧았으나 그의 재능과 문재(文才)는 어느 누구도 감히 따를 수 없었으며, 불과 15년간의 고위 관직 생활에서 국가를 위하여 수많은 업적을 남긴 공의 공로는 일일이 다 표현할 수가 없는 것이다.

이를 견주어 미루어 볼 때 大司成公(諱 堣)의 묘도(墓道) 정비와 신도비 건립 및 재실 건축 등 제반 위선 사업은 우선적으로 성사되었어야 했다. 그러나 그렇지 못한 사정은 후손들의 성의가 부족해서가 아니라 종중 조직의 뒤늦은 구성과 종회의 빈약한 재정 사정에 기인한 것이었다.

韓平君(諱 之蕤)의 14대손 호정(湖亭) 이상구(李庠求)는 大司成公(諱 堣)派宗會를 정식으로 발족시킨 초대 이사장으로서 종회의 재정확충, 묘도의 재정비 복원, 신도비 건립, 재실 건축 등 公에 대한 제반 위선 사업을 추진하면서 가장 기본적이고 핵심적인 사업은 公에 관한 주요 행적과 사적에 관한 문헌자료를 발굴 수집하는 데 총력을 기울였다.

이렇게 하여 수집된 자료들은 한국학중앙연구원의 전문위원인 김학수(金鶴洙) 박사에게 무루 제공하고 책자 저술을 청탁하였으며, 그로부터 『대사성공 이우의 관료적 생애와 업적』 책자 원고가 탈고되었으며, 이 책자가 2015년 2월 10일 자로 발행되기까지 大司成公(諱 堣)派宗會 원임 이사장 李庠求 씨가 주관하여 수고하였다.

# 8. 惠慶宮洪氏 周甲宴 外從 6兄弟 和答詩 屛風

1795년(정조 19) 윤 2월 13일 正祖大王의 어머니 惠慶宮洪氏의 주갑연이 완공을 앞두고 있는 水原 華城의 奉壽堂에서 열렸다. 이 회갑연은 부군 사도세자가 시아버지 영조 임금의 명에 의해 뒤주에 갇혀 사망하는 크나큰 아픔을 겪은 혜경궁홍씨의 한을 풀어주기 위한 정조대왕의 효심이 깃든 잔치이었다. 이 주갑연을 통해 정조대왕은 일생일대의 역작인 수원 화성 행궁의 위엄을 만천하에 알리는 동시에 어머니 혜경궁홍씨의 아픔을 위로하고 자신의 지극한 효성을 밝히고자 하였다.

주갑연에 초대된 혜경궁홍씨의 외사촌인 軍資監正公(諱 山重)의 손자 희갑(羲甲), 희두(羲斗). 희평(羲平), 희승(羲升), 희준(羲準), 희필(羲肇)등 6형제가 정조대왕의 어제(御製)에 화답하여 지은 詩句를 병풍으로 만들었다.

惠慶宮洪氏 周甲 奉觴上寿 恭述志喜之誠 施与筵 諸賓中 外從之孫 六兄弟 奉御製後 唱集句 謹書 製屛

혜경궁홍씨의 회갑연에 축하의 잔을 올려 만수무강을 빌며 여러 손님들 중에 외종사촌의 손자 육형제가 어제에 화답하여 지은 시구를 모아 만든 평풍

吾東初有慶　우리나라에 처음 있는 큰 경사

花甲万年觴　회갑에 만년 수를 비는 술잔

是日虹流屆　이날에 무지개가 흘러들고
如雲燕賀張　구름처럼 펼쳐지는 축하의 글들
含飴長樂殿　오래도록 분양받은 장락전 궁중
被管老萊章　그 안에서 글을 보며 늙어가시리
觀華乃餘祝　화사함 보노라니 남아도는 축의
覃恩曁八方　깊은 은혜가 팔방으로 미처 퍼지네

正祖御製

万八門前柳　　만 팔개나 들어선 문 앞의 버들
枝枝数寿觴　　가지마다 장수 비는 술잔들일세
天心純嘉錫　　천심은 순박한 복을 비는 주석
星甲賀儀張　　회갑을 축하하는 의식이 열리고
睿孝猗逾篤　　크나큰 효성은 극진히도 도타워라
微音較益章　　아름다운 소리는 문장과 비교되네
年年将進慶　　연년이 더해 가는 경사로움이
如日出東方　　마치 동쪽에서 해 뜨는 것 같도다

臣 李羲甲

萱暉駐春色　　모후의 생신에 봄빛이 머물러
遐景酌霞觴　　멀찍이 축하의 뜻 올리는 술잔
添海璇籌積　　바다만한 그릇에 구슬은 쌓이고
呼嵩錦席張　　높은 산 호응하여 비단 자리 펼치네
銅闈符慶節　　대궐문에 걸려있는 경사스런 날
瓊軸奉宸章　　구슬 축에 받드는 궁중의 시장
請祝無彊寿　　청하여 비옵나니 만수무강이라

皐罔可比方　크나큰 은덕 사방으로 펼쳐지오

臣 李羲斗

和気渾成酒　화한 기운과 섞여져 빚어진 술
盈盈北斗觴　북두의 술잔은 철철 넘치고
衣冠属聯集　옷매무새 단정히 모두 모여드는데
絃管内家張　집안에 감춰둔 모든 악기 펼쳐지네.
寿曜朝長樂　만수 비는 햇살은 장락전에 비치고
需雲接建章　상서로운 구름에 접하는 글발
元孫新彩服　원손은 새로이 때때옷 입고
華製出尚方　화려하게 열 지어 나가는 상방

臣 李羲平

養因千乗貴　봉양에 기인한 천승의 귀하심
花甲又添觴　꽃다운 회갑에 술잔을 더합니다.
瑞日蟠桃熟　상서로운 날에 천도복숭아 여물고
紅雲雉尾張　붉은 구름은 꿩 꼬리처럼 펼쳐지도다
賀儀勝華祝　하례하는 의식에 축하의 뜻 가득하고
仙樂叶宸章　신선의 풍악은 궁궐의 글과 어울려
奉献无彊福　받들어 드리노니 그지없는 복락
觀声遍四方　환호성 사방으로 퍼짐을 보나이다.

臣 李羲升

問寝延禧殿　문사오니 연회전에서 취침하셨는지요
籌添慶節觴　산가지로 더하는 경사스러운 날의 술잔

瑤絃教日駐　보배로운 거문고 줄은 교습일 에 머물고
綺幔抗雲張　비단 휘장은 구름을 가려 펼쳐졌네
山斗齊遐祝　태산북두는 일제히 축하를 올리는데
杯盤荷寵章　술잔 받든 쟁반에 왕총의 글이 담겨
北宸敦孝理　북쪽 궁궐에 효성과 의리가 도타운데
寿城闢東方　만수무강 성문이 동방에 열리도다.

臣　李羲準

三朝備周駕　삼조 시대에 갖추어진 주나라 수레
万寿称豳觴　만수를 칭송하는 고아한 술잔
玉佩覲声集　관옥을 찬 고관대작은 모여드는데
斑衣舞影張　비단옷 입은 무희들의 그림자 널려
窮閭覃恵沢　궁벽한 산골에도 은혜가 미치고
通列荷恩章　가까운 반열에도 은장이 펼쳐지니
仰識天顔喜　우러러 뵈옵는 천안의 기쁨은
常供色養方　항상 공양하는 방도이어라

臣 李羲肇

# 9. 觀華誌 序文 소개

## 觀華誌 序文

※ 이글은 修堂(諱 南珪)公이 三隱公(諱 昇五)이 저술하신 『觀華誌』를 보고 忠淸道觀察使를 역임한 三隱公(諱 昇五)과 領議政을 역임하신 文簡公(諱 景在)을 가정 목은 두 분 선조에 비유해서 서문을 쓰신 내용이다.

대국(大國)에 사신으로 가는 것은 매우 중요한 선발이다. 그간 大官(대관)으로서 사신가서 광대(廣大)하고 장려(壯麗)한 글로 울연(蔚然)히 그곳 사람들을 경동(警動)시킨 자들이 서로 이어서 많이 나왔으나, 그 산천의 험준하고 평탄함이나 정후(亭堠)의 멀고 가까움, 그리고 그 전부(田賦)와 군비(軍備) 및 민물(民物)과 요속(謠俗) 등의 저작에 이르러서는 더러 이에 미치지 못한 자들이 있다.

그리고 세미(世美)[72]를 잇는 것은 성업(成業)[73]이다. 아들이 능히 그 아버지를 잇고 손자가 능히 그 할아버지를 이은 사례는 한두 사람 들어보았지만, 그 가문을 일으킨 조상으로부터 세대가 차츰 멀어지고, 유풍(遺風)이 자꾸만 성기어졌는데도 그 가업(家業)을 능히 계승한 경우에 이르러서는 그런 일이 있다는 말을 나는 아직 들어보지 못하였다. 이와 같은 사신의 일과 가문의 일 두 가지 중에서는 한 가지를 갖추는 것도 오히려 어려운 일이다. 더구나 이를 겸하는 일이겠는가?

72) 世美 : 가문의 아름다운 전통
73) 成業 : 훌륭한 가업

우리 가문의 종장이신 삼은(三隱) 상서(尙書)는 일찍이 대행인(大行人)으로 연경(燕京)에 다녀왔는데 돌아와서 『관화지(觀華誌)』라는 책을 지었다. 이 책은 모두 3부로 이루어졌는데 시(詩)와 녹(錄)과 기(記)가 그것이다. 이때 내가 찾아가서 인사를 드리고 인하여 책을 얻어 와서 읽어 보았다. 그러다가 그 시에 이르러 감탄하기를 "아름답구나, 그 한아(閒雅)하고 광활(廣闊)함이여, 여행을 기록하는 글의 체제는 응당 이와 같아야 할 것이다."하였다.

다시 그 녹과 기에 이르러는 정신이 번쩍 들어서 말하기를 "광대하구나. 그 폭 넓은 기록이여, 앞에서 말한 산천의 험준과 평탄, 정후와 멀고 가까움, 전부와 군비 그리고 민물과 요속 등이 일목요연하게 마치 눈앞에 전개된 듯하니, 대관(大官)으로서 나라의 중요한 임무에 선발되어 외국으로 사신가는 자는 응당 이와 같아야 될 것이다."라고 하였다. 또 공(公)이 자서를 읽고 나서야 비로소 공의 이번 길이 바로 선상국(先相國) 문간공(文簡公)이 사신으로 가셨을 때와 그 연치(年齒)와 벼슬이 용하게도 서로 일치하고 있다는 것을 알았다. 마침내 나는 옷깃을 여미고 탄식하기를 "바로 이것이로구나, 그 아름다움을 계승함이여!"고 하였다.

그리고 또 이로 인하여 마음에 느끼는 바가 있었다. 옛날에 우리 할아버지 가정(稼亭)과 목은(牧隱) 두 분 선생 부자분께서 도학(道學)과 문장(文章)으로 서로 이어서 중국에 가서 그 명성을 떨치셨으니, 그로부터 계산하면, 이제 이미 5백여 년의 세월이 흘렀다. 그리하여 세대가 차츰 멀어지고 유풍(儒風)이 자꾸만 성기어져서 두 분 할아버지의 일을 계승하지 못함으로서 천하의 사람들로 하여금 대현(大賢)에게 그 후손이 있다는 사실을 까마득히 모르게 하지나 않을까 하여 항상 걱정하였었다. 그런데 지금 공의 부자는 그 사적(事蹟)이 두 분 할아버지의 그것과 서로 부합하니, 아아, 참으로 훌륭하구나. 나라에 대하여는 그 직분을 다하고 가문에 있어서는 그 조업(祖業)을 잘 계승하여, 이처럼 남들이 하기 어려운 일을 능히 하면서 이를 또한 겸하였으니, 이 글을 어찌 단순히 중국을 구경한 기록이라고만 할 수 있겠는가?

그리고 또한 두 분 할아버지를 송모(誦慕)하는 천하의 사람들로 하여금 두 분 할아버지께서 이처럼 그 후손을 두었다는 것을 알게 하였으니, 이는 단지 공의 영광일 뿐만 아니라 우리 두 분 할아버지의 자손된 자들 또한 함께 영광스러운 일이라 하겠다. 이에 이와 같이 서문을 쓴다.

# 제2부. 주요 도서 간행

## 1. 『한산이씨대동보(韓山李氏大同譜)』

### (1) 족보(族譜), 대동보(大同譜), 세보(世譜), 파보(派譜)

족보라 함은 같은 씨족의 시조(始祖)로부터 족보편찬 당시의 자손들까지 의 혈통관계와 개개인의 출생, 결혼, 입신, 사망, 장지 등 가문의 역사를 함축하여 기록한 책으로 한 가문 구성원의 계보(系譜)가 적시된 역사서라고 할 수 있다. 대동보(大同譜)는 동족 집단 전체를 포함하는 족보이고 세보(世譜) 혹은 파보(派譜)는 전체 동족 안에서 갈라져 나온 일개 분파(分派)에 한하여 기록한 족보를 말한다. 또한 가족 계보를 기록한 가첩(家牒)이나 가승(家乘), 내외보(內外譜), 팔고조도(八高祖圖)처럼 아주 가까운 세대로 한정하여 기록한 것들도 족보에 속하는 것이다.

씨족(氏族)이란 성(姓)과 본관(本貫)이 같고 같은 조상을 둔 혈족으로서 족보를 통하여 종적(縱的)으로는 시조로부터 현재의 동족까지의 세대별 계통을 알 수 있고 횡적(橫的)으로는 동족 상호 간의 친소원근(親疏遠近) 관계를 알게 해준다.

족보는 동족의 세계를 기록한 역사이기 때문에 족보를 통하여 가계의 영속을 유지하여 씨족의 유대를 강화하는 동시에 조상을 숭배하며 씨족끼리 협력 단결하고 소목(昭穆)을 분별하는 등 동족 집단의 본질이 나타나는 것이다.

### (2) 『韓山李氏大同譜』 간행

한산이씨 최초의 대동보(大同譜)는 1643년(인조 21)에 간행된 계미보(癸未譜)로 전(全) 1권으로 되어 있다.

제2차로 간행된 대동보는 1740년(영조 16)에 간행된 경신보(庚申譜)로 전 8권이며, 제3차 대동보는 1846년(헌종 3)에 간행된 병오보(丙午譜)로 전 21권으로 이루어져 있다. 제4차 대동보는 1905년(광무 9) 10월에 간행된 을사보(乙巳譜)로 전 32권으로 되어 있다.

공교롭게도 1905년은 11월에 일본이 조선을 식민지로 강점하여 외교권을 빼앗는 을사조약(乙巳條約)이 강압에 의해 체결된 국치(國恥)의 해이기도 하다.

1905년 10월 韓平君(諱 之蕃)의 12대손 학부대신(學部大臣) 강암공(剛菴公) 諱 용직(容稙) 선생이 이의 속간(續刊)을 발의하고 완간하기까지 온갖 노력을 아끼지 않으신 덕으로 을사보가 세상에 나오게 되었다.

한산이씨 족보 간행의 역사와 더불어 한산이씨 문중에 대한 자부심과 현세의 후손들이 마땅히 이행해야 할 덕목을 제시하고 을사보가 갖는 의미를 반추하기 위하여 강암공의 을사보 서문을 아래와 같이 게재한다.

#### 韓山李氏世譜(乙巳譜) 序文

예전에 족보를 만드는 이들은 겨우 같은 고조의 자손들만으로 그쳤으나 후세에 와서는 족보의 법이 차츰 갖추어져서 시조로부터 시작하여 멀고 가까움을 가리지 않고 한결같이 모두 모아서 편십하였다. 비록 백세를 내려와서 선조님이 남긴 혜택이 많고 적은 것이 같지 않거나 천리 먼 곳에 나뉘어 살아서 경조사에 서로 접하는 일이 없는 사이라 할지라도 그 족보를 살펴보면 모두 한 집안 같이 되어있으니 종족(宗族)을 돈독히 여기고 수습하는 장한 일이 이에 이르러 더 할 수가 없는 것이다.

우리 이씨(李氏)가 족보를 만든 것은 첫째가 계미보(癸未譜)이니 이유당(怡愉堂) 諱 덕수(德洙)공이 윗대의 성을 얻은 때로 거슬러 올라가서 세(世)의 차례대로 諱와 사적을 상고하여 한 권으로 편찬한 것이요, 두 번째가 경신보(庚申譜)이니 군수공(郡守公) 諱 산로(山老)가 선배들이 미처 손대지 못한 일을 찬술하여 그 규모를 넓히고 그 범례도 조심하고 엄격하게 하여 모두 합쳐서 팔책(八冊)으로 만든 것이며, 세 번째가 병오보(丙午譜)이니 우리 증조부 정헌공(正憲公)께서 먼저 만든 것을 이어서 21권의 많은 책들로 만들어 우리 이씨의 문헌을 다 그 속에 수록한 것이다.

이제 또 병오년으로부터 60년이 지나서 세대는 날로 멀어지고 지파로 나뉘는 것도 더욱 번거로워지니 족보를 닦는 일을 더 늦출 수 없게 되었다.

나 용직(容稙)은 참람(僭濫)스럽고 망령됨을 헤아리지 않고 일을 시작한지 여러 해 만인 올가을에 이르러서야 비로소 완성을 고하게 되었다. 책 내용은 한결같이 전 족보에 따랐으나 혹시 시의(時宜)에 좇아 적절하게 고쳐서 후한대로 많이 따르고 돈목의 의를 다하였다.

이는 비록 감히 미덥지는 않으나 반드시 의리에 합당하도록 함이요, 그인혁(因革)은 반드시 주(註)를 달고 삭제는 반드시 바로잡아 분명히 하였으며, 대개 백세 후까지의 의리를 생각하여 감히 눈앞의 편차를 하지 않으려 함이니 이것으로 나의 일은 끝난 것이다. 또 생각하건대 종족이 큰 자는 그 족보에 합치기가 어려우니 첫째는 흩어져 사는 곳이 광활하고 먼 곳이요, 또 하나는 내용이 잘 되었는지 잘못되었는지 서로 애매함이며, 또 하나는 의논들이 일치되지 않기 때문이다.

우리 종족(宗族)은 나라 안에서 큰 문벌(門閥)인데 이러한 세 가지 어려움을 갖추고 있음에도 능히 이루었으니 그것은 종족을 돈독하게 여기고 수습함에 있어서 가히 옛날보다 못하지 않기 때문이다. 그러나 종족을 수습하는 일은 끝이고 선조를 높이는 일이야말로 근본인 것이니 한낱 그 끝을 다스리면서 그 근본을 빠뜨리는 일이 옳다고 하겠는가?

우리 가정(稼亭) 목은(牧隱) 두 선조 이후 세대마다 높은 벼슬이 이어지고 도덕(道德)과 훈업(勳業) 충효(忠孝)와 문장(文章)이 드높이 책 속에 나타나 있으니 모든 우리 후손들이 계승하여 선조의 유업을 떨어뜨리지 않으려 한다면 마땅히 여기에서 구해야만 할 것이다.

각각 족보 이외의 이러한 뜻을 전함으로써 이 책속의 대강과 조목이 비록 맞지 않을지라도 또한 무엇이 해롭겠는가? 이 족보 안에 함께 수록된 이들은 마땅히 서로 더불어 힘쓸지어다.

족보는 모두 32권으로 되어있으니 유사(有司) 응규(膺珪), 섬규(暹珪), 항규(恒珪), 두복(斗馥)이 시종 교정을 보아서 마침내 성취시킨 것이다. 응규는 이유당공의 십세(十世) 방손이며 섬규는 군수공의 5세손이다.

光武 9년(1905) 乙巳 10월 일

文靖公 18대손 崇政大夫 前 學部大臣 容稙 경서

### (3) 한산이씨 대동보별 주요 내용

#### ① 계미보(癸未譜) : 전 1권

계미보는 1643년(인조 21) 최초로 창간되었으며 인재공(麟齋公)의 8세손인 怡愉堂公(諱 德洙)이 강원도 관찰사로 재임 중에 文襄公(諱 種德)의 10세손 정주 목사 추옹(楸翁) 흥록(興祿)공과 협력하여 강원도 원주 감영에서 최초로 발간하였다.

#### ② 경신보(庚申譜) : 전 8권

경신보는 1740년(영조 16)에 2차로 간행되었으며, 韓平君(諱 之蔌)의 5대손인 황해도관찰사(黃海道觀察使) 韓州公 諱 집(潗)께서 전임 친족인 諱 홍적(弘迪), 諱 속(涑), 외척 이양구(李揚口) 제씨들이 초고를 완성하지 못한 채 불행하게도 모두 돌아가심에 따라 그간 수집된 자료들을 한데 모아 여러 집안의 성보(姓譜) 등을 고증하고 구보의 잘못되거나 누락된 부분을 증보(增補)하여 초고 10편 4책을 완성하였으나 출간을 앞두고 1727년 4월 8일 서세하였다. 그 후 만직(萬稙)공이 출간을 위해 노력하였으나 이루지 못하고 같은 해 11월에 하세하였다.

2차 대동보의 간행을 마무리하기 위하여 1694년부터 시작된 수보(蒐譜)와 초고는 52년간의 우여곡절 끝에 만직공의 아들인 상주목사 수보(秀輔) 공이 병연(秉淵) 공과 병건(秉健) 공, 그리고 산로(山老) 공 등 세분과 힘을 모아 공들의 아버지와 할아버지들의 유지를 받들어 족보 완간을 목표로 사업을 이어받았다.

그러는 동안 세월은 어느덧 한 세대가 지나서 번연(蕃衍)한 자손들로 인하여 이미 수집된 초고들을 세 번씩이나 개편하지 않으면 안 되었으며 단자(單子)를 새롭게 수집 편성하여야 하는 등 이중 삼중의 어려운 고비가 여러 차례 있었다.

그러나 이러한 난관을 모두 극복하고 합심 노력한 끝에 초고는 원안대로 10편으로 편수(編修)하고 부록과 별록(別錄), 추록(追錄)은 팔책(八冊)으로 합본하여 간행본을 상주관아(尙州官衙)로 이송하여 마침내 1740년 6월에 발간함으로써 마감이 되었다.

경신보가 발의되고 나오기까지의 주요 공로자는 아래와 같다.

### 가. 홍적(弘迪)

文烈公(諱 季甸)의 6세손이고 흥남(興南)공의 현손이다.

호(號)는 기암(奇庵)이며 문과에 급제하여 감사(監事) 부제학(副提學) 등을 역임하였다.

### 나. 속(涑)

호(號)는 수암(樹庵)이고 도정(都正)을 역임하였으며, 文烈公(諱 季甸)의 후손 忠簡公 諱 산보(山甫)의 현손이다.

### 다. 집(潗)

韓平君(諱 之菽)의 5세손으로 호(號)는 한주(韓州)이며 문과에 급제하 여 황해도관찰사, 대사간 등을 역임하였다.

라. 만직(萬稙)

자(字)는 자장(子長)이며 진사와 감사를 지냈다.

이유당(怡愉堂) 공의 증손이자 덕수(德洙)공의 손자이며 태연(泰淵) 공의 아들이다.

마. 산로(山老)

자(字)는 입지(立之)이며 좌랑, 군수를 역임하였으며 奇庵公(諱 弘迪)의 손자이다.

바. 병연(秉淵)

수암(樹庵) 공의 아들로 호(號)는 사천(槎川)이고 사마시에 합격하고 장 락원정(掌樂院正), 한성우윤(漢城右尹)을 역임하였다.

사. 병건(秉健)

자(字)는 여강(汝剛)이고 韓平君(諱 之萩)의 현손이며 韓州公(諱 溓)의 아들이다.

아. 수보(秀輔)

자(字)는 군좌(君佐)이며 상주목사(尙州牧使)를 역임하였으며, 萬稙公의 아들이다.

③ 병오보(丙午譜) : 전 21권

병오보는 1846년(헌종 13) 제3차로 간행된 한산이씨 대동보이다.

1740년경신보가 간행되고 나서 백 년 가까이 속간(續刊)을 하지 못해 오다가 1834년경 韓平君(諱 之菽)의 9대손 諱 희갑(羲甲: 1774-1847)공이 뜻을 세워 병오보 속간을 결심하고 이를 발의하여 보사(譜事)를 손수 시작하였으나 80세의 고령으로 여의치 못하여 보사는 오랫동안 중단 상태가 되었다.

이때 충남 한산에 거주하는 文襄公(諱 種德)의 현손 인적(寅迪)공이 상경하여 정헌공(正獻公)을 찾아와 눈물로 호소하면서 희갑(羲甲)공이 착수하려 하였던 보사(譜事)를 다시 시작하기를 간청하자 정헌공이 이에 동의하고 뜻을 같이 하기로 함으로써 사업이 이어지게 되었다.

사업은 희온(羲溫) 공의 족질 諱 해로(海魯) 공과 함께 발문을 작성하여 경향 각파에 통보하고 수단(收單)하였으나 이를 대조하고 고증하는 일은 단숨에 이루어 질 수 없는 지난한 과정이었다.

오늘날처럼 교통과 통신수난이 발달하지 못했던 당시로서는 오랜 시간이 걸릴 수밖에 없었으며, 의문 사항이 있을 시 일일이 찾아다녀야 하는 등 일의 능률이 미치지 못하는 어려운 사업이었다.

그뿐 아니라 수집된 자료들을 정리할 붓과 벼루 및 용지 등 필기구 구입비 마련도 문제였으나 때마침 공의 13촌 조카로 영남도백(嶺南道佰)으로 재임 중인 諱 경재(景在) 공이 종이 5천 속(束)을 보내주어서 큰 다행이었다.

교정과 검토를 거듭하고 내용을 정성껏 다듬어서 보책(譜冊) 8권을 만들어 景在 공에게 신속히 보냈으며, 이를 다시 21권으로 증편된 족보로 완성하였다.

1838년(戊戌年)에 시작된 보사(譜事)가 1846년(丙午年)에 이르러 마감됨으로써 무려 8년의 세월이 걸렸으며, 그 사이에 인적공, 희온공, 해로공 세 분이 돌아가셨으니 슬픈 일이 아닐 수 없다.(丙午譜 跋文 중에서) 병오보(丙午譜)가 세상에 나오기까지의 주요 공로자는 다음과 같다.

가. 희갑(羲甲)

韓平君(諱 之萩)의 9대손으로 자(字)는 원여(元汝), 호(號)는 평천(平 泉)이며 시호(諡號)는 정헌(正獻)이다. 문과에 합격하여 형조, 이조, 예조, 병조, 공조의 판서를 두루 역임하였으며 보국판중추부사(輔國判 中樞府事)에 이르렀다.

나. 인적(寅迪)

자(字)는 택지(宅之), 이조참판(吏曹參判)에 증직되었으며 文襄公(諱 種德)의 현손이다.

다. 희온(羲溫)

한평군(諱 之萩)의 현손으로 자(字)는 임실(壬實)이다. 사마시에 합격 하고 동돈령(同敦寧)을 지냈다.

라. 해로(海魯)

자(字)는 계회(季會)이며 도정(都正), 훈장(訓將)을 지냈으며 이조참판 에 증직되었다.

마. 경재(景在)

자(字)는 계행(季行), 호(號)는 송서(松西)이며 시호는 문간공(文簡公)이다.

韓平君(諱 之菽)의 현손으로 문과에 급제하여 공조, 형조, 예조, 호조, 병조의 판서를 두루 역임하였으며 영의정(領議政)에 이르렀다.

④ 을사보(乙巳譜) : 전 32권

을사보는 병오보에 이어 1905년(광무 9) 제4차로 간행된 한산이씨 대동보이다. 병오보가 간행된 지 50여 년이 경과하여 자손들이 크게 번성함에 따라 수보(蒐譜)를 서두르지 않으면 안 될 시기가 되었다.

1900년(광무 4)에 한평군(諱 之菽)의 12대손 剛庵公(諱 容稙)이 대동보 속간을 발의함에 따라 사업이 시작되었으며, 그로부터 5년 후인 1905년(광무 9)에 다소 미흡하지만 수보를 끝내고 전권 32권으로 이루어진 을사보를 완간하게 되었다.

이는 1846년(헌종 13)에 출간된 병오보(丙午譜)로부터 60년 만에 이룩한 커다란 업적이다. 을사보가 나오기까지 진력한 공로자를 살펴보면 아래와 같다.

가. 용직(容稙)

자(字)는 치만(穉萬), 호(號)는 강암(剛庵)이다.

문과에 급제하여 성균관대사성(成均館大司成), 황해도관찰사(黃海道觀 察使), 학부대신(學部大臣) 등 조정의 요직을 역임하였다.

韓平君(諱 之菽)의 12대손이자 正獻公(諱 羲甲)의 증손이다.

나. 섬규(暹珪)

자(字)는 공신(公信), 호(號)는 청거(靑居)이다.

승훈랑(承訓郎)을 지냈으며 산로공(山老公)의 5세손이다.

### 다. 응규(膺珪)

자(字)는 인학(仁學)이고 박사(博士), 도사(都事)를 지냈으며, 덕사공(德泗公)의 10대손이다.

### 라. 두복(斗馥)

자(字)는 성표(聖杓)이며 文烈公(諱 季甸)의 19대손이다

## 2. 『韓山李氏寶鑑』

『한산이씨보감』은 2005년 9월에 출간되어 한산이씨 문중의 근간에 대하여 기술한 중요한 서책이며, 약 1,000쪽에 이르는 방대한 각종 주요 자료가 정리되어있다

한산이씨보감 간행위원회가 구성되고 출간되기까지 수년에 걸쳐 완성된 역작이며 여기에는 한산이씨 문중의 세계(世系), 주요 인물의 유고(遺稿)와 연보(年譜) 및 영당, 서원, 사우, 묘소 등 여러 문화유적에 대한 소개, 주요 지파 종회와 전국 화수회(花樹會) 일람표 등 혈족 관계를 망라하여 한산이씨 문중은 물론 가계와 보학(譜學)을 연구하는 사람들에게 귀중한 자료가 되고 있다.

여기에는 고려 말부터 2000년대 초 현세에 이르기까지 실로 장구한 세월 동안 한산이문의 주요 인물들이 국가와 사회를 위하여 이룩한 공적이나 업적 등의 행적(行蹟) 그리고 그들이 남긴 수많은 문화유적과 역사적 흔적 등 실로 방대한 역사적 기록물들을 일목요연하게 집대성하여 후세에게 보감(寶鑑)으로 남긴 것은 크나큰 업적이 아닐 수 없다.

이 책이 나오기까지는 編著者 석규(錫珪) 씨를 도와 각종 자료를 수집하여 전달한 韓平君(諱 之蕟)의 14대손인 성균관 부관장 호정(湖亭) 상구(庠求) 씨와 목은연구회 정복(貞馥) 교수를 비롯한 여러분이 많은 수고를 하였다.

## 3.『韓國姓氏寶鑑』에 韓山李氏 편 등재

도서출판 恩光社가 펴낸『韓國姓氏寶鑑』에 한산이씨 편이 누락된 것을 알게 된 호정 李庠求는 한산이씨 편을 작성해 추가 수록하도록 하였다.

우리나라 성씨 문화를 선양하기 위하여 1997년 11월에 조성된 뿌리공원에 한산이씨 조형물이 빠져있는 것을 알게 된 湖亭 李庠求는 대종회와 협력하여 공원부지 내에 한산이씨 조형물을 세워 문중의 위상을 높이는데 크게 기여하였다.

1997년 11월에 개장된 뿌리공원에는 최초에 72개 문중의 조형물이 세워졌으며, 2008년 8월에 2차로 64개 성씨가 추가되어 한산이씨 조형물도 이때 세워졌다.

2021년 말 현재  총 244개 성씨의 조형물이 설치되어 있으나, 뒤늦게 이를 설치하려는 성씨 문중은 공원 내의 설치 공간 부족으로 많은 어려움을 겪고 있다.

## 4.『京畿金石大觀』에 韓山李氏 文化遺跡 등재

### (1)『경기금석대관(京畿金石大觀)』

『경기금석대관(京畿金石大觀)』은 과거 역사상 국가 발전을 위하여 크게 기여한 인물의 공적(功績)이나 덕정(德政) 등을 기리기 위하여 세워진 각종 비석이나 묘갈 또는 기념비 등 여러 금석문(金石文) 중에서 경기도 관내에 소재한 역사 유물만을 특별히 집대성하여 유물(遺物)에 대한 건립 경위와 비문 해석 등을 수록한 문헌으로서, 후세에 영원히 귀감이 될 수 있는 매우 귀중한 역사적 자료인 동시에 각 유물과 관련된 가문에는 더할 수 없이 자랑스럽고 영광스러운 표상이 되고 있다.

여기에서 말하는 금석문(金石文)이란 구리 등 금속에 새기는 금문(金文)과 비석, 벽돌, 기와 등에 새기는 석문(石文)을 합친 말이다.

금석문에는 각 인물의 이력, 공적, 건립 및 제작 경위, 경문(經文), 교계(敎戒), 시가(詩歌) 등을 새긴 비문(碑文)과 여러 가지 물품 조도(調度)에 새긴 명문(銘文) 등 돌과 금속으로 된 사료적 가치가 높은 기록물을 말한다.

### (2) 신도비(神道碑)와 묘갈(墓碣), 기념비(記念碑)

신도비(神道碑)는 죽은 사람의 생존 시 업적을 기록하여 묘소 앞에 세우는 비석을 말하며, 살아서 공업(功業)을 크게 떨쳤거나 덕정(德政)을 베 푼 인물의 평생사적(平生事蹟)을 오랜 세월을 견딜 수 있는 재료인 돌에 글로 새긴 것이다. 신도비는 묘의 동남쪽에 세우는데 이는 풍수지리(風水地理)상 묘의 동남쪽을 신령이 다니는 길 즉, 신도(神道)라고 한데서 유래한다.

조선시대에 실제 관직 혹은 증직(贈職)된 관직으로 정2품(正二品) 이상의 품계를 받은 사람으로서 뚜렷한 공훈(功勳)이 있거나 학문이 뛰어나 후세에 사표(師表)가 되는 인물에 대하여 그 업적을 기리는 신도비를 세울 수 있게 한 것이다.

묘갈(墓碣)은 묘 앞에 세우는 머리 부분이 둥그런 비교적 작은 비석을 말하며, 여기에는 죽은 사람의 이름, 세계(世系), 행적, 출생, 사망, 장례일자, 자손의 개황 등을 새겨서 묘의 지표로 삼고 죽은 사람의 사업을 후세에 전하기 위해 세운 것이다. 묘갈은 신도비에 비해 규모가 작으며 품계가 정3품(正三品) 이하의 관직을 역임한 인물에게 해당된다.

### (3) 경기금석대관(京畿金石大觀) 간행과 한산이씨 선조 금석문 추가 등재

경기금석대관 간행사업은 경기도청의 주관으로 1982년에 시작된 이후 제1집, 제2집, 제3집에 이어 1900년 제4집이 발간될 때까지 경기도 내에 산재된 한산이씨 선조들의 금석문은 단 하나도 등재(登載)된 것이 없었다.

한산이씨 한평군(諱 之菽)의 제14대손인 湖亭 李庠求는 이러한 사실을 접하게 되자 너무도 부끄럽고 자존심이 상하였으나 누구의 잘 잘못을 따지기보다는 뒤늦게라도 우리 한산이씨 선조들의 공덕이 새겨져 있는 도내 금석문들이 이러한 소중한 역사자료에 빠짐없이 수록되어야 한다는 생각으로 경기도 관내에 있는 선조들의 사료(史料)를 수집하기 시작하였다.

수개월에 걸쳐 손수 수집한 자료와 사진을 경기도지사에게 경기금석대관에 추가 등재할 자료로 제출함과 동시에 평소 교분을 쌓아온 명지대학교 박물관장 신천식(申千湜) 박사에게 자료 일체를 전달하여 추가 등재를 의뢰하였다.

그리하여 1992년 12월 10일 자로 발간된 경기금석대관 제5집과 제6집에 그간 누락 되어온 한산이씨 선조들의 금석문 사료가 빠짐없이 일제히 등재되는 영광을 얻음으로써 조상님들의 빛나는 업적을 국내외에 널리 선양(宣揚)할 수 있게 되었다.

## (4) 경기금석대관 제5집(1990년 등재)

### ① 이정기(李廷夔 : 1612~1671) 神道碑

자(字)는 일경(一卿), 호(號)는 귀천(歸川)이다. 牧隱(諱 穡) 선생의 10대손, 韓平君(諱 之蔌)의 현손이며 左郎公(諱 慶流)의 손자이다.

1648년 정시(庭試) 문과에 합격하고 1659년 대사성, 1670년 호조 및 예조 참판, 1671년 한성부좌윤(漢城府左尹), 대사헌을 역임하였다.

배위는 안동권씨(安東權氏)이며 묘소 및 신도비는 경기도 광주시 중부면 번천리에 있으며 신도비명은 다음과 같다

有明 朝鮮國 贈 資憲大夫 吏曹判書 兼 知經筵義禁府事 弘文館大提學 藝文館大提學 知春秋館成均館事 五衛都摠府都摠管 世子左賓客 行 嘉善大夫 吏曹參判 兼 同知義禁府成均館事 五衛都摠府副摠管 世子右副賓客 李公神道碑銘幷序 유명 조선국 증 자헌대부 이조판서 겸 지경연의금부사 홍문관대제학 예문관대제학 지춘추관성균관사 오위도총부도총관 세자좌빈객 행 가선대부 이조참판 겸 동지의금부성균관사 오위도총부부총관 세자우부빈객 이공신도비명병서

비문은 우암 송시열(宋時烈)이 찬(撰)하고 동춘당 송준길(宋浚吉)이 글을 쓰고 문곡 김수항(金壽恒)이 전자(篆字)를 썼다.

– 『경기금석대관』 6집(1992년 12월 등재)

② 기념비 신도비 묘갈

가. 기념비(記念碑)

■ 이경류(李慶流 : 1564 - 1592) 충신정려비(忠臣旌閭碑)

1591년 사마시(司馬試) 합격, 1591년 9월 식년(式年) 을과(乙科) 합격, 1592년 사헌부 감찰, 병조좌랑(兵曹佐郞), 1592년 4월 13일 임진왜란 발발로 조방장(助防將) 변기(邊璣)의 종사관(從事官)으로 출전, 동년 4월 25일 상주 전투에서 왜군과 싸우다가 전사하였다.

贈 通訓大夫 藝文館直提學 贈 通政大夫 承政院都承旨兼 經筵參贊官 春秋館修撰(증 통훈대부 예문관직제학 증 통정대부 승정원도승지 겸 경연참찬관 춘추관수찬)에 제수되었으며, 무관(武官)이 아닌 종사관 신분으로 전투에 직접 가담하여 적과 싸우다 전사한 공을 높이 평가하여 충신정려(忠臣旌閭)를 받았다.

牧隱(諱 穡)공의 8대손, 韓平君(諱 之菽)의 손자이며, 배위는 숙부인(淑夫人) 횡성조씨(橫城趙氏)이다,

묘소 및 정려비(旌閭碑 : 1728년 건립)는 성남시 분당구 수내동 뒷뫼(영장산) 한산이씨 문화유적지 경내에 있으며, 경기도문화재 제116호로 지정되었다.

■ 한산이씨 봉화공이하 삼세유사비(韓山李氏 奉化公以下 三世遺事碑)

현 수내동에 최초로 정착한 韓山李氏 입향조(入鄕祖)인 봉화공(奉化公) 이장윤(李長潤 : 1455-1528)공과 공의 장남 韓城君(諱 秩 : 1474-1560) 및

공의 손자 韓平君(諱 之蔌 : ? - 1561) 등 삼세(三世)의 유사(遺事)를 기록한 비석이자 奉化公(諱 長潤) 탄신 200주년을 기리는 기념비이다.

1728년 건립된 이 기념비는 아천부원군(鵝川府院) 의간공(毅簡公, 諱 增)의 현손인 관찰사 이집(李潗)이 자신의 녹봉을 털어 기획 설계하였으나 생전에 이루지 못하고 사망하자 그의 조카들이 유지를 받들어 세운 뜻깊은 기념비이다.

배천군수 병연(秉淵)이 찬(撰)하고 生員 병건(秉建)이 썼으며 進士 기중(箕重)이 전(篆)하였다.

이 한산이씨 삼세유사비는 경기도 성남시 분당구 수내동 분당중앙공원의 한산이씨 문화유적지 경내에 위치해 있으며 경기도 문화재 제116호로 지정되었다.

### ▣ 홍수원(洪晬元 : ? ~ 1637) 정려비(旌閭碑)

본관(本貫)은 남양(南陽), 호는 건초(建初), 조선 후기 때의 효자로 삼학사(三學士)의 한 사람인 화포(花浦) 홍익한(洪翼漢)의 아들이며 강화 출생이다. 配位는 한산이씨(韓山李氏), 한평군(諱 之蔌)의 증손인 諱 확(穫)의 장녀이다.

성품이 효성스러워 부친이 악성 종기로 병을 앓아 위독할 때 입으로 고름을 빨아내고 대소변을 받아내는 등 온갖 정성으로 수발을 하였다.

1637년(인조 15) 병자호란으로 호병들이 강화성에 들이닥치자 계모 허씨(許氏)를 모시고 교동으로 피신하였으나 부인과 함께 호병들에게 피살되었다. 이러한 효행을 치하하여 1683년(숙종 9) 정려 표창되었다.

대광보국숭록대부 영중추부사 송시열(宋時烈)이 글을 짓고 숭정대부 의정부 우찬성 겸 성균관제주 송환기(宋煥箕)가 글을 쓰다.

(大匡輔國崇祿大夫 領中樞府事 宋時烈撰 崇政大夫 議政府右贊成 兼 成均館祭酒 宋煥箕書)

묘소 및 정려비는 성남시 분당구 수내동 분당중앙공원 내의 한산이씨 문화유적지 경내에 위치해 있다.

### 나. 신도비(神道碑)

#### ▣ 이 증(李 增 : 1525 ~ 1600) 神道碑

자(字)는 가겸(可謙), 호(號)는 북애(北崖), 목은(諱 穡)공의 7대손이고 한평군(諱 之菽)의 차남이며, 配位는 경주이씨(慶州李氏)이다.

有明朝鮮國 贈 大匡輔國崇祿大夫 議政府領議政 兼 領經筵 弘文館 藝文館 春秋館 觀象監事 世子師 鵝川府院君 謚 毅簡公 行 推忠奮義平難功臣 正憲大夫禮曹判書 兼 知義禁府事 五衛都摠府都摠管 鵝川君李公 神道碑銘并序 유명조선국 증 대광보국숭록대부 의정부영의정 겸 연경연 혼문관 예문관 춘추관 관상감사 세자사 아천부원군 시 의간공 행 추충분의평난공신 정헌대부예조판서 겸 지의금부사 오위도총부도총관 아천군이공 신도비명병서

비문(碑文)은 홍문관대제학(弘文館大提學)에 추증(追贈)된 동명(東溟) 정두경(鄭斗卿)이 찬(撰)하고, 예조참판 성재(省齋) 이진휴(李震休)가 쓰고, 예조판서를 역임하고 해서(楷書), 초서(草書), 전서(篆書), 예서(隸書)에 모두 능

한 일암(逸菴) 윤덕준(尹德駿)이 전(篆)하였다.

신도비는 1695년(숙종 21)에 세워졌고 성남시 분당구 수내동 분당중앙공원 내의 한산이씨 문화유적지 경내에 있으며, 경기도 문화재 제116호로 지정되었다.

■ 이여발(李汝發 : 1621-1683) 神道碑

자(字)는 군실(君實), 牧隱(諱 穡)公의 12대손이며, 승지공(承旨公, 諱 之薰)의 6대손이다.

1651년(효종 2)무과 급제, 1660년 통제사(統制使), 1668년 병조참판, 공조참판(工曹參判), 1671년 어영대장(御營大將), 1672년 한성부 좌.우윤(漢城府左.右尹) 계자헌지중추부사(階資憲知中樞府事) 한흥군(韓興君) 贈 좌찬성(左贊成), 시호(諡號)는 정익(貞翼)이다.

有明朝鮮國 資憲大夫知中樞府事 兼 五衛都摠府都摠管 韓興君 諡 貞翼李公神道碑銘幷序 유명조선국 자헌대부지중추부사 겸 오위도총부도총관 한흥군 시 정익 이공 신도비명병서

비문은 판중추부사(判中樞府事)를 역임한 서계(西溪) 박세당(朴世堂) 이 찬(撰)하고, 영의정 누실(陋室) 유상운(柳尙運)이 쓰고, 逸庵 尹德駿이 篆書하였다.

묘소는 인천시 서구 신천동 문중 묘지에 안장되었다가 1703년 인천시 남동구 운연동 343-1로 이장하였으며, 신도비는 묘소 10여 미터 아래에 있다. 인

천광역시 기념물 제50호로 지정되었다.

## ▣ 이기조(李基祚 : 1595-1653) 神道碑

자(字)는 자선(子善), 호(號)는 호암(浩庵), 牧隱(諱 穡)공의 9대손이다.

1615년(광해 7) 알성문과 병과 급제, 1642년 이조참판(吏曹參判), 부제학(副提學), 1650년 호조판서(戶曹判書), 1653년 함경북도 관찰사(觀察使), 공조판서(工曹判書)를 역임하였으며, 1635년(인조 13) 경상도 관찰사로 재직 시 많은 덕을 쌓아 송덕비가 세워졌으며, 1645(인조 23) 청나라에 사신으로 가서 지나친 세공미(歲貢米) 부담을 크게 줄이는데 공을 세웠다. 시호(諡號)는 충간(忠簡)이다.

有明朝鮮國 贈 大匡輔國崇祿大夫 議政府領議政 兼 領經筵 弘文館 藝文館 春秋館 觀象監事 世子師 行 正憲大夫禮曹判書 兼 知經筵義禁府事 春秋館事 世子左賓客 同知成均館事 五衛都摠府都摠管 李忠簡公 神道碑銘幷序 유명조선국 증 대광보국숭록대부 의정부영의정 겸 영경연 홍문관 예문관 춘추관 관상감사 세자사 행 정헌대부예조판서 겸 지경연의금부사 춘추관사 세자좌빈객 동지성균관사 오위도총부도총관 이충간공 신도비명병서

비문은 영의정 박세채(朴世采)가 찬(撰)하고 외손 영의정 평천군(平川君) 신완(申琓)이 전액(篆額)하고 손자 호조좌랑(戶曹佐郎) 명필(明弼)이 썼다.

묘소는 1728년(영조 4) 경기도 장단에서 군포시 산본동 산16번지로 이장하였으나 1992년 택지개발로 인해 경기도 군포시 산본동 산115번지(주공아파트 505동 옆)로 다시 이장하였다.

## ▣ 이정룡(李廷龍 : 1629-1689) 神道碑

자(字)는 몽경(夢卿), 牧隱(諱 穡)공의 10대손이고 좌랑공(佐郎公, 諱 慶流)의 손자이며 김제군수를 역임하였다. 配位는 제주양씨(濟州梁氏)이다.

有明朝鮮國 贈 嘉善大夫吏曹參判 同知義禁府事 五衛都摠府都摠管 行 通訓大夫 行 金堤郡守 全州鎭管兵馬同僉節制使 李公神道碑銘幷序 유명조선국 증 가선대부이조참판 동지의금부사 오위도총부도총관 행 통훈대부 행 김제군수 전주진관병마동첨절제사 이공신도비명병서

비문은 영의정 문간공(文簡公) 도곡(陶谷) 이의현(李宜顯)이 찬(撰)하고, 부제학좌참찬(副提學左參贊) 김진상(金鎭商)이 쓰고, 정헌공(貞獻公) 예조판서 홍현보(洪鉉輔)가 전서(篆書)하였다.

神道碑는 성남시 분당구 수내동 분당중앙공원 내의 한산이씨 문화유적지 경내의 한산이씨삼세유사비 옆에 있으며, 경기도문화재 제116호로 지정되었다.

## ▣ 이기하(李基夏 : 1646- 1728) 神道碑

자(字)는 하경(夏卿), 牧隱(諱 穡)공의 13대손이고 승지공(承旨公, 諱 之薰)의 7대손이며, 정익공(貞翼公) 諱 여발(汝發)의 장남이다.

1676년(숙종 3) 무과 급제, 1701년 어영대장(御營大將) 병조참판(兵曹參判), 1706년 공조판서(工曹判書), 1717년 유도대장(留都大將), 시호(諡號)는 정희(貞僖), 배위는 연안이씨(延安李氏)이다.

有明朝鮮國 資憲大夫工曹判書 兼 知訓鍊院事 五衛都摠府都摠管 韓城君 贈諡貞僖李公 神道碑銘幷序 유명조선국 자헌대부공조판서 겸 지훈련원사 오위도총

부도총관 한성군 증시정희이공 신도비명병서

비문은 공조판서(工曹判書) 홍문관예문관대제학(弘文館藝文館大提學) 윤순(尹淳)이 찬(撰)하고, 좌의정 달성인(達城人) 서명균(徐命均)이 쓰고, 이조참의(吏曹參議) 조명교(曺命敎)가 전액(篆額)하였다.

묘소 및 신도비는 충남 예산군 봉산면 봉림리에 있으며, 배위 연안이씨와 합폄(合窆)이다.

## 다. 묘갈(墓碣) 편(編)

### ▣ 이경류(李慶流 : 1564-1592) 墓碣

자(字)는 장원(長源), 한평군(諱 芝淑)의 손자, 아천부원군(諱 增)의 4남이다. 1591년(선조 24) 사마시(司馬試) 합격, 문과 을과 합격, 1592년 병조좌랑(兵曹佐郎), 조방장 변기(助防將 邊璣) 종사관(從事官), 동년 4월 25일 경북 상주(尙州) 전투에서 왜군과 싸우다 전사하였다. 配位는 횡성조씨(橫城趙氏)이다.

有明朝鮮國 贈 通政大夫承政院都承旨 兼 經筵參贊官 春秋館 修撰官 藝文館直提學 尙瑞院正 行 宣敎郎守兵曹佐郎 李公神道碑銘并序 유명조선국 증 통정대부 승정원도승지 겸 경연참찬관 춘추관 수찬관 예문관 직제학 상서원정 행 선교랑수병조좌랑 이공신도비명병서

비문은 이조참판(吏曹參判) 홍문관대제학(弘文館大提學) 예문관대제학(藝文館大提學) 도암(道庵) 이재(李縡)가 찬(撰)하고, 이조참판(吏曹參判) 홍석보(洪錫輔)가 쓰고, 부제학좌참찬(副提學左參贊) 김진상(金鎭商)이 전(篆)하였다.

墓碣은 성남시 분당구 수내동 분당중앙공원 내의 한산이씨 문화유적지 경내에 있으며, 경기도문화재 제116호로 지정되었다.

- 경기금석대관 제7집 등재 예정

■ 이언홍(李彦洪) 墓碣

경력공(經歷公) 이언홍은 한산이씨 인제공(諱 種學)파 光牧公(諱 叔野)의 현손이며 左議政(諱 惟淸)의 차남이다.

有明朝鮮國 通訓大夫 行 忠勳府經歷 李公墓碣銘幷序

유명조선국 통훈대부 행 충훈부경력 이공묘갈명병서

통예원지제교(通藝院知製敎) 겸 춘추관편수관(春秋館編修官) 박충원(朴忠元)이 찬(撰)하였다.

묘소는 경기도 고양시 원신동(元新洞)에 있다.

■ 이계(李洎) 墓碣

호군공(護軍公)이계는 經歷公(諱 彦洪)의 아드님이며, 묘소와 묘갈은 경기도 고양시 원신동의 부친 經歷公 묘하에 있다.

■ 이예견(李藝堅) 墓碣

이예견 공은 인재공파 양도공(良度公)(諱 叔畝)의 손자이다.

有明朝鮮國 嘉善大夫 司諫院大司諫 李公墓碣銘幷序

유명조선국 가선대부 사간원대사간 이공묘갈명병서

## 『경기금석대관(京畿金石大觀)』 추가 발간 사업 평가

『경기금석대관(京畿金石大觀)』 제5집과 제6집 발간사업은 경기도와 명지대학교의 공동사업으로 실시되었다. 명지대학교 박물관장 신천식(申千湜) 박사의 주관 하에 수십 명의 조사원들이 기초자료들을 참고하여 경기도내에 산재해 있는 신도비, 기념비, 묘갈 등을 일일이 찾아다니며 현장에 대한 학술조사와 함께 탁본(拓本), 이기(移記), 번역(飜譯), 사진촬영, 자료정리, 교정(校正), 편집(編輯), 제본(製本) 등의 여러 과정의 작업을 거쳤다,

이와 같이 수많은 인력의 노고와 자기희생(自己犧牲)이 더해짐으로써 경기금석대관(京畿金石大觀)이 더욱 충실한 내용과 함께 귀중한 사료(史料) 문헌으로 자리매김하게 되었다.

1992년 12월 10일 심재홍(沈載鴻) 경기도지사는 『경기금석대관(京畿金石大觀)』 제5집, 제6집 발간 축사에서 소회(所懷)를 다음과 같이 피력하였다.

"경기도는 지리적으로 한강 유역에 위치하여 선사시대부터 역사의 현장이었고...... 도읍지로서 민족문화발전의 터전이기도 했습니다.

...... 왕도(王都)를 포용한 기내지역(畿內地域)이었던 관계로 그 어느 지역보다 역대선현(歷代先賢)의 묘역이 많이 자리하고 있어 한 시대 문화의 주역을 담당했던 명현(名賢), 석학(碩學)으로부터 정치, 경제, 사회, 문화적으로 발군(拔群)의 공적을 이룬 선현(先賢)들의 금석문(金石文)이 도내에 산재되어 있는 실정입니다.

이와 같은 금석문은 한 시대 역사의 내면을 조명하는 사료(史料)로써 또는 국학연구(國學硏究)의 귀중한 자료로 활용되고 있습니다.

…… 제4집에 이어 제5집과 제6집의 간행이 있기까지 어려운 여건을 무릅쓰고 조사, 탁본, 번역에 애써주신 명지대학교 박물관장 신천식(申千湜) 교수께 감사를 드리며 관계 공무원의 노고에 격려를 보냅니다.

1992년 12월 10일

경기도지사 심재홍(沈載鴻)

# 제3부. 기타 문화유적 현창사업

## 1. 韓山李氏大宗會 創立 및 會館 建築

舊韓末 學部大臣을 역임한 剛菴公(諱 容稙)은 숲안 종중을 체계적인 조직으로 새롭게 개혁하여 그 기틀을 다졌다. 公은 이를 계기로 韓山李門 전체를 아우르는 종중 조직의 필요성을 절감하여 1927년 5월 5일 한산이씨대종회를 창립하여 초대 이사장에 취임하였으며, 1930년 10월 1일 대종회 정관을 제정하였다.

대종회건물 목은관(牧隱館)은 韓平君(諱 之菽)의 13대손 을규(乙珪) 씨가 설계 시공을 맡아서 2005년 4월 8일 착공하여 이듬해 5월 5일 성황리에 준공식을 마치고 오늘에 이르고 있다.

## 2. 고려통일대전에 한산이씨 고려 유현 위패 봉안

고려(高麗)는 서기 918년 태조 왕건(王建)이 건국하였고 수도(首都)는 철원에서 송악(松嶽)[74]으로 옮겼으며 서기 935년(태조 18)에 신라를, 936년(태조 19)에는 후백제를 차례로 병합함으로써 삼국을 통일하였다.

고려숭의회(高麗崇義會)는 고려가 삼한을 통합하고 발해 유민을 포함한 민족의 대융화를 추구한 자주적 통일 정신을 함양하고 고려조의 역대 제왕과 忠, 功臣, 유현(儒賢)들의 위대한 공적과 덕업(德業)을 오늘에 되살려 현창(顯彰)함을 목적으로 1994년 8월 27일 사단법인으로 창립되었다.

(사)고려숭의회는 경기도 연천군 미산면에 묘우(廟宇 : 신위를 모시는 집)[75]을 건립하고 태조 왕건을 비롯한 8명의 왕과 충신, 공신 및 유현(儒賢)들의 위패를 배향(配享)하고 봄가을로 제사를 모셔왔으며, 2001년 7월에 명칭을 (社)高麗宣揚會로 개칭하고 협소한 묘우를 확장 중건하기 위하여 경기도 파주시 탄현면 성동리 648번지(통일동산) 토지 12,463평을 확보하였다.

2002년 7월에 고려선양회는 명칭을 고려역사선양회(高麗歷史宣揚會)로 개칭하였으며, 2007년 8월 30일 고려시대 목조 건물 양식의 웅장한 고려통일대전(高麗統一大殿)이 준공되면서 묘우와 주 사무소가 이곳으로 옮겨졌다.

韓平君(諱 之蔌)의 14대손 호정(湖亭) 이상구(李庠求) 씨는 1994년 고려숭의회 창립 요원으로 참여하였다. 창립요원으로서 살펴본바 고려의 충,공신 및 유현들이 배향되어 매년 춘추로 제사를 올리는 고려숭의대전에 당연히 모셔져 있어야 할 고려 말의 충신이자 거유(巨儒)인 稼亭 이곡(李穀) 선생, 牧隱 이색

74) 송악(松嶽) : 현재의 개성
75) 묘우(廟宇) : 신위를 모시는 집

(李穡) 선생, 文襄公(諱 種德), 麟齋公(諱 種學) 등 三代의 四賢이 배향(配享)되어 있지 않음을 알게 되었다.

이를 안타깝게 여겨온 상구 씨는 2002년 7월 고려숭의회가 고려역사선양회로 새롭게 출범하면서부터 5명으로 구성된 전례위원회(典禮委員會)의 일원으로 활약하게 되자 이를 계기로 전례위원들을 설득하여 전술한 우리의 선조 네 분의 위패를 고려통일대전에 모시는데 크게 기여하였다.

2007년 10월 30일 고려통일대전 개관식 겸 위패 봉안 추계대제가 엄숙하고 성대하게 거행되었으며 여기에는 고려왕조 34명의 왕위와 충, 공신 및 유현 351명의 위패가 배향되어있다

## 3. 『稼亭(諱 穀) 선생 문집』 취득 및 완역본 발간

稼亭 李穀 선생은 고려시대의 위대한 정치가이자 대문호로서 본국인 고려뿐만 아니라 특히 원나라에서 명성을 크게 떨친 문인이다.

가정 선생의 저서 문집은 모두 20권인데 1권부터 13권까지는 한산이씨 문중 후손 한분이 원본을 소장하고 있으나 14권부터 20권까지 7권의 원본은 문중에서 갖고 있는 사람이 없었다. 이를 안타깝게 생각한 韓山李氏 韓平君(諱 之菽)의 14대손 李庠求 씨는 여러 경로로 찾아 나선 결과 마침내 2007년 2월 성균관 존경각(成均館 尊經閣)에서 이들 원본을 찾아내었으며, 이를 복사하여 그 사본을 한산이씨 문중이 보관할 수 있게 되었다.

그러나 가정 선생의 문집 내용은 고려 또는 중국의 고대역사와 문화를 배경으로 한 심오한 학문 세계로서 매우 난해(難解)하여 우리말로 옮기는 것은 더더욱 어려운 일이었다.

가정 선생의 문집을 오랫동안 연구해온 강원대학교 황재국(黃在國) 교수는 『稼亭 李穡 漢詩集』 완역본과 『稼亭 李穀의 漢詩 硏究』 논문집 등 두 권의 책을 탈고하고 출판을 하려했으나 출판 비용 문제로 오랫동안 발간할 수가 없었다.

이와 같은 딱한 사정을 뒤늦게 알게 된 이상구 씨는 각계 요로에 진정하고 호소한 끝에 평소 위선지심이 깊었던 동성제약의 이선규(李善珪) 회장께서 출판 비용 전액을 쾌척해주신 덕분으로 2006년 6월과 2007년 11월에 각각 완간하게 되어 빛을 보게 되었다.

## 4. 『牧隱 李穡의 學問과 學脈』 발간

분당신도시개발로 인해 한산이씨 수내동 문화유적이 훼멸(毁滅)될 위기에서 벗어나 문화재로 지정되어 역내 문화 및 휴식 공간으로 재탄생되기까지 저명한 역사학자이며 명지대학교 교수이자 박물관장인 동봉(東峰) 신천식(申千湜) 박사의 커다란 공로가 있었음은 제1편 "한산이씨 수내동 문화유적 보존"에 이미 잘 나와 있다.

호정 이상구(李庠求) 씨는 1980년대 후반부터 같은 동네에 살면서 교분이 있었던 신 박사에게 한산이씨 문중의 자랑스러운 역사를 얘기할 기회가 많았으며, 특히 신 박사와 함께 수내동 문화유적 원형보존을 위해 노력하는 과정에서 수내동 현지 방문 등을 통해 신 박사 또한 목은 선조와 한산이씨 문중에 관하여 역사학자로서 깊은 관심을 가지게 되었다.

신 박사는 그의 저서 『牧隱 李穡의 學問과 學脈』 의 서문에서 목은 이색 선생에 대해 다음과 같이 서술하고 있다.

"……목은 선생은 고려 말에서 조선 초기에 걸쳐 활동한 大碩學이었다.

그의 학문과 사상은 그의 생존 시에 이미 유종(儒宗)으로 존경을 받았고, 그의 학맥은 이후 조선 사회에 면면히 이어져 조선시대 학맥의 연원이 되었다. ……목은 선생을 만난 필자는 환희에 젖지 않을 수 없었다. 그는 참으로 태산북두(泰山北斗)와 같은 대석학이었다. 그는 당대에 제일의 정치가였고 문장가였으며 또 학자였고 위대한 교육자였다. …… 그는 성리학의 이념에서 나타나는 의리와 명분을 몸소 실천하였으며 그의 학문과 사상은 그의 문인들에게 계승되어 조선 건국 이후에도 계속 빛을 발하였다.

……조선사회의 학맥은 바로 그로부터 시작되었다고 보아야 할 것이다. ……”(이하 생략)

이상에서 볼 수 있듯이 신 박사는 목은 선생과 그의 학문 세계에 대하여 깊이 알아 갈수록 학자로서의 호기심은 물론 한시대의 거인에 대한 흠모의 정을 느낀 것으로 보인다.

신 박사는 매일 아침 서울 관악구 신림동 자택에서 관악산의 줄기인 뒷산 삼성산(三聖山)으로 궂은 날씨를 제외하곤 늘 부인과 함께 등산을 하였다.

등산 코스 길목에 거북바위로 불리는 큰 바위가 있는데 그는 이 바위에 올라 가부좌(跏趺坐)로 앉아서 5분가량 눈을 감고 기도하듯이 명상에 잠기곤 하였다. 신 박사 부인의 말에 의하면 이때 신 박사는 목은 선생과 묵상(默想) 대화를 나누었다고 하며, 특히 신 박사가 꿈에서 조차 목은 선생을 뵙고 많은 가르침을 받는다는 이야기를 들었다고 한다.

1997년 9월 신 박사는 원고를 탈고(脫稿)하고 책자를 발간하려 했으나 출판비가 턱 없이 부족하였다. 신 박사와 이웃에 살면서 서로 왕래를 통해 친구 사이가 된 호정 이상구 씨는 자연히 알게 된 출판비 문제로 깊은 고민에 빠지게 되었다. 물론 이 책자가 한산이씨 문중의 요청에 의해서 만들어진 것이 아니고 한 역사학자의 학문적 호기심에서 시발된 것이긴 하지만 결과적으로 우리 한산이문의 선조와 그의 학문 세계를 널리 현창(顯彰)하는 일인 만큼 이를 모른 척할 수는 없었다.

이상구 씨는 한산이씨대종회를 포함한 여러 문중 종회와 친지 등을 일일이 찾아다니며 책자 발간을 도와달라고 간청하였으나 당시에 출판 경비 이천오백여만 원은 너무도 큰 금액이어서 모두 무위(無爲)로 돌아가고 말았다.

그러나 이상구 씨는 이 책자가 어느 개인의 명예와 영달을 위한 것이 아니라 우리 한산이문 전체를 빛내는 일이므로 이를 포기해서는 안 된다는 생각으로 백방으로 독지가(篤志家)를 찾아다녔다.

어느 날 친척 어른이시며 어려운 일이 있을 때마다 찾아뵙고 의논드리던 수원댁(水原宅) 이관구(李寬求) 씨에게 서적 출판문제를 말씀드리고 도움을 요청했으나 이관구 씨로서는 듣던 중 가장 난처한 문제였다.

1998년 1월 어느 누구보다 숭조사상이 깊고 위선사업(爲先事業)에 늘 앞장서서 공로가 크신 이관구 씨는 자신이 이사장직에 있는 한산이씨통덕랑파(韓山李氏通德郞 諱 廷葵 : 韓平君 諱 之蔚 公의 玄孫) 종회의 이사회를 긴급 소집하여 이 책자 발간 문제를 안건으로 상정하였다. 한산이문 전체가 나서서 감당해야 할 일을 어찌하여 한 종중에서 이렇게 많은 경비를 혼자 떠맡아야 하느냐는 반론이 비등한 가운데 난상토론이 이루어졌다. 그러나 어느 누구도 이에 선뜻 나서지 않고 있는 현실에서 선조님과 우리 문중을 빛나게 해드리는 일에 누군가는 희생을 해야 되지 않겠느냐고 이사들을 설득하여 마침내 출판비 2천5백만 원을 지출하기로 결의하였다.

이로써 1998년 4월 우여곡절 끝에 우리 한산이씨 문중으로서는 귀중한 책자인 『牧隱 李穡의 學問과 학맥』 이 탄생하게 되었으며, 이 작품은 申 博士의 수고와 李庠求 씨의 헌신적인 노력 그리고 李寬求 씨를 비롯한 韓山李氏通德郞(諱 廷葵)宗會의 도움이 없었더라면 결코 빛을 보지 못했을 것이다.

## 5.『존양재(存養齋) 李季甸의 生涯와 行錄』 발간

文烈公 存養齋(諱 季甸) 선생은 목은 이색 선생의 손자이며 조선 초기의 문신으로 국가발전과 민생 복리증진을 위해 많은 공적을 남긴 위대한 정치가이자 행정가이며 교육자이었다.

그러나 선생의 행장(行狀)이나 연보(年譜) 또는 연구논문집 등 행적(行績)이 쌓인 문적(文蹟)이 별로 없기 때문에 역사적 가치가 높은 선생의 업적이 사장되어 빛을 보지 못한 채 사라질 위험성이 높았다.

더욱이 정부의 신도시 혹은 산업단지 개발과 민간차원의 토지개발 등으로 인해 수백 년을 지켜온 선조의 문화유적이 어느 날 갑자기 사라질지도 모르는 상황 하에서 이에 대비하기 위해서는 문화재로 보호 받을 수 있도록 기본적인 자료 준비와 함께 미리미리 조치를 해야 할 필요가 있었다.

명지대 신천식 교수는 1998년 위 항의 『牧隱 李穡의 學問과 학맥』 을 저술 발간한 이후 우리 문중의 요청으로 문열공의 신도비문를 찬술(撰述)한 바 있으며, 1999년 4월에는 경기도 여주시 점동면 사곡리 문열공 묘소 앞에 신도비가 건립되기에 이르렀다.

이러한 여러 가지 인연으로 한산이씨 문화유적에 대한 관심이 지대했던 신 박사는 『存養齋 李季甸의 生涯와 行錄』 을 집필하게 되었으며 1999년 탈고하였다. 신 박사는 이 저서의 서문에서 文烈公 存養齋(諱 季甸) 선생에 대하여 다음과 같이 서술하고 있다.

"……존양재 이계전 선생은 고려말 대석학인 牧隱 李穡의 손자이고 良景公

種善의 아들이다. 선생은 태종 4년(1404년)에 출생하여 세조 5년(1450년)까지 활동하였으며, 이 시기에 선생은 당대를 대표하는 석학으로 당시 학자들의 존경을 한 몸에 받았고 또 정치개혁에도 선봉에 서서…… 선생의 손을 거치지 않은 것이 없었다.

필자가 존양재 선생에 대하여 관심을 갖기 시작한 것은…… 선생의 탁월한 안목에 숙연함을 금치 못하였다. 이후 필자는 『牧隱 李穡의 學問과 學脈』을 집필하게 되었는데…… 필자는 다방면에 걸친 선생 학문의 박학함과 그 깊이에 대하여 참탄을 금치 못하였다.

선생은 그 시대를 대표하는 위대한 학자였고 그 시대의 과감한 정치개혁가였다. ……선생께서는 항상 목은의 가르침을 평생의 지침으로 삼아 청렴과 신의로 생활하였다. ……선생은 아버지 良景公과 외조부 陽村 권근(權瑾) 선생으로부터 학문을 전수받아 대성하였고, 세종과 그 뒤를 이은 역대 왕들도 선생의 학문을 깊이 존경하여 항상 측근에 두어 정치에 자문을 구하였다. 특히 세종께서는 선생의 학문을 높이 평가하여 파격적으로 예우하였으며, 당시 명성을 떨치고 있는 학자들이 많았지만 주요한 글은 거의 모두 선생으로 하여금 짓게 하였다.

……세종 27년에 지은 …… 『진용비어천가전(進龍飛御天歌箋)』은 특히 주목되는데, 여기서 선생은 「근심자지필무원원칙류익장(根深者枝必茂源遠則流益長)」이란 글을 서두에 쓰고 있다. 이 말은 바로 용비어천가(龍飛御天歌) 서문의 "뿌리 깊은 나무는 바람에 흔들리지 않고 샘이 깊은 물은 가뭄에도 그치지 않는다."는 내용과 연계되고 있다. ……더 나아가 훈민정음 제정에도 참여…… 선생은 의리(義理)의 실천자였다.

이것은 문종 즉위년에 정몽주와 길재에게 작위를 추증(追贈)하고 그 후손을 찾아 봉작하라고 건의하였고, 또 문종 원년에는 고려조 왕씨(王氏)의 후예를 찾아 그 작위를 높이고 제사를 이어갈 수 있도록 하자는 건의를 올리고…… 당시의 정치 상황에서 볼 때 이러한 건의는 목숨을 건 모험이었을 것이다. 왜냐하면 이때까지는 전조(前朝)에 대한 논의 자체가 금기시 되고 있던 시기였기 때문이다.

선생은 실로 조선전기의 우뚝한 학자였고 또 정치개혁가였다. 그러나 이러한 선생의 업적에도 불구하고 기존 학계에서는 선생에 대한 연구를 거의 외면하고 있다. 필자가 선생의 학문과 사상을 조명하면서 선생에 대한 학계의 연구 성과를 찾아보았지만 한 편의 논문도 찾아볼 수 없었다.

…… 필자가 본서를 정리하게 된 동기도 여기에 있다. ……본서를 정리하는 과정에서 많은 사람들의 도움을 받았다. ……그리고 선생의 후예인 성균관전의(成均館典儀) 이상구(李庠求) 선생은 사업을 추진하는 과정에서 애로와 고충이 적지 않았음에도 각 문중을 찾아다니면서 선생에 대한 많은 자료를 수집해 주었으며, 동성제약 이선규 회장님과 세화 P&c 이석규 회장님은 본서의 출간을 위해서 필자에게 많은 격려와 후원을 아끼지 않으셨다. …….”

2001년 10월

冠岳山 銀河山房에서 申千湜

## 6. 三道水軍統制營 再建과 統營市의 礎石 마련

### (1) 개요

오늘날 흔히 세병관(洗兵館)으로도 불리는 삼도수군통제영은 경상도, 전라도, 충청도 3개 도의 수군(水軍)을 통합 지휘하여 관할 해역방어를 담당하는 총사령부이다.

한평군 諱 지숙(之菽)의 손자 통제사공 諱 경준(慶濬)이 제6대 삼도수군 통제사(三道水軍統制使)를 제수받은 후, 현재의 통영시 두룡포에 삼도수군의 본영(本營)을 새롭게 창건함으로써 수군의 조직과 지휘체계를 대폭 강화하였으며 통영이 남방해역의 전략적 요충지인 동시에 남해안의 주요 항구도시로 발전되는 계기를 만들었다.

### (2) 統制使公 諱 경준(慶濬)과 삼도수군통제영 건설

통제영(統制營)은 1593년(선조 16)에 수군의 지휘체계를 일원화하기 위하여 삼도수군통제사 직제를 새로 만들어 전라좌수사(全羅左水使)가 이를 겸직하도록 한 데에서 비롯되었으며, 임진왜란 당시 초대 통제사로 제수된 이순신(李舜臣) 장군에 의해 설치된 한산도 진영(陣營)이 최초의 삼도수군통제영이다.

정유재란으로 한산도 진영이 왜군에 의해 폐허가 되자 통제영은 전세에 따라 이곳저곳으로 떠돌아다녔고 전란이 끝난 뒤에도 거제도 오아포(烏兒浦), 고성현 춘원포(春原浦) 등지로 옮겨 다니며 제자리를 잡지 못하였다.

1603년(선조 36) 제6대 삼도수군통제사인 諱 경준(慶濬) 공이 통제영 본영(本營)의 위치를 여러 방면으로 물색한 결과 육지인 이곳 두룡포(頭龍浦 : 현재의 통영시 문화동)를 최종적으로 선정한 이후에 이곳에 터를 닦고 건물을 세우기 시작하였다.

이는 오늘날 남해안 주요 항구도시 중의 하나인 통영시(統營市)가 이루어지는 시발점이 되었음은 통영(統營)이란 도시 이름이 삼도수군통제영(三道水軍統制營)의 약칭이라는 사실에서도 잘 나타나고 있다.

1605년(선조 38) 7월 14일에는 여황산 남쪽 기슭에 세병관(洗兵館)과 백화당, 정해정 등을 세웠고 이후 통제영은 여러 대(代)의 통제사를 거치면서 계속 확대 발전되었다.

19세기 중엽에 이르러 통영성(統營城)은 수군(水軍) 군사도시로서의 면모를 갖추어 4대문(四大門)과 2곳의 암문(暗門) 그리고 3개의 포루(砲樓)가 있었으며, 세병관을 비롯한 100여 개의 관아가 있었다.

▲ 통제영 세병관(국보 제305호)

세병관 앞에는 1625년(인조 3) 제19대 통제사 구인후(具仁后)가 6대 통제사였던 諱 경준(慶濬)의 통제영 본영(本營)을 창건한 치적과 그 사적을 기록한 두룡포기사비(頭龍浦記事碑)가 세워져 오늘에 이르고 있다.

이 비는 높이 2.1미터의 곤양석으로 만들어져 있고 내용은 이 비를 세우게 된 경위와 통제사공 諱 경준(慶濬)의 가문과 약력, 통제영을 두룡포에 설치하게 된 경위, 그리고 통제사공 개인의 인물 됨됨이와 업적 등이 기록되어있다

비문은 창원대도호부(昌原大都護府)의 부사 박홍미(朴弘美)가 지었으며, 이 비는 최초 두룡포(현 통영시 중앙동) 내항 통제영의 영문(營門) 자리 에 세워졌던 것을 1904년(高宗 光武 8)에 세병관 경내로 옮겨졌다. 1966년에는 비 받침돌을 새로 만들고 비각을 세워 보호하고 있으며, 1974년 12월 28일 경상남도유형문화재 112호로 지정되었다.

▲ 두룡포기사비각

頭龍浦記事 碑文

頭龍浦之設鎭非古也萬曆中故統制使李慶濬之所建公旣有惠澤在於人又設鎭要害爲萬世之利人安其利思其德咸欲石以記其蹟以壽其傳訴於今統制具公於公曾爲幕佐受知最深亦思其澤樂聞而成其美命余爲之記嚴不敢以不文辭記其梗槪如左公故宰相某之子韓山牧隱公之後也氏族之盛世德之茂載在國乘銘在墓道卽於是碑斯可沒矣公兄弟四人聯璧共顯其一卽今知事慶涵宿德重望爲當今第一其一故佐郎慶流壬辰之亂死於國事不克展其才蘊其日卽今少尹慶渷雖不由科第以進而醇謹奉職累遷中外官有能名公雖以武藝發身博通書史敦詩禮雍容有古儒將風故所至輒有聲再鎭關西再鎭海西一帥湖右兵民愛之若父母畏之如神明封疆帖然無事盖其仁威方略有大過人者是以朝廷重焉委以鎖鑰再爲統制統制之職兼領三道控扼嶺海位尊任重關外之寄無出其右故非當世極選不能居是職焉然統制之設亦非古也粤在壬辰李公舜臣以海上偏師克摧

大敵使不得水陸竝進爲中興第一功朝廷無官以賞之且不卑重權無以憚壓群帥捍禦東南故特置統制以官之其營如在閑山卽偏於右而遠於左中移固城卽宜於藏船而不便於應卒相繼爲帥者狃於姑息莫能改置及公爲帥慨然以爲己任相度地形移鎭于頭龍西依掘浦東控見梁南通大洋北連平陸深而不奧淺而不露眞水陸之形便關防之要害自東而南而西之賊不得過此而橫行海波不驚者殆將數十年矣昔祖逖移鎭譙城而後趙不敢近庚翼徒　治沔口而北虜不敢窺地利地險雖天所設必待人而後得所焉自古及今其揆一也今夫頭龍未得其人卽一海港潟鹵之地荒榛狐免之墟而已歷幾千萬年閱幾千百人而始成之於公之手天之設是險以待時又待人豈偶然哉忠武克敵於前以收中興之績公設鎭於後以爲萬世之利前後二李之出雖謂之應時可也而獨公之迹幾乎泯沒而無傳豈無賢子孫能業其家者歟噫頭龍之險得公而爲關防之地公之功與德又得具公而有山晃之傳則不惟地之待人人亦待人亦豈偶然哉戚重臣來守是鎭而其功名事蹟公方在鎭又幹是事故 不敢有所稱頌以候來者云 通訓大夫昌原大都護府使 朴弘美 禦侮將軍行訓(職與姓名缺)

天啓五年三月 日(1625年) 高宗甲辰(1904년)

本部人 李鶴在 李承周 自浦邊移立於洗兵館廣場

## 번역문

두룡포에 역문을 설치한 것은 오래되지 않았으나 만력 연간에 옛 통제사 이경준이 세운 것이다. 공은 일찍이 남에게 혜택을 베풀고 또 요해처에 영문을 설치하여 만세를 이롭게 하니 사람들이 그 이로움을 편히 여기고 그의 덕을 사모하여 모두 돌을 세워 그의 사적을 기록하여 길이 전하고자 하였다. 현 통제사 구(具) 공(公)에게 하소연하였더니 구공은 일찍이 公의 보좌관이 되어 지우를 받듦이 가장 깊었기 때문에 역시 그 은택을 사모하여 기꺼이 듣고는 그 아름다움을 이루고자 나로 하여금 비문을 작성토록 하니 나도 글을 잘 못한다고 사양할 수가 없어서 그 줄거리를 아래와 같이 적어둔다.

공은 재상 증(增)의 아들이요 韓山 牧隱公의 후예이다. 가문의 흥성함과 세덕의 아름다움은 나라의 역사책에 실려 있고 묘도에 명문으로 기록되어 있으므로 이 비문에서는 생략한다.

공의 형제 네 분이 쌍벽을 이루며 나란히 드러났으니 그 하나는 곧 현 知事 경함(慶涵)으로 쌓은 덕과 높은 명망이 당대의 으뜸이다. 그 하나는 돌아가신 좌랑 경류(慶流)로 임진년 난 발발 시 나라를 위해 목숨을 바쳐 그 재주를 능히 펼치지 못하였다. 그 하나는 곧 현재 소윤 경황(慶滉)이니 비록 과거를 통해 진출하지는 않았으나 성실한 직무수행으로 수차례의 외직에서 그 능력을 인정받았다.

公은 비록 무예로 입신하였으나 경서와 역사에 박식하고 시경과 예경에 돈독하였으며 아름다운 용모는 옛 선비와 장수의 기풍이 있었으며 간 곳마다 훌륭한 업적을 남겼다. 두 번의 평안절도사 두 번의 황해절도사 한 번의 충청병사 등을 역임하였는데 군사와 백성이 부모같이 공경하고 신명같이 두려워하여 강역이 평안 무사하였다. 그의 인자함, 위엄과 군사를 다루는 방략이 남보다 크게 뛰어났기에 조정에서 중용하여 쇄약(궁궐 수비)으로 위촉하였다. 공은 두 번에 걸쳐 통제사가 되었는데 통제사의 직책은 경상, 충청, 전라 삼도의 군사를 거느리고 그 지역의 바다를 지키는 것이니 지위는 높고 임무는 막중하여 관외의 벼슬(외관직)로는 그보다 높은 자리가 없어서 당대의 가장 뛰어난 인물이 아니면 능히 이 직책을 맡을 수가 없는 것이다.

통제영의 설치는 그리 오래되지는 않았으니, 임진년에 이순신이 수군 장수로서 능히 대적을 물리쳐 적의 수륙병진을 막음으로써 중흥 일등공신이 되었다. 조정은 벼슬로서 상줄 만한 것이 없고 그에 걸맞은 권한을 주지 않으면 여러 장수들을 통솔하여 동남지역을 방어할 수가 없으므로 특별히 통제사라는 직책을 마련하여 제수한 것이다. 통제영은 처음에 한산도에 있었는데 남해안 오른쪽에 치우쳐 있어서 왼쪽에서는 거리가 멀었다. 중간에 고성으로 옮겼지만 그 곳은 배를 집결 관리하기에는 좋으나 갑작스런 변에 대처하기에는 불편하였다.

뒤이어 통제사를 오는 이들이 옛것을 따르는 데에만 익숙하여 능히 고쳐서 옮기지 못했는데 공이 통제사가 되면서 통제영을 옮기는 것을 필생의 임무로 여기고 지형을 살피고 헤아려서 통제영을 두룡포로 옮겼다. 서쪽으로는 굴포에 기대고 동쪽으로는 견내량이 버티고 있고, 남쪽으로는 넓은 바다와 통하고 북쪽으로는 육지와 연결되어있다 깊으면서도 외지지 않고 얕기는 하지만 드러나지 않으니 참으로 수륙을 겸한 지형이며 관방의 요해처이다. 동쪽과 남쪽, 서쪽의 적들이 이곳을 지나지 못하여 횡행하지 않으니 바다가 잠잠해져서 놀라지 않은 것이 거의 수십 년이 되어간다. 예전에 조적(祖逖)이 초성에 영문을 옮기니 후조에서 접근하지 못하고 유익이 면구로 옮겨 다스리자 북쪽 오랑캐가 감히 엿보지 못하였다. 지리의 험함은 비록 하늘이 베풀어주는 것이지만 반드시 그에 맞는 사람을 만나야 그 가치를 나타내게 됨은 예나 지금이나 마찬가지이다. 이제 두룡포가 사람을 만나지 못했을 때는 한낱 바닷가 어촌으로서 개펄지역으로 여우와 토끼가 뛰놀던 허허벌판으로 수천만 년을 내려오고 수천 수백 명의 사람을 겪어오다가 비로소 공의 손에서 이루어졌으니, 하늘이 이러한 요새를 마련해 놓고 때를 기다리고 또 사람을 기다린 것이 어찌 우연이라 하겠는가.

앞에서는 충무공이 적을 무찔러 중흥의 업적을 거두고 뒤에서는 공이 통제영을 설치하여 만세의 이익이 되게 하였으니 앞뒤로 두 이 씨가 나타난 것이 비록 때에 응하였다고 하여도 옳을 것이다. 그런데 홀로 공의 행적이 거의 없어져서 전해지지 않는데, 이 어찌 어진 자손이 능히 그 가업을 잇는 이가 없어서였겠는가? 아! 두룡포의 험준함은 공을 만나 관방의 요새가 되었고 公의 功과 德은 또한 具公(현 통제사)을 만나서 비석에 새겨 밝게 전해지게 되었으니 오직 땅만이 사람을 기다릴 뿐 아니라 사람도 또한 사람을 기다리는 것이 어찌 우연이라고만 하겠는가.

외척 중신으로 와서 이곳 통제영을 맡게 되고 그의 공명과 사적을 바야흐로 통제사로 있으면서 또 이 일을 주관하였기 때문에 감히 찬사를 드리지 않기로 하고 뒷사람을 기다리노라

통훈대부 창원대도호부사 박홍미, 어모장군 행훈(직명과 성명은 결락)

천계 5년(1625년) 3월 일

고종 갑진년(1904년) 본 군 사람 이학재(李鶴在), 이승주(李承周)가 두룡포구에서 洗兵館 광장으로 옮겨 세우다.

그러나 을사늑약(乙巳勒約)으로 국권을 빼앗긴 후 1910년 일제에 의해 세병관을 제외한 크고 작은 건물들이 모두 헐려버렸고 그 자리에는 학교, 법원, 세무서 등 공공건물이 들어섰으며, 그 주변 지역은 주택지로 변모하여 오늘에 이르고 있다.

1975년 이후에는 정부 주관으로 세병관 및 그 주변지역을 정비하고 1966년에는 전반적인 지표조사를 실시하여 100여 동의 유구(遺構)가 확인되었다.

1987년에는 통제영의 주요 건물 중 하나인 수항루(受降樓) 1개동이 복원되었고, 세병관 주위로 옛 통제영지 복원공사가 2013년에 완료되어 통제영에서 소요되는 각종 군수품을 만들던 12공방과 통제사가 집무를 보던 백화당 등

이 복원되었다.

삼도수군통제영은 국방유적지로서의 중요성과 역사성을 인정받아 1998년 2월 20일 사적(史蹟) 제402호로 지정되었다.

최초의 통제영의 여러 건물 중 현존하는 것은 세병관뿐으로 최초에는 보물 293호로 지정되었다가 2011년 10월 14일 국보 305호로 승격되었다.

세병관 내에는 북쪽 편에 한단 더 높게 만들어진 방이 있는데 여기는 임금의 궐패를 모시고 있는 곳으로 매월 초하루와 보름에 망궐례(望闕禮)[76]를 행하였다.

76) 망궐례(望闕禮): 조선시대에 명절이나 왕과 왕비의 생일을 맞아 지방 관원들이 관청에 대궐을 향해 걸어 놓은 궐(闕)자 나무패에 절을 올리던 예식을 말한다.

# 7. 牧隱 先生과 아리랑의 始原

## (1) 개요

현대음악, 가곡, 동요, 가요 등 모든 노래에는 언제 누가 작사 작곡했는지가 명확히 밝혀져 있으나, 아주 오래전부터 구전으로 불려 내려온 민요나 농요, 동요 등은 그 기원을 알 길이 없어 그냥 추측만 하고 있을 뿐이다. 그 중에서도 예로부터 우리 한민족이 즐겨 불러온 아리랑이 어느 때부터 누구에 의해 지어졌는지는 학자들의 연구대상이었지만 최근까지 여러 가지 설만 존재 할 뿐, 명료하게 밝혀진 것이 없었다.

▲ 여주시 향토사문화관 목은 선생 시비

▲ 목은 선생의 시비 뒷면

## (2) 아리랑 시비(詩碑) 탐방

韓山李氏 韓平君(諱 之菽)의 14대손 梨亭 恒求 씨는 2001년 6월 9일 韓山李氏牧良會(會長 李振珪)가 주최한 강원도 지역 목은 선조 유적탐방길에 객원으로 초청되어 정선읍을 방문하게 되었다.

그러나 아리랑 詩碑는 이미 오래전에 사라져 볼 수가 없었고, 돌아오는 길에 정선군 문화원의 고종현 사무국장을 만나서 詩碑에 관해 물어본 결과, 자신도 잘 모른다며 서울 종로에서 아리랑을 평생 연구해온 아라랑연합회의 김연갑(金鍊甲) 씨를 만나 보면 그에 대해 자세히 알 수 있을 것이라고 하였다.

2001년 6월 23일 항구 씨는 목양회[77] 이진규 회장과 함께 서울 종로구 소재의 아리랑 연합회를 찾아가 마침내 아리랑 관련 권위자인 김연갑 선생을 만나서 아리랑에 관한 여러 가지 많은 이야기를 나눌 수 있었다.

그는 말하기를 "자신이 지난 20여 년간 아리랑만을 연구해왔지만 목은 선생은 旌善 지방이나 정선 7현(七賢) 중의 한 사람인 전오륜(全五倫) 선생과의 연관성이 전혀 없기 때문에 목은 선생은 아리랑 시원설과 거리가 멀다."고 잘라 말했다.

그러나 목은 선생이 정선지방 혹은 전오륜 선생과 어떤 특별한 인연이 있다는 근거가 있다면 그것은 우리나라 아리랑 문화사에 획기적인 계기가 될 수 있을 것이라며 민요집 1권을 항구 씨에게 주었다.

77) 목양회(牧良會) : 한산이씨 목양회는 牧隱 선조의 3남이신 良景公(諱 種善) 후손 일가들의 친목 단체이며, 매년 정례행사로 전국의 선조 유적지를 순방하면서 선조의 유덕을 기리고 회원들 간의 돈목을 다지고 있다.

### (3) 아리랑 시원의 단서를 찾으려는 집념

항구 씨는 그로부터 만사를 제쳐두고 목은 선생의 아리랑과의 관련 근거를 찾기 위해 성균관과 국립도서관 등을 드나들며 수많은 옛 문헌을 샅샅이 살펴보았으나 이는 모래밭에서 바늘 찾기와 마찬가지로 어려운 일이었다.

특히 1390년대 후반 고려에서 조선으로 바뀐 후 수많던 목은 문집이 마치 불온문서인 양 취급되어 소실된 것은 그야말로 천추의 한이었다.

그러나 지성이면 감천이라 했다. 『牧隱集』을 비롯한 수많은 문헌을 찾아서 살피던 중에 목은과 정선 그리고 목은과 전오륜의 깊은 인연에 대한 중요한 단서를 발견하였다.

목은 선생의 배위는 안동권씨 화원군(花原君) 중달(仲達)의 4녀이며, 정선이 고향이자 정선전씨(旌善全氏)의 중시조인 전오륜(全五倫)은 안동권씨 중달(仲達) 2녀의 아들로 목은 선생이 이모부가 된다. 그는 성균관의 수제자로서 문과에 급제한 후 1391년 형조판서에 이르기까지 사실상 이모부(姨母夫)인 목은 선생이 키워준 제자이었다.

특히 전오륜이 태어난 후 字를 중지(仲至)로 지어주면서 이에 담긴 뜻을 학문적으로 풀이해준 중지설(仲至說)은 너무도 유명한 이야기이다. 목은 선생은 목은 문고 권10 중지설에서 "중지(仲至)는 기질이 맑고 밝으며 어릴 때부터 학업에 열중하였다. 성균관에 들어가 배울 때에는 어려운 것을 묻고 옳게 풀이하여 모든 학생들이 그의 높은 학식에 탄복하였다"고 하였다.

이리하여 근래에까지 정선에서 시발된 아리랑과 전오륜의 관계만 집중적으로 조명되었으나, 전오륜과 목은 선생이 인척일 뿐만이 아니라 려말선초(麗末鮮初) 동시대를 같이 한 학문적으로는 스승과 제자이며, 정치적으로는 동반자

이기도 했던 두 인물의 관계가 밝혀졌다. 목은 선생이 고려 멸망 이후 정선지방을 여러 번 방문하여 거칠현(居七賢)과 두문동72현(杜門洞72賢) 說에 이름이 오르는 점 등은 '아리랑'이 목은 선생이 조선이 개국된 이후에도 계속되는 회유를 뿌리치면서 망국의 한과 불사이군(不事二君)의 충심으로 지은 시문 중의 "누가 내 마음을 알리오."에서 비롯되어 민간에서 전국적으로 전파된 것으로 보는 것이 매우 합리적이다.

이후 김연갑 선생은 세 차례에 걸쳐서 항구 씨에게 초고(草稿)의 수정을 의뢰한 바 있으며, 2001년 8월 8일 항구 씨는 핵심이 되는 중요자료들을 모아 연구자료(의견서) 형식으로 작성한 후 이를 김연갑 선생에게 우송하였으며, 이후 김연갑 선생은 이 자료들을 중심으로 또다시 5년여의 시간을 들여 목은 선조의 사적을 집중 연구 조명하면서 아리랑 연구에 전념하여 2005년 5월에 탈고하였다.

김연갑 선생은 그의 저서 『아리랑 시원설 연구 – 아리랑의 아라랑 정선아리랑과 목은 이색』에서 한산이씨목양회 명의로 작성된 「한국아리랑민요연구자료(의견서)」를 통하여 이색과 전오륜의 관계를 확인할 수 있었고, 결과적으로 이 책을 쓰게 된 계기를 제공해주었다고 밝힘으로써 이 의견서가 그의 이론에 결정적인 역할을 했음을 토로한 바 있다.

### (4) 책자 발간과 소요경비 부담

아리랑 연구 원고를 마감한 김연갑 선생은 바로 책자를 발간하고 싶어 했으나 소요경비 문제로 고민하고 있었다. 이항구는 아리랑의 시원에 대한 연구에 동참하면서 지난 20여 년의 긴 세월 동안 우리 민족의 얼이 담긴 아리랑 연구에 전념하여 남다른 각고의 노력을 기울인 김연갑 선생의 노고를 높이 평가하게 되었다.

특히 아리랑이 목은 선조의 작시(作詩)에서 비롯되었다는 크나큰 사실 앞에서 이를 소상하게 밝혀낸 이 연구 결과물이 빛을 보지 못한 채 사장되어서는 안 된다는 생각으로 이항구가 속해 있는 韓山李氏 典簿公派宗會에서 소요경비 전액을 조건 없이 부담토록 하였다.

2006년 6월 11일 드디어 역사적인 대망의 책자가 출간되었으니, 그것은 바로 아리랑의 시원을 밝혀 낸 김연갑 선생의 필생의 작품인 『아리랑 시원설 연구 - 아리랑의 아리랑 정선아리랑과 牧隱 李穡』 이다.

그는 2006년 6월 12일 세종문화회관에서 열린 『아리랑의 아리랑과 목은 이색』 도서 출판기념회에서 예술타임지와의 인터뷰를 통해서 다음과 같이 그간의 소회를 밝혔다.

"나는 이 책을 쓰면서 세 번이나 좌절했다. 한 번은 우리 문화의 종주인 한문을 공부하지 못한 데서 온 좌절감이었고, 두 번은 기존 설에 대한 이의 제기가 과연 가당한 것인가의 두려움 때문이었다. 마지막은 목은 이색 선생에 대한 깊은 연민 때문이었다. 어찌 그다지도 치열하게 자기와의 투쟁을 할 수 있었고, 그럼에도 모든 것을 안으로만 삭일 수 있었는가에 대한 깊은 연민 때문이었다. 이런 대인(大人)의 마음을 어찌 내가 번역본 세 번 읽고 재단 할 수 있겠는가 하는 두려움 때문이었다. 그래서 지난 5년 동안 세 번이나 집필 중단을 거듭했었다. 그런데 이 과정에서 나는 아리랑의 중심을 잡기 위해 미뤄두었던 원고 『본조아리랑 연구』와 『아리랑의 세계』를 완성하여 발간하게 되었으며, 이 두 권의 결실도 실은 이번 『아리랑 시원설 연구』의 부산물인 셈이다"

### (5) 한국의 '아리랑' 유네스코 인류무형유산에 등재

중국이 2011년 6월 옌벤 조선족자치주의 아리랑을 중국 국가무형유산으로 발표하는 등 '아리랑의 중국화' 움직임을 보이자 정부가 '아리랑 특별전시회'와 전국적인 '아리랑 페스티벌 개최' 등 적극적인 활동에 나섰으며, 이러한 노력들이 결실을 맺어 2012년 12월 6일 프랑스 파리에서 열린 '제7차 유네스코 인류무형유산 위원회'에서 '아리랑을 인류무형유산으로 등재'하기로 최종 결정되었다.

이 등재 심사과정에서 김연갑 선생의 『아리랑 시원설 연구』가 결정적인 영향을 미쳤으며, 이 연구에서 항구 씨가 작성한 한국아리랑 민요 연구자료(의견서)가 큰 역할을 한 것은 더 말할 나위가 없다.

자칫하면 우리 한민족 고유의 아리랑을 중국이 자국의 무형유산으로 등재하려는 흉계로 인해 우리의 아리랑이 중국 것이 될 뻔 했으나, 책자 발간이 시의적절하게 이루어짐으로써 이를 차단할 수 있었던 것은 국가적으로도 매우 다행스러운 일이었다.

## (6) 아리랑 시원사 연구사업 유공자 소개

### ▣ 한산이씨목양회 회장 이진규

이진규(李振珪) 씨는 일찍부터 숭조 사업에 남다른 관심을 보여왔으며, 특히 한산이씨목양회(韓山李氏牧良會) 회장으로 재임 중에 목양회 총무 이완재(李完在) 씨 등 회원들과 함께 아리랑의 고장인 강원도 정선(旌善) 지방의 선조 유적지를 수차례 답사하는 등 관련 자료 발굴에 적극적으로 나섰다.

2001년부터 아리랑 박사 김연갑(金鍊甲) 선생의 아리랑 시원사(始原史) 연구사업을 적극적으로 지원하는 등 韓國의 아리랑이 인류무형문화유산으로 등재되고 알려짐으로써 이를 세계화하는데 크게 기여하였다.

# 제4부.

# 韓平君 傍系 先祖 文化遺産 保護 및 顯彰

옛부터 사람들은 韓山李氏 가문에 대하여 삼은갑족(三隱甲族), 명문거족(名門巨族) 등으로 부르며 칭송해왔다. 이는 저절로 되는 것이 아니라 역대 선조들께서 수백 년 전부터 국가와 민족을 위하여 헌신한 큰 공덕의 결과인 것이다.

한산이씨 선조들의 문화유산은 전국에 산재해있으나 급변하는 세상과 눈부시게 발전하는 오늘날 선조들이 일구어놓은 값진 문화유적들의 원형 보존은 누구도 장담할 수 없는 시대가 되었다.

1990년 2월 호정 이상구(李庠求) 씨는 명지대학교 교수 신천식(申天湜)박사와 함께 한산이씨 문화유적지 곳곳을 답사하고 문화재적 가치가 높다고 판단되는 각종 문화유적들에 대하여 해당 문중과 협의하여 향토문화재 또는 지정기념물 등으로 등재할 수 있도록 선도적 역할을 다하였다.

# 1. 光牧公(諱 叔野)

## (1) 光牧公(諱 叔野) 略傳

光牧公(諱 叔野)은 牧隱(諱 穡) 선생의 손자이며 麟齋公(諱 種學)의 6남 1녀 중 장남으로 태어났다. 배위는 강화인(江華人) 판윤(判尹) 유인(由仁)의 따님인 강화봉 씨(江華奉氏)이다.

우암(尤庵) 송시열(宋時烈)이 지은 「光州牧使公 諱 叔野 墓表」에는 公에 대하여 다음과 같이 기록하고 있다.

“우리나라(朝鮮)가 개국하고 나서 고려조(高麗朝)의 대가댁 자손 중에 어질고 뛰어난 자를 뽑아 등용하니, 公이 文報에 적을 두지 않고 사헌부(司憲府), 사간원(司諫院)을 차례로 거쳐 광주목사(光州牧使)의 벼슬에 이르렀다. 부인은 奉氏이니 합장하였다. 지금 10대손인 수언이 추모하여 묘석을 세웠으나 워낙 먼 조상이라 자세한 사적을 얻지 못하였다. 公은 본관이 한산(韓山)이니 위로 稼亭, 牧隱, 麟齋 세분이 증조부, 조부, 부이고 아래로는 감사(監司)인 축(蓄), 참찬(參贊)인 훈(塤), 의정(議政)인 유청(惟淸)이 아들, 손자, 증손이다. 그 후로는 더욱 번창하여 명공(名公), 현재(賢宰)가 이어 나왔으니 선조를 받들어 후손에게 물려준 公의 덕을 징험(徵驗)할 수 있으리라. 公은 인재공(麟齋公)의 유언에 따라 벼슬을 추구하지 않았다. 그렇지 않았더라면 선대의 업적을 이어받아 능히 왕자(王子)의 길을 빛냈을 것인데, 겨우 한 고을의 목사로 국한되었으니 애석한 일이다. 그러나 화관을 출입함에 이미 명성을 이루어 더욱 빛남이 있었으니 사람들이 한산이씨에 어진 사람이 많다고 말하는 것은 결코 헛말이 아니다. 아아! 여기에 있으나 저기에 있으나 언제나 기리는 것은 진실로 公의 어짐이요, 나라가 망함에도 온전하여 간택에 나가서 관직에 있는 것은 성조의 충후함에 더욱 느낌이 있으리라"

묘소는 고양시 덕양구 성사동 월하능마을에 있으며 배위 강화봉 씨(江華奉氏)와 합폄(合窆)이다.

### (2) 文化財 指定 現況

墓域 : 고양시 향토문화재 제 99-5호

## 2. 安昭公(諱 塤 : 1429~1481)

### (1) 安昭公(諱 塤) 略傳

安昭公(諱 塤)은 光牧公(諱 叔野)의 손자이고 효령대군(孝寧大君)의 사위이다. 1429년(세종 11)에 觀察使 축(蓄)의 아들로 태어났으며 1439년(世宗 21) 사직(司直)이 되고 1447년 우위솔(右衛率)이 되었으며, 이듬해 호군(護軍)을 거쳐 1453년(端宗 7) 동부지돈녕부사(同副知敦寧府事)에 이어 동첨지돈녕부사(同僉知敦寧府事), 대호군(大護軍) 등을 역임하였다.

이어서 제용감정(濟用監正), 군자감정(軍資監正), 판전농시사(判典農寺事) 형조참의(刑曹參議)를 지내고 1467년(世祖 13) 이시애(李施愛)의 난이 일어나자 토평대장(討平大將)으로 전공을 세웠다.

이듬해 경기도관찰사(京畿道觀察使)를 거쳐 1470년(世宗 1) 한성부판윤(漢城府判尹)으로 승진하였고, 다음 해 좌리공신(佐理功臣) 4등이 되고 1476년 한성군(韓城君)에 봉해졌다. 그 후 오위도총부도총관(五衛都摠府都摠管)을 거쳐 좌참찬(左參贊)에 이르렀고 청백리(淸白吏)에 녹선되었다. 시호는 안소(安昭)이다.

묘소는 고양시 덕양구 도내동에 있으며 배위 경주이씨(慶州李氏)와 합폄(合窆)이다.

### (2) 文化財 指定 現況

墓域, 墓表 등 石物 : 고양시 향토문화재 제99-5호

## 3. 左議政公(諱 惟淸 : 1459~1531)

### (1) 左議政公(諱 惟淸) 略傳

字는 직재(直哉), 光牧公(諱 叔野)의 증손이며 1459년(世祖 5)에 左參贊을 지낸 安昭公(諱 塡)의 아들로 태어났다.

1486년(成宗 17) 식년문과에 병과로 급제하여 사헌부 지평(持平), 장령(掌令) 등을 역임하였다. 1498년(연산군 4) 무오사화에 김종직(金宗直)의 부관참시를 반대하여 삭주(朔州)에 유배되었다가 1501년 석방되었으나 1504년 갑자사화로 인해 삭직(削職)되었다가 중종반정으로 다시 등용되어 집의, 동부승지 등을 지내고 이듬해 정난공신 2등에 올라 우부승지, 한성부좌윤, 대사헌, 호조참판 등을 역임하였다.

1511년 황해도관찰사가 되고 1512년 경기도관찰사를 거쳐 1519년에는 우의정(右議政)에 올랐으며, 기묘사화(己卯士禍) 이후 한원군(韓原君)에 봉해졌다. 1521년 등극사(登極使)로 명나라에 다녀왔고 1523년 좌의정이 되어 영경연사(領經筵事)를 겸하였으며, 1528년 영중추부사(領中樞府事)가 되어 왕으로부터 궤장(几杖)을 하사받았다. 시호는 공호(恭胡)이다.

### (2) 文化財 指定 現況

墓域 : 고양시 향토문화재 제 99-5호

## 4. 陰崖公(諱 耔 : 1480 - 1533. 12. 15.)

### (1) 陰崖公(諱 耔) 略傳

陰崖公의 字는 차야(次野) 호는 음애(陰崖), 1480년(성종 11) 庚子에 麟齋公(諱 種學)의 현손이며 大司諫公(諱 禮堅)의 4남으로 태어났다.

1501년(연산군 7) 진사가 되었고 1504년 식년문과에 장원급제하여 사헌부 감찰을 지내고 書狀官으로 북경에 다녀온 뒤 이조좌랑에 승진하였으나 연산군의 난정(亂政)에 환멸을 느껴 술로 세월을 보내기도 하였다.

1506년 중종반정 이후에 발탁되어 홍문관 수찬, 교리 등을 지내다가 1510년 부친상으로 관직을 떠났으며, 1514년에 사간(司諫), 1517년에 홍문관전한, 直提學을 거쳐 副提學으로 승전하였다. 이어 좌승지로 옮겼다가 다음 해에 大司憲이 되었으나 이 무렵 조광조(趙光祖) 등 신진사류와 일파를 이루어 도학정치의 이상을 실현코자 하면서도 그들의 급진적 개혁정책을 완화하고자 노력하였다.

1518년 종계변무주청사(宗系辨誣奏請使)의 부사로 북경에 파견되었으며, 1519년 귀국하여 漢城判尹, 刑曹判書, 右參贊 등에 임명되었다.

公은 사림파의 한 사람이었으나 성품이 온유하고 교제가 넓어 남곤(南袞), 김안로(金安老) 등의 훈구세력과도 원만히 지냈으며, 양파의 중간에서 이들의 반목과 대립을 해소하고자 노력하였으나 급진 사림파의 반발로 이루지 못하였다.

1519년 기묘사화(己卯士禍)가 일어나 사림파가 참화를 입자 公도 여기에 연좌되어 파직되었다. 이후 음성, 충주 등지에 은거하여 세상을 등지고 독서와 시문으로 소일하였다.

贈 大匡輔國崇祿大夫 議政府左贊成 兼 判義禁府事 五衛都摠府都摠管 諡文懿公(증 대광보국숭록대부 의정부좌찬성 겸 판의금부사 오위도총부도총관 시문의공)이다. 청백리(淸白吏)로 녹선되어 충주 팔봉서원(八峯書院)에 배향되었고 부조묘(不祧廟)에 특전을 받들어 祭享하고 있다.

저서로는 『음애일기(陰崖日記)』와 『음애집(陰崖集)』이 있으며 시호는 문의(文懿)이다.

묘소는 용인시 기흥구 지곡동 산11-17에 있으며, 公의 묘소 바로 옆에 의령남씨(宜寧南氏) 및 인천채씨(仁川蔡氏) 두 분 배위가 합장된 쌍분(雙墳)이다.

### (2) 文化財 指定 現況

- 墓域, 墓表 등 石物 : 경기도기념물 172호
- 祠堂 및 보존가옥(保存家屋) : 경기도 민속자료 제10호

## 5. 浩菴公(諱 基祚 : 1595-1653)

### (1) 浩菴公(諱 基祚) 略傳

有明朝鮮國 贈 大匡輔國崇祿大夫 議政府領議政 兼 領經筵 弘文館 藝文館 春秋館 觀象監事 世子師 行 正憲大夫禮曹判書 兼 知經筵義禁府事 春秋館事 世子左賓客 同知成均館事 五衛都摠府都摠管 李忠簡公 神道碑銘幷序 유명조선국 증대광보국숭록대부 의정부영의정 겸 영경연 홍문관 예문관 춘추관 관상감사 세자사 행 정헌대부예조판서 겸 지경연의금부사 춘추관사 세자좌빈객 동지성균관사 오위도총부도총관 이충간공 신도비명병서

비문은 영의정 박세채(朴世采)가 찬(撰)하고 외손 영의정 평천군(平川君) 신완(申琓)이 전액(篆額)하고 손자 호조좌랑(戶曹佐郞) 명필(明弼)이 썼다.

자(字)는 자선(子善), 호(號)는 호암(浩庵), 牧隱(諱 穡)공의 9대손이며 判中樞公의 7대손이다. 1595년(宣祖 28) 판서 창곡(菖谷) 諱 顯英의 아들로 태어났다.

1615년(광해군 7) 알성문과에 병과로 급제하였으며, 1623년 인조반정으로 형조좌랑으로 기용되어 병조참의, 공주 목사 등을 거쳐 1635년(인조 13) 경상도관찰사로 재임 중에 稀貴本인 『가정(稼亭) 선생 文集』(舊本)을 어렵사리 수집하여 판각으로 남기는 등 숭조(崇祖)를 몸소 실천하였다. 특히 경상도관찰

사(慶尙道觀察使) 재직 시 선정을 베풀고 지역사회에 많은 덕을 쌓아 송덕비가 세워졌다. 1642년 이조참판(吏曹參判), 부제학(副提學), 1650년 호조판서(戶曹判書), 1653년 함경북도관찰사(咸鏡北道觀察使), 공조판서(工曹判書)를 역임하였으며, 1645(인조 23) 청나라에 사신으로 가서 지나친 세공미(歲貢米) 부담을 크게 줄이는 데 공을 세웠다. 사후 영의정(領議政)에 증직되었으며 시호(諡號)는 충간(忠簡)이다.

묘소는 1728년(영조 4) 경기도 장단의 초장지(初葬地)에서 군포시 산본동 산16번지로 이장하였으나 1992년 산본지역의 택지개발로 인해 1992년 현재의 경기도 군포시 산본동 산115 번지(주공아파트 505동 옆)로 다시 이장하였다. 이장 직전에 경기도기념물로 지정되어 발굴이 이루어졌다. 발굴조사 결과 봉분은 전면과 좌·우면이 장대석을 이용한 호석으로 둘러져 있었고, 봉분 좌측 가장자리 호석 바깥쪽에서 청화백자(靑畫白磁)로 만든 직사각향 판형(板形)의 지석(誌石) 14매가 출토되었다. 내부구조는 회벽(灰壁)을 2칸으로 구축한 다음 그 안에 각각 목관(木棺)을 안치한 회곽묘(灰槨墓) 형태로 밝혀졌다.

### (2) 文化財 指定 現況

- 所在地 : 인천시 남동구
- 시대 : 1701년(숭정갑신후 58)
- 찬서전 : 박세당(朴世堂) 찬(撰), 유상운(柳尙運) 서(書), 윤덕준(尹德駿) 전(篆)
- 규모 : 總高 346 cm , 碑高 237 cm, 幅 96 cm, 두께 30 cm
- 墓域 神道碑 등 石物 : 경기도문화재기념물 제121호

## 6. 貞翼公(諱 汝發 : 1621-1683)

### (1) 貞翼公(諱 汝發) 略傳

有明朝鮮國 資憲大夫知中樞府事 兼五衛都摠府都摠管 韓興君 贈諡貞翼李公神道碑銘竝書 유명조선국 자헌대부지중추부사 겸 오위도총부도총관 한흥군 시정익 이공 신도비명병서

비문은 판중추부사(判中樞府事)를 역임한 서계(西溪) 박세당(朴世堂)이 찬(撰)하고, 영의정 누실(陋室) 유상운(柳尙運)이 쓰고, 逸庵 尹德駿이 篆書하였다.

자(字)는 군실(君實), 牧隱(諱 穡)公의 12대손이며, 승지공(承旨公) 諱 之薰의 6대손이다.

1651년(효종 2)무과 급제, 1660년 통제사(統制使), 1668년 병조참판, 공조참판(工曹參判), 1671년 어영대장(御營大將), 1672년 한성부 좌·우윤(漢城府左·右尹) 계자헌지중추부사(階資憲知中樞府事) 한흥군(韓興君) 贈 좌찬성(左贊成), 시호(諡號)는 정익(貞翼)이다.

묘소는 인천시 서구 신천동 문중 묘지에 안장되었다가 1703년 인천시 남동구 운연동 343-1로 이장하였다.

### (2) 文化財 指定 現況

墓域 神道碑 : 인천광역시 지방문화재 기념물 제50호

## 7. 貞禧公(諱 基夏 : 1646~1718)

### (1) 貞禧公(諱 基夏) 略傳

有明朝鮮國 資憲大夫 工曹判書 兼 知訓鍊院事 五衛都摠府都摠管 韓城君 贈諡貞禧李公 神道碑銘竝書 유명조선국 자헌대부 공조판서 겸 지훈련원사 오위도총부도총관 한성군 증 시정희이공 신도비명병서

碑文은 工曹判書 弘文館 藝文館 大提學 윤순(尹淳)이 撰하고 左議政 達城人 서명균(徐命均)이 쓰고, 이조참의(吏曹參議) 조명교(曺命敎)가 전액(篆額)하였다.

貞禧公(諱 基夏)는 文烈公(諱 季甸)의 11대손, 승지공(諱 之薰)의 7대손이다. 1646년(仁祖 24)에 貞翼公(諱 汝發)의 장남으로 출생하였으며 字는 하경(夏卿)이다.

1676년 음보로 무관직에 나가 1694년(肅宗 20) 총융사(摠戎使)에 올랐다.

1701년 어영대장(御營大將), 병조참판(兵曹參判), 1706년 공조판서(工曹判書), 1716년 지훈련원사(知訓鍊院事), 1717년 유도대장(留都大將)을 역임하였다. 1704년 10월 왕명으로 북한산을 답사하고 북한산성의 축조를 발의하여 총면적 76,200보의 성(城)을 축조하게 하였다.

1709년에는 왕명으로 강화도의 작전 사항을 조사 보고하였으며, 이듬해 국방정책을 강력히 상소하여 병기제작, 진지구축, 성을 보수하고 이듬해 포도대

장이 되었다.

1718년(肅宗 44)에 하세하였으며 시호는 정희(貞禧)이다.

묘소 및 신도비는 충남 예산군 봉산면 봉림리에 있으며, 배위 연안이씨와 합폄(合窆)이다.

### (2) 文化財 指定 現況

墓域, 神道碑 : 인천광역시 지방문화재 기념물 제50호

# 제V장

## 韓山李氏 藪內洞 世家의 宅號 및 家門이야기

# 제V장

## 韓山李氏 藪內洞 世家의 宅號 및 家門이야기

### 제1부. 개요

수내동 집성촌(集姓村)의 한산이씨 세족(世族)들은 집집마다 출신 연고지(장가든 곳의 지명) 또는 전대(前代)의 관직(官職)이나 문벌(門閥), 직위(職位)등을 차명(借名)한 '택호(宅號)'를 갖고 있었다.

택호는 조선조 중기 때로 추정되는 시대에 소위 사대부(士大夫) 출신의 지체 높은 양반계급의 집을 지칭할 때 쓰이는 집 부호(家符號)였다.

(李進士宅, ○○大監宅, ○○廳長宅, 서울宅 등)

이를테면 같은 일가(一家)끼리라도 같은 이름을 갖거나 아니거나를 막론하고, 일반 이름 대신 택호로 부르는 것이 혼동되지 않을 뿐 아니라 택호 아닌 일반 이름으로 호칭(呼稱)하는 것은 예의가 아니었다.

예를 들어 어떤 가문(家門)의 조상들이 벼슬하여 양반 지위에 오르면 그 자녀와 후손들까지 학덕과 빈부를 막론하고, 양반 신분이 세습(世襲)되었으며 그 반대로 상인(常人)은 언제나 하인(下人)의 신분으로 그 후손에게 까지 이어지면서 양반을 섬기고 지배받는 비천(卑賤)한 계급으로 취급되었다.

때문에 상인(常人)은 노소(老小)를 불문하고, 양반 자녀들의 이름을 함부로 부르지 못하며 반듯이 택호(宅號)로 부르는 것이 관례(慣例)요 불문율(不文律)이었다.

그러나 과거와 달리 자유와 인권 등 인간 평등을 누리는 오늘의 민주화 시대에서도 크게 변하지 않은 것은 노력하지 않고 부지런하지 못하며, 힘써 배우지 아니하고 문물(文物)을 헤아릴 줄 모르면 입신양명(立身揚名)은커녕 백수건달(白手乾達)로 전락(轉落)하는 것인바, 이는 예나 지금이나 마찬가지로 천민(賤民)이요 현대판 상인(常人)계급으로 취급받게 되는 것이다.

시대가 변하고 사회구조가 아무리 달라졌어도 저마다 하는 바에 따라 양반(兩班)과 상인(常人)이라는 고전적(古典的) 잠재의식(潛在意識)은 현대에도 상존(常存)하고 있다는 사실을 명심하고, 치열한 경쟁사회에서 항상 분발(奮發)하지 않으면 안 될 것이다.

1945년 8.15 해방 당시까지만 해도 보편적으로 쓰이던 '택호(宅號)'라는 명사(名詞)가 이제는 역사 속에 살아진 문화유산(文化遺産)에 불과하지만 수백년간 이어져 오며 굳어진 이 관용사(慣用辭) 또한 우리 고유의 소중한 무형문화재가 아닐 수 없다.

# 제2부. 택호 및 가문 소개(無順)

▣ 거창댁(居昌宅) : 조선시대 후기 諱 익재(翼在) 공이 거창부사(居昌府使)를 역임하신 연유로 택호가 되었다. 익재(翼在) 공의 손자로 입계(入系)한 선규(璿珪) 씨는 식량배급소를 운영함으로써 다른 일가에 비해 생계가 비교적 여유로운 편이었다. 선규 씨의 아들 정구(貞求) 씨는 사설(私設) 분당우체국을 운영하였으며, 선규 씨의 손자는 수복(壽馥), 향복(香馥), 선복(善馥), 계복(癸馥)등 4형제다.

▣ 지례댁(知禮宅) : 우규(宇珪) 씨 댁으로 아들은 원구(元求), 민구(旼求), 중구(重求), 균구(鈞求) 등 4형제다. 차남 원구 씨는 김제공종회 부이사장으로 종사에 앞장서고 있다. 4남 균구 씨는 경찰공무원으로 봉직하고 정년퇴직한 후 문중 종사에 적극적으로 참여하고 있다.

▣ 양주댁(陽州宅) : 경직(坰稙) 씨는 체구가 장신이고 호리호리한 분이였다. 아들은 병규(丙珪), 헌규(憲珪), 창규(昌珪)등 3형제이며, 종중 발전에 두루두루 많은 공로를 남긴 집안이다. 장남 병규 씨의 아들 천구(天求) 씨는 생원공종회 이사장으로 재직하면서 종중 발전에 앞장서고 있으며, 문중 종사에 지대한 관심을 가지고 많은 기여를 하고 있다. 차남 헌규 씨는 오랫동안 고등학교 교사로 재직하고 정년퇴임한 전형적인 선비의 풍모를 지녔으며, 한산이씨목양회 회장을 역임하였다. 아들은 웅구(雄求), 승구(勝求), 평구(平求) 3형제이다. 3남 창규 씨는 독학(獨學)으로 지방공무원에

등용되어 다년간 봉직하고 정년퇴임하였으며 생원공종회 이사장, 봉화공파 종회 상무, 한평군파종회 부이사장을 역임하였다. 아들은 익구(益求), 태구(泰求) 형제다.

▣ 배천댁(白川宅) : 갑규(甲珪) 씨의 종증조(從曾祖) 학재(學在) 씨가 배천군수(白川郡守)를 역임하신 연유로 지어진 택호다. 갑규 씨는 광주군 돌마면장을 역임하였으며 한약방(韓藥房)을 운영하였다. 장남 종구(鍾求) 씨는 서울대학교 교수를 비롯하여, 동아일보 외신부장 및 논설위원을 역임하였으며, 건국대학교 영문학과 교수를 역임하고 퇴임하였다. 영문학자로서 영문학 전집도 발간한 종구 교수는 특히 영어 통역관이 거의 부족했든 6.25 전쟁 당시에 미군지휘부의 종군 통역관으로서 크게 활약하였다. 차남인 진구(鎭求) 교수는 불문학자로서 6.25때 불어(프랑스어) 통역관으로 활약하는 등, 근세사에 두 형제분의 역할과 공로가 적지 않았다. 차남 진구(鎭求) 교수는 서울대학교를 졸업하였으며, 이화여자대학교 불문학과를 개설하고 초대 학과장 및 교수를 역임하였다. 그러나 아깝게도 오랜 지병으로 인해 42세의 젊은 나이로 세상을 떠났다.

▣ 산청댁(山淸宅) 1 : 현규(玄珪) 씨는 조선중기 문신인 아천부원군(鵝川府院君 諱 증(增)공의 아들 5형제 중 막내아들인 괴산공(槐山公 : 諱 慶混)의 11대 종손(宗孫)이다. 아들 광구(廣求) 씨는 다른 곳으로 출향(出鄕)하였고, 계씨(季氏)인 만규(萬珪) 씨가 고향을 지키면서 봉화공(奉化公) 이하 삼세(봉화공, 한성군, 한평군)의 묘역관리와 제사를 받들며 다년간 재실 관리를 충실히 수행하는 등 종중 발전에 많은 공을 남겼다. 만규 씨의 아들은 갑구(甲求), 수구(壽求) 형제다.

▣ 산청댁(山淸宅) 2 : 준규(濬珪 : 1896-1973) 씨는 조부모(諱 承德 : 1861-1940)와 부모(諱 台稙 : 1879-1947) 및 2남(龍求, 鳳求) 3녀의 자녀와 3남(영복, 찬복, 지복), 2녀의 손주 등 등 무려 5대(代)에 걸친 16명의 가족을 거느린 대가족 집안의 세대주였다. 준규 씨는 오랫동안 한학(漢學) 공부를 하여 한문에 능통하였으며, 농사를 지으며 모범적인 농촌 생활을 영위하였다. 동막굴댁과 바깥마당을 마주하고 있는 산청댁 준규 씨의 손자 영복(英馥) 씨는 동막굴댁 상구 씨와 같이 자란 동갑내기 친구로서, 고조부이신 승덕(承德)공을 매일같이 뵈었는데 작은 체구에도 흐트러짐 없는 상투를 트신 모습으로 마당을 산책하시는 모습이 인상적이었다고 상구 씨가 전하고 있다. 이처럼 대가족이 한 지붕 아래 동거동락(同居同樂)하며, 대대로 이어져 온 전통과 예법을 지켜가면서 화목한 가정의 모습은 당시에도 흔치 않은 일이었으며, 이는 조선조 후기의 세습적이며 전통적인 반가(班家)의 모습 그대로였다. 차남 봉구(鳳求) 씨는 분가(分家)하여 출향(出鄕)한 형님 용구 씨를 대신하여 가장(家長)으로서 많은 가족들을 성심껏 부양하였으며 오랜 기간 동안 관내 여러 초등학교 교장을 두루 역임한 후 정년퇴임하였다. 봉구 교장은 재임 당시 고등학교를 졸업한 상구 씨를 자신의 돌마초등학교 교사로 채용하여 상구 씨가 3년간 교직생활을 할 수 있었다고 한다.

▣ 산청댁(山淸宅) 3 : 윤규(胤珪) 씨는 서울 종로에서 오랫동안 생활하다가 노후(老後)에는 고향인 수내동으로 귀향하였다. 윤규 씨는 성품이 후덕(厚德)하고 용모가 단정하며 근래에 흔치 않았던 양반의 품격과 선비의 풍모를 지닌 멋진 신사이었다. 오늘날과 달리 일제강점기(日帝强占期) 말

기 당시는 시골에서 가난을 벗어나기 위해 서울로 삶의 터전을 옮긴다는 것은 거의 불가능한 시절이었다. 특히 시골 벽촌에 초등학교도 별로 없었던 시절에 서울로 유학을 희망하는 전도유망한 자제(子弟)들에게 서울 자택에서 아낌없이 숙식을 제공하고 불편 없이 공부에 전념할 수 있도록 성심껏 도와주는 등 학문과 교육에 남다른 열정을 쏟은 분이다. 가정형편이 어려운 친척에게는 물심양면의 지원도 아끼지 않았다고 하며 아들은 복구(福求), 관구(寬求) 형제다. 장남 복구(福求) 씨는 귀공자(貴公子)같은 풍모에 활달하고 친화적인 인품(人品)으로 많은 사람들로부터 호감을 받았다. 그러나 공직(公職)에 있었던 신분으로 인해 6.25전쟁 당시 인민군에게 끌려가 무참히 살해된 돌마면 관내 유지(有志) 32명 중 한 분이며 아들 항복(恒馥) 씨는 홀로 되신 어머니를 정성을 다해 모신 효자이다. 차남인 관구(寬求) 씨는 인민군에게 희생되신 형님을 대신하여 서울 생활을 접고 고향으로 귀항하여 노부모를 극진히 모셨다. 그뿐 아니라 종중(宗中)을 위하고 숭조(崇祖) 사업을 추진함에 있어서 누구보다 적극적으로 솔선수범하였으며 한산이씨 괴산공파종회 이사장을 역임하였다. 관구 씨는 때때로 중국이나 일본 또는 뉴질랜드 등 세계 곳곳을 누비며 외국의 다양한 문화와 역사 또는 경제 등에 관한 다양한 문물(文物)을 돌아보면서 자신의 견문(見聞)과 소양을 폭넓게 넓히고 있는 다재다능한 인물이다. 아들 진복(珍馥) 씨는 자동차 정비기술을 보유한 우수한 기능인으로 멀리 뉴질랜드로 진출하여 현지의 중견 사업가로 크게 활약하고 있다.

■ 산청댁(山淸宅) 4 : 철규(哲珪) 씨는 윤규(胤珪) 씨의 계씨(季氏) 이다. 인품이 활달하고 일가 간에 화목하며 친근하였다. 아들은 서구(瑞求)와 성구(聖求) 형제가 있다.

▣ 산청댁(山淸宅) 5 : 찬구(贊求) 씨는 동막굴댁 상구 씨 후임으로 수내리 이장(里長)을 오랫동안 역임하였으며, 침착하고 사리(事理)에 밝은 분으로서 주민들로부터 많은 칭송을 받았다. 그러나 아깝게도 56세 때 병환으로 일찍이 별세하였다. 아들은 운복(雲馥), 형복(亨馥) 형제다.

▣ 산청댁(山淸宅) 6 : 석규(奭珪) 씨는 찬구(贊求) 씨의 삼촌이다. 아들은 필구(弼求), 민구(旻求) 형제다.

▣ 허산리댁(許山里宅) 1 : 응규(應珪) 씨는 일찍이 만주지방(滿洲地方)에서 거주하다가 해방 후 귀향하였다. 아들은 학구(學求), 봉구(奉求), 진구(眞求)등 3형제이며, 장남 학구 씨는 침술(鍼術)과 지가술(地家述) 등에 일가견이 있었으며 한평군파종회 이사장을 역임하였다.

▣ 허산리댁(許山里宅) 2 : 영규(英珪) 씨는 응규 씨의 계씨(季氏)이다. 아들은 인구(麟求), 동구(東求) 형제다. 장남 인구 씨는 한평군파종회 상무와 이사장을 십여 년간 역임하는 동안 우리 종중 발전에 많은 공적을 남겼다.

▣ 허산리댁(許山里宅) 3 : 하규(夏珪) 씨 댁으로 아들은 창구(鋹求), 성구(星求) 형제이다. 장남 창구 씨는 돌마면 부면장을 역임하였으며 아들로는 광복(光馥), 영복(榮馥), 돈복(敦馥) 3형제를 두었다.

▣ 허산리댁(許山里宅) 4 : 장규(璋珪) 공은 비록 학문(學問)은 짧으나 기억력이 매우 뛰어나신 분으로, 한산이씨 집성촌의 역사와 보학(譜學)에 누

구보다 능통하였다. 한산이씨 숲안종회 도유사(都有司)를 역임하였으며, 숲안종회 재실(齋室) 신축과 『한평군(諱 之菽)파 세보(世譜)』 창간(創刊) 등 많은 업적을 남겼다. 삼종숙(三從叔) 諱 용직(龍稙) 씨의 후계(後繼)로 입계(入系)하였으며, 아들은 영구(永求), 안구(安求), 흥구(興求) 3형제다. 차남 안구(安求) 씨는 한평군파종회 부이사장을 역임하였으며 참판공파종회 이사장으로 재직하면서 종중 운영에 많은 기여를 하고 있다.

▣ 영등포댁(永登浦宅) : 은규(殷珪) 씨는 서울 영등포에서 거주하다가 고향(수내동)으로 귀향하였다. 아들은 홍구(弘求), 명구(命求), 진구(振求) 등 3형제이며, 3남 진구 씨는 건축가로 활약하였으며, 한산이씨 봉화공파종중회관(분당구 수내역 인근 소재 9층 빌딩)을 신축하는데 큰 공을 세웠다.

▣ 이천댁(利川宅) 1 : 장규(章珪) 씨는 아천군(鵝川君) 諱 증(增)공의 12대 종손(宗孫)으로서 조상을 받들고, 아천군 부조묘(不祧廟)를 모시는데 소홀함이 없었다. 그러나 안타깝게도 종손으로서의 도리와 본분을 망각하고 사리사욕(私利私慾)에 눈이 어두워 여러 조상님들의 안식처인 종중 소유의 임야(뒷뫼)를 자기 임의로 매각 처분한 사건이 있었다.이 같은 순간(瞬間)의 잘못에도 불구하고, 수많은 일가들이 십시일반(十匙一飯)으로 힘을 모아서 이를 되찾게 되었으니 천만다행이 아닐 수 없다. 만약 그 당시의 문중 어르신들이 이를 수수방관 하여 이처럼 소중한 우리의 문화유적지를 되찾아 놓지 못하였다면 훗날 우리 후손들은 영원히 이를 찾아 볼 수가 없었을 것이다. 때문에 오늘의 우리뿐만 아니라, 후손 대대로 이 같은 불미스런 일이 발생하지 않도록 우리의 뿌리이자 정신적 지주인 문화유적을 소중히 여기고 영원토록 보존하는데 진력해야 할 것이다. 장규(章

珪) 씨의 아들 태구(台求), 상구(尙求) 형제는 6.25동란 당시 모두 사망하였다고 전해진다.

▣ 이천댁(利川宅) 2 : 명규(名珪) 씨는 장규 씨의 계씨(季氏)로서 형님을 대신하여 조상을 잘 모시고 부조묘(不祧廟)도 잘 관리하는 등 종손(宗孫)의 역할을 충실히 대행하여 왔다. 명규 씨는 기골(氣骨)이 장대하며, 침술(鍼術)도 뛰어났다고 전해지고 있으며, 아들은 선구(宣求), 철구(喆求) 형제다. 장남 선구 씨는 백부(伯父) 가계(家系)로 출계(出系)하여, 아천군(鵝川君) 諱 증(增)공의 13대 종손(宗孫)이 되었으며, 제15세 생원공종회 및 제19세 통덕랑종회 이사장과 낙생수리조합장을 역임하는 등 종중 발전에 많은 기여를 하였다. 아들은 개인사업을 하고 있는 원복(源馥), 윤복(潤馥) 형제다. 선구 씨의 계씨인 철구(喆求) 씨는 판교동장을 역임하였다. 아들은 강복(康馥). 송복(松馥) 형제다.

▣ 이천댁(利川宅) 3 : 홍구(洪求) 씨는 선구 씨와 삼종간(三從間) 형제이며, 아들로는 준복(俊馥), 건복(健馥), 창복(昌馥) 3형제가 있다. 장남 준복은 어려서부터 근면 성실하여 모든 종사에 누구보다 앞장서서 솔선수범하여 왔으며, 현재는 한평군종회 관리소장과 한산이씨 제19세 통덕랑종회 이사장으로 재직 중이며, 종중 운영에 중추적인 역할을 하고 있다. 차남 건복은 아주 어려서 큰댁으로 출계(出系)하였으며 3남 창복은 부동산사업을 영위하면서 제반 종사에 적극적으로 참여하여 주위의 칭송을 받고 있다.

▣ 임실댁(任實宅) 1 : 명규(明珪) 씨는 중년 때부터 머리가 백발(白髮)이

었다. 아들은 형구(亨求), 재구(宰求) 형제이다. 장남 형구 씨는 부친을 닮아 젊었을 때부터 머리가 백발이었으며, 돌마면사무소에 장기간 근속하여 면 행정에 정통하여 일가들에도 많은 도움을 주었다고 한다. 한산이씨 숲안종회 도유사(都有司)를 역임하였으며, 아들은 하복(夏馥), 왕복(旺馥), 경복(卿馥), 홍복(洪馥), 오복(五馥)등 5형제다.

▣ 임실댁(任實宅) 2 : 병규(炳珪) 씨 댁으로 아들로는 문구(文求), 면구(冕求) 형제가 있다. 계씨(季氏)인 태규(台珪) 씨도 함께 살았다고 한다.

▣ 단성댁(丹城宅) : 용직(龍稙) 씨의 고조 諱 휘영(輝永) 공이 단성현감(丹城縣監)을 역임하여 택호가 되었으며, 아들은 호규(鎬珪), 한규(漢珪) 형제다. 장남 호규 씨는 돌마면장과 분당농협단위조합장을 역임한 행정가였으며, 숭조(崇祖) 사업에도 크게 기여하였다. 아들은 관구(寬求), 완구(完求), 선구(善求), 춘구(春求), 경구(慶求) 5형제다. 차남 한규(漢珪) 씨는 흥국생명보험 부사장과 한평군파종회 이사장을 역임하였다.

▣ 진주댁(晉州宅) : 일규(一珪) 씨의 고조 諱 희승(羲升) 공이 진주목사(晉州牧使)를 역임한 연유로 택호가 되었다. 일규 씨는 청렴결백하고 양반(兩班)의 기풍이 당당한 보기 드문 선비였다. 장남 택구(宅求) 씨는 종중(宗中) 발전을 위한 숭조(崇祖)사업에 크게 기여하였다. 차남 논구(論求) 씨는 해양대학교 졸업 후 해운사업가로 세계를 누볐으며(주)대우조선해양에서 오래 근무한 조선(造船) 관련분야의 전문가이다. 택구 씨의 古屋(분당 중앙공원 관리소 옆에 소재한 초가)은 경기도 지방 문화재 기념물(고가옥 : 古家屋)로 지정되어 성남시에서 보존 관리하고 있다.

▣ 경안댁(京安宅) 1 : 흥구(興求) 씨는 諱 秉東 종가의 8대 종손으로 역대 조상을 정성껏 모시며 오랫동안 수내동에 거주하다가 8.15해방 당시 서울로 이사하였다. 슬하에 형복(亨馥), 원복(元馥) 형제를 두었다. 원복 씨의 아들은 기원(起遠), 승원(承遠) 형제이며, 차남 승원 씨는 득중(得重)파종회 상무직에 종사하면서 광주시 회덕동 제청촌의 종산 관리와 봉제사 등 종중 사업을 도맡아 수고하였으며, 특히 재실(齋室)을 신축하면서 내부구조와 시설을 현대적으로 해석하여 접근성과 기능성을 높이는 등 공간건축에도 남다른 재능을 가진 모범적인 일꾼이다. 2018년경기도 광주시 회덕동에 건립된 재실은 '한산이씨 영모재(韓山李氏 永慕齋)'로 명명되었다. 흥구 씨의 장남 형복 씨의 아들은 장원(長遠), 명원(明遠) 형제가 있다.

▣ 경안댁(京安宅) 2 : 장구(章求) 씨는 성품이 순후(淳厚)한 분으로 일가의 존경을 받았다. 아들은 정복(貞馥), 용복(龍馥) 형제다. 장남 정복 씨는 6.25전쟁 당시 북으로 납치되어 안타깝게도 생사를 알 수가 없으며, 정복 씨의 외아들 정원(正遠)은 편모(偏母) 아래에서 훌륭히 장성하여 어머니를 효성을 다해 모시면서 개인사업에 충실하게 임하고 있다.

▣ 경안댁(京安宅) 3 : 용복(龍馥) 씨는 장구(章求) 씨의 차남으로 항상 과묵하여 말수가 적었으며 근면 성실하였다. 아들은 서원(署遠), 관원(寬遠) 형제다. 장남 서원은 부모를 효성을 다해 모시고 있으며, 종사에도 열심히 참여하고 있다.

▣ 경안댁(京安宅) 4 : 현구(玄求) 씨는 용모가 단정하며, 나직한 목소리와

정감(情感)이 가는 음색(音色)의 소유자로서 농한기(農閑期) 겨울밤이 되면 자택에서 옛날 소설인 옥루몽(玉淚夢), 춘향전(春香傳), 심청전(沈淸傳)등 책 읽는 낭랑한 목소리를 들으려고 많은 부녀자들이 몰려들었다고 한다. 특히 책을 읽을 때는 오늘날 성우(聲優)들처럼 감정과 음색을 섞어서 읽기 때문에 이를 듣는 많은 부녀자들이 웃음 혹은 한숨을 짓거나 탄식을 하며 끝내 울음을 터뜨리는 등 시간 가는 줄 모르고 밤을 새웠다고 전해진다. 그러나 불행하게도 6.25전쟁 당시 32세 때 북한 인민군에게 납치(拉致)된 후에 지금까지 생사를 알 길이 없어서 안타까운 일이다. 아들 광복(光馥) 씨는 부친을 닮아 성격이 조용하고 매사에 신중(愼重)하며 세심(細心)하다. 특히 종중(宗中)을 위하는 숭조(崇祖) 사업에 열성적으로 참여하고 있다.

▣ 경안댁(京安宅) 5 : 의구(儀求) 씨는 농업에 종사하며 평범한 농촌생활을 즐겼다. 아들은 건복(健馥), 계복(癸馥), 세복(世馥) 3형제다.

▣ 숲안 경안댁(京安宅) 6 : 복규(福珪) 씨는 농업에 종사하며, 년고항존(年高行尊)의 어른으로 주위의 존경을 받았다. 슬하에 1남 5녀이고, 장남인 철구(哲求) 씨 또한 1남 11녀의 따님부자 댁으로 이름난 가정이다. 철구(哲求) 씨의 아들 은복(殷馥) 씨는 삼대독자(三代獨子)로서, 조부모님을 비롯하여 많은 가족들의 사랑을 독차지하고 자랐으며, 학문적 재능이 뛰어난 학구파(學究派) 인물이다. 주택은행 지점장을 역임하였으며 성균관대학 유학대학원을 수료하고 성균관품계(成均館品階)의 전의(典儀)로 활동하였다. 뿐만이 아니라 은복 씨 부부(夫婦)는 소상과 부모에게 효성이 지극하여 효자 효부에게 시상하는 성균관의 특별상인 '목은(牧隱)제가상'을 수상

한 바 있다. 특히 우리 종중(宗中) 발전을 위하여 솔선수범하는 등 숭조(崇祖)사업에 열정을 바치고 있는 인재이며 전부공파종회 이사장을 역임한 바 있다.

▣ 경안댁(京安宅) 7 : 동구(同求) 씨는 거사공(居士公) 諱 병동(秉東)공의 7대손 서규(庶珪) 씨의 후계(後繼)로 입계(入系) 하였다. 동구 씨는 숲안종회 재실을 관리하면서, 봉화공 이하 삼세(三世) 공의 묘역관리와 제사를 정성을 다해 받들었다. 아들은 영복(永馥), 종복(鍾馥), 한복(漢馥), 응복(應馥) 4형제다

▣ 경안댁(京安宅) 8 : 도구(道求) 씨는 체격이 당당하고 거구(巨軀)이며, 일가친척 등 이웃의 애경사에 솔선수범하여 돕기 때문에 많은 사람들로부터 존경을 받았다. 특히 당숙(堂叔)이신 과천댁(果川宅) 성규(星珪) 씨가 후사(後嗣)가 없자 부모 모시듯 가사(家事)를 성심(誠心)것 도와드림으로써 일가 간에 칭송이 자자하였다. 아들은 장복(璋馥), 선복(璿馥), 준복(俊馥), 민복(玟馥), 명복(明馥), 경복(京馥) 6형제다. 장남 장복(璋馥) 씨는 가장(家長)으로서 여러 어린 동생들을 돌보면서 모친(母親)을 정성껏 모셨으며 형제들 간의 우애(友愛)가 깊기로 유명하다. 특히 장복 씨는 용모가 단정하고 예의가 바르며, 종중(宗中)을 위하고 숭조(崇祖)사업에 적극적인 역할을 다하고 있을 뿐만 아니라 해마다 어김없이 돌아오는 제사 준비와 벌초 및 사초 등 묘역 정비에 책임감을 가지고 자신이 직접 처리하는 등 조상을 모시는 일에는 조금도 소홀함이 없다. 한평군파종회 부이사장과 통덕랑공(諱 廷葵)파종회 이사장을 역임하였다.

▣ 동막굴댁(東幕屈宅) 1 : 치홍(致鴻) 범규(範珪) 씨는 소농(小農) 출신으로 한학(漢學)을 독학(獨學)으로 공부하였으며 마을 행정을 다년간 몸소 수행하여 마을 발전과 주민 화합에 많은 기여를 하였다. 집안이 풍족하지 못한 가운데서도 아들 5형제를 훌륭히 키웠으며, 3남 상구(庠求) 씨와 4남 항구(恒求) 씨는 우리 문중의 각종 숭조 사업과 문화 사업을 추진함에 있어서 가능한 한 여러 일가친지들과 함께 최선을 다해왔다.

長男 佑扅 諱 英求(前 農林部長官 祕書官), 次男 諱 命求(前 韓山李氏 典簿公[諱 垣]派宗會 理事長), 三男 湖亭 諱 庠求(前 成均館副館長), 四男 梨亭 恒求(高等行政考試 및 高等技術考試 兩科 合格, 前 政府理事官), 五男 막내 亨求.

▣ 동막굴댁(東幕屈宅) 2 : 명구(命求) 씨는 서울에서 공직(公職)에 있는 장형(長兄)인 영구(英求) 씨를 내신하여 고향을 지키며 부모님께 효성이 지극했다. 뿐만 아니라 숭조사상(崇祖思想)이 투철하고 문중(門中) 종사(宗事)에는 솔선하여 헌신적으로 봉사함으로써 많은 종친(宗親)들이 그의 뜻에 따르면서 아낌없는 찬사를 보냈다. 오랫동안 전부공파종회 이사장을 역임하면서 실전(失傳)된 선대묘(先代墓)의 발굴과 묘역정비(墓域整備)등 집안의 기반을 조성하는데 많은 공로가 있었다. 아들로는 공직(公職)에 있는 원복(源馥)과 무역회사를 벤처 창업(創業)한 '지오스'의 사장(社長)인 두복(斗馥) 형제가 있다.

▣ 과천댁(果川宅) : 명구(明求) 씨는 과천댁 성규(星珪) 씨의 후계(後繼)로 입적(入籍)하였으며, 이는 2000년 3월 『한평군파세보(韓平君派世譜)』

중수(重修) 때 집안 간 협의로 이루어졌다. 아들은 경복(京馥), 찬복(贊馥) 형제다.

▣ 보통굴댁(普通屈宅) 1 : 봉직(奉稙) 씨는 6대조이신 수직(壽職)으로 가의대부(嘉義大夫)가 된 諱 병륜(秉倫) 공의 종손(宗孫)이다. 봉직 씨가 수내동 고향으로 귀향하기 전에는 이천군 신둔면 소정리에서 세거(世居)하였다고 한다.

＊ 위 기재(記載) 내용은 동막굴댁 3남 상구(庠求) 씨가 『한산이문과 나』(2013. 2. 1, 문학공원)에 서술한 글로써 이는 매우 소중한 증언이자 역사적 자료이기 때문에 가감 없이 전재(轉載)함.

1963년에 나(庠求)의 12대조 첨지중추부사(僉知中樞府事) 諱 경부(慶溥) 공의 시향(時享)에 같이 가자고 봉직 대부가 말씀하시어 처음으로 모시고 따라갔다. 수행인도 일가 분으로 성구(成求) 씨를 부를 때는 석구(錫求) 씨로 호칭하였다. 성구 씨는 봉직 씨를 뵙고 반갑게 인사하고 따뜻한 방으로 안내하면서, 오랜만에 뵙는다며 나에게도 인사를 나누었다. 그간 숲안에서 오랫동안 참예를 하지 않으셨어도 제사는 빠짐없이 모셔왔다고 한다. 봉직 씨는 전에 이곳 내력에 대해 내게 말씀해주신 적이 있어서 나도 대략 알고 있었다. 예부터 이 가옥은 재실(齋室)이었으며, 위답(位畓) 경작은 박씨(朴氏)와 김씨(金氏)가 했으며, 박씨가 이 집에서 산소 수호와 제향(祭香)을 받들어 왔는데 성구의 부친 봉규 씨가 강압적으로 빼앗아갔다고 한다. 성구 씨는 묵직한 궤짝을 갖다 주며 이것이 옛날 우리 족보(族譜) 책인데 글을 잘 몰라 자신의 계통이 어느 책에 실려 있는지 알려 달라는 것이다. 뚜껑을 열려고 하니까 봉직 씨가 우선 절부터 하자고 하셨다. 족보는 1740년도 출간된 한산이씨 대동보인 경신보(庚申譜)로서 한 번도 열어보지 않은 듯 책장마다 앞 뒷장이 달라붙어 있었다. 몇 장을 넘기려는데 노란 봉투가 있어 열어보니 6.25전쟁 이후 종산(宗山) 회복 등 기문서였으며 신청인은 봉규(鳳珪) 씨 단독명의(單獨名義)로 되어있었다. 집에 돌아와 이를 종회(宗會)에 보고 드리니 어른들은 당황해하며 그것을 잊고 있었다는 것이다. 서둘러서 명의변경(名義變更) 대책을 의결하여 불응(不應)하는 성구 씨를 설득하여 원만히 타결(妥結)지었다. 공동명의로 변경된 다음 해에 봉직 씨와 함께 갔더니 그의 형제들과 가솔들이 많이 모여 있었다. 우리가 올 것을 기다렸다는 듯이 최소한의 기본예의도 없이 등기문서 공동명의 변경을 취소하라고 고성을 돋우며 격노(激怒)하여 위협적이고 살벌하여 진퇴가 어려웠다. 결국 그길로 되돌아왔다. 그 후 3년간 제항에 못 갔는데 성구 씨의 아들 원복(源馥)이 내게 찾아왔다. 갑자기 부친 성구 씨가 돌아가시어 묘소(墓所)를 첨추공(僉樞公) 묘소 근처에 쓰려고 하니 허락해달라고 애원하여 긴급 이사회를 소집하였다. 상대위(上代位) 묘소 근처에는 어느 경우에도 묘를 못 쓰게 하는 규범 완의(完議)때문이다. 그러나 오랫동안 조상의 묘소 관리와 봉제(奉祭)한 공으로 허락하였다. 이후로 종사가 원만히 이루어져 갔다.

■ 보통굴댁(普通屈宅) 2 : 명직(命稙) 씨의 아들은 순규(順珪) 씨와 정규(丁珪) 씨 형제이다. 장남인 순규 씨는 역말 중앙에 비교적 큰 규모의 가옥(초가)을 소유하고 있는 등 상당한 재산가로서 인심(人心)이후(厚)한 가운데 단란하고 사람 간의 의리(義理)를 매우 중시하며 살아 온 분이었다. 특히 대문 밖 큰 마당가에는 순규 씨가 직접 운영하는 정미소가 있었는데, 여름밤에는 그 마당에 멍석을 깔아 놓고 여러 주민들이 모여앉아 모

심는 날, 김매는 날, 벼 베는 날, 타작하는 날 등을 순차적으로 돌아가며 공동작업 일정을 정하거나 여러 가구가 상부상조할 문제들을 의논하고 결정하였다. 또한 이 마당은 때때로 술잔을 나누기도 하고 춤과 노래로 고단함을 달래는 풍물놀이 등으로 한때 즐거운 시간을 보내는 놀이 공간으로 전혀 부족함이 없었다. 순규 씨의 아들 완구(玩求) 씨는 동국대학교를 졸업하고, 중앙일보 기자로 활동하다가 퇴직 후 중앙스튜디오 사업을 경영하였다. 성남시의원에 당선되어 지방의회 의원으로서 시민을 위한 의정활동을 하였다. 그러나 불행하게도 물려받은 많은 재산을 지켜내지 못하고 세상을 떠나서 매우 안타깝다.

▣ 보통굴댁(普通屈宅) 3 : 정규(丁珪) 씨는 형님이신 순규(順珪) 씨댁 옆에 있는 가옥을 매입하여 나란히 의(義)좋게 사신 분으로, 후덕(厚德)하고 인정(人情)이 많은 분이셨다. 아들은 원구(元求), 연구(連求), 성구(聖求) 등 3형제다. 장남 원구 씨는 대학졸업 후 삼성물산 대구 지점장을 역임하였고, 특히 조상을 모시는데 앞장서서 전부공파종회 이사장과 한평군파종회 이사장을 역임하는 등 숭조사업(崇祖事業)에 헌신하였다.

▣ 보통굴댁(普通屈宅) 4 : 현직(賢稙) 씨는 수직(壽職)으로 가의대부(嘉義大夫)이신 諱 병륜(秉倫)공의 6대손자다. 말씀이 별로 없고 묵묵히 농사에 열중하며, 조용히 사신 분으로 자택(自宅)은 동막굴댁과 돌담을 사이에 두고 마주하였었다. 아들은 흥규(興珪) 씨이다.

▣ 수원댁(水原宅) 1 : 복규(復珪) 씨는 통덕랑 諱 정규(廷葵) 공의 종손(宗孫)으로, 봉제사와 선조묘역 및 위토관리 등에 만전을 기했다. 아들은

필구(弼求), 철구(哲求), 빈구(斌求)등 3형제다. 장남 필구 씨는 6.25전쟁 때 전사(戰死)하였고, 차남 철구 씨도 순직함에 따라 빈구 씨가 종손(宗孫)으로 승계(承繼)되었다. 빈구 씨 또한 47세 때 일찍이 별세하여 외아들 흥복(興馥)이 11대 종손으로 승계되었다. 가정형편이 어려운 흥복은 통덕랑공(諱 廷葵) 가문의 종손임을 감안하여 종중의 특별배려로, 대학과 대학원을 졸업할 때까지 학비 전액과 생활비 등을 지원하였다.

▣ 수원댁(水原宅) 2 : 범직(範稙) 씨 댁으로 아들은 완규(完珪), 창규(昌珪), 동규(東珪) 3형제다. 장남 완규, 차남 창규 형제는 6.25전쟁 당시 공산군과 싸우다가 장렬하게 전사(戰死)하였다. 3남 동규 씨는 서울대학교를 졸업한 수재(秀才)이며, 특히 종중 내에서는 유일하게 연고항존(年高行尊)한 분으로서 언제나 부부(夫婦)가 함께 종회(宗會)에 동반(同伴) 참여하여, 종회 발전을 위한 충고(忠告) 및 격려와 좋은 방안(方案)등을 제시하는 등 일가 돈목을 위하여 크게 기여하였으며, 참의공(參議公)파종회 이사장을 역임하면서 숙원사업이었든 오포읍 신현리(태재) 소재의 종중 건물을 훌륭하게 신축하기도 했다. 한편 동막굴댁 상구(庠求) 씨가 밝힌 본고(本考) 기사(記事)에 의하면 '한국성씨총연합회'가 출간한 『성씨총감』을 제작하는데 있어서 각자 성씨별로 제작비 분담금을 출연하여야할 때 유독 한산이씨(대종회)만이 재력이 없다는 이유로 포기하려고 할 당시 동규 씨가 분담금 전액을 쾌척(快擲)함으로써 한산이문(韓山李門)의 면목을 세운 바 있다고 하였다. 그뿐만 아니라 동규 씨는 대(大), 소(小) 종중(宗中)을 막론하고 한산이씨 문중 전체 차원(次元)의 많은 업적(業績)을 남긴 동막굴댁 상구(庠求) 씨의 회고록(回顧錄)인 『韓山李門과 나』의 발간비(發刊費) 전액을 통덕랑공(諱 廷葵)파 종중의 공적자금(公的資金)으

로 지원하는데 큰 역할을 한 것으로 전해진다.

▣ 수원댁(水原宅) 3 : 성규(聖珪) 씨는 분당의 당우동(당모루)에서 세거(世居)한 지 오래되었다. 그럼에도 택호가 수원댁으로 된 것은 성규 씨의 팔대조비(八代祖妣)의 부친이신 청해이씨(靑海李氏) 부사(府使) 諱 해빈(海賓)공의 묘소가 수원의 마장리 흑동(水原 馬場里 黑洞)에 있는 것이 연유인 것으로 추정된다. 아들은 석구(錫求), 관구(寬求), 민구(敏求), 윤구(潤求) 등 4형제이며, 3남 민구 씨는 6.25전쟁 당시 전사(戰死)하였다. 차남 관구(寬求) 씨는 타관(他官)에서 공직(公職)에 있는 맏형님을 대신하여 자택(自宅) 옆 큰댁에 계신 부모님을 극진히 모시고 집안을 이끌었으며, 통덕랑공파종회 이사장을 역임하면서 숭조(崇祖)사업과 종중 발전을 위하여 크게 이바지하였다. 특히 『牧隱 李穡의 學問과 學脈』(명지대 申千湜 博士 著)의 학술저서(學術著書)를 발간할 때, 출판비(出版費) 전액을 지원함으로써 참으로 학문적 가치가 높은 역사적 공적을 남겼다. 아들은 규복(奎馥), 태복(泰馥) 형제다. 천부적(天賦的) 재능(才能)을 타고난 장남 규복은 전기전자분야의 엘리트로서 다년간 (주)삼성전기의 수석연구원을 역임한 바 있으며, 숭조(崇祖)사업과 종중(宗中)발전에 깊은 관심을 갖고 적극적인 활동을 하는 등 종중의 장래를 위해 기대가 되는 인재이다.

▣ 수원댁(水原宅) 4 : 인규(麟珪) 씨는 고향 집에 드나들면서 주로 서울에서 생활한 것으로 추정된다. 아들은 홍구(鴻求), 한구(漢求), 부구(富求) 3형제이며, 3남인 부구 씨는 숭조(崇祖) 사업에 앞장서서 많은 협조를 아끼지 않고 있다.

▣ 오리굴 수원댁(水原宅) 5 : 상규(祥珪) 씨의 거주지는 서현동 된섬말이다. 아들은 경구(京求), 선구(善求), 환구(桓求), 신구(信求) 4형제다. 3남 환구 씨는 성균관대학 유학대학원을 수료하고, 성균관 품계(成均館品階)인 전인(典仁)으로 활약하였다. 성남농협 조합장을 연임(連任)하는 동안 성남 지역의 금융산업 발전에 크게 기여하였으며, 한평군파종회의 감사직등을 역임하는 등 종중 발전에도 크게 기여하였다.

▣ 수원댁(水原宅) 6 : 문규(文珪) 씨 댁으로 아들은 정구(正求), 재구(在求), 창구(昌求), 상구(相求) 4형제다. 4남인 상구(相求) 씨는 한글발음으로는 동막굴댁 상구(庠求) 씨와 동명이인(同名異人)이다. 상구 씨는 성실한 품성으로 축협조합장(畜協組合長)을 역임하였고, 통덕랑 諱 정규(廷葵) 공파 종회 상무직을 역임하였다.

▣ 금산댁(錦山宅) 1 : 효직(孝稙) 씨는 체구(體軀)가 장대(壯大)하며 위엄 있는 음성(音聲)이 인상적인 분이다. 아들 5형제 중 장남 세규(世珪) 씨는 서현동 부친 댁과 떨어진 숲안(마을)에서 독립한 세대로 거주하였고, 그 밖의 창규(昌珪), 영규(英珪), 성규(星珪), 필규(必珪) 4형제는 부모님과 함께 생활하였다. 3남 영규 씨는 부친을 닮아 타고난 기골(氣骨)이 장사(壯士)로서 전국장사씨름대회를 휩쓸어 우승상으로 황소를 탄 바 있으며, 장부다운 억지력도 강한 분으로서 숭조(崇祖)사업에 열정적으로 참여하였다.

▣ 금산댁(錦山宅) 2 : 효직(孝稙) 씨의 장남 세규(世珪) 씨 댁으로 아들은 훈구(勳求)와 은구(殷求) 형제다. 장남 훈구 씨는 품행(品行)이 단정하고

예의가 바를 뿐만 아니라 부인과 함께 부모님을 정성껏 모신 효자효부였다. 훈구 씨는 숭조(崇祖)사업에 성실한 일꾼으로서 참의공파종회 이사장을 역임하였으며 성균관대학 유학대학원을 수료하고, 성균관 품계(成均館品階) 전의(典儀) 로 문중을 위해 크게 활약하였다.

▣ 금산댁(錦山宅) 3 : 충규(忠珪) 씨 댁으로 아들은 서구(瑞求), 종구(鐘求) 형제다. 차남 종구 씨는 성균관대학 유학대학원을 수료하였으며, 숭조사업에 많은 관심을 갖고 협조하고 있다.

▣ 금산댁(錦山宅) 4 : 택직(澤稙) 씨는 성품이 온유(溫柔)한 분이셨다. 아들은 연규(硯珪), 을규(乙珪), 형규(炯珪) 3형제다. 차남 을규 씨는 탁월한 건축가로서 한산이씨 문중 전체의 수십 년에 걸친 숙원사업이었으나 재정난으로 지연되어 오던 한산이씨대종회 회관[78]을 앞장서서 신축하였다. 이후에도 한평군파종회 회관 및 생원공파종회 회관[79] 신축 등 우리 문중의 회관 건축에 많은 공적을 남겼다. 특히 을규 씨는 끊임없는 노력형으로 성균관 품계(品階)의 전인(典仁)으로 활약하였으며, 종사 운영에도 헌신적으로 참여하여 한산이씨 통덕랑공(諱 廷葵)파 종회 이사장을 역임하였으며, 한평군파종회 부이사장직을 맡아 종중 발전에 크게 기여하였다.

▣ 진사댁(進士宅) 1 : 효구(孝求) 씨의 증조부 諱 승순(承淳)공이 사마시(司馬試)에 합격하여 성균진사(成均進士)가 된 연유로 택호가 되었다. 김제군수를 역임한 諱 정룡(廷龍)공의 10대 종손(宗孫) 이기도한 효구 씨는

78) 서울시 종로구 수송동 소재, 지하 1층 지상 8층 빌딩
79) 분당 서현역 부근, 지하1층 지상5층 빌딩

조상을 성심껏 받들어 모셨으며, 아들은 현복(賢馥), 재복(載馥)형제다. 장남 현복 씨는 서울대학교를 졸업하고 문학박사를 받았으며, 인천교대 교수를 역임하고 수필문학가(隨筆文學家)로 활동하고 있다. 차남 재복(載馥) 씨는 부친을 닮아 판단력이 빠르고 사리(事理)가 명료(明瞭) 하며 공사(公私)구분이 철저하여 결코 헛됨이 없는 인물로서 종중(宗中) 운영에 없어서는 안 될 소중한 인재이다. 특히 교직(敎職)에 몸담고 있는 형님이 종손(宗孫)의 지위(地位)에 있으나 직업상 여의치 않아 형님을 대신하여 묵묵히 고향 땅을 지켜가며 종손의 역할을 충실히 대행하고 있다. 종사에도 헌신적으로 참여하여 한산이씨 김제공(諱 廷龍)파종회 이사장을 역임하였다.

▣ 진사댁(進士宅) 2 : 성구(誠求) 씨는 효구(孝求) 씨의 계씨(季氏)로서, 성품이 활달하고 흥이 많으며 술과 담배는 전혀 모르는 채 우리의 흥겨운 가락과 목소리가 멋들어진 일류 명창이다. 아들 연복(延馥) 씨는 경희대를 졸업 하고 문학박사 학위를 수여 받았으며, 오랫동안 서울교육대 교수 및 학장(學長)을 역임한 유수의 인문학자이다.

▣ 진사댁(進士宅) 3 : 덕구(德求) 씨는 효구(孝求) 씨의 셋째 계씨(季氏)로서 서울자택에서 아들과 조카 등 자제(子弟)들의 교육과 성장에 생애를 바쳤다. 그 결과 수내동(숲안) 집성촌에서는 사상 처음으로 아들과 종형제(從兄弟) 4명이 박사(博士)학위를 취득하고 사회에 진출하여 학계에 큰 발자취를 남겼다. 이 같은 모범적인 사례는 결코 우연이 아니며 덕구(德求) 씨의 후세를 위한 뜨거운 교육열과 헌신적인 노력에 따른 결과이다. 아들은 창복(昌馥), 진복(振馥) 형제이며 차남 진복 씨는 서울교대를

졸업한 행정학 박사이며, 건국대 충주분교 학생처장과 도서관장 직을 역임한 학자이다.

▣ 진사댁(進士宅) 4 : 세구(世求) 씨는 효구(孝求) 씨의 넷째 계씨(季氏)로서 인품(人品)이 단정하고 활달한 성격의 호남(好男) 이었다. 그러나 불행하게도 6.25전쟁 당시 북한 인민군에게 납치되어 순국하였으며, 역말의 복구(福求) 씨, 이매동의 동막굴댁 경구(庚求) 씨와 함께 돌마면 관내 순국 유지 32명에 포함된 애국열사이다.

▣ 직장댁(直長宅) : 정복(正馥) 씨는 佐郎公(諱 慶流)의 13대 종손(宗孫)으로 종사(宗事)를 솔선수범하여 성심껏 받들어 모셨으며, 특히 편모(偏母)를 효성을 다해 잘 모셨다. 아들은 양원(良遠), 성원(聖遠), 길원(吉遠) 등 3형제다.

▣ 덕산댁(德山宅) 1 : 학무위원(學務委員) 諱 인규(寅珪) 씨의 증조 諱 관재(觀在) 공이 덕산군수(德山郡守)를 역임한 연유로 택호가 되었다. 아들은 정구(鼎求), 범구(範求), 경구(景求), 진구(晉求)등 4형제이며, 정구 씨 아들은 중복(重馥), 신복(伸馥) 형제다.

▣ 덕산댁(德山宅) 2 : 택규(宅珪) 씨는 인규(寅珪) 씨의 계씨(季氏)이며, 돌마면장과 충열서원 집사 및 양영고등공민학교 교장을 역임하였다. 인품(人品)이 고아(高雅)한 한학자(漢學者)로서 한약방을 운영 하였으며, 한의학(韓醫學)의 명의(名醫)이자 풍수명사(風水名士)로도 고명(高名)하였다. 아들은 남구(南求), 일구(日求) 형제이며, 장남 남구 씨는 서울대학교를

졸업하고 서울 동대문상고 교사를 역임하고, 정년퇴임하였다.

■ 참위댁(參尉宅) 1 : 장직(章稙)공이 구한말 때 육군참위(陸軍參尉)를 역임하신 연원으로 택호가 되었다. 외모에서 풍기는 품위(品位)가 근엄(謹嚴)하시고, 성품이 강직(剛直)하시며 행동에 절도가 있고 말수는 적으나 음성이 중후(重厚)하였다. 아들 5형제(正珪, 大珪, 今珪, 欣珪, 甲珪)중 고향을 지킨 아들은 넷째 흔규(欣珪) 씨와 다섯째 갑규(甲珪) 씨 형제이다. 갑규 씨는 외지로 진출한 형님들과 달리 조상과 고향에 대한 애착을 갖고 누구보다도 숭조(崇祖)사업에 헌신적으로 봉사해 왔다. 문열공파종회를 비롯하여 대사성공파종회, 봉화공파종회 및 그 이하 좌랑공파종회, 김제공파종회에 이르기까지 여러 종중의 이사장 또는 상무이사를 두루 역임하면서 문중 발전에 많은 공적을 남겼다.

■ 참위댁(參尉宅) 2 : 장직(章稙) 공의 장남이신 정규(正珪) 씨의 3남 종구(宗求) 씨는 고려대학교를 졸업하고 출판 사업에 종사하였으며, 퇴직 후 숭조(崇祖) 사업에 뜻을 품고 뒤늦게 귀향하여 종중 발전에 크게 기여하고 있다. 좌랑공파종회 이사장, 아천군(鵝川君 諱 增)파종회 이사장을 역임하였으며, 현재 한평군(諱 之菽)파종회 이사장과 봉화공파종회 부이사장을 맡아 문중 발전에 크게 기여하고 있다.

■ 공주댁(公州宅) 1 : 기복(箕馥) 씨의 5대조 諱 숙재(翻在) 공이 공주판관(公州判官)을 역임하신 연유로 택호가 되었다. 전해지는 일설에 의하면 기복 씨의 조부(祖父)이신 諱 동규(東珪)공이 한학(漢學)을 연마한 후 성균시(成均試)에 응시(應試)하였다가 '시적' 두 글자를 누락하여 아깝게도

낙방하게 되었다고 한다. 그로부터 사람들은 앉으나 서나 '시적, 시적'한데서 별호(別號)가 되어 애칭으로 '시적 샌님'이라고 불렀다고 한다. 시적 샌님은 유학(儒學)에 조예가 깊어 광주향교(廣州鄕校)의 직원(直員)을 역임하였다. 기복 씨 아들은 종원(鍾遠), 광원(光遠), 형원(亨遠), 영원(英遠)등 4형제다. 장남 종원 씨는 육군장교 출신으로 돌마면(突馬面) 예비군 중대장과 분당새마을금고 이사장을 역임하였다. 3남 형원(亨遠) 씨는 대학 졸업 후 현대상사(現代商社)에 입사하여, 기업(企業)의 경영기법(經營技法)을 쌓았으며 한편 종중(宗中)과 숭조(崇祖)사업에 참여 시 여러 난제(難題)에 대한 논리가 정연하며 사리(事理)에 맞게 해결하는 보기 드문 일꾼이다.

▣ 공주댁(公州宅) 2 : 육복(六馥) 씨는 기복 씨의 계씨(季氏)로서, 형제 간의 우애(友愛)가 매우 돈독하였다. 아들 장원(長遠) 씨는 중앙대학교를 졸업하고 철도청 서기관(역장)을 역임하였으며, 차남 흥원(興遠) 씨는 전문대학 졸업 후 농협부장(農協部長)을 역임하였다.

▣ 초관댁(또는 뒷들댁) : 준직(俊稙) 씨는 고건축 전문가로서 대목(大木)의 장인(匠人)이다. 아들은 헌규(憲珪), 방규(芳珪) 형제이며, 장남 헌규 씨는 한평군파종회 이사장을 역임하는 등 종사에 깊은 지식과 많은 경륜을 가진 분으로 문중 발전에 많은 도움을 주고 있다. 특히 그는 군부대 이전 관계로 1981년 국방부에 수용되었던 뒷뫼의 종중 토지(서현동 산 84 · 3 외 3필지 : 약 30,000평)가 신도시 개발로 인해 다시 토지개발공사에 수용되자, 국가 기관의 필요에 의해 수용된 토지가 수용 후 10년 이내에 그 사유가 소멸되었을 때는 해당 토지를 원 지주에게 돌려주어야 한다는 대

법원 판례를 찾아 이를 근거로 1990년 국방부에 소송을 제기하였다. 이후 3년에 걸친 법정 다툼 끝에 승소하여 아무도 모르는 채 묻혀질 뻔했던 토지보상금(봉화공종회 : 24억4천만 원, 생원공종회 : 1억4백만 원)을 받게 함으로써 종중 재산 증식에 큰 기여하였다.

▣ 옥천댁(沃川宅) 1 : 만규(晩珪)공은 기골이 풍만(豐滿)하신 분으로, 돌마 탁주 양조장을 설립하셨다. 양조장 운영은 맏사위 이은우(李殷雨) 씨가 맡아 하였고, 직원(職員)으로는 동막굴댁 상구(庠求) 씨가 채용되기도 하였다. 아들은 명구(命求), 광구(光求)형제다. 장남 명구 씨는 서울대학교 음악대학을 졸업 후 음악가로 활동하였으나 지병으로 젊은 나이에 일찍 별세하였다. 차남 광구 씨는 성균관대학교를 졸업한 후 가업을 이어받아 농업에 종사하다가 분당신도시건설로 인해 수용된 토지의 보상금을 부동산에 투자하여 서울과 분당 등지에 여러 개의 건물을 소유하여 이를 임대 운영하는 등 부동산사업가로서 크게 성공하였다. 분당신도시개발 과정에서는 분당지역의 한산이씨종중을 대표하여 '토지보상협의 및 복지관리대책 전문위원'으로 활동한 바 있다. 아들은 희복(熙馥), 진복(鎭馥), 찬복(燦馥) 3형제이다. 장남 희복은 한국감정원 평가사이고 차남 진복은 가정의학과 전문의로 개업하여 인술을 펼치고 있으며 3남 찬복은 한국도로공사 심의관 으로 재직 중이다.

▣ 옥천댁(작은 沃川宅) 2 : 민규(旼珪) 씨는 용모(容貌)가 월남 이상재(李商在) 선생과 꼭 닮았다고 한다.아들은 용구(龍求), 인구(仁求), 영구(榮求) 등 3형제다. 장남 용구 씨는 분당동의 중앙 십자로에서 버스 정유소와 점포를 경영하였으며, 아들 명복(明馥) 씨는 한양대학교를 졸업한 후

한국 전력에 입사하여 울진, 영광 등 여러 곳의 원자력발전소 건설을 진두 지휘함으로써 우리나라의 원전 입국에 크게 기여한 원전 건설 분야의 전문가이다. 차남 인구 씨는 양영중고등학교를 설립하여 분당과 판교 일대에서 우리 문중 최초로 교육문화 창달에 크게 공헌한 인물이다. 교명이 '양영(養英)'이라 명명된 것은 당시 신익희(申翼熙) 선생께서 개교식 때 친히 참석하여 '양육영재(養育英才)'라 지어주신 휘호(揮毫)에서 연유한 것이다. 인구(仁求) 씨는 근무 중 병환으로 순직하였으며, 그 후부터 학생 수가 급격히 줄어들어 학업이 중단되는 등 학교 운영이 어렵게 되자 양영중고등학교는 교육 당국에 의해 폐교 조치되었다. 그러나 이를 안타깝게 바라본 동막굴댁 상구(庠求) 씨가 폐교된 학교를 복원하기 위하여 동분서주하면서 선도적인 역할을 하였으며, 그 결과 우여곡절 끝에 인문고등학교에서 상업고등학교로 전환 개교하는데 크게 일조하였다. 인구 씨의 장남 상복(尙馥) 씨는 연세대를 졸업하고 강원대학교 국문학과 교수로 재직 후 정년퇴임하였다. 시복(時馥) 씨는 서울대를 졸업한 후 KAIST에서 기계공학 박사학위를 받고 부산대학교 교수로 오랫동안 재직하다 정년퇴임하였다. 3남 영구 씨는 오랫동안 주일한국대사관에 근무하였으며 말년에 귀국하여 노후를 한국에서 보냈다.

▣ 직원댁(直員宅) : 명규(明珪) 씨는 옥천댁 1 만규(晩珪) 씨의 계씨(季氏)로서 향교(鄕校) 직원(直員)을 역임한 연유로 택호가 되었다. 아들로 입계(入系)한 학구(鶴求) 씨는 경기도청의 과장직과 서울시립극장 관장을 역임하였으며, 아들은 종복(宗馥), 인복(寅馥), 완복(完馥), 관복(寬馥), 정복(定馥) 등 5형제다. 장남 종복 씨는 서울대학교 치과대학을 졸업하고 영동치과의원 원장으로 인술을 펼쳤으나 아깝게도 지병으로 40대에 일찍

별세하였다. 차남 인복 씨는 연세대학교를 우수한 성적으로 졸업한 수재로서 졸업 후 중견 건설회사의 간부로 재직하였다. 평소 책을 좋아하고 학구적인 성품을 가진 그는 성남문화원 및 세종연구소 등 학술문화 단체와 교류하며 역사문화 분야에서 활약하는 한편 생원공종회와 아천군파종회 이사장을 역임하는 등 종사에 많은 관심과 애정으로 헌신해 왔다. 특히 서현동 소재의 생원공파종회 회관(지하1층 지상5층)을 성공적으로 신축한 후에 건물 전체를 요양병원으로 임대함으로써 안정적인 종재운영에 크게 기여 하였다. 현재는 한성군파종회 이사장으로 재직 중이다. 3남 완복(完馥) 씨는 해군사관학교를 졸업 후 함정병과 장교로서 함장, 전대장 등 해, 육상 지휘관을 두루 역임하였으며, 중령으로 스페인 해군대학에 유학하여 지휘참모 과정을 이수하고 졸업식에서 스페인 국왕으로부터 해군일등십자훈장을 친수(親授)받았다. 이후 주멕시코대사관 국방무관으로 선발되어 군사외교관으로 활약한 바 있으며, 참모총장 비서실장, 복지근무지원단장을 역임 후 준장으로 예편하였다. 영어와 스페인어에 능통하고 현재는 아천군파종회 이사장으로 재직 중이며 韓平君(諱 之薮) 문중 역사를 정리하는 등 종사에 헌신적으로 봉사하고 있다. 4남 관복(寬馥) 씨도 중견 건설회사 전무로 재직 중이며 전국의 사업현장을 확인하며 동분서주하는 가운데도 종사에 많은 관심을 가지고 기여하고 있다. 5남 정복(定馥) 씨는 전자 분야 유통업 등 개인 사업을 성공적으로 운영하고 있으며 바쁜 업무에도 불구하고 종사에 성실하게 참여하고 있다.

■ 대방댁(大方宅) : 장남 순직 씨는 대농으로 인심이후하였으며, 아들은 홍규(洪珪), 동규(東珪) 형제가 있다. 차남 표직(表稙) 씨는 97세로 천수를 누리시어 지금까지 수내동(숲안) 집성촌의 한산이씨 일가 중 가장 장수하

셨다. 인품이 훌륭하시고 항렬(行列)도 가장 높은 어른으로 추앙(推仰)받았다. 슬하에 외아들 건규(建珪) 씨가 있다.

이상의 자료는 2011년 6월 1일자 <한산이씨대종보> 44-50쪽 「경기도성남시 분당중앙 공원은 어떤 곳인가」 제하에 이항구 씨가 기고한 자료와 2012년 10월 1일자 한산이씨 대종보 48-81쪽 「분당 숲안마을 일가들」 제하로 동막굴댁 庠求 씨가 세심하게 기술한 내용들을 본 책자 발간에 앞서서 가능한 한 객관적인 검증과 시간적인 확인을 거친 후 부분적으로 수정을 가하여 전재한 것이다. 따라서 저자인 湖亭 庠求 씨는 숲안 일가들의 택호와 가문의 소개를 마치면서 다음과 같이 소회(所懷)를 밝혔습니다.

"이상과 같이 수내동 집성촌에서 한산이씨 韓平君(諱 之萩) 할아버지의 자손으로 수백 년간 대대로 살아오면서 어머니 품같이 포근하고 그리운 고향을 더듬어 그려보지만, 정다운 일가들과 여러 고향 사람들, 희로애락 일상생활의 수많은 사연들이 안타깝게도 신도시개발과 함께 우리 기억에서 멀리 사라져가고 있다. 그간 조상님 대대로 닦아 온 터전과 그 음덕(蔭德)으로 생을 누렸으며, 빈손으로 왔다가 빈손으로 돌아가는 것이 하늘의 섭리(攝理)이지만 이와 같은 기록이 없다면 한평군 후손들에게 우리 집성촌의 발자취를 어찌 전할 수 있을까 하여 적어 보았다 ."

이는 마치 상구 씨의 고별사(告別辭)처럼 허물어져 버린 고향에 대한 허무함과 향수 어린 이산(離散)의 아픔 등 쓸쓸한 회한(悔恨)과 함께 이별의 정을 남기고 2016년 8월 24일 새벽에 86세를 일기로 홀홀히 세상을 떠나셨습니다. 참으로 덧없는 인생의 허무함과 무상함을 다시 한 번 느끼며 고인의 영원한 명복(冥福)을 기원합니다.(恒求)

# 제3부. 수내동과 인근지역의 고유지명

## 1. 고유지명

### (1) 숲안(藪內)

▣ 한산이씨의 관향(貫鄕)인 충청남도 한산(韓山)을 '큰뫼'라 하고, 성남시 분당구 수내동의 영장산(선현 유적지)을 '뒷뫼'로 이름하였듯이 수내동(藪內洞)의 옛 지명은 우리말 고유의 '숲안'이었다.

▣ '수(藪)'는 숲이나 늪을 의미하는 글자로 늪지대의 얕은 곳에 덤불(숲)이 무성함을 뜻하며 '내(內)'는 글자 그대로 무성한 '숲속'을 뜻한다. '숲안'이라는 마을 이름이 등장하게 된 것은 청백리(淸白吏) 동산(東山) 이병태(李秉泰 : 1688~1733) 공이 분당천(수내천)변과 마을 앞에 숲을 가꾸면서부터 붙여진 이름이었다고 한다(景園大 學報). 이보다 앞서 고려 공민왕 때는 '숲안' 마을을 '부계(部溪)'라 불렀다고 하며 '부계'는 '무리내' 즉 '물내 → 수내'로 변화된 것이라고도 하는데 자세한 것은 상고할 수가 없다. 또한 '숲안'이라는 소리가 때로는 '수반 – 수평 – 수펄'이라 부르기도 하였다고 하며, 숲안과 탄천(炭川)이 인접 지역임을 감안할 때 탄천의 우리말은 '숯내'이며 '숯내'는 '수내'와 관련설이 깊다고 전해지고 있다.

■ 1914년 일제(日帝)는 식민 통치의 효율적인 지배를 위하여 대한제국(大韓帝國)을 조선(朝鮮)이라 고치고, 마을 이름들을 리, 동(里, 洞)으로 통일 개편하였으며, 역사적 유래가 담긴 평(坪), 성(城), 원(院), 대(垈), 촌(村), 포(浦), 원(員), 산(山), 곡(谷), 교(橋), 창(倉), 장(庄) 같은 우리 고유의 지명들도 대부분 소멸되어 '숲안' 이름 또한 이때 한자로 의역(意譯)된 藪內洞(수내동)으로 개명된 것이다. 이 마을(숲안)의 동쪽 지역을 웃말, 서쪽 지역을 아랫말이라고 불렀다.

## (2) 역말(驛村)

■ 숲안과 정자동 능골 사이에 위치한 마을이다. 옛날 양재도(良才道) 찰방(察訪)에 딸린 낙생역(樂生驛 또는 突馬驛)이 있었기 때문에 형성된 마을이다.

■ 옛 자료에서 낙생역과 돌마역이 서로 엇갈리고 있으나 이 마을(역말)이 돌마역임은 확실하다. 1899년 발간된 『광주부 읍지』에는 "낙생역은 돌마면에 있다."고 나와 있고, 日帝가 발간한 『조선지지』에도 "돌마역은 수내촌에 있다."고 쓰여 있으며, 또 한글학회가 발간한 『한국지명총람』에도 "숲안 남쪽에 있는 역말이 낙생역 또는 돌마역"이라고 기록되어 있다. 낙생역이 판교(너더리)에 있었던 것도 사실이나, 숲안-역말과 달리 판교 지방에는 오늘날까지 집성촌이나 역말이 존재하지 않았다. 그러나 수내동에는 한산이씨 집성촌과 역말이 최근 분당신도시 건설 전까지 존속하고 있었으며, 조선시대 당시 고위 벼슬아치들이 말이나 수레를 타고 한양(서울) 궁궐로 출장을 가거나 중앙 조정과 지방 관청과의 신속한 문서 송

달 등을 위하여 주요 거점 지역마다 말을 사육하였으며, 이를 관리하기 위하여 아전(衙前)이나 노비(奴婢), 마부(馬夫) 같은 뒷바라지 인력이 필요하였다. 실제로 역말에는 말 5필과 노비 4명이 배치된 자료가 남아 있으며 역말 부근에는 역에 지급되는 역 둔전이 있는데 즉, 역논, 역논들, 역답, 역둔로, 역들 등의 이름도 얼마 전까지 남아 있었다.

▣ 1349년(고려 충정왕 원년 己丑) 4월, 고려 말 때 대학자이자 문신(文臣)인 가정(稼亭) 李穀(이곡 : 1298-1351) 선생께서 벼슬을 나라에 내놓으시고 한가롭게 금강산 등 전국의 명승지를 유람하실 때 낙생역(또는 돌마역)에서 두 번씩이나 체류하시면서 당시의 광주목사 백화부(白和父) 公의 청원(請願)에 따라 청풍정(淸風亭)을 함께 세우고 이에 「루정기문(摟亭記文)」을 남긴 기록들이 전해지고 있다. "지정(至正) 기축년 여름 4월에 어버이를 뵈오러 고향으로 가는 길에 낙생역에 이르니, 광주목사 백화부(白和父)가 글을 보내 초청하고……"(참고 문헌)[80]

## (3) 넘어말(넘어역말, 넘말, 작은역말, 월촌(越村)

역말의 동쪽으로 얕은 산등성이 넘어에 있는 마을을 말한다. 넘어마을의 '넘어'는 높거나 넓은 곳의 저편을 뜻하며, 한자로는 '넘을 월(越)' 또는 '넘을 유(踰)'자를 쓰는데 '월촌(越村)'이라고도 하였다. '너머말'은 지역에 따라 '너먼말', '너메말', '넘마', '나미', '내미', '넘몰', '너멍말' 등으로 부르기도 하였다.

80) 참고문헌 : 稼亭文集(130쪽), 신동국여지승람(권6), 城南文化遺蹟(59쪽), 분당지구 문화유적 종합학술조사보고서(516쪽) 광주부 읍지, 한글학회 한국지명총람, 기전 문화(우리나라의 역제와 기전 지방역 참고)

### (4) 요골(龍谷)

역말에 속한 작은 마을이며, 풍수(風水)적으로는 좌청룡(左靑龍)에 해당되는 곳이다.

### (5) 절골(寺谷)

숲안 웃말 뒤쪽에 있으며, 예전에 절 한 채가 있었던 곳으로서 이곳에서 배천댁(白川宅) 이종구(故. 李鍾求 영문학자 건국대교수), 이진구(故 李鎭求 불문학자 이화여자대학교 교수) 두 형제가 성장했다고 한다.

### (6) 강탁골

당골 남쪽에 있는 작은 산골이다. 지방에 따라서는 그전에 강이 흐르던 곳을 '강터'라 부르기도 하고, 강 씨가 살았던 '강텃골' 또는 활쏘기 할 때 '과녁터 = 강터'로 부르기도 했다고 한다.

### (7) 광신터들

역말과 분당동 안당모루 사이에 있는 들판 이름으로 일명 '광수터'라고도 한다.

### (8) 구레들

평두들기 서쪽에 있는 들이름. 이곳 논은 고래실논으로 좁고 길게 생겼다. '구레(구래)'는 땅이 얕고 물 대기가 좋은 기름진 들판 이름이고, 지역에 따라서는 구러울, 고라실, 구렁들, 구랫들(구래)이라고도 했다.

## (9) 기우제단터(祈雨祭壇址)

옛날에 일기가 가뭄 때 숲안, 역말, 넘어말 주민들이 기우제를 지내던 곳으로 영장산에 있었다.

## (10) 넘말우물

넘말(넘어역말) 논 가운데 있고, 넘어말과 역말 사람들이 사용한 대동우물이다.(극심한 가뭄 때나 사시사철 샘물이 철철 솟아오른 우물) 『계림유사』에 '우물'은 정왈오몰(井曰烏沒)이라 하였는데, 즉 오몰(烏沒)이 우물로 변천된 것이라 한다.

## (11) 넓적바위

펀던 아래(서북)에 넓적하게 누워있는 바위. 두껍바위여야 인물이 나는 법인데, 넓적바위 인근에서는 인물이 나지 않으므로 근처에는 산소를 조성하지 않았다고 한다. 넓적의 넓다(廣)는 너르다의 뜻이며 '너벅바위', '너벙바위', '너북돌', '너분바위(넓은바위 = 판교)' 등으로도 불렸다.

## (12) 달기집재

영장산 서북쪽에 있는 고개인데 후에 논으로 변하고 그 이름을 달기집재 논이라 불렀다.

## (13) 덕고개 우물

역말 덕고개에 있는 우물로서, 넘말 우물과 함께 역말의 대동 우물이다. '덕

고개'는 큰 고개를 뜻하기도 하고, 산 위가 평평하고 험하지 않은 고개 이름이다. '덕'[81]은 여진족 말이라 하며 '논두둑', '밭두둑'의 '두둑'도 덕에서 비롯된 것이라 한다. 정다산의 『어언각비』에서 애(崖)는 살을 나타내고, 안(岸)은 물이 마른 곳, 롱(隴)은 산이 메마르고 험준한 고개(재), 파(坡)는 높고 긴 고개(재), 구(丘), 부(阜)는 토산(土山), 능(陵), 아(阿)는 큰 언덕, 천(阡), 맥(陌)은 밭 사이의 길을 말한다.

## (14) 당골(堂谷)

역말과 분당동 안당모루 사이에 집이 한 채 있었으나, 후에 집이 헐리고 농경지(논)로 변하였다.

## (15) 뒷논

숲안 아랫말 뒤(북)에 있는 고래실논으로, 황새울보를 이용해 농사를 지었다.

## (16) 마루들

돌마초등학교 쪽에 있는 들판으로서, 이곳은 다른 들보다 높다 하여 '마루들'이라 하며 탄천보(炭川洑 = 권순네보)의 농업용수를 이용하게 된 수답(水畓)이 되었다. '마루'는 만주어에서 산을 뜻하는 '무루'이고, 우리말의 '머리'의 뜻이며, 산마루(꼭대기)의 '마루'와 같은 의미라 한다.

81) 덕(德) : 북옥저의 방언인 롱판(隴坂)을 덕(德)이라 한데서 비롯된 '언덕'으로 쓰인 말이라 한다.

### (17) 분당천(盆唐川)

율동(栗洞)의 큰매지봉에서 발원하여 서근배미를 거쳐서 분당 저수지로 연결되며, 다시 분당동 안말과 숲안을 경유하여 탄천(炭川)으로 유입되는 하천이다. 숲안에서는 '앞개울' 또는 벌치개울이라고 하고, 안말에서는 뒷개울이라고 한다.

### (18) 산수골

본래 이름은 산소골로서 한산이씨 묘소가 많았으나 일제(日帝)가 대부분 화장시켰으며, 수내동 역말과 분당동 안당모루 사이에 있었다.

### (19) 삼밭골(麻田谷)

역말 뒤의 북쪽으로 분당동과 정자동 사이에 있는 넓은 골자기로, 옛적에는 삼밭이 많았다고 한다. 삼밭골은 지역에 따라 세 박 씨가 살았든 삼박골 > 삼바골, 함박골 > 삼박골, 샘박골 > 시암밭골 > 삼밭골로 된 경우도 있다고 한다.(- 참고문헌, 『조선지지』 자료)

### (20) 숲밖에 들

숲안 앞(남)에 있는 들판이며, 분당천과 수내동 ~ 분당동 간에 이어진 도로 사이의 농경지를 말한다. 옛적에는 숲안 마을과 분당천 사이에 숲이 우거졌는데, 그 숲 밖에 있었기 때문에 숲밖에 들로 부른다.

### (21) 수내교(藪內橋)

1974년 6월 새마을 사업의 일환으로 주민들이 가설한 길이 20m, 폭 4m의

다리로서 숲안 아랫말 쪽의 분당천이 다리 밑으로 흐른다.

### (22) 숲안교

1976년 3월, 새마을 사업의 일환으로 숲안 주민들이 가설한 다리. 수내교 서쪽 250m지점에 숲안 아랫말 앞에 있는 길이 14m, 폭 4m의 다리로서 그 밑으로 분당천이 흐른다.

### (23) 씨앗고부퉁이 고개

역말과 정자동 웃말 사이에 있는 고개로서, 옛적에는 수내동과 정자동의 나무꾼들이 지게를 지고 다니던 오솔길 고개이다. 서울 양천구 신정동 삼거리(씨앗고부텡이), 경기도 포천 영북면 대회산 피자고개(씨아고불테이) 등 희귀한 땅이름으로 '씨아'는 목화씨를 빼내는 재래식 기구를 말한다고 한다. 때문에 산 고개가 마치 '씨아 손잡이'처럼 굽어졌다하여 '씨아(앗) 고불테이(고불텡이)'라고 한다는 것이다. '씨앗'은 '씨아'로 곡식이나 채소의 종자를 뜻하는 종(種)의 뜻이었다.

### (24) 연당(蓮塘)

숲안 아랫말에 약 200평 되는 연못으로서, 주변에는 느티나무 노고수(老故樹)들이 자리를 잡고 있으며, 때로 홍연(紅蓮)이나 백연(白蓮)이 피게 되면 한산이씨 문중에 정승이 배출된다는 전설이 있어서 후손들이 정성껏 관리해 온 유서 깊은 연못이다. 토정 이지함 선생이 뒷뫼를 돌아본 후 이곳에 와 보고 거북이의 머리 자리에 해당하므로 이곳에 반드시 물이 있어야 한다고 해서 조성하였다고 전해진다.

## (25) 자골

역말 서쪽에 있는 골짜기의 농경지다. 옛적에는 작골로 불렀는데 후에 자골로 불리었다.

## (26) 영장산(靈長山)

수내동 숲안과 서현동 된섬말에 걸쳐있고, 위치는 성남시 분당구 수내동 산 1-2번지에 있다. 이산은 분당신도시개발 지구에서 가장 중심부에 위치하여 제1차 시범단지 지역으로 지정된 지역이다. 이 산은 숲안 뒤(북)에 있다 하여 예부터 '뒷뫼'라 불렀고, 임진왜란 때에 군인들이 진(陳)을 쳤다하여 이진봉(또는 壬陳峯, 壬辰峯)이라고 부르기도 했다. 수내동의 영장산은 해발 약 70m로 한산이씨 문화유적지이며, 1989년 12월 29일 자로 '경기도 지방문화재 제116호'로 지정되었다. 분당신도시건설(1989년) 이전의 영장산 면적은 약 14만여 평에 달하고 있었으나, 일부 지역이 군부대 부지로 수용된 후에 또 당시 상당한 지역이 신도시 개발지역으로 편입됨에 따라 현재 남은 지역은 약 8만7천여 평에 이른다. 단, 정부 지정의 '뒷뫼 한산이씨 문화유적지(8만7천여 평)'의 보호를 전제로 조성된 '분당중앙공원'의 전체면적은 약 20여만 평으로 추정된다.

## (27) 요골산(龍谷山)

요골마을 뒷산으로 풍수로 볼 때, 좌청룡(左靑龍)에 해당된다고 한다. 한산이씨 선대의 묘소가 많았으나 신도시건설에 따라 화장 또는 이장하였다. 용곡

(龍谷)은 요골이라고도 하는데, 요골은 여귀(풀)가 많이 나는 곳 또는 1년 초인 마름이 많이 나는 곳이라 한다.

### (28) 작은 개장골

숲안 서쪽으로 큰 개장골 동쪽에 있는 골짜기다.

### (29) 장수 발작 바위

숲안 웃말에서 서현동 된섬말 가는 하천가에 있으며, 장수의 발자국이 있다는 전설이 있다.

### (30) 정자터(亭子址)

숲안에 살던 한산이씨 선조들이 자제들의 교육을 위해 세운 일종의 서당 겸 정자로 쓰였다고 한다. 정자(亭子)는 약250~300년 전에 정면 2칸 측면 1칸 정도 규모로 건립한 것으로 추정하고 있으나, 건물은 일제강점기(日帝强占期) 초기에 사라졌으며, 현재까지는 당시에 심어 놓은 느티나무와 향나무 등 노수고목들만 연못가 주변에 보호수로 몇 그루만 남아 있을 뿐이다.

(조사자 김동욱(金東旭) 경기대 교수)

(문헌 『성남 분당지구 문화유적』, 한양대박물관)

### (31) 지령고개

수내동 역말과 분당동 안 당모루 사이의 소로길을 말한다. 옛날에 이곳에 전주이씨가 큰 부자로 살았는데 손님이 너무 많이 들끓자, 이 고개 혈을 끊으면 손님이 오지 않는다는 스님의 말을 믿고 혈을 끊자, 부자가 망해서 다른 곳으로 이사했다는 전설이 있다.

### (32) 큰개장골

영장산 서남쪽에 있는 작은 골짜기로 한산이씨 종중 땅이었다.

### (33) 탁자뿌리

영장산에서 서북쪽으로 길게 뻗은 산줄기로 산세가 마치 탁자형국과 같다 하여 한산이씨 문중에서는 조산이라 하여 신성시하는 곳이다.

### (34) 파리봉(發梨峯)

수내동과 분당동에 걸쳐있는 맹산 서쪽의 아주 작은 봉우리이다. 구전(口傳)에 의하면 천지개벽할 때 이곳에 파리가 앉을 만큼의 봉우리가 남게 되어 파리봉으로 전해진다.

(– 참고문헌 : 『조선지지』 자료에는 發梨峯으로 기록)

### (35) 펀던

산수골과 정자동 웃말 사이를 말하는데, 이 일대가 평편하여 펀던(번던)이라 부른다. 또한 지역에 따라 펀더지, 번덕지, 번더지, 펀덜 등으로 부른다.

### (36) 평두둘기들

숲안 아랫말 앞의 들판으로 수내동에서는 곡식이 제일 잘 되는 곳이며, 일제강점기 때는 조, 수수 등이 잘되어 '작은 북간도'라 하였다. '두들기'는 '둔덕'을 뜻하는 들판 이름이다.

### (37) 형제봉(兄弟峰 : 兄弟山)

수내동과 광주시 오포읍 신현리의 경계가 되는 불곡산 북쪽 줄기에 있는 산이다. 산봉우리 남쪽은 288.5m, 북쪽은 285.5m의 두 봉우리가 나란히 솟아 있어서 형제봉이라 한다. '형제'라는 이름이 붙은 지명은 두 개의 바위(형제바위), 두 개의 섬(형제도), 두 개의 고개(형제 고개), 두 개의 우물(형제 우물) 등 전국적으로 그 예가 많다고 한다.

### (38) 숯내(炭川 = 탄천, 순내천, 수내, 숯내천)

탄천(炭川)은 분당의 젖줄이자 어머니 같은 하천이다. 분당과 탄천은 분리될 수 없는 결합된 일체이며, 분당천(숲안 앞개울)도 이에 합수되어 서울 잠실의 한강으로 북상하는 남출북류(南出北流)의 하천이다. 따라서 분당천의 옛 이름이 순내천(수내), 숯내천(숯내) 등으로 불리던 것으로 보아 '탄천과 숯내, 숯과 탄(炭)이 훈착된 숯내와 순내 = 수내'의 이름은 같은 뜻이라고 한다. 탄천(炭川)은 길이가 35㎞에 달하는 한강의 제1지류(支流 : 용인시 기흥구 구성면 청덕(수청)동 = 물푸레울 발원)의 천(川)이다. 이 하천(탄천)은 용인시 수지구 풍덕동에서 풍덕천과 합류하고, 구미동에서 동막천, 분당구 수내동에서 분당천(수내천), 판교동에서 운중천, 서울 서초구에서 양재천 등과 합류하여 한강으로 흘러드는 대하천이다. 이 하천의 이름은 '장장포', '험천', '검내', '탄천' 등 곳에 따라 여러 이름을 갖고 있으며, 탄천을 탄식한다는 의미의 '嘆川(탄천)'으로 쓴 곳도 있는데 이는 하천의 범람으로 농부들이 농사를 망친 경우가 많았던 데 연유한 것으로 보인다.

### (39) 황새울 들판

뒷뫼 한산이씨 유적지 내에 소재한 삼세유사비(三世遺事碑)등 비림지대(碑林地帶) 앞쪽의 들판이다. 분당천(숲안 앞개울)과 탄천의 먹거리(붕고기)가 있는 뒷뫼(영장산)에는 황새들의 서식지로 장관(壯觀)이었다. 황새는 모습이 백로와 비슷하지만 몸집이 더 크다.

### (40) 수내동과 인접한 접경 지역의 낯익은 고유지명

#### ① 안 당모루(內唐隅)

수내동 너머마을과 샛당모루 사이에 위치한 마을(20여 가구) 이름이며, 이곳 일대는 신창맹씨(新昌孟氏)의 사패지(賜牌地)로 알려져 있다. 조선조 세조 때 충청도 병마절도사로 신창군(新昌君)에 봉해진 맹석흠(孟碩欽)의 묘를 성덕산에 쓴 후, 그의 후손(新昌孟氏)들이 세거하면서부터 취락이 형성되었다 한다. 신창맹씨는 고려 말 때 당(唐)나라에서 우리나라로 귀화한 당성(唐誠)이라는 분이 시조인데 그 후손들이 사는 마을이라 하여 당모루(唐隅里)라 한다.

#### ② 장터(盆店里)

수내동과 서현동, 오포(광주시)를 잇는 삼거리에 있다. 예로부터 동이점 주막과 분당장(시장)이 성행하면서 발전한 곳이다. 조선시대에는 이곳 점토거리에서 동이(질그릇)를 구웠다하여 동이점(盆店里)이었다. 분당장은 2일과 7일 장으로 성남 광주, 용인, 풍덕천 등 10리 안쪽에서 이용되던 가장 번창한 장터였다. 장터에는 분당동사무소, 돌마파출소, 성남농협 돌마분소, 분당우체국 등 공공기관이 있었다. 분당(盆唐)이란 지명은 장터인 분점리(盆店里)의 분(盆)과 당모루(唐隅里)의 당(唐)이 합쳐진 합성어(合成語)이자 그 준말이다.

### ③ 안말(內村)

이 마을 서쪽은 장터, 동북쪽은 율동 도란말, 동쪽은 오포 신현리(광주시)와 경계를 이루고 있는 새능선 골짜기 마을이다.

이 마을에는 전주이씨 효령대군의 후손 문화공의 묘소가 있고, 그 후손들이 살기 시작하였으며, 이어서 양녕대군의 후손과 달성서씨 및 순흥안씨 등이 세거한 마을이었다.

### ④ 맹산(孟山)

샛당모루 남쪽에 위치한 산, 이곳에 신창맹씨 후손 맹석흠(孟碩欽 : 新昌君) 등 4기의 맹씨 선조묘가 있었다.

### ⑤ 약사골(藥師谷)

안당모루 위(남)에 있는 골짜기. 이곳에 약사암(藥師庵)의 암자(庵子)가 있어서 붙혀진 지명이다.

### ⑥ 태재(일명 : 가실고개, 秋嶺, 泰峴, 台峴)

분당 장터에서 오포읍 신현리(광주시)로 가는 험준한 산길이다. 泰峴(태현)과 台峴(태현)은 큰 고개란 뜻이고, 秋嶺(추령)과 楸嶺(추령)은 고개 밑에 토질이 비옥하다는 뜻으로 가을에 풍년을 구가한다는 뜻. '가실고개'의 가실은 가을의 방언이다. 고개 마루턱에는 한산이씨 한평군(諱 之葳)의 고손(高孫) 통덕랑 이정규(李庭葵)공의 묘소를 비롯하여 공의 후손들 묘가 다수 안장 되어 있다. 한편 고개 마루턱 맞은편에는 고려 말의 문신인 김자수(金自粹)의 묘와 묘비가 있다. 김자수는 대사성, 좌상시 등을 역임하였고, 조선이 개국된 후 태종(太宗)이 형조판서에 제수하자, "신하가 되어 나라가 망할 때 함께 죽어야 마땅했거늘 지금 살아서 누(累)를 보기에 이르렀도다. 나는 평생을 충(忠)과 효(孝)로 닦아왔다. 이제 만일 신의(信義)를 저버린다면, 무슨 면목으로 군(君)과 부(父)를 지하에서 뵙겠는가, 나는 스스로 죽을 바가 있노라. ……."라는 말을 남긴 후 그곳 태재에 이르러 자손들에게 유명(遺命)하기를 "내 이제 죽을 것이다. 이는 오직 스스로의 신절(臣節)을 다할 따름이다. 내 여기서 죽겠으니 여기에 묻고, 삼가 묘도(墓道)에 문자를 남기지 말라."는 말을 남기고 이어 "평생의 충효 뜻을 오늘 뉘 있어 알아 줄고, 한번 죽어 가면 내 한(恨)도 풀리리니 구천(九泉)에 가면 아는 이가 있겠지." 라는 절명사(絶命詞)를 지은 후 자결해 후손들이 이곳에 장사를 지냈다.

## (41) 정자동(亭子洞) 근방

### ① 능골(陵谷)

예부터 능(陵)을 쓸 만한 곳이다 하여 능곡(陵谷)으로 이름난 명당이라 한다. 마을 뒤에 조선시대 성종(成宗)의 손자 태안군 이팽수(李彭壽)의 묘(약70평)가 마치 능(陵)같다 하여 붙혀진 이름이다.

경주이씨, 파평윤씨, 전주이씨의 세거지(世居地)이기도 하다.

② 작은절골(小寺谷)

성덕산 줄기의 큰절골에서 동북쪽으로 약 1Km 지점에 있다. 사찰이 있었는데 빈대 때문에 폐사되었다 한다.

③ 장자골(長子谷)

수내동 역말과 능골 사이에 있는 골짜기다. 조선시대 어느 부자가 살던 곳이라 한다.

④ 정자보(亭子洑)

능골과 구미동 사이에 있는 보(洑)로서 농사에 긴하게 쓰여졌다.

## (42) 율동(栗洞) 근방

① 서근배미

율동은 조선시대 광주군 관내에서 밤의 명산지로 이름이 높았으며, 해마다 풍년이 들어 밤 하나의 무게가 무려 3근이 되었다하여 '세근밤(三斤栗)'이란 말이 되었고, 3근 밤이 썩었다하여 '썩은밤, 썩은배미' 등으로도 불렀다.

고려 말경부터 유(柳) 씨들이 세거하였으며, 그 후 청주한씨 후손들의 세거지가 되었다.

② 아리랑고개

서근배미 샛말과 웃말 사이에 있는 고개.

## (43) 이매동(二梅洞) 근방

### ① 이매동(二梅洞)

넓은 들판을 끼고 탄천을 바라보는 이매동은 풍수적으로 매화꽃이 떨어지는 형국(梅花落地穴)에서 유래되었다 하며 일명 '이무슬들'이라고도 한다.

1945년 8·15해방 직후까지 돌마면의 중심지로서 돌마초등학교와 돌마면사무소가 있었다. 자연 취락은 갓골, 물방아거리, 안말 등으로 분류된다.

### ② 갓골

이 마을은 밀양박씨, 경주최씨, 안동김씨 등의 세거지이다.

두산그룹 박두병(朴斗秉 : 1910-1973) 선친도 이 마을에서 살다가 떠났다고 한다.

### ③ 물방아거리

갓골과 야탑동 오야소 사이에 위치한 취락으로서 오래전에 물방아가 있었다 하여 붙여진 지명이다

### ④ 통로골고개

통로골과 안말 사이에 있는 고개로서 분당동, 수내동, 서현동, 정자동 어린이들이 돌마초등학교에 다닐 때 이용하던 고개이다.

### (44) 서현동(書峴洞) 근방

#### ① 서현동

서현동의 명칭은 돈서촌(遯書村)의 '서(書)'자와 양현리(陽峴里)의 '현(峴)'자가 합성된 지명이다.

#### ② 너머된섬말

된섬말과 별고개 사이에 있는 마을이다.

#### ③ 된섬말(遯書村)

조선시대에 광주군 돌마면 돈서촌(遯書村)으로 이름한 마을로 너머된섬말과 숲안 사이에 위치해 있다. 이곳은 수내동(숲안)에 살던 한산이씨 봉화공파 후손들의 취락지였다고 한다. 구전(口傳)에 의하면 조선시대 어느 거사(居士)가 이 마을에 은거하면서 일생 동안 벼슬을 멀리 한 채, 초가로 서당(書堂)을 짓고 아이들을 가르쳤다 하여 '은거하면서 공부'한 의미로 '돈서말'로 불리다가 '된섬말'이 되었다 한다.

#### ④ 아리랑고개

서현동 북쪽 서근배미(율동)의 샛말과 웃말 사이에 있는 오솔길 고개이다. 우리나라에는 50여개의 '아리랑고개'가 있지만 '아리랑고개'로 지명(地名)이 된 유래(由來)에 대하여는 자세히 전해지는 것이 없다. 특히 '아리랑'이라는 노래가사(歌辭)에 대한 내력에 관하여 여러 학자들의 논설(論說)이 제기되기도 하였으나 확실한 근거는 없다.

“아리랑 아리랑 아라리요 / 아리랑 고개로 넘어간다. 아리랑 고개는 열두구비 / 마지막 고개를 넘어간다. 청천하늘엔 별도 많고 / 우리네 가슴엔 수심도 많다. 아리랑 아리랑 아라리요 / 아리랑 고개를 넘어간다.”

※ 이 아리랑은 1920년~1940년대(일본식민지시대) 암울했던 시절에 부르던 아리랑의 한 종류다. “아리랑 어원(語源)”에 대한 연구와 발표는 양주동 박사의 “아리령(嶺) 설”, 이규태 선생의 “아린(여진족의 고향을 뜻하는 말)의 어원설(語源說)”, 최재억 선생의 총각 처녀를 뜻하는 “알랑설(說)”, 이병도 박사의 “아리다(동통=疼痛)”라는 우리말의 표현설 등이 있었으나 중구난맥(衆口亂脈)이었다. 우리나라의 모든 고개는 거의 ‘아리랑고개’로 통하듯이 우리 조상들의 정(情)과 한(恨), 눈물과 한숨, 기쁨과 슬픔이 서려 있지 않은 고개는 없다. 아리랑은 우리 민족의 알(탄생설),과 앎(지혜), 앓음(고통), 스러짐(스리, 죽음), 아리, 오리, 우리, 얼(어리,정신)등이 모두 함축된 언어로서 우리 혈관 속에 녹아 흐르는 피(혈통)」와 같다고 할 수 있으며, 그러한 뜻에서 우리 민족이야말로 ‘아리랑족’이라 해도 과언이 아닐 것 같다. 이처럼 최근까지도 밝혀지지 않은 ‘아리랑 시원’과 관련하여 이항구는 2001년 5월 우연히 ‘아리랑 박사’로 이름난 김연갑(金煉甲 : 한겨레 아리랑 연합회 상임이사) 선생을 만날 기회가 있었다. 이때 김 선생은 ‘아리랑 시원’에 관한 학문적인 규명을 위하여 20여 년간 연구하고 있다는 사실을 알게 됐다. 그러나 확실한 근거(단서)를 찾지 못하여 연구를 포기할 시점에서 이항구는 ‘아리랑 시원’에 근접한 매우 개연성(蓋然性)있는 단서(端緖) 자료를 김연갑 선생에게 무루 제공하였었다. 매우 개연성 있는 단서 핵심은 고려 말 때 대문호(大文豪)요, 三隱의 한 분이신 『牧隱 李穡 선생의 문집』(文集 제10권 – 說편 「仲至說」)에 뚜렷이 기록되어 있었다. 이 자료를 건네받은 김연갑 선생은 포기를 멈추고, 그로부터 5년간 牧隱全集(20권)을 집중 연구한 끝에 ‘아리랑 시원’은 목은 李穡 선생의 시문(詩

文)에서 비롯되었다는 결론을 얻고 그 결과를 2006년 6월 11일 「아리랑 시원설 연구, 副題 : 아리랑의 아리랑, 정선아리랑과 목은(牧隱) 이색(李穡)」 책자(p487)를 발간(발표)하게 되었다. 우리나라의 대표적인 '민족의 아리랑'이 자칫 '중국(中國)의 아리랑'으로 둔갑될 위험을 물리치고, 2012년 12월 유네스코 세계 인류 무형문화유산에 등재되는 영광을 얻었다. 우리나라 '아리랑'이 세계 인류 무형문화유산에 오르게 된 데에는 2006년 6월 김연갑 저 『아리랑 시원설 연구』 가 절대적인 역할과 기여를 하였다.[82]

## (45) 분당지역 고유지명에서 소멸된 지명.

< 京畿道 廣州郡 突馬面 藪內里 숲안 – 뒷뫼 >

① 1910년 : '大韓'을 '朝鮮'으로 日帝에서 강제로 개칭

② 1914년 : '숲안 – 뒷뫼'(우리말의 고유지명)를 '藪內'로 日帝가 意譯하여 개칭.

· 우리 고유의 자연 취락명(坪, 城, 院, 垈, 村, 浦, 員, 山, 谷, 橋, 倉, 匠 등)은 이때 대부분 소멸됨.

③ 1971년 : '廣州郡 突馬面'을 '경기도 성남출장소'로 변경

· 1989년 정부의 '분당신도시건설' 추진을 위한 전 단계 조치 때 '廣州郡 突馬面'은 완전히 소멸됨.

④ 1973년 : '경기도 성남출장소'를 '경기도 성남시'로 독립 승격

· 1976년 성남시 '남단 녹지지역' 지정 고시 → 1989년 '남단 녹지지역' 해제와 동시에 '분당신도시' 건설.

⑤ 1996년 : '경기도 성남시 분당구 수내동'으로 지명 변경

82) 이상의 지명유래(地名由來)는 명지대학교 박물관장 신천식 교수 주관으로 성남 분당지구 문화유적 발굴조사 당시, 수내동(숲안-역말)에 거주한 한산이가의 원로(元老)이신 이호규(李鎬珪), 이명구(李命求), 이형구(李亨求) 제씨들이 제공한 고증자료와 이항구가 발굴 수집한 고증 자료 등을 참고하여 집필하였음.(恒求)

# 제4부. 야사

## 1. 湖亭 李庠求와 申千湜 박사, 任孝宰 박사

호정(湖亭) 이상구(李庠求) 씨는 韓平君(諱 之蔵)의 14대손이다. 제1장 2절 4항 "수내동 문화유적 보존 공로자"에서 두 분 학자의 활약상과 공로가 소개되었지만 어떤 연유로 이분들이 풍전등화 같던 한산이씨 수내동 문화유적을 보존하기 위하여 마치 내 일처럼 발 벗고 나서게 되었는지를 소상히 밝혀 놓는 것이 우리 한평군 후손들의 궁금증을 해소하고 세분의 공로를 기리는 일일 것이다. 상구 씨는 낙농업이 한창 활성화되던 1970년에 안성의 한 목장에서 처삼촌을 도와 열성적으로 젖소를 키우면서 난생처음으로 시작한 축산업에 성공적으로 종사하였으나 노동의 대가와 미래가 불투명하여 이를 그만 둘 수밖에 없었다.

결국 안성을 떠나 서울 노량진본동에 작은 점포가 붙어있는 셋방을 얻어 소규모 문구점을 시작하였다. 당시 이웃에는 원호처(현 보훈처) 서기관으로 재직중인 그의 동생 항구(恒求) 씨가 살고 있어서 생소한 서울 생활에 의지가 되었으나 항구 씨가 직장인 수원으로 출퇴근하다가 직장 근처로 집을 구해 이사를 가자 아는 사람 없는 서울 생활을 혼자 시작하게 되었다.

경험 없이 시작한 장사였지만 운이 따라서 재고가 바닥난 물건을 보충하기 위해 하루에 도매상을 대여섯 번씩 다녀야할 정도로 장사가 잘되어 3년 후인

1975년 8월에는 문구점을 하기가 더 좋은 신림동 삼성초등학교 정문 앞의 신축 점포를 얻어 개업하였다. 그러나 개업 후 3년간의 실적을 결산해보니 문구와 같은 저가품은 몸만 고달프고 수익은 신통치 않았다, 마침 근처 대형 수퍼마켓 안에 문구점을 둔다는 소식을 듣고 그 문구점으로 이전하였다. 초기 문구점보다는 규모도 커지고 복사기도 들여놓아서 아이들뿐만 아니라 성인들의 출입이 많아지게 되었다. 신림동에서 문구점을 하는 동안에 그는 이웃 또는 문구점 고객으로 많은 사람들을 알게 되었다.

인근에 살고 있던 서울대학교 고고학박사 임효재(任孝宰) 박사, 서울대학교 교수 이태진(李泰鎭) 박사, 최병헌(崔炳憲) 박사, 명지대학교 박물관장 신천식(申千湜) 박사, 연세대학교 이광호(李光虎) 박사 등 학계의 저명한 인사들이 이웃으로 오가면서 자연스럽게 그들과 교분을 쌓게 되었다. 그 중 임효재 박사는 경매에서 낙찰받은 집의 잔금을 치르려면 현재 살고 있는 집을 처분해야 했으나 부동산 경기 침체로 원매자가 없어 상구 씨에게 가격 할인과 함께 매수를 권하자 상구 씨는 부족한 돈을 급히 융통하는 등 무리가 있었으나 우여곡절 끝에 임 박사의 집을 사들여 평생 처음으로 내 집을 마련하게 되었다. 이런 연유로 후일 임 박사가 미국 교환교수로 가있는 동안 상구 씨 내외를 초청하여 상구 씨가 난생처음으로 미국 땅을 밟아 보는 기회를 갖기도 하였다.

특히 신천식 교수는 어느 날 상구 씨의 문구점에 들려서 『조선왕조실록』 중 문열공(휘 계전)의 사적 부분의 복사를 의뢰하자 상구 씨는 자신이 문열공의 18대손임을 밝힘으로써 조선 역사에 관한 대화가 시작되어 두 사람은 정식으로 인사를 나누고 교우하게 되었다. 이런 인연으로 분당 신도시건설로 인해 멸실 위기에 처했던 수내동 한산이씨 문화유적은 두 석학이 대정부 건의 및 현지 지표조사 등을 통해 그 원형 보존의 당위성을 언론에 알림으로써 이들 문화유적이 경기도 문화재로 지정 되는데 결정적인 역할을 하였다.

## 2. 수내동 문화유적 보존과 주요공로자

이는 제1장에서 밝힌 수내동 문화유적이 원형대로 보존되기까지는 위와 같은 학계 전문가 여러분과 뜻있는 문중 원로 분들의 헌신적인 노력이 크게 작용한 결과임에는 틀림 이 없다.

역사의 긴 호흡으로 볼 때 아무리 땅이 좁은 나라라 하더라도 거주를 위한 아파트 몇 개 동을 더 짓기보다 현재의 분당중앙공원과 같은 아름답고 격조 있는 시민 휴식공간을 갖는 것이 성남시민 뿐만이 아니라 먼 곳에서 소문을 듣고 찾아오는 국내외의 모든 사람들을 위한 탁월한 선택이 되었음은 자명한 사실이다.

그러나 당시에 숭조(崇祖)를 제일의 덕목으로 삼고 평생을 살아온 호정(湖亭) 상구(庠求) 씨와 마침 정부 고위직에서 퇴직한 이정(梨亭) 항구(恒求) 씨 형제의 집념과 뛰어난 행정능력이 뒷받침이 안 되고, 상구 씨가 살고 있던 곳이 전술한 학계 저명인사들과는 접촉할 일이 전혀 없는 곳이어서 그분들과 안면이 전혀 없었더라면, 그리고 당시 정치권 특히 국회 건설교통분과나 정부 요로에 우리 한산이문의 인물들이 한 분도 안 계셨더라면 아마도 유구한 역사를 지닌 수내동의 한산이씨 문화유적을 지켜내기에는 역부족이었을 것이며, 귀중한 문화유적들은 이리저리 옮겨지거나 훼손되었을 것이다.

더욱이 국내에서 가장 아름답고 품격 있는 시민의 휴식 터인 오늘의 분당중앙공원 자리에는 당연히 아파트 빌딩 숲이 들어섰을 것이며, 따라서 우리 문중의 이러한 쾌거는 있을 수도 없으며, 후손들에게는 가슴 아픈 회한의 역사로 남았을 것이다.

이러한 연유로 한산이씨 수내동 문화유적을 원형대로 지켜낸 것은 현대를 사는 우리 韓平君(諱 之菽)가문을 위시한 문중 전체의 단합된 노력 덕분이기도 하지만 풍전등화와 같은 위기를 맞아 이와 관계되는 모든 인물들이 이처럼 기이하고 절묘한 인연으로 서로 얽혀져서 상승 작용한 결과로 보아야 마땅할 것이다.

이는 아무리 생각해도 인위적으로는 불가능한 것으로서 선영에 잠들어 계신 선조님들의 음덕이 없었더라면 결코 이루어질 수 없는 일이었다고 감히 말할 수 있다.

## 3. 영장산(靈長山)과 연지(蓮池)

奉化公(諱 長潤)께서 나고 자란 한양을 뒤로하고 수내동에 정착한 것은 여러 가지 이유가 있을 것이지만 당시의 정치 상황과 무관할 수가 없었을 것으로 보인다.

공의 당숙(堂叔)인 白鈺軒公(諱 塏)의 단종(端宗) 복위 운동 실패로 인한 병자옥사(丙子獄事)와 연산군(燕山君)의 생모 폐비 윤 씨(廢妃尹氏) 사건에 연루된 중부(仲父) 明憲公(諱 坡)의 갑자사화(甲子士禍) 등의 여파로 公 자신도 많은 고초를 겪었으며, 후손들 또한 이와 관련하여 3대에 걸쳐 관직에 중용되지 못하였다.

전설에 의하면 봉화공의 산소 자리는 토정비결(土亭秘訣)로 유명한 公의 손자 土亭公(諱 之菡))이 정한 장소로서 상통천문(上通天文)하고 하통지리(下通地理)한 명당으로서 이를 품고 있는 뒷뫼에 영험(靈驗)한 기운이 길게 뻗쳐 있다고 하여 그 이름을 영장산(靈長山)으로 칭하게 되었다.

이 산소 자리가 대지명당(大地名堂)임은 분명하나 후일 반드시 도장(倒葬)을 해야 하며, 이를 지키지 아니할 시 자손들이 큰 화근을 당한다는 예언에 따라 후일 奉化公의 증손인 鵝川君(諱 增)이 크게 현달(顯達)하자 그의 산소를 봉화공 산소 윗자리에 모시게 되었다고 한다.

산 아래에는 한산이씨 후손들이 양명(揚名)하고 15종형제 후손들에게 너무나 많은 벼슬이 일거에 쏟아져 나와 겁이 날 지경이 되자 동서남북 거북이 네 발 위치에 커다란 비석을 눌러 놓아 기를 안정시키고 묘역의 경계를 삼았으니 이것이 바로 오늘날의 사면비(四面碑)이다.

영장산의 형상이 거북이가 목을 길게 빼고 물을 먹으러 가는 형국이라 그 머리에 해당하는 자리에 연당(蓮堂)을 세워 후손들이 모여 앉아 시를 짓거나 음율을 즐기도록 하였으며, 연당 앞에는 보(洑)를 막아 연못을 조성하여 거북이가 목이 마르지 않도록 물을 대주었다.

여름이 되면 이 연지(蓮池)에는 크고 탐스러운 연꽃들이 피는데 이 연뿌리를 다른 곳으로 옮겨 심으면 잘 살지 못하며, 살더라도 꽃이 크게 피지 않는다고 한다. 이 연지에서 흰 연꽃이 피면 집안에 정승(政丞)이 날 징조라 하여 축하하며 주연을 베풀었다고 전해진다.

## 4. 돌마(突馬)

佐郞公(諱 慶流)은 임진왜란 발발 시 무관(武官)이 아닌 종사관(從事官)의 신분임에도 상주 전투에 뛰어들어 순질하였다.(4장 1절 韓平君(諱 之菽) 이하 3世 行錄 중 李慶流의 忠節 참조)

公이 상주에 다다라 전투에 참가하기 직전에 사태의 위중함을 직시하여 자신의 충마(忠馬)에 의관(衣冠) 등 유품을 실어 현 수내동에 있던 집으로 보냈는데, 충마는 쉬지 않고 집까지 달려와서 수일간 먹지도 않고 울다가 죽었으며, 공의 시신을 찾지 못하여 의관으로 대신해 장사를 지낼 때 충마를 공의 묘하에 묻어 충마의 넋을 위로하였다.

이런 연유로 조선 후기 1760년 행정구역 개편으로 광주군의 하부구조를 면(面)과 리(里)로 분할 시 이곳 일대의 지명을 '달리는 말'이란 뜻의 돌마면(突馬面)으로 정하였다고 전해진다.

## 5. 숯내(炭川)

경기도 용인시 기흥구의 구성동(駒城洞)과 수지구의 풍덕천(豐德川) 그리고 동막천(東幕川)이 성남시 구미동(九美洞)을 휘감아 구비쳐 흘러 분당천(盆唐川)과 합류하여 성남시 전역을 관통하여 한강(漢江)에 이르는 물줄기를 숯내(炭川)라고 한다.

아득한 옛날에 기괴하고 변신을 일삼는 삼천갑자 동방삭(三千甲子 東方朔)이 나타나 백성들이 공포에 떨고 인심이 흉흉해짐에 따라 조정에서 그를 잡아들이라는 엄명을 내렸으나 이를 이행하지 못한 포도대장들이 줄줄이 파면만 당할 뿐 뾰족한 대책이 없었다.

어느 날 신관(新官) 포도대장이 고민에 싸여 근심만 하고 있을 때 한 도승(道僧)이 다가와서 이를 해결하려면 하얀 숯물만이 선약(仙藥)이라고 말한 후 사라졌다. 다른 방도가 없던 포도대장은 하는 수 없이 그 말대로 냇가에서 커다란 숯덩이를 돌에다 열심히 갈고 있는데, 지나가는 한 행인이 묻기를 "무슨 사연으로 숯을 갈고 있소?"라고 하니까, 포도대장이 대답하기를 "이 검은 숯을 희게 하려고 이렇게 갈고 있소."라고 하였다. 그러자 그 행인이 "나는 삼천갑자(三千甲子)를 살아도 검은 숯이 하얗게 된다는 말은 처음 들었소."라고 하자, 포도대장은 "오냐, 네가 바로 내가 찾던 삼천갑자 동방삭이로구나."하고 재빨리 붙잡아서 그때부터 냇가 이름이 숯내(炭川)가 되었다는 전설이 전해진다.

## 6. 驛말(역마을)

역말은 옛부터 교통, 통신의 중요한 역할을 담당해 온 거점(據點)을 말하며, 수내동의 역밀은 바로 숲안 집성촌의 앞에 있는 마을이다.

역말은 서울을 기점으로 30리마다 하나씩 지정해 놓았으며, 오늘날 서울의 강남구 역삼동(驛三洞), 은평구 역촌동(驛村洞), 경기도 부천시의 역곡동(驛谷洞), 성남시의 숲안 역말, 광주군의 역리(驛里), 수원시의 역말 등이 그 실례이며 지방에 따라 이처럼 달리 부르기도 하였다.

역말의 기능은 중앙과 지방간에 왕래하는 관리들의 여행 편의와 문서 수발 등의 통신수단을 제공하는 것으로서, 역말에는 역사(驛舍)와 마구사(馬具舍)가 있으며 역둔토(驛屯土)가 배정되어 이를 역졸(驛卒)들이 관리하여 생계를 유지하게 하였다.

이곳 역말에서는 정월 대보름 줄다리기가 유명하다. 가가호호 짚을 모으고 쌀과 경비(經費)를 거두어 줄다리기 준비를 하는데 이 동아줄의 둘레만 해도 장정의 두 아름이 될 정도로 매우 굵다. 대보름날이 되면 달맞이부터 하는데 볏짚이나 조짚을 방망이처럼 만들어 본인의 나이 수대로 띠를 묶은 후 동산에 달이 떠오르면 짚단에 불을 붙여서 위아래로 흔들며 자기의 소원을 빌고 달을 향해 큰절을 올렸다. 캄캄한 밤에 높고 낮은 산봉우리마다 사방에서 일시에 흔들어대는 불빛이 매우 장관이었다.

이 행사가 끝나면 두레패의 풍악과 함께 사람들은 흥에 겨워 춤을 추고 술을 권하며 한바탕 신나게 논다. 끝으로 마을에서 가장 장수한 노인이 동아줄 앞에서 헌작(獻酌)하며 마을마다 무사하고 병 없이 건상하며 금년에도 풍년을 내려줄 것을 축원함으로써 마을 간의 화합과 사람들 간의 정을 나누는 년 중 가장 큰 행사가 막을 내리게 된다.

# 부록 1.

## 藪內洞 文化遺蹟 保存活動 根據 資料

## - 별첨 1-1부터 1-29까지

1989年5月8日 月曜日 京仁日報

# 盆唐 540만坪 宅地개발지구 告示

## 住民 항의시위계속

### 건설부 全國 22개지구 총8百75萬坪

정부는 지난4일자로 新주택도시건설 예정지역의 하나인 京畿道 城南市 盆唐동 일대 토지5백40만평을비롯, 서울加陽지구등 모두 22개지구 8백75만평을 주택정책심의위원회 심의를거쳐 택지개발예정지구로 지정, 고시했다.

8일 건설부에 따르면 盆唐에는 이미 발표된대로 10만5천호의 주택이 들어서며 나머지 21개지구에는 6만6천호의 주택이 건립될 예정이다.

盆唐을 제외한 21개지구중 10개지구 1백62만평은 토지개발공사가, 1개지구 4만평은 주택공사가, 10개지구 1백70만평은 지방자치단체가 각각 택지개발사업을 맡는다.

사업시행자들은 이번 고시와 함께 用地보상작업에 즉각 착수했는데 최근 新주택도시 건설계획 발표 이후 盆唐및 一山지역 주민들이 토지의 적정보상등을 요구하는 농성·시위를 지속적으로 벌이고 있고 이러한 항의시위가 他지역에도 파급될 가능성이 짙어 보상작업이 순탄치만은 않을것으로 건설부관계자들은 전망하고 있다.

이번의 택지개발예정지구 지정·고시는 올들어 가장 규모가 큰 것인데 이로써 건설부는 금년들어 지금까지 총4

The Kyeongin Ilbo 1989年5月8日 月曜日

# 盆唐·一山 개발반대示威 격화불구

## 해당市郡과 協議 없어

### 道, 중앙의 일방적發表관행 개선등 긴급건의

정부가 도내 성남시盆唐·고양군一山지역에 신도시건설계획을 발표한뒤 해당지역주민들이 대책위원회를 구성하여 10여일째 고속도로와 철도·국도까지 점거하는등 반대시위가 대형화, 극렬화 추세로 치닫고 있으나 개발에 따른 종합적인 후속조치 발표를 미루고 있는가 하면 3차에 걸쳐 토지보상가 수매시기 아파트특례규정등 부분적 후속조치를 밝히면서 해당市郡과도 사전협의나 통보조차 외면, 주민들로부터 일선행정 관청에대한 불신입이 높아 대책마련이 시급하다.

건설부는 지난달27일 이들 지역의 개발계획을 발표한이래 토지개발공사, 경기도, 시군청등과 합동으로 현지실태조사를 마쳤으나 11일이지난 현재까지 개발계획과 관련한 종합적이고 세부적인 이주대책, 용지매수 기준지가, 아파트분양권, 대체농지제공등 주민생활과 밀접한 내용들에 대해 일체 함구하는 바람에 해당 지역주민들의 개발반대시위를 날로 심화시킬뿐만아니라 일선행정청과 주민간의 의견이 첨예한대립양상을 띠고 있는것.

특히 건설부는 부분적인 후속조치 발표시에도 일선행정청을 무시, 사전협의나 통보를 외면해 주민들의「市·郡불신감」을 팽배시켜가고 있는데 지난2일 하오1시쯤 金炳亮성남시장이 시청회의실에서 1천여盆唐지역주민들과 가진 대화에서 보상기준지가와 관련해 주민들의 의견을 중앙에 최대한 건의하겠다고 약속했으나 3시간뒤에 건설부가「기준지가 적용보상」을 발표, 시장의 입장을 난처하게 했다.

이로인해 3일이후 盆唐지역주민들의 시위가 더욱 격렬해져 4일에는 경운기·트랙터·차량등을 동원해 경부고속도로를 1~5시간동안이나 점거하며 농성을벌였으며 一山지역주민들도 경의선철도와 국도에이어 올림픽대로마저 막는등 연일시위가 과격화양상을 보이고 있다.

실제로 一山이나 盆唐지역주민들의 농성현장에 나간 일선공무원이나 기관장들이 대화를 통한 중앙건의를 약속해도『우리보다도 모르는 허수아비』『대화자격도 없는 시장(또는 군수)』이라는 놀림을 받기 일쑤인가하면 공무원들은 현지주민편이 아닌 무리(群)라고 단정, 심한 경우 적대심마저 갖고 폭언과 폭력을 자행하기 일쑤다.

이에따라 道당국은 정부차원의 개발후속조치를 시급히 발표해줄것과 중앙과 일선시군간의 협의체제를 강화, 중앙에서 일방적으로 발표하는 종전의 관행에서 탈피해줄것을 긴급건의했다.

道는 또 용지매수와 관련해 ▲時價기준감정 ▲아파트입주권부여 ▲단독택지분양

(별첨 1-2)

# 분당 "뒷뫼" 원형 보존대책 추진위원회 (가칭) 제 안 요 지

1. 1989. 4. 27 정부의 "분당지구" 신도시건설계획 발표와 더불어 분당지구 내 "뒷뫼, 숲안 유적지에 은존하고 있는 수많은 귀중한 문화유적들이 일시에 훼손·파괴 또는 매몰될 위기에 직면하여 학계와 언론계, 그리고 정계등 사회각계각층의 뜻있는 분들의 힘을 빌어서 이의 영구보존이 가능하도록 최대한 협력하기위하여 가칭 "뒷뫼" 원형보존대책 추진위원회를 구성코저 합니다.

2. 이와같이 본 유적지의 영구보존책은 각종 문화재 지정에 앞서 제 1차적으로는 공원지역으로 지정되는것을 목표로하며, 제 2단계는 경기도 지정문화재로 지정될수 있도록 최대한 노력하는 일로서 이는 각계각층이 망라된 조직의 힘과 협력에 의하여 효과적으로 성취될 수 있다고 사료됩니다.

3. 이에 즈음하여, 신도시건설이라든가 경제적 당면과제를 사유로 시대적조류에 따른 현실성은 시인하나 우리 민족이 간직한 값진 문화와 유구한 역사를 입증하는 귀중한 문화유적(지)들이 우리 시대에 접하여 스스로 이를 훼손하거나, 파괴 또는 매몰케 하는 우를 범해서는 않될 것이며, 제 3의 막대한 부가 축적된 민족문화유산의 말살(일제 36년의 혹독한 치하에서도 꿋꿋이 지켜왔음)을 기도하는 어떠한 행위도 결코 용납될 수 없는 것입니다.

4. 따라서 본 유적지의 특성은 "뒷뫼"와 이의 연계된 "전통마을" 그리고 이 바닥의 펼쳐진 각종 "문화보호재"들이 고루 집성보존되고있는 우리나라 유일의 이상향이며, 삼위일체로 연계된 방대한 유적지임을 감안하여 경하로운 유적화 조성사업에 우리의 모든 정성과 정열을 다할 것입니다.

※ 첨부 : 고문명단 1부 끝

1989. 5. 16

성남시 수내동 228-1 호

이 항 구

# 顧　　問

李　鉦　求　（建國大學校　敎授）

李　麟　求　（國　會　議　員）

李　肯　珪　（國　會　議　員）

李　東　馥　（國會議長　秘書室長）

李　德　求　（前. 정부이사관）

申　千　湜　（明知大學校　敎授）

任　孝　宰　（서울大學校　敎授）

李　泰　진　（서울大學校　敎授）

(별첨 1-3)

京仁日報 1989年5月18日

# 「수도권심의위」 京畿지사 포함하라

## 都市개발 공청회후 실시를

## 국회 建設委 질의-답변 〈17일〉

—[illegible]의원(共和)＝일간지에 신도시건설관련 홍보광고를 누가 발상해 초안했느냐. 이시점에 누가 광고를내도록 지시 했는지, 광고료는 얼마이고 누가 부담하나. 신도시 주변지역에서 투기가일어나고있다. 새로운 수도권 투기마당을 만들어준것 아니냐.

—李敏燮의원(民正)＝신도시건설 관련 택지선정에 있어 절대농지 60~70%를

지를 分筆하여 4의133번지로 만들어 3백14평을 85년 3월23일 현재 청와대 고위관리에게 소유권을 넘겨줬는데 그 취득경위를 밝혀라.

또 재벌과 그가 소유한 땅이 수용지구에서 제외된 이유와 두지역을 택지개발예정지로 편입시킬 용의는.

신도시 건설이 아파트투기를 막는 만병통치약이 아니다. 서둘지말고「도시에 관한 기본구상이 나온후 국회와 공청회를 거쳐 결정하고 토

설이 가능할 것인가. 언제부터 수도권인구 억제정책을 포기했느냐. 서울 중산층을 위해 농민들을 희생해야 하느냐. 지방도시 개발을 방치해놓고 인구분산이 가능할지. 절대농지 7백만평을 정부가 필요하다고 하루아침에 택지로 해제가 가능하냐. 2백만평의 구릉지를 제외하고 값싼 농지를 편입시켜도 되느냐. 교통·편의시설등 5조원으로 신도시 건설은 어렵다. 지방 거점도시의 택지를 조성할 용의는.

정유, 수용이 불가피한 이유는. 소유자들등 민간업자가 1조8천억원을 부담, 너무높다. 정부지원을 미리대비 자금조달 대책을 세워라. 농민이주대책은 각자 처해있는 문제를 고려 합리적 구체적으로 세워라. 전답은 국가시책 협조차원서 특별한 보상

가격으로 획기적 보상을 하라. 인근지역 대기업 보유,부지의 개발이익환수 대책은. 一山·盆唐에 가기위해 서울인구 유입시 수도권의 비대화만 초래하는 것 아니냐.

—金榮辰의원(平民)＝서울 강남구 일원동이 최근 택지개발예정지로 고시되었는데 三星소유5만평과 東部그룹소유 1천8백30평이 모두 빠졌다. 더구나 東部그룹소유 토지중 한복판 요지인 필

지보상등을 잠정유보할 용의는.

—李澤錫의원(民正)＝신도시 건설에는 수도권정비차원을 넘어 범정부적 차원의 종합적 대책을 세워라. 두도시건설이 고육지책이었다면 6共和國의 운명을 걸고 비상한 의지로 수도권 인구문제 해결대책을 세울 용의는. 수도권정비법의 차원에서는 안되며 정치·경제·사회·문화기능을 과감히 지방에 이전,물꼬를 트는 방향으로 방안을 마련하라.

시화지구 토취장 4백만평을 택지로 개발할 용의는 없느냐.

수도권정비계획 심의위에 이해당사자인 京畿道지사를 포함시켜라.

—崔茂龍의원(共和)＝새주택도시를 2~3년안에 건

—張慶宇의원(民正)＝신도시 건설에 현지주민이 요구하는 20여가지 내용은 무엇이냐. 어느부분이 합의됐는지. 이주민 이주정착에 따른 농토의 취득·등록세를 면제하고 국민주택자금융자를 지원하며 자녀의 학교전입학문제등 생활터전[illegible] 방안은.

土開公이 사업비 조달을 위해 민간자본을 유입, 합동개발한다는데 개발이익이 민간인에게 돌아가 기업에 특혜를 줄수 있다. 이에 대한 대책은.

▲朴昇건설부장관답변＝일원동 삼성소유 토지는 지난84년 종합의료시설로 도시계획결정이 났고 東部그룹 소유토지는 지난86년 하수종말처리장 확장예정지가되어 각각 택지개발예정지에서 제외됐다. 청와대 고위관리소유 토지에 대해서는 밝힐수 없다.

△17일 오후에 열린 국회건설위에서 신도시 건설문제에 대한 의원들의 질문 질의를 경청하고 있는 朴昇 건설부장관(左).

(별첨 1–4)

1989. 5. 19(金) 同窓會席上에서.
知事任과 조용히 面談要請을 했든
李恒求 同期(11回) 同窓입니다.

# 請願事項

1. 이 곳에 散存하고 있는 각종 유물들의 原形을 毁損시키지 않고, 歷史的 文化公園으로 永久保存시키기 爲하여, 이 一帶 約 10万坪을 盆唐地區 都市計劃에서 除外시켜 주시는 일.

2. 文化財的 價値가 높은 各種 遺物(祠堂, 墓의 設置된 石物, 蓮池, 香悍, 四面碑, 神道碑, 旌閭碑, 忠馬의 義塚, 清白吏碑, 其他 歷史的 碑門等) 들을 文化財로 指定하여 주시는 일.

# 李陳峰(뒷메) 歷史公園 造成
## (原形永久保存策)

1. 計劃書
2. 所要予算.
   - 。宗中會 ~ 資金確保原則.
   - 。篤志家의 誠金 및 寄附金.
   - 。~~其他 市費 補助金等~~.
3. 參考.
   - 。龍仁郡에 所在한 "民俗村"
   - 。水原市에 있는 (孝園의 都市)
     "遲遲台고개" "華虹門" "老松地帶"
     "八達山과 西將台" "활터"
     "水原城과 其他 文化財"
   - 。永久保存記念碑 建立.
   - 。京畿道知事의 功勞記念碑 建立.

「뒷메」前面에 대한 障碍要因除去策

盆唐地區新都市建設工事가 着手되어, 이곳에 高層 아파트 및 빌딩等 建物의 高層化 團地가 되면 本是「뒷메」의 아름다운 自然景觀의 視界를 가려지게 되는바, 이 一帶(前面)에 設置되는 建築物은 一定以下規模(5層程度)의 高度로 制限하고, 이「뒷메」의 特色을 考慮하여, 아파트 또는 住居用團地나 慰樂施設等이 아닌, 文化, 藝術, 또는 學術研究團地等의 品位높은 "文化다운"으로 造成하므로서,「뒷메」原形保存과 公園造成의 意義는 勿論, 歷史의 風香이 예대로 간직된 自然景觀과의 調和있는 新都市가 建設될것으로 思料됨.

「뒷메」原形保存委員會

李恒求

-5-

(별첨 1-5)

# 성 남 문 화 원

43-5245 1989. 5. 23.

성문 89-037

수신

제목 분당지역 새도시 건설에 따른 진정서

1. 지난 4월27일 정부당국에서 발표한 분당지역 새도시 건설에 관련사항입니다.
2. 분당지역내 문화유적지가 훼멸될 위기에 처하여 별첨과 같이 진정서를 제출하오니 영구보존되도록 각별히 조처(참고)하여 주시기 바랍니다.

유 첨: (1) 진정서 1부
(2) 참고 사진 7부 끝

성남문화원장 권 기 홍

# 文化遺蹟 保存陳情書

城南市의 유일한 文化遺蹟地로 50만 市民이 우리의 傳統文化를 상고하고 祖上의 얼을 배우는 산 教育場으로 활용될 뿐 아니라 자연경관 또한 뛰어난 일단의 文化遺蹟地가 盆唐地域의 신도시개발 계획으로 훼멸될 위기에 있어 그 보존을 위해 진정서를 제출합니다.

1. 所 在: 성남시 수내동 李陳峰山 일대
2. 遺蹟개요: 土亭 이지함이 터를 잡았다고 전해지는 韓山李氏들의 世居地로 忠臣정문, 不遷位(不遷之位) 祠堂, 일단의 전통 墓地, 衣帶墓와 말무덤, 전설이 깃든 연못, 수백년 수령의 保護樹들이 있음 (참고사진 1)
3. 진정 내용: 신도시개발계획에도 시민공원 내지 녹지대 설정등이 있는바 이 지역을 시민공원으로 지정하여 현상을 보존할 수 있도록 조치하여 주시기 바람.
4. 참고유적현황: (1) 三世遺事碑와 충신정문 고려말의 忠臣 牧隱 이색의 4代손인 奉化公 李長潤이하 三世의 神道碑로 세칭 三世遺事碑라 하며 충신정문은 鵝川君 李增공과 그 아들 李慶流공의 충절을 함께 기리며 왕이 내린 것임 (참고사진 2)

-2-

(2) 아천군 묘와 不遷位 사당 아천군 이증은 조선조의 문신으로 鄭汝立의 난을 다스린 공으로 정난공신 3등이 되고 아천군으로 봉해졌는데 그 묘와 함께 불천위 사당이 현존하고 있다 (참고사진 3)

(3) 佐郎公墓와 말무덤 - 아천군 이증의 아들 이경류공은 병조좌랑으로 임진왜란 때 경상도 상주에서 장렬한 전사를 하였는데 시신을 찾을 길이 없었으나 타고 다니던 말이 공의 衣帶를 물고 와서 전사소식을 전하고 스스로 굶어 죽었으므로 공의 옷과 투구로 장사지낸 의대장과 忠馬의 무덤이 함께 현존하고 있음 (참고 사진 4)

(4) 일관의 전통적 墓域 - 공원묘지 등 共同墓地의 조성으로 우리 조상들의 묘지를 보기드문 지금에 묘비와 상석 문인석 촛대석 등이 갖추어졌고 대를 이어 한곳에 묘를 쓴 우리나라 전통적 묘역이 잘 보존되고 있음 (참고사진 5)

(5) 산세와 연못의 유래 - 奇人 이지함 土亭선생이 이곳에 터를 잡을때 산세가 거북이 형상이므로 물이 없으면 살수가 없다하여 산밑에 연못을 파게하였으나 그 연못이 여러 전설을 간직한채 아직도 남아 있음 (참고사진 6)

(6) 일관의 보호수들 - 수령 수백년의 향나무 느티나무등의 보호수들이 밀집되어 있음 (참고사진 7)

-3-

(별첨 1-6)

朝鮮日報 西紀 1989年 5月 27日 土曜日

# 입법부의 「정책견제」 큰 의미

## 건설위 新都市 재검토결의안 통과 해설

## "농민만 희생" 3野 한목소리 攻勢

## 与野 「백지화·보완」서 한발씩 양보

국회건설위가 26일 盆唐·一山신도시건설계획의 「재검토」를 촉구하는 결의안을 与野합의로 통과시킴으로써 정부가 추진중인 이 계획이 정치권으로부터 제동이 걸렸다.

국회는 오는29일 본회의에서 이결의안을 통과시킬 예정이고 정부도 「계획補完」 방침을 밝혀 귀추가 주목된다.

공화당이 이미 지난 16일 「전면白紙化」 결의안을 낸데 이어 이날 민주당도 「전면재검토」 결의안을 내고 평민당이 이에 동조함에 따라 건설위는 한차례 진통을 겪었으나 결국 각당이 모두 한걸음씩 양보, 「재검토촉구」에 합의했다.

신도시건설계획에 대한 문제제기는 공화당에서 비롯됐다.

공화당은 임시국회 개회초기 具滋春부총재 崔珏圭사무총장 金龍煥정책위의장 등이 대정부질문을 통해 연속적으로 건설계획의 문제점을 지적한데 이어 소속의원 전원의 이름으로 「건설계획 백지화및 주택정책쇄신에대한 결의안」을 제출하기에 이르렀다. 또 重鎭회의에도 이문제를상정, 주요현안 의제에 올린바 있다.

이어 건설위에 「신도시건설검토및 정보누설진상파악」 小委(위원장 宋鉉燮·평민)가 구성됐고, 한차례 현지조사도 벌였다. 평민·민주당도 독자적인 조사를 통해 건설예정지주변 땅일부가 통일교재단을 비롯한 재벌의 소유며, 분당의 경우 91%가 外地人소유임을 밝혀냈다. 이에 따라 도시건설자체에는 반대하지않으면서 현지 농민에게 충분한 보상을 촉구하던 민주당이 「전면재검토」 결의안을 26일 제출했고 평민당도 이에 동조하게 됐다.

야3당은 이날 공화·민주당 결의안을 토대로 「전면재검토」 결의안 채택을 강행하려했으나 小委에서의 협상을 통해 위원회代案을 채택하는데성공했다. 야3당이 이문제에한목소리를내게된데에는건설계획발표후 농민시위가 계속됐고 一山지역에서 2명의 농민이 자살한 것도 크게 작용했다. 小委의 현장조사결과 一山의 경우 인근에 야산이나 완만한 구릉지가 있는데도 건설계획에 포함된 땅중 70%이상이 절대농지이며 累代로 농사만 짓고 살아온 이들 농민들이 『돈도 싫고 代土도 싫다』고 완강히 저항했다는 것이다.

야3당이 재검토를 요구하는 이유는▲국가안전보장의 저해▲농민의 생존권박탈▲수도권정비계획과 정면배치 등 몇가지로 집약된다.

야산이나 구릉지는 제쳐놓고 개발비가 비교적 저렴한 농경지를 강제매입해 中大型아파트를 건설하겠다는 것은 농민의 생존권을 박탈해 수도권 중·상류층주택문제를 해결하려는 反농민적 횡포라는 것이다. 또 수도권의 인구편중은 국가안보상으로도 그 확장을 억제, 분산이 시급히 요청되며 특히 一山의 경우 민통선에서 불과 7km밖에 떨어지지않은 곳에 30만인구를 수용하는 대도시를 건설하는것은 국가안보를 저해하고있다는 주장이다. 그리고 신도시건설은 교통 상하수도 기타 편의시설등 기초생활기반을 마련키위한 충분한 검토와 장기간의 건설기간이 필요한데도 1~2년사이에 끝내겠다는것은 실효성과 타당성이 없다는 이유이다.

이밖에도 신도시건설로 인한 서울都心의 교통량 가중 많은 인구의 일시적 집단이주로 인한 역작용, 수도권내의 현주택정책에 대한 근원적인 재검토와 서울 주변의 기존 중소도시개발로 서울人口를 분산토록해야한다는 요구이다.

야3당의 「전면재검토」 요구에 대해 민정당은 「신중한 검토와 보완」을 촉구하자는 입장이었으나 몇차례의 절충끝에 「전면」을 뺀 「재검토」로 결론을 내렸다.

건설부측도 신중한 검토보완은 좋으나 건설예정부지를 재조정할 경우 또다른 민원이 발생한다는 점을 들어 난색을 표하고있다.

국회에서의 결의안은 그자체로 구속력은없으나 盧泰愚대통령이 「긴급명령권」 발동까지 검토하는 고민끝에 직접 발표한 부동산대책에 입법부가 견제기능을 행사했다는점에서그정치적의미는크다고해야겠다. 〈羅鍾頤기자〉

(별첨 1-7)

遺蹟地保存을 爲한
政府当局과 協議할 対策과 方法論.
國會議員 李麟求先生의 親書임.
1989. 5.

陪席名譽 : 宗親會 以后

陪席者 : 前大統領
國務總理
建設部長官
土地開發公社社長
國會議長
國會建設委員長
與黨 總裁、代表

參考配布 文化院長
韓人第代國會議員
國會秘書室長
其他 宗親有力人士
宗親言論人
其他

-2-

將來의 無形文化財 保存에 關한
陳情 要旨

1. 緒論

2. 분당 신도시 建設計劃 中心部에
位置한 "솔안"의 無形文化財 墓
所와 保存價値에 대해 밝히는 序文

3. 韓山李氏의 實態와 이 無形文化
財를 宗親의 生存權과 바꿀수없
는 立場에서 陳情하는 취지

4. 8百年에 걸쳐 數百基의 先祖묘
를 代代로 모셔 왔고
李朝中期의 3代의 領議政묘
—其외 判書級묘
任氏傳記의 著者로 알려진 兵部의
묘와 馬묘

-3-

4. 風水說上의 名堂을 되어서
都市化 할수 없다
土亭 先生이 예했다 흥흥
人工湖水의 傳說

5. 田園住宅都市 로 부각 에
庭園같이 自生造成된 月숲이
우거진 調和된 이곳은 봉우리는
都市調和上 保存維持되어야 함

6. 桑田으로 代代로 지켜온 韓山李
氏 300家口가 생활하고 있는
鄕土는 신도시 건설에 순순히
讓도할 각오이나
소중한 無形文化財의 숲안 다
이를 지키는 숲안 동네 주거지 만은
除外해 달라

-6-

# 請願事項

1. ————

金堂을 도시계획 除外하시켜주시는 일.

2. ○○○○

文化財로 指定하여주시는 일

✓ 獻納.

-4-

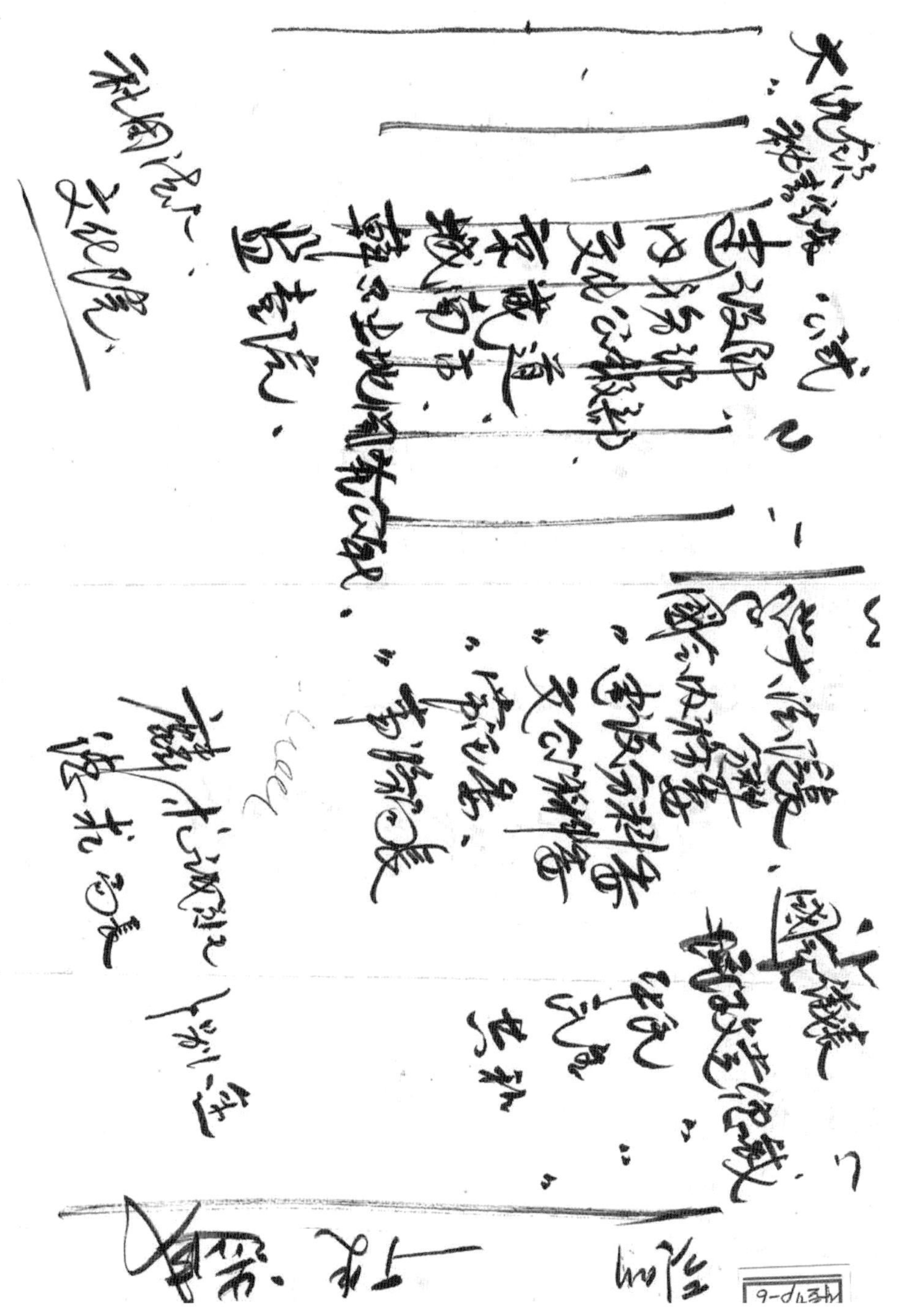

한국일보 1989年5月28日 (日曜日)

# 密室立案제동 計劃자체 인정

## 與野「新都市재검토」合意배경과 전망

대통령의 「긴급명령권 발동」의지표명까지 곁들여 야심적으로 발표됐던 정부의 一山·盆唐신도시건설계획은 국회가 여야합의하에 「재검토촉구결의안」으로 제동을걸고나와 이계획의 「운명」에 관심이 집중되고 있다.

당초 이 계획은 一山과 盆唐에 의석을 갖고있어 지역주민의 이해에 가장 민감한 상태였던 共和黨이 처음 문제점을 지적하고 나오면서 이번임시국회의최대쟁점의하나로 설정됐고 본회의대정부질문3일간 연속적으로 공세를 취해 정치권의 주의를 불러일으켰다.

회기중 야당의원들은 계획의 밀실입안과 졸속성에서 각분야의 문제들이 파생됐다고 따졌고, 정부측은 이계획이 2백만호주택건설의 일환으로 발상된 것이며 관련부처간 사전협의과정을 거쳤다고 대응했으나 정부측의 궁색한 기색에 대해서는 民正黨마저 도리가없다는 표정을 감추지 않았다.

여기에 현지주민들의 잇단 집단행동과 생활터전상실을 비관한 자살사건까지 연이어 터져나와 회기중의 국회를더욱 자극시킨 측면이 있었다.

「백지화」로 출발한 야당측의 요구는 「전면재검토」의 하향조정을 거쳐 결국 「재검토촉구」 수준으로 절충돼, 계획의 실시자체는 보장된 셈이지만 문제를 가득 안은채 발진한 이매머드사업의 前途는 6공화국 정부의 「간판業績」과도 관련되는 문제로 여겨지고 있다.

### 관련부처간 最大협의

○…民正黨은 야당측의 요구로 중진회의 의제로 포함됐던 신도시건설계획 문제가 결국 국회건설위에서 與野합의로 「신도시 건설계획 재검토촉구 결의안」이 통과된만큼 타당성 조사등의 문제점 보완을 추진하겠다는 입장이다.

民正黨측은 그러나 야당일각에서 白紙化를 주장하고있으며 더욱이 一山·盆唐지역의 부지선정을 변경하는등의 재검토문제는 검토할수 없다는 완강한 자세다.

民正黨측은 다만 안보적인 측면과 주민집단민원이 야기되고있는 농지수용문제·주민이주대책등은 정부관계부처와 협의를거쳐 신도시건설에 따른 부작용과 중장기적인 측면에서 제기될수있는문제점은 보완할 방침이다.

이와함께 건설계획의 기간을 장기적으로 검토하고 현지주민의 반발을 고려▲농경지수용규모▲이주대책▲현지주민의 생존권보장(취업알선·공장유치)등 구체적인 후속조치는 현지주민 대표가 참여하는 보상심의위원회를 구성해 「先최대보상 後신도시건설계획 재조정」 순으로 추진한다는 것이다.

특히 民正黨은 정부가 신도시 건설계획확정시 관련부처와 충분한 사전협의가 없었다는 사실이 오히려 문제를 확대, 결국 정치쟁점화됐다는점을 중시, 후속조치마련등 문제점보완의 재검토작업과정에선 정부관계부처는 물론 黨政협의를 통해 부작용을 극소화하겠다는 자세이다.

## 移住·보상策 최대關心

## 安保·農民생존권요구 수용

### 代案없어 白紙化철회

○…平民黨은 당초 신도시건설계획의 제반문제점을 지적, 정치적 공세수준에 머무르려했으나 一山지역 농민2명이 자살한데 이어 지역주민들이 당사에서 농성을 벌이고 黨부동산대책위가 현지조사를 하면서 당의 입장을 「재검토」쪽으로 선회했다.

이런 입장변화에도 불구하고 천정부지로 치솟는 아파트값안정등 확실한 부동산대책대안이 없다는 것이 딜레마였다.

그래서 지난26일 건설위에서 여야가 결의안문안을 놓고 협상을 벌일때 「부동산열병을 가라앉힐 대안이 없다」는 民正黨측주장을 수용, 「실시를 전제로한 문제점보완차원」으로 물러설수 밖에 없었다.

平民黨이 가장 비중을 두고있는 부분은 현지주민에대한 보상으로 현재 정부가 제시한 坪당 5萬원 보상등이 아닌 개발이익의 균점차원에서 1천5백평이하면 20~30坪의 現地換地, 그이상은 坪당5萬원으로 하자는 대안을 제시할 방침이다.

### 특유의 「후각」발휘

○…이계획의 백지화를 요구하던 共和黨은 국회차원의 결의안까지 도출된 결과에대해 일응 만족하고있다.

共和黨은 당초 이계획이▲국가안보상의 저해요인을 안고있으며▲수도권정비계획과 정면배치되고▲대도시건설이란 측면의 실효성이 의심될뿐 아니라▲무엇보다도 농민의 생존권을 박탈하는 反농민적 횡포라면서 장소를 이전할것을 주장해 왔다.

共和黨이 유달리 이 문제에 당력을 쏟아 집착했던 것은 일차적으로 자신의 지지기반을 염두에 둔 당리적 발상에서 출발하기도 했겠지만 집권경험에서 비롯된 특유의 「후각」에 힘입어 계획의 취약성을 누구보다도 잘 간파, 문제제기에 자신감을 가졌기 때문이었던 것으로 볼수있다.

共和黨은 바로 이같은 바탕에서 나름대로 구체적인 정책대안을 제시함과 아울러 결의안이란 국회차원의 무게를 얻고 계획의 개선과정을 계속 주도해 간다는 의욕이다.

○…건설부는 국회건설위의 신도시 건설계획 재검토촉구 결의안을 「신도시 건설계획을 국회가 추인한 것」으로 받아들이고 있다.

건설부의 이같은 판단은 결의안에서 제시된 재검토대상 9개항에 ▲국가안보에 대한 문제점 ▲수도권 정비계획과의 상충여부 ▲실효성과 타당성 검토등이 포함돼 있지만 기본적으로는 盆唐과 一山에 주택 18만가구등 신도시 건설을 전제로 하고 있기 때문이다.

건설부는 그러나 9개항중 특히 현지 주민들에 대한 이주대책및 보상문제가 「충분히」 검토되지 않을 경우 야당으로부터 신도시 건설계획 백지화 요구가 다시 제기될 수 있을 것으로 보고 지금까지의 이주·보상대책 전면 재검토에 착수했다. 한편 건설부는 건설예정 지구에 재벌등 대지주 소유토지가 제외돼 지구설정을 다시 해야 한다는 주장에 대해서는 「현재의 지구지정 기준으로는 설정을 다시해도 마찬가지」라고 일축하고 있다.

【趙在鎬·李榮寬기자】

한국일보 1989年5月28日 (日曜日) 【日刊】

# 新都市계획 대폭 수정·보완

# 移住대책·부지변경강구

## 교통·상하수도등재검토

## 大土地제외 疑惑도 조사

정부와 民正黨은 국회가 一山·盆唐지구 신도시건설계획의 재검토를 결의함에 따라 당초의 계획을 대폭 수정·보완키로 했다.

정부와 民正黨은 특히▲이미 선정 발표한 부지의 변경▲재벌보유토지의 포함여부▲농민들의 이주·생활대책▲교통·상하수도문제등에 대한 검토작업에 착수하는 한편, 신도시계획부지선정과정에서 대토지소유자의 토지가 제외된데 잘못이 있었는지의 여부를 가려 책임소재가 판명되면 해당공직자를 엄중문책할 방침이다. ★관련기사3면

정부는 盆唐·一山신도시건설계획에 대한 현지주민들의 반발이 거세고 국회에서도 재검토를 촉구하고 나섬에따라 지금까지 건설부가 중심이 되어 추진해왔던 신도시건설계획에 정부관계부처가 적극 참여, 문제점을 전면 보완해 나갈 방침이다.

정부의 한고위당국자는 27일 『신도시건설작업은 부동산투기억제및 수도권 주택난해소를 위해 반드시 계획대로 추진되어야 한다고 전제, 그러나 계획입안과정에서 보안유지등의 문제로 현지주민들에대한 보상문제, 상하수도·도로등 도시기반시설건설문제등 세부적인사항에 대해 검토가 불충분했던점이 없지 않음으로 관계부처가 참여하는 신도시건설추진기구의 설치·운영이 검토되고 있다고 밝혔다.

이관계부처 합동추진기구는 경제기획원 재무부 건설부 내무부 문교부 국방부등 관계부처가 참여, 토지 수용에 따른 보상, 도시기반시설 건설, 학교 병원설치등 신도시 건설에 따른 제반 사항을 협의, 처리하게될것으로 알려졌다.

### 新都市 보상·도시기반시설등 관계部處 合同 추진

興國의 한소식통은 27일 『신도시계획이 이미 추진되고 있는만큼 일부 야당이 주장하는 전면백지화는 현실적으로 불가능 하다』고 전제, 『그러나 개발계획의 실효성과 타당성을 치밀하게 검토하고, 현지 주민들의 의견을 수용, 과감한 수정·보완책을 추진할방침』이라고 밝혔다.

이소식통은 또 건설부에서는 신도시부지선정과정에서 한점의 하자도 없었다고 설명하고있으나 국민여론, 특히 현지주민들의 여론은 그와다른 만큼 사정차원의 조사를 벌여 한점의 의혹도 없도록 할 계획』이라고말하고 『조사과정에서 해당공직자의 잘못이 가려지면 철저하게 책임을 추궁할것』이라고 밝혔다.

또 정부사정당국의 한 관계자는 『야당등 일부에서 盆唐지역 도시건설계획등 대토지 소유자들의 토지가 고의적으로 제외됐다는 주장을 제기하고 있는데, 이에 대한 사실여부를 조사키로 했다』고 밝히고 『이에따라 현재 사정관계자들이 정부기관등으로부터 자료를 제출받아 면밀하게 현지 조사를 벌이고 있다』고 전했다.

(별첨 1-10)

# 請 願 書

1989年 5月31日

貴下

件　　名 : 李陳峰(뒷메)에 對한 原形保存策(金唐地區)

所 在 地 : 京畿道 城南市藪內洞山一番地의二

面　　積 : 約 33만m² (10萬坪)

1. 上記 李陳峰 俗稱「뒷메」는 李朝王朝 成宗(1457-94) 在位 1470-94 當時 國家에 貢獻이 있는 麗末巨儒 牧隱 李穡先生의 玄孫인 縣監 李長潤 (贈領議政 李之蕃, 贈領議政 李之蕃, 贈領議政 李之茂, 土亭 李之菡 等의 親祖父), 韓城君, 李秩, 贈領議政 李增 等 當代 功臣들의 墓域으로 選定된 곳이며 그로 부터 名望이 높은 後孫들의 墓(19基)가 安葬된 유서 깊은 곳입니다.
2. 累代에 걸쳐 傳해지고 있는 말에 따르면 土亭 李之菡 先生은 親히 이 일대를 踏査한 끝에 그의 祖父이신 長潤 어른의 墓所로 이곳을 選擇하시었으며, 이 산줄기의 形像이 마치 거북과 같다하여, 거북이 물을 얻지 못하면 죽는 法이라 하고, 그 곁에 연못(蓮池)을 造成하였다고 합니다. 그리하여

現在에도 이 연못에는 每年 여름이면 연꽃이 滿發하고 各種 老松巨木들이 울창하여 얼마전 까지만 해도 白鷺가 떼를 지어 날아 들었으며 古家와 祠堂, 各種의 碑門旌閭門 等 歷史의 숨결이 深奧하게 깃들여 있는 숨은 명승 유적의 하나입니다.

3. 또한 이곳에는 임진왜란 當時 尙州戰鬪에서 赫赫한 功勳을 세우고 29세의 꽃다운 나이로 散華殉國한 兵曹佐郎 李慶流의 墓와 그의 功蹟碑 신도비(神道碑), 旌閭門碑 및 祠堂등 수많은 歷史的 文化財(宣祖實錄)가 잘 保存되고 있으며 특히 이의 功蹟을 높이 기리는 大提學 李縡의 神道碑가 서 있습니다.

한편 兵曹佐郎 李慶流의 투구와 屍衣를 물고 달려와 죽은 「忠馬」의 義塚(일명 말의 무덤)이 現存하고 있으며 四面碑 등 世上에 널리 알려져 있지 않은 숨은 重要 文化的 遺蹟이 그대로 溫存되고 있습니다. 이 밖에도 思悼世子嬪 惠慶宮 洪氏의 外祖父이신 監司公 李濮과 淸白吏로 이름 높은 文淸公 李秉泰의 墓所 또한 이곳에 있습니다.

4. 이와 같은 유서 깊은 先祖들의 墓域과 遺蹟을 지키며 数百年이 넘도록 寸数를 넘어서 一家를 이루고 代代孫孫 살아온 우리 後孫들은 新都市 建設이라는 명분하에 이 地域이 劃一的으로 일시에 毁損되고 主要 遺物들이

他地域으로 강제이전 등 本來의 位置와 原型을 잃게 될지도 모르는 狀況에 深覺한 憂慮를 느끼지 않을 수 없습니다.

첫째로는 長久한 歲月에 걸쳐 營爲해온 生存權에 대한 直接的이고

둘째로는 앞서 지적한바 一家的 紐帶의 붕괴입니다.

이는 어느 특정한 氏族이나 政派의 理解関係를 떠나 歷史的 人間的 存在價值에 對한 重大한 否定이며 國家的으로 크나큰 損失이 아닐 수 없다고 생각합니다.

따라서 都市計劃 立案 段階에서 이 地域의 歷史的 文化的 價値가 새로히 評價되어 永久的 保存策이 講究되어야 마땅할 것으로 생각됩니다. 그렇게 하므로써 오히려 이 地域의 文化的 地域的 特性을 最大한 살려 새로운 시각에서 아름답게 가꾼다면 教育的인 면은 勿論이고 快適하고 품위있는 전원도시로 發展할 수 있을 것으로 믿어 여기에 本 委員의 具体的 請願事項을 具申하오니 惠覽하시와 善處하심을 간곡히 바랍니다.

## 請 願 事 項

1. 上記「뒷메」山을 保存하기 爲하여 新都市 開發地域에서

除外하여 주시는 일

2. 上記한 事項의 각종 遺物 墓域에 설치된 石物 蓮池 香木. 四面碑. 槐木. 神道碑. 旌閭門碑. 忠馬義塚. 不遷之位 祠堂 其他 歷史的碑 等)들을 文化財로 指定하여 주시는 일

添付. 1. 「뒷메」에 保存되고 있는 各種遺物寫真 10枚
2. 史料集 1卷 끝

「뒷메」原形保存對策委員會長 李亨求

城南市中院區穀內洞93

韓山李氏大宗會 理事長 李仁求

서울. 鍾路區壽松洞95

城南市 韓山李氏宗會長 李充珪

城南市中院區穀內洞93

(별첨 1-11)

# 參考事項

지난 1989. 4. 27. 政府의 盆唐地区 新都市建設計劃 發表以后, 韓國의 考古學 및 歷史遺物等의 權威學者인

서울大學校敎授 任孝宰 博士
〃 〃 이태진 博士
韓國精神文化硏究院 교수 李亨求 博士
明知大學校敎授 申천식 博士
城南市文化院長 牧기홍 等 學界

著名한 敎授들이 連日 繼續 調査中에 있으며, 全墓域의 特異性이라든가, 当時 王이 特別히 下賜建立된 旌閭門(碑門等), 및 不遷之位 祠堂等은 國內에서는 보기드믄 稀貴한것임을 指摘, 國家的次元에서 保護돼야 할 地域으로 評価進行中에 있음.

-5-

한 국 토 지 개 발 공 사

특기(1) 591 - 2650 1989. 6. 8.

수신 성남시 중원구 수내동 93 이형구외 2인

제목 청원에 대한 회신

1. 귀하께서 경기도지사 및 이공사에 청원하신 사안에 대한 회신입니다.

2. 귀하의 청원내용에 대한 이공사의 의견을 다음과 같이 회신하오니 참고하시기 바랍니다.

가. "뒷메"산을 보존하기 위하여 신도시개발구역에서 제외시켜 줄 것을 요망한 사안은 원칙적으로 불가능합니다. 다만, 귀하의 선조묘역에 대한 문화재지정이 선행된 후에 세주택도시개발을 위한 세부적인 토지이용계획 수립시 계획에 저촉되지 아니하는 범위내에서 귀하의 청원사항을 충분히 검토하여 공원구역등으로 보존하는 방안을 검토하도록 하겠으며,

나. 각종 유물에 대한 문화재지정 요청사안은 이공사에서 결정할 사항이 아님을 회신하오니 양지하여 주시기 바랍니다.

한 국 토 지 개 발 공 사 사

(별첨 1-13)

건 설 부

택지 01254-13190　　　　　　　　　　1989. 6. 10

수신 경기도 성남시 중원구 수내동 93 이형구외 100인

제목 진정서에 대한 회신

1. 귀하께서 '89.6.2자로 당부에 제출하신 진정서에 대한 회신입니다.

2. 정부에서는 날로 심각해지고 있는 수도권지역의 주택난을 해소하고 무주택서민들의 내집마련의 꿈을 실현시키고자 성남시 분당동 일원을 토지의 효율적인 이용과 집단적인 택지개발의 필요성에 따라 택지개발촉진법에 의거 택지개발예정지구로 지정하였읍니다.

1989. 6. 10
건설부

3. 귀하께서 청원사항인 "뒷메" 산 일원의 유적지보존을 위한 택지개발예정지구에서의 제외요청은 현재로서는 불가하오니 추후 수립예정인 택지개발계획에 있어 동유적지 및 수목의 보존필요성이 인정될 경우 보존이 가능하도록 공원등으로 토지이용계획에 반영할수 있음을 회신하오며,

4. 유적지 및 기타 석물등에 대한 문화재 지정은 당부의 소관사항이 아니므로 관계행정기관에 문의 하시기 바랍니다. 끝.

건 설 부 장

건 설 부

택지 01254-12400

1989. 6. 13

수신 경기도 성남시 중원구 수내동 93번지 이영구

제목 진정서에 대한 회신

1. 귀하께서 감사원 및 내무부장관에 제출하여 당부로 이송된 성남분당 택지개발예정지구에서의 「뒷매」산 제외요구 진정에 대한 회신입니다.

2. 동민원은 귀하께서 '89.6.2자로 당부에 제출하신 진정서와 동일내용으로 기히 회신한 내용과 같음을 회신하오니 양지하시기 바랍니다. 끝.

건 설 부 장

건 설 부

택지 01254-14201 1989. 6. 21

수신 경기도 성남시 중원구 수내동 93번지 이형구

제목 진정서 회신

1. 귀하께서 대통령비서실에 제출하여 정부합동민원실을 경유,당부로 이송된 진정서에 대한 회신입니다.

2. 동민원은 귀하께서 '89.6.2자로 당부에 제출하신 진정서와 동일사안의 내용으로 택지01254-13199('89.6.10)호로 기회신내용과 같음을 회신하오니 양지하시기 바랍니다. 끝.

건 설 부 장

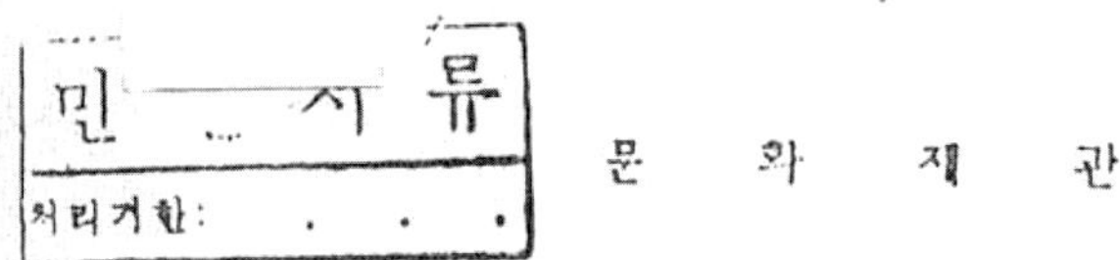

문 화 재 관 리 국

문입 35300-2852 736-0029 1989. 6. 12

수신 경기도 성남시 중원구 수내동 93 이 형 구

제목 청원서 처리

귀하등이 당국에 제출한 분당지역 신도시 개발 계획에따른 돐메유적 문화재 지정및 보존을 요청하는 청원서에 대하여는 경기도의 관계 전문가로 하여금 현지 조사를 실시한 후 그 결과에 따라 처리토록 하였음을 알려드립니다. 끝.

문 화 재 관 리 국

한 국 토 지 개 발 공 사

목기(1) 591 - 2653 　　　　　　　　1989. 6. 8.

수신　성남시 중원구 수내동 93 이형구외 2인

제목　청원에 대한 회신

1. 귀하께서 경기도지사 및 이공사에 청원하신 사안에 대한 회신입니다.

2. 귀하의 청원내용에 대한 이공사의 의견을 다음과 같이 회신하오니 참고하시기 바랍니다.

가. "뒷매"산을 보존하기 위하여 신도시개발구역에서 제외시켜 줄 것을 요망한 사안은 원칙적으로 불가능합니다. 다만, 귀하의 신조묘역에 대한 문화재지정이 선행된 후에 새주택도시개발을 위한 세부적인 토지이용계획 수립시 계획에 저촉되지 아니하는 범위내에서 귀하의 청원사항을 충분히 검토하여 공원구역등으로 보존하는 방안을 검토하도록 하겠으며,

나. 각종 유물에 대한 문화재지정 요청사안은 이공사에서 결정할 사항이 아님을 회신하오니 양지하여 주시기 바랍니다.

한 국 토 지 개 발 공 사 사 장

# 경 기 도

( 42-5100 )

분류기호및 문서번호 도시 30303 - 1545 1989. 6. 9.

수 신 분당지구 "뒷메" 원형보존 대책위원회 이 형 구

제 목 민원서류 처리

1. 귀하께서 우리도에 제출하신 민원서류의 내용을 검토한바 분당 새 주택도시 건설지구내(성남시 수내동 산1) 소재 하고있는 "현감 이장 윤 묘역"에 대하여 보존및 문화재 지정을 건의하신 내용으로서

2. 동 사안에 대하여는 다음과 같이 협조 요청하었기 알려 드립니다.

가. 묘역 보존사항에 대하여는 관련기관인 한국토지개발공사에 협조 요청하였으며

나. 문화재 지정에 대하여는 본도 문화공보담당관실에서 검토 처리중에 있아오니 처리결과는 추후 통보하여 드리겠읍니다.

첨 부 : 공문사본 1 부 끝

경 기 도 지

위 회시에 대하여 의문이나 더 알고 싶으신 사항이 있으시면 담당자 에게 문의하여 주시기 바랍니다.

경 기 도

도시 30303 - 498 1989. 5. 29.

수신 한국토지개발공사

참조 신도시 특별기획단장

제목 민원서류 처리

우리도 관내 성남 한사이씨 종친회장 이충규로부터 성남시 수내동 산1 번지일원 문화재적 가치가 있는 "현감 이장윤 묘소"등에 대하여 본당 새주택 건설사업계획에서 제척하여 보존될수 있도록 요망하신 내용으로서 별첨 민원 서류를 송부하니 선처하여 주시기 바랍니다.

첨부 : 민원서류 사본 1부. 끝.

경 기 도 지 사

경 기 도

문공 35300 - 10&4 1989. 6. 16.

수신 성남시 중원구 수내동 93 이 형 구

제목 문화재 지정 요청에 대한 회신

귀하가 문화공보부장관에게 제출하신 "이진봉 한산이씨 유적"의 문화재 지정 청원서가 문화재관리국으로부터 본도에 이송되었기 다음과같이 회시합니다.

1. 문화재지정은 문화재전문위원의 현지합동 조사를 통해 문화재지정가치 여부를 진단한후 관계전문학자들로 구성된 경기도 문화재위원회에서 심의 결정하여야 하는바

2. 귀하가 건의하신 문화재지정 청원건도 관계 전문위원의 현지 합동조사후 문화재위원회의 심의결과에 따라 결정하겠으니 그리 아시기 바랍니다.

끝.

경 기 도 지

성실 · 친절하게 봉사합니다.

# 내 무 부

총무 01250- (731-2217) 1989. 6. 2.

수신 이순영(성남시 중원구 수내동 93 분당지구 및 예원형보존 대책위원회) 귀하

제목 민원사항 처리결과 회신

1. 평소 내무행정 발전을 위하여 적극 협조해 주시는 귀하께 진심으로 감사 드립니다.

2. 귀하께서 우리부에 제출하신 민원사항 내용을 검토한 결과 건설부 소관사항이므로 이를 건설부 에서 처리토록 이송하고 동시 그 처리 결과에 대해서도 직접 회신하여 드리도록 조치 하였으니 양지하시기 바라며

3. 앞으로도 더욱 많은 협력과 귀댁에 무궁한 영광 있으시기를 충심으로 기원 합니다. 끝.

내 무 부 장

# 감 사 원

민원 01254-834 ( 732-8504 ) 1989. 6. 3.

수신 경기도 성남시 중원구 수내동 93 이형구 외 2

제목 민원접수 통보

귀하가 당원에 제출한 민원서류는 다음과 같이 처리중임을 알려 드리니 그리 아시기 바랍니다.

1. 접수일자 및 접수번호 : 1989. 6. 1.

제 925 호

2. 처리내용 : o 건설부 에서 조사 처리하여

귀하에게 통보함.

감 사 원

정직 · 질서 · 창조

정 부 합 동 민 원 실

합민 01254- 35630 (735-0114) 1989. 6. 14.

수신 성남시 중원구 수내동 93 대표 이형구 귀하

제목 민원사안 처리통보

귀하가 대통령비서실에 제출하신 민원사안을 검토한 바, 동 사안은 " 분당지구 신도시개발 편입지역 제척 " 내용으로, 이는 " 건설부 "에서 조사·처리함이 타당 하다고 판단되어 동 기관으로 하여금 처리케하고 그 결과를 귀하에게 회신토록 조치하였음을 알려드립니다. 끝.

정 부 합 동 민 원 실

도시 30260-337　　　　　　　　　　　　　　　　　89. 6. .

수신　중원구 수내동 93번지 이 형구외 2인

제목　건의사항에 대한 회신

1. 귀하등의 일익 번영하심을 기원합니다.

2. 1989.6.21일자로 우리시에 제출하신 건의사안의 내용을 검토한 바 뒷메(수내동 산1-2임)의 보존을 위하여 새 주택도시 개발 계획 지구에서의 제척과 각종의 유물,묘석등의 문화재 지정을 요망하신 내용으로서

3. 문화재 지정은 문화재 전문위원의 현지 합동 조사를 통하여 문화재로서의 가치여부를 진단한 후 경기도 문화재 위원회의 심의결과에 의하여 결정되는 것이오니 그리 아시기 바라며

4. 문화재 지정이 될 경우 개발계획수립시 보존을 위한 여러가지 방법이 검토 될것이나 현단계에서 개발지구에서의 제척은 불가할 것으로 사료되오며 구체적인 사항은 사업 시행자인 한국토지개발공사 사장에게 처리하고 그 결과를 귀하에게 회신토록 요청 하였으며

5, 아울러 우리시에서는 기히 "뒷메"의 보존을 관계기관에 건의한 바 있고 문화재 지정에 따른 문화유적조사서를 경기도에 제출하였음을 첨안하오며 새주택도시 건설과 관련된 여러분의 요구사항이 최대한 반영되도록 노력하고 있아오니 시정에 협조하여 주시기 바랍니다.

성　　　　남　　　　시

"화합속의 질서체전 자랑스런 우리시민"

대 한 민 국 국 회

의안제2374호 1989. 6. 14.

수신 경기도 성남시 수내동 93 이형구 외99인

제목 청원서회부통지

1989.6.12. 귀하가 이긍규.이대엽.이인구 의원의소개로 제출한 "분당지구 내이진봉(속칭뒷메)에대한원형보존 대책에관한청원"은 건설위원회에서 심사하도록 1989.6.14 자로 회부하였음을 통지합니다. 끝.

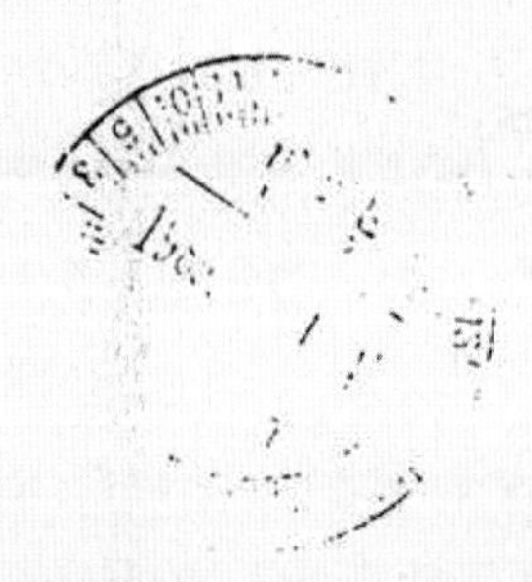

국 회 의 장

# 世界日報

1989년 6월16일

서울大 조사팀, 보존요청

## 盆唐일대에 역사遺物산재

서울대박물관조사팀(팀장 任孝宰)은 15일 신시가지 예정지역인 盆唐일대에 선사시대 支石墓2基를 비롯한 韓山 李氏墓地10만여평 등에 84점의 역사유물이 산재해 당국이 개발에 신중을 기할 것을 요지로 하는 보고서를 발표했다.

### 先史시대 支石墓-朝鮮朝 문중묘등 完形발견

10일간 긴급 조사(5월29~6월7일)끝에 발표된 보고서는 선사시대 지석묘는 가로3백40, 세로2백10, 높이80㎝의 타원형등 2基이며 역사시대 유물로는 祠堂2 비석25 文人石8 망주석24 石獸

22개가 盆唐일대에 있으며 특히 「수내洞 소재 韓山李氏 墓地는 16세기 이래 朝鮮朝 문중묘의 원형이 完形으로 보존돼 있고 墓山밑의 마을은 조선시대 班村의 모습을 보여주고 있어, 개발이란 이름으로 철거하지 말고 역사휴식공간으로 활용해야 한다」고 지적했다.

# 한국일보

1989年6月16日 (金曜日)

## 盆唐에 朝鮮시대유적 즐비

### "사적지 지정…개발 再考를"

경기城南市 盆唐일대 신시가지 예정지역내 10만평에 14~17세기 朝鮮시대의 고분 30여기, 비석, 문인석등이 산재되어 이일대의 아파트건설을 재고, 사적지및 역사유적공원으로 지정해야한다는 의견이 학계에서 일고있다.

### 서울大팀 조사발표

서울大박물관 (관장 任孝宰)과 서울大奎章閣 (관장 李泰鎭교수) 조사팀은 현지주민들의 제보에따라 지난5월29일부터 10일간 이일대를 조사한결과, 서울근교에서는 보기드문 朝鮮시대 문중묘가 원형대로 잘보존돼 있어 묘제 변천사및 조각사연구에 귀중한 자료가될 것이라고 평가했다.

특히 城南市 藪內洞 盆唐川 북쪽에 접해있는 해발 약 70m의 둘레 10리 안산 10만평은 韓山 李氏의 묘산으로 동·북·서 3방향에 비석이세워 경계를 표시하는「韓山李氏世葬之山」「韓山李氏入首之碑」글자가 새겨진 사면비를 비롯 14~16세기 묘20기, 문인석16기, 망주석20기, 壬辰倭亂때 전사한 李慶流의 신도비·사당등이 [illegible] 세워져 있었다.

조사팀은 이밖에 선사시대 지석묘, 亭子洞 茂山君사당, 朝鮮朝 대학자 李愼誠 (1552~1596) 李燦 (1572~1646)의 묘, 沈宜晉의 신도비및 묘, 朝鮮시대 班村의 원형이 그대로 보존돼있다고 지적, 토지개발공사등에 보고서를 제출하겠다고 밝혔다.

# 京畿道·盆唐の新市街予定地域

ソウル大調査発表

## 軒なみ朝鮮朝遺跡

### 「開発再考、史跡指定を」

統一日報 89.6.21

京畿道城南市盆唐洞一帯の新市街地予定地（約十万坪）は、十四～十七世紀朝鮮朝時代の古墳三十余基、碑石、文人石などが集中していることで知られている。このためこの一帯のアパート建設を再考、史跡地および歴史遺跡公園として指定しなければならないという意見が学界から出されている。

ソウル大博物館（任孝宰館長）とソウル大奎章閣（李泰鎮館長・教授）調査チームは、現地住民の通報により五月二十九日から十日間この一帯を調査した。その結果、ソウル近郊ではまれにみる朝鮮時代の門中墓が原形のまま保存されており、彫刻史研究に非常に重要な資料になると評価した。

特に、城南市藪内洞盆唐川の北方に接している海抜約七十㍍のまわり十里の十万坪は、韓山李氏の墓山。東、北、西の三方向に碑石が建っており、境界を示す「韓山李氏世葬之山」「韓山李氏入首之碑」の文字が彫りつけられている四面碑をはじめ、十四～十六世紀の墓二十基、文人石十六基、望柱石二十基、壬辰倭乱の時に戦死した李慶流の神道碑（従二品以上の官員の墓近くに建てた碑）、祠堂などが多く建っている。

調査チームはこのほか、先史時代の支石墓、亭子洞の茂山君祠堂、朝鮮朝の学者・李慎誠（一五五二～一五九六）、李燦（一五七二～一六四六）の墓、沈宜晋の神道碑および墓、朝鮮時代班村の原形がそのまま保存されていると指摘、土地開発公社などに報告書を提出、開発の再考を建議すると明らかにした。

(별첨 1-15)

1989년7월4일 화요일 1版 【일간】

京鄕新聞

## 任孝宰 서울대박물관장 관계당국에 건의

## "盆唐지구 유적 原形보존을"

신시 조성예정지인 성남시 수내동에위치한 한산이씨 묘산。

### 韓山 李氏 묘산등은 史料가치 높은 遺物

任孝宰서울대박물관장은 4일 신시조성예정지인 城南市 盆唐지구에 대해 개발이전에 문화재조사를 실시하고 기존의 역사유적을 보존해 줄것을 문공부와 경기도에 건의했다。

任교수가 지난달 박물관팀과 조사, 작성한 건의서에 따르면 분당일대에는 선사시대는 물론 역사시대의 유적 유물이 다양하게 분포돼있었다。

야탑동 돌마국교 남쪽에서는 고인돌 2기가 완형으로 발견되었는데 주변에는 3～4기가 더 있는것으로 보고됐다。

또 수풀이 우거진 탄천일대의 구릉은 선사시대의 주거지로 적합해 발굴에 따라서는 커다란 성과도 기대된다。

이중 관심을 모으는것은 ▲정자동 茂山君사당및 李愼誠 李[illegible]의 신도비와 묘▲야탑동의 沈宜晉 신도비및 묘 ▲구미동 全義李氏비석군 ▲韓山 李氏묘산등 역사유적이다。

韓山 李氏묘산은 경계를 표시하는 4면碑를 비롯해 조선시대 문중묘의 원형이 잘 보존돼있었다。

특히 16세기이후의 묘들이 시대순으로 배치돼있어 조선시대 묘제뿐아니라 석물등을 통해 조각사연구에 귀중한 자료가 될것으로 보인다。

또 임진왜란때 전사한 李慶流의 신도비와 조정에서 내린 旌閭는 나무현판이 그대로 남아있어 역사적 교훈이 될 뜻깊은 유물로 꼽힌다。

이묘산밑에는 서울과 인접한 관계로 조선시대의 班村이 원형을 잘보존하고 있다。

全州李氏 茂山君의 사당과 李愼誠(1552～1596)李[illegible](1572～1646)은 역사상 인물로 그 신도비는 조각수법이 뛰어났다。

任관장은 건의서에서『선조들이 남긴 문화재가 개발에 밀려 더이상 수난당해서는 안된다』면서『한산李씨묘산은 특히 공원이나 녹지에 포함시켜 보존, 조선시대 문중묘의 본보기로 휴식공간화해야한다』고 강조했다。

한편 문화재관리국은 이를 토대로 정식발굴과 함께 사적공원지정을 검토중인 것으로 알려졌다。

---

조선일보 西紀 1989年 11月 9日

## 盆唐서 청동기 유적 발견

## 지석묘 1백16기등 발굴 보존키로

【水原=■■】경기도는 8일 분당신도시 건설지역내에 지석묘, 고분등 문화유적이 산재해 있는 것을 확인, 단계적으로 발굴및 현장보존, 이전복원하기로 했다.

분당신도시 건설지역의 문화유적은 도가 지난 9월 1일부터 30일까지 한달동안 한양대 박물관(관장 金秉模박사)에 의뢰, 신도시건설지역인 분당 도촌 야탑 사송 정자동일대 문화유적 지표조사를 실시한 결과 밝혀졌다.

이번 조사는 선사유적, 고분, 사적지등 8개분야에 걸쳐 실시됐는데 청동기시대유적으로 지석묘 1백16기와 적석총 8기, 묘역6기, 염원지, 봉수지 각1개소등 8개소의 사적을 발견했다.

또 절터 2개소, 사당, 정자등 고건축 5채, 수령 1백～3백년이 넘는 노거수등 보호수 92그루가 확인되는등 모두 1백47점의 문화유적이 확인됐다.

도는 조사단의 종합의견 결과를 문화재관리국에 보고하는 한편 분당동에 있는 한산李씨 묘역및 석물등 7점을 경기도 문화재로 지정하기로 했다.

(별첨 1-16)

西紀 1989年 7月

朝鮮日報

城南市 서현-수내동일대 24만坪

# 盆唐 시범단지 10월 첫삽

業體 경쟁적 참여…건설案 공모

盆唐신도시개발의 첫번째사업으로 城南시 書峴동 藪內동일대24만여평의땅에 아파트·주택 7천5백가구(인구 3만명)가 들어서는 시범단지조성공사가 올10월중 착공된다.

시범단지조성은 건설업체들의 경쟁적참여를 통해 국내최초의 쾌적한 전원주택단지를 건설, 盆唐 신도시내인구유입을 촉진하고 새주택단지모델을 제시하기위한 것이다.

한국토지개발공사는 이에따라 盆唐신도시내 시범단지건설계획안을 29일부터 현상공모, 개발에 착수키로했다.

시범단지가 조성될 성남시 서현-수내동일대24만3천평은 盆唐의 「센트럴파크」로 불리는 대규모 공원지대와 군사시설보호구역 녹지를 끼고있어 盆唐내에선 최적의 전원주택지로 꼽히고있고, 전철역과의거리도 도보로5분안팎이다.

국내최초로 「대단지특별계획개발」(슈퍼블록)방식에 의해 건설되는 시범단지에는무주택자들을위한임대주택(전용면적 8~18평)이 총규모의 10~15%정도, 국민주택(12~25·7평)이 36~40%, 일반 분양주택(25·7평이상)이 45~50%정도 건설될예정이며, 모든편의시설을 주민들이 도보로 이용할수있도록 계획된다.

아파트분양은 오는 11월중 있게되며, 완공은 빠르면 내년말 이뤄진다.

土開公측은 민간건설업체에팔 시범단지땅값을 임대주택은 평당72만원, 국민주택은 평당 80만원, 일반분양주택은 평당 96만원으로 잠정책정했는데, 주민들과의 보상협의가 끝나야최종확정된다.

(별첨 1-17)

토공 제89-34호 1989年7月7日 (金曜日)

# 분묘개장공고

한국일보

매장및 묘지등에 관한 법률 제16조 제2항및 동법 시행규칙 제7조의 규정에 따라 다음과 같이 분묘를 개장공고 하오니 연고자 및 관계자께서는 기간내에 신고하여 주시기 바랍니다.

| | |
|---|---|
| 분묘소재지및 기수 | 성남시 정자동 산4~2외 318필지 3,253기 ·(내역 아래참조) |
| 개장사유 | 분당 신도시 건설사업지구내에 편입(건설부고시 제220호 : 1989·5·11) |
| 공고기간 | 1989. 7. 7~1989. 9. 30 |
| 이장기간 | 1989. 9. 1~1989. 10. 15 |
| 개장방법 | 이 장 |
| 신 고 처 | 한국토지개발공사 분당신도시 직할사업단<br>경기도 성남시 수정구 수진2동 3996<br>전화 (0342)753-6651-4 · 753-9911-3 |
| 기 타 | 분묘에 대하여 연고가 계시는 분은 공고기간내에 신고하여 이장기간내에 개장하시기 바라오며 본공고기간 내에 신고가 없을 시에는 무연분묘로 간주하여 임의로 개장하게 됩니다. |

## 분당신도시 건설사업으로 인하여 부득이 이장하시게 된점, 이해와 도움을 청합니다.

부모와 자손의 관계는 나무의 뿌리와 지엽과도 같은 것이어서 지엽의 무성함은 그지엽 자체를 손질하기 보다는 오히려 그 뿌리를 튼튼히 하는것이 효과적이고 확실한 방법인 것과 같이 자손의 주택이 자손의 생활에 기여하는 것보다는 부모의 幽宅에서 오는 영향이 크다고 많은 우리 한국인들은 믿고 있습니다.

그러기에 돌아가신 조상님을 살아계신듯 섬기고 혼백의 편안함을 염려하는 것이 사람된 도리요 孝의 근본이라고 여기고 그러면 산 사람도 저절로 번창한다고 믿으니 先賢이 말씀하시는 「由根達枝」가 바로 그뜻이라 하겠습니다.

이렇듯 할아버님, 아버님이 그러하셨고 또 다시 우리 가슴에 뿌리깊이 남아 선영에 대한 강한 애정과 끈끈함은 우리모두의 미풍 양속으로 자랑스럽다 아니할 수 없습니다.

그러나 이번 분당신도시 개발로 인하여 南漢山의 수려한 줄기자락에 자리잡은 여러분, 선조님묘소를 이장하게한점, 무척이나 가슴아프게 생각하오며 깊은 이해와 도움을 바랍니다.

## 名山吉地를 얻으시어 發福하시기 바랍니다

옛지리의 이름있는 책 靑烏經에 이르기를 "사람이 늙어 죽는다는 것은 거짓으로 화합된 사람의 형태가 분리하여 합치기 이전의 참 모습으로 돌아가는 것이다. 사람의 정신은 하늘로 돌아가고 육체는 땅의 근본으로 돌아가니 吉地의 瑞氣가 감응하면 자손에게는 행복이 미친다"고 하였습니다.

신빙성이 없는 옛글이라 치부할 수도 있지만, 비록 타의에 의하여 이장을 준비하는 무거운 걸음 걸음이라고 할지라도 신의 가호가 함께하시어 名堂吉地를 찾아 자손만대 富貴延綿하시기 바랍니다.

**한국토지개발공사**는 바로 여러분이 원하고 바라는 국민의 공사로 나아갈 것입니다!

-1-

| 소재지 | 지번 | 기수 |
|---|---|---|
| 정자동 | 산39—2 | 3 |
| 〃 | 산36—1 | 3 |
| 〃 | 산36—2 | 2 |
| 〃 | 산36—3 | 3 |
| 〃 | 산36—4 | 3 |
| 〃 | 산36—5 | 4 |
| 〃 | 391 | 25 |
| 〃 | 산34—2 | 21 |
| 〃 | 산43—1 | 13 |
| 〃 | 산35—2 | 4 |
| 〃 | 산33—1 | 4 |
| 〃 | 산33—2 | 2 |
| 분당동 | 산3—1 | 9 |
| 〃 | 산4 | 2 |
| 〃 | 산5—9 | 1 |
| 〃 | 산5—7 | 1 |
| 〃 | 산6 | 3 |
| 〃 | 〃 | 4 |
| 〃 | 산7—1 | 12 |
| 〃 | 산9—1 | 18 |
| 〃 | 산10—21 | 1 |
| 〃 | 산10—15 | 4 |
| 〃 | 산10—11 | 7 |
| 〃 | 산10—14 | 3 |
| 〃 | 산10—12 | 4 |
| 〃 | 산10—10 | 5 |
| 〃 | 산10—9 | 5 |
| 〃 | 산10—27 | 1 |
| 〃 | 산10—35 | 2 |
| 〃 | 산30—5 | 4 |
| 〃 | 산27—3 | 2 |
| 〃 | 산30—3 | 5 |
| 〃 | 산5—12 | 1 |
| 〃 | 산6 | 2 |
| 〃 | 산64—1 | 3 |
| 〃 | 산56—1 | 70 |
| 〃 | 산219 | 1 |
| 〃 | 산215 | 3 |
| 〃 | 산59—2 | 4 |
| 〃 | 산59—3 | 3 |
| 〃 | 산59—4 | 2 |
| 〃 | 산58—4 | 1 |
| 〃 | 산57 | 2 |
| 〃 | 330 | 1 |
| 〃 | 314 | 1 |
| 〃 | 산54 | 1 |
| 〃 | 산39—2 | 6 |
| 〃 | 341—1 | 1 |
| 〃 | 산43—14 | 4 |
| 〃 | 산43—39 | 1 |
| 〃 | 산67 | 1 |
| 〃 | 산8—2 | 3 |
| 수내동 | 산35—9 | 5 |
| 〃 | 산37—1 | 46 |
| 〃 | 산35—13 | 5 |
| 〃 | 산37—3 | 14 |

| 소재지 | 지번 | 기수 |
|---|---|---|
| 수내동 | 381—1 | 3 |
| 〃 | 381—3 | 1 |
| 〃 | 산28—28 | 4 |
| 〃 | 산28—15 | 16 |
| 〃 | 산30 | 2 |
| 〃 | 산24 | 18 |
| 〃 | 산42—1 | 5 |
| 〃 | 산43—1 | 5 |
| 〃 | 산46—1 | 12 |
| 〃 | 산45 | 5 |
| 〃 | 산47 | 2 |
| 〃 | 산48—1 | 4 |
| 〃 | 산52—5 | 9 |
| 〃 | 산56 | 1 |
| 〃 | 산8—2 | 9 |
| 〃 | 산16—1 | 6 |
| 〃 | 산15—1 | 7 |
| 〃 | 산6—8 | 6 |
| 〃 | 산6—1 | 2 |
| 〃 | 산5 | 4 |
| 〃 | 산4 | 1 |
| 〃 | 산3—14 | 1 |
| 〃 | 산10—4 | 1 |
| 〃 | 산19—2 | 2 |
| 〃 | 산19—3 | 1 |
| 〃 | 산18—2 | 3 |
| 〃 | 산18—1 | 2 |
| 〃 | 산1—2 | 118 |
| 금곡동 | 산73 | 2 |
| 〃 | 산413—2 | 16 |
| 〃 | 262 | 3 |
| 〃 | 산412—2 | 10 |
| 〃 | 산71 | 8 |
| 〃 | 산69—1 | 2 |
| 〃 | 산71 | 2 |
| 〃 | 산70 | 2 |
| 〃 | 산71 | 1 |
| 〃 | 산66—1 | 3 |
| 〃 | 산65—1 | 1 |
| 〃 | 산66—1 | 4 |
| 〃 | 산65—1 | 1 |
| 〃 | 산65—2 | 4 |
| 〃 | 산67 | 10 |
| 〃 | 산68 | 12 |
| 〃 | 224—5 | 1 |
| 〃 | 225—4 | 1 |
| 〃 | 산67 | 1 |
| 〃 | 산68 | 1 |
| 〃 | 산71 | 4 |
| 〃 | 산66—1 | 1 |
| 궁내동 | 217—2 | 4 |
| 〃 | 217—4 | 1 |
| 구미동 (1·2통) | 478—1 | 30 |
| 〃 | 529 | 8 |
| 〃 | 583 | 7 |

| 소재지 | 지번 | 기수 |
|---|---|---|
| 구미동(1·2통) | 582 | 5 |
| 〃 | 681—2 | 3 |
| 〃 | 681 | 2 |
| 〃 | 139 | 11 |
| 〃 | 123 | 5 |
| 〃 | 140 | 1 |
| 〃 | 123 | 9 |
| 〃 | 122 | 1 |
| 〃 | 167—1 | 11 |
| 〃 | 123 | 21 |
| 〃 | 산84—2 | 17 |
| 〃 | 144—5 | 7 |
| 〃 | 산82 | 26 |
| 〃 | 산83—3 | 1 |
| 〃 | 산83—2 | 16 |
| 〃 | 산81 | 14 |
| 구미동(3·4통) | 478—1 | 6 |
| 〃 | 485 | 1 |
| 〃 | 509—1 | 1 |
| 〃 | 산2—4 | 1 |
| 〃 | 산2—3 | 1 |
| 〃 | 산3 | 13 |
| 〃 | 산4 | 5 |
| 〃 | 산5 | 7 |
| 〃 | 산7—1 | 2 |
| 〃 | 산8 | 4 |
| 〃 | 산7—2 | 7 |
| 〃 | 산6 | 6 |
| 〃 | 산10 | 15 |
| 〃 | 570 | 2 |
| 〃 | 565 | 10 |
| 〃 | 567 | 1 |
| 〃 | 산11—2 | 9 |
| 〃 | 산16 | 9 |
| 〃 | 산13 | 6 |
| 〃 | 산14 | 11 |
| 〃 | 산15 | 1 |
| 〃 | 615 | 7 |
| 〃 | 617—2 | 13 |
| 동원동 | 산3 | 17 |
| 〃 | 산4 | 1 |
| 〃 | 산2—2 | 1 |
| 〃 | 산2—1 | 6 |
| 백현동 | 262—2 | 1 |
| 〃 | 344—2 | 1 |
| 〃 | 348—1 | 1 |
| 〃 | 산18—2 | 4 |
| 〃 | 산19 | 32 |
| 〃 | 산19—2 | 3 |
| 〃 | 산20—1 | 10 |
| 〃 | 산20—3 | 3 |
| 〃 | 산21 | 21 |
| 〃 | 산22—1 | 22 |
| 〃 | 산24 | 2 |
| 〃 | 산25—1 | 4 |
| 〃 | 산25—2 | 6 |

| 소재지 | 지번 | 기수 |
|---|---|---|
| 백현동 | 산25—3 | 2 |
| 〃 | 산25—4 | 1 |
| 〃 | 산26—2 | 4 |
| 〃 | 산26—10 | 2 |
| 〃 | 산26—11 | 4 |
| 〃 | 산27—1 | 17 |
| 〃 | 산28—1 | 7 |
| 〃 | 산28—5 | 2 |
| 〃 | 산28—7 | 1 |
| 〃 | 산56—1 | 10 |
| 〃 | 산56—3 | 3 |
| 〃 | 산56—14 | 4 |
| 〃 | 산57 | 5 |
| 〃 | 산57—1 | 1 |
| 〃 | 산58 | 1 |
| 〃 | 산59—1 | 1 |
| 〃 | 산59—3 | 2 |
| 서현동 | 70—1 | 4 |
| 〃 | 78 | 1 |
| 〃 | 82—1 | 4 |
| 〃 | 83 | 1 |
| 〃 | 85 | 3 |
| 〃 | 86 | 3 |
| 〃 | 91 | 2 |
| 〃 | 92 | 1 |
| 〃 | 397 | 4 |
| 〃 | 398—2 | 3 |
| 〃 | 398—5 | 5 |
| 〃 | 398—8 | 3 |
| 〃 | 405—1 | 4 |
| 〃 | 406 | 1 |
| 〃 | 407 | 1 |
| 〃 | 408 | 2 |
| 〃 | 415—2 | 7 |
| 〃 | 416 | 1 |
| 〃 | 418—2 | 5 |
| 〃 | 산1—1 | 5 |
| 〃 | 산1—4 | 2 |
| 〃 | 산2—1 | 4 |
| 〃 | 산63—1 | 52 |
| 〃 | 산65—3 | 7 |
| 〃 | 산67—1 | 14 |
| 〃 | 산68—1 | 11 |
| 〃 | 산69 | 1 |
| 〃 | 산75—1 | 2 |
| 〃 | 산75—5 | 1 |
| 〃 | 산75—7 | 8 |
| 〃 | 산76—1 | 3 |
| 〃 | 산76—2 | 2 |
| 〃 | 산77 | 2 |
| 〃 | 산84—3 | 4 |
| 〃 | 산84—4 | 11 |
| 이매동 | 산55—6 | 13 |
| 〃 | 산57 | 2 |
| 〃 | 산60—1 | 1 |
| 〃 | 산61 | 1 |

1989 년 7월 7일

한국토지개발공사 분당 신도시직할 사업단장

(별첨 1-18)

「곶메」 遺蹟地

原形保存策에 関한 主要經過報告.

其間의 推進經過는 議員任

께 要約報告資料.

京畿道水原市梨木洞

李恒求

# 李陳峰(뒷베) 遺蹟地原形保存策에 関한 主要推進經過報告.

1989. 4. 27.

盆唐地区新都市建設計画에 関한 政府發表.

1989. 5. 8.

宗親

께서 現地(城南市藪内洞山 1.2番地) 一帶를 直接踏山하시고, 國家的 次元의 遺蹟地保存対策을 積極講究하셨음.

1989. 5. 15.

李德求 宗親과

面談하고, 土地開發公社等 実務的 次元의 遺蹟地保存策을 論議함.

1989. 5. 16.

「灵메」 先山에 对한 原形保存策을 講究하기 為하여 京鄕各地의 散在한 奉化公(長潤先祖) 公派 宗親會(理事長 李亨求) 臨時總會를 開催함.

1989. 5. 16.

韓國精神文化研究院教授 李亨求(考古學 博士) 宗親을 訪問하고 「灵메」 遺蹟에 对한 文化財 指定 및 原形保存策에 関하여 諮问을 받음

1989. 5. 16.

水原地方法院 管内 朴奉圭 辯護士 事務所 法律事務長 林順鎬 親知와 法律的 諮问을 받음.

1989. 5. 16.

-3-

盆唐地区新都市建設計画에
対한 共和党単独의 「全面白紙化」
決議案이 上程됨.

1989. 5. 27.
國會建設委員會의 新都市建設再検討
決議案이 与.野 萬場一致로 通過됨.

1989. 6. 2.
「뒷메」遺蹟地原形保存策에 関한 請願書
를 作成 各界要路에 陳情함
主要内容
① 盆唐地区新都市建設計画에서 由緖
깊은 本遺蹟地一圓(約10万坪)을
除外하여 달라는 事項.

② 本遺蹟地一帯에 温存하고 있는
各種 貴重한 遺物들을 文化財로
指定 保護하여 달라는 事項

1989. 6. 16.

서울大學校 博物館長 任孝宰博士 및 同大學校 이태진 博士팀의 約10日間에 亘하여, 盆唐一帶의 厂史遺蹟地에 対한 學術調査를 마치고, 매우 貴重한 文化遺蹟地임을 確認하고, 放送報道 發表됨. K.B.S. TV 및 Radio

1989. 6. 16.

서울大學校 博物館長 任孝宰博士等 調査研究팀의 發表와 더불어, 「盆唐一帶에 厂史遺物散在」 題下로 韓國日報 世界日報 및 日本統一日報에 報道됨.

1989. 6. 8~10.

1989. 6. 2日字 請願書에 対한 建設部 및 韓國土地開發公社側으로 부터 回信됨.

-5-

主要内容

곳에 遺蹟地原形保存을 爲하여, 이 地域을 新都市建設計劃에서 除外시켜키는 問題는 原則的으로 不可하다고 前提하고, 同遺蹟地 및 樹林의 保存必要性이 認定될 境遇, 公園等으로 保存이 可能하도록, 追后 樹立予定인 宅地開發計劃 및 土地利用計劃에 反映하겠다는 内容임.

1989. 7.

① 서울大學校敎授 任孝宰博士 및 同大學校敎授 이태진 博士等 學術調査팀은 곳에 遺蹟地에 대한 綜合報告 및 建議書를 関係機関(文化公報部)等에 提出하고 緊密協助하고 있음.

-6-

② 京畿道文化公報室은, 地方文化財担当所管部処로서, 現在 同審査委員(學界等 專门家 約 20名)들이 「둘메」 現地踏査를 마쳤으며 今年度 10月頃. 文化財 指定 最終審査가 있을것으로 予想됨

# 問題点 및 對策

1. 「뒷메」 遺蹟地 文化財 指定을 爲한 行政作業이 京畿道文化公報室 主管으로 現在 進行하고 있으며 그 最終決審은 今年度 10月頃으로 予定되고 있는바, 其間 当局(政府)의 新都市建設計劃은 早急 進行되고 있음.

이와같은 時点의 差異로 同遺蹟地가 자칫 新都市建設予定地로 設定될 危險性

2. 関係機関(建設部, 土開公)은 「뒷메」 遺蹟地 및 遺物·樹木等의

保存必要性이 認定될 境遇
追后 樹立予定인 都市建設計劃에
反映하겠다고 言及한 바 있음.
그런데 当局은, 「뒷메」 遺蹟地
가 (約 8万7千坪) 워낙 넓다고
判斷하고 있으며, 그 切半程度는
割壞해야 한다는 主張임.

參考事項.
「뒷메」 遺蹟地에 特徵은, 李陳
峰山 自体가 墓域聖地로서,
東西南北으로, 巨大한 四面碑가,
現存하는 史實만 보아도, 山 全体
가 文化遺蹟地임이 分明하므로 이,
遺蹟地를 縮少調整할수없는 名所임.

-8-

(별첨 1-19)

# 돌뫼 遺蹟地原形保存의 必要性

※ 1989. 7. 18 (火) 午后 3時
盆唐地区新都市建設
第1団事業部長 鄭然大
와 特別面談資料

京畿道水原市梨木洞
李恒求

## 뒷뫼 遺蹟地原形保存의 必要性.

1. 面積의 概要.

總 11万7千坪中

軍部隊徵發協助 : 3万余坪.

現殘面積 : 8万7千坪.

2. 遺蹟地原形保存의 対象

- 遺蹟地(마을)於口에 古來로 부터. 伝承해 내려오는 연못(蓮池)의 保存.
- 마을 於口를 비롯한 뒷뫼 全地域에 分布되어 있는 各種老樹古木의 保存.
- 鵝川君 領議政 李 增 先生의 不遷之位祠堂、또는 約 300余年의 긴 歷史를 간직한, 伝統的인 古家屋의 保存.

—2—

○ 兵曹佐郎 李慶流公의 旌閭門碑 神道碑, 및 三去遺事碑等 巨大한 主要碑群地域의 保存.

○ 兵曹佐郎 忠臣 李慶流公의 墓와 이분의 忠馬인 儀塚等 遺蹟地의 保存.

○ 奉化公 縣監 李長潤 先生等 이나라 主要功臣들의 墓域保存.

○ 本遺蹟地墓園을 이미 象徵的으로 表識하는 代表作, 四面碑(東西南北)等 隣近地域의 保存.

○ 李朝時代로 부터 形成된 典型的 班村의 原形과, 마을 앞 盆唐川의 보(洑)모습의 再現等 우리나라 農耕社會모습保存.

3. 歷史的 考証과 背景

◦ 韓山李氏文獻抄史料集
◦ 余他 主要姓氏文獻史料集
◦ 李朝実録
◦ 其他歷史文獻史料集
◦ 1989. 6. 16日字 ~ 1989. 7. 4日字間 韓國日報, 京鄕新聞, 世界日報 및 日本統一日報等 主要日刊紙에 「益唐地区 遺蹟原形 保存을」 題下로 一斉히 掲載됨.
◦ 1989. 6. 16日字. KBS 1 TV 및 라디오等 放送 報道.
◦ 서울大學校 博物館長 任孝宰博士

-4-

同大學校敎授 이태진 博士等 學術調査팀의 調査完了后, 本遺蹟地 全域의 原形保存의 必要性을 文化公報部等 関係機関에 建議한것으로 思料됨.

○ 明知大學校敎授 신천식 博士等 斯界著名學者 約20余名의 京畿道 文化財委員들이 同遺蹟地를 調査完了后, 亦是 本遺蹟地 全域을 原形대로 保存하고, 主要遺物은 文化財로 指定保護하는 内容의 審査進行中인것으로 思料됨.

○ 其他 城南市文化院(院長 전기흥)으로부터 本遺蹟地의 原形保存과 文化財 指定保護를 関係

機関等의 特別建議한것으로 思料됨.

4. 結論 및 建議

위의 諸般 特性을 勘案할때,

우리 韓山李氏門中만의, 私利私慾的 利害関係가 아님이 據証된것이며, 오로지, 國家的이며, 歴史的인 使命下에서, 公正하고 客観的으로 社會各界가 評価하였다고, 判断됨으로, 全遺蹟地中(8万7千坪) 어느 한 部分을 切開 또는 縮少調整이 不可한 実情임.

1989. 7. 17.

李恒求

-6-

(별첨 1-20)

# 뒷뫼 遺蹟地 原形保存에 關한 主要事業計劃案

1989년 7월 일

京畿道水原市梨木洞

李恒求

## 갓뫼 遺蹟地原形保存에 関한 主要事業(案)

1. 假定

갓뫼 遺蹟地原形保存에 関한 [illegible] 関係機関间의 原則的인 保存約束과,

1989. 7. 20. 國土開発研究院의 発表된 新都市建設開発構想案에 提示된 "中央公園" 地域이 "갓뫼 遺蹟地原形保存地区로 確定되는 것을 假定함.

2. 主要事業의 骨字.

가. 文化財의 保存管理.

나. 遺蹟地 歷史公園의 保存管理.

3. 關係法令 檢討 確認

○ 文化財 關係法(墓域關係等)

○ 公園 및 環境關係法.

○ 主要事業推進實踐事業団
關係法令(登錄申告等 法定節次)

○ 其他 關係法令.

4. 事業基金의 確保.

宗中財団予算

○ 奉化公 先祖 以下. 宗中會予算.

○ 韓山李氏大.小宗中会의 支援誠金.

○ 政府 및 地方自治団体의. 補助金
(文化財保存 및 公園. 遺蹟地等)

○ 篤志家의 誠金 및 寄贈金.

○ 其他 稼救會館等 收益財団을
確保하여. 本事業의 永續性으로 自體確保

5. 文化歷史公園 造成.

- 主要 先祖 墓域 環境 美化.
  (봉분 擴大(現在의 倍加), 잔디보수. 雜草. 雜木 除去)
- 老樹古木의 保護.
- 遺蹟地 入山 禁止用 鐵柵 設置.
  (總面積 8万7千坪 周囲.)
- 鵝川君 李增 先祖의 不遷之位 祠堂 補修.
  (進入路 開設. 本堂을 除外한 담장의 大大的 擴張. 홍살문 等 설치)
- 연못(蓮池)의 擴張 補修
  (現在 面積의 10培 程度 擴張.)

○ 三老 遺事碑等 遺蹟碑群 境內 擴張. 보수 및 特別墓舍建立.
(現在面積의 5倍 乃至 10倍程度 擴張. 잔디보수. 美化.)

○ 四面碑 境內擴張
(잔디보수 美化.)

○ 古家의 文化財 確保. 및 保存整理.
(周辺美化. 祠堂地域과 연계하여 古色蒼然한 모습 再現保存.)

○ 忠臣의 儀塚보수 및 整理.

○ 遺蹟路(登山路) 開設.
(觀客이 敬건한 마음으로 登山하여 遺蹟을 돌아보고 暫時休憩할수 있는 道路)

○ 各種 案內板, 揭示板, 立看板, 表識板等 製作設置.

(必要한 要所에 設置)

6. 先代墓域 및 마을모습等 影像錄画 保存.

○ 戶長公, 牧隱先祖를 爲始한 直系 主要先代祖墓域, 遺物, 史蹟等 文化財 및 遺蹟地 影像錄画 收錄保存.

○ 急速한 社會變遷과 都市化 現狀 等으로, 傳統的인 價値觀과 秩序가, 一時에 崩壞되는 現實에서, 어차피 살아져 가는 오늘의 情든 마을 모습과, 生活相等을 可及的 많이, 后世에게 기리 남기고, 永遠히 그

깊은 뿌리의 根源을 알리기 為하여,
影像錄画하여 各己家宝로 保存.

7. 漏落 遺蹟發掘 및 文化財指定事業推進

京鄕各地에 散在된 未發掘 先代祖 (名望 높은 身分) 墓所 및 重要遺蹟 等 잠자고 있는 漏落遺蹟發屈과 文化財(鄕土文化財 및 史料等包含) 指定事業을 展開하여, 더 많은 우리의 文化遺蹟을 確保하므로서, 名實共히 大族다운 우리 韓山李氏의 찬란한 伝統과 文化宝庫를 保有할수 있다고 思料됨.

8. 遺蹟地保存記念碑 建立 推進

政府의 盆唐地区新都市建設과 兼行

하여. 뜻의 遺蹟地保存 指定에 特別한
意義를 象徵的으로 ~~特別~~ 表象하기
爲하여. 遺蹟地保存記念碑 建立推進

9. 親睦會 構成.

今般. 뜻의 遺蹟地原形保存에 따른
推進過程에서. 斯界의 많은 著名
하신 宗親님들의 犧牲的인 聲援과
物心兩面의 絶對的인 支援이 없었
다면, 그 莫强한 政府의 힘 앞에
到底히 不可能하였을 것이며. 또한
地下에 계신. 거룩하신 先祖님들의
거두어 살펴 주시는. 恩德의 힘인줄
思慮되는바. 이러한 두 脈이 合致
되어, 오늘의 金子塔을 세운 事實을

날이 慶賀하면서, 이 자랑스런
伝統과 뜻을 또한 子孫万代에
기리 伝承하며, 우리 宗親들의
親和를 더욱 敦篤히 하기 為하여,
稼牧會(假稱) 創設을 提案합니다.

1989. 7.

恒求 삼가 올림.

10. "물레방아", "연좌방아", "亭子" 및
蓮庵 等 再現 建立.

- 文化財 및 遺蹟地 指定事業이 끝나고 (1989年 10月頃 予定) 新都市 建設에 따른 "솔안" 마을이 "集成村" 等으로 再形成될 境遇 마을 앞, 盆唐川 適当한 곳에 "물레방아" 再現 建立.

  ※ 이 "물레방아"는 1945年 解放直前까지 存續되었었음.

- 1945年 解放当時까지 存續되었든 "연좌방아" 亦是 集成村 適当한 곳에 再現建立

- "亭子"는 文化財 및 遺蹟地에

한층 돋보이게 하며, 品位있고 理想的인 한 要素로서, 評価되므로 이를 建立推進

※ 文化財指定関係当局者의 推論에 依하면, 연못(蓮池) 近処 山 언덕쯤에, 亭子가 반듯이 있었든 것으로 推定하고 있음.

○ 実際로 "연꽃"이 満発하는 아름다운 연못(蓮池)이, 있으니, 이에 걸 맞는 "蓮堂"이 있었을 것이라는 学者들의, 見解를 参考로 하여, 本蓮堂을, 復元建立하므로서, 調和있는 遺蹟地建設

(별첨 1-21)

# 신도시개발관련 전입 확인서

| | | |
|---|---|---|
| 전입세대 | 신 주 소 | 중원구 수내동 228-1 |
| | 구 주 소 | 수원시 이목동 69-3 |
| | 세대주 성명 | 이 항 구 |
| | 세대주 주민등록번호 | 350202-1405417 |
| | 가 족 수 | 1 / 전입구분: 일부전입, 전세대전입 |
| 거주구분 | | 자가, 전세, 월세, 무료임대, 기타: |
| 전입동기 | | 가족이동 |

상기 전입세대는 금번 성남시 일원의 신도시 개발계획과 관련 없이 실거주목적으로 전입신고 하며, 실거주(무관전입)가 아닐경우는 관계법규에 의한 어떠한 처벌도 감수할것과 신도시개발 계획과 관련 어떠한 권리도 주장하지 않을것을 확인합니다.

1989. 8. 8.

위 전입세대

대표 세대주 : 이항구 (인)

성남시장 귀하

(별첨 1-22)

西紀 1989年 9月 23日

# 文化財관리청」 새로 생긴다

## 局단위서승격 올国会통과예상

〈吳重錫기자〉

文化部신설에 때맞춰 문화재관리국의 外庁승격이 확실시되고 있다.

최근 文公部가 成案, 총무처등 관련부처협의에 들어간 문화재관리청안에 따르면 현재의 방대한 문화유산을 효율적으로 관리하자면 庁단위의 행정체계가 필수적이며, 지방자치제 실시에 대비해 문화재관리행정의 대폭적인 지방행정기관 이양이 필요한 것으로 되어 있다.

현재 문공부소속 局단위로 되어있는 문화재관리행정은 국장 1명, 기획관 1명에 6개課, 8개 사무소 규모이다. 外庁으로 승격될 경우 7개課 7개담당관 1개室로 기구가 확대되어 방대한 업무를 효율적으로 다룰 수 있다는 얘기다. 이밖에 차관급인 庁長밑에 次長을 두고 공보관 감사관 비상계획관이 신설되며, 국립국악원 국립문화재연구소 국악중고등학교 5大古都사무소 현충사 세종대왕유적관리소 칠백의총관리사무소 등을 문화재관리청에서 통합관리하게된다.

## 全国산재 文化유산 "통합관리"

기구개편안에 따르면 현재 문화재관리업무를 문화재1、2과로 단순 구분해 놓은 것을 건조물 사적 천연기념물 동산문화재로 세분화하는 것으로 되어있다. 문화재보수업무도 1개과가 모두 맡고 있는 것을 古건축 사적지정비 造景 수리보고서작성및 설계심사등으로분담한다는내용이다. 정부차원의 발굴조사및문화재보존처리를전담하는 문화재연구소도 크게확충될 전망이다. 현재 소장(3급) 밑에 미술공예 예능민속 보존과학 유적조사 등 4개 연구실로 되어 있는데, 소장을 1급으로 격상시키고, 부소장(2급)을 두며 사무국 유적조사부 미술공예부 건조물부 예능민속부로 세분한다는 방안이다. 보존과학의 중요성을 감안, 연구소산하에 보존과학본부를 신설, 보존과학부 보존과학연구실 수복기술연구실 木浦해양유물보존처리소 등을 관장하는 것으로 되어있다.

이밖에 신라문화재연구소 백제문화재연구소 가야문화재연구소를 해당지역에 신설, 각지역별로 특성있는 발굴 및 유물관리의 구심점으로 삼을 계획이다.

현재 문화재보호법에 따라 지정된 문화재는 모두 5천3백90여건 20여만점에 달한다. 아직 발굴되지 않은 엄청난 量의 매장문화재까지 감안하면 문화재관리청 승격案은 최소한의 필요한 행정체제라는 것이 입안자들의 설명이다. 특히 가속화하는 국토개발사업으로 문화재및 유적지가 파손 매몰되는 현실에서 문화재관리 행정의 강화는 시대적 요청이라는 주장이다. 지방행정기관에도 문화재행정전문공무원이 없고, 전담부서도 빈약해 문화재관리는 항상 개발행정의뒷전으로 밀리게마련이었다. 따라서 문화재 전문공무원의 양성도 새로 승격될 문화재관리청의 당면 과제로 지적되고 있다.

새로 마련된 문화재관리청 승격안은 관련부처협의가 끝나는 대로 빠르면 올해의 정기국회 회기(12월중)에 제출되어 정부조직법이 개정되는대로 내년중 실현될 것으로 보인다.

1997年 11月 4日

# 대형공사前 문화재조사 의무화

## '보호법'개정안 내용

### 문화재관리 地自體중심 전환

### 도굴-장물범 처벌 강화키로

정부는 문화재보호법을 일부 개정, 대형건설공사를 하기 전에 반드시 지상의 문화재를 조사(지표조사)키로 했다. 이에 따라 건설공사로 인한 문화재 훼손사례는 대폭 줄어들 것으로 보인다.

그동안 대형건설공사 현장에서는 사전 조사 없이 마구잡이로 땅을 파는 바람에 매장문화재가 훼손됨은 물론, 공사가 중단되는 등 시비가 끊이지 않았다. 경부고속철도 경주노선이 4년여 지루한 논쟁끝에 정부안이 폐기되고, 문화계가 요구한 노선으로 바뀐 이유도 건설당국이 문화재문제를 전혀 고려하지 않은 채 공사계획을 수립했기 때문이다.

개정안은 건설공사 시행자는 지표조사를 하고, 문화재위원회는 이를 심의토록 규정했다. 구체적인 지표조사 대상 공사는 대통령령으로 정하도록 했다.

개정안은 또 문체부장관은 국가지정문화재의 보존-관리에 대한 기본계획을 지방자치단체장과 협의해 수립할 수 있도록 규정, 문화재 관리에 관한 지방자치단체의 역할을 대폭 확대했다. 전국에 산재한 문화재를 문화재관리국이 전담-관리하는 현 제도가 한계에 도달했다는 사실을 인정한 것이다. 이와 함께 종전과 달리 지방자치단체장도 국가지정문화재의 보존실태에 대한 보고를 소유자나 관리단체 등으로부터 받을 수 있도록 했다.

이밖에도 개정안은 ▲문화재위원회를 문체부장관 자문기구에서 심의기구로 격상하고 ▲불법으로 천연기념물을 박제하거나 표본으로 제작한 경우 2년 이상 유기징역이나 2천만~1억5천만원의 벌금형을 부과하며 ▲도굴했거나 장물인 문화재를 취득한 사람에 대한 처벌을 강화키로 했다.

지난달 30일 국무회의를 통과한 이 개정안은 국회의 결을 거쳐 확정된다.

<愼亨浚기자>

---

조선일보 2000년 7월 15일 토요일 40판 제24737호 23

# 건설공사 문화재 영향평가制 시행

## 문화재에서 500m內 지역

문화재가 있는 곳으로부터 일정 범위 내에서 건설공사를 할 경우 환경영향평가, 교통영향 평가를 받는 것과 마찬가지로 문화재 영향평가를 받아야 한다.

정부는 14일 문화재 주변 반경 500 m 범위 내 지역 중 시·도지사와 문화재청이 협의해 조례로 지정하는 특정 지역에 대해서는 건설공사 허가 전에 문화재 보존에 미치는 영향을 평가받도록 하는 문화재보호법시행령 개정안을 공포했다.

이번 시행령 개정은 지난해 4월 문화재로부터 100m 이내 지역에서 이뤄지는 건설공사에 대해 문화관광부 장관과 사전협의토록 규정한 건축법 시행령의 관련 조항이 폐지된 것을 사실상 확대, 복원한 것이다.

또 문화재 반경 500m 밖의 지역이라도 건설공사가 문화재에 영향을 미칠 것이 확실시 될 때에는 시·도지사의 조례지정 대상 지역에 포함시킬 수 있게 했다.

/金泰勳기자 scoop87@chosun.com

(별첨 1-23)

# 請 願 書

1989.10. 31

受信 : 貴下

發信 : 盆唐 "뒷뫼, 숲안" 遺蹟地造成事業推進委員會

京畿道城南市藪內洞 228-1號

李 恒 求

題目 : 城南市藪內洞 "숲안" 部落 文化遺蹟保存園地造成을 爲한 特別 措置 建議案

— 內 容 —

1. 1989. 6. 2日字 "李陳鋒(뒷뫼)에 對한 原形保存策(盆唐地區)"에 關한 請願事項과 關聯된 內容입니다.
2. 今般 "盆唐新都市建設計劃"에 依據, 城南市藪內洞中, "숲안" 部落도 同 計劃에 包含되어 推進될 것으로 思料되는바 同部落이 "뒷뫼"遺蹟地와 더불어 오랜 歷史와 文化遺蹟을 지닌 典型的 傳統村落입니다.

이러한 마을이 新都市建設推進에 따라 이 마을 固有의 값진 文化遺蹟들이 날날이 移轉되거나 毁損 또는 埋沒受難等 危機에 즈음하여 別添과 같이 "城南市藪內洞"숲안"部落 文化遺蹟保存을

爲한 特別措置 建議案"을 作成請願하오니 善處하여주시기 바랍니다.

添 付 : 城南市鼓內洞 "숲안"部落 文化遺蹟保存國地 造成을 爲한 特別措置 建議案 1부 끝.

# 城南市藪內洞 "숲안" 部落文化 遺蹟保存團地 造成을 爲한 特別措置 建議案

● 概 要

○ "뒷뫼"(靈長山)에 對하여: 城南市藪內洞山 1-2 番地, "뒷뫼"는 朝鮮王朝(成宗 및 宣祖)時代, 當時 國家에 功獻이 많은 功臣들의 墓域(現在의 國立墓地와 같음)이며 이에 關聯된 수많은 文化遺蹟들이 溫存하고 있는 重要文化遺蹟地로서 今般 "盆唐新都市建設計劃" 推進에 不拘하고 이 墓域의 全面積(四面碑 中心으로 境內 約 9萬坪)과 이 一帶에 모-든 文化遺蹟들은 原形대로 永久保存(文化財 및 公園保存策定)키로 되었음.

○ "숲안"部落에 對하여:

城南市藪內洞中 "숲안"部落은 上記 "뒷뫼"遺蹟地와는 不可分의 相關關係를 지니고 있는 連繫마을로서 "뒷뫼"墓域의 主人公인 主要功臣들의 後孫들이 (韓山李氏門中)累代를 걸쳐 集團聚落을 이룬 우리나라의 가장 理想的인 班村(1989. 6月7日字, 7月4日字 한국일보, 경향신문, 世界日報 等 國內日刊紙 및 日本의 統一日報等 參照)으로서 各種 文化財 및 保護財 等을 고루가춘 國內唯一의 傳統的 文化遺蹟地임.

1. 問題點 및 對策

가. 以上과 같은 由緖깊은 文化遺蹟地가 "新都市建設計劃" 推進에 따라 그 面貌가 一時에 살아지고, 그 代身 고층아파트等 大單位 團地化가 될 境遇 이 마을과 連繫되어 있는 "뒷뫼"의 自然景觀은 勿論 이곳의 重要文化遺蹟의 視界가 遮斷되므로 文化遺蹟地로서의 價値가 크게 低下될 憂慮가 많음.

나. 이와같은 矛盾을 없애기 爲하여

첫째 : 이 地域에는 高層의 建造物築城等 아파트 團地化를 制限하여야 할것임.

둘째 : 이 마을 固有의 文化遺蹟等 保護財들을 最大限 原形데로 保存 시켜야 할것이며 1945年 8月 15日 解放 當時까지 存續되었다가 滅失된 各種 遺物(農耕, 農樂, 傳統婚禮, 傳統葬儀, 織造, 其他 衣, 食, 住, 用品 等) 等의 復元保存이 要求됨

셋째 : 最近 隣近地域에서 發見된 先史時代 遺物等 一部를 選別移轉하여 集成保存하여야 할 것이며

넷째 : 其他 祖上들이 남긴 이 마을의 遺蹟들은 勿論 本 遺蹟地의 由來 및 變遷史等 歷史的事實을 收錄保存하여 後世에게 더 많은 利益이 保障될 歷史的 敎育的 精神文化道場(記念館)을 建立하여야 할 것임.

2. 結論 및 建議

新都市建設 및 經濟的 當面 課題等, 時代的 潮流에 따른 現實性은 是認하나 우리 民族이 간직한 찬란 文化와 悠久한 歷史를 立證하는 貴重한 遺蹟들이 우리時代에 스스로 毁損되거나 破壞埋沒케하는 愚를 犯해서는 않될 것이며 第3의 莫大한 富가 蓄積된 民族文化의 抹殺(日帝 36年 治下에서도 꿋꿋이 지켜 왔음)을 企圖하는 어떠한 行爲도 容納될수 없을 것임.

따라서 이 地域은 "뒷뫼"와 "傳統마을"그리고 "記念館" 等 名實共히 三位一体가 되어 相互連繫된 調和롭고 特色있는 文化遺蹟 民俗타운이 創造될수 있도록 建議함.

3. 添付事項

- 文化遺蹟保存園地造成對象(案) 1부
- 文化遺蹟保存園地鳥瞰圖(案) 1부

끝

# "숲안" 部落文化遺蹟保存團地 造成 對象(案)

1. 概存文化 遺蹟保存

○ 祠 堂

李朝 宣祖때 忠臣, 贈 領議政 李 增 先生의 不遷之位 祠堂으로서 每年 봄, 가을로 밤(子時)에 後孫들과 隣近有志들이 祭祀를 받든다.

○ 齊 室

"뒷뫼"先塋에 祭祠를 받들고 墓域을 管理하는 保護財로서 1950年6.25動亂當時 燒失된 것을 復元 建立한것임.

○ 古 家

지금부터 約 250 ~ 300 餘年前에 建立된 有形文化財임

○ 蓮 池(연못)

"뒷뫼"功臣들의 墓域이 造成될 當時로부터 傳說的으로 築造된 연못으로서 여름에는 大型연꽃이 滿發하는 곳임.

※ 現在 規模의 5倍~10倍 程度 擴張造成

(長久한 才月동안 農耕地로 잠식된 것으로 推定됨)

○ 洑(보:水利施設)

우리나라 古代 農耕社會의 代表的인 水利施設로서 "숲안"部

落앞을 흐르는 盆唐川을 人工的으로 가로막아 水路와 물레방아간等 科學的으로 營農하였음을 알수 있음.

o 老樹古木等 保護樹

樹令이 約 250 ~ 300 餘年된 老樹古木들이 연못 周邊과 "뒷뫼"墓域一帶에 分布되어 있으므로 古色이 蒼然하고 自然景觀이 더욱 뛰어나고 있음.

얼마전까지만해도 이 一帶에 떼지어 서식하든 "白鷺"가 살아졌다가 今年여름(1989)부터 다시 날아들고 있음.

2. 滅失된 文化遺蹟 復元

o 蓮堂 및 亭子等 復元建立 : 연못과 "뒷뫼"墓域이 造成될 當時로 부터 "연당"과 "亭子"는 附隨施設로 造成되었든 것으로 推定(一部 文獻에서 發見됨)되나 滅失된 原因과 年代가 未詳이며 이를 考證하여 復元建立이 要求됨.

o 물레방아간, 연자방아간, 디딜방아간 農機具간(지게, 쟁기, 써레等 保存) 織造機具(물레, 베틀等)간 等 古代 衣, 食, 住의 生活道具間 復元建立 : 1950年 6.25 動亂 當時까지 存續되었던 各種道具들이었으나 이를 再現復元保存이 要求됨

o 傳統婚禮式機具, 傳統葬儀機具, 傳統農樂器具等 展示保存:

1950年6.25動亂當時까지 이 모-든 傳統機具들이 保存되어

왔으며 또한 모-든 儀式들이 傳統的으로 이어져 왔으나 現在

는 全無한 實情으로 民俗儀式機具 復元等保存展示가 要求됨

3. 先史時代 遺蹟의 一部 移轉保存

o 고인돌 및 支石墓

學界 및 政府가 "盆唐地域"一圓에 對한 地表調査를 實施한

結果 先史時代의 貴重한 遺物이 많이 發見되었음. 이들 隣近

地域의 遺物의 一部를 "숲안"遺蹟園地內에 移轉保存이 要求됨.

o "움막집"模型建立.

古代社會住居建築모습 模型建立

4. 文化遺蹟保存記念館 建立

5. 文化遺蹟地管理事務所 建立

6. 其他 地域 空間地帶는 韓國產 "금잔디" 및 各種樹木으로 造景

(公園化)

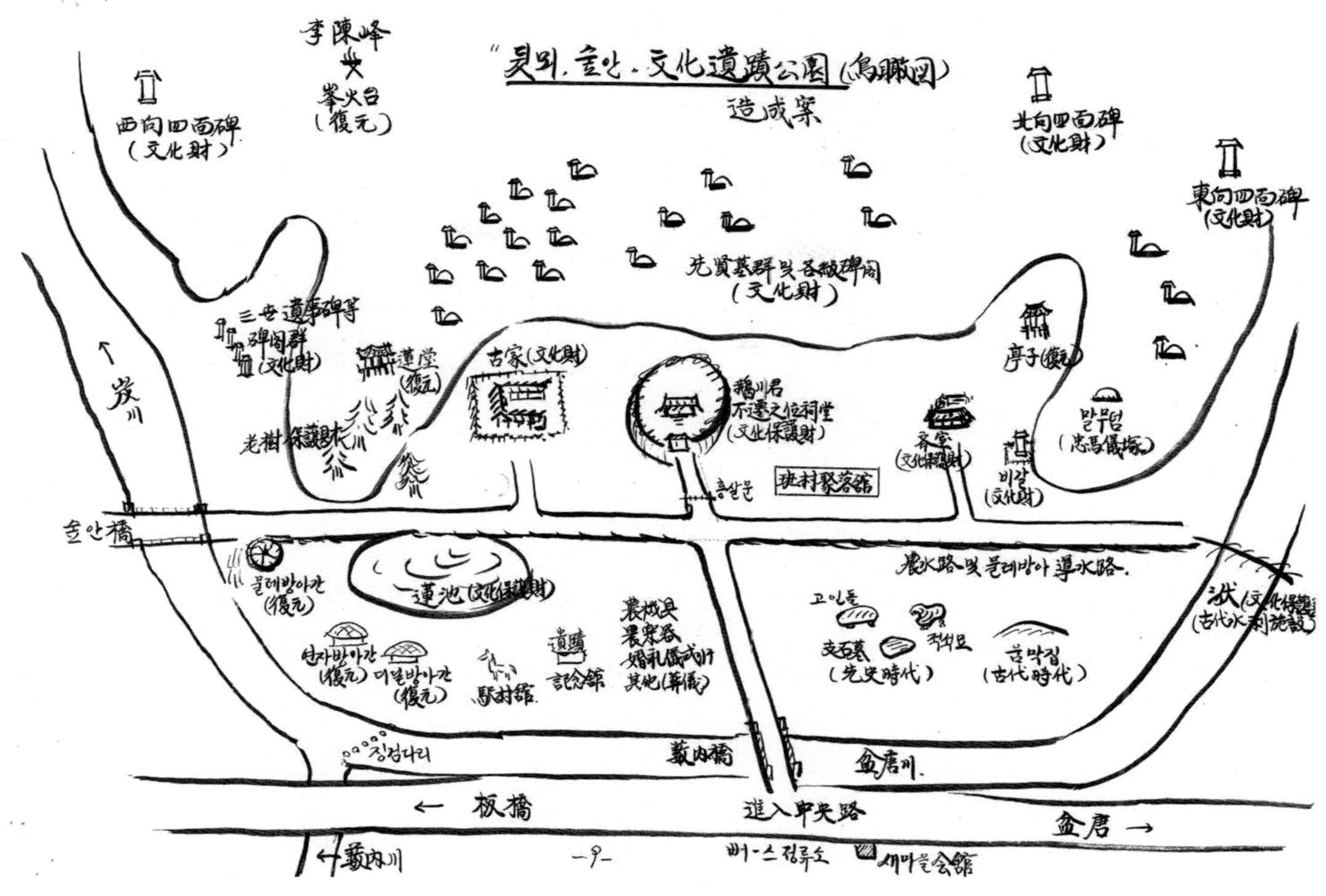

"곳뫼. 숲안. 文化遺蹟公園 (鳥瞰圖)
造成案
李陳峰
峯火台
(復元)
西向四面碑
(文化財)
北向四面碑
(文化財)
東向四面碑
(文化財)
先賢墓群 및 各種碑閣
(文化財)
碑閣群
(文化財)
蓮堂
(復元)
老樹 保護
古家(文化財)
不遷之位祠堂
(文化保護財)
홍살문
班村聚落館
亭子(復元)
말무덤
비갈
(文化財)
숲안橋
↑
川
물레방아간
(復元)
蓮池(文化保護財)
農水路 및 물레방아 導水路.
고인돌
支石墓
(先史時代)
적석묘
움막집
(古代時代)
(古代水利施設)
디딜방아간
(復元)
記念館
農機具
婚礼儀式
其他(葬儀)
징검다리
藪內橋
金唐川.
← 板橋
進入中央路
金唐 →
藪內川
-9-
버-스 정류소
새마을会館

(별첨 1-24)

**Ⅱ. 관련자료** "분당신도시개발사 (1997년 1월 한국토지개발공사 발행)" P 952

1. 사업자료

## 가. 주요민원현황

| 제출일 | 민원명 | 주요내용 | 처리일 | 처리내용 | 비고 |
|---|---|---|---|---|---|
| 1989. 10. 24 | 초원식품 최요섭 | 존치 도축장부지의 6천평(정방형) 책정 | 1989. 10. 31 | 1)확장은 불가<br>2)정방형은 검토 | |
| 10. 23 | 태림학원 이사장 | 1)체육장부지 제척<br>2)제척불가시 잔여토지 수용 및 체육시설 보장 | 10. 30 | 제척검토 반영(실시계획 수립시) | |
| 10. 23 | 김기수 | 1)토지에 대한 유익비 보상요구(임차인의 경우)<br>2)초지보상 요구<br>3)목장이전 대책수립 요구<br>· 시설물 보상금액의 상향조정<br>· 동일조건 시설물의 보상금상 이의시정<br>· 투자비에 따른 보상상의 형평유지<br>· 일괄보상요구<br>· 이주대책, 생활대책의 근거제시 | 10. 30 | 1)임대인과 조정할 사항<br>2)검토후 회신<br>3)이전대책 수립은 불가<br>· 보상평가액 임의조정 불가<br>· 구체적 이의제기 아닌바 구체적 답변 조치곤란<br>· 일괄보상토록 사업단에 조치 이주대책 생활대책 설명 | |
| 11. 3 | 이항구 | 수내동 '숯안부락' 문화유적 보존단지 조성을 위한 특별조치 건의 | 11. 9 | · 개발계획상 공원지역<br>· 문화재위원회 개최결과에 따라 원형보존, 발굴, 이전, 복원대책 수립계획 | |
| 11. 2 | 이인기<br>(공장이주대책위원회) | 1)광주, 용인, 성남 일원에 공장부지 분양 또는 임대<br>2)공장무등록업체의 시화, 남동공단 입주 가능여부<br>3)선입주 후철거 | 11. 7 | 1)보유토지 없으며 수도권정비계획법상 조성불가<br>2)협조중으로 정부방침후 통보<br>3)아파트형공장부지 확정후 공급<br>4)영업보상은 사업자등록유무 불문<br>5)전업체는 전가족의 생계유지수단일 것<br>6)선입주 후철거 곤란, 조속히 공장건립 가능토록 조치 | |
| 11. 16 | 김영환 | 상가입주권 부여요청(해외취업이유로 임대한 상가 소유자) | 11. 22 | 실제 영업종사 사실에 대해 생활대책 수립 | |

건 설 부

신택 01254-2680/ 1989. 11. 6.

수신 경기도 성남시 수내동 228-1호 분당 "뒷뫼,숲안" 유적지

조성사업추진위원회 이 항 구

제목 청원서에 대한 회신

귀하가 '89. 11. 4일자 우리부에 제출하신 민원서류의 내용을 검토한바, 성남시 수내동 "숲안" 부락의 문화유적보존단지 조성을 위하여 고층의 아파트 단지를 제한하고,마을의 고유 문화유적등 보호재들을 최대한 원형으로 보존하는등 이 지역을 뒷뫼와 전통마을,기념관등을 조성하여 특색있는 문화유적 민속타운이 창조될 수 있도록 건의하는 청원으로 사업시행자인 한국토지개발공사로 하여금 면밀히 검토하여 귀하에게 회신토록 지시하였음을 알려드립니다.

발송 1989. 11. 6 건설부

첨부: 한국토지개발공사사장앞 공문사본 1부.

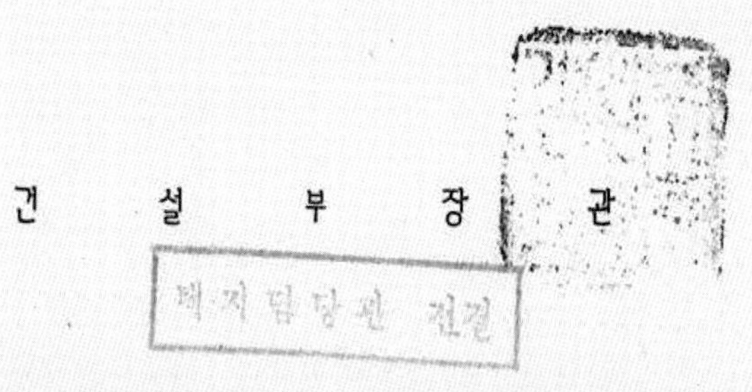

건 설 부 장 관

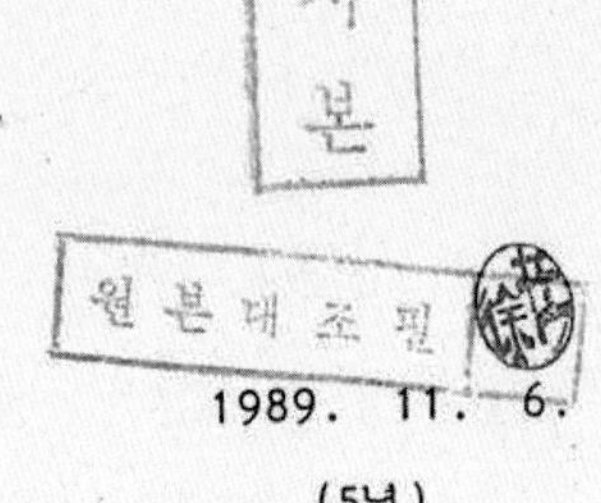


건 설 부

선택 01254-　　　　1989. 11. 6.
(5년)

수신 한국토지개발공사사장

제목 민원서류 이송

경기도 성남시 수내동 228-1호 분당 "뒷뫼, 숲안" 유적지조성사업추진위원회 이항구로부터 별첨과 같은 민원서류가 우리부에 접수되어 내용을 검토한 바, 분당 신도시건설사업지구내의 성남시 수내동 "숲안"부락의 문화유적보존단지 조성을 위하여 고층의 아파트단지를 제한하고, 마을의 고유문화 유적등 보호재들을 최대한 원형으로 보존하는등, 이 지역을 뒷뫼와 전통마을, 기념관등을 조성하여 특색있는 문화유적 민속 타운이 창조될 수 있도록 건의하는 청원으로 내용을 면밀히 검토하여 민원인에게 회신하여 주시고 그 결과를 우리부에 통보하여 주시기 바랍니다.

첨부: 청원서 1부. 끝.

건 설 부 장 관

신고하는 주인의식 선진조국 초석된다

한 국 토 지 개 발 공 사

특사1(계) 1811 - 6106　　　　1989. 11. 9.

수신　분당 "뒷뫼,숲안" 유적지 조성사업 추진위원회 이항구

제목　청원서에 대한 회시

1. 성남시 수내동 "숲안"부락 문화유적보존에 관한 청원 사항과 관련입니다.

2. 귀하께서 청원하신 동 부락일원은 분당신도시 개발계획상 공원지역으로 결정된 지역으로서, 동 지역내 문화유적의 보존여부는 현재 경기도에서 분당신도시구역 전역에 대한 문화유적 지표조사가 완료되어 금후 문화재위원회를 개최할 예정으로 동 위원회에서 결정된 내용에 따라 문화유적의 원형보전, 발굴,이전,복원등 대책을 수립할 계획임을 알려드리니 양지하시기 바랍니다.

한 국 토 지 개 발 공 사 사 장

경 기 도

문예 35300- 70 1989. 11.10.

수신 성남시 수내동 228-1 이항구

제목 수내동 숲안 부락 문화유적 보존단지 조성 특별조치 건의안에 대한 회신

1. 귀하가 건의하신 숲안 부락문화유적 보존단지 조성 건의내용중 동 지역에 소재한 한산이씨 삼세유사비, 한산이씨묘역 및 석물, 한산이씨 경계표석, 한산이씨 종가에 대하여는 지표조사결과 경기도 지방문화재로 지정보존하는것이 바람직하다는 의견이 있어 경기도 문화재보호조례 제 12조 규정에 의거 차기 문화재위원회의 심의를 거쳐 지정 여부를 결정할 계획으로 있으나

2. 동지역과 관련한 문화유적 보존단지조성(민속자료 유적공원)에 대하여는 내용의 성격으로 보아 도시계획 수립에 참고되어야할 사항임으로 본도 도시개발담당관실에 협조 의뢰 하였음을 회신하오니 그리 아시기 바랍니다. 끝.

경 기 도 지

경기도 記念物 제 116 호

# 경기도문화재지정서

명 칭 藪內洞 韓山李氏 墓域

수 량 一 圓

위를 경기도 문화재 보호조례 제12조 및 제14조 제1항 규정에 의하여 경기도 지정문화재( 記 念 物 )로 지정함.

1989 . 12 . 29.

경 기 도 지사

| 소유자 | 주 소 | 소재지 또는 보관장소 | 교부또는재교부 년 월 일 | 기 록 인 |
|---|---|---|---|---|
| 韓山李氏壽化公派宗中 (李克[illegible]) | 城南市 수진2동 2984-1 | 城南市 中院區 [illegible]內洞 山1-2 | 1990. 1 | 姜大旭 |

(변 경 사 항)

| 소유자 | 주 소 | 소재지 또는 보관장소 | 변 경 년 월 일 | 기 록 인 |
|---|---|---|---|---|
| | | | | |
| | | | | |
| | | | | |
| | | | | |
| | | | | |
| | | | | |
| | | | | |
| | | | | |

※주 의 사 항

다음 각호의 경우에는 경기도 문화재보호조례 제33조의 규정에 의하여 이 지정서를 첨부하여 신고하여야 합니다.

1. 경기도 지정문화재의 소유자가 변경되었을 경우
2. 경기도 지정문화재의 소유자의 성명 또는 주소가 변경되었을 경우
3. 경기도 지정문화재의 소재지 또는 보관장소가 변경되었을 경우

(별첨 1-27)

"산업평화 이룩하여 경제난국 이겨내자 "

경 기 도

문 예 35300-67 1990. 1. 23.

수 신 한국토지개발공사 사장

참 조 특별사업본부장

제 목 분당,일산 평촌지역 지표조사 결과 문화재위원 결정사항 통보

1. 문예35300-246('89.12.18)와 관련임.

2. 위대호에 의한 본도 문화재위원회개최결과 결정사항을 별첨과같이 통보하오니 동 지역의 문화유적의 보존은 물론 앞으로 발굴조사가 원활히 추진될수 있도록 발굴조사비 부담에 협조하여 주시기 바라오며

3. 동지역에서 출토되는 귀중한 고고자료와 민속자료등을 전시보존할수 있는 전시관이 건립될수 있도록 신도시 건설 계획에 반영하여 주시기 바랍니다.

첨 부 : 문화재 위원회 개최결과 사항1부. 끝

경 기 도 지 사

문화예술과장 전 결

(별첨 1-28)

"근 면, 자 조, 협 동 "

성 남 시

문 공 35310- 1144 90. 5. 4

수 신 수신처참조

제 목 경기도 문화재 보호구역 지정통보

1. 문예35310-563(90.4.27)호와 관련임.

2. 시에서 보호구역 지정신청 사항이 경기도 문화재위원회의 심의를 거쳐 별첨과 같이 지정되었음을 통보하니(하오니) 경기도문화재 보호조례 제14조 규정에 의거 문화재 및 토지소유자에게, 문화재 보호구역지정 사항을 통지하며(합니다.)

3. 문화재 보호구역내에서 문화재 보존상 영향을 미치는 행위를 하고자 할때 에는 동조례 제27조의 규정에 의거 사전에 허가를 득하도록 하고 무단현상 변경되는 일이 없도록 문화재 보존 및 관리에 철저를 기하기 바람.(바랍니다.)

첨 부 : 1. 고시문1부.

2. 해당문화재 보호구역도1부. 끝

성 남 시 [장]

"쾌적하고 아름다운 환경을 조성하자 "

수신처 : 노, 분당사업소, 토지개발공사, 한산이씨봉화공파종중, 이택구씨, 전주이씨 태안군종중, 전주이씨선원군종중.

고 시

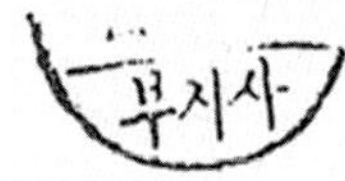


경기도 고시 제 152 호

문화재보호법 제55조 5항 및 경기도문화재 보호조례 제 13조의 규정에 의거 수내동 한산이씨 묘역외 6건에 대하여 경기도문화재보호구역을 지정하고 동조례 제 14조의 규정에 따라 다음과 같이 보호구역을 고시한다.

1990. 4. 26

경 기 도 지 사

# 文化財保護區域　詳細圖

記念 第116號 수내동 韓山李氏 墓域

성남시 중원구 수내동

s=1/300

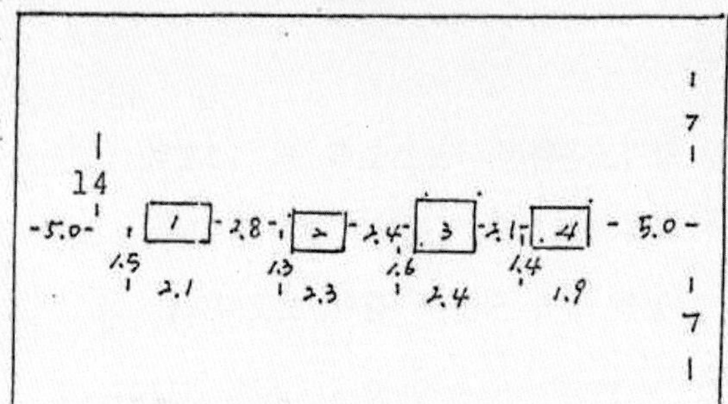


가. 地域

1. 李延 神道碑
2. 李慶流 旌閭閣碑
3. 李增 神道碑
4. 韓山李氏 三世以下 遺事碑

s=1/1200

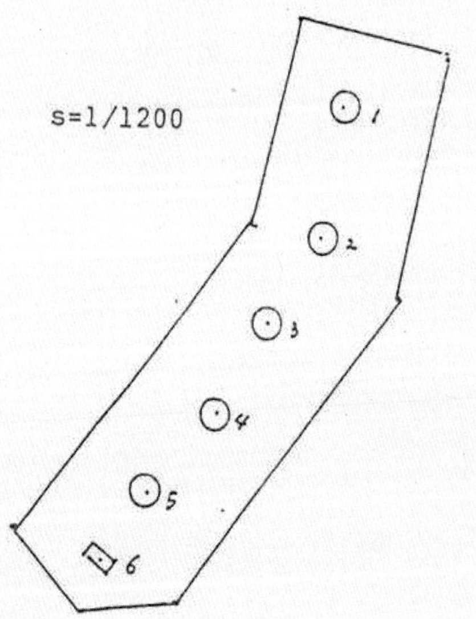


나. 地域

1. 李湞
2. 李垣
3. 李漢
4. 李秉律
5. 李山重
6. 碑

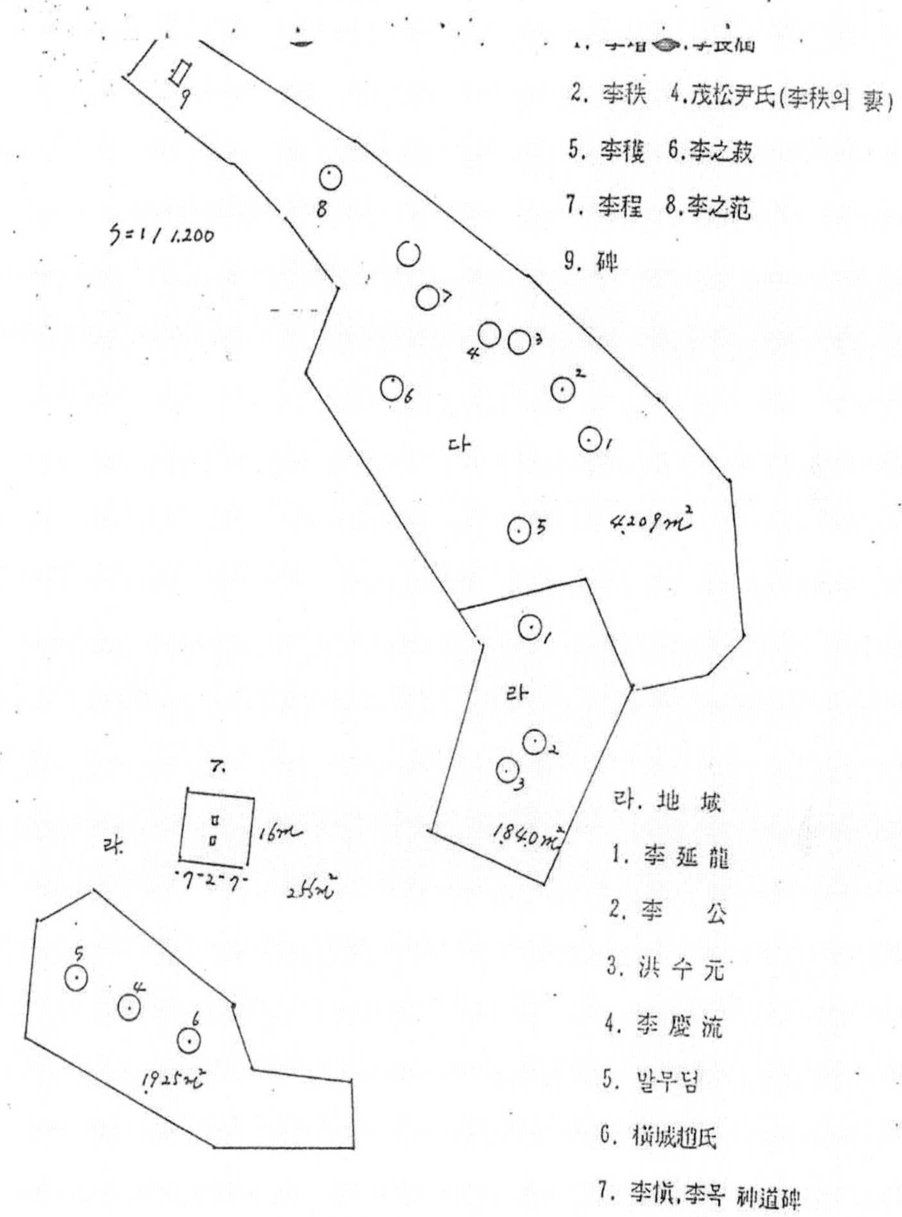
2. 李秩 4.茂松尹氏(李秩의 妻)
5. 李稷 6.李之菽
7. 李程 8.李之范
9. 碑
S=1/1.200
다
4209㎡
라
1840㎡
라. 地 域
1. 李 延 龍
2. 李 公
3. 洪 수 元
4. 李 慶 流
5. 발무덤
6. 橫城趙氏
7. 李憤, 李목 神道碑
라
16㎡
25㎡
1925㎡

-11-



마. 表石(3個)

西.北 韓山李氏 世葬地山

東: 韓山李氏 墓山入首碑

全州李氏 全城府院君派 宗中

(단위: ㎡)

| 구 분 | 지 번 | 지목 | 지적 | 계 | 문화재 구역 | 보호구역 | 소유자(관리자) |
|---|---|---|---|---|---|---|---|
| 계 | | | | 11,641 | 22 | 11,619 | |
| 가 지역 | | | | 364 | 13 | 351 | |
| 비 | 산1-2 | 임 | 23,681 | 155 | | | 한산이씨 봉화공파종중 |
| | 62-1 | 구 | 289 | 209 | | | 주 건설부 |
| 나 지역 | 산1-2 | 임 | 23,681 | 2,864 | | 2,864 | 한산이씨 봉화공파 종중 |
| 다 지역 | " | " | " | 4,029 | | 4,029 | " |
| 라 " | " | " | " | 4,021 | 6 | 4,015 | " |
| 묘 | " | " | " | 3,765 | | 3,765 | " |
| 비 | " | " | " | 256 | 6 | 250 | " |
| 마 경계표석 | | | | 363 | 3 | 360 | " |
| 서. 세장지산 | " | 임 | 23,681 | 121 | 1 | 120 | " |
| 동. 입수비 | 산84-3 | " | 99,409 | 121 | 1 | | 국 (국방부) |
| 북. 세장지산 | 산84-4 | " | 13,584 | 121 | 1 | 120 | 한산이씨봉화공파 종중 |

o 가,나,다,라 서 :성남시 중원구 수내동

o 동 북 : 성남시 중원구 서현동

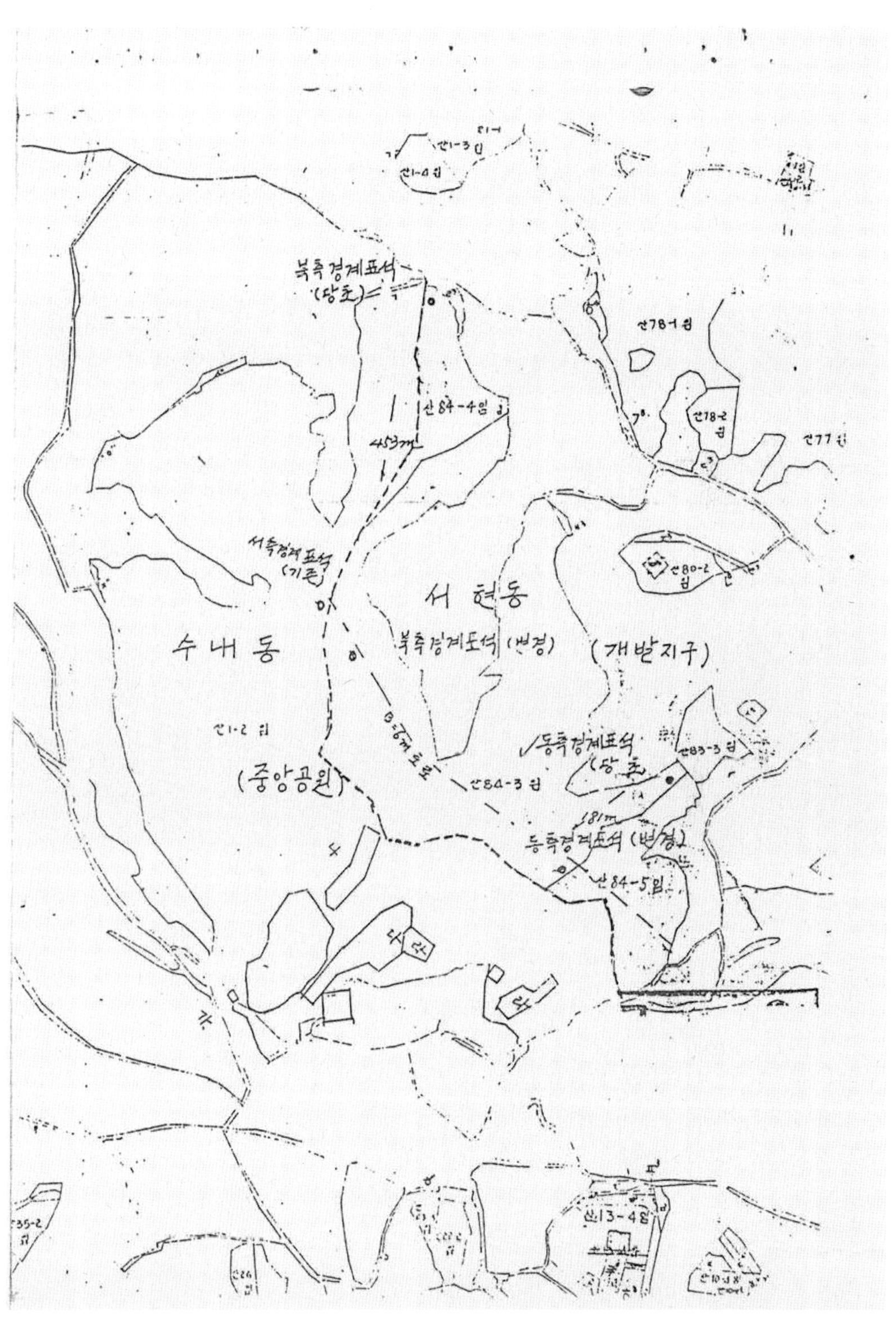
북측경계표석
(당초)
산84-4임
453m
서측경계표석
(기존)
서 현 동
수 내 동
북측경계표석 (변경)
(개발지구)
산1-2 임
(중앙공원)
동측경계표석
(당 초)
산84-3 임
181m
동측경계표석 (변경)
산84-5임
산78-1임
산78-2
임
산77 임
산80-2
임
산83-3 임
산13-4임

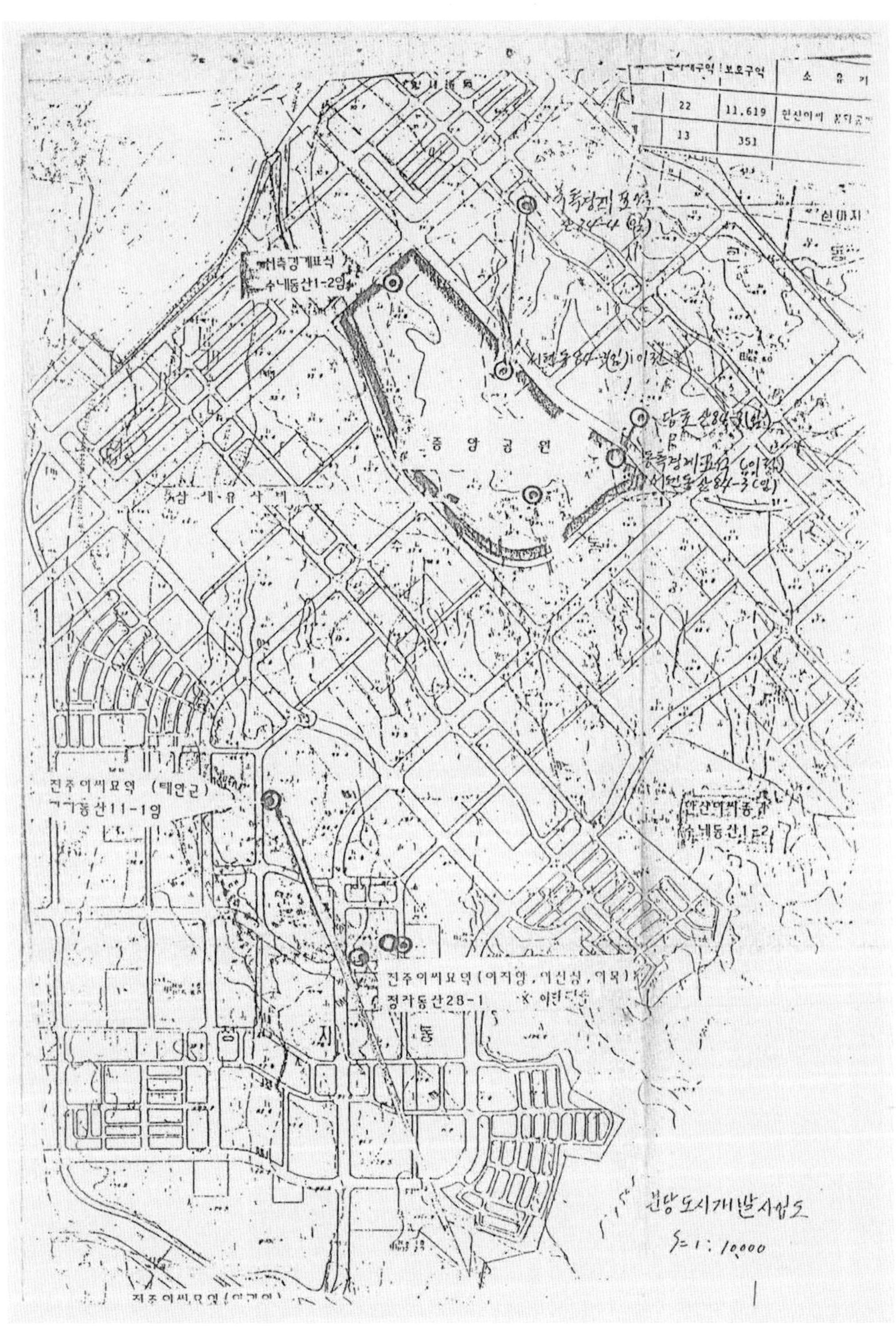

| | 보호구역 | 소 유 |
|---|---|---|
| 22 | 11,619 | |
| 13 | 351 | |

서측경계표식
수내동산1-2임
중 앙 공 원
진주이씨묘역 (태안군)
진주이씨묘역(이지영, 이신성, 이목)
정자동산28-1
분당도시개발사업도
S=1:10,000

토 요 신 문
제 29 호 1990년 2월 6일 제3종 우편물(가)급인가 1990년 5월 31일 〔11〕

# 5백년 班村

수내리에서만 60년을 지킴이로 살아온 80넘은 할머니들과 마을 어른들. 이제 헤어지면 죽기생전 언제 다시 만날까보냐고 기약없는 이별을 아쉬워하고 있다.

# '개발'에 헐리는 분당

분당 신도시 개발붐은 이상적인 주거환경지 조성이라는 측면과 서울에서 가까운 마지막 위성지역이라는 매력으로 많은 사람들의 관심과 선망속에 열기가 고조됐었다.

집없는 사람들에게는 더없이 큰 희망이었을 분당 신도시 개발. 그러나 그 희망의 뒤안에는 개발이 타는 떠들썩하고 들끓는 불도저의 굉음에 떠밀려 타의로 고향을 등져야 하는 사람들의 아픔이 그늘처럼 짙게 드리워져 있었다.

경기도 성남시 중원구 수내동. 그것은 행정상의 지명이고 그곳에 몸담아 살아온 사람들은 경기도 광주군 돌마면 수내리라는 동네 옛이름을 사랑하고 있었다.

동네를 나지막이 감싸안은 영상산 기슭에서 5백년이상 뿌리박고 살아온 숲안, 역말, 너머말에 사는 60여호 韓山 李씨 토박이들. 생업은 농업. 조상 대대로 내려온 전답에 매달려 농투산이로 만족하며 큰 욕심 부리지 않고, 그런대로 행복하다고 생각하며 살아온 사람들이다. 적어도 「분당 개발」이라는 엄청난 이름으로 한적하던 마을에 외지사람들이 북적이기 전까지는. 「자가용들이 자꾸 동네를 드나들고, 여기저기 기웃대는 사람들이 늘어나더니 아 어느날 신문에 떠억하니 우리동네에 고층아파트가 들어서게 된다고 대서특필됩디다. 벼락을 맞은 듯 놀랐지요」

선대부터 살아온 땅 밖을 떠나 본 적도 없고, 자신도 이곳에 당연히 뼈를 묻는다고 생각했었다는 이선구(李宣求)씨(62)의 말이다.

「우리집안은 5백년 넘도록 이 산자락에 살며 조상의 묘를 돌보고, 욕심없는 농사꾼으로 일가친척이 화목하게 사는 것이 자랑이었는데 이제 뿔뿔이 흩어지게 됐으니 이게 무슨 인재지변이란 말입니까」

이형구씨(63)는 1·4후퇴때 피난가느라고 딱 한번 고향을 떠난 적이 있었을 뿐이라며 고향을 떠나야 한다는 사실이 지금도 믿기지 않는다고 말한다.

「우리는 모두가 조카, 아저씨, 당숙지간이라서 마을에서 큰소리 한번 난적 없었다우」

14살에 시집와서 60년동안 이곳 지킴이로 살았다는 올해 여든다섯난 진주댁 할머니가 자고나서 눈만뜨면 만났던 같은 또래의 임실댁, 예천댁, 거창댁, 함안댁, 참판댁 등과의 이별을 아쉬워하며 눈지위를 훔쳐낸다.

「길쌈도 같이하고, 못밥도 같이 하고, 동네 큰일은 새댁때부터 우리가 어울러 같이 했는데, 이제 헤어지면 죽기 생전에 또 만난다는 기약이 없으니 어쩌면 좋소」

아직도 쪽을 얌전하게 찌고있는 예천댁 할머니의 한탄이다.

이곳에서는 모두 택호로 통한다. 아무개씨 몇째아들 하는것보

# 모두가 조카 아저씨 당숙지간 마을에서 큰소리 한번없이

다 어느댁 누구하면 단번에 알아 듣고 안부가 분주하다.

때마침 고향에 들른 李庠求씨(59)가 자신을 알아보겠냐며 안노인들에게 절을 올리자 「동막굴댁 둘째아녀」 어머니 택호를 먼저 부르며 손을 부여잡고 반긴다.

고향이 사라지기전 마지막 일지도 모르는 인사차 들렀다는 이상구씨는 찾아가면 반겨줄 친척이 남아있고, 산천이 그대로 남아있는 곳이 고향이지, 산천도 변하고 일가친척도 뿔뿔이 흩어지면 어디를 고향으로 생각해야 하느냐면서 한숨을 길게 내뿜는다.

「시간적 관념의 5백년이 아니라, 정서적인 관념의 5백년이 오롯이 남은 이곳이 변한다는 생각을 하니 요즘은 밤잠이 다 오질 않습니다」

자신이 이장일을 볼때 놓았다는 갓메미 다리(다리폭이 하도좁아 미국사람들이 그렇게 불렀다고 함)도 돌아보고, 삼천갑자 동방삭의 전설이 흐르는 숯내, 동네어귀의 3백년된 느티나무, 느티나무를 지나서 있는 연못, 어느것 하나 눈에 밟히지 않을것이 없어서 보고 또보고 가슴속에 영상으로 깊히 담아 두었단다.

「동네를 감싸안은 뒷메의 모양이 거북이 형상이라 그 머리 자리에 해당하는 곳에 연못을 파서 물을 마시도록 했다는 전설이 있는데, 그 연못에서 피는 연꽃은 유난히 크고 소담합니다. 신기한 일은 흰 연꽃이 피면 가문의 경사가 생기기 때문에 잔치를 벌이곤 하는데 누군가 탐을 내어 연꽃을 옮겨다 심으면 절대로 살지를 못합니다. 각 대학에서 여러번 시도를 했고, 창경원 연못에도 옮겨심어 봤는데 모조리 말라 죽고 말았어요」

고향을 떠나서는 꽃한송이 풀한포기도 뿌리를 내리기 어려운데 일가붙이끼리 의지하며 정을 두고 산 사람들이야 오죽하겠냐는 얘기다.

집집마다 담벼락에 붉은 스프레이로 60-19, 60-27, 번호를 써놓았다.

「우리는 서로를 택호로 부르는데, 우리를 떠밀어 내고 개발한다는 사람들이 우리에게 번호를 붙여놓지 않았겠소. 우리는 이제 고향만 잃어버리는 것이 아니라 택호까지 잃어버리게 되는것이 아닐까 겁이 납니다」

뿐만 아니라 개발이라는 명목으로 산 하나를 몽땅 허물어 버리려는 것을 각계에 진정해서 겨우 유적지로 남게된 반토막의 산에서 역사에 오른분들의 묘를 제외하고는 모두 이장을 해야 했기 때문에 한집에 평균 10여기의 선대묘를 천묘(遷墓)해야 하는 수난까지 겪어야 했다. 뒷메 여기저기 벌겋게 흙을 파헤친 자리가 드러나 있는데, 여기는 수원댁 종조부님 산소자리, 저기는 참판댁 큰어른 산소자리, 짚어가며 처연한 얼굴빛이다.

한집에 보상비로 받은것인 평당 16만원에서 70만원까지. 선대로부터 물림한 농지를 지니고 있었기에 꽤많은 보상비로 한몫을 잡았겠다 싶지만, 이곳사람들의 얘기를 들어보면 천만의 말씀이다 한몫에 몇천만원 거머쥐게 됐다한들 어디가서 그돈으로 집칸이나 장만할 것이며, 집은 또 그렇다 치더라도 평생 손으로 흙을 주물러가며 농사일밖에 아는것 없는데 무엇을 하고 살아가야하나는 것이다. 곶감 꼬치에서 곶감빼먹듯 한푼두푼 빼먹다가 나중엔 빈손 탈탈 털어쥐고 무엇을 할 것이냐며 고향을 잃은것과 마찬가지로 생업을 잃은 일에 허탈해 한다.

「돈이란게 아주 많던지, 아니면 그저 없던지 해야지, 평생을 농사일로 퍼런돈 한잎 마음놓고 만져본일 없는 사람들이 한꺼번에 뭉돈이 수중에 생기자 세상 가늠하는 법을 잊게됩디다. 당장 농사지을 땅도 없이 손이 놀으니 안나가던 바깥걸음이 잦게되고, 자연 수중의 돈만 야금야금 미르는것 아니겠소」

모란시장 뒷 골목 술집에선 분당 촌양반 돈 이런때 못챙기면 언제 챙기냐고 부지런히 불러들인단다.

「평생을 하늘하고 흙밖에 모르던 사람들이 이런 세상도 있었구나 혹할 밖에. 그놈에 개발인지 쇠발인지, 고향 잃어버리는 사람들 순박한 맘까지 흐려놓고 있어요」

아닌게 아니라 마을엔 「사랑어른」들은 별로 없고 「안노인」들만 모여 떠날일을 걱정하고 있었다. 돈때문에 무섭게 변해가는 일가들을 걱정하며 불도저의 굉음이 사람의 마음까지 파괴한다고 원망하고 있었다.

이미 떠나고 있는 사람들의 들뜬 마음을 보여주듯 골목안 담장가에 잡초가 무성하다. 울안 텃밭에도 저절로 자라는 쑥갓, 아욱따위를 빼고는 질경이 소리쟁이 등 잡초가 사람의 손길이 닿지 않은 채 가득하다.

제대로 농사를 했더라면 모내기 끝난 논에 벼이파리가 검은 윤기로 반짝일터인데 물도 마른채 작년에 베어낸 벼등걸만 을씨년스런꼴로 남아있다.

뒷메가 감싸안은 숲안 마을. 개발에 밀려 6월말까지는 모조리 허물리게 되는 동네다.

## 조상묘 돌보며 욕심없이 화목하게 살았는데 이제 뿔뿔이 흩어지게 됐으니

# 몇천만원 보상비 받았지만 생업잃어 '허탈'

농사일이 없어 할일이 없어진 누런황소도 지루한듯 양지쪽에서 되새김질만 하고 있다.

「뭔가 허전하고 답답하고, 요즘은 먹어도 먹는것 같지않고, 영 소화마저 안됩니다. 징역이 따로 없어요. 흙에서 뒹굴던 사람이 흙을 떠나자니 이거야 물고기가 물을 떠나는 격 아니겠소. 배운 도둑질 농사말고 우리가 뭔 일을 이제 시작할 수 있겠소」

하루에도 몇번씩 뒷메에 올라가 사라질 고향동네를 내려다보며 눈물 짓는다는 이형구씨.

「며칠전엔 동네 사람이 몽땅 헤어지는 것이 아쉬워 미지막 관광을 다녀왔습니다. 그날따라 웬 비는 추적추적오는지 놀아보지고 떠났던 사람들이 서로 부둥켜 안고 울다가 돌아왔답니다」

농사일로 투박하게 매듭진 손을 어떻게 처리해야할지 몰라 매우 심란하고 불편해 한다.

「저기 아파트에 들어와 살 사람들은 우리가 이렇게 아픈 마음으로 고향을 떠났다는 사실을 알기나 할까요」

5백년이나 뿌리박고 살아온 반가(班家)답게 집집마다 오래된 제구들도 잘모셔져 있는데, 이제 떠나게 되면 어떻게 그것들을 갈무리 해야할지 이형구씨는 그것도 걱정하고 있었다.

6월말까지는 떠나야 하는데 아직까지 거처를 정하지 못했다는 사람들이 대부분이고, 고향을 멀리 떠날 수 없어 모조리 성남에다 방을 얻으려고 한바람에 한때 성남의 방값이 천정부지로 뛰어 오르기도 했었다며 임실댁 작은지부는 씁쓸하게 웃는다.

고향을 잃고, 생업도 잃고, 천재지변보다 인재지변이 더 무서운 것을 알게됐다는 사람들. 어디가서 무엇을 하고 살아야 하느냐며 눈시울을 적신다.

마을어귀에선 개들이 타성받이만을 용케도 골라 컹컹 짖어댄다.

저 개들도 고향을 떠나야 한다는 사실을 아는 것일까.

(신효정기자)

## 서로 택호부르다가 집 담벼락에 붙힌 번호로 호칭

## 60세대 내달까지 이전키로 했으나 갈곳 못정해

# 부록 2.

## 宗中 規約 및 規範 자료

## - 별첨 2-1부터 2-6까지

(별첨 2-1)

宣傳 秉三
幼學 順重
府使 師重
縣監 應重
郡守 山重
參議 海重
幼學 遠重
〃 欽重
〃 行重
〃 敦重
〃 敬重
〃 世重
〃 命重
〃 正重
〃 宜重
〃 致重
〃 亮重
縣監 龜老
判書 思觀
幼學 思永
一 正 喜永

縣監 復永
幼學 夏永
縣令 運永
郡守 得永
參奉 克永
判官 俊永
校理 頤永
幼學 問永
縣令 胄永
幼學 俊永
縣令 河永
幼學 圭永
〃 耆永
〃 大永
〃 渭永
侍直 耆永
幼學 昌永
〃 錫永
〃 直永
〃 俊永
進士 翊永

幼學 泰永
〃 學永
〃 牧永
〃 道永
〃 纘永
〃 期永
〃 晩永
〃 福永
校理 敬玉
郡守 成玉
郡守 養和
進士 趾和
幼學 相玉
〃 克和
進士 義文
幼學 義民
〃 義重
〃 義賓
〃 義敬
〃 義民

幼學 義雲
義韡
義元
義淳
義臣
義象
義觀
義坤
義駿
義翼
義祥
進士 觀城
幼學 民城

# 完議

여기에 完議하는 일은 사람의 집 子孫이 先山에 장사지
내는 것은 본래 宗親을 敦睦하는 好意인 것이다 그런
까닭에 우리집 樂生先山은 前부터 宗派나 支派 또
는 遠近을 議論할것 없이 모두 여기에 장사지낸지가 이
제 이미 百餘年이 되었다 그러나 이 山은 들가운데에 있는
조그마한 山기슭으로서 둘레가 두어里에 지나지 않는데 前
後에 장사지낸 것은 百개 무덤에 가까우니 비단 龍이
弱하며 많이 장사 지내는 것을 地家에서 꺼릴 뿐 아니라 각
집의 墳墓가 서로 몹시 가까와서 심지어 墳墓앞의 뜰을서
로 분간하지 못할뿐만 아니라 심한자는 혹 先祖의 墳山
도 헤아리지 않고 몹시 가까이에 써서 방해하는 者까지 往々
히 있으니 보는 바에 몹씨 마음상하고 가슴아픈 일이다.
이는 대개 諸宗이 清寒하고 힘이 없기 때문에 혹 초상
을 당하면 능히 山地를 求할 생각을 하지 못하고 便利
한대로 占領해서 썼기 때문에 여기에 이른 것이다 그러나
만일 지금에 禁하지 않으면 앞으로 어느 지경에 이를지
알수 없는 일이다 이에 부득이 같이 모여서 相議해 가지고
이 完文을 만들어 山下의 여러 집에 걸어두는 것이니
이제부터는 各집에서 비록 아이의 장사라도 감히 前
後局內에 장사지내지 못하게하여 이로써 先山을 保護할
계획이다 만일 혹시라도 完文을 쫓지 않고 반드시 犯
葬하려 하는 者는 諸宗이 모두 모여서 이를 禁할것이
오 그래도 끝내 듣지 않으면 이 完文을 갖이고 官府에
알려서 엄하게 禁한 뒤에 그 罪狀은 諸宗이 最高
位 山所에 모여서 각각 매를 때려 日後의 날을 징
계할 것이다. 그러나 이미 장사지낸 者를 合窆하는 일
은 이 禁하는 속에 있지 않지만 비록 이미 장사지낸
者라도 만일 局內로 移葬하는 것은 일체 禁斷할
것이다

庚寅 九月 日

▲ 완의 현판 원본 사진

(별첨 2-2)

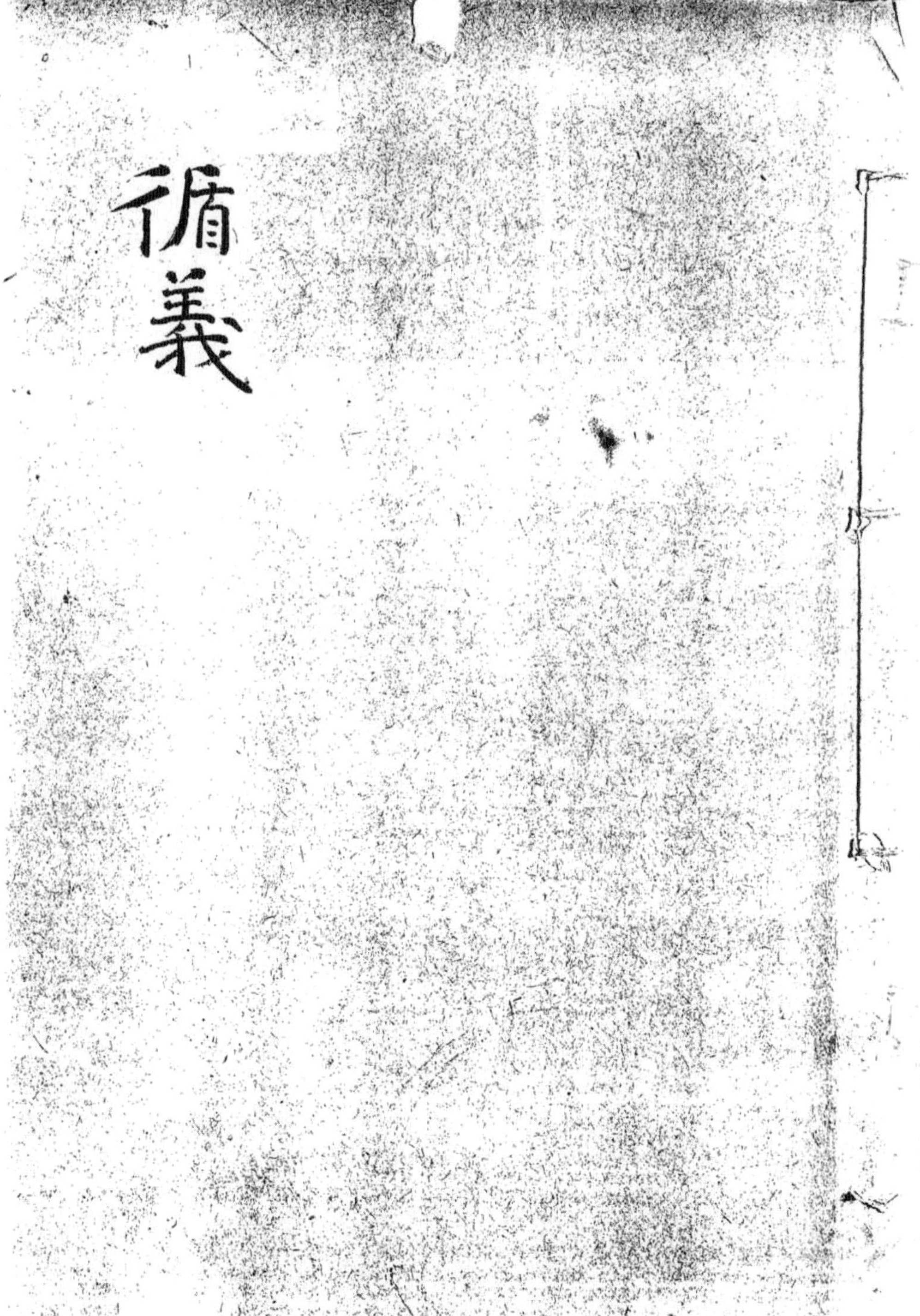

## 脩誼序論(순의서론)

惟人은有禮誼人倫之故로萬物之衆最貴靈丈也라禮誼는
道德이요道德은正心修身이요修身은齊家治國之道요人倫은
五倫五常五敎也니五敎는父慈子孝하고君誼臣忠하고夫和
婦順하고兄友弟恭하고朋友輔仁也라是故로孟子曰人而不知
五常則近於禽獸라하시니深於刻骨하야守聖之敎니라

오직 사람은 례의와 인륜이 있음으로 만물의 무리에서 가장귀한 영장이라

## 循순義의

한다 례의는 도덕이요 도덕은 마음을 바르게 하여 몸을 닦음이요 몸을
닦음은 집을 바로잡고 나라를 다스리는 도리요 인륜은 오륜 오상 오교이니
오교는 아비는 인자하고 자식은 효하며 임금은 의로하고 신하는 충성하며
남편은 온화하고 아내는 유순하며 형은 사랑하고 아우는 공순하며 벗은
어짐으로 도우니라 이런고로 맹자 말씀에 사람이 오상을 알지 못한즉 금
수에 가갑다 하시니 뼈에 깊이새겨 성현의 가르치심을 자킬지니라

禮義는修身이요修身은仁德이요仁德은修身이니惟人之行이요惟人之道니라

례의는 몸을 닦음이요 몸을 닦음은 인덕이요 인덕은 몸을 닦음이니 몸을 닦음은 오직 사람의 행실이오 오직 사람의 도리니라

충효
忠孝

忠은能致其身하야不欺其君하고臨死不易心이忠也며孝은能竭其誠하야愉順於親으로以安其心이孝也니라

二

충은 능히 그몸을 다하여 그임금을 속이지 아니하고 죽음에 이를지라도

마음을 바꾸지 안이함이 충이며 효는 능히 그정성을 다하여 부모에게

유순함으로 써 그마음을 편안 하시게 하여 드림이 효이니라

夫孝는百行之本이니孝於親이면子亦系代하야孝於其親故로

孝行之家에必有孝라하니親雖不慈나子亦孝니라

대개 효는 백행의 근본이니 부모에게 효하면 자식이 또한 대를이어

그 부모에게 효함으로 효행의 집에 반듯이 효가있다 하니 부모가

인자하지 않을지라도 자식은 또한 효를하여야 하느니라

## 交友(교우)

朋友는友其德也니是以로欲知其人이면先示其友하니與人交에勿而富而交貧而退하고必擇端人하야久而敬之하고忠告善道하야患難相救하고終守信誼니면是五倫之友也니라

벗이란 그덕을 벗함이니 이러므로 써 그사람을 알고자하면 먼저 그벗을보라 사람으로 더부러 사귀려함에 부자라하여 사귀고 가난

三

하다하여 물리치지 말고 반드시 단정한 사람을 가려 오래

도록 공경하고 선도로 충고하여 활난에 서로 구원하고 신의로

끝까지 지키면 이 오륜의 붕우니라

立志(입지)

仁德은 立身之本이요 善行은 修身之源이니 勿而富貴而輕

蔑하고 以德守之하야 以仁修行이면 成德君子니라

인과 덕은 성공의 근본이요 선한 행실은 수신의 근원이니 몸이

부귀하다 하여 사람을 경멸 하지말고 덕으로 써 지키고 어짐으로
써 행실을 닦으면 덕을 이룬 군자니라

接人에溫情敬愛하야勿爲倨驕하라德則潤身이요潤則
明德이니盖財慾은人之所欲이나欺人不誼之財는必有災禍니라

사람을 대함에 온정으로 공경하고 사랑하여 거만 하고 교만 하지마라 덕은
몸을 윤택 하게하고 윤택함은 덕에 밝음이라 대개 재욕은 사람의 소욕
⑫ 이나 남을 소기고 의아인 재물은 반듯이 재화가 잇느니라

齊家(제가)

家有禮度하야父子相親하고昆弟同樂하며夫婦愛敬誼信하야內行婦德하고外守夫道하야家度正誼면無不成事니라

집에 예도있어 부자 서로친하고 형제 우애하며 부부 의와 신으로 사랑하고 공경하여 안으로 아내의 도리를 다하고 밖으로 남편의 도리를 지켜 집의 법도가 의리에 바르면 이루지 못한이리 없느니라

家無賢母면難有教良이요人無特技면難有成事요勤而得

財는 致産之源니라
집에 현모없으면 교양있기 어렵고 사람이 득기없으면 성사하기 어렵고
부지런 하여 어든 재물은 치산의 근원이니라

준례
遵禮

本姓傳通은 天理之道요 三綱五倫는 人道之本니라
시조의 성씨로 전해옴은 천리으도며 삼강 오륜은 사람의 도리
근본이니라

五

祖上奉事는 以血傳血하고 以禮守禮하야 能致其誠은 敬慕祖上之恩也니라

조상을 받들어 섬김은 피로 써 피를 전함이요 예로 써 예를 지켜 능히 그 정성을 다함은 조상의 은혜를 공경하고 사모함이니라

敬長之禮는 長幼之道요 人倫之序니 孝親者는 年長이 倍則父事之하고 十年이 長則兄事之故로 先示其行이면 可以知其人

也니라

어룬을 공경하는 례는 장유으도요 인륜으 차례니 부모에게 효한사람은

나의가 배가된즉 어룬을 아버지 가치 섬기고 형을공경 하는사람은

나의가 십년이 더 마른즉 형으로 섬긴고로 먼저 그사람의 행실은

보면 가이 써 그사람을 알지니라

古語에父不言子之德하고夫不言婦之德하고子不談父之過

하니此三不之言은謹而愼之하고問父之名이면口不可言하고只云

以其字로恭順告之는敬親之禮며人子之道니라

옛말에 아비는 자식의 덕을 말하지 말고 남편은 안해의 덕을 말하지 말고 자식은 아비의 허물을 말하지 말라 하였으니 이 세가지말은 삼가하고 삼가하며 아비의 이름을 물으면 아무라고 하지말고 다만 아무자라고 공순이 고함은 부모를 공경한 례며 자식의 도리니라

子孫之富貴를無不望之親이며事親之誠은欲報生成之恩也니라

자손의 부귀를 바라지않은 부모없으며 부모를 섬기는 정성은 낳으
시고 기르신 은혜를 갚고자 함이니라
烏者는 鳥中之鳥也가 以反哺報恩故로 謂之孝鳥라하니
奇而美哉라 烏耶여 世人之中未悟事親者는 醒而悔之하야
欲報劬勞之恩하라 不知父母之恩이면 其心이 不如烏也니라
까마귀는 새가운데 새나 다 자란후에는 그어미에게 먹이를 물어다 주어 길
러준 그 은혜를 보답함으로 효조라고 이르니 기특하고 아름답다 까마귀

七

여 세상 사람가운데 부모섬기믈 깨우치고 뉘우치여 수고하신 부모님의
은혜를 갚고자하라 그은혜를 아지못하면 그마음이 까마귀만 같지못하리라

## 守學(수학)

勸學이면成學成德이니常思學期不再來하라自古至今에明賢
達士名德傳世는是亦學文이니豈而怠學乎아不而明鏡이면
不察其形함고不而學文이면不立其世하니篤學立志하야名德
傳世니라

학문에 근실하면 학과 덕을 성취하니 항상 공부할 시기가 다시오지 못함
을 생각하라 예로 지금까지 명현 달사의 이름과 덕이 세상에 전하여 옴은
이 또한 학문이니 엇지 학문을 게을이하랴 거울이 아니면 얼굴을 살필
수 없고 학문이 아니면 세상에 드러나지 못하니 학문에 근실하여 이름과
덕을 세상에 전할진너라
大學者行不正이면恥辱及己하고小學者行而正이면讚譽言及身이니
是는修行之道요富貴貧賤이在於學文이니是以로當而勉之하야

勤於學文이면 乃立身之寶요 世之大寶니라

대학자 행실이 바르지 못하면 치욕이 몸에미치고 소학자 행실이 바르면 명례가 몸에 미치니 이는 행실을 닥는도요 부귀빈천이 학문에 있으니 이러므로 써 만당이 힘써 학문에 근실하면 이에 성공의보배요 세상의 대보니라

修德(수덕)

佈德이면 稱頌其德하고 陰德施恩이면 天必報福하고 利

慾泰深이면 雖富나 不得讚揚이니라

덕을 베풀면 그 덕을 칭송하고 음덕으로 은혜를 베풀면 하늘이 복을 주시고 욕심이 만흐면 비록 부자라 하드라도 칭찬은 못 받느니라

貧而富貴而賤은 天道之常이요 循環之理며 濟人之急하고 救人之危는 人道之常이요 人之常情이니라

九 가난하고 부하고 귀하고 천함은 천도의 떳떳함이요 순환의

이치이며 사람의 급함을 건저주고 사람의 위태로움을 구하여준은 선도에 떳떳 함이요 인지 상정이니라

墳墓(분묘)

毁損祖墓를 勿而黙示하고 崩頹封築하야 恥辱不及이며 千里之外라도 省墓之禮 香火之節은 感慕祖上之德也라 不爲敬慕祖上이면 何而有人倫이며 何而謂之有子孫고 子而父父而祖祖而祖上이니 是以로 永慕祖上之恩也니라

무너진 조상의 묘소를 묵묵히 보지만말고 무너진곳을 봉하고 싸서 치
욕이 미치지 말게하며 천리의 밝기라도 성묘의례며 행화의 절차는
조상의 덕을감동하고 사모함이니라 조상을 고경하고 사모하지 않
으면 어찌 인륜이 있으며 어찌 자손이잇다 이르리요 자식이 아비되고
아비가 할아비되고 할아비가 조상이니 이러므로 써 조상의 은혜를
길이 사모할지니라

세보
世譜

世譜는系代保家之本이니謹而系傳하라
세보는 대를이어 집을 보존한근본이니 삼가하여 이어전하라
譜規三十周年이면各派散居后裔失傳恐懼로大同
譜나或派譜며家乘譜는更刊으로譜所設置하고各
派納單譜所하나勿違其時하야勿及漏譜이며族誼
之間에不知行列이면相難呼宗故로必守世譜行列規
例니라

세보규칙에 삼십주년이면 각파 흩어저 사는자손이 실전할까 두
려움으로 대동보나 혹파보며 가승보를 다시 출판함으로 보소를
설치하고 각파가 보소에 납단하여 그대를 잃치말고 세보에 빠지지
말며 일가간에 항렬을 모르면 서로 호종하기 어려움으로 반듯
시 세보규칙에 정한 항렬를 지켜야 하느리라

親屬(친속)

父之兄弟曰從父요祖父之兄弟曰從祖요曾祖之兄弟曰從曾 十一

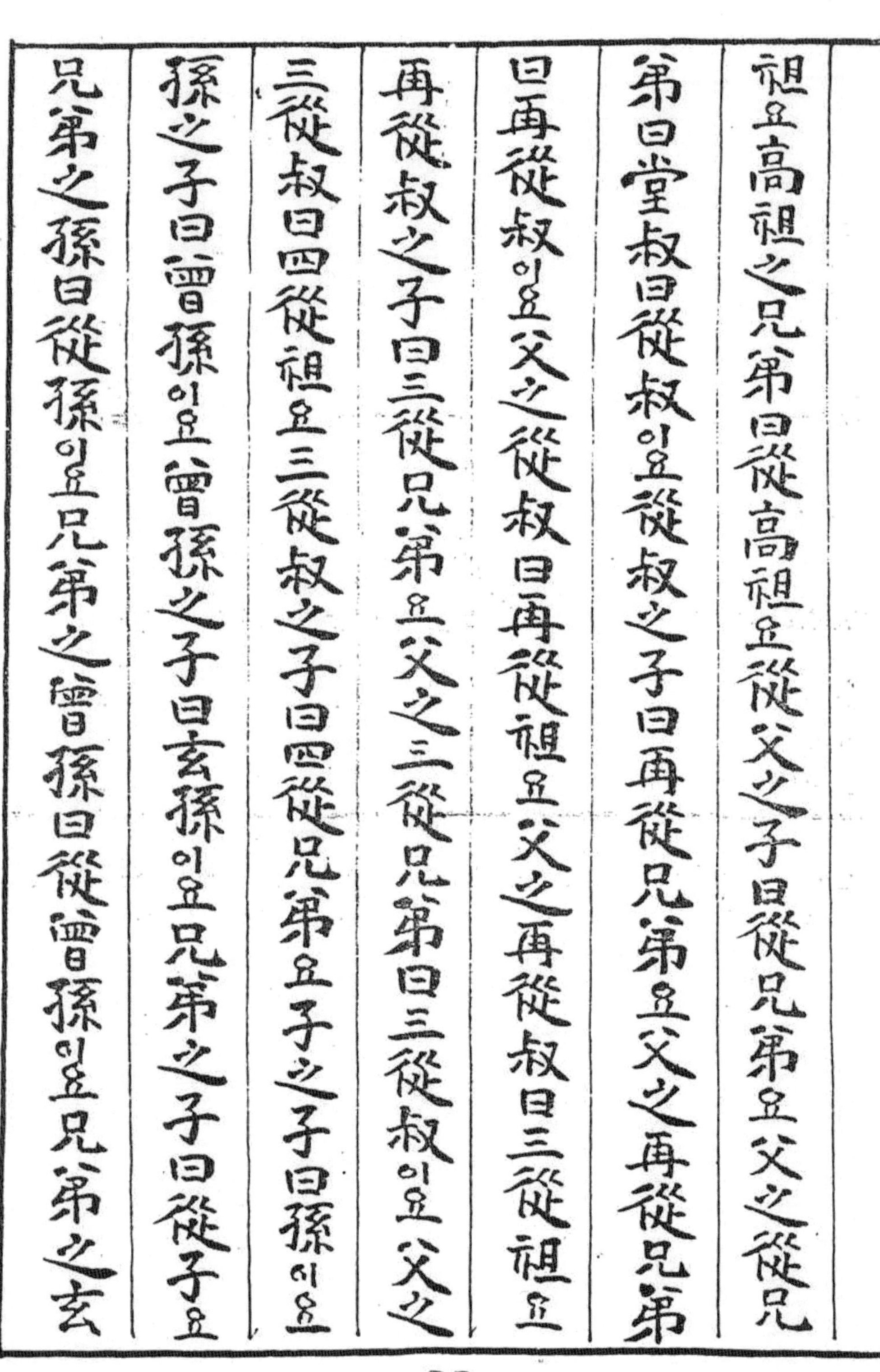

祖요高祖之兄弟曰從高祖요從父之子曰從兄弟요父之從兄
弟曰堂叔曰從叔이요從叔之子曰再從兄弟요父之再從兄弟
曰再從叔이요父之從叔曰再從祖요父之再從叔曰三從祖요
再從叔之子曰三從兄弟요父之三從兄弟曰三從叔이요父之
三從叔曰四從祖요三從叔之子曰四從兄弟요子之子曰孫이요
孫之子曰曾孫이요曾孫之子曰玄孫이요兄弟之子曰從子요
兄弟之孫曰從孫이요兄弟之曾孫曰從曾孫이요兄弟之玄

孫曰從玄孫이요從姪之子曰再從孫이요再從兄弟之子曰再
從姪이요再從姪之子曰三從孫이요三從姪之子曰四從孫
再從은六寸七寸이요三從은八寸九寸이요四從은十寸十一寸
아버지의 형제는 종부요 조부의 형제는 종조요 증조의 형
제는 종종조요 고조의형제는 종고조요 종부의아들은 종
형제요 아버지의 종형제는 당숙이며 종숙이요 종숙의아들
은 재종형제요 아버지의 재종형제는 재종숙이요 아버지의 종숙

十三

은 재종조요 아버지의 재종숙은 삼종조요 재종숙의 아들은
삼종형제요 아버지의 삼종형제는 삼종숙이요 아버지의 삼
종숙은 사종조요 삼종숙의 아들은 사종형제요 아들의
아들은 손자요 손자의아들은 증손이요 증손의아들은 현
손이요 형제의아들은 종자요 형제의손자는 종손이요 형
제의증손은 종증손이요 형제의현손은 종현손이요 종
질의아들은재종손이요 재종형제의 아들은재종질이요 재종

질의아들은 삼종손이요 삼종질의 아들은 사종손

재종은 육촌 칠촌이요 삼종은 팔촌 구촌이요 사종은 십촌 십

일촌

倫理륜리이

上有天下有地하니天地之間에惟人이最貴乎人者는有人倫

禮義道德老少長幼之道하니老少는天定之理요長幼는

人倫之序라是以로孝親者는年長이倍則父事之하고敬兄

十五

者는十年이長則敬兄之하야倫理光明하고禮俗正齊하야國有
忠義하고家有孝悌하야我居江山之國은稱呼禮義之國
하니美哉라我國耶여文化發達하야都市洋式住屋이요各機
械에技能熟達하야物品이積滿하며村村民屋이요穀物豊登
하고衣類滿店하여衣食溫飽하니泰平之世나財慾暗心하야人心
昏濁하고倫理崩潰하니嗚呼라孝는百行之本也니孝於親則
子亦孝行故로上而淸則下而淸하고上而濁則下而濁矣니라

烏中之烏者는孝烏也라反哺報恩하야以安其母하니況人이
豈而不如烏耶아忠國孝親敬長之禮는半萬年歷史上
遵守한三千里錦繡江山東邦倫理道德守而行이在於
心하니自敬言自戒하야惟行可守니라
위에는 하늘이오 아래는 땅이니 하늘과 땅사이에 오직사람이 가장 귀한까
닭은 인륜례의 도덕 노소 장유의 도가있으니 노소는하늘이 정한이치요
장유는 인륜으차례라 이러므로 부모에게 효한사람은 나보다 나리가

十六

배가되즉 아버지같이섬기고 형을 공경한사람은 십년이 위면 형으로
공경하여 륜이가 광명하고 례속이 정제하여 나라에는 충의가 있고
집에는 효제가 있서 우리가 사는강산의 나라를 례의으국이라 부르리
아름답다 우리나라여 문화가발명하여 도시마다 양식으로 지은 아름다운
집이요 모든 기계에 기술이 능숙하여 물품이 가득싸여있고 촌촌이
기와집이요 공식은 풍부하고 의복은 점포에 가득하셔 먹고 십을것이
넉넉하니 태평지세나 재욕에 마음이어두워 인심이 혼탁하고 륜이가

무너지니 아 슬프다 효는 백행의 근본이니 부모에게 효한즉 자식도 따라
효함으로 위에서 맑으면 아래도 따라 맑고 위에서 탁하면 아래도 역시
탁하니라 새가운데 까마귀는 효조라 한다 자란후에 먹기를 물어다
길너준 은혜에 보답하셔 그에미의 마음을 편안케 하니 하물며 사람으
로 어찌 저 까마귀의 마음만 못하리오 나라에 충성하고 부모에게 효하고
어른에게 공경한 례의는 반만년 역사상 지켜온 삼천리 우리 금수
강산 동방 륜이도덕 지켜 행함이 마음에 있으니 스스로 깨우치고

十七

스스로 경계하야 오직 행하여 가이 지킬진이라

循義는即家訓也라
古詩에云山色古今同이요人心朝夕變이라하니
噫라世俗人心耶여明於黃金하고昏於倫禮하니黃金所貴
도人之所知요人倫所重도人之所知라無人이면何而有人倫禮
誼며非人이면何而守倫禮리요是以로人而願子는望之后
系守行倫禮也니汝等은勿而輕慢하고謹信謹誼하야可而
守之하고可而行之면乃人之師表요世之師表니惟行可守를戒

十八

心戒之하라

문의는 즉 가훈 이니라

옛시에 이르기를 산빛은 예나 지금 이나 갖고 사람의 마음은 조석 으로

변한다 하니 아- 세속 인심 이여 황금에 마음이 박고 륜리 에는 마음이

어두우니 동이 귀한바도 사람이 아른바요 인륜 중한바도 사람이 아른

바라 사람이 없으면 어찌 인륜 과 례의가 있으며 사람이 아니면 어찌

인륜 과 례의 를 지키리요 이러 므로 써 사람이 자식을 원함은

뒤를 이어 인륜 례의를 지켜 행함을 바람이라 너의 들은 경솔하고 거만 하지말고 신의에 삼가하고 의리에 삼가하여 가히 지키고 가히 행하면 이에 사람의 사표요 세상의 사표니 오직 행하고 가히 지킴을 마음에 경게 하고 경게 하라

十九

維歲次干支幾月干支朔幾日干支某官姓名敢昭告于

土地之神某恭修歲事于某親某官府君之墓惟時

保佑實賴

神休敢以酒果敬伸奠獻尚

饗

■ 位土 目錄 (별첨 2-4)

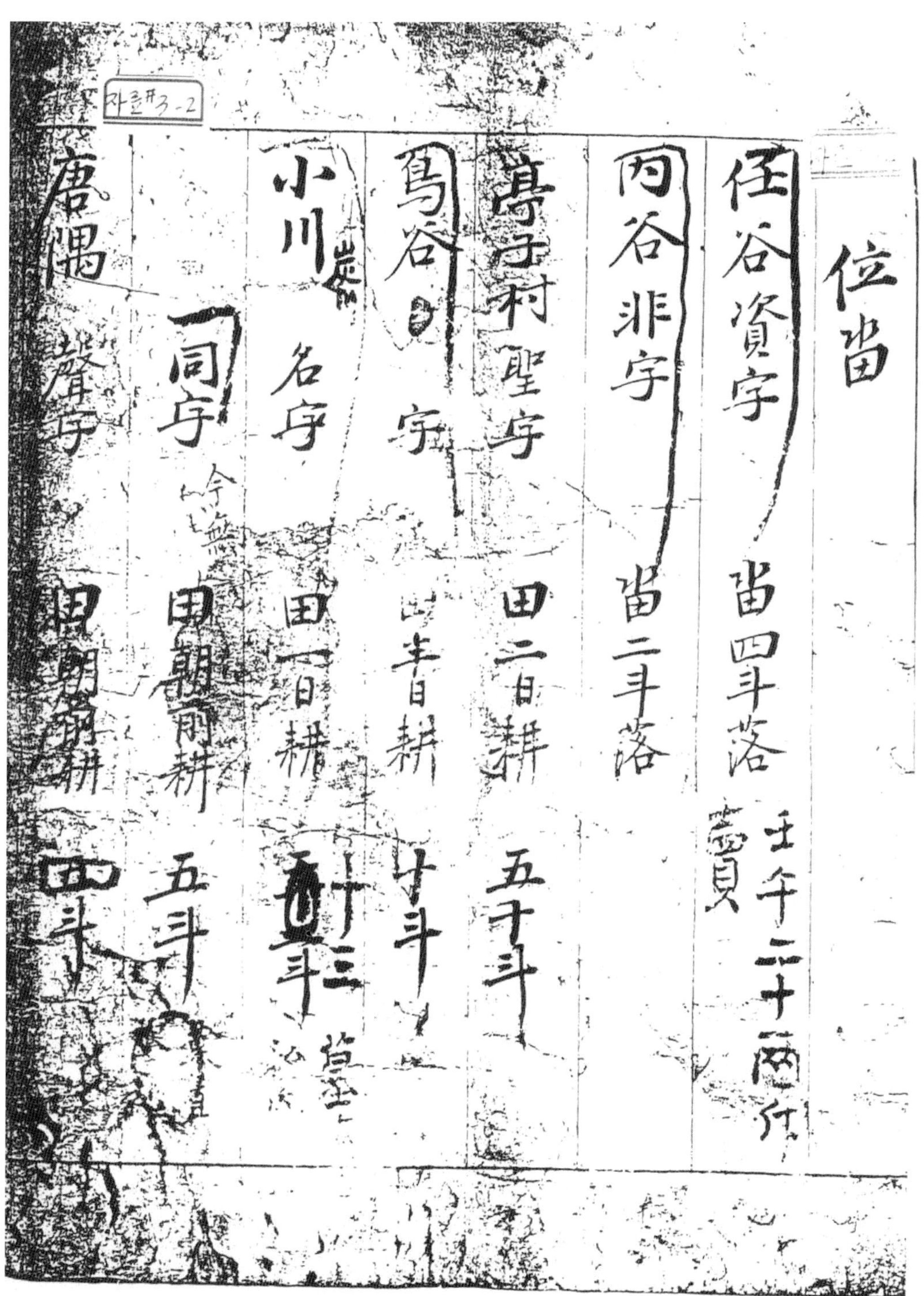

位畓

任谷資字 畓四斗落 壬午二十兩斤賣

丙谷非字 畓二斗落

亭子村聖字 田二日耕 五十斗

鳥谷字 田一日耕 廿斗

小川 名字 田一日耕 五十斗

同字 田朝前耕 五斗

唐隅聲字 田朝前耕 四斗

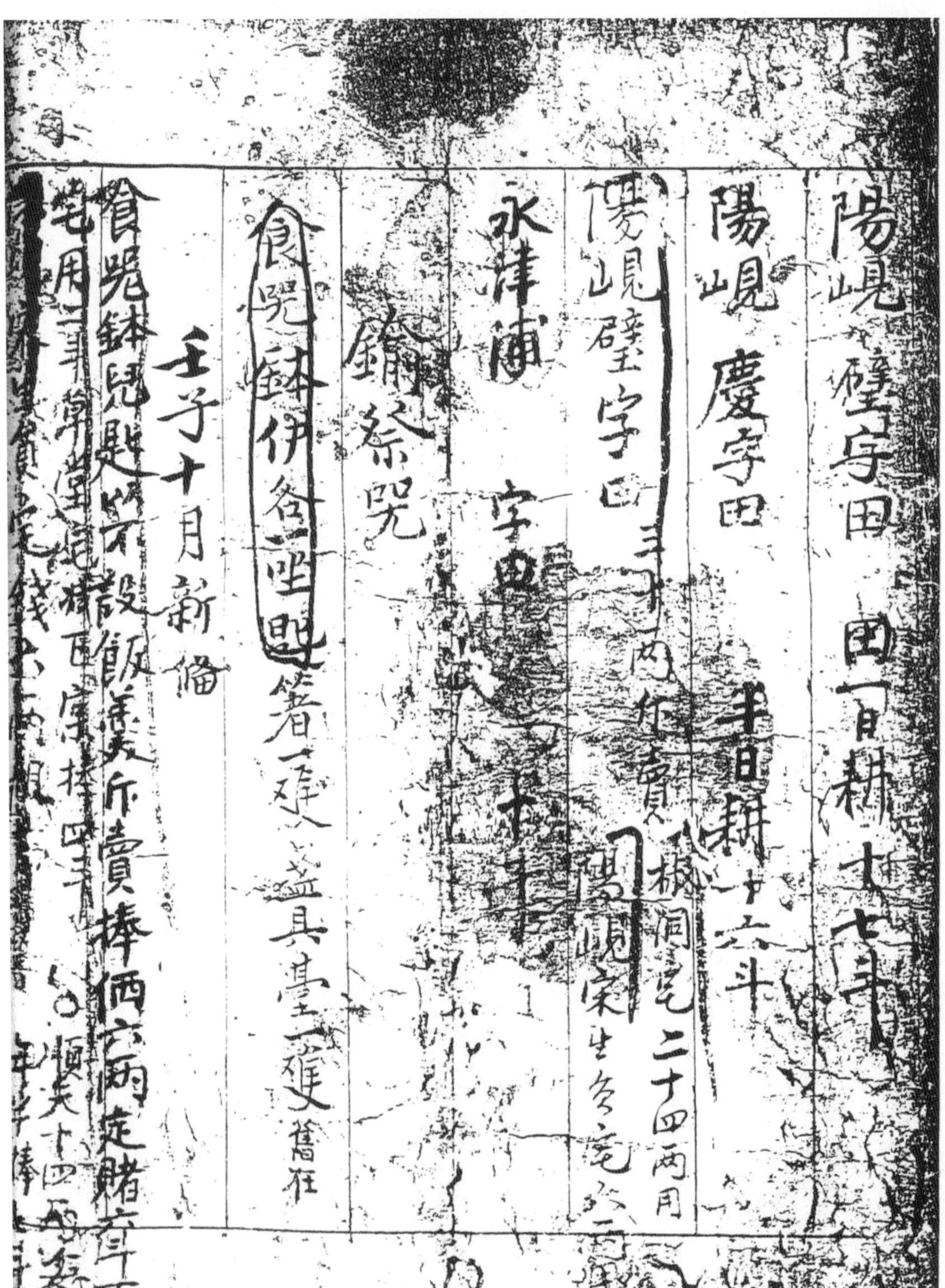

陽峴壁字田 四日耕 [illegible]

陽峴慶字田 半日耕 十六斗

陽峴壁字田 三十兩 作賣 松洞宅 二十四兩 用

陽峴宋生員宅 [illegible]

水津浦 字田 [illegible]

鍮[illegible]絲兒

食兒鉢伊 各一坐 匙箸一雙 盆具臺一雙 舊在

壬子十月新備

食兒鉢兒匙 [illegible] 設飯 [illegible] 所賣 捧價 [illegible] 兩 [illegible]

[illegible]

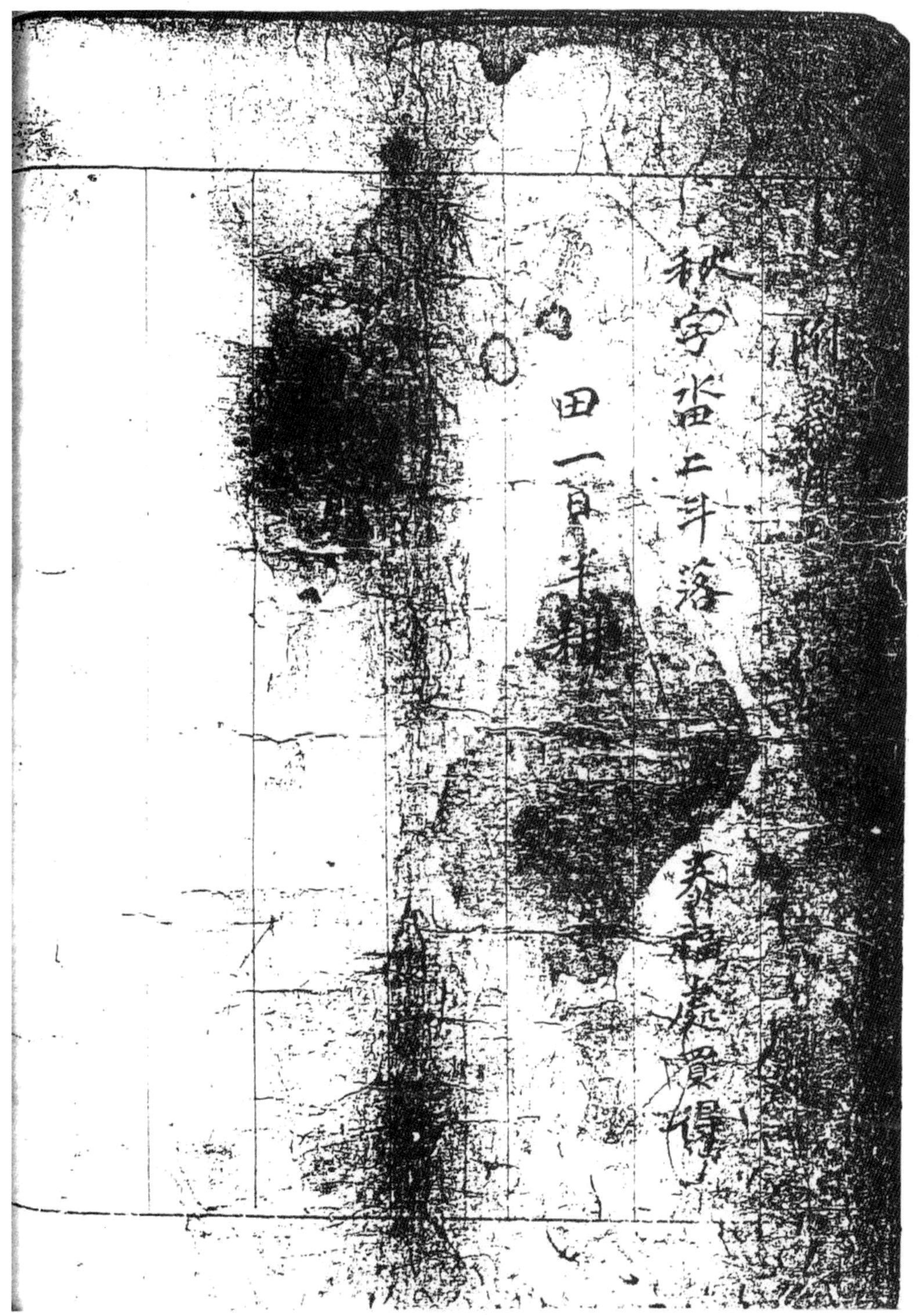
附
秋字畓二斗落
田一日半耕
李福處買得

■ 祭物 目錄

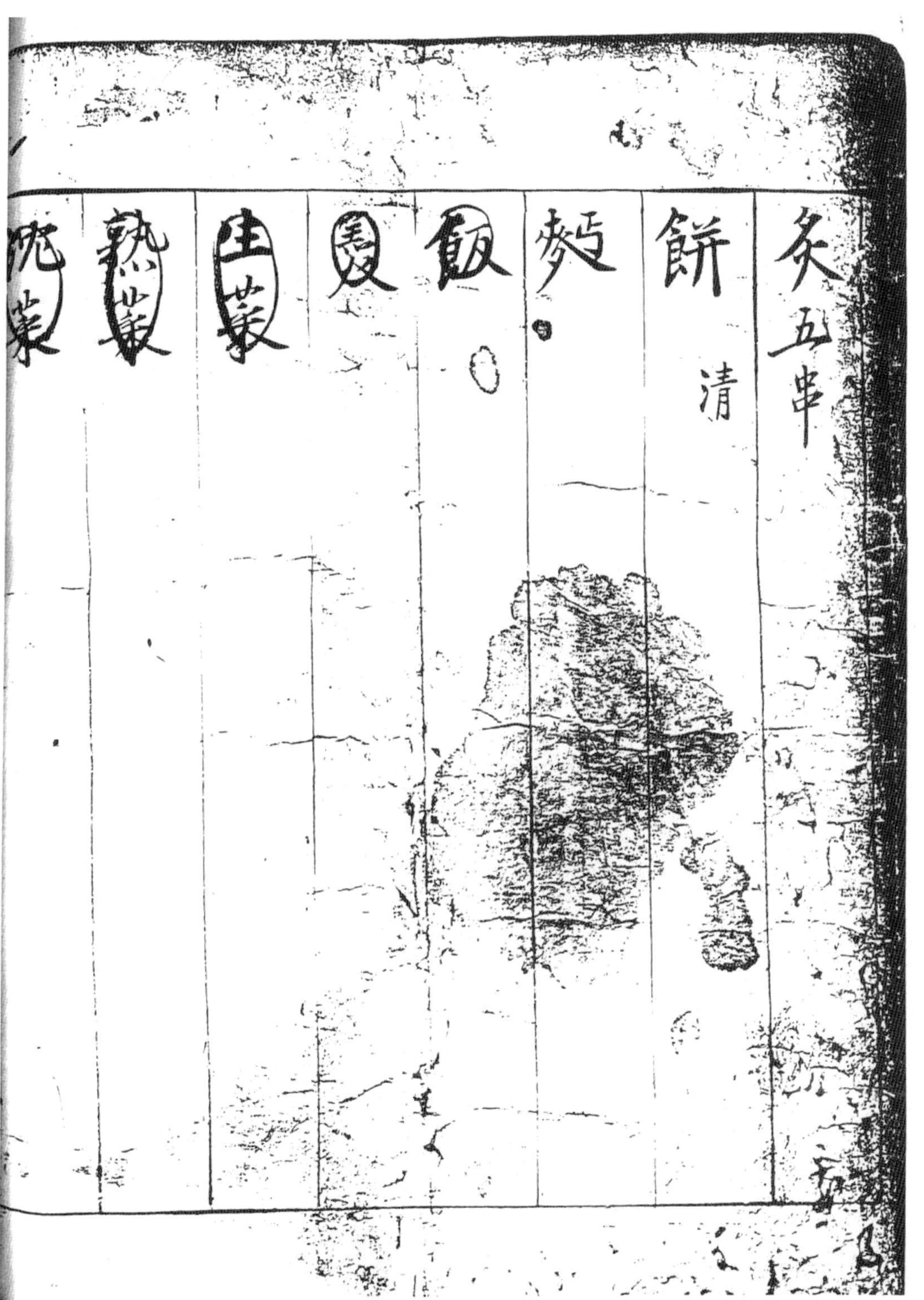

炙五串

餅 清

麪

飯

羹

生菜

熟菜

沈菜

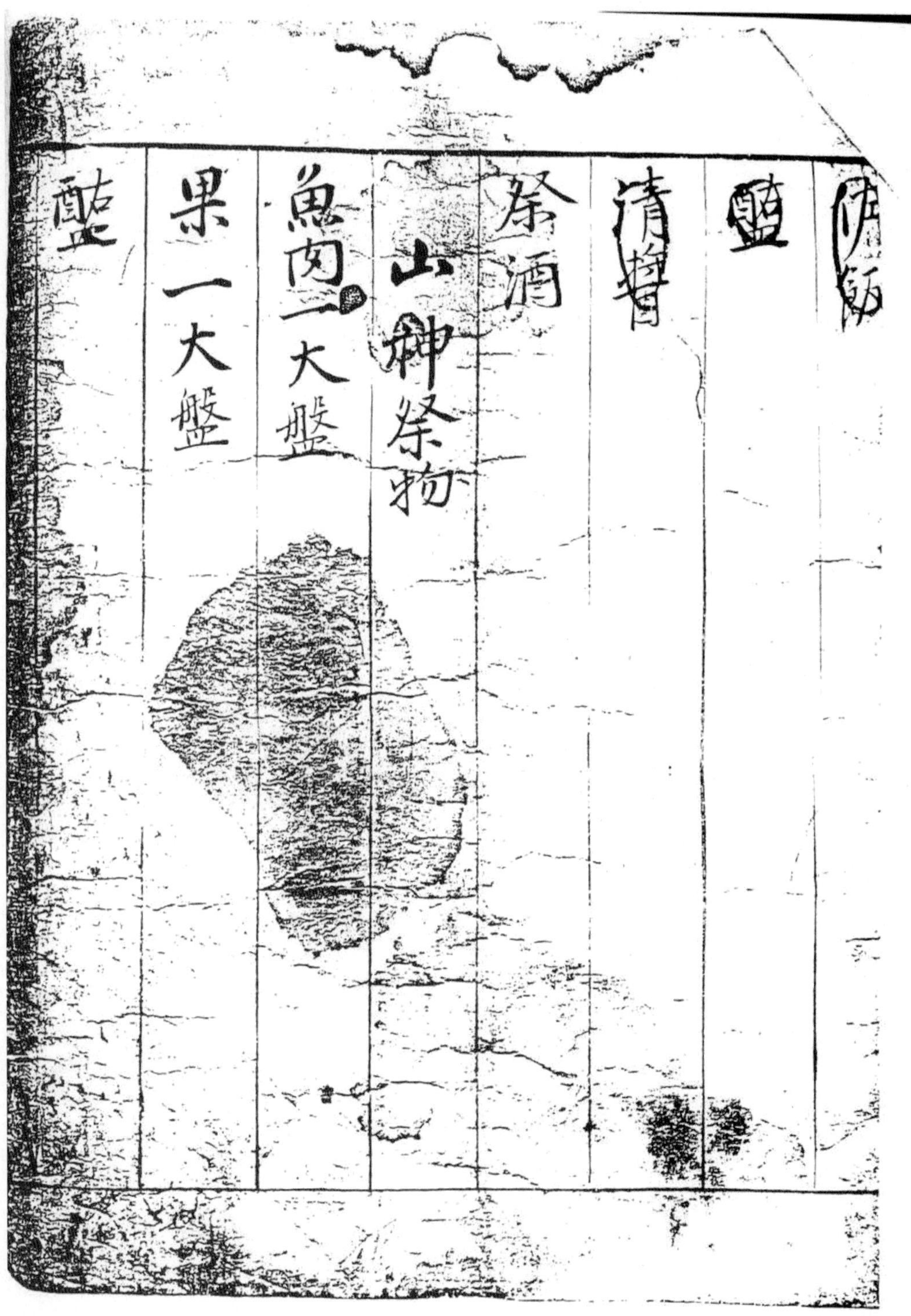

飯

醢

清醬

祭酒

山神祭物

魚肉一大盤

果一大盤

醢

祭酒

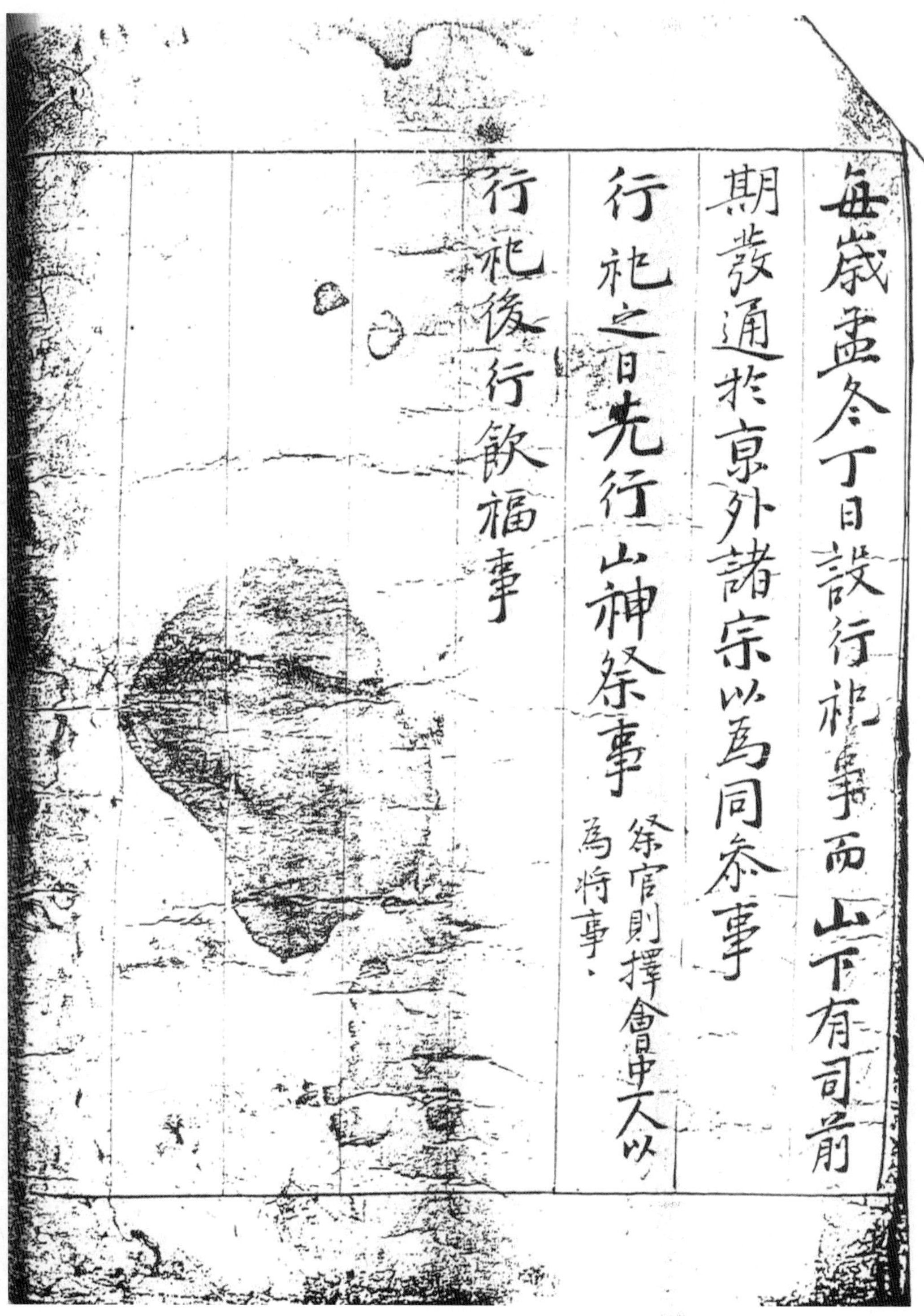

每歲孟冬丁日設行祀事而山下有司前期發通於京外諸宗以爲同參事

行祀之日先行山神祭事 祭官則擇會中一人以爲將事、

行祀後行飮福事

■ 祭需費 醵出 內譯

安州牧使 敬玉 錢二十兩 淹字

新溪縣令 河永 錢十五兩 澤字

海州判官 俊永 錢十六兩 文清公

珎山郡守 養采 錢十兩

金城縣令 運永 錢七兩 歸川公

江西縣令 冑永 錢三十兩 參判公

阿耳僉使 師重 錢五兩

少府察訪 思景 錢五兩 忠壯公

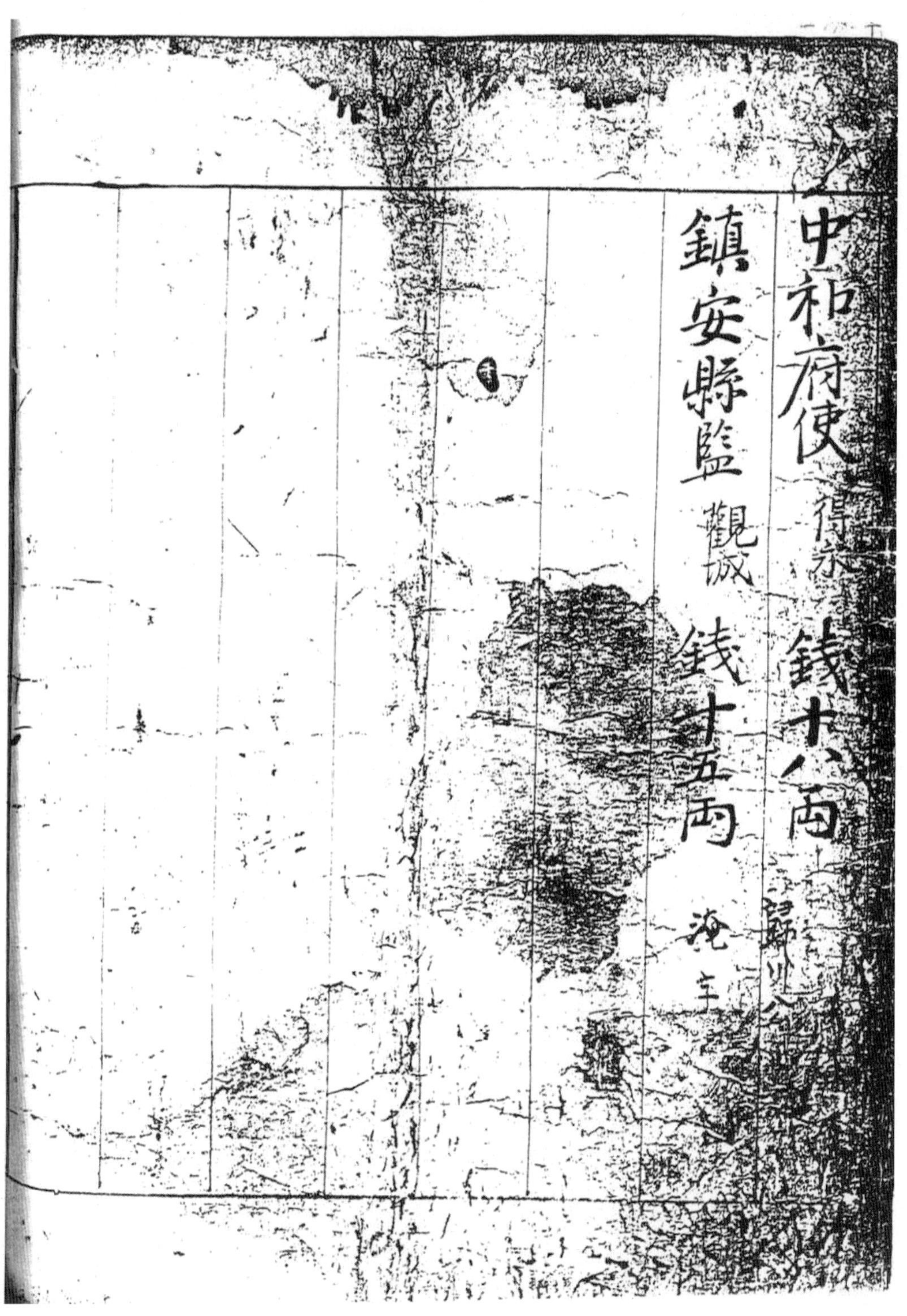

中和府使 得永 錢十八兩 歸川公

鎭安縣監 觀城 錢十五兩 淹字

■ 臘享祭

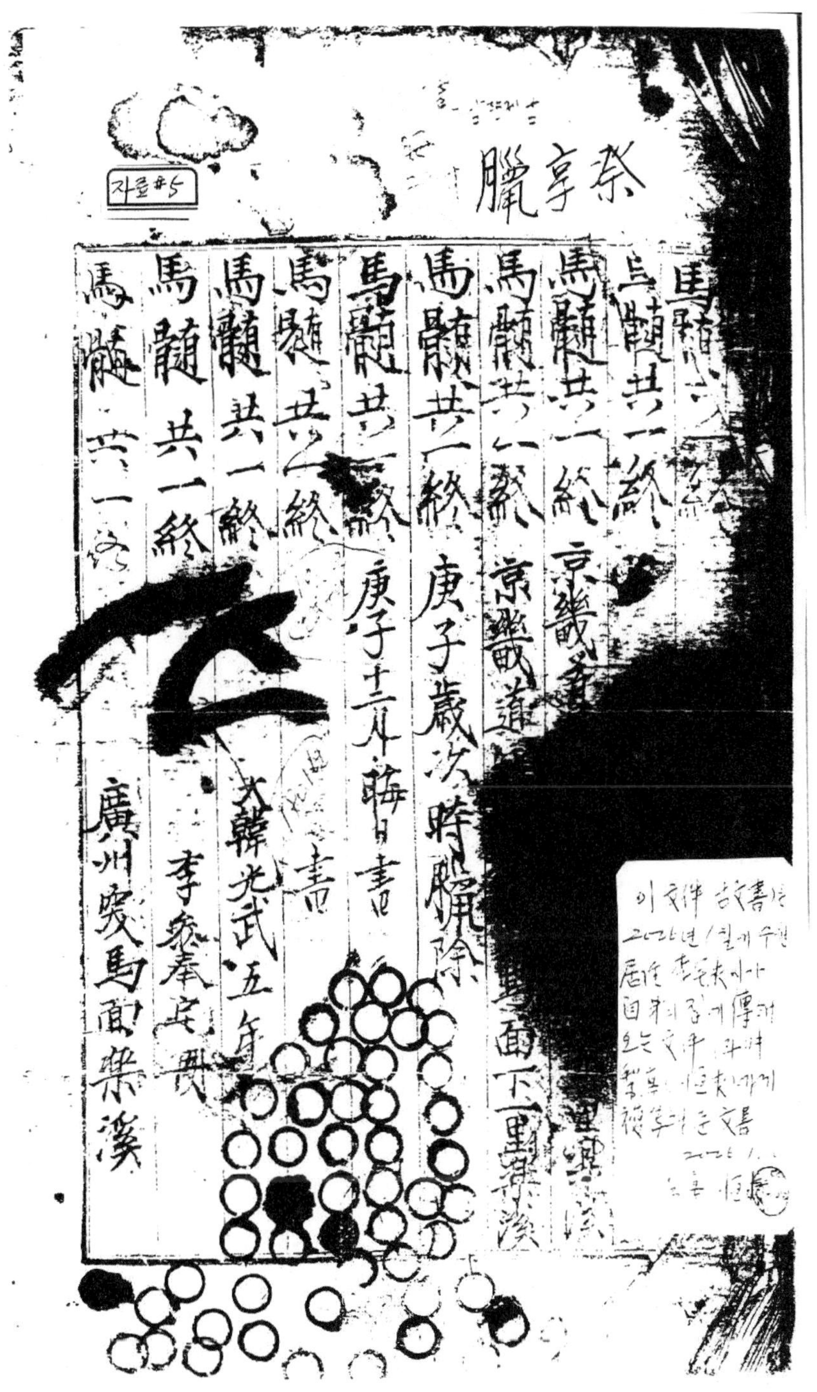

(별첨 2-5)

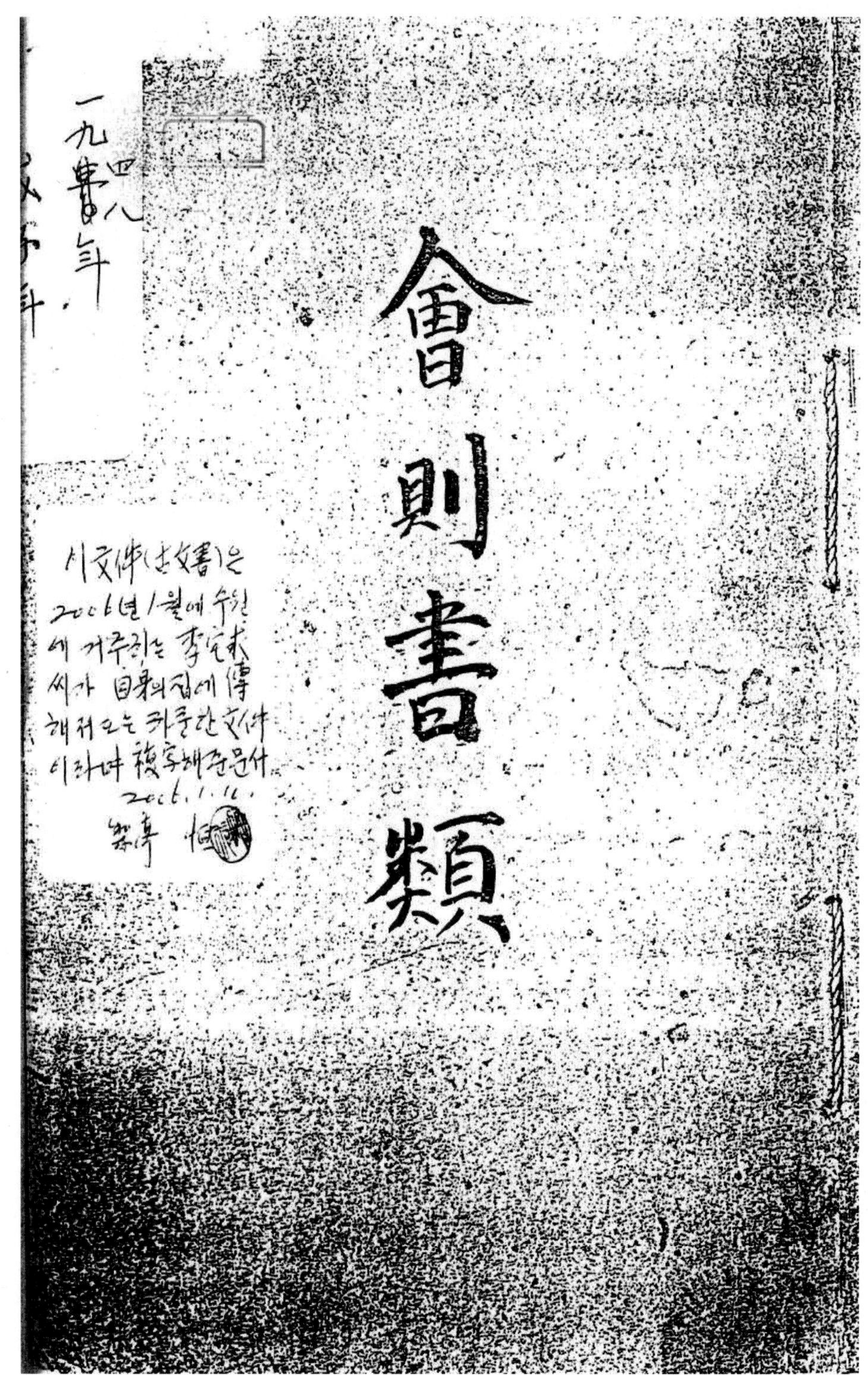

韓山李氏宗會規則

第一条 名稱 韓山李氏宗會라 稱함

第二条 位置 廣州郡炭馬面藪内里에 置함

第三条 目的 藪内里付近部落에 居住하는 韓山李氏로서 組織하며 親族愛을 圖하며 또 宗事를 進行하며 一般協力하기로 目的함

第四条 役員은 左에 定함

理事長 一人

副理事 一人

專務理事 一人

常務理事 一人

監査役 二人

評議員 八人

顧問 若干人

書記 一人

第五條 理事長은 宗中事를 處理하며 從事
함

第六條 副理事長은 理事長이 有故할 時에 事
務處理를 代理함

第七條 專務理事는 宗中에 事件이 有할 時에

インキ止〇月桂冠

10-2

理事長과 副理事에 通告하야 決裁를 得하고 後에 事務를 處理함

第八条 常務理事는 理事長 副理事의 專務理事와 指揮裁決에 依하야 金錢出納事務에 從事함

第九条 監査役은 金錢出納帳簿를 檢閱하고 事務에 從事함

第十条 評議員은 宗中事에 對하야 進行함에 協力 斡旋하고 事務에 從事함

第十一条 會計年度는 自 四月 一日 至 翌年 三月末

日로定함

第十二条 文簿檢閱은會計年度내에二期로分하야

하야六ケ月式으로定함

第十三条 開會는定期總會와臨時會의二種으로

定함

第十四条 宗中에非常事件이有할時는理事長

이臨時開會함을得함

第十五条 役員의任期는滿三ケ年으로定하고滿

期後에再任함을得함

第十六条 役員中에何特別事故가有할時는定

インキ止〇月桂冠

期內에는任免함을得하고事고有함

第十七条 役員中에決員이有할時는臨時總會를開催하야投票選定補欠케함

第十八条 役員會는理事長이開會함을得함

第十九条 規則의改正이有할時는總會를開催하야可決에依하야變更함을得함

第二十条 會員中事故가有할時는其의子孫年幼者로하야금會員行事를代理케함을得함

第二十一条 顧問은本會의모든事業및會務를

後援하여 遊學을 할수 있었다

インキ止○月桂冠

(별첨 2-6)

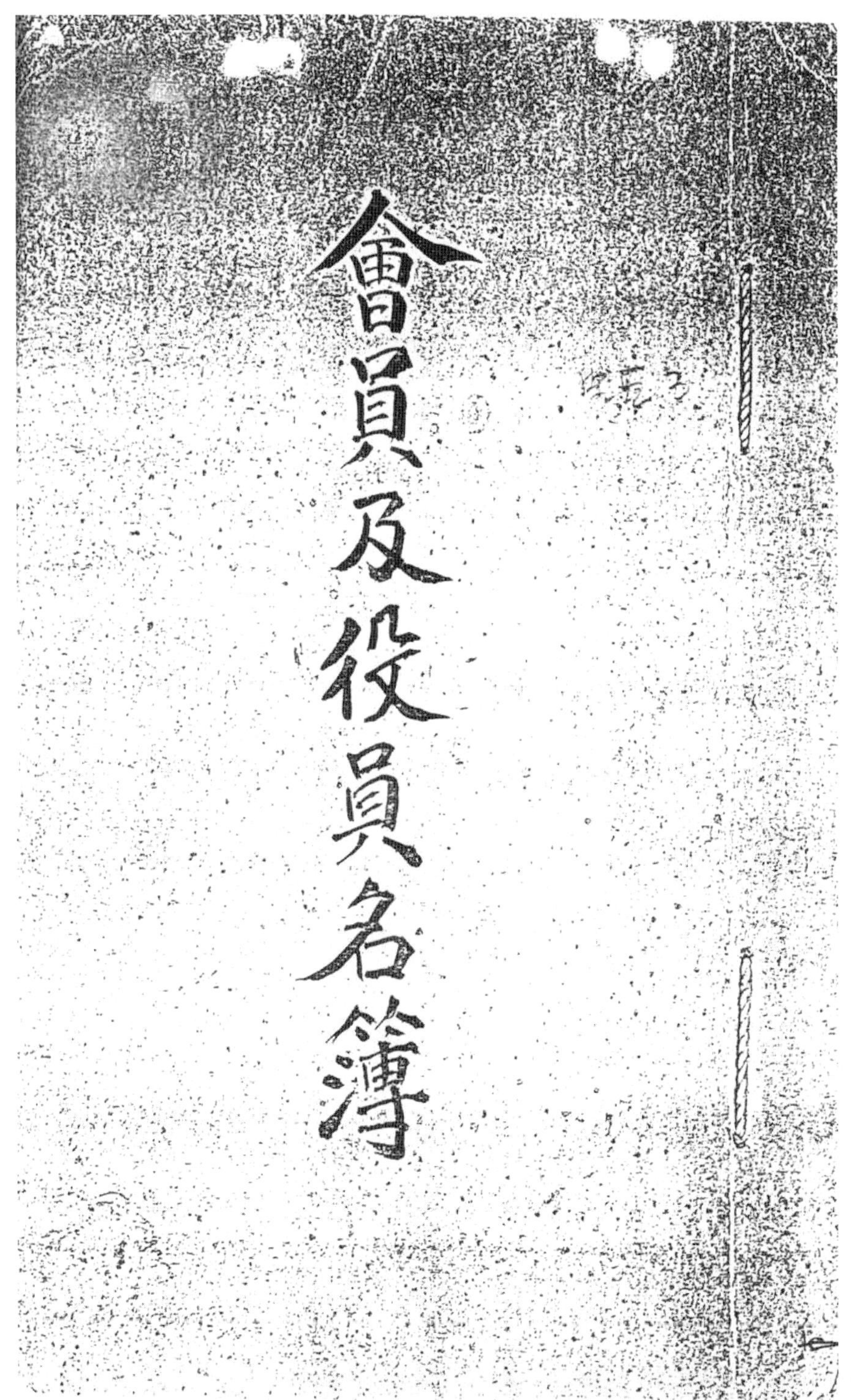

韓山李氏宗會會員名簿錄

李德在

李承憙

李承徹

李承儀

李泳禎

李璇禎

李徹禎

李公禎

李仁禎

李斗植

李榮稙

李命稙

李烱稙

李孝稙

李元稙

李龍稙

李俊稙

李明稙

李賢稙

李晚珪

李宅珪

李明珪

李旼珪

李甲珪

李亨珪

李章珪

李夏珪

李璿珪

李明珪

李範珪

李延珪

李福珪

李胤珪

李商珪

李璋珪

李一珪

李名珪

李馥珪

李厥珪

李奭珪

李殷珪

李章求

李昌求

李儀求

李夫珪

李同求

李道求

李孝求

李[illegible]復

李六馥

韓山李氏宗會役員名簿錄

理事長 李甲珪

副理事 李範珪

専務理事 李延珪

常務理事 李箕馥

監査役 李宅珪

〃 李一珪

評議員 李孝植

〃 李龍植

〃 李明珪

19314

〻 吕求

〻 酉珪

〻 濤珪

青池 良珪

戊子年秋 1948

一有司事 範珪 死亡 因 [illegible] 改選 [illegible] 左 [illegible]

有司事 一人 增 [illegible] 以 左 改選 [illegible]

一有司事 寧珪

[illegible] 有司事 [illegible] 翼

己丑十月二十六日

從又如左改選 [illegible]

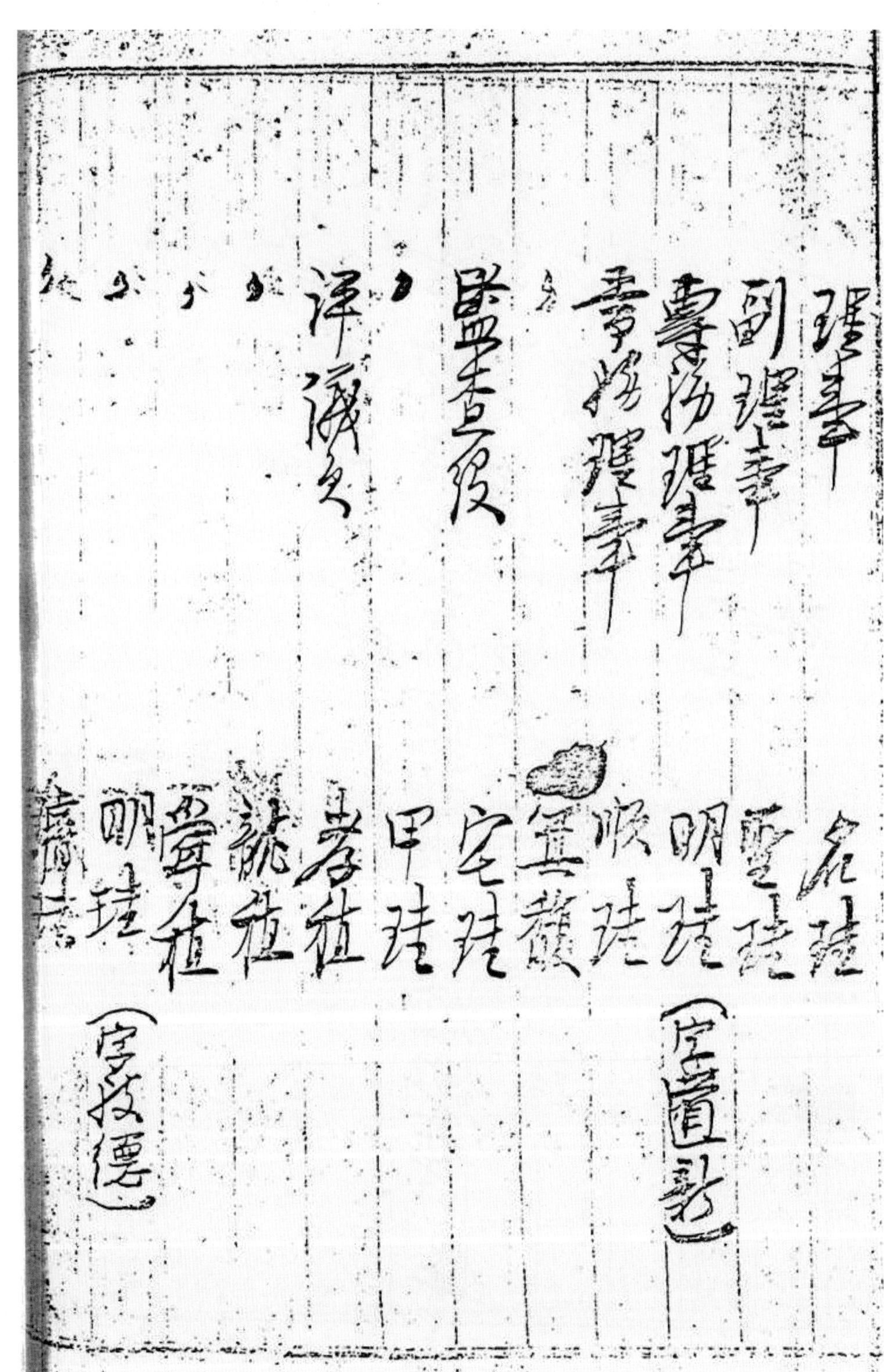

理事 名珪
副理事 聖珪
專務理事 明珪（字道彭）
專務理事 順珪
景馥
監査役 定珪
甲珪
評議員 孝植
龍植
學植
明珪（字校遷）

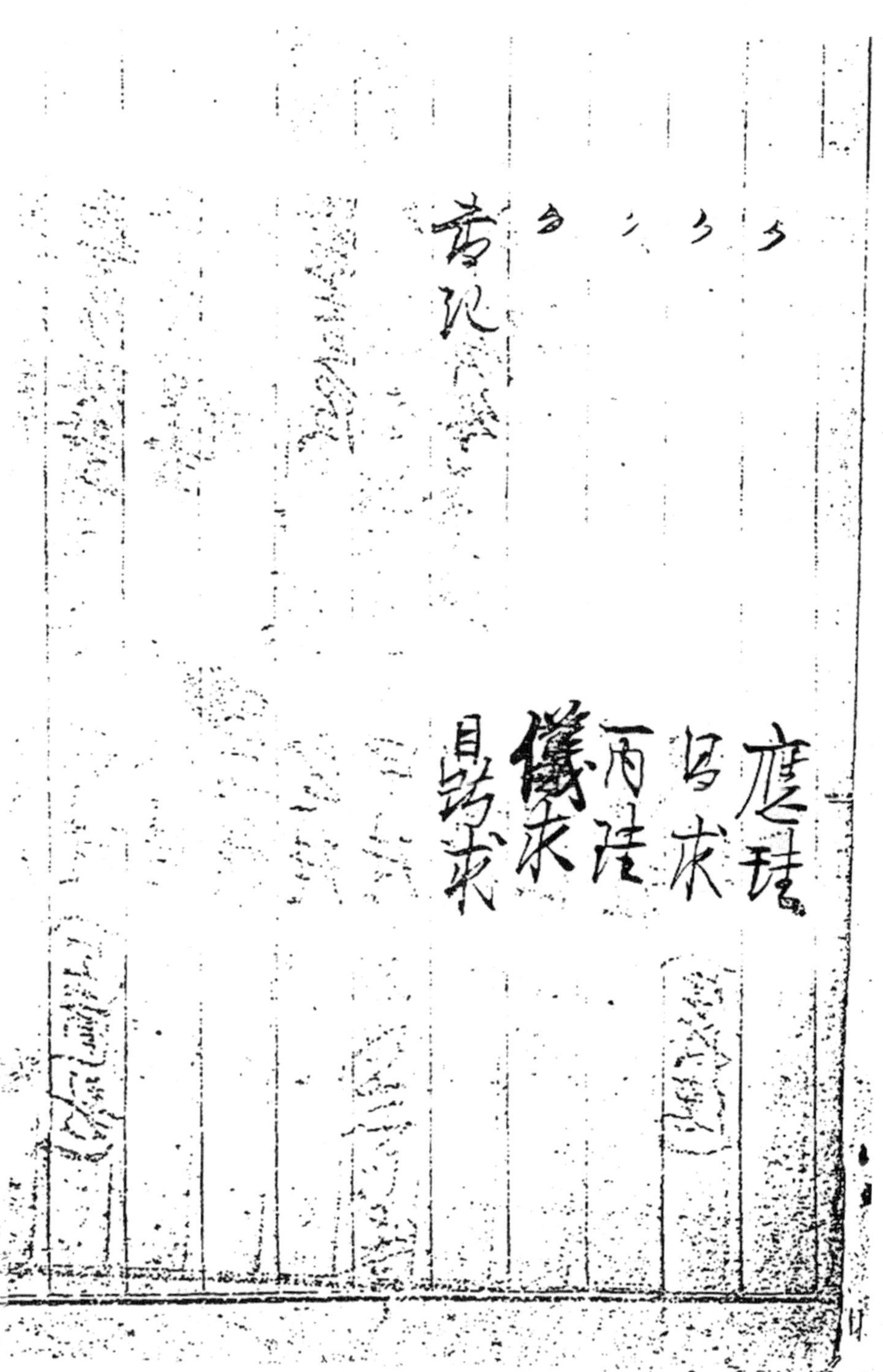

# 부록 3.

## 槐市里 遺墟地 聖域化 推進 근거 자료

## - 별첩 3-1부터 3-5까지

(별첨 3-1)

# 請 願 書

수 신 : 慶尙北道 盈德郡 郡守님 귀하.

청원인 : 李 恒 求 (이항구)
경기도 수원시 장안구 정자 1동 미도A 101-313
전화 0331) 241-1655

제 목 : 稼亭 李穀, 牧隱 李 穡 兩先生 遺墟地(址) 聖域化 指定保護 申請

내 용

1. 國家發展과 地方自治 行政에 盡力하시는 귀하께 衷心으로 敬意를 표합니다.

2. 주지하시는 바와같이 慶尙北道 盈德郡 寧海面 槐市里는 高麗末期때 大文豪이며, 政治, 經濟, 外交등 많은 분야에서 우리 國家와 民族을 위하여 지대한 業績을 남긴 稼亭 李 穀선생의 居留地이자, 牧隱 李 穡선생의 生家地인 由緖깊은 文化 遺蹟地 입니다.

3. 이 遺蹟地에는 지금까지 약 700년 가까운 오랜 세월을 거치면서도 아직도 稼亭, 牧隱 兩선생의 緣故깊은 遺蹟들이 溫存하고 있음은 참으로 다행한일이 아닐수 없습니다.

4. 이같은 사실들은 이 지방분들의 투철한 歷史意識과 높은 眼目의 文化水準이 아니면 안될것이며, 특히 이 고장을 빛낸 稼亭, 牧隱 兩선생을 잊지않고 변함없이 높이 받들고, 敬慕하는 情이 남달리 깊게 이어져온 傳統이 아니면 어려웠을것으로 思料됩니다. 이토록 고히 아껴주시고, 사랑으로 보살펴주신 貴下와 이곳 여러분에게 진심으로 깊은 感謝와 尊敬을 드립니다.

5. 그러나 世上 人心은 날로 刻薄해지고, 전국 곳곳이 도로건설이니 도시개발이니 하여 自然環境이 급속히 荒廢化되어가는 요즘 " 歷史文化 "란 한낱 낡은 古典에 지나지 않는것으로보고, 黃金萬能主義를 優先視하는 현실에서, 이제는 政府 도움없이는 文化遺蹟들 스스로 保護받는 시대는 지나간 것으로 판단되어 이 지역을 管轄하는 貴下께 稼, 牧 兩선생 遺墟地(址) 聖域化事業推進計劃(案)을 별첨 申請하오니 特別 措置하여 주시기 바랍니다.

-끝-

1999년 8 월 일

첨 부 : 1. 稼亭 李 穀, 牧隱 李 穡 兩선생 遺墟地(址) 聖域化 事業化推進 計劃(案)

2. 其他 關係資料

# 稼亭 李 穀, 牧隱 李 穡 兩先生 遺墟地(址) 聖域化 事業推進計劃(案)

1999년 8월 일

提 案 者 :

前 國家報勳委員 兼 理事官 李 恒 求

(경기도 수원시 장안구 정자 1동 미도A 101-313)
전화 : 0331) 241-1655

目　　次



1

稼亭 李 穀, 牧隱 李 穡 兩 先生 遺墟址

聖域化 事業推進計劃 (案)

1. 目 的

自古로 偉人들의 生家나 居留地, 古蹟이나 古墳, 寺刹, 심지어 有名人의 痕迹이 배어있는 곳이면 이를 빠짐없이 保存復元하는것은 東西古今의 보편적인 일로서, 하물며 東方의 巨儒이자 大文豪이며, 政治 經濟 外交등 다방면에 걸쳐, 우리 國家와 民族은 물론 世界人이 주목하는 偉大한 業績을 남긴 稼 亭 李 穀先生과 牧隱 李 穡先生의 遺蹟이 경상북도 영덕군 영해면 槐市里 일대에 널리 분포되어 있으나, 오늘날 이들 遺蹟과 遺墟址가 수백년간 放置 또는 毁損되어 가는 실정에 있으므로 이를 原狀收拾 復元하고 우리 民族에게 더할 수 없는 소중한 이 一帶를 聖域化 하므로서, 이 곳을 世界的인 名所로 가꾸고 宣揚코저하는데 있음.

2. 提 案 事 由

가. 어느 學者는 "偉 人"에 관하여 말하기를, "中國의 曲阜(곡부)나 鄒縣(추현)은 山水가 좋아서 이름난 고장이 아니며, 孔子나 孟子같은 聖賢이 태어난 곳이기 때문이다. 二 千年

2

의 긴 세월 수많은 사람들이 이곳 (曲阜, 鄒縣)을 찾는 까닭은 경치를 보려함이 아니라 孔, 孟의 德을 우러러 思慕함에 있다."라고했다.

말하자면 山河의 風光이 秀麗하여 聖賢이 태어남이 아니라 歷史는 人物에 의하여 빚어지는 것이니, 이는 中國의 孔, 孟의 例가 아니어도 우리에게는 이에 못지않은 英雄豪傑들이 적지않다고 본다.

나. 또한 文化를 破壞하고, 잘된 歷史가 없고, 역사의 痕迹을 지워버린 民族은 滅亡하였듯이 경북 영덕 영해 槐市村 一帶를 重히 여기고, 聖域化하려는 뜻은 오늘에 사는 우리들이 지나간 역사와 문화의 이끼를 옳바로 反芻 (반추)하고 先人들이 이룩한 빛나는 行跡과 값진 教訓을 길이 本 받기 위하여 이 計劃(案)을 提案함.

3. 一 般 計 劃

가. 對 象 地 域

慶尙北道 盈德郡 寧海面 槐市里 全域

나. 各種 遺蹟의 實態調査와 發掘 및 復元

(1) 現存 遺蹟의 補修丹粧과 整理

(2) 滅失 遺蹟의 調査發掘과 復元

다. 關係法令에 따른 未 指定 歷史遺蹟의 文化財指定과 特別管內 지역에 대한 聖域化 指定 宣布

3

## 4. 槪 況

### 가. 稼亭 李 穀先生 및 牧隱 李 穡先生의 人的事項

| 구 분 | 稼亭 李 穀先生 | 牧隱 李 穡先生 |
|---|---|---|
| 誕 生 | 서기 1298년(고려충렬24)<br>단기 3631년(戊戌)<br>7월 18일(음) | 서기 1328년(고려충숙15)<br>단기 3660(戊辰)<br>5월 9일 (음) |
| 출생장소 | 忠南 舒川 韓山 北古村 | 慶北 盈德 寧海 槐市里 |
| 諱 | 藝 伯 (初諱), 穀 | 穡 |
| 字 | 仲 父 | 穎 叔 |
| 號 | 稼 亭 | 牧 隱 |
| 諡號 | 文孝公 | 文靖公 |
| 本貫 | 韓 山 | 韓 山 |

### 나. 稼亭, 牧隱 兩 先生의 家系譜(자료 #2 P275)

○ 允卿 - 仁幹 - 孝進 - 昌世 - 自成 ─┬ 培
├ 畜
└ 穀 (贊成事) ==

= 咸昌 金 澤 女 - 穡 = 安東 權仲達女 ┬ 種 德= 진주 柳惠蓀녀
( 함창군부인 ) (知密直)
├ 種 學= 양성 李春富녀
(簽書密直)
└ 種 善= 안동 權 近녀
(知中樞府事)

### 다. 稼亭 李 穀先生 妻家宅 (咸昌金氏) 系譜(자료#2 P463)

○ 始 祖 : 古寧 伽倻王(太祖)

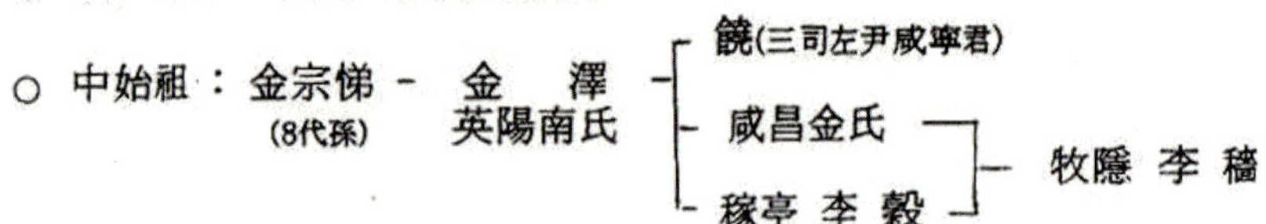


4

1)

---

1) 5쪽 ~ 11쪽은 지면관계상 생략함

(5) 癡軒亭

延安金氏인 金 德 五선생은 1700년경 槐市村에 살면서 많은 後學을 양성하였으며 年代未詳에 건립된 이 건물은 이미 頹落되어 철거되었다. 지금도 濠池마을 觀魚臺 松川에서는 癡軒亭 學契가 있어 每年봄에 모여 선생을 追慕하고있다.

8. 綜合檢討 및 事業推進方向

가. 오늘날 사회가 急變하면서 전국 곳곳이 道路開設이나 都市建設, 慰樂施設이나 골프장 건설등 각종 開發事業이 유행처럼 진행되고, 최근에는 그린벨트 해제등으로 자연환경의 損傷(毁損 또는 破壞등)이 가일층 예상되며, 농촌인구는 大都市로 집중되고, 사람이 살지않는 空家와 閉校의 頻度가 증가되는 현실에서 지금까지 全國到處에 溫存하고 있는 많은 文化遺蹟의 安全을 保障할수 없게 되었고, 특히 政府로부터 非 保護(放置)되고있는 귀중한 文化遺蹟들은 위에서 摘示한 여러가지 危害의 要因들로부터 벗어나기 힘든 危機에 直面하고 있다.

이러한 時點에서 本 槐市里 一帶에 散在한 遺蹟과 遺墟址는 공교롭게도 稼亭, 牧隱 兩先生과 不可分의 因緣깊은 文化遺蹟地로서 歷史 文化的으로 絶對 滅失되어서는 안될 귀중한 聖地로 꼽히는 곳이다.

12

나. 21世紀를 눈앞에 두고 경제사회가 潤澤해진 오늘날, 사람들은 옛것을 찾고 鄕愁를 느끼며 溫故之情의 시대로 변하면서, 저마다 偉人들의 고택이나 유적을 復元하고 宣揚하며, 由緖 깊은 傳統과 고유문화의 原形을 지키려하는바, 이는 人間本然의 역사 문화적 回歸意識의 發露로 본다.

그 좋은 예로서 慶尙北道 安東지방의 하회마을과 豊山柳씨 集成村의 保存, 그리고 朝鮮朝 中期때 領相인 西厓 柳 成 龍(1542-1607) 古宅의 보존등을 들수있으나, 이 유적들은 지금부터 400여년전 유적에 불과하다. 그럼에도 불구하고 우리가 이곳을 보잘것 없는곳으로 傍觀하고 있는 사이, 世界의 눈높이는 우리보다 한차원 높은것에 있었음을 (1999년 5월, 영국 엘리자베스여왕 방문) 알수 있었다.

다. 牧隱 李 穡 先生은 서기 1328년(戊辰) " 龍의 해 " 5월 9일(음)에 誕辰하고, 이를 기념하는 遺墟碑는 그로부터 409년후인 1736년(丙辰) " 龍의 해 "에 건립하였다.

따라서, 우리나라 國祖이신 檀君께서 紀元前 2333년(戊辰) "龍의 해" 古朝鮮을 개국하고 경기도 강화 마니산 정상에 設壇한 " 塹星壇 "만이 古朝鮮의 유일한 유적으로 보존되어 오듯이, 다가오는 2000년 21세기 새로운 歷史가 시작되는 첫해, 庚辰年 " 龍의 해 "를 맞이하여 日, 月, 星, 辰중의 별인 " 寧海의 龍 "을 聖域化 함은 매우 祥瑞로울 것이다.

13

9. 結論 및 建議

"偉人"의 기준은 摸糊하나, 偉人이란 美辭麗句로 만들어지는것이 아닐것이며 稼, 牧 兩先生의 "生涯와 業績"에관하여 무슨말로서 더 이상 덧붙히는것은 禮遇가 아닐것으로 판단되어 이를 삼가키로 한다.

21세기는 文化의 世紀라한다.
한나라의 문화는 하루 아침에 만들어지거나 아름다운 自然과 風光속에 있는것이 아니라, 歲月과 더불어 그나라 사람의 가슴속에서 피고지는 꽃이라 할수있다.

어느 文人이 말하기를 "산좋고 물맑은 이 아름다운 風光의 도시 서울에 살면서도, 「 빠리 제 6구 생 제르맨 데 프레 」라는 곳에 견줄수 없음은 빛나는 歷史와 아름다운 精神이 고여있는 光化門 일대를 소중히 살려 내지못하고, 콘크리트 옹벽속에 갇혀있는 때문이다" 고 한탄했다.

우리의 自生的 創意的 文化를 싹트게하고 그 母胎가 되기도 한 慶北, 盈德, 寧海, 槐市里 일대 !
이곳에 펼쳐진 빛나는 文化遺蹟들을 빠짐없이 챙기어 아직것 未畢된 유적들은 關係法令에 따른 文化財 指定과, 절대 聖地로 不足함이 없어 보이는 務稼亭터(無價亭) 일대는 聖域化 하여주실것을 삼가 建議합니다.

14

參考資料

1. 稼亭 李 穀先生 誕辰 700周年記念 學術大會 發表 論文集
목은연구회(1998. 10. 16발행)
2. 牧隱 李 穡先生 逝世600周年記念 學術發表論文要旨
목은연구회(1998. 6. 20발행)
3.- 稼亭集, 牧隱集附原文(국역). 가정목은문집편찬위원회(1980. 6.30발행)
4. 完璧 國史大辭典 李 弘 稙 박사 편저(1976. 5. 15발행)
5. 盈德郡 鄕土史 영덕 문화원(1992. 11. 20발행)
6. 연강 학술도서 한국고전 문학전집(19) : 목은집
고려대학교 민족문화연구소 이 병 혁 역주(1995. 8. 20발행)
7. 牧隱 李 穡先生 略傳 李 勳 求저(1958. 1. 25발행)
8. 牧隱先生 年譜 한산이씨 대종회(1985. 9. 10발행)
9. 牧隱 李 穡의 生涯와 思想 목은연구회(1996. 11. 20발행)
10. 牧隱 李 穡의 學問과 學脈 신 천 식저(1998. 4. 30발행)
11. 牧隱 李 穡의 詩文學 硏究 유 광 진 박사학위 논문집(1992년도)
12. 高麗後期 性理學의 受容과 敎育思想 신 천 식저(1998. 3. 9발행)
13. 高麗의 偉人 牧隱 李 穡先生 이 준 직 편저(1999. 5.10발행)
14. 韓山 遺蹟地 한산이씨 교수회(1996. 2. 7발행)
15. 韓山李氏 大同系圖譜(I II III) 한산이씨대동계보편찬위원회(1979. 4.20발행)
16. 韓山李氏 韓平君派 世譜(全) 한평군파 보소(1966. 10. 1발행)
17. 韓山李氏慕先攷集
18. 韓山李氏 文獻史料集
19. 韓山李氏 大宗報
20. 寧海邑誌

(별첨 3-2)

# 槐市里 滅失遺蹟復元등 文化遺蹟公園(傳統마을 原形保存) 造成 事業推進을 위한 參考事項

(1999年 12月 22日 冬至날)

作成者 : 李 恒 求

(수원시 장안구 정자1동 미도(A) 101-313)

전 화 : 0331-241-1655(宅)

0342-703-1324(事)

## 槐市里 滅失遺蹟 復元 및 傳統마을 原形保存 (其他遺蹟 整備)등 文化遺蹟公園 造成事業計劃 (참고-1)

總　　括

1. 1999년 8월 28일자
   同 事業推進計劃(안) 請願書 제출

   가. 수신자 : 文化財廳(문화관광부), 慶尙北道知事, 盈德郡守.

   나. 發案者 : 李 恒 求
   (경기도 수원시 장안구 정자1동 미도A 101-313)

2. 1999년 12월현재

   가. 政府關係 當局이 同 事業計劃 檢討 및 推進計劃 樹立中

   나. 滅失 遺蹟復元 整備 및 文化財 指定등 措置후 文化遺蹟公園 (聖域化) 造成.

3. 1997년 ~ 1999년 12월 현재

   가. 政府次元의 儒教文化圈 整備 및 寧海文化觀光圈 開發등 國策事業 構想 (文化觀光部)

   나. 槐市里 文化遺蹟公園 造成과 政府國策事業 (寧海文化圈開發) 計劃과의 連繫推進.

1. 槪 要

가. 慶尙北道 寧海面 槐市里 一帶는 일찌기 高麗末의 大學者요 政治家인 稼亭 李 穀先生의 遺墟地였다.

뿐만아니라 1328년 5월, 稼亭 李穀先生의 아들인 高麗末 三隱中 한분이며, 巨儒이자 大學者요 政治家인 牧隱 李 穡先生의 出生地이기도 한 이곳은 偉大한 賢人을 두분씩이나 輩出한 名勝地로서, 國內뿐아니라 멀리 中國에까지 이름을 떨친 자랑스런 마을이었음에도 이분들이 남긴 貴重한 遺蹟 (痕迹)들이 이미 오래전 時代未詳에 滅失되었으며, 傳統마을은 퇴락된채 수백년간 放置되어 있음은 오늘에 사는 우리들의 羞恥(수치)이자 빛나는 文化遺産을 死藏시키는 遇를 犯하고 있다고 본다.

나. 새 千年의 21世紀는 情報와 文化의 世紀로서 저마다 잘사는길을 摸索하는 時點에서 그간 잘 保存되어온 傳統文化 遺産들이야말로 新世紀 文化立國의 더없이 좋은 資源이 아닐수 없으며, 이를 保有하고 있는 槐市里 一帶야말로 絶對機會의 땅이 아닐수 없다고 評價할때, 이곳은 버려진 땅으로 放置할 것이 아니라, 이를 國際的 文化觀光圈으로 적극 開發整備함으로서, 福祉社會 建設과 先進經濟 發展의 基盤으로 造成해야 할 것이다.

## 2. 聖域化 (遺墟地) 地域의 立地的 狀況

### 가. 遺墟地(生家地) 地形圖面

(盈德郡 寧海面 槐市里 중마골 一帶)

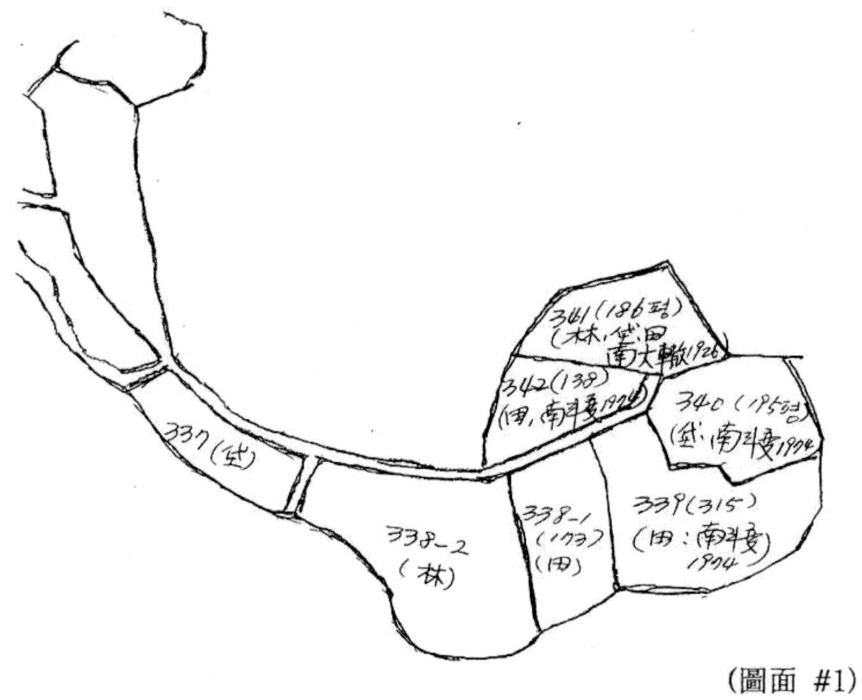


(圖面 #1)

稼亭 (李穀)先生의 遺墟地이자, 牧隱(李穡)先生의 生家인 "務稼亭"은 槐市里 중마골 341번지이며, 牧隱 先生의 外祖父 大賢 金 澤先生 (大監)의 邸宅은 務稼亭과 나란히 槐市里 중마골 340번지에 連建된 것으로 推定되고 있다.

## 나. 滅失遺蹟의 復元 (造成) 模型 想像圖

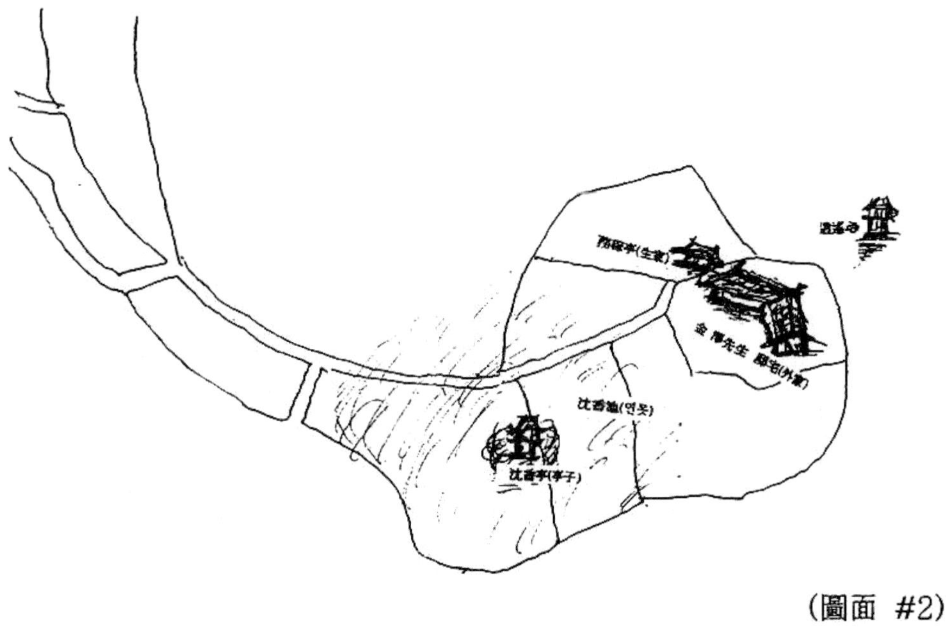


(圖面 #2)

牧隱先生 生家인 務稼亭 (稼亭先生의 書齋 兼 居所)과 連建된 大賢 金澤선생의 邸宅을 中心軸으로 하여 南쪽 (槐市里 중마골 342번지, 339번지, 338-1번지등)으로는 큰 연못 (沈香地)이 造成되었으며, 연못 中心에는 아담한 亭子 (沈香亭)가 建立 되어있었고, 務稼亭 북쪽 山 언덕에는 역시 아담한 亭子 (消遙坮)가 建立되어 있었다고 史料에 提示된것을 보면 高麗時代 士大夫 (貴族)들이 追求했든 特殊한 住居形態로 보이며, 이러한 推定을 假定할때 700년전 當時 선비들의 傳統的 生活空間文化와 理想世界의 전형을 엿볼수 있게하는 좋은 歷史文化 資料로 評價할 수 있을것이다.

3. 復元豫定 遺墟地 土地 利用計劃(政府計劃)等 立地的 條件

가. 1999년 7월 5일자 公簿上 確認에 依하면, 滅失遺蹟이 있었든 盈德郡 寧海面 槐市里 340번지, 341번지, 342번지, 339번지, 338-1번지, 338-2번지등 一帶의 都市計劃用途는 自然綠地로 分類되었을뿐, 其他 政府의 다른 用途計劃은 없는것으로 確認됨.

나. 滅失遺蹟이 있었든 遺墟地 一帶는 廢墟 또는 裸垈地 (荒廢化)임으로 滅失遺蹟復元에는 큰 支障이 없을것으로 判斷됨.

다. 圖面 #1 및 #2에서 提示된바와 같이 牧隱先生 生家遺蹟인 "務稼亭"터인 槐市里 341번지 (林,垈,田=186坪), 大賢 金 澤先生 (牧隱先生의 外祖父)의 邸宅 (본채)터인 340번지 (垈=195坪), 연못 (深香地)과 연못 中央에 建立된 深香亭 (亭子)터인 339번지 (田=315坪) 338-1번지 (田=173坪) 338-2번지 (林野)등 最小限 6개筆地 (約 2000餘坪)는 滅失 遺蹟 復元整備의 絶對地域으로 確保해야 될 것임.

라. 따라서 "務稼亭" 북쪽 山턱에는 아담한 亭子인 消遙台 한채가 建立되었음을 勘案할때, 이 一帶 역시 自然風致林을 最大限 確保하여 遺蹟公園造成의 隨伴되는 뛰어난 自然景觀을 保護해야 할 것임.

4. 滅失 遺蹟復元 豫定地 買入에 따른 問題點과 對策

가. 約 650여년전부터 務稼亭등 牧隱先生 生家遺蹟이 存在했든 遺墟地는 그로부터 約 200餘年間 遺蹟原形이 그대로 維持되다가 400年前 英陽南氏 一門들이 集成村을 이루고, 世居(定着)하면서부터 撤去 또는 滅失된 것으로 보이며, 따라서 이 一帶 土地 역시 이들 英陽南氏 一門의 所有로 轉換되어 오늘날까지 繼續 維持된 것으로 推定됨.

나. 때문에 滅失된 遺蹟을 復元하고 聖域化하려면, 이 一帶 (槐市里 340번지, 341번지, 342번지, 339번지, 338-1번지, 338-2번지 等地)는 買入補償하고 絶對確保하여야 할 것임.

다. 따라서, 이 土地들은 私有地로서 所有者 개인들의 賣却拒否와 不當한 地價要求 (公示地價 또는 一般 市中의 土地賣買로 形成되는 통상地價 以上의 價格요구)등 反撥이 豫想됨.

라. 前項과같은 事由로 協議買收가 어려울 境遇 "土地收用法"에 依한 土地를 買收補償하고, 國家가 計劃한 目的事業을 원활히 遂行하여야 할 것임.

경상북도 영덕군 영해면 괴시리
槐市里 文化財 保護區域(전경)
( 文化遺蹟公園 )

## 槐市里 文化財 保護區域 指定 模型圖
(槐市里 文化遺蹟公園)

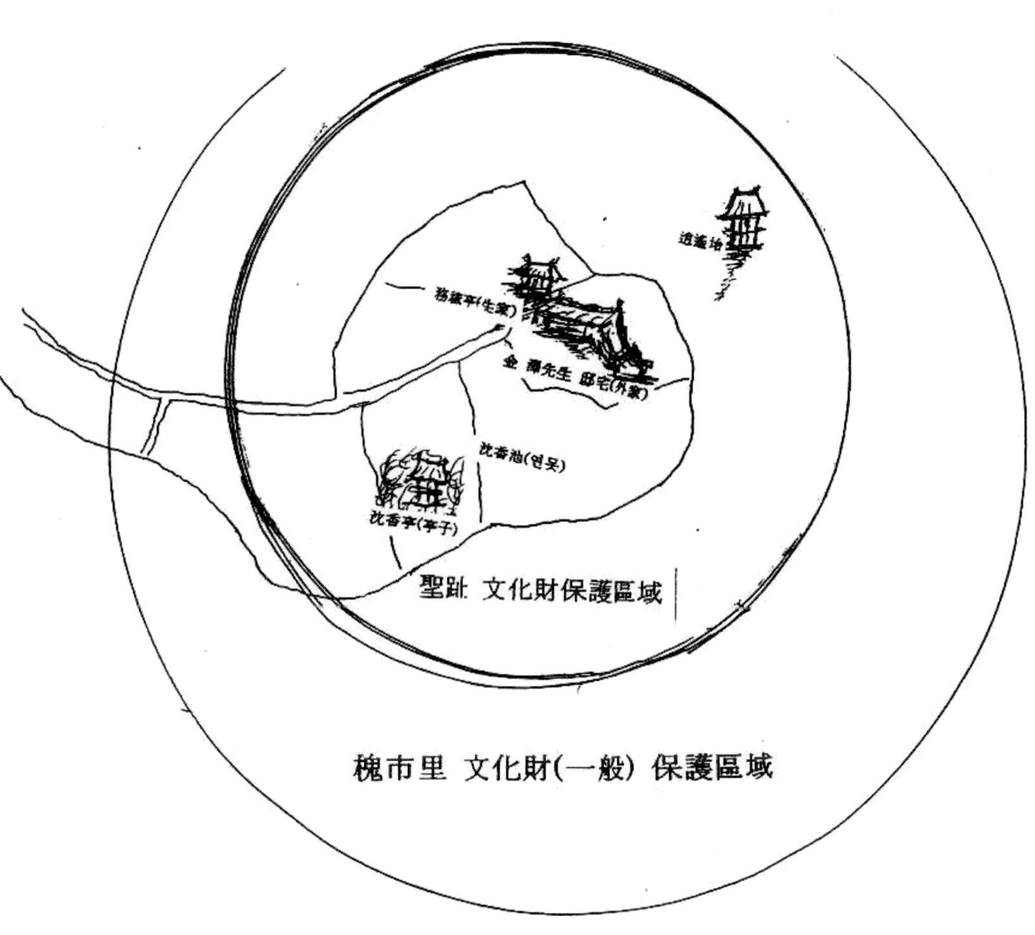

## 事業計劃 및 推進 日程圖表(參考)

**滅失遺蹟 復元(聖域化) 및 文化遺蹟 公園 (傳統마을 原形保存) 造成事業**

實務企劃本部 設置

1. 法令,文獻, 歷史資料蒐集등 根據資料確保
2. 關係機關과의 協力 및 諮問

1. 事業施行公告 (告示)
2. 復元 遺墟地 買入確保

推進事業團 構成 및 施行
(事業本部, 第1事業部, 第2事業部)

1. 地表調査 및 發掘등 學術調査 用役
2. 各種事業別 工事設計 및 用役등 契約
3. 各種事業別 工事施行 主體指定 및 工事發注契約

1단계 : 滅失遺蹟 復元등 整備工事
2단계 : 各種 遺蹟(旣 指定 및 未 指定文化財) 整備 補修工事
3단계 : 傳統마을 原形(가옥, 도로, 하천, 환경개선등) 整備工事

1. 各種文化遺蹟毁損 및 破壞行爲 禁止등 行政措置
2. 文化財 保護區域內에 民間建物 新築禁止등 規制措置
3. 山林毁損 및 自然環境 破壞行爲禁止등 行政措置

槐市里 文化遺蹟公園 造成 (工事完了) → 竣 工

1. 復元遺蹟 및 未畢遺蹟 文化財指定(傳統家屋 및 老樹古木등)
2. 槐市里 文化財 保護區域(聖域化) 指定宣布

政府(文化財廳) 主管 國策事業(儒敎文化圈 整備 및 開發)
과 連繫하여 寧海文化觀光圈 造成

3. 事業計劃 樹立(作成)

가. 事業別 適用法令(根據) 確認

나. 文獻등 歷史資料 蒐集 및 其他 根據資料 確保

다. 政府機關, 學界, 建設界, 硏究機關, 斯界등 關係機關과의 協力과 諮問(文化財廳, 國土開發硏究員, 韓國土地公社, 韓國住宅公社,其他 硏究機關)

4. 事業推進計劃

가. 推進事業團 構成

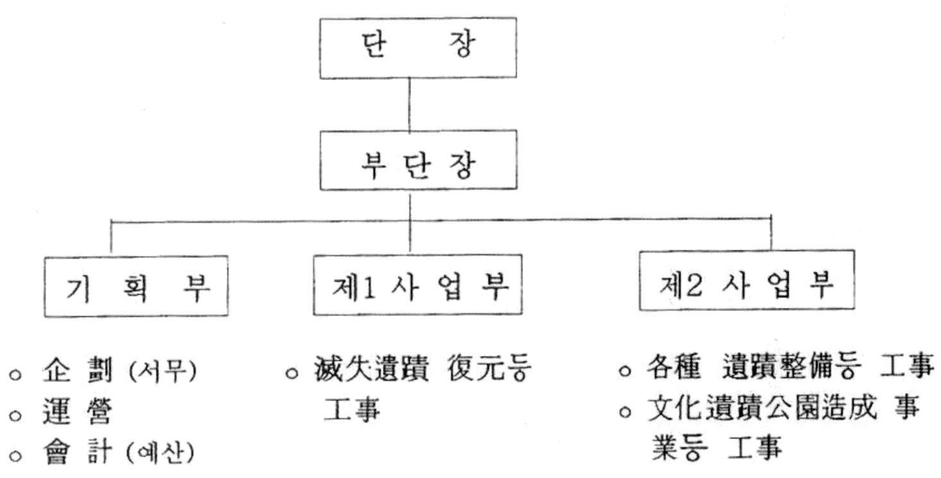


나. 槐市里 文化遺蹟 整備 및 遺蹟公園 造成事業 計劃 發表 (公告)

다. 各種 事業別 實態 (地表)調査 및 發掘등 設計 硏究用役 발주

라. 各種 事業別 施行主體 指定 --→ 計劃事業 施行

마. 土地 (遺墟地) 買收에 따른 補償審議등 確定公告 및 補償開始

바. 各 事業別 工事着手 → 工事進行 → 竣工 (事業完了)

사. 復元 遺蹟과 未畢遺蹟의 文化財 指定 및 文化財 保護區域(文化遺蹟公園)指定등 行政措置

## 2. 關係法令 및 條例등 適用檢討

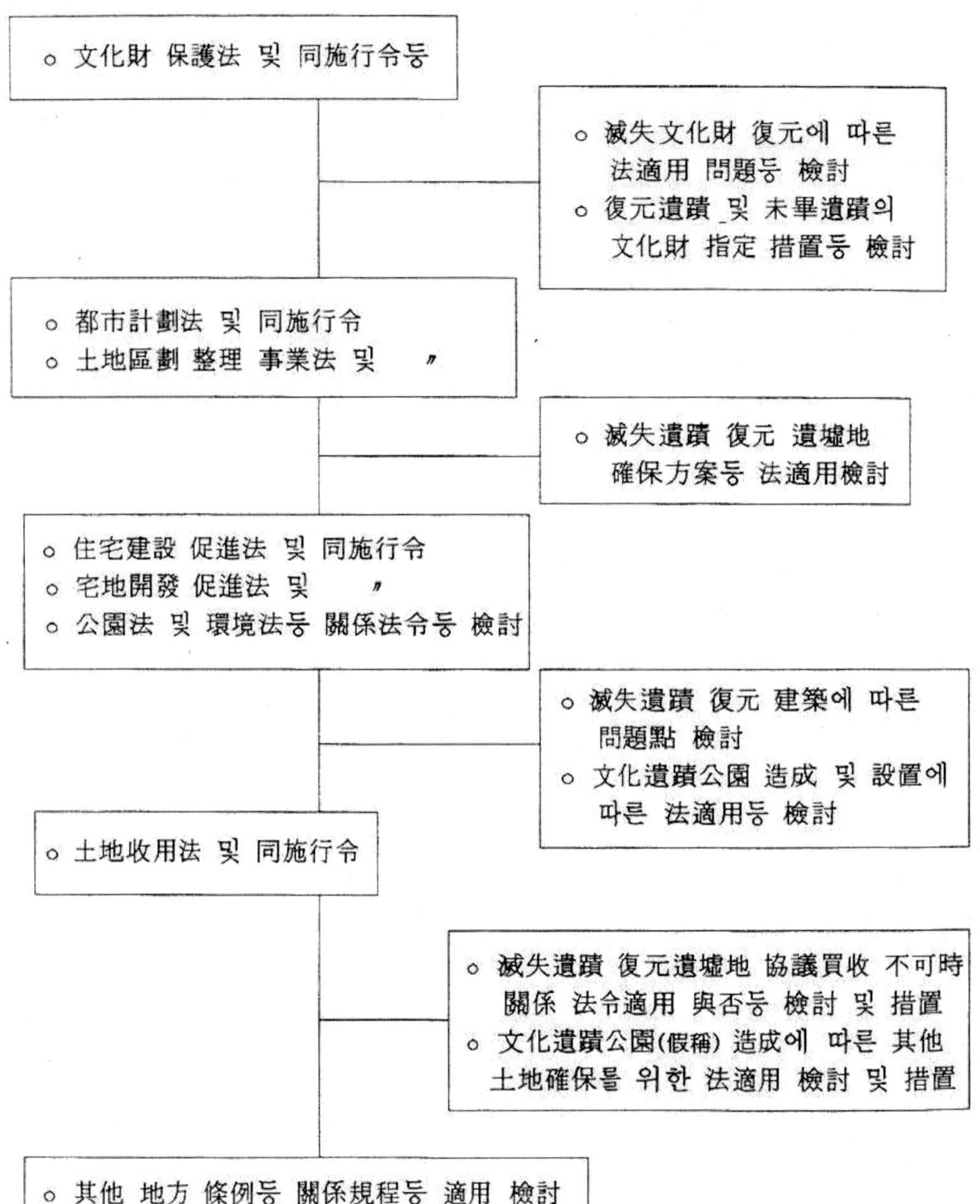

## 5. 滅失遺蹟 復元에 따른 問題點과 對策

槐市里 文化遺蹟中 가장 核心遺蹟인 務稼亭을 위시한 大賢 金 澤先生의 邸宅, 沈香地 (연못), 沈香亭, 消遙坮등은 이미 400여년전 年代未 詳時에 滅失되어, 지금은 그 痕迹을 찾을길이 없으므로 이들 遺蹟의 옛모습을 可及的 類似하게 再現하고, 收拾復元하는 일이 最大難點일것으로 判斷됨.

滅失된 遺蹟을 再現復元하기 위하여는 學界 및 文化財 취급 專門機關에 用役을 依賴(契約締結等)하고 各種 文獻과 考證등 據症資料에 따라 可及的 高麗時代 當時 建築様式을 模倣하여 施工하는데 최선을 다하여야 할것임.

## 6. 復元遺蹟 및 未畢文化財등의 文化財 指定 措置.

復元遺蹟과 未畢文化財들을 文化財保護法과 關係法令등 所定節次에 따라 이를 管轄하는 慶尙北道 知事에게 文化財指定 및 保護區域設置등에 관하여 협의 조치하여야 할것임.

## 7. 槐市里 文化遺蹟 團地(文化遺蹟公園) 造成과 寧海儒敎文化觀光圈 綜合開發의 基本構想

槐市里 文化遺蹟公園 (傳統 마을 原形保存) 造成을 中心권으로 하여 東海岸의 三大平野中 한곳인 寧海平野 (豊饒의 상징), 그리고 茫茫 大海가 펼쳐진 東海 앞바다와, 觀光海水浴場 (無限한 資源과 希望의 상징)等 많은 資源이 어우러진 有利한 立地的 條件을 고루 갖춘 機會 (21세기)의 땅을 效率的으로 開發하여야 할것이다.

(별첨 3-3)

# 문 화 재 청

(우302-701) 대전광역시 서구 둔산동 920 정부대전청사1동1002호/ (042)481-4872/ FAX 472-3409
기념물과 과장 이 동 국, 사적2담당 류춘규, 담당자 지적주사 박 용 기

문서번호 기념 86741- 980

시행일자 1999. 12. 14( )

수 신 이 항 구

(경기도 수원시 장안구 정자1동 미도아파트 101동 313호)

**제목 청원에 대한 회신**

1. 귀하의 문화재 보존에 대한 관심과 열의에 감사드립니다.

2. 경북 영덕군 영해면 괴시리 일원 소재 가정(稼亭) 이 곡(李穀) 선생과 목은(牧隱) 이 색(李穡) 선생과 관련되는 유적(유허비<비각포함>, 무가정<務稼亭>, 만서헌<晩捿軒>, 침향지<沈香池>, 침향정, 소요대터, 괴정<槐亭>, 감사무덤, 관어대<觀魚臺>터)과 기타유적(감천정<甘川亭>과 마계정사<磨溪精舍>, 해촌헌<海村軒>, 침수정<枕漱亭>, 괴호서숙<槐濠書塾>)들을 문화재로 지정한 후 성역화하여 줄 것을 청원한 사항에 대하여는 경상북도지사로 하여금 현황을 파악하여 문화재로 지정.보존할만한 가치가 있는지 여부를 검토한 후 귀하에게 회신토록 하였음을 알려드립니다.

3. 아울러, 동 유적들에 대한 성역화 문제에 대하여도 현재 경상북도지사가 용역조사를 진행중에 있으므로 귀하의 청원내용을 검토, 조치토록 하였음을 알려드립니다.

붙임 회신공문 사본1부. 끝.

문 화 재 청 [문화재청장인]

# 경 상 북 도

우 702-702 대구.북구.산격동 1445-3 / ☎950-3575 / FAX950-3319
문화예술과. 과장 김경술, 사무관 송용배, 담당 학예연구관 김용만

문서번호 문예 86700 - 3242

시행일자 1999. 12. 24. ( 년)

공개여부 공개

수 신 경기도 수원시 장안구 정자1동 미도A.101-313 이항구님 귀하

| 선람 | | | 지시 | |
|---|---|---|---|---|
| 접수 | 일자 시간 | . . | | |
| | 번호 | | 결재·공람 | |
| 처리과 | | | | |
| 담당자 | | | | |
| 심사자 | | | 심사일 | |

**제 목 : 민원회신**

1. 문화재청 기념 86741-990('99.12.14)과 관련입니다.

2. 귀하께서 문화재청 제출하신 민원이 우리도에 처리요청되었기 검토한 결과 "우리도 영덕군 영해면 괴시리 일원 소재 가정(稼亭) 이곡(李穀)선생과 목은(牧隱) 이색(李穡)선생 관련유적을 문화재지정 및 성역화해달라"는 청원으로

3. 우리도에서는 우선 영덕군과 협의하여 관련 문헌자료를 정리하고, 현장을 조사토록하여 문화재 지정여부 및 성역화 문제를 검토하겠으니 양지하시기 바랍니다. 끝.

경 상 북 도 지 [직인]

# 문 화 재 청

(우302-701) 대전광역시 서구 둔산동 920 정부대전청사/ 전화 (042)481-4872 / FAX (042)472-3409
기념물과 과장 이동국, 사적2담당 류춘규, 담당자 지적주사 박용기

문서번호 기념 86741- 990

시행일자 1999. 12.14 ( )
(공개)

수신 경상북도지사
참조

| 선람 | | | 지시 | | |
|---|---|---|---|---|---|
| 접수 | 일자 시간 | '99. . : | 결재·공람 | | |
| | 번호 | | | | |
| 처리과 | | | | | |
| 담당자 | | | | | |
| 심사자 | | | 심 사 일 | | |

**제목 청원서 처리**

1. 경기도 수원시 장안구 정자1동 거주 이항구로부터 귀도 관내 영덕군 영해면 괴시리 일원 소재 가정(稼亭) 이 곡(李穀) 선생과 목은(牧隱) 이 색(李穡) 선생과 관련되는 유적들에 대하여 문화재지정 및 성역화하여 줄 것을 청원한 민원서류를 송부하오니, 조속한 시일내에 현황을 파악 문화재로 지정.보존할 만한 가치여부가 있는지 여부 및 성역화 사업의 타당성 등을 검토하신후, 민원인에게 회신하여 주시기 바라며, 동 처리결과를 우리청에도 알려주시기 바랍니다.

붙임 청원서1부. 끝.

문 화 재 청 장

(전결 기념물과장 이 동 국)

(별첨 3-4)

# 請 願 書 [Ⅱ]

日 字 : 2005년 5월 4일

수 신 : 文化財廳長 님 귀하

청원인 : 李 恒 求(이항구)

경기도 수원시 장안구 정자1동 미도A 101-313 T.031-241-1655

제 목 : 盈德郡 槐市里, 稼亭 李 穀.牧隱 李 穡 兩先生遺墟地(址) 聖域化 造成 및 文化財 指定保護 申請等 請願書[Ⅰ] 提出에 따른 回信 通報 要請

## 내 용

1. 國家發展과 文化立國 暢達에 盡力하시는 귀하께 衷心으로 敬意를 표합니다.

2. 주지하시는 바와같이 지난 1999년 8월 28일자, 貴廳에 請願한바 있는 경상북도 영덕군일대 "稼亭 李 穀·牧隱 李 穡 兩先生遺墟地(址) 聖域化造成 및 文化財 指定保護 申請"에 關聯하여, 문화재청 문서번호 기념86741-990(1999. 12. 14) 및 경상북도청 문서번호 문예 86700-3242 (1999. 12. 24)의 관련 사항입니다.

3. 듣는바에 依하면 慶北 盈德郡 寧海面 槐市里 遺蹟地는 그간 어느정도 整備되어 所期의 目的을 達成하고, 금년 5월 13일 待望의 第2回 牧隱文化祭 行事를 개최키로 하는등 참으로 世界的인 觀光名所로 거듭나기 위한 勞力을 傾注하고 계시다는 반가운 消息을 듣고 있습니다.

4. 이토록 많은 業績을 남기신 貴下와 關係者 여러분의 勞苦에 다시한번 敬意를 表하며, 멀-리서나마 鄭重한 마음으로 感謝의 人事말씀을 올립니다.

1

5. 回顧하옵건데 지금부터 滿 6年前인 1999년 5월, 本人은 親睦단체인 先賢遺蹟地 觀光團 一員으로 參加하여, 盈德郡 槐市里 稼.牧 兩先生 遺蹟地 訪問에서 뜻밖에도 大部分의 貴重한 遺蹟들이 滅失 또는 廢墟된채, 돌이킬수 없는 荒蕪地로 変한 것에 놀랐습니다.

6. 그로부터 4個月間, 本人은 모-든 私生活을 접어두고, 盈德郡 槐市里 一帶를 수차례 往來하면서, 由緖깊은 聖地를 復元하기 위한 再整備事業 推進方案 (未畢 文化遺蹟의 文化財指定保護, 滅失遺蹟의 復元, 古家整備 및 傳統마을 造成, 寧海 槐市里一帶의 펼쳐진 秀麗한 自然環境을 최대한으로 살린 遺蹟地 公園區域 (公園造成) 設定 및 開發制限, 隣近 海水浴場등과 連繫한 觀光團地 벨트化造成, 稼亭 및 牧隱先生과 親分이 두터웠든 中國의 巨儒인 歐陽修先生마을 "濠池末"과 姉妹結緣등 交流하여 國際觀光名所化)등 一件의 尨大한 請願書를 作成하여 이를 管轄하시는 貴下와 慶尙北道知事님 그리고 盈德郡守님께 각각 提出하여 推進하여 주실것을 懇請드린바 있습니다.

그후 1999년 12월에는 盈德郡과 盈德文化院側으로부터 本 事業推進에 必要한 專門人力不足을 呼訴하고, 推進方法上의 節次와 施行등 法的,行政的 "推進要領"을 要請하여, 微力하나마 그 資料 (槐市里滅失遺蹟復元및傳統마을정비보존등文化遺蹟公園造成事業 推進을 위한 參考事項)를 作成하여 當該機關에 각각 提供한바 있습니다.

7. 除煩하옵고, 여러 가지 莫重한 國事에도 不拘하시고 本事業推進에 무려 6년간의 難苦를 克服하시면서 모-든 熱情을 다하시는데 餘念할 겨를마저 없었든 탓으로 1999년 8월에 提出된 請願書 (發案)에 대한 回信이 한동안 留保된것으로 看做하고 있습니다.

8. 그러나 아직도 本 事業이 完成된것은 아닌것으로 思料되오나, 어느정도는 마무리 段階에 접어든 現時點에서, 悚懼스럽기 그지 없음을 寬容하여 주시고 旣히, 提出된 請願書[I]에 대한 本人나름의 行政的 整理上 必要하여 要請하오니 그간 (1999년 8월~2005년 5월)의 主要事業推進事項을 아래와 같이 要約하여 回信하여 주시기 바랍니다.

但, "稼亭 李 穀.牧隱 李 穡 兩先生 遺墟碑"에 對한 文化財指定申請書는 別途로 作成 提出하겠습니다.

내내 건강하시고 무궁한 발전을 祈願합니다.

2

## - 아 래 사 항 (例示) -

### 槐市里, 稼.牧 兩先生 遺蹟地聖域化 造成事業 推進事項

- 沿　革 -　　　　　　　　기간 1999. 8 - 2005. 5

| 구분 / 일정 | 主要事業推進事項 | 담당 및 대상기관 | | 비고 |
|---|---|---|---|---|
| | | 發案또는計劃 | 推進 | |
| 1999년 8월 | 槐市里 稼亭 李 穀.牧隱 李 穡 兩 先生 遺墟地 聖域化造成 및 文化財 指定保護 에 관한 請願書 (考案)作成提出 - 接受 (문화재청장, 경북지사, 영덕군수) | 李 恒 求 (前, 政府理事官) | | |
| 1999년 9월 | "慶北北部 儒敎文化圈 復元과 觀光地 開發事業" 推進計劃 發表 | 政　府 | | |
| 1999년 12월 | 政府計劃 (慶北 北部儒敎文化圈 復元등)과 本 事業推進計劃을 連繫하여 基礎資料檢討 | | 盈 德 郡 | |
| 년　월 | | | | |
| 년　월 | | | | |

끝

3

(별첨 3-5)

# 문 화 재 청

수신자 이항구 귀하(우440-301 경기 수원시 장안구 정자1동 미도A 101-313)
(경유)
제목 괴시·인량마을 정비사업 추진현황 송부

우리청 관련 사업에 관심을 가져 주신 귀하께 감사의 말씀을 드리며 2005년 5월 4일자로 요청하신 「괴시·인량 마을 정비사업」 추진현황을 붙임과 같이 송부합니다.

붙임 : 괴시·인량 마을 정비사업 추진현황 1부. 끝.

문 화 재 청 장

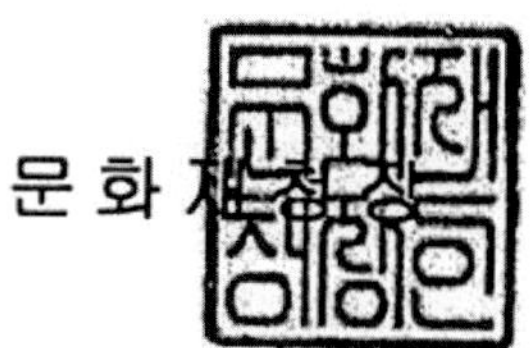

대결 05/16

행정주사 박정훈 서기관 사적과장 전결

협조자

시행 사적과-3079 (2005.05.16.) 접수

우 302-120 대전 서구 선사로 139(둔산동920) 1동 1006호 / www.ocp.go.kr

전화 042-481-4834 전송 042-481-4859 / pjh4725@ocp.go.kr / 공개

## 괴시리 稼·牧 兩先生 유적지 성역화 조성사업 추진사항

| 구분<br>일정 | 주요사업 추진사항 | 담당 및 대상기관 | | 비고 |
|---|---|---|---|---|
| | | 발안 또는 계획 | 추진 | |
| '99. 5.13 | ㅇ대통령 지시(경북도 행정개혁 보고시)<br>-유교문화권에 대한 종합개발계획을 수립, 문화유산의 보존·전승과 관광산업을 육성함으로써 지역경제와 국가경제 활성화 기반 구축 | | | |
| '99. 10월 | ㅇ유교문화관광개발추진위원회 구성 | | | 문화부 주관 |
| '00. 3월 | ㅇ유교문화관광자원 조사·연구 완료 | | | |
| '00. 3~7월 | ㅇ유교문화관광자원화사업 관계기관 협의 | | | |
| '00. 7월 | ㅇ정부계획 확정(제2차 관광진흥확대회의)<br>ㅇ'00년도 문화재관리국 소관예산 반영(예산처, 문광부, 문화재관리국 협의) | | | |
| '01.12월 ~ '03. 1월 | ㅇ고가옥 및 마을환경 정비<br>-고가옥 정비(13동), 주차장 조성, 마을안내판 설치, 조경 정비 등<br>ㅇ목은 유적지 조성<br>-기념관 건립(1동), 유허비각 정비(비각, 담장, 협문), 만서헌 정비, 부지매입, 지표·시굴 조사 | | | |
| '02. 8월 ~ '03. 5월 | ㅇ고가옥 보수·정비(6동)<br>-충효당 사당, 지족당, 우계정, 강파헌, 자운정(담장, 협문), 신안주씨 종택 | | | |
| '03. 7월 ~ '04. 8월 | ㅇ고가옥 보수·정비(5동)<br>-사곡댁, 남영충가옥(이상 괴시리)<br>-삼벽당, 마동댁, 삼벽당 사당(이상 인량리) | | | |
| '03. 3~12월 | ㅇ사업 중간평가(문화부·한국문화관광정책연구원) | | | |
| '04. 8월 | ㅇ중간평가 확정(예산처 등 관계기관 협의) | | | |
| '04. 6월 ~ '05. 2월 | ㅇ고가옥 보수·정비(8동)<br>-영감댁, 영은고택, 남중칠가옥, 남영헌가옥(이상 괴시리)<br>-만괴헌, 갈암신도비각, 처인당, 이후남가옥(이상 인량리)<br>ㅇ목은 유적지 조성<br>-팔각정 신축, 화장실 신축, 안내판 설치, 연지 및 습지 조성, 관람로 조성 | | | |
| '05. 4월 ~ | ㅇ전통가옥 및 화장실 정비<br>ㅇ목은 유적지 및 주변 정비<br>-충효당, 서산정, 청계정, 소택정, 만괴정, 처인당 사당, 삼벽당, 마동댁, 이후남·전정웅·남영충·남학순 가옥 보수 | | | |

"존경으로 스승사랑 믿음으로 교육사랑"

# 경상북도

수신자 경기도 수원시 장안구 정자1동 미도 아파트 101동 313호 이 항구

(경유)

제 목 청원서 회신

1. 우리 도 행정에 많은 관심을 가져 주신데 대하여 감사 드립니다.

2. 귀하께서 우리 도에 제출 하신 청원서를 검토한 바, 우리 도 관내 영덕군에서 시행하는 괴시마을정비사업(목은 유적지 조성)에 대한 추진 사항 자료를 요구하는 건으로 사업 시행자인 영덕군수로 하여금 회신토록 하였으니 그리 아시기 바랍니다. 끝.

경상북도지사

★담당자 이현곤 지방건축사무관 이성규 유교문화권개발사업단장 전결 05/07 이태현

협조자 지방건축주사보 윤배용

시행 유교문화권개발사업단-1174 ( 2005.05.07. ) 접수 ( )

우 702-702 대구광역시 북구 산격동 1445-3 / http://www.gb.go.kr

전화 (053)950- /전송 (053)950- / name@gb.go.kr / 공개

자연과 문화를 소중히 가꾸는 고장

# 영 덕 군

수신자 경기도 수원시 장안구 정자1동 이항구
(경 유)
제 목 목은유적지 조성사업 추진현황 통보

1. 목은유적지 조성사업 추진에 협조하여 주신데 대하여 감사드립니다.

2. 귀하께서 요청하신 목은 이색선생 유적지 조성사업 추진현황을 붙임과 같이 통보합니다.

붙 임 : 목은 이색선생 유적지 조성사업 추진현황 1 부. 끝.

★지방방호원 박병화 지방토목주사 박남래 문화관광과장 전결 05/18 구천석

협조자 지방건축서기보 라명석

시행 문화관광과-3218 ( 2005.05.18. ) 접수 ( )
우 766-801 경상북도 영덕군 영덕읍 남석리 310-3번지 www.yd.go.kr
전화 (054)730-6295 /전송 (054)730-6399 / pbh3504@yd.go.kr /공개

# 목은유적지 조성사업 추진현황

기간 : 1999. 8 - 2005. 5월

| 구분 / 일정 | 주요사업 추진사항 | 담당 및 대상기관 | | 비고 |
|---|---|---|---|---|
| | | 발안또는계획 | 추 진 | |
| 2000년 10월 | • 1차 사업지침 결정(' 00년도 예산) | 경상북도 | | |
| 2001년 01월-04월 | • 생가지 주변 지표조사(대구대학교 박물관) | | 영덕군 | |
| 2001년 06월-7월 | • 생가지 주변 시굴조사(경상북도 문화재연구원) | | 영덕군 | |
| 2001년 10월 | • 사업지침변경 승인 | 문화재청 | | |
| 2001년 12월 | • 부지매입(10,317㎡) | | 영덕군 | |
| 2001년 12월 | • 1차 사업착공<br>- 기념관건립, 만서헌 및 유허비각보수 | | 영덕군 | |
| 2002년 05월 | • 경상북도 유교문화권개발사업 기술지도단 자문(생가지 현장) | 경상북도 | | |
| 2003년 01월 | • 1차 사업완료 | | 영덕군 | |
| 2003년 03월 | • 2차 사업지침 결정(' 03년도 예산) | 경상북도 | | |
| 2003년 11월 | • 실시설계용역 및 자문 | | 영덕군 | |
| 2004년 04월 | • 유적지조성 설계승인 | 경상북도 | | |
| 2004년 06월 | • 2차 사업착공(' 05년 8월 완료예정)<br>- 팔각정건립, 연지 및 습지조성, 석축보수 화장실신축, 진입로 개설 | | 영덕군 | |
| 2004년 12월 | • 3차 사업 지침결정(' 04년도 예산) | 문화재청 | | |
| 2005년 05월 | • 실시설계용역 | | 영덕군 | |
| 2005년 05월 | • 설계승인신청(예정) | | 영덕군 | |
| 2005년 08월 | • 3차 사업착공(예정)<br>- 기념관 전시시설, 유적지 조경, 주변정비 | | 영덕군 | |

자연과 문화를 소중히 가꾸는 고장

# 영 덕 군

수신자　경기도 수원시 장안구 정자1동 이항구
(경 유)
제 목　목은유적지 조성사업 추진현황 통보

1. 목은유적지 조성사업 추진에 협조하여 주신데 대하여 감사드립니다.

2. 귀하께서 요청하신 목은 이색선생 유적지 조성사업 추진현황을 붙임과 같이 통보합니다.

붙 임 : 목은 이색선생 유적지 조성사업 추진현황 1 부. 끝.

영 덕 군 수

★지방방호원 박병화　지방토목주사 박남래　문화관광과장 전결 05/18 구천석

협조자　지방건축서기보 라명석

시행　문화관광과-3218　( 2005.05.18. )　접수　(　)
우 766-801 경상북도 영덕군 영덕읍 남석리 310-3번지　www.yd.go.kr
전화 (054)730-6295　/전송 (054)730-6399　/ pbh3504@yd.go.kr　/공개

# 목은유적지 조성사업 추진현황

기간 : 1999. 8 - 2005. 5월

| 구분<br>일정 | 주요사업 추진사항 | 담당 및 대상기관 | | 비고 |
|---|---|---|---|---|
| | | 발안또는계획 | 추 진 | |
| 2000년 10월 | • 1차 사업지침 결정(' 00년도 예산) | 경상북도 | | |
| 2001년 01월-04월 | • 생가지 주변 지표조사(대구대학교 박물관) | | 영덕군 | |
| 2001년 06월-7월 | • 생가지 주변 시굴조사(경상북도 문화재연구원) | | 영덕군 | |
| 2001년 10월 | • 사업지침변경 승인 | 문화재청 | | |
| 2001년 12월 | • 부지매입(10,317㎡) | | 영덕군 | |
| 2001년 12월 | • 1차 사업착공<br>- 기념관건립, 만서헌 및 유허비각보수 | | 영덕군 | |
| 2002년 05월 | • 경상북도 유교문화권개발사업 기술지도단 자문(생가지 현장) | 경상북도 | | |
| 2003년 01월 | • 1차 사업완료 | | 영덕군 | |
| 2003년 03월 | • 2차 사업지침 결정(' 03년도 예산) | 경상북도 | | |
| 2003년 11월 | • 실시설계용역 및 자문 | | 영덕군 | |
| 2004년 04월 | • 유적지조성 설계승인 | 경상북도 | | |
| 2004년 06월 | • 2차 사업착공(' 05년 8월 완료예정)<br>- 팔각정건립, 연지 및 습지조성, 석축보수 화장실신축, 진입로 개설 | | 영덕군 | |
| 2004년 12월 | • 3차 사업 지침결정(' 04년도 예산) | 문화재청 | | |
| 2005년 05월 | • 실시설계용역 | | 영덕군 | |
| 2005년 05월 | • 설계승인신청(예정) | | 영덕군 | |
| 2005년 08월 | • 3차 사업착공(예정)<br>- 기념관 전시시설, 유적지 조경, 주변정비 | | 영덕군 | |

# 편집후기

최초에는 분당신도시 개발로 인해 사라질 뻔했던 한산이씨 수내동 문화유적을 지켜낸 힘겨웠던 과정만을 다루기로 하였으나 차제에 육백년 가까이 이 지역에서 대대손손 살아오면서 이룩한 한평군 가문의 자랑스런 발자취를 책으로 만들어 후대에 남겨주기로 결정함으로써 그 내용의 질과 폭이 크게 확대되었습니다.

본인은 관련 자료를 편집 정리하면서 우리 선조들이 자신의 영달보다 나라와 백성을 사랑하는 가운데 후손들을 올바르게 키워낸 눈물겨운 노력과 흔적을 접하면서 가문에 대한 자긍심과 함께 부족한 후손으로서 많은 부끄러움을 느꼈습니다.

우리 한평군(휘 지숙)가문을 위해 한 일도 변변치 않은 저로서는 선조님들께 누를 끼치지나 않을까 염려하면서 자료 보필과 편집에 최선을 다했으나 능력 부족으로 인한 실수가 있다면 일가 여러분께서 넓으신 마음으로 혜량하여 주시기를 바랄 뿐입니다.

이 책이 나오기까지 격려와 지원을 아끼지 않으신 종구 발간위원장님과 반평생 동안 주제별로 꼼꼼히 정리해놓은 많은 자료를 제공하신 항구 고문님을 비롯하여, 여러 발간위원님들의 솔선과 노력에 깊이 감사를 드리며, 내용의 오류를 잡아주시고 지대한 관심을 보여주신 일가 종회 여러분께 진심으로 감사드립니다. 아울러 도서출판 문학공원의 김순진 대표님과 전하라 편집장님의 적극적인 협조와 도움, 그리고 자료 입력 등 수고를 마다하지 않은 정윤진 사무원에게도 감사의 인사를 전하고 싶습니다.

- 보필 및 편집 담당 이완복

▲ 발간위원 : 좌로부터 을규, 항구, 완복, 종구, 학복, 창구, 규복

# 韓山李氏 藪內洞 文化遺蹟 保存과
# 韓平君(諱 之菽) 家門의 歷史

초판발행일 2021년 7월 24일

발행인 : 한산이씨한평군(휘 지숙)파종회
발간위원장 : 이종구
발간위원 : 이항구 : 자료제공 및 편저
이을규 : 자료 확인 및 정리
이창구 : 행정 및 답사 지원
이완복 : 자료 보필 및 편집
이학복 : 자료 수집 및 대조
이규복 : 사진 촬영 및 분류
주 소 : (우편번호 13558)경기도 성남시 분당구 성남대로 343번길 12-6
(정자동, 한평회관) 전화번호 : 031-711-4049

---

펴낸곳 : 도서출판 문학공원
펴낸이 : 김순진
등 록 : 2004년 3월 9일 제6-706호
주 소 : (우편번호 03382)서울 은평구 통일로 633, 501호 스토리문학사
전 화 : 02-2234-1666
팩 스 : 02-2236-1666
홈페이지 : www.munhakpark.com
이메일 : 4615562@hanmail.net